방법으로서의 경계

Border as Method, Or, the Multiplication of Labor
by Brett Neilson and Sandro Mezzadra

Copyright © 2013 by Duke University Press

이 책의 한국어판은 저작권사 Duke University Press와의 협약에 따라 출판되었습니다.

 M 아우또노미아총서 73

방법으로서의 경계 Border as Method, or the Multiplication of Labor

지은이 산드로 메자드라 · 브렛 닐슨
옮긴이 남청수

펴낸이 조정환
책임운영 신은주
편집 김정연
디자인 조문영
홍보 김하은
프리뷰 문주현 · 박서연 · 전솔비

펴낸곳 도서출판 갈무리 등록일 1994. 3. 3. 등록번호 제17-0161호
초판인쇄 2021년 1월 25일 초판발행 2021년 1월 28일
종이 화인페이퍼 인쇄 예원프린팅 라미네이팅 금성산업 제본 경문제책

주소 서울 마포구 동교로18길 9-13 [서교동 464-56]
전화 02-325-1485 팩스 070-4275-0674
website http://galmuri.co.kr e-mail galmuri94@gmail.com

ISBN 978-89-6195-256-9 93300
도서분류 1. 정치철학 2. 지리학 3. 사회과학 4. 정치학 5. 사회학 6. 정치경제학

값 27,000원

방법으로서의 경계

Border
as Method, or
the Multiplication
of Labor

전지구화 시대 새로운 착취와
저항 공간의 창출

산드로 메자드라 Sandro Mezzadra
브렛 닐슨 Brett Neilson
지음

남청수 옮김

갈무리

일러두기

1. 이 책은 Sandro Mezzadra와 Brett Neilson의 *Border as Method, or the Multiplication of Labor* (Duke University Press, 2013)을 완역한 것이다.
2. 본문의 각주는 모두 옮긴이 각주이다.
3. 저자가 본문에 언급·인용한 문헌의 한국어판은 모두 참고문헌에 수록하였다.
4. 외국 인명과 지명은 원칙적으로 원어 발음에 가깝게 표기하려고 하였으며, 널리 쓰이는 인명과 지명은 그에 따라 표기하였다.
5. 인명, 지명, 책 제목, 논문 제목 등 고유명사의 원어는 맥락을 이해하는 데 원어가 꼭 필요하다고 생각되는 경우를 제외하고는 본문에서 원어를 병기하지 않았으며 찾아보기에 모두 수록하였다.
6. 단행본과 정기간행물에는 겹낫표(『 』)를, 논문에는 홑낫표(「 」)를, 블로그 제목, 텔레비전 프로그램 이름, 영화 제목, 노래 제목, 비디오 게임 이름에는 가랑이표(〈 〉)를 사용하였다.
7. 영어판에서 이탤릭체로 강조한 것은 고딕체로 표기하였다. 단, 영어판에서 영어가 아니라서 이탤릭으로 강조한 것은 한국어판에서 강조하지 않았다.

차례

방법으로서의 경계

『방법으로서의 경계』의 한국어판 서문을 쓰게 되어 진심으로 기쁜 마음이다. 이 책은 2013년 영문판이 나오기까지 오랜 구상을 거쳤다. 우리가 1장에서 설명한 것과 같이, 경계borders는 우리들이 공동 작업을 시작하기 10년 전인 1990년대 초부터 우리 둘 모두에게 정치적이자 이론적인 개입의 현장이었다. 그 시기 이후로, 이주 투쟁과 이동 행위들은 경계에 대한 우리의 접근을 구성해 왔다. 그러한 투쟁과 행위의 인도를 따라서, 우리는 경계를 단순히 연구 대상으로서뿐만이 아니라 현대의 전지구적 과정에 대한 인식적 관점으로서 바라보고자 노력해 왔다. 그것은 우리가 『방법으로서의 경계』의 가장 중요한 가치로 삼고 있는 것이기도 하다. 전지구화는 종종 경계를 마모시키는 것으로 여겨지고 있지만, 우리는 경계의 증식 — 그리고, 무엇보다도, 엄청난 변화들 — 이 전지구적 과정의 핵심적인 면모들이라는 입장과 그런 이유로 경계로부터 제공되는 시각에서 그 면모들을 연구함으로써 배울 것이 많다는 입장을 견지하고 있다. 이 책을 쓰고 몇 년 후 우리는 '전지구적인' 것에 대한 그러한 태도가 오늘날에 더욱 많은 함의를 갖는다고 확신하게 되었다. 전지구화가 다시 논쟁거리가 되고, 무역전쟁, 민족주의의 부활, 다양한 전염병의 대유행 가운데에서 매우 중요해진 오늘날의 세계에서 말이다.

우리는 이 책을 2007년에서 2008년 사이 전지구적인 금융 위기가 시작될 때 즈음 썼다. 그리고 우리는 코로나19 바이러스 대유행으로 야기된 유례없는 전지구적 위기의 한가운데에 있는 지금 한국어판 서문을 쓰고 있다. 우리가 이 책에서 제기한 주요 지점들 중 하나는 확산되는 경계가 단지 통로를 차단하고 막는 데 목적을 두고 있지 않다는 점이다. 우리는 경계가 가진 고도로 선별적인 작업들을 강조하고 있으며, 동시에 그것이 실제로 배제의 기능을 할 때조차도 중요한 것은 항상 포섭의 차별적인 관리라는 입장을 견지하고 있다. 우리는 이것이 장벽의 이미지에만 초점을 두거나 예외와 '벌거벗은 삶'과 같은 개념을 통해서 전달하는 것보다 '차단'을 비판하는 더 효과적인 방법이라고 제안한다. 경계의 작동이 바다와 사막에서 죽음을 야기하는 상황을 지나치게 많이 목격하는 때조차도, 우리가 보기에 경계는 유연하고 이동적인 통제 장치이다. 이동성을 강조하는 동시에, 우리의 개념틀을 통해 우리는 경계의 상이한 개방과 폐쇄 정도를 간파할 수 있다. 그러나 봉인하는 성격의 경계로 변해 가는 흐름은 우리가 보기에 관리되고 극복되어야 할 위기의 징후로서 전환기적인 현상으로 여겨진다. 실제로, 코로나19가 유행되기 이전에조차도, 우리는 − 지중해에서부터 벵골만, 그리고 멕시코와 미국 간 경계지에 이르기까지 − 세계의 많은 곳에서 바로 그런 경향을 마주하였다. 코로나19의 대유행은 어떤 면에서 그러한 경향을 악화시켰다. 해외로의 이동을 막아버리고 국경선을 넘으려는 누구라도 격리시켜 버리는 방식으로 말이다.

우리는 이러한 현재의 전지구적인 어려움 속에서 『방법으로서의 경계』를 읽는 것이 가까운 미래에 경계 관리가 갖는 중요성을 이해하는 데 도움을 주고, 코로나19 이후 이미 지금 어떤 하나의 세계(혹은 몇몇의 가능한 세계들)의 전조를 보여주고 있는 주요한 경향들을 간파하는 개념적 도구를 제공하길 바란다. 우리는 이 책에서 우리가 광범위한 '자본의 변방'frontiers of capital이라고 부른 것이 '산 노동'living labor의 조건과 움직임을 위한 중대한 함의들을 가지고 다양한 영토적 경계들과 타협하기 위해 끊임없이 싸울 것이라고 확신한다. 우리의 주요한 논점 중 하나는 국가 간 경계가 여전히 중요한 업무를 수행하고 있기는 하지만, 오늘날에 있어 구획선으로서 더는 유일한, 혹은 심지어는 주요한 역할을 하고 있지 않다는 점이다. 우리는 이를테면 특별경제구역이나 물류 허브를 둘러싼 테두리로서 국가 영토를 횡단하는 영역선, 그리고 물류 회랑이나 '지역들'을 둘러싼 테두리로서 국가 영토를 가르는 영역선 모두를 염두에 두고 있다. 비록 국가 간 경계가 단기적으로는 더 관련성이 높고 가시적이기는 하겠지만, 우리가 방금 언급한 다른 영역선 역시 중요한 역할을 계속해 나갈 것이다. 특히 우리가 이 책에서 언급한 지역화regionalization 과정들은 아마도 더욱 가속화될 것이고, 그 과정들은 경계의 시각에서 세밀한 비판적 (이를테면, '물자'와 사람의 이동이 '여행 거품'travel bubbles과 다른 새로운 지역적 대형들 속에서 관리되는 방법을 살펴보는) 연구를 필요로 할 것이다.

　비판적 경계연구라는 이제 꽃을 피우기 시작하는 분야에서 우리의 책이 지닌 특별한 점이 있다. 바로 이 분야에서 자주 벌어지는 모습처럼 우리가 우리 자신들을 정치 이론 혹은 법 이론의 관점에서 경계의 작동을 비판하는 데 한정하지 않는다는 점이다. 우리에게 시급한 것은 경계의 정치경제에 대한 비판이다. 독자들이 보게 되듯이, 이러한 작업을 시도하는 것은 '노동력'에 대한 맑스의 인식을 재성찰하고 노동시장의 작동에서뿐만 아니라 ─ 더욱 일반적으로는 ─ 노동력을 상품으로서 생산하는 것에서 경계가 수행하는 역할에 대해 탐구하도록 해준다. 다시 한번, 이주와 노동 이동은 여기서 우리에게 매우 중요하다. 하지만 우리는 또한 '노동의 증식'multiplication of labor이라는 개념도 만들어 내는데, 이것은 우리가 뚜렷한 현대 자본주의와 산 노동의 구성을 둘러싼 비판적 논쟁에 개입할 수 있도록 해준다. 우리는 두 번째 책인 『자본활동의 정치학, 현대 자본주의 파내기』(듀크 대학교 출판부, 2019)에서 더욱 체계적인 방식으로 이에 대한 탐구를 지속해나가고 있다. 『방법으로서의 경계』에서는 '계급', '다중'과 같은 개념에 대해 논의하면서, 현대의 산 노동이 지닌 심오한 이종성을 강조하였다. 이러한 이종성은 경계 안에서의 작동, 그리고 투쟁과 반란의 순간을 형성하는 주체적 요구 둘 모두로부터 야기되었다. 우리는 노동의 증식이라는 개념을 통해 우리가 파악하고자 하는 여러 질문들이 향후에도 계속 매우 중요할 것이라고 확신한다. 이 질문들은 COVID-19 위기 동안에 세계 여러 곳에서 노동을 멈추지 않는 소위 '필수 노동자'라는 노동인물형을 분리하고 어떤 면에서는 고립시키는 분할선을 통해서 조짐을 보였다.

『방법으로서의 경계』는 여러 목적을 갖고 있고 그 범위가 넓은 책이다. 독자들은 이 책의 다음 부분부터 경계에 관한 한 권의 책에서는 기대하기 어려울 만큼 많은 주제들을 발견하게 될 것이다. 우리는 유럽-대서양 세계에서 나타나는 경향으로서 비판적 경계연구에서 보통 제기되는 사례들에서 더 나아가 많은 경계들에 대해 이야기할 것이다. 그러나 우리가 방금 자본주의와 노동에 관해 쓴 것조차도 넘어서서, 우리는 경계의 시각에서 다시 틀 짓고자 하는 법적, 철학적, 정치적 논쟁들 속에도 개입해 들어갈 것이다. 다음 부분에서 지속적으로 등장하는 고민은 이를테면 공통적인 것the common에 대한 질문으로, 우리는 그 속에 새로운 해방 이론 형성의 잠재적 기반이 있다고 본다. 우리는 이 책의 출간과 몇 차례의 번역 이후 토론과 '활용'되는 과정이 책의 구조가 지닌 이종적 속성을 반영해 왔다고 자신 있게 말할 수 있다. 몇 개의 예를 제시해 본다면, 『방법으로서의 경계』는 이주와 경계에 대한 비판적 연구에서 널리 읽히고, '차별적 포섭'과 같은 개념(우리가 '발명'했다고 말한 적은 없지만)이 이제 많은 연구자들에 의해 쓰이고 있다. '노동의 증식' 개념은 중국과 동유럽을 가로지르는 폭스콘[1]의 초대륙적 활동에 관한 뛰어난 연구에서 차용되었다. '경계투쟁'이라는 생각은 [태국의 도시] 매솟의 동남아시아 산

---

1. Foxconn. 대만의 전자 기기 제조회사. 애플의 아이폰 주문자상표부착생산 회사로 유명하다.

업구역뿐만 아니라 지중해와 멕시코를 가로지르는 이주 움직임과 이주 투쟁들을 이해하는 데 채택되어 왔다. 동아시아의 연구자들은 '영역' 개념과 관련하여 우리가 제기한 비판, 그리고 '비판적 지역주의'를 둘러싼 논쟁에 우리가 기여한 바에 관해 논의하였다.

사실, 『방법으로서의 경계』의 동아시아에서의 수용은 우리에게 상당히 흥미로운 일이다. 왜냐하면, 동아시아는 1970년대에 일어나기 시작했던 영토적 경계에 걸친 생산과정과 물류 공급 사슬의 확장에 의해 심대하게 변화된 세계의 일부일 뿐 아니라 탈냉전 지정학에 의해 특징지어진 지역이기도 하기 때문이다. 남중국해에서의 긴장에서부터 두 개의 한국과 관련된 상황, 미국의 오키나와 주둔, 중국과 대만의 양안 관계, 그 지역을 따라 잔존해 있는 일본 점령기의 흔적, 중국과 베트남의 적대관계, 그리고 중국의 일대일로 정책으로 만들어진 새로운 물류 연계 등에 이르기까지, 영토적 경계선들은 동아시아에서 더욱 중요해 보이는데 이는 그것들이 안정된 사회 제도이기 때문이 아니라 매우 경합적인 상태에 있다는 바로 그 이유 때문이다. 우리의 작업은 경계짓기 과정이 어떻게 2차 세계대전 이후 학문적 지식에 대한 구획화된 분석 영역을 구축하기 위해 필수적인 인식론적 책략에 매우 중요한지, 그뿐만 아니라 그 과정이 어떻게 지속적으로 동아시아 지역을 형성하고 재형성하고 있는 인간의 이동, 자본주의적 생산, 문화적 번역의 현재진행형 동인에도 마찬가지로 매우 중요한지를 지적하는 일련의 연구에 기여하였다. 우리는 『방법으로서의 경계』의 한국어판 출간이 이러한 생각들을 심화시키길 기대한다. 문명적 사고의 약점과 한계를 노출시키는 방식으로 문화와 민족 간 분할이 지닌 자의성과 타협성을 강조하는 사회적 실천으로서 번역을 제시함으로써 말이다.

우리는 또한 『방법으로서의 경계』가 한국 독자들에게 접근 가능해진다는 점이 그들이 우리의 후속 작업인 『자본활동의 정치학, 현대 자본주의 파내기』와 함께하도록 할 것이라고 기대한다. 이 후속 저작은 이주와 경계에 대한 직접적인 관련성에 있어서는 덜하지만, 경계의 증식과 경합으로 특징지어진 현대 자본주의의 심대한 공간적 변형에 대한 우리의 오래된 관심으로부터 태동하였다. 현대 자본주의의 — 특히 금융과 로지스틱스 '분야'에서의 — 채굴 경향을 지적함으로써, 우리는 자본의 활동이 어떻게 육체와 땅의 밀집된 대형 속에 얽혀 있게 되었는지뿐 아니라 그 활동들이 어떻게 네트워킹하여 자본주의를 세계체제로서 형성하는지를 명확히 드러낸다. 간단히 말하면, 이 작업은 자본과 그것의 여러 외부 간의 경계에 관심을 두고 있고, 특히 흡수할 수 없는 사회적·물리적 과정들을 외부화하는 방식과 탐사와 채굴 과정을 통한 축적에 필요한 새로운 기반 제공을 준비하는 방식들을 통해서 이러한 경계와 타협하기 위해 자본이 작동하는 방식들에 관심을 두고 있다. 이 분석은 특히 코로나19 대유행이 시작되는 시점에 적절한 연관성을 갖고 있는데, 그 대유행은 국경을 강제적으로 봉쇄하게 했을 뿐만 아니라, 앞서 논의한 것처럼, 많은 사례들에서 자본이 그 손실을 줄이고 대규모의 노동력 감축을 마주하는 방식에서 공급 사슬에 대혼란을 일으켰다.

2006년판 『상상의 공동체』가 출간된 뒤로, 베네딕트 앤더슨은 그 저작이 여러 언어로 번역되는 과정에 포함된 교통과 여행 등에 대해 고려하면서 자신의 책이 지닌 '지리-전기'geo-biography를 성찰한다. 특히 놀라운 것은 수많은 번역본들의 표지 디자인으로부터 그가 관찰한 부분이다. 그는 자신의 책이 공식적 민족주의가 지닌 본질주의와 국수주의에 대해 의문을 제기하고 있다는 점을 생각할 때, 번역본들의 표지가 빈번하게 상당히 민족주의적 이미지들로 표현되었다는 것은 역설이라고 썼다. 예를 들어, 2002년에 나남이 출간한 한국어 번역본은 아마도 그 해에 그 나라에서 개최된 축구 월드컵에서 찍혔을 법한 태극기를 흔드는 청년의 사진으로 표지가 디자인되었다. 우리는 2014년 이탈리아에서 일무히노 출판사가 출간한 『방법으로서의 경계』의 이탈리아어 번역본 표지도 티후아나의 국경 장벽 사진으로 디자인되었을 때, 앤더슨과 비슷한 반응을 보였다는 점을 언급해야겠다. 이후에 출간된 스페인어판, 슬로베니아어판, 프랑스어판 번역본들은 2013년에 듀크대학교 출판부가 발간한 영어판 원본의 표지 디자인으로 파리 예술가 집단인 〈쏘시에떼 레알리스떼〉가 만든 변화하는 세계 경계들에 대한 상당히 인상적이고 복잡한 해석을 떠올리는 이미지들을 사용하였다. 그러나 비록 『방법으로서의 경계』가 영문판으로 처음 등장했다 하더라도, 우리는 그것을 영어로 된 책이라고 생각하지 않는다. 그 저작은 항상 수많은 언어들에 걸쳐 있는 동료 및 이주자들과 함께, 그리고 다수의 번역가들을 통해 우리가 가져온 대화들, 교환들, 토론들뿐 아니라 두 개의 언어로 이루어진 우리들의 대화로부터 나온 결실이다. 자신의 책 『상상의 공동체』를 마치면서, 앤더슨은 그 책이 더 이상 자신의 것이 아니라고 선언한다. 『방법으로서의 경계』의 경우에, 우리는 그 책이 결코 우리의 것이 아니라고 말하는 게 더욱 정확하다고 생각한다. 우리는 우리가 종이 위에 담은 단어들에 생기를 불어넣는 수많은 삶들과 언어들이 가진 서로 조화롭지 못하고 바벨탑에서나 있을 법한 재잘거림 없이는 이 책을 집필할 수 없었다. 무엇보다도, 이러한 삶과 언어는 점점 더 생명에 위협이 되는 형태의 국경 안보화의 시대에 경계선을 넘는 가늠키 어려운 위험을 감수하는 이주민들의 삶과 언어들이다. 『방법으로서의 경계』가 어떤 언어로 나타나든지 간에, 누가 번역을 하고 출간을 하고 그것에 관련된 법적 권리를 얻으려 하든지 간에, 이 책은 그들의 것으로 남을 것이다.

2020년 5월
산드로 메자드라·브렛 닐슨

안개와 먼지, 폭력과 마술이 후기 고대 이후 경계들의 흔적과 제도를 둘러싸고 있다. 세계 곳곳으로부터 온 소식들은 성스러운 것과 세속적인 것, 선과 악, 사적인 것과 공적인 것, 안과 밖을 구획하는 선의 흔적에 관한 놀랍고도 두려운 이야기들을 들려준다. 의식ritual 사회의 한계적 경험들에서부터 토지에 대한 사유재산으로서의 한계 설정에 이르기까지, 로마의 건국 신화에서 로물루스가 형제인 레무스를 살해한 일에서부터 제국의 국경선 확대까지, 이러한 이야기들은 경계의 생산력 – 세계의 제작에서 경계가 수행하는 전략적 역할 – 에 대해 말해 주고 있다. 그것들은 또한 희미하게 경계의 의미론적 장이 지닌 심오한 이종성과 그것의 복합적인 상징적·물질적 함의들이라는 생각을 전달해 준다. 하나의 선으로서의 경계에 대한 현대의 지도제작적 재현과 제도적 배열 – 처음에는 유럽에서 그리고 그 이후로는 식민주의, 제국주의, 반식민 투쟁 등의 소용돌이를 거치며 전지구화된 – 이 이러한 복합성을 모호하게 하였고 우리로 하여금 경계를 문자 그대로 주변부적인 것이라고 여기게 하였다. 오늘날 우리는 이런 측면에서 심오한 변화를 목도하고 있다. 많은 연구자가 주장한 바와 같이, 경계는 동시대 경험의 한가운데에 각인되어 왔다. 우리는 다양한 종류의 경계선 증식뿐 아니라 경계의 의미장이 지닌 심오한 이종성의 재등장을 맞닥뜨린다. 상징적, 언어적, 문화적, 도시적 영역선은 더 이상 고정된 방식으로 지리적 경계와 접합하지 않는다. 그보다는 빈번하게 예측할 수 없는 방식으로 중첩하고, 연계되며, 탈구되어, 지배와 착취의 새로운 형식들을 형성하는 데 기여한다.

폭력이 전 세계의 경계선상에서 그리고 그것을 가로지르며 이루어지는 삶들과 관계들을 형성한다는 점은 부인할 수 없다. 멕시코와 미국 사이의 사막이나 파도가 넘실대는 지중해의 경계선을 넘으려 하는 이주민 중에 보고되지 않는 죽음들이 얼마나 자주 일어나는지 생각해 보라. 새로운 형태의 전쟁과 오랜 형태의 전쟁은 끊임없이 광범위한 접경지대들을 목표로 삼고 있다. 와지리스탄, 카슈미르, 팔레스타인을 떠올려 보라. 이 책은 분노와 투쟁, 특히 경계에서의 그러한 폭력과 전쟁에 대항하는 이주민들의 투쟁에서 비롯되었다. 앞으로 우리의 연구와 글쓰기가 보여주게 될 테지만, 우리들은 경계에 걸쳐 있는 삶을 조직화하는, 그리고 경계횡단의 역량과 기술, 경험을 가치화하는 방법을 (다시 말하지만, 특히 이주민들로부터) 배우기도 하였다. 또한, 우리는 번역의 문자적이면서 은유적인 실천을 오늘날의 세계에서 벌어지는 경계와 경계투쟁의 확산들과 더욱더 연계시키게 되었다. 우리가 강조해 왔듯이, 이러한 경계의 확산은 강탈과 착취의 신구 장치들의 작동과 밀접하게 연계되어 있었다. 그럼에도, 우리는 바로 이러한 측면에서 경계를 둘러싸고 반복되는 투쟁과 그 경계들을 교차하는 번역의 실천들이 공통적인 것의 정치에 대한 논쟁을 양산하는 데 있어 핵심적인 역할을 할 수 있다는 생각으로 이어질 것이라 기대한다. 이 책은 부분적으로는 이러한 논쟁에 대한 기여로 읽힐 수 있다. 그리고 우리는 이러한 논쟁 속에 전지구적인 현재의 해방 프로젝트를 다시 새로이 만들어 내는 데 가장 필수적인 몇몇 조건들이 들어있다고 본다.

지난 몇 년간, 우리는 장벽의 이미지와 관련해 많은 비판적 경계연구들 및 활동가 그룹들 안에서 나타나는 집착에 점점 불편함을 느껴왔다. 이것은 우리가 베를린 장벽의 붕괴를 축하한 이후 불과 몇십 년이 지난 상황에서 전 세계적으로 수많은 장벽이 확산하고 있는 상황의 중요성을 인정하지 않는다는 의미는 아니다. 그렇지만. 많은 장벽이 보이는 것보다는 훨씬 덜 견고하다는 사실과는 별개로 그 장벽을 이 시대 경계의 패러다임적 아이콘으로 삼는 것은 오로지 경계의 배제 역량에만 초점을 맞추게 한다. 이것은 역설적으로 경계의 스펙타클, 즉 수많은 경계의 개입들을 특징짓는 폭력과 추방에 대한 의식화된 드러냄ritualized display 같은 것을 강화할 수 있다. 장벽의 이미지는 내부와 외부 간의 분명한 분할이라는 생각뿐 아니라 내부의 완벽한 통합에 대한 욕망을 고착시킬 수 있다. 우리가 이 책에서 묘사한 바와 같이, 경계를 연구 '대상'으로뿐 아니라 '인식의' 관점으로 여기는 것(이것은 기본적으로 우리가 '방법으로서의 경계'의 의미로 여기는 것이다)은 포섭과 배제 간 구분선을 흐릿하게 하는 긴장과 갈등에 대한, 그리고 엄청나게 변화하는 현재의 사회 통합 규칙에 대한 생산적인 통찰을 제공한다. 동시에, 우리가 경계횡단border crossing의 중요성에 대해 말할 때, 우리는 경계선이 작동하는 이러한 순간이 단순히 이동하고 있는 주체의 관점에서만 중요한 것은 아니라는 점을 인지하고 있다. 이는 국가나 전지구적 정치행위자들이나 통치[정부][1]

1. 이 책에서 저자들은 전지구화에 따른 주권 개념의 변화와 연계하여, 통치와 관련한 여러 용어를 사용하고 있다. 전통적으로 주권 개념은 국가가 영토 내의 모든 사안을 독점적으로 관리하는 의미를 가지고 있었으나, 권력의 범위와 대상, 작동 형식 등이 변화함에 따라 이러한 의미 역시 변화되어야 한다는 것이다. 그런 측면에서 우선 정치학이나 행정학 등을 중심으로 발전되어온 거버넌스(governance) 개념이 등장한다. 이 개념에서는 한편으로 거대 정부의 비효율성에 대한 신자유주의적 비판, 다른 한편으로 기업, 시민사회 등의 비정부 행위자, 국제적으로 다국적 기업·금융, 국제기구 등의 역할 증대에 따른 권력의 분산과 협치를 전제한다. 해당 용어는 학계에서 번역어가 통일되지 않았고, 거버넌스, 통치, 협치 등으로 쓰이고 있다. 여기서는 비교적 일반인에게 익숙한 '통치'로 번역하였다. 국가주권의 변화라는 같은 맥락에서 저자들은 미셸 푸코의 통치성(governmentality) 개념을 (특히 6장에서) 활용하고 있다. 널리 알려져 있다시피 푸코는 권력과 지식, 권력과 주체 구성 등의 문제에 대해 많은 관심을 갖고 있으며, 생체권력 등 미시적 생활영역으로까지 파고드는 권력에 대해 언급한다. 이는 국가 중심의 주권으로부터 권력의 범위와 개념이 더욱 다양하고 광범위해짐을 의미한다. 이 책에서 저자들은 통치성 개념이 지닌 이러한 맥락을 활용해 국가와 자본이 경계를 통해 노동자의 이주를 관리하는 방식에 작동하는 권력의 요소를 설명한다. 이외에 통상 정부를 의미하는 government 그리고 governmentalization 등의 용어도 함께 제시된다. 전자의 경우 본문에서 경계의 관리에 대한 국가의 독점 요구 등에 대한 논의와 연관해 정부의 역할을 의미하는 성격이 짙으나, 앞의 두 개념들과의 연속성 측면에서 '통치[정부]'로 번역

기관들, 자본의 경우에도 마찬가지이다. 경계에서 일어나는 유동자산, 상품, 노동, 정보를 분류하고 걸러내는 것은 이러한 행위자들이 작동하는 데 매우 중요하다. 다시 말해, 경계를 인식의 관점으로 여기는 것은 오늘날 권력과 자본을 재구성하는 대변혁에 대해 새롭고 매우 생산적인 측면들을 개방시킨다 ― 예를 들면, 주권과 통치성 간의 뒤섞임과 축적의 전지구적 회로 이면에 있는 물류 활동들을 해명해 준다.

이런 관점에서 볼 때 경계에 관한 우리의 작업은 실제로 존재하는 전지구적 과정에 대한 비판적 탐구에의 기여로 이해되어야 한다. 1990년 일본 경영학 석학인 오마에 겐이치가 출간한 『경계 없는 세상』과 같은 책이 전지구화와 경계선에 관한 논의 의제들을 설정하던 날들은 지나갔다. 그러한 저작에서 제시된 전지구화와 경계의 제로섬 게임 같은 생각(전지구화가 진행되는 한, 경계의 연관성은 감소할 것이다)은 매우 큰 영향력을 가져왔지만, 우리가 사는 현재에도 증가하고 있는 경계의 현존이라는 증거에 의해 그 자리를 빼앗겼다. 우리의 작업이 이러한 경계의 증식 과정을 그리고 있기는 하지만, 그렇다고 우리가 민족국가가 전지구화의 영향을 받지 않는다고 주장하는 것은 아니다. 우리는 민족국가가 현대 세계에서 재조직화되고 재형식화되고 있다고 주장하는 많은 사상가에 동의한다. 그런 이유로 우리는 전통적인 국가 간 경계뿐 아니라 사회적, 문화적, 정치적, 경제적 구획과 같은 다른 선들에도 주의를 기울이고 있다. 예를 들어, 우리는 형식적으로 통합된 정치적 공간들 안에서 확산하는 세계 곳곳의 '특별경제구역'을 둘러싸고 있는 영역선들을 탐구한다.

다시 말하면, 우리의 중심 주제 중 하나는 경계들이 단순히 사람, 화

어를 정리하였다. 후자의 경우 역시 같은 맥락에서 '통치화'로 정리하였다. 통치화의 경우 통상 푸코의 통치성(governmentality)과 연계된 개념으로 '통치성화'로 번역되기도 하는데, 여기서는 상태의 성격이 짙은 '성'과 변화의 의미가 짙은 '화'를 동시에 사용하는 것이 어색해 통치화를 택했다.

폐, 물건들의 전지구적 이동 경로를 가로막거나 방해하는 것과는 정반대로 그것들의 접합articulation을 위한 핵심적인 장치가 되어가고 있다는 점이다. 경계들은 현대의 전지구적, 탈식민지적 자본주의의 이종적 시공간을 생산하는 데 있어 핵심적인 역할을 하고 있다. 전지구적인 것의 심오한 이종성에 이렇게 초점을 두는 것은 많은 사회정치 사상가들뿐 아니라 수많은 인류학적·민속지학적 작업과의 끊임없는 대화 속에서 우리가 만들어낸 차별적인 지점 중 하나이다. 이동하는 주체들과 경계에 대한 그들의 경험은 이 책을 구성하는 아홉 개의 장을 관통하는 하나의 실마리를 제공한다. 우리는 다양한 세계의 각 부분에 있는 경계 및 이주 레짐regime들의 진화 형태를 분석하며, 이러한 레짐들이 노동력의 상품으로서의 생산에서 다시 나타나는 방식에 주목한다. 동시에 우리는, 그 시작부터 하나의 세계체제로 여겨져 온 근대 자본주의의 역사 속에서 지속해서 제기된 장기적인 문제, 즉 확장하는 자본 변방과 영토적 구획 간의 관계라는 문제에도 집중한다. 우리는 자본 금융화의 압력 아래에 있는 현대의 전지구적 전환 속에서, 그 문제와 씨름하고 있는 정치경제학과 사회과학들에 의해 만들어지고 이들이 가장 소중히 여기는 인식과 이론적 패러다임 — 국제노동분업에서 중심부와 주변부에 이르기까지 — 중 몇몇을 검증할 필요가 있다. 다시 말해, 경계를 관점으로 택하면서, 우리는 새로운 개념 — 노동의 증식 — 을 제안하고 자본주의적 전지구화의 핵심에 자리잡고 있는 바로 그 지리적 분열의 지도를 그리고자 시도한다. 『방법으로서의 경계』는 이런 이유로 진화하고 있는 세계의 질서와 무질서의 형태에 대한 현재 진행 중인 논의에 기여하고자 하는 시도로 읽힐 수도 있다.

이종성에 대한 우리의 강조는 칼 맑스와 더불어 우리가 현대 산 노동living labor의 구성이라고 부르는, 이동 행위들과 경계들의 작동에 의해 더욱더 교차되고, 분할되며, 증식되는 것에 대한 분석에도 마찬가지로 중요하다. 이러한 과정에 대한 분석의 지렛대를 얻기 위해, 우리는 남-북 분할을 교차하고 그것에 도전하는 다수의 시선과 목소리를 엮는다. 우리는 불안정성뿐만 아니라 돌봄노동과 정동노동affective labor에 대한 논의에 개입함으로써, 이주 경험 및 통제 레짐이 유럽-대서양 세계의 노동 대변혁과 갖는 연관성을 강조하면서, 몇 가지 사례를 들자면 현대 중국의 가구 등록제도인 후코우hukou와 내부적으로 인도의 노동시장을 분할하는 복합적인 경계짓기 시스템에도 초점을 둔다. 우리는 이런 작업을 하는 데 있어 설명되어야만 하는 많은 차이에 대해 인식하고 있다. 이런저런 상황들에 대한 비교분석을 제시하지는 않지만, 우리는 (종종 예측되지 않는) 공명과 불협화음에 관한 개념과 작업 들로부터 출발하는 새로운 종류의 지식 생산에 관심을 두고 있다. 이러한 공명과 불협화음의 개념들은 애초에 형성된 것과는 매우 상이할 수 있는 물질성과 여러 번 조우하고 충돌함으로써 만들어진다. 이것이 우리가 방법으로서의 경계라고 부르는 것의 본질적인 부분이다. 산 노동의 구성과 관련해서 방법으로서의 경계는 (예를 들어, 인물, 기능, 법적이고 사회적인 지위의) 이종성이 다양한 지리적 스케일2에 걸쳐 전략적 연관성을 갖고 있다는 점을 가리킨다. 오늘날, 복수성multiplicity은 노동 구성에 대한 모든 탐구의 출발을 위해 필요한 지점이다. 그리고 『방법으로서의 경계』는 그러한 탐구가 초점을 두고 있는 더욱 내포적인 갈등과 마찰의 지점들을 판별하기 위한 몇 가지 도구들을 제공하고자 시도한다. 복수성과 이종성이 통제와 위계화 장치들에 의해 절단되고 분할되기는 하지만, (계급투쟁 역사의 한 시대를 나타내는 단어들을 사용하자면) 단결이 힘이라는 것은 오늘날에

---

2. "스케일은 지리학 연구 문헌에서도 혼란스럽게 사용되는 개념으로, 영역이나 어떤 과정의 공간적 범위로서 '공간성'(spatiality)을 의미할 수 있다. 국민국가, 유럽연합과 같은 거대 지역에서부터 인간의 몸, 기타 작은 것들을 의미할 수도 있는 다공질적이고 유연한 '담지체'이다"(마이클 새머스, 『이주』, 이영민 외 옮김, 푸른길, 2013, 432쪽에서 참조 인용).

도 여전히 유효한 진리이다. 그렇지만 이러한 단결의 조건들은 약점으로 부터 강점으로 변환되어야만 하는 복수성과 이종성의 배경에 비추어 완전히 다시 상상되어야만 한다.

경계에 대한 우리의 작업을 통해 우리가 오늘날의 비판적 논쟁 가운데에서 회자되는 정치적 주체성이라는 주제와 관련해 가장 영향력 있는 몇몇 설명들에 관한 논의에 참여한다는 점은 놀라운 일이 아니다. 근대성 내에서 경계선은 정치적 주체성의 생산과 조직화 양식에서 구성적인 역할을 해 왔다. 시민권은 아마도 정치적 주체성에 대한 가장 좋은 예일 것이다. 그리고 시민-노동자라는 이원적 인물형의 움직임이 국가 테두리 내에 각인되어온 방식들을 이해하기 위해선 20세기의 시민권과 노동 간의 중요한 연계에 관한 성찰이 필요하다. 시민권 연구, 노동 연구, 정치적 주체성에 관한 철학적 논쟁들에 대해 검토하면서, 우리는 시민과 노동자라는 현대의 두 인물형 모두에 걸쳐 있는 긴장과 균열을 그려 보았다. 이러한 인물형들을 둘러싼 경계는 희미해지고 불안정해져 왔다. 그리고 미국에서의 라티노들Latinos의 구호와 같이("우리는 경계를 넘지 않았다. 경계가 우리를 넘었다."), 그 인물형들 스스로는 점점 경계들에 의해 횡단되고 단절되며 둘러싸이는 것 이상의 사태가 되었다. 이러한 경계들 주변으로, 비록 많은 경우에는 말 그대로의 경계와는 매우 멀리 떨어져 있기는 하지만, 현대에 가장 중요한 투쟁 중 몇몇이 발생한다. 시민-노동자와 국가라는 짐burden들로부터 정치적 상상력을 해방하는 것은 새로운 형태의 정치적 주체성의 조직화가 가능해지는 공간을 여는 데 있어 매우 시급한 일이다. 여기서, 다시, 경계에 대한 우리의 작업은 번역과 공통적인 것에 대한 현대의 논쟁과 만나고 있다.

1장

경계의 확산

택시에서 바라본 세상

지난 10년 동안 뉴욕시에서 택시를 이용해 본 사람이라면 누구라도 이 도시의 노란색 택시를 운전하는 노동자들에 광범위한 다양성이 존재한다는 점을 알 것이다. 하지만 80개가 넘는 언어적 배경을 가진 이주 노동자들이 대부분인 이들 집단을 결속하여 파업을 도모한다는 게 어떤 일인지 알 만한 사람은 거의 없을 것이다. 『택시! 뉴욕시의 택시와 자본주의』(2005)에서, 자기 자신이 〈뉴욕 택시 노동자 동맹〉이라는 풀뿌리 단체의 조직자이기도 한 비주 매튜는 2004년 3월 이 도시의 택시 기사들에게 역사적인 택시 요금 인상의 승리를 안겨 주었던 여러 파업에 관한 역사를 기술하였다. 매튜의 책은 여러 의미에서 경계선에 관한 이야기인데, 여기에는 운전기사 노동자들을 구분하는 언어적 경계선만이 아니라, 이들이 일상적으로 일을 하며 횡단하는 도시 경계선, 뉴욕시에 도달하기 위해 횡단하는 국가 경계선, 그리고 승객이나 택시 차량을 대여해 주는 차량의 소유주들과 자신들을 구별시키는 사회적 경계선이 포함된다. 뉴욕시의 택시 산업 재구조화와 그것이 전지구적 시대 자본주의의 더 큰 변화와 갖는 연결고리를 자세히 살펴보면서, 『택시!』는 이 영역의 노동자들의 구성, 투쟁, 조직 형식들 속에서 이러한 여러 경계가 얼마나 중요한지를 보여준다.

많은 택시 기사가 상당히 학력이 높은 사람들이며, 이들에게 택시 기사 같은 일들은 대개 더 나은 일자리로 옮겨가기 위해 머무르는 환승역이나 대기실 같다는 것은 이제 공공연한 사실이다. 실리콘 밸리의 인도계 기술-이주자들에 관한 최근 연구(Ong 2006, 163~165)에서도 언급된 바와 같이, 이들 노동자들의 '불법적인' 법적 지위가 이미 존재하던 이 노동력의 다양성을 교차시키고 증대시키는 또 다른 경계를 만들어 내는 일은 이제 흔히 발생한다. 더 나아가, 역사의 상처들이 노동력의 구성 속에서 다시 나타난다. 이는 특히 남아시아에서 온 이주 노동자들에 해당하는데, 이들에게 아대륙의 분할에 대한 기억과 그 실제적인 유산은 현재진행형의 경험이다. 따라서 매튜가 상기시킨 것처럼, 파키스탄계와 인도계 기사들이 1998년 뉴욕 택시 파업에서 연대하여, 2만 4천 대의 택시 기사들이 영업을 멈추고, 벌금 수준의 상향, 약물 검사의 의무화, 보험요건상의 법적 책임 강화 강제, 면허증에 벌점 부착 등을 담은 금지 수단을 부과하는 새로운 안전 규정들에 대한 저항에 동참하게 된 것은 더욱 놀라운 일이다. 자신의 고국들이 점증하는 국가적 긴장 상황에서 핵무기 실험을 시행한 지 일주일 후에, 이 택시 기사들은 도시를 멈추게 만드는 이틀간의 파업을 함께 감행하였다.

매튜의 연구는 정립된 계급 위치들을 보호하는 일단의 국가친화적이고 시장친화적 담론인 다문화주의 및 탈식민주의에 대한 비평 그리고 전지구화 및 신자유주의와 관련된 특정한 이미지 둘 모두에 기반해 이루어진다. 종종 이것은 우리에게 지나치게 융통성 없어 보인다. 우리가 보기에 더욱더 흥미로운 것은 『택시』가 오늘날의 세계에서 경계의 확산 그리고 노동하는 삶에 대한 현대적 재조직화에서 그 경계들이 수행하는 다스케일적인multiscalar 역할들에 대한 일종의 연대기로 읽힐 수 있다는 점이다. 매튜의 연구는 하나의 도시에 초점을 두고 있기는 하지만, 전지구적 공간의 점증하는 이종성은 그가 대도시와의 협상에 관해 전하는 이야기들 속에서 분명하게 드러난다. 영토, 관할권jurisdiction, 노동분업, 통치, 주권, 번역 등의 이슈들이 모두 이 택시 기사들이 횡단하는 도시 공간들로 쏟아져 내린다. 이것은 단지 질문의 대상이 뉴욕이라는, 지난 15년간 대도시 경제의 재형성과 사회적 투쟁의 발전에서 이주 노동자들이 핵심적인 역할을 해온 도시이기 때문만은 아니다(Ness 2005). 우리가 뒤의 장들에서 서술하듯이, (유럽의 '외적 변방'external frontiers이든, 중국의 국가 영토이든, 태평양에서의 호주의 영향권역sphere of influence이든 간에) 이 세계의 다른 부분에서 발생하는 경계의 확산은 매튜에 의해 논의된 사례들에서 공통적으로 나타나는 경향들을 보여준다.

우리가 관심을 두는 부분은 변화하는 경계 및 이주 레짐들이다. 이것들이 존재하는 세계에서는 더는 국가 경계선이 노동 이주를 분리하고 제한하는 데 유일하거나 아니면 반드시 가장 적절한 것이 아니다. 민족국가는 여전히 권력 배열과 자본-노동관계를 통한 그것의 발현이라는 관점에서 중요한 정치적 참고점을 제공한다. 그런데도, 우리는 이 시대의 권력 역학과 권력 투쟁들이 국경들이나 국가들이 가상적으로 구축한 국제체제로 국한될 수 없다는 확신이 있다. 이것은 우리의 작업에서 중요한 출발 지점이다. 비록 우리가 현대 세계에서 경계들의 전략적 중요성을 강조하고 있기는 하지만, 그렇다고 최근에 여러 관점에서 세계무대에서의 민족국가의 귀환에 칭송을 바치고, 전지구화의 논점들을 단순한 이데올로기적 왜곡으로 흩어버리는 합창의 대열에 참여할 의도를 갖고 있는 것은 아니다. 오히려 그 반대로, 우리의 중심 주제 중 하나는 단지 전지구적인 흐름을 막거나 방해하는 것과는 완전히 반대로 경계가 그 흐름의 접합을 위한 핵심적 장치가 된다는 점이다. 이런 접합의 과정에서 경계는 단지 증식을 하는 데 그치지 않는다. 또한, 경계는 사스키아 사센(2007, 214)이 "경계의 실제적이고 체험적인 분리"라고 이름 붙인 복합적 변형을 경험하는 중이기도 하다. 경계의 개념과 제도의 여러(법적·문화적, 사회적·경제적) 구성 요소들은 민족국가 간의 지정학적 분리선에 따른 자기장과 떨어지는 경향이 있다. 이러한 과정을 이해하기 위해 우리는 경계를 향한 수많은 비판 속에 존재하는 지정학적 경계선에 관한 통상적 관심으로부터 비판적인 거리를 견지한다. 또한, 우리는 경계선의 확산뿐 아니라 이종화에 대해서도 얘기하고자 한다.

경계선의 전통적인 이미지는 여전히 별개의 주권적인 영토들이 선으로 나뉘고 다른 색깔들로 표시된 지도에 각인되어 있다. 이러한 이미지는 국가에 관한 근대사에 의해 만들어져 왔으며, 우리는 그것의 복합성을 항상 주지하고 있어야만 한다. 간단히 예를 하나 들어보면, 이주 통제migration control는 아주 최근에야 정치적 경계의 주요한 기능이 되었다. 동시에, 선형적인 경계의 발전을 역사화한다는 것은 경계의 특정한 이미지를 자연화하는 것의 위험들을 주지한다는 것을 의미한다. 그러한 자연화는 우리가 현 세계에서 맞닥뜨리고 있는 가장 현저한 변혁들을 이해하는 데 도움이 되지 않는다. 오늘날 경계선은 단지 지리학적 가장자리나 영토적인 말단들이 아니다. 그것들은 복합적인 사회적 제도이고, 경계강화의 이행과 경계횡단 간의 긴장들로 표시된다. 파블로 빌라(2000)가 1980년대 후반 이후 미국과 멕시코 간 접경지역에 대한 연구의 발전을 비판적으로 조사해 보려는 중에 제시되었던 경계를 형성하는 것에 대한 이러한 정의는 이런저런 종류의 경계를 구성하는 긴장과 갈등을 가리키고 있다.

우리는 이러한 구성적 순간이 오늘날 특히 강렬하게 출현하고 있으며, 그것은 또한 특정한 지정학적 경계와 도시들, 지역들, 대륙들을 횡단하는 수많은 다른 영역선들과 함께 출현하고 있다고 확신한다. 한편으로, 경계는 사람·화폐·물건의 전지구적 통로들을 관리하고, 보정하며, 통치하기 위해 세밀하게 조율된 장치가 되는 중이다. 다른 한편으로, 경계는 주권 권력의 변혁들과 정치와 폭력의 양면적 결합이 결코 눈앞에서 사라지지 않는 공간들이다. 이러한 이중적인 경향들을 관찰한다고 해서, 단지 경계가 항상 두 가지 측면을 갖고 있다거나, 아니면 분리되어 있으면서 동시에 연결되어 있기도 하다는 상투적이지만 필수적인 기존의 지적을 하려는 것만은 아니다. 경계는 이러한 전지구적 자본주의의 시간과 공간을 생산하는 데서 핵심적인 역할을 하고 있기도 하다. 더욱이, 경계는 이러한 시간과 공간 내에서 그리고 그에 반대해서 나타나는 투쟁들 ─ 문제가 될 만한 경우가 다반사이지만, 매우 풍부하고 확정적인 방법으로, 경계선 자체의 폐지를 암시하는 투쟁들 ─ 을 형성한다. 이런 측면에서, 경계들은 최근 몇 년간 연구, 정치적·예술적 이행의 중요한 관심사가 되었다. 경계들은 전지구적 자본주의 동인들의 격변과 갈등의 강도가 특히 뚜렷하게 나타나는 영역들이다. 그런 식으로 경계들은 실제로 존재하고 있는 전지구화의 분석과 논쟁을 위한 전략적 지반들을 제공한다.

경계란 무엇인가?

「경계란 무엇인가?」라는 영향력 있는 논문에서 에띠엔 발리바르는 경계선의 "다의성"과 "이종성"에 대해 기술하면서, "다수성, 그것들의 가상적이고 허구적인 속성"이 "그것들을 조금도 덜 실재적으로 만들지는 않는다"라고 기술한다(2002, 76). 상이한 사회적 집단들에 속한 개인들이 상이한 방식으로 경험하는 상이한 종류의 경계선이 존재할 뿐 아니라, 경계선은 또한 이와 동시에 "구획화와 영토화 — 뚜렷한 사회적 교환들이나 흐름 간, 분명한 권리들 등 간 — 의 몇몇 기능들을"(79) 수행하기도 한다. 또한, 경계선은 항상 중층결정되는데, 이는 "어떠한 정치적 경계도 두 국가 간의 단순한 영역선에 불과한 경우는 없으며" 그와는 반대로 항상 "다른 지정학적 분할들에 의해 승인되고, 재복제되며, 상대화된다"(79). 발리바르는 이렇게 적고 있다. "경계선이 수행하는 세계—설정 기능이 없다면, 경계선은 — 혹은 지속되는 경계선이란 — 존재하지 않을 것이다"(79). 그의 주장은 칼 슈미트가 1950년에 출간된 자신의 저서인 『대지의 노모스』(2003)에서 발전시킨 것을 매우 다른 이론적 맥락에서 상기시킨다. 이 책은 근대 유럽 안에 존재하던 경계를 추적하는 작업이 이미 전지구적인 공간을 조직하기 위해 설계되었던 정치적, 법적 배열과 함께 이루어졌다는 주장을 일관되게 제시한다. 이러한 배열은, 상이한 종류의 '전지구적 선들lines'과 지리적 분할들을 포함해, 세계의 식민지적 구획설정 그리고 유럽과 그 외부 간 관계들의 규제에 대한 청사진을 제공하였다. 간략히 기술하자면, 이러한 식민지적이고 제국주의적인 팽창과 관련된 전지구적 선들을 유럽과 서구 국가들 간에 존재하는 선형적 영역선들과 접합하는 것은 수 세기 동안 자본과 국가에 의해 조직화된 전지구적 지리학의 지배적 모티프를 구성하여 왔다. 말할 것도 없이 이 역사는 평화롭지도 선형적이지도 않았다.

탈식민화의 혼란, 민족국가의 전지구화와 두 번의 세계대전에서 태동한 선형적 경계선 등으로 특징지어지는 20세기 역사를 통해, 우리는 이러한 정치적 지리학의 폭발을 목격하였다. 유럽은 지도의 중심으로부터 퇴출당하였다. 미국의 전지구적 헤게모니는 냉전이 끝날 때만 하더라도 경쟁자가 없어 보였지만 점차 그 힘을 급속히 잃어가고 있는데, 이는 비단 21세기 첫 번째 10년에서 두 번째 10년으로 가는 시기 동안 이 나라를 특징지었던 경제 위기에만 한정되는 현상은 아니다. 더욱 다양화되고 불안정한 전지구적 권력의 풍경이 곧 나타날 것처럼 보이는데, 이것은 더는 일방주의나 다자주의와 같은 개념들로는 완전히 설명될 수 없다 (Haass 2008). 새로운 대륙적 공간들이 불안정한 통합, 지역적 상호침투, 정치적·문화적·사회적 이동의 현장으로 등장한다. 이것은 비록 길고도 결말이 없을 것이 분명한 과정이기는 하지만, 우리는 그것이 발현할 때 작동하는 몇몇 요소들을 판별해낼 수 있었다. 멸절로 가는 전쟁들, 반식민지적 봉기들, 변화하는 통신과 운송의 유형들, 지정학적 변환, 금융 경제의 거품과 그것의 붕괴 등 — 이 모든 것이 세계의 그림을 다시 그리는 데 기여했다. 더욱이, 계급투쟁, 인종과 성별 등이 서로 연결된 논쟁의 압박하에서, 자본주의 생산양식은 중대하고 불균등한 변혁을 지속해서 경험하고 있다. 이러한 변화의 핵심은 국가와 자본 간 관계의 재편성 — 어떤 때는 연계해 작동하는 것처럼 보이기도 하고, 다른 때에는 논리적인 모순 관계 속에 존재하고 있는 것으로 이해되기도 하는 — 이기는 하지만, 반면에 항상 착취, 강탈, 지배의 체제를 변화시키는 것과 연루되어 있기도 하다.

만일 세계의 정치적 지도와 자본주의의 전지구적 지도제작이 완전히 일치된 적이 결코 없었다면, 한때나마 서로에 대한 용이한 이해 정도가 가능한 적은 있었을 것이다. 탈냉전 시대의 세계에서 이러한 지도들의 중첩은 점점 더 판독이 불가능해졌다. "탈민족화"(Sassen 2006) 과정의 조합은 국가와 자본 모두에 다양한 수준의 강도와 균등하지 않은 발전의 형상을 갖도록 했다. 특히 자본의 민족적 분파는 현대 자본주의의 분석에 있어 점점 덜 중요한 지표가 되었다. 이 책에서 우리는 이러한 문제에 제동을 걸기 위해, '자본의 변방'이라는 개념을 정교화하고 현대 자본주의와 영토적 영역선이 탄생한 이후 그 둘이 영속적으로 팽창하며 맺어온 관계를 탐구할 것이다. 이러한 관계들 간에는 언제나 구성적인 긴장이 존재해오긴 했지만, 하나의 세계 체제로서 자본주의의 발전은 경제적 과정에 의해 생성된 구획들과 국가의 경계선 간의 후속적인 접합 형식에 형태를 부여하였다. 우리의 중심적인 논점 중 하나는 금융화, 이종적 노동과 축적 레짐 간의 조합 과정으로 특징지어지는 현대 자본이 그 변방의 확대를 위해 권력과 법의 더욱 복합적인 집합과 타협하고 있다는 점이며, 이것은 민족국가를 포함할 뿐 아니라 또한 초월하기도 한다는 점이다. 자본 변방의 확대를 지켜보고 정치적·법적 영역선의 확산을 고려함으로써, 우리는 지리적인 분열과 지속적인 재스케일화 과정들과 맞닥뜨리게 된다. 매우 이종적인 전지구적 공간은 이러한 과정에 부응하고, 경계는 그 형성을 살펴보는 데 상당히 효과적인 시각을 제공한다.

반면에, 1990년대 초 이후로 지리학자들 사이에서 논쟁의 중심에 있는 지도제작적 이성cartographical reason의 위기(Farinelli 2003)는 경계의 물질적 변혁 연구와 상당한 연관성을 가진 인식론적 질문들을 제기하여 왔다. 자본과 국가 간 (그리고 그것들 각각의 공간적 재현과 생산 간의) 관계에서 증가하는 복합성은 이 위기 속에서 작동하는 요인 중 하나이다. 이것은 경계선의 형상과 제도를 둘러싼 특정한 불안감을 낳는다. 즉

기하학적으로 세계의 질서를 세우고 틀을 잡기 위한 안정적인 참고점들과 은유들을 이 형상과 제도들이 제공할 수 있는지에 의문을 제기하는 것이다(Gregory 1994; Krishna 1994; Painter 2008).

오늘날 경계는 여전히 '세계-설정 기능'을 수행하고 있다. 그러나 경계는 빈번히 변하기 쉽고 예측 불가능한 이동과 중첩의 유형들에 속박되어 있고, 나타났다 사라지기도 하며, 이뿐만 아니라 종종 예전에는 공식적으로 통합되었던 정치적 공간들을 깨부수었다가 다시 정리하는 위협적인 벽들의 형태로 명확해지기도 한다. 경계는 이동하고 있는 수백만 명의 남녀의 삶을 가로지르기도 하고, 혹은, 잔류한 정주자들sedentry의 경우에는 경계가 그들을 횡단하도록 한다. 지중해나 멕시코와 미국 사이 사막과 같은 장소들에서, 경계는 많은 이주자들의 통행로를 폭력적으로 파괴한다. 동시에 경계는 자신을 다른 제한이나 분할 기술들 위에 포개어 놓는다. 이런 과정들은 현대 세계 질서의 과정들에 비해서 결코 중층결정이 덜 되었다고 할 수 없으나, 그 과정들이 지구를 설정하는 방식들은 극적으로 변화하였다. 세계에 대한 안정된 지도를 조직하기보다는, 우리가 이 책에서 분석하고자 하는 경계의 확산과 변형 과정들은 현대 자본주의의 전지구화 한가운데에 놓여 있는 공간들과 시간의 창조적 파괴와 영속적 재조합을 관리하는 데 목적을 두고 있다. 이 책에서 우리는 미래의 세계 질서가 가질 형태를 파악하는 데 목적을 두고 있지 않다. 그보다 우리는 현재 세계의 무질서를 면밀히 살펴보고 어떤 식이든 베스트팔렌적 질서로 회귀한다는 관점에서 미래를 생각하는 것이 왜 매우 비현실적인지에 관해 설명해 보고자 한다.

알다시피 경계는 살기에 안락한 장소는 아니다. "증오, 분노, 착취". 글로리아 안잘두아는 20년도 더 이전에 그가 "새로운 메스티자"[1]라고 이름

---

1. 백인과 중남미 원주민 간 혼혈을 지칭하는 비속어인 메스티조(Mestizo)의 여성형.

붙인 것의 출현 배경을 묘사하면서 이 세 요소가 "이 풍경의 두드러지는 특징들"이라고 기술하였다(1987, 19). 담벼락, 쇠창살, 철조망 등은 우리가 경계들을 생각할 때 머릿속에 떠오르는 통상적인 이미지들이고, 그것들이 멕시코와 미국 사이에 있든, 팔레스타인 자치지구에 있든, 북아프리카 세우타에 있는 스페인 엔클레이브2 주변에 건설된 '죽음의 울타리'fence of death이든, 전 세계에 걸쳐 부유층들로부터 가난한 자들을 차단하기 위해 우후죽순처럼 솟구쳐 나온 게이트로 막힌 수많은 공동체든지와는 관계없이 유사하다. 우리는 경계를 물리적인 담장과 은유적인 담장으로 보기 쉬운데, 이를테면 유럽의 요새의 이미지를 통해 떠오르는 것들이다. 이러한 경향은 2001년의 9·11 테러 사건이라는, 경계가 실제적인 통제 정치뿐 아니라 정치적 수사 안에서 '안보지상주의적'securitarian 투자를 하기에 중요한 영역이 되는 사건 이후에 더욱 뚜렷하게 나타났다. 우리는 이 모든 것을 괴롭게 받아들이고 있다. 그러나 우리는 경계가 담장이라는 이미지, 혹은 최근의 중요한 비판적 연구들에서도 널리 받아들여지고 있듯 경계란 배제하는 데 무엇보다 가장 탁월한 기능을 하는 장치라는 이미지는 궁극적으로는 오도하는 것이라고 확신한다. 경계의 한 가지 기능을 따로 떼어놓게 되면 우리는 이 기제의 유연성을 이해할 수 없게 된다. 또한 시민권이나 이와 관련된 노동시장 등이 영토를 매개로 묶여 있는 공간 안에서 경계통제 행위와 기술이 확산하는 현상을 이해하는 데도 도움이 되지 않는다. 우리가 주장하는 바는 경계가 사람들을 선별하고 거르는 포섭의 장치이며 상이한 순환의 형식이기도 하다는 점이다. 또한, 이러한 포섭은 배제를 위한 수단에서 쓰이는 장치들과 비교해

---

2. enclave. 다른 국가의 영토로 완전히 둘러 싸인 영토를 일컫는다. 이탈리아로 둘러싸인 바티칸 공국, 남아공에 의해 둘러싸인 레소토 공화국 등이 대표적이다. 이러한 지리적 상황으로 인해 대개 인접 영토와 정치, 언어, 문화, 종교, 민족 등에 있어서 (소수의) 이질적인 집단으로 이루어져 있다.

결코 폭력의 수준이 덜하다고 할 수 없는 방식으로 이루어진다는 점이다. 이런 이유로 우리의 주장은 대개 순수한 사회적 선good으로 받아들여지곤 하는 포섭에 대해서 비판적으로 접근한다. 경계가 어떻게 핵심적인 선들lines과 부와 권력의 지형들을 따라 복수의 통제 지점들을 구축하는지를 보여줌으로써, 우리는 배제의 대척점이 아닌 연속선상에 있는 포섭을 볼 것이다. 달리 말하면, 우리는 경계의 위계화 및 계층화 능력에 초점을 맞출 것이며, 이것은 국경들이 국가의 영토적 제한들과 조응하든 아니면 그 안에 존재하든 그도 아니면 그것을 넘어서든 상관없이 그것들이 자본과 정치권력에 투사되는 모습을 검토할 것이다. 경계의 작동에 만연한 속성을 분석하기 위해 ─ 그 작동에 수반되는 분명한 폭력은 차치하고 ─ 우리는 담장과 배제의 이미지를 고집하지 않는 더욱 복합적이고 역동적인 개념적 언어가 필요하다.

『방법으로서의 경계』는 현대 세계에서 경계의 확산에 수반하는 노동, 공간, 시간, 법, 권력, 시민권 등의 돌연변이들을 이해하는 데 쓰이는 일단의 개념들을 소개할 것이다. 이러한 개념 중에는 노동의 증식multiplication, 차별적 포섭, 임시 경계선, 통치성의 주권 기계sovereign machine of governmentality, 경계투쟁 등이 포함된다. 전체적으로 보면, 이러한 개념들은 우리 행성의 사회적·경제적·법적·정치적 관계들의 심오한 변혁을 이해하기 위한 기준을 제공한다. 이 개념들은 경계의 상당히 모호한 속성을 지적하며, 동시에 경계가 영토 국가들의 안과 밖 사이에 있는 공고한 선을 추적하는 데서 점점 더 무능력해지고 있다는 점을 지적하고 있다. 정치이론가인 웬디 브라운(2010)은 현대 세계의 담장과 장벽의 확산이 국가 주권의 재확정 신호라기보다는 그것의 위기와 변혁의 징후에 어떻게 더 가까울 수 있는지에 관해 설명한다. 우리가 보기에 브라운의 주장 중 특히 중요한 것은 "이러한 새로운 담장의 육체적으로 가장 위협적인 모습조차도 합법적·불법적 이주 노동을 배제하기보다는 규제하는 것이고," 이로써 "유연한 생산이 필요로 하는, 법과 비법non-law 간"에 구별이 없는 지대를 만들어낸다는 점이다(Brown 2008, 16~17). 우리는 국경이 어떻게 자본, 노동, 법, 주체, 정치권력들 간의 관계들을 규제하고 구조화하는지, 특히 담장이나 다른 여타의 요새들에 의해 구획화lined되지 않은 경우에조차도 어떻게 그렇게 하는지를 고찰함으로써 브라운의 주장을 넘어서 나아가 볼 것이다. 우리는 국경의 규제적 기능들과 상징 권력이 어떻게 주권과 전지구적 통치의 더욱 유연한 형식 간의 장벽을 시험하는지, 그리고 그것이 어떻게 변형된 자본과 그에 반해서 나타나는 투쟁을 추적하기 위한 프리즘을 제공하는지 보여주고자 한다. 우리의 주장은 이를 통해 국경과 담장을 구분하고자 시도한다는 데서 차별성을 지닌다.

현재 세계에 알려진 것 중 물리적으로 가장 무시무시한 담장들 중 하나 – 이스라엘 내 팔레스타인 자치지구를 관통하는 것 – 를 연구한 가장 명민한 건축가들과 도시연구자들은 그것이 어떻게, 이스라엘의 군사전략에 의해 지속해서 재형성되는 규정하기 어렵고 유동적인 지형을 만들어 내는지를 보여주었다. 이스라엘 당국sovereignty의 선형적 경계를 만드는 것과는 별개로, 담장은 "특정한 흐름은 통과시키고 다른 것은 차단하도록 하는 세포막"으로서 기능하며, 이는 팔레스타인 영토 전체를 하나의 "변방 지대"로 변형시켰다(Petti 2007, 97). 에얄 와이즈먼에 따르면, "팔레스타인 자치지구the Occupied Territories의 변방은 엄격하다거나 고정된 것과는 거리가 멀다. 오히려 그보다는 탄력적이고, 끊임없는 형성 중에 있다. 선형적인 경계이자, 민족국가의 군사적·정치적 공간성으로부터 물려받은 지도제작적 상상은 일시적이고, 이전 가능하며, 설치 가능하고, 제거 가능한 경계의 여러 유의어들 – '분리 담장'separation walls, '장벽', '특별보안지대', '군사제한구역', '살인 지대' 등 – 로 갈라졌다"(2007, 6). 잠시 후에 우리는 경계와 변방 간의 차이로 다시 돌아갈 것이다. 하지만 일단 지금은 영토의 탄력성 그리고 선형적 경계의 가장 정적인 결정화의 재현으로서, 담장 혹은 그 이상에 의해 지배되는 상황 속에서 안과 밖 간의 제한을 통제하기 위한 영토의 유연성과 기술의 이동성에 대해 와이즈먼이 강조한 점을 살펴보고자 한다. 분명 팔레스타인 자치지구의 상황은 그것의 특수성에 비추어 살펴볼 필요가 있다. 그러나 와이즈먼이 영토의 유연성이라고 부른 것 역시 전 세계의 다른 수많은 경계선의 작동과 연계하여 관찰될 수 있는 특성이다. 개별 경계의 역사적, 지리적 중요성에 관심을 기울인다고 해서, 그것이 어떤 상황에 대한 특정한 관점을 따로 떼어놓고 보는 접근이나 그 관점들을 매우 상이한 공간적·시간적 지대에서 벌어지는 일들과 공명시키는 접근들을 무시하는 것은 아니다. 이것이 우리가 이후의 장들에서 하고자 하는 일이다. 즉 개별적인 경계가 어떻게 연결되고 분리되는지뿐만 아니라 매우 이종적인 경계경관borderscapes 간의 관계들을 둘러싼 연결과 분할의 유형들을 탐색하고자 한다.

경계경관 안에서

우리의 목표는 경계에 대한 하나의 새로운 이론적 접근법을 상술할 수 있게 하는 일련의 문제들, 과정들, 개념들을 가시화하는 것이다. 그렇게 하는 와중에, 우리는 벽의 이미지라거나 안보와 같은 주제에 중점을 두는 주장들과는 거리를 둘 것이다. 또한, 우리는 고전적인 패러다임의 경계연구들(Kolossov 2005 ; Newman 2006)과도 결별할 것인데, 그 연구들은 조사 대상인 다양한 상황과 맥락 간에 분명하고 뚜렷한 차이들이 존재한다고 가정하고 별개의 사례연구들에 대한 비교를 통해 진행되는 경향을 보이고 있다. 우리가 다음 장들에서 분석하게 될 경계짓기bordering의 사례들은 경계강화border reinforcement와 경계횡단border crossing이라는 두 축 간 관계가 경계투쟁 속에서 자신을 발현하는 강도에 따라 선별된다. 예를 들어, 우리는 물론 중국의 특별경제구역들과 유럽연합의 외부 변방을 둘러치고 있는 규정하기 어려운 경계 간의 커다란 차이에 대해 인지하고 있다. 그러나 우리의 주된 관심은 경계짓기의 상이한 사례들이나 기술들을 비교하는 데 있지 않다. 그보다는 질문으로 삼고 있는 [경계의] 행위들, 기술들, 현장들을 짜 맞추어 보고, 병치해 보며, 포개 보고, 공명하게 만들고자 한다. 그것들의 차이와 불협화음뿐 아니라 상호 간의 합의와 조화, 공통점들, 특이성들 등을 강조하고자 한다. 그 결과는 지식 생산의 상이한 수단으로서, 필연적으로 번역 행위를 포함하는 것이다. 비록 언어적 관점보다는 개념적 관점에서이기는 하지만 말이다. 이 책 뒷부분에서 우리는 과학적·철학적 언어들의 번역가능성translatability에 대한 안토니오 그람시의 성찰에 기대어 이 질문에 대해 보다 상세히 살펴볼 것이다. 번역가능성 개념은 개념들과 이종적인 특정한 구체적 상황 간의 구조적 마찰 위에 구축되었다. '방법으로서의 경계'는 이론적 관점과 다양한 실증적 경계공간들의 이해라는 목적 둘 다의 측면에서 이러한 마찰을 생산적으로 만들고자 하는 시도이다.

이를 위해, 우리는 민속지학적ethnographic 저술들과 문건들에 의존한다. 하지만, 결코 하나의 민속지학적 초점에 우리의 분석을 제한하지는 않는다. 지리, 역사, 법학jurisprudence 등의 영역으로부터 나온 저술들과 함께 민속지학적 연구를 연계함으로써, 우리는 우리의 개념적 제안들을 시험해 보기 위한 실증적 차별점을 제공하길 희망한다. 우리는 또한 민속지학적 대상의 구성 뒤에 전형적으로 존재하는 가정들과 방법들 — 시간과 공간 간 관계에 관한 가정, 성찰성reflexivity의 방법들에 대한 가정, 번역 접근법에 대한 가정들 등등 — 에 대해 개념적으로 질문을 던지고 그것들을 수정하고자 한다. 개념적인 것과 물질적인 것 둘 다에서, 우리가 연결과 단절들에 대해 집중하는 것은 이렇듯 민속지학적 연구자들의 사려 깊은 작업에 큰 빚을 지고 있을 뿐 아니라 가장 복합적인 다분야 연구들조차도 뛰어넘는 방법을 모색하게 한다. 이 연구들은 민족지학적 실행의 특징들인 "행동–능력"do-ability의 윤리와 "거기 있음"being there의 당면과제에 매여 있다(Berg 2008). 우리가 인류학의 "직업적인 방법 문화"를 논하면서 최근의 민속지학이 "아무런 새로운 아이디어들"을 생산해 내지 못한다고 주장하는 조지 마커스와 같은 전설적 인물들에 동의하는 것은 아니다(2008, 3~4). 좀 더 간단하게, 우리는 전지구화를 이론화하려는 노력이 로지스틱스 비용의 계산, 법적 질서들, 경제적 세력들, 혹은 인도주의적 서사들과 같은 "추상적인 제3의 행위자"를 통해 매개될 수 있는 "간접적인 사회적 관계들"에 대해 설명해야만 한다고 믿는다. 이러한 질서들과 과정들은 자본, 상품, 노동의 움직임들을 "직접적인 감각적 경험을 통해 일차적으로 획득되는 민속지학적 데이터"에 즉각적으로 접속가능한 방식들로 전달한다(Feldman 2011, 375). 더욱이, 우리가 논의하는 현장들과 사건들은 항상 우리가 방문할 수 있는 것들은 아니다. 시간이나 자원 측면 모두에서 볼 때 말이다. 우리가 종종 우리 자신의 경험들과 관찰들에 의존하기는 하지만, 연구의 넓이를 위해 그 깊이와 엄밀함을 포기해야 한다는 관점에 동의하지 않는다. 오히려, 우리는 연구의 넓이가 깊이를 만들어 내거나, 혹은 더 나은 모습으로, '새로운 아이디어들'이라는 새로운 종류의 개념적 깊이를 만들어낸다는 신념을 갖고 정진한다. 우리의 연구는 이처럼 상당히 넓은 범위를 다루고 있다. 우리가 발전시키고자 하는 것은 경계연구에 대한 관계적 접근으로, 이것은 경계횡단과 경계강화의 경험에 정치적으로 민감하고, 또한 경계 개념 자체를 특징짓는 그 정의, 공간, 기능의 다의성에 적합한 접근법이다.

우리 두 사람 모두에게, 경계선, 노동, 이주 등의 사안들에 대한 이론적인 개입 경계는 여행, 지적 개입의 역사, 그리고 매우 다른 지리적·상징적 맥락에서 우리의 작업과 삶에 깊숙이 영향을 미친 우정과 관계의 유형들을 주조해 온 정치적 행동주의activism의 역사에 뿌리내리고 있다. 주지하다시피, 1993년은 이러한 정치사에 있어 중요한 문턱이었다. 그 해에

메자드라는 이탈리아 도시인 제노바에 살고 있었는데, 그 도시에서는 이탈리아의 첫 번째 "인종 봉기"라고 불린 것이 그해 여름에 일어났다. 이주민들이 지방의 청년들에 의한 공격으로부터 자신들을 지켜야 하는 상황이 옴에 따라, 폭력적인 거리의 몸싸움들이 나타났다. 이런 사건들에 이어서 제노바에서 일종의 반인종주의 전선을 세우려는 시도는 메자드라의 지적·정치적 궤적에 결정적으로 중요하게 되었는데, 이는 유럽 수준에서 이주 정치학을 접합하는 쪽으로 그의 활동이 향하게 했기 때문이다. 1993년은 또한 닐슨이 미국에서 한동안 체류한 뒤 호주로 돌아간 해이기도 한데, 미국에서 그는 1991년에 아이티에서 아리스티드Aristide 통치 [정부]가 군부에 의해 전복된 후에 (관타나모만을 통해서) 그곳을 탈출한 아이티의 이주자들을 중간에 차단해 귀국시키는 것에 대한 반대 활동에 참여하였다. (빌 클린턴 대통령에 의해서도 지속되었던) 조지 H. W. 부시 대통령의 정책은 유엔 협정의 위반을 내포하고 있었는데, 이는 호주 정부가 1992년에 강제 억류mandatory detention 제도를 도입하고 이어서 이주자 차단을 시행하는 단초를 제공하였다. 경계 레짐들border regimes 간의 이런 우연스럽지 않은 연계는 닐슨(1996)으로 하여금 호주의 억류 수용소detention camp에 반대하는 - 대체로 국가적 수준에서만 배타적으로 표현되었던 - 투쟁이 세계의 다른 부분에서의 경계투쟁과도 긴급하게 연결될 필요가 있다는 확신을 주었다.

10년이 흐른 뒤 우리는 조우하였고 첫 번째 공동의 대화를 시작하였다(Mezzadra and Neilson 2003). 그때까지 유럽과 호주의 경계 레짐들은 상당히 변형되었는데, 많은 부분에서 두 레짐의 변형 방식은 유사하였다. 호주가 노르웨이 유조선에 의해 구조된 438명의 이주민의 수용을 거부하고 나우루라는 태평양 섬에 감금하도록 한 2001년의 탐파 사건 이후로, 이주민의 억류와 국경통제의 '외재화'externalization 과정들은 완전한 진행형이었다. 유사한 배열들이 이미 유럽연합의 국경통제 행위와 기술 들에 참여하는 제3세계들에 자리 잡고 있었다. 이것에 더해, 호주와 이탈리아에서의 활동가들의 경험 속에서 유사점들이 있었다. 예를 들어, 2002년 4월 남부 호주 사막의 '불법' 이주민들에 대한 우메라 억류 수용소에서의 행동들 그리고 2003년 7월 [이탈리아] 풀리아의 바리-팔레제 Bari-Palese 수용소에서의 행동들은 저항 활동가들이 억류자들이 탈출하도록 지원한 사례들이었다. 물리적 울타리의 해체로 이주 활동가들을 억류된 이주자들로부터 분리하는 경계선이 일시적으로 사라진 것과 같은 중요하면서도 혼란스러운 사건들이 일어나자 이에 대해 격렬한 비판과 논쟁이 이어졌다. 그리고 우리는 그 비판과 논쟁으로부터 이러한 경계에 도전하거나 그것을 민주화하려는 활동가의 욕망과 실제로 이 경계선을 넘는 이주자들이 감당하는 위험을 너무 고집스럽게 연관시키려 할 때 나타나는 위험성을 배웠다. "우리는 모두 불법 이주자다"Siamo tutti clandestini 같은 슬로건들이 매력적이고 정치적으로 효과를 발휘할 수 있겠지만, [활동가의] 윤리와 [이주자들의] 당면한 경험 사이에는 중요한 차이가 있다. 이것들은 우리가 이론적으로도 정치적으로도 마음속 깊이 새겨두고자 하는 차이점들인데, 왜냐하면 다음 장들을 채울 주장과 개념을 논의하는데 우리는 우리 자신의 경험에 의존하고 있기 때문이다.

이주 행동주의에 대한 우리의 경험이 전지구적 연결들에 관심을 기울이는 맥락에서 제시되고 있기는 하지만, 그 경험들은 제한적일 수밖에 없다. 여러 해 동안 우리는 이 책에 의해 만들어진 여러 질문과 도전이 극적으로 분출되는 장들로 이끄는 학문적, 활동적 연구 프로젝트에 참여할 기회를 얻었다. 그 장들 중 일부만 열거해도, 중국의 생산지대, 인도의 신도시들, 부에노스아이레스의 라 살라다 야시장, 지브롤터 해협 양쪽의 강화된 경계구역들 등 여러 곳이었다. 이 장들은 모두 우리가 이 책에서 서술한 상황들이기도 하다. 우리는 또한 그 장들과 다른 경계짓기의 상황들을 민속지학적 관찰과 정치적 분석을 얽는 방식으로 연결하고자 하였다. 이를 통해서, 우리는 경계, 이주, 노동에 관한 현재의 논쟁들을 넘어서 전지구적 권력과 통치, 자본과 주권의 변이, 공간과 시간의 상이한 구조들에 걸친 주체와 투쟁들에 대해 이것들이 갖는 의미에 관한 연구를 성장시키는 데 기여할 수 있었다. 이러한 연구 과정은 그 출처와 상관없이 우리의 정치적 경험을 통해 이론적이면서도 민속지학적인 문헌들을 걸러내려는 시도를 담고 있다. 그리고 그러한 작업은 협동 작업이 항상 그렇듯이 산만하고 잦은 변경을 겪는다. 이러한 걸러내기가 항상 우리의 글에서 가장 두드러진 모습으로 나타난 것은 아니지만, 우리의 글쓰기 실천행위에서 – 일종의 정치적 요체이자 편집자적 무기로서 – 중요한 부분으로 남아 있다. 이러한 기술은 우리의 글쓰기가 세계의 상이한 부분들에 있는 매우 다양한 경계경관을 가로질러 포괄하도록 해준다고 믿고 싶다.

우리는 수벤드리니 페레라(2007, 2009)의 연구로부터 경계경관border-scape이라는 용어를 차용하였다. 태평양 지대에서 호주의 영토를 둘러싸고 변화하기도 하고 명확하지도 않은 경계에 대한 분석에서, 페레라는 – 와이즈먼이 팔레스타인 자치지구를 묘사하기 위해 사용한 용어들과 유사한 것들을 사용하여 – 정치적 공간이 확대와 동시에 수축한다는 점과 그와 함께 발생한 "다수의 저항, 도전, 반대주장"을 강조한다. 그의 연구는 2001년의 탐파 사건 이후에 도입된 '태평양 대책'the Pacific Solution으로 알려진 국경통제 레짐과 밀접하게 관련이 있다. 이 레짐에는 호주에 배를 타고 접근을 시도하는 이주민들에 대한 해안 억류 수용소의 건립과 호주 영토 내 격오지들을 이주 지대에서 제외하는 것 등이 포함되어 있는데, 이를 통해 바다를 통한 이주 경로상에서 가장 중요한 목적지인 낙도에서의 망명 신청을 불가능하게 만들었다. 페레라는 "인도양과 태평양의 해상고속도로"를 가로지르는 더욱 긴 기간의 이동과 교환이라는 맥락 속에 이러한 변화를 위치시키면서, "새로이 출현하는 공간적 조직뿐 아니라 상이한 일시성과 중첩적 위치"가 형성되는 "변화 중이고 갈등적인" 지대의 형성을 지적하였다(2007, 206~7).

태평양 지역에서의 이러한 변화와는 별개로, 경계경관 개념은 지난 20년간의 경계연구 논쟁들에서 다루어졌던 중요한 갈등과 변혁들 다수를 훌륭히 포착하고 있다. 두 가지만 굳이 예를 들자면, 정치지리학(Newman and Paasi 1998)이나 국제관계학(Bigo 2006)과 같은 영역들이 망라되었다. 그 개념은 국경의 역동적인 특성을 제시하는데, 이는 지금 "사회 전체로 '확산하는' 실천들과 담론들"의 집합으로 널리 이해되고 있다(Passi 1999, 670). 동시에, 그것은 경계를 단지 공간적인 차원에서뿐 아니라 시간적인 차원에서도 분석할 필요가 있음을 보여준다. 경계경관 개념을 동원함으로써 우리는 갈등을 낳는 경계의 결정, 긴장, 투쟁 등 그 구성에 있어 결정적인 역할을 하는 요소들을 강조할 수 있게 된다. 우리의 접근은 경계로 인해 야기된 배제의 "정상적인" 위법성을 강조하는 주장들(예를 들어, Cole 2000과 Carens 2010을 볼 것) 그리고 경계의 개방이나 폐기에 대한 다양한 요청들 속의 쟁점(Harris 2002 ; Hayter 2004)과는 매우 차이가 있다. 독자들은 뒤이어 나오는 이 책의 내용으로부터 미래의 경계 없는 세계를 위한 설명서 같은 것은 찾을 수 없을 것이다. 우리는 이 점에 있어서 찬드라 모한티(2003, 2)가 자신의 책에서 "경계가 재현하는 단층선, 분쟁, 차이, 공포, 봉쇄 등"을 인지할 필요가 있다고 한 주장에 동의한다. 페레라의 사유 지평을 확대하고 좀 더 급진화하며, 우리는 **경계투쟁**, 즉 '내부'와 '외부' 사이에, 포섭과 배제 사이에 그어진 그 어느 때보다도 불안정한 선 주변에서 구체화하고 있는 그 투쟁들에 초점을 맞춤으로써 한발 더 나아가 보고자 한다.

우리에게 경계투쟁에 대한 기술은 정치적 주체성의 생산에 강조점을 두는 하나의 방법이다. 우리가 경계들과 그것들의 차별적인 효과들에 대해 공개적으로 반대하는 운동들, 이를테면, 미등록 이주자들이 주인공으로 등장하는 운동들에만 관심을 두고 있는 것은 아니다(Suárez-Naval et al. 2008). 우리는 경계투쟁에 대한 인식을 통해서, 지속적으로 구석구석에 침윤하는 경계의 효과들을 이주자들이 감내하는 일련의 일상적인 행위들, 다시 말해서 이주자들이 자신들을 그 투쟁으로부터 배제하거나 아니면 네트워크와 초국가적인 사회적 공간의 건설을 통해 그 투쟁을 극복하는 등의 일상 행위들 또한 나타내고자 한다(Rodríguez 1996). 더 나아가, 우리는 어떻게 경계투쟁 – 항상 특정한 주체적 입장들과 특성들을 포함하는 – 이 그 본질적인 한계들을 시험해 보고 그 내부적 분할을 재조직화함으로써 정치적 주체성의 장을 더욱 보편적으로 창출하는지를 드러내 보고 싶다. 이런 이유로, 경계투쟁은 정치적 가능성의 새로운 대륙을 열게 될 것이다. 이를 통해 이 대륙은 새로운 종류의 정치적 주체들로서 시민권의 논리나 급진적인 정치 조직과 행위의 정립된 방법 중 어느쪽에도 의존하지 않으며, 자신들의 운동을 좇으며 자신들의 힘을 증식할 수 있는 공간이 된다. 이러한 대륙에 대한 탐사는, 경계투쟁의 신호가 되는 긴장들을 창출하는 물적 조건들에 대한 연구에서 시작할 것이며, 우리에게는 경계의 배제 능력에 대한 단순한 힐난이나 '국경 없는' 세계에 대한 바람보다는 더욱 희망적인 – 그리고 더욱 정치적으로 급박한 – 사안으로 여겨진다.

방법으로서의 경계

우리는 경계의 다의성에 대한 발리바르의 개념을 상기해 보았다. 그 개념은 경계의 의미론적 영역을 여러 가지 언어로 언급하는 용어들의 다수성과 부합한다(영어에서의 영역선boundary과 변방frontier이라는 단어들을 생각해 보라). 오늘날 이런 용어들의 은유적 사용이 널리 확산된 것은 전혀 우연이 아니다(Newman and Paasi 1998). 이것은 일상적인 언어(예를 들면, "과학적 연구의 변방들")뿐 아니라 사회과학 전문가들의 언어에서도 명백한데, 이 두 언어는 "영역선 작업"boundary work과 "영역선 대상"boundary object과 같은 문구들이 통상적으로 활용되는 영역이다(Lemont and Molnár 2002). 그것의 지리학적, 정치적, 법적인 차원들 이외에도, 경계 개념은 중요한 상징적 차원을 갖고 있는데, 이것은 주권국가의 영토 사이를 구분하는 선으로서 고전적인 경계의 현대적 배치를 필요로 하는 긴장의 증식과 함께 오늘날 전면에 나타났다(Cella 2006 ; Zanini 1997). 게오르그 짐멜의 작업(2009)과 함께 시작한 사회학과 프레드릭 바스의 중요한 논문(1979)으로 시작된 인류학, 이 두 학문 영역은 모두, 사회 형식들을 구분하는 것과 문화적 차이를 조직화하는 데 있어서의 역할을 포함한, 경계의 상징적 차원을 이해하는 데 근본적으로 이바지하였다. 다음에 기술될 장들, 특히 내부 경계에 대해 논의할 때, 우리는 작동 중인 사회적·문화적 경계에 대한 이러한 개념들을 유지할 것이다. 동시에 우리는 경계의 상이한 차원 간 접합articulation(그리고 긴장과 간극들)의 복합적인 양식들을 살펴볼 것이다. 이 과정에서 우리는 어느 정도는 자율성을 두고 경계border와 영역선boundary이라는 단어들을 교체 가능한 것으로 활용하면서, 동시에 경계와 변방frontier이라는 단어에는 분명한 구분을 지을 것이다.

근대 시기에 정치의 개념이 만들어지고 실행되는 방식에 지대한 영향을 미쳤지만, 배타적 영토성과 선형적 경계에 대한 기하학적 관념은 단지 관습에 불과하였다(Cuttitta 2006, 2007 ; Galli 2010, 36~53). 유럽에서 중세적 질서의 쇠락과 국가 간의 근대적 경계의 등장을 이끌었던 복합적이고 비선형적인 과정들을 재구성하는 것은 분명 가치 있는 일일 것이다(Febvre 1962). 하지만, 우리들의 연구와 더욱 관련된 부분은 어떻게 근대 국가 시스템의 역사가 그 시작부터 전지구적인 공간의 지평 아래에서 드러났는지를 강조하는 데 있다. 이 역사를, 그리고 그것을 알려주는 경계의 선형적 개념을 완전히 이해하기 위해서, 우리는 식민지적 변방의 구성적 역할에 관해 이해할 필요가 있다고 주장한다.

미국 정체성에 대한 설립 신화 중 하나를 둘러싼 서사에서 분명히 볼 수 있듯이(Turner 1920), 변방은 정의상으로 확대에 개방된 공간이고, 지속적인 형성 중에 있는 이동형의 "전면"이다. 우리가 식민지적 변방에 관해서 기술할 때, 한편으로 우리는 매우 일반적인 용어들로 선형적인 경계가 진화해 왔던 유럽 공간과 정의상 정복에 열려 있던 유럽 외부 공간들extra-European 간의 질적인 구분을 언급한다. 이러한 구분은 분명히 공간에 대한 현대의 법적·정치적 조직의 본질적인 측면으로, 예를 들어 에메리히 드 바텔의 1758년 논문인 『국가법』(1916)과 같은 저작들 속에서 표현된 바 있다. 다른 한편으로, 실제의 식민지 상황에서 변방의 실재가 그것의 개방성과 불확정성이라는 특성들과 함께 빈번하게 현존한다는 사실을 언급한다. 이러한 맥락에서 변방은 자신을 다른 분할들(가장 뚜렷한 것은 식민지 주민colonists과 원주민들 간의 분할, 그리고 공식적으로 통합된 영역들을 관통하는 영토적 구획을 위한 선들도 여기에 포함된다)에 포개려는 경향을 가졌다. 본국의 대도시 공간보다 식민지 공간을 지도에 더욱 복잡하게 투사시킴으로써 말이다(Banerjee 2010).

지도화mapping가 식민지 지배의 핵심 도구였다는 점은 중요하게 기억해둘 필요가 있다. 확고한 경계들을 동반하는 주권국가 모형 위에 구축된 지도제작 도구들과 특정한 "토착적" 지리학 간의 긴장과 충돌은 전쟁을 유발하였고 탈식민지 국가들의 "지리-체"geo-bodies를 형성하였다(Winichakul 1994). 그것들은 또한 인도의 북동부와 같은 광대한 경계지의 구성에도 영향을 주었다(Kumar and Zou 2011). 식민지화된 세계의 일부들에서는 수용소에서부터 보호령protectorate, 비편입 영토에서부터 속국, 조계에서부터 조약항에 이르는 공간적 혁신들의 총체적인 연쇄들이 생성되었다(Stoler 2006). 이 책 뒷부분에서 우리는 현대 세계의 규정할 수 없고 모호한 공간들의 대변형과 지속적인 발전에 대한 지도를 그려 볼 것이다. 아시아와 라틴아메리카에서 새로이 등장하는 탈개발적 지리학 내의 경계짓기 기술들에 대한 분석은 우리의 연구가 갖는 중요한 특징이다. 우리는 이러한 지형들을 분석할 때 그것들에 관한 우리의 탐사들이 다른 경계경관으로부터 우리가 배운 것들과 공명하도록 노력할 것이다. 비록 비판적인 경계연구들은 대개 특정한 서구 맥락, 이를테면 미국과 멕시코 간의 접경지역이라던가 유럽연합의 '외부 변방' 등에 초점을 맞추기는 하지만, 방법으로서의 경계는 우리들로 하여금 학문적·지리적 분할을 가로지르도록 하고 진정으로 전지구적이고 탈식민지적인 시각을 택할 수 있도록 한다.

경계와 변방 간의 구분이 중요하다는 데는 의심할 나위가 없다 (Prescott 1987을 볼 것). 경계는 하나의 선으로 여겨지는 것이 전형적이라 할 수 있는 반면에, 변방은 개방되고 광범위한 공간으로 구축되어 왔다. 그러나 수많은 현대적 맥락에서, 이러한 구분은 소멸하고 있는 것으로 보인다. 예를 들어, 현재 유럽 공간의 경계는 역사적으로 변방을 특징지어 온 불확정성의 측면들을 띠고 있는데, 변방은 주위를 둘러싼 영토들로 확장되고 다수의 지리학적인 스케일scales에 표현된 가변적인 기하학에 따라 공간들을 구성하여 왔다(Cuttitta 2007). 『방법으로서의 경계』는 그러한 교묘한 개념적 중첩과 혼란의 상황들을 구체적인 경계경관에 대한 정밀한 분석을 통해 다루고 있다. 어떤 경우이든 간에 이 책의 제목을 통해 명확해지듯이, 우리에게 경계란 것은 다양한 방법론적 접근들에 종속되는 연구 대상이나 그 연구가 반드시 탐구해야 하는 다수의 차원을 담고 있는 의미론적 장semantic field 이상의 무언가이다. 분할을 만들면서 동시에 연결들을 구축하는 데 기여하는 한에서 경계는 인식론적 장치라고 할 수 있다. 주체와 객체 간의 구분이 구축된 경우라면 언제든 작동하는 그런 장치 말이다. 발리바르가 경계의 이러한 측면을 누구보다도 가장 정확하게 묘사하였다는 점을 여기서 다시 한번 언급하고 싶다. 그는 그 개념 자체를 정의하는 데 내재하고 있는 어려움을 다음과 같이 기술하였다.

> 어떤 경계를 구성하는 것에 대한 간단한 정의라는 생각은 정의상으로 보면 터무니없는 것이다 : 어떤 경계를 표시한다는 것은 정확하게, 어떤 영토를 정의하는 것이고, 그것의 범위를 정하는 것이며, 따라서 그 영토의 정체성을 천명하는 것이고, 혹은 그 위에 정체성을 하나 부여하는 것이다. 그러나 반대로 일반적으로 정의하거나 신원을 구별하는 것은 어떤 경계의 흔적을 좇는 것, 영역선이나 경계선(그리스어로는 호로스 horos, 라틴어로는 피니스finis나 테르미누스terminus, 독일어로는 그렌쩨 Grenze, 프랑스어로는 보르느borne)을 지정하는 것에 불과하다. 경계가 무엇인가에 대해 정의를 시도하는 이론가들은 원 주위를 맴도는 위험에 봉착해 있는데, 이는 그 경계에 대한 바로 그 재현이 어떠한 정의를 내리든지 간에 그에 대한 전제조건이기 때문이다. (2002, 76)

그렇다면 경계는 인지 과정에 핵심적인데, 왜냐하면 그 인지 과정들은 사고의 움직임을 구조화하는 분류체계들과 개념적 위계들의 수립 모두를 가능하게 하기 때문이다. 더욱이, 그 과정들은 지식을 다른 학문 영역으로 구획하는 것과 관련된 과학적인 노동분업을 수립하였다. 이런 점에서 인지적 경계cognitive borders는 종종 지리적 경계와 뒤섞여, 비교문학이나 소위 지역연구 같은 곳에서 나타난다. 이것에 대해서는 2장에서 살펴볼 것이다. 어떤 경우이든, 인지적 경계가 일반적인 — 심지어 보편적이라고 말할 수도 있을 것이다 — 인간의 사고 차원을 기술하고 있어서, 그 경계들이 엄청난 철학적 연관성을 갖고 있다는 점은 분명히 할 필요가 있다.

라다 이베코비치(2010)는 수년간 발칸 지역과 인도 아대륙과 같은 곳의 폭력과 국경 분쟁을 연구한 학자로, 최근에는 그가 "이성의 분할"la partage de la raison이라고 일컬은 것과 관련하여 "철학의 정치"에 대해 다시 생각할 것을 제안하였다. 프랑스어 용어인 빠따쥐partage[분할]은 분할과 연결 양측의 관점 모두를 조합하고 있는데, 이를 직접적으로 번역할 수 있는 영어 용어가 없다. 경계를 구성하는 두 행위인 분할행동과 연계행동을 동시에 거론하면서, 이베코비치의 "이성의 분할"은 공통적인 것the common의 새로운 개념을 정교화할 수 있게 하는 사회적·문화적·정치적 실천으로서 번역의 중요한 역할을 강조한다. 이 책의 마지막 장에서 이 점에 대해 다시 논의할 것이다. 일단 여기서는 이베코비치의 연구 결과가 우리가 방법으로서의 경계라고 쓸 때의 의미를 명확히 하는 데 도움을 준다. 한편으로, 실증적인 연구와 그것에 방향성을 제시하는 개념들의 발명 간의 긴장을 열어두는 지식의 생산과정을 지칭한다. 다른 한편으로, 방법으로서의 경계라는 접근은, 지식의 대상들을 이미 구성된 것으로서 제시하는 일련의 분과적 실천들을 (현상학적 범주를 상기하자면) 중지suspend하고, 그 대신에 그 대상들이 구성되는 과정들을 탐구하는 것을 의미한다. 우리는 경계의 구성적 순간을 구제하고 재활성화할 때 발리바르가 식별한 악순환을 생산적으로 만들 수 있다.

경계를 중립적 선으로 바라보는 것에 대해 의문을 품고자 했던 것과 같이, 그렇다면, 우리는 방법이란 일단의 주어진 중립적 기술들이며, 다양한 객체들을 구성하고 이해하는 방식들을 객체 자체의 근본적 전환 없이도 적용될 수 있는 기술로 인식하는 경향에 의문을 제기하고자 한다. 방법으로서의 경계에서 중요한 것은 "방법의 수행성"(Law 2004, 149)이나 "분석적 접경지대"(Sassen 2006, 379~86)라는 혼란스러운 생각 이상의 무언가이다. 다시 말하면, 우리는 방법들이 세계들을 기술한다고 주장하면서 또한 (종종 모순적이고 예측하지 않은 방향으로) 생산하는 경향이 있다는 점을 인정하고 있기는 하지만, 반면에 우리에게 방법으로서의 경계에 대한 질문은 방법론적인 것 이상의 무언가이다. 이것은 무엇보다도 정치의 질문이다. 즉 경계에서 생산된 사회적 세계와 주체성의 종류에 관한 질문이고 사고와 지식이 이러한 생산의 과정들에 개입할 수 있는 방법들에 관한 질문이다. 좀 다른 식으로 보자면, 우리에게 방법이란 세계에 대한 이해에 관해서만큼이나 그 세계에 대해 행동하는 것과 관계된다고 말할 수 있다. 좀 더 정확하게 하자면, 그것은 수많은 상이한 지식 레짐들과 실천들이 갈등에 놓이는 상황에서의 행위와 지식 간의 관계에 관한 것이다. 방법으로서의 경계는 경계에 관계를 갖게 된 상이한 종류의 지식들의 영역선들 사이에서 타협을 하는 것을 포함하고, 또한, 그렇게 하는 가운데 그러한 갈등들을 통해 생성되는 주체성들을 분명히 하고자 한다.

이러한 이유들로 인해서, 경계는 우리에게 연구 대상이라기보다는 인식론적인 관점으로서, 지배와 강탈, 착취의 관계들이 어떻게 현재에 이르러 재정의되고 있는지에 대한 분석뿐 아니라, 이러한 변화하는 관계들을 둘러싸고 형태를 갖춰가는 투쟁들에 대한 예리한 비판적 분석을 할 수 있도록 해준다. 경계는 정확히 그것이 투쟁의 장으로서 생각되는 한에서 방법이 될 수 있다. 앞서 이미 강조한 바와 같이, 우리의 연구와 이론적인 정밀화를 촉진하는 것은 세계 도처의 경계에서 벌어지는 투쟁의 강도이다. 우리가 이주자들이 일상적으로 경계에 도전하는 다양한 실천들을 조사하자마자, 경계투쟁들은 모두 빈번하게 삶과 죽음의 문제임이 분명해졌다. 비록 우리가 경계투쟁에 대한 보다 넓은 개념을 상술하고 있고, 그것이 우리가 현대 세계에서 경계의 확산과 이종화라고 일컫는 것과 일치하고 있기는 하지만, 우리는 결코 이러한 [경계의] 물질성을 망각하지 않았다. 투쟁에 대한 이러한 초점은 방법으로서의 경계의 정확성을 담보하는 것이기도 하다. 방법으로서의 경계는 우리의 조사들을 위해 적절한 실증적 장치들을 선택하는 데뿐 아니라 연구할 '대상들'의 구성 자체에 있어서도 우리에게 지침을 제공한다.

우리의 관점은 이런 이유로 세계 도처에서 비판적인 학자들과 활동가들에 의해 현재 개발되고 있는 몇몇 전투적인 조사연구 프로젝트와 매우 근접해 있다. 그리고 그것은 또한 지난 20년에 걸쳐 탈식민지 연구 분야에서 나타난 많은 발전에 기반하고 있기도 하다. 그중에서도 특히 월터 미뇰로는 자신이 "식민지적 차이"colonial difference라고 일컬은 것의 측면에서 근대성의 역사에 대한 종합적인 재독해를 진행해 왔다. 이를 통해 그는 자신이 경계사고border thinking라고 명명한 새로운 이론적 패러다임을 제시한다. 많은 측면에서 미뇰로는 우리의 접근법을 발전시키는 데 중요한 참고 지점들을 제시하고 있는데, 그중에서도 특히 그가 다른 탈식민지 비판가들과 함께 지지한 유럽의 "전위"displacement와 세계체제론 내 "중심부", "주변부", "반-주변부"와 같은 범주의 사용에 대한 의문제기 등과 관련해 참고 지점을 제시한다. 이러한 범주들이 연구의 방향을 제시하는 인식론을 명확히 하는 한에서, 이 범주들은 근대성의 식민지적 변방의 역사와 공간, 주체들의 주변성marginality(혹은 주변부적 지위)을 효과적으로 재생산한다. 동시에, 미뇰로의 경계에 대한 생각은 "외면성exteriority의 인식론"에 대해 기술할 때 유럽과 서구의 일관성(그리고 이런 이유로 경계를)을 역설적으로 재각인하기도 하는 것으로 보인다(Mignolo and Tlostanova 2006, 206). 이와는 반대로, 우리가 방법으로서의 경계라고 부르는 그 접근은 내부와 외부의 구분이 지닌 바로 그 문제적 속성을 강조하고자 한다.

어떤 경우이든 간에 특정한 풍경들, 실천들, 경계기술들은 우리의 분석에서 중심을 차지한다. 우리가 좇는 방법은 경계를 사회적 관계의 제도이자 하나의 집합으로 구성하는 긴장과 갈등의 물질성의 계속된 대립으로부터 나타난다. 이를테면 우리가 번역과 같이 상당히 추상적인 주제를 맞닥뜨릴 때조차도, 우리는 이러한 물질성이 현존을 유지하도록 할 것이다. 번역에 관한 특정한 사례에 있어서, 우리는 매튜가 분석한 택시 기사들의 경험과 같은 사례들로 눈을 돌릴 것이다. 이 사례는 우리의 논의를 시작하게 한 것이기도 하다. 이러한 경우에, 수십 가지의 언어 간 번역 과정은, 그것들이 수반하는 정동적affective 노고와 오해들과 함께, 뉴욕시의 노동력이 가진 특정한 초국가적 성분 간 투쟁과 조직 형태의 발전에서 핵심적인 요소 중 하나였다.

노동력 봉쇄하기Containing Labor Power

우리는 방금 또 하나의 개념을 언급했다. 이것은 맑스주의 이론에서 가정하고 있는 특정한 결정 속에서 우리의 연구에 방향을 제시한다. 세계가 물품과 자본의 흐름에 더욱 개방되고 있지만 인간 신체의 순환에는 더욱 폐쇄적으로 변하고 있다는 사실은 현재 전지구적 과정에 대한 고려에서 가장 중심에 있는 사항이다. 그러나 인간 신체와 분리될 수 없는 일종의 상품이 있으며, 또한 이 상품의 절대적인 특이성은 앞서 언급된 역설적으로 보이는 상황을 이해하고 그 수수께끼를 풀어내는 데 열쇠를 제공한다. 우리는 노동력 상품에 대해 알고 있다. 그것은 인간의 신체 역량을 설명하고 다양한 지리적 범위에서의 시장에서 거래되는 상품의 하나로서 존재하기도 한다. 노동력은 여타 다른 것들(화폐에 유일하게 비교될 만한 용어)과는 다른 상품일 뿐 아니라, 그것이 교환되는 시장들 또한 특이한 곳이다. 이는 또한 노동시장을 형성하는 데 있어 경계의 역할이 특별하게 표명되기 때문이다. 경계에서 일어나는 거르기와 차별화differentiation의 과정들은 점점 이 시장들에서 벌어지고 있으며, 이는 또 다른 맑스주의의 범주를 빌리자면 우리가 산 노동living labor이라고 부르는 것의 구성에 영향을 미친다.

노동력에 내재한 추상적인 상품 형식 속에는 특이한 긴장이 존재하고 있기도 한데, 이는 노동력이 살아 있는 신체와 불가분의 관계에 있다는 사실에서 기인한 것이다. 예를 들어, 책상의 경우와는 다르게, 노동력의 상품 형식과 그것의 '저장소' 간의 경계는 지속해서 재확인되고 추적되어야 한다. 이 사실은 노동시장의 정치적·법적 구성이 왜 필연적으로 일상 속의 권력을 요구하기 위한 레짐의 변화를 포함하는지에 대한 이유인데, 이러한 구성은 상이한 주체성을 생산하는 형식에 부합한다. 맑스주의자들이 정교화한 바에 따르면, 노동력 개념에는 주체성과 그것이 권력과 갖는 관계에 관한 성찰의 측면에서 가장 심오한 관념이 포함되었다. 칼 맑스가 "자아의 속성"property of the self을 적어도 로크Locke 이후 근대적 주체성의 기초에 대한 범위를 정하는 핵심적인 특성으로 본 것과 같은 시점에(Mezzadra 2004), 맑스는 또한 이 영역에 급진적인 분리를 제시하였다. 즉 노동력은 이러한 분리의 표시막대 중 하나를 나타내고, 다른 것은 화폐money에 의해 표시된다는 것으로, 이는 맑스가 개인이 "자신의 주머니 속에" 넣고 다니는 "사회적 권력"social power이라고 묘사한 것이다(1973, 157). 이러한 분리는 두 개의 상이한 개인 계급들이 "자아의 속성"을 통해 존재하는 방식을 변화시킨다. 두 개의 계급이란, 화폐의 권력을 통해 경험을 얻는 측이 하나이고, 다른 하나는 세계 및 그것 자체의 재생산과의 관계를 조직하기 위해, 맑스가 일반적인 인간의 잠재성으로 정의한 노동력, "인간의 신체적 형태, 살아 있는 개성personality으로 존재하는 정신적·육체적 역량들의 집합"에 지속적이고 필연적으로 제한을 받는 측을 말한다(1977, 270).

일반적으로 볼 때, 주체성의 장 안에서의 이러한 [화폐와 노동력이라는 두 가지로의] 분리는 현대 전지구적 자본주의에 관한 분석에 기초적인 준거를 제공한다. 소프트웨어 프로그래밍이나 "가상이주"virtual migration(Aneesh 2006)라고 불려온 것을 사업적으로 가공하는 것 등의 분야에서 정보통신기술을 통해 조직화를 가능케 하는 대변혁이 이루어지는 현재에조차도 이러한 사실은 여전히 유효하다. 동시에, 맑스의 공식화를 상기해 노동력이라는 "인간의 종족 특성적인" 잠재성이 단지 인종주의만이 아니라 다수의 지배 체제 내에서 사회적으로 구성된 성별화된 신체 속에 구현된다는 점도 역시 중요시할 필요가 있다. 간단하게 말하면, 노동력의 "담지자들"bearer(맑스가 사용하는 또 다른 핵심 용어)이 자신들의 "효능"potency에 접근하는 양상에 구조적이고 원초적으로 (이는 부차적이지 않다는 뜻이다!) 인종, 민족, 지리적 기원, 젠더 등이 표기된다는 의미이다.

우리는 노동력에 관한 고민으로 특징지어지는 경계에 대한 관점을 경계투쟁과 주체성의 생산에 대한 우리의 관심과 통합할 방법을 모색하고 있다. 이런 이유로 우리의 분석은 경계가 주체들의 삶과 경험들을 형성하는 긴장되고 대립적인 방법들에 초점을 맞추고 있다. 여기서 주체들이란 경계 자체의 기능 작용으로 인해서 노동력의 담지자로 설정된 이들이다. 이러한 주체들의 주체성을 생산하는 것은 상품으로서의 노동력의 생산에 대한 더욱 일반적인 과정들 속에서 필수적인 순간을 구성한다. 이러한 관점에서 일단 보면, 경계를 요구하는 권력의 기술과 그것을 둘러싸고 펼쳐지는 사회적 실천과 투쟁 모두는 젠더와 인종, 생산과 재생산 등 그 자체가 경계로부터 상당한 영향을 받는 것들의 여러 불안정한 배열과 관련해서 분석되어야만 한다. 경계가 상품으로서의 노동력의 생산에 결정적인 역할을 한다는 점을 확인하는 것은 이주 움직임들migratory movements이 국경 레짐에 의해 통제되고, 선별되며, 차단되는 방식들이 노동시장의 정치적·법적 구성constitution에 더욱 일반적인 효과를 미치며, 이로 인해 산 노동 경험들 일반에 더욱 일반적인 효과를 미친다는 데 동의하는 것이기도 하다. 우리는 이러한 경험들을 둘러싸고 발전하는 투쟁이 구심점을 갖고 조직되어 있든 아니면 자치적이든 상관없이 항상 경계에 대한 질문과의 대립을 함축하고 있다는 점을 보여주고자 한다. 여기에서 더 나아가, 우리는 이러한 맥락에서 번역이 새로운 형태의 조직과 새로운 사회 제도의 발명에 핵심적인 역할을 할 수 있다고 주장한다.

뉴욕시의 택시 기사들의 상황을 우리가 분석하는 국경의 재강화 및 여타 경계횡단 사례들과 연결하는 것은 노동력, 번역, 정치적 투쟁 간의 관계이다. 이는 우리가 우리의 분석과 함께 가져올 다양한 주관적, 객관적 상황들 안에서 노동력, 경계, 정치과정 간의 안정적 혹은 선형적 집합을 다룬다는 것을 함의하지는 않는다. 그와 반대로, 우리는 노동의 증식이라는 개념을 도입함으로써 이러한 배열들 속에서 끊임없이 되풀이되고 예측할 수 없는 돌연변이들을 검토하고자 한다. 우리는 이러한 인식을 정치적 주체에 관한 새로운 이론에 물적 토대를 제공하고자 하는 다양한 시도에 대한 개입의 하나로 상술할 것이다. 그리고 이것은 다중 개념(Hardt and Negri 2000 ; Virno 2003)을 통하든, 아니면 시민권의 변형을 둘러싼 현재진행형의 논쟁들(Balibar 2003a ; Isin 2002)과 민중의 범주(Laclau 2005)를 통해서든 어느 쪽이든 상관은 없는 것이다. 이런 측면에서 노동의 증식은 높은 정도의 이종성으로 특징지어지는 상황 속에 있는 산 노동의 구성을 조사하기 위한 개념적 수단이다. 부분적으로 그것은 노동 과정들의 강화와 생활시간을 식민화하는 작업work의 경향을 뜻한다. 그것은 또한 현대 자본주의에서 사회적 협력이 점점 더 증진되는 것의 이면인 노동 인구의 다양화 및 이종화의 주체적인 함의를 이해하고자 하는 시도이기도 하다. 노동의 증식이라는 개념은 따라서 노동분업의 더욱 친숙한 개념을 보완할 뿐 아니라 수반하기도 한다는 의미이다. 그것이 기술적이든, 사회적이든, 국제적이든 말이다.

정치경제학으로부터의 이러한 고전적인 인식을 뒤집어봄으로써, 우리는 무엇보다도 노동에 대한 전지구적 스펙트럼을 범주화하는 통설에 의문을 제기하고자 한다. 그러한 통설들은 세 개의 세계 모형이나 중심/주변 혹은 북/남 등의 이분법을 통해서 설명을 제시하는 국제적 분업체계나 안정된 배열에 기반하고 있다. 우리는 이에 더해 노동의 위계화가 노동시장 안에서 구체화되는, 그러나 제한되고 국경으로 분할되기도 하는 범주들에 대해 재고해 보고자 한다. 세계 시장에 대한 맑스주의적인 분석의 관점으로부터 노동의 국제 분업을 다루는 오래된 이론들과 새로운 이론들에 대해 3장에서 논의를 진행하며, 현대 전지구적 과정들의 중심에 있는 지리적 분열이 단지 분할이라는 측면에서 분석되어서는 안 된다는 점을 보여줄 것이다. 우리는 전지구적 공간의 안정성을 훼손하는 스케일, 지대들, 경로들의 증식이 이보다 더 중요한 것이라고 주장한다. 노동의 증식에 대해 말하는 것은 이러한 동력들이 산 노동의 주체적 구성의 결과의 측면에서 분석될 수 있는 하나의 시각을 제공한다. 이것은 노동시장의 법적·정치적 구성 과정에 대한 세밀한 조사를 필요로 한다. 노동시장은 바로 이주 노동이 오늘날 핵심적인 역할을 하는 공간이다.

특히 우리는 기술이 노동자들을 나누는 가장 두드러진 요소라는 인식에 대해 비판적으로 논의할 것이다. 노동의 증식은 분명히 분할과 위계 요소들의 증식을 지적한다. 예를 들어, 많은 국가가 노동 이주의 선별과 관리를 위해 할당제에서 점수제로(Shachar 2006, 2009) 제도를 변경하는 것은 기술이 ― 종교와 언어 같은 문화적 요소를 포함하여 ― 국가의 노동시장을 형성하는 데 이바지하는 많은 것들 사이에서 유일한 기준이라는 점을 나타낸다. 더욱이, 택시 운전과 같은 비숙련 업무들을 수행하는 많은 노동자가 고학력과 높은 기술 수준을 보유하고 있다는 사실은 노동하는 주체의 생산에 결정적인 다른 요소가 있음을 알려준다. 이 택시 운전사들의 경우에는 법적 지위가 그에 해당한다. 시장의 권리가 점차 권력의 영토 배열로부터 독립되는 세계에서는, 노동시장을 구성하는 과정들 자체가 점차 민족국가와의 연계를 단절한다. 이런 점에서 노동의 증식은 정치적 의미를 획득한다. 증식이 분할의 한 과정임을 기억해 두는 것이 필요하기는 하지만, 현시대의 노동 증식이 어떻게 시민권이나, 노동조합,

정당, 시민단체, 혹은 여타 행동주의activism 등과 같은 정치적 소속과 표현에 관한 기존의 범주에 부합하지 않는 정치적 주체들을 생산할 수 있는지에 대해 고려하는 것 역시 중요하다. 경계만큼 이런 사안이 중요한 곳은 없다고 할 수 있는데, 경계는 훈육과 통제에 대한 가장 뛰어나고 치밀한 기술들 중 몇몇에 도전하는 이들의 투쟁이 강력한 방식으로 노동을 정치에 투사할 가능성을 여는 곳이기 때문이다.

니콜라스 드 제노바는 "만일 노동이 벌거벗은 삶과 주권(국가) 권력의 대립적인 지주 간에 실천적인 연계를 할 수 있는 중요한 이론적 열쇠를 제공한다면, 그럼에도 불구하고 필연적으로 그것들을 통합시키는 문자 그대로의 영역과 개념적인 영역은 공간space이다" 라고 기술한다(2010, 50). 이와 비슷하게 우리가 노동의 증식을 탐구하는 축자적이고 개념적인 영역은 전지구적인 공간의 이질적인 구역인데, 왜냐하면 그것은 국경의 확산에 의해 계속 분할되고 재분할되기 때문이다. 이는 필수적으로 지리학적 관점에서 광범위한 분석과 반면에 매우 촘촘하게 통합된 개념적·이론적 논쟁선을 포함한다. 한편으로, 우리는 전지구적 공간의 이종화 그리고 그것이 별개의 것으로 보이는 영토와 행위자 간의 예상치 못한 연결을 강제하여 생산, 강탈, 착취의 과정들을 촉진하는 방식을 탐구해 볼 것이다. 다른 한편으로, 우리는 자본의 공리적인 작업들에 주의를 돌릴 것인데, 이는 타협, 혼합, 갈등, 번역 등 그러한 이질화가 필요로 하고 용인하는 것들의 조우와 과정들에 가득 퍼져 있다. 이러한 극들 사이에서 작업함으로써, 우리는 현대 자본의 단일체가 어떻게 특정한 파편화된 물질적 작동들의 다수성을 통해 균열하는지를 탐구하며, 동시에 경계투쟁들이 어떻게 공통적인 것의 정치가 구축되는 것과 관련한 토론의 기반을 제공하는 방식으로 노동의 정치적 주체성을 새롭게 만드는지에 대해서도 질문을 제기한다.

2장은 경계의 공간적 차원을 다루며 지리적인, 특히 영토적인 경계가 왜 일반적인 경계에 대한 이해를 지배하게 되었는지를 묻는다. 지도제작의 역사와 자본의 역사 사이에서 작업을 진행하며, 우리는 지리적 경계와 인지적 경계 간의 엮임, 그리고 근대 국가와 자본주의의 형성, 유럽 제국주의, 지역연구의 등장, 현대 세계 지역주의의 출현 등에서 문명적 분할의 역할을 추적한다. 이렇듯 세계의 제작 the making of the world, 아니면 우리가 '제작된 세계'fabrica mundi라고 부르는 것의 초점은 3장에서 다루는 국제노동분업의 정치·경제적 개념에 대한 비판적 탐구의 기저를 이룬다. 이 용어의 역사적 기원을 탐구하고 그것의 정치적, 경제적, 분석적 활용을 조사하면서, 우리는 전지구적 공간의 이종화가 일련의 구분된 영토들로서 세계를 지도화하는 상황을 반영하는 것으로 노동분업을 이해하는 모든 시도에 질문을 던지고 있다고 주장한다. 노동의 증식이라는 개념은 현대 '자본의 이행들'에 대한 분석으로로부터 제시된 것이다. 세계에 대한 현재의 유형화가 어떻게 산 노동의 구성 속에 있는 깊은 이종성에 부합하는지에 초점을 맞추면서, 4장은 두 개의 매우 중요한 현대 노동의 주체적 인물형, 이를테면, 돌봄노동자와 금융거래노동자와 같은 인물들을 연계하고 분할하는 경계를 탐구한다. 이러한 작업은 우리가 노동(또한 이주)의 여성화와 자본의 금융화와 같이 널리 논의된 주제들에 대해 특정한 시각을 제공하도록 할 뿐 아니라, 숙련 노동자와 비숙련 노동자 간의 당연시되던 분할의 속성 그리고 특히 그것이 이주 연구와 정책에서 행사하는 역할에 대해서도 의문을 제기할 것이다.

5장은 이러한 질문 제기의 연속선상에서, 국경치안border policing과 노동통제 방법의 시간적 측면을 강조한다. 여기서 우리는 차별적 포섭differential inclusion 개념을 소개하고 노동 이주를 선별하고 통치하는 다소간 훈육적인 방법 간의 비교 지점을 제시할 것이다. 이러한 훈육적 방법에는 인도 정보통신 노동자들의 국가 간 이동에 대한 바디샵[직업 소개]body shop 시스템에서부터(Xiang 2006) 노동의 가격을 강제적으로 올리는 데 이용되는 지연이나 철수 전략 등을 포함하고, 또한 유럽연합이나 호주의 격오지들, 사막 영토의 외부 변방 등의 이주민 억류센터에서 강제적으로 일어나는 더욱 폭력적인 형태의 시간지연을 통한 경계짓기temporal bordering도 포함된다. 경계투쟁의 맥락에서 이주민 억류의 역사를 독해하는 것은 우리가 수용소와 "벌거벗은 삶"에 대한 조르조 아감벤의 분석을 따르는 비판적인 학자들에 의해 억류가 통상적으로 해석되는 방식을 비판적으로 논의할 수 있게 한다. 6장은 이러한 분석을 경계, 이주 관리 시스템, 인도적 개입을 국경통제 작업에 통합시키려는 공동의 노력 등과 같은 통치[정부] 접근이라는 더 넓은 프레임 속에 위치시킨다. 결국, 우리는 통치성governmentality이라는 범주도, 아감벤과 다른 이들에 의해 발전된 주권의 범주 어느 쪽도 현재의 이주 레짐을 특징짓는 차별적 포섭 시스템이 갖는 복합성을 충분히 설명하지 못한다고 주장한다. 통치성의 주권 기계라는 개념이 전지구적 시대에 새로이 출현하는 권력의 집합을 이해하는 데 더욱 적합하다는 점을 제시할 것이다. 이 개념은 7장에서 점검될 것인데, 특별경제구역에서 노동의 실천을 형성하는 등급화된 주권들에 대한 고려와 현대적인 축적 과정을 창출하는 상이한 종류의 항로, 엔클레이브, 뉴타운에 대한 고려를 통해 이루어질 것이다. 이러한 공간들, 특히 중국과 인도에서의 공간들을 구성하는 내부 경계를 탐구함으로써, 우리는 강탈과 착취의 유형 간 복합적인 연계를 가시화하고, 그 공간들은 현대의 자본이 상이한 축적 레짐 간의 영역선에서 어떻게 작동하는지를 보여주는 전형적인 현장이라는 점을 주장할 것이다.

이 책의 마지막 장들에서는 경계에 대한 인식적 관점에서 정치적 주체성에 대한 질문을 재구성한다. 8장은 시민-노동자 인물형의 쇠퇴에 대해 탐구한다. 여기에서는 경계의 이동과 확산이 어떻게 자본주의하의 노동 조직을 특징짓는 분업과 위계들을 전례 없는 수준으로 강력하면서도 동시에 광범위하게 확산되도록 하였는지에 관해 논의한다. 이에 관해 설명하는 과정에서, 우리는 문화연구와 탈식민지 연구에서부터 정치이론과 정치철학에 이르는 많은 학문의 영역선에 걸쳐 최근 몇 년간 발전되어 온 번역이라는 주제를 둘러싼 비판적인 논의에 대해서도 고심할 것이다. 우리는 현대 세계를 분리하고 횡단하는 경계짓기 과정의 도전에 걸맞은 정치적 주체의 생산에 적합한 번역 개념을 담고 있는 번역의 물질성("노동")을 강조할 것이다. 9장은 이 번역 개념을 투쟁의 실천과 관계 짓는데, 특히 어떻게 공통적인 것의 새 개념이 다른 투쟁 간의 번역 행위에 의해서 정교화될 수 있는지의 문제와 연계함으로써 이 논의를 확장한다. 접합articulation과 보편주의 이론들을 비판적으로 논의함으로써, 기존의 정체적 주체성을 주체 자신들로부터 분리하고 공통적인 것의 생산을 위한 새로운 지평을 여는 데 있어서 우리는 번역불가능한 것과의 조우에 특별한 역할을 부여할 것이다. 이것은 우리로 하여금 우리 주장 전반에 걸쳐서, 이행 중인 주체들에 의해 일상적으로 실천되고 있는 경계경합border contestation에 대해 강조하도록 이끈다.

2장

제작된 세계

"하나의 장소place는 순수하게 존재하지 않는다. 그것은 누군가의 상상 속에서 고안되어야 한다." 아미타브 고쉬의 소설『음영선』(1988)에서 젊은 인도인 서술자는 이렇게 읊조린다. 이런 생각을 가지고, 고쉬의 서술자는 자신의 가족 친구가 공간space, 장소place, 지리geography 등을 너무나 당연히 주어지는 것으로 여기고 있다고 비판한다. 경계에 대해서도 같은 불만을 제기할 수 있을 것 같다. 빈번히 폭력적인 역사적 과정들을 거쳐 발명되고 제도화되면서, 경계는 반목, 접촉, 차단, 통행 등의 현장이 되었다. 우리의 공간 인식 속에 각인된 경계의 모습은 마틴 W. 루이스와 카렌 E. 위겐이 "메타지리학"이라고 부른 것을 형성하였다. 그들에 따르면, 메타지리학이란 "사람들이 세계에 대한 자신들의 지식에 질서를 매기는 공간 구조의 집합이고, 이는 역사학, 사회학, 인류학, 경제학, 정치학, 혹은 자연사 연구를 조직하는 빈번히 무의식적인 틀이 된다"(1997, ix).

고쉬의 소설은 그러한 경계짓기 과정에 대한 증언이다. 결과적으로는 1971년 방글라데시의 탄생으로 나아갔던, 1947년 남아시아 아대륙의 분할과 동파키스탄 해방 전쟁에 앞서 일어난 주민 폭동들에 중점적인 관심을 기울이면서,『음영선』은 사람들을 타자들과 자신들로부터 분할하는 또 다른 일련의 경계에 대해서도 탐구한다. 이러한 경계에는 식민지배자들colonizer을 피식민지배자들colonized로부터, 현재를 과거로부터, 기억을 현실로부터, 정체성을 이미지로부터 분리하는 경계, 그리고 또한 빼놓아서는 안 될 것으로, 지식과 글쓰기의 상이한 영토들을 표시하는 인지적이고 보편적인 경계들이 포함된다. 이러한 경계의 확산은 개념적으로나 물질적으로나 모두 우리가 방법으로서의 경계라고 부르는 것의 한 부분이다. 이 책에서 우리의 주요 관심사 중 하나는 상이한 종류의 경계 간의 관계, 그리고 이에 더해 그 경계를 따라 일어나는 투쟁과 지식 갈등

knowledge conflicts을 추적하고 분석하는 것이다. 이와 같은 접근법을 따르다 보면 그 경계가 전형적이고 지배적인 지리적 구성물로서 이해되는 논리와 타협할 필요를 느끼게 될 것이다. 이러한 관점을 전면적으로 부정하고 싶지는 않다. 상이한 종류의 경계 간 관계를 자세히 살펴보기 전에, 지리적 경계선이 어떻게 그리고 왜 대체로 머릿속에 처음 떠오르는 것이 되는지에 관해 설명할 필요가 있다고 본다. 지도제작법cartography의 역할이나 지역연구area studies의 부상, 지리적 경계와 인지적 경계들의 얽힘 등과 같은 사안들과 함께, 이 장에서 맞닥뜨릴 과업이 바로 이것이다.

『음영선』에 나오는 에피소드를 생각해 보자. 가족에 대한 논쟁은 그 서술자의 할머니, [방글라데시] 다카에서 성장하신 그분이 [인도] 콜카타에서 오랜 세월을 보내신 후에 자신의 가족들을 보러 다카로 여행을 떠나기로 하면서 일어나기 시작한다. 때는 1964년이었는데, 서술자는 그 할머니의 여행에 대한 갈망을 이렇게 상기한다. "예를 들면, 우리가 정원에 앉아 있던 어느 저녁에 그는 비행기에서 인도와 동파키스탄 사이의 국경을 볼 수 있는지 궁금해하셨다. 내 아버지가 웃으며 할머니가 정말로 국경이란 게 한쪽에는 녹색이고 다른 쪽엔 자주색으로 되어 있는, 학교 지도책에 나오는 것처럼 그런 긴 검은 선이라고 생각하시는 것이냐고 물었을 때, 그는 그 말을 놀리는 것처럼 느끼시거나 당황하지도 않으셨다"(Ghosh 1998, 185). 할머니는 자기 자신이 질문한 이유를 설명하면서, 참호들이나 병사들, 아니면 황무지로 만들어 띠처럼 보이는 땅들을 볼 수 있지 않겠냐고 물으시는 것이었다. 만일 국경이 어떠한 정의를 해 주는 외양을 갖고 있지 않다면, 할머니가 추측건대 사람들은 거기에 국경이 있다는 것을 알지 못할 것이고, 그러면, 분할에 따른 폭력 사태들은 아무짝에 쓸모없을 것이라고 말한다. 이에 대해, 그의 아들은 다카로 여행하는 것은 비행기를 타고 히말라야산맥을 넘어 중국에 가는 것과는 다르다는 설명으로 답한다. 그는 이렇게 말한다. 국경은 "변방 위에 있지 않아요. 공항 안에 있지요"(186).

가족 간의 긴장 상황은 일단 제쳐놓고 보면, 이 장면은 경계, 영토, 지도, 역사에 관해 진지한 쟁점들을 제기한다. 어머니와 아들 간의 티격태격은 지도화 mapping의 행위와 기술들이 어떻게 우리가 이 세상에서 역사적이고 지리적으로 거주하는 방식에 기여하고 있는지를 보여준다. 좀 더 기술적인 말로 바꾸어 보면, 그 대화는 지도들이 세계를 "해독하는" 방법보다는 "기호화하는" 방법에 어떻게 관여하는지를 보여준다(Pickles 2004, 52). 고쉬는 모든 형태의 지도제작적 결정론을 약화하면서도 동시에 지도가 어떻게 영토를 창조하는지에 대한 생각을 전달하였다. 자신들의 삶을 크게 변화시켜온 지리적 경계에 대해 가족들이 타협하는 데 있어 매우 중요한 또 하나의 경계가 있다. 바로 실재와 재현 간의 인식론적 경계이다. 이러한 경계 간의 관련성을 탐구함으로써,『음영선』은 데렉 그레고리(1994)가 "지도제작적 우려"cartographic anxiety라고 일컬었던 것을 환기한다. 이것은 한편으로 지도가 격자선 안에 지식을 창조하고 사람들을 묶어두는 강력한 장치라는 느낌, 그리고 그와 동시에 다른 한편으로는 지도가 역사적·정치적·지리적 과정들을 반영하거나 통제하는 데 불확실한 역량을 가진 재현물일 뿐이라는 깨달음이다.

지도제작적 우려, 혹은 몇몇 주석가들이 부르듯 "위기"(Farinelli 2009 ; Pickles 2004)는 경계선에 대한 현대의 논의에 침윤되어있다. 분명, 그것은 에띠엔 발리바르가 "짜증 날 정도로 자주 바뀌는" 국경의 성질 ─ "지대, 지역, 혹은 국가들"을 형식화하기 위해 "지방화와 기능 안에서 증식되고 감소하며", "숨아지고 배가되는" 경향 ─ 로 묘사한 것을 연구하는 작업이 보여주는 두드러지는 속성이다(Balibar 2002, 91~92). 경계가 "더는 국경에서, 땅 위에 물질화되고 지도에 각인될 수 있는 제도적 영역이 아니라는"(89) 인식은 지도화의 이론과 실천에 중요한 결과를 가져온다. 그러한 주장은 이제 더는 정치적인 것the political을 급진적으로 제고하고자 하는 사상가들에 의해서만, 다시 말해 국경선을 "주권을 가진 정치적 지휘권과 사법적 관할권에 의한 제한을 영토에 표시하는 것"(Vaughan-Williams 2009, 1)으로서 바라보는 시각에 의문을 표시하는 사람들에 의해서만 제기되고 있지 않다. 경계의 "모호한 성격"에 주의를 기울여야 한다는 요청은 주류 정치 지리학자들의 작업에도 스며들었는데, "품위 있는 삶에 대한 추구를 강화하거나 제한하는" 국경선의 역량에 대해 "규범적인 헌신"을 견지하는 존 애그뉴를 예로 들 수 있다(Agnew 2008, 176, 183). 국경선을 주권국가 간의 영토적 말단부로 보는 관점을 강력히 유지하는 연구들에서조차도, 지도적인 재현의 신뢰성과 영향력에 대한 의문은 불가피한 것이 되고 있다.

국제적인 영역선 다툼boundary disputes에서 지도가 증거로서 능력을 갖추었느냐에 대한 논의에서, 존 로버트 빅터 프레스콧과 질리언 D. 트릭스는 국제 재판소들이 "지도의 정직성probity"에 대해 취하고 있는 다양하고 변화하는 접근들에 대해 재검토한다(Prescott and Triggs 2008, 193). 비록 일반적인 원칙은 지도가 다른 증거들에 부차적이어야 한다는 것이지만, 재판소들은 여러 사례에서 뚜렷하게 다른 접근법을 택하고 있다. 지도는 국가의 행위와 의도에 대한 증거로, 법조문을 묘사하는 기능을 가진 독립적인 문서로, 또한, 조약과 같은 법적 수단들에 대한 부속 문서로 받아들여지고 있다. 지도가 오직 부차적인 증거만을 제공할 수 있을 것이라는 생각을 확립하기 위해, 프레스콧과 트릭스는 〈과테말라-온두라스 국경 중재 재판소〉에 제출된 과테말라의 반대사례를 인용한다. 거기에는 1933년 1월에 해당 재판소가 내린 판결 내용이 담겨 있다.

지도는 본질적으로 지리적 사실들에 대한 언명이다. 이론적으로 그것은 치장되지 않은 진실을 시각적으로 제시하기 위해 설계되었다. 그것의 목적은 그 진실을 눈을 통해 마음으로 생생하게 전달하는 것이다. … 그러나 지도제작자map-maker는 이 지점에서 멈추지 않는다. 그는 대개 무언가 더 하는 쪽 – 지리적인 사실뿐 아니라 정치적인 사실을 말하는 것 – 을 택한다. 여기서 다시 그럴 때 그의 임무는 진실을 밝히는 것이다. 국가의 주장들이나 용인된 한계들, 그리고 알려진 영역선과 관련된 진실들 말이다. 그러나 그가 가진 정보의 원천들은 순수하게 지리적인 사실들에 관련된 것들과는 분명히 다르다. 그의 정확성에 대한 검증은 자연의 명령에 속한 것이 아니라, 국가들의 명령에 속한 것이다. (Prescott and Triggs 2008, 196에서 인용)

비록 과테말라가 이런 의견을 제출한 것은 전적으로 국경선을 주권국가 간의 영토적 영역선으로 접근하는 근대 지리학적 상상의 관점에서 작동하고 있기는 하지만, 지도제작적 우려라는 생각은 분명하게 드러나고 있다. 과테말라와 온두라스 간의 공간적 경계가 중요한 만큼이나, "지리적 사실"과 "국가의 주장들" 사이의 인식론적·정치적 경계도 마찬가지로 중요하다. 그러나 이러한 점을 가장 전통적인 경계논쟁의 요소로 인식한다고 해서 그것이 우리가 방법으로서의 경계에 대해 기술하는 데 기반하고 있는 관점을 소멸시키는 것은 아니다. 1970년대 초 이후로, 비판적인 지리학자들은 지도화mapping 행위들이 가진 지식과 경계 간의 얽힘을 비판해 왔다. 그들의 비판은 지도화와 전쟁(Lacoste 1976), 제국(Edney 1999), 혹은 국가–건설nation-building(Winichakul 1994) 등의 교차에 대한 연구 과정에서 이루어졌다. 그러나 최근 논의들의 초점은 자본주의의 전 지구화의 한가운데에 자리 잡고 있는 공간적 균열들에 대한 지도를 그리려는 시도를 방해하는 재현의 특정한 결함에 맞춰져 있다. 우리는 인식론과 영역선 그리기boundary drawing 사이에서 퇴행운동을 하는 경계정치border politics를 상상하는 것에 만족할 수 없다. 경계가 세계를 만들고 창조하는 데 – 피코 델라 미란돌라와 조르다노 브루노와 같은 르네상스 철학자들 간에 회자하였던 표현을 하나 빌려, 제작된 세계에서 경계가 하는 역할 — 요구되는 존재론적 사고 또한 이에 못지않게 중요하다. 제작된 세계라는 개념은 르네상스 철학자들이 자연과 초월적 힘에 대한 종속으로부터 "인간"의 해방을 천명하고자 채택한 유명한 이미지인 homo faber fortunae suae("자신의 운명에 대한 주인이자 창조자로서의 인간")와 공명한다. 첫 번째 '과학적' 지도제작자인 게라르두스 메르카토르가 이 개념을 자신의 지도인 『우주의 창조에 관한 지도책 혹은 천지학적 성찰, 그리고 제작된 세계』 *Atlas sive cosmographicae meditationes de fabrica mundi et fabricati figura*(1595)의 제목에 사용하였다는 점을 염두에 두면 쓸모가 있을 것이다. 경계의 세계-제작world-making 능력에 주목하는 것만으로도, 우리는 근대 세계의 지도가 제작되면서 나타난 축적과 착취의 과정에서 경계가 어떤 역할을 하였는지에 대한 포착이 가능하다고 믿는다.

현대 지도제작법의 본원적 축적

지도제작적 시선의 출현은 매우 다양한 시각에서 연구되어 왔다. 예를 들어, 앞서 언급된 바 있는 존 피클스(2004)와 프랑코 파리넬리(2009)의 연구들은 지도제작적 시선과 기계론적 철학에서 물질의 공간화, 르네 데카르트가 제시한 공간의 기하학적 재현, 그리고 초기 근대 미술에서 나온 관점의 발명 등의 연계점을 모색하였다. 메르카토르 지도책의 제목뿐 아니라 다른 초기 근대 지리학자들의 작업에 있는 제작된 세계라는 표현의 사용이 담고 있는 함의들은 덜 조사되었다. 메르카토르보다 20년 전에, 조바니 로렌조 다나니아라는 칼라브리아 출신의 지리학·귀신학 demonology 연구자는 자신의 지리학 논고를 『세계의 우주 공장 또는 우주 조영술』 *L'universale fabrica del Mondo overo cosmografia*(1573) 이라고 불렀다. 『자연 지리학, 혹은, 자연의 기획자이자 설계자가 발명하고 정교화한 것으로서 지구 세계의 구조』*Geographia naturalis, sive, Fabrica mundi sublvnaris ab artifice et avthore saturœ inventa et elaborata*는 하인리히 쉐러(1703)가 쓴 저작의 제목이다. 이 저작들, 특히 메르카토르의 저작인 『지도책』*Atlas*에서, 제작된 세계라는 용어는 지도가 재현하고자 하는 세계의 "비율", "질서", "질감" 등을 나타내고 있다. 근대 초기의 지도제작자들은 16세기에서 17세기 사이의 의학, 천문학, 건축학 등에서도 발견할 수 있는 제작fabrica이라는 단어의 의미들을 추상화하는 과정에 참여한다. 이 시기 동안, fabrica 는 제작 과정보다는 제작된 작품 자체를 의미했다. 제작된 세계의 신학적인 본래의 의미는 (예를 들어, 초기 기독교인 저술가인 페타우Pettau의 빅토리누스의 저술 속에서) 이런 식으로 (베살리우스의 인체에서 팔라디오의 건물로 그리고 메르카토르의 세계로) 탐구 대상에 어떤 완전성의 이미지를 투사하는 것으로 되었다. 이러한 변화의 과정에서 누락된 것은 두말할 것도 없이 창조의 행동이나 과정이다. 이것들은 르네상스의 인본주의적 사고 속에 있는 유물론의 재발명에서 핵심적인 부분이다. 이러한 유물론의 재발명이 가진 급진적이고 강력한 속성을 이해하기 위해서는 조르다노 브루노가 제시하는 물질의 무한성과 잠재성 그리고 창조의 지속성에 대한 이론을 떠올리는 것으로 충분하다. 그 이론은 신학적 정설과 삶과 우주론에 대한 초월적이고 신격화된 전망에 맞선 것이었다 (Raimondi 1999).

이런 이유로 근대 지도제작법의 탄생은 르네상스 사상이 가진 인본주의적이고 유물론적 도전의 전유appropriation와 중립화neutrialization가 가진 더 넓은 범위의 과정 안에 위치시켜야 한다. 이것은 데카르트가 핵심적인 역할을 했던 근대 과학과 철학의 출현을 이끌었다(Negri 2007a). 미셸 푸코가 『말과 사물』에서 제시한 『돈키호테』에 대한 유명한 주장도 근대 지도제작법과 관련되어 있다고 할 수 있다. 상상된 세계imago mundi 에 대한 우주 지리학적 인식의 위기에서 출현한(Lestringant 1991) 근대 지도제작법은 "르네상스 세계의 부정"이기도 하다(Foucault 1989, 53). 푸코가 주장한 것처럼, 쓰기와 더불어 지도화는 "세계에 대한 산문이 되기를 포기하였다. 그리고 유사성과 기호들은 더는 연대하지 않게 되었다"(53). 제작된 세계라는 표현을 사용함으로써, 세계를 지도에 재현한다는 것은 그것을 생산한다는 의미이기도 하다는 사실을 지도제작자가 인지하고 있다는 점을 나타낸다는 데, 혹자는 조심스러울 수도 있다. 이것은 "생산을 재현하는 것"에 대한 마르틴 하이데거의 인식을 떠올리게 하는데(Heidegger 2002, 71), 이는『말과 사물』에서의 "재현"에 대한 푸코의 분석과 공명하는 것이기도 하다. 하지만 그러한 인식은 부인disavowal의 형태를 가정하는데, 왜냐하면 fabrica[제작된]라는 단어의 추상화가 – 생산된 작업, 그것의 완전함, 균형, 내적 질서 등을 나타내기 위한 그 단어의 자리바꿈 – 바로 그 생산의 과정을 모호하게 하기 때문이다.

근대 지도제작법이 유럽에서 부상하는 동안, (칼 맑스가 소위 자본의 본원적 축적이라고 명명했던 것을 가리키는 공통장들[1]의 인클로저enclosure의 형태로) 유럽 강대국들의 식민지 정복과 확장을 합법적으로 조직화하기 위한 새로운 선들이 유럽 지역과 아메리카 대륙의 새 지도 모두에서 발견되었다. 개빈 워커(2011)가 맑스와 칼 슈미트에 관한 논문에서 소개했던 이러한 선들을 추적함으로써, 우리는 베스트팔렌 평화 체제의 태동기 유럽의 민족국가들 사이에 선형적 경계가 구축될 것이라는 예측을 할 수 있었고 실제로 그러한 경계의 구축이 이루어지기도 했다. 일단 우리가 선들의 이러한 뒤얽힘을 고려하기 시작하면, 제작이 가지는 또 다른 의미가 전면에 드러난다.『토티우스 라틴어 사전』(1771)에서 18세기 학

---

1. commons. 통상 공유지로 번역되지만 (토지와 같은) 특정한 재화의 이미지를 갖고 있어 공통적인 것이 발현될 수 있는 사회적 체계 혹은 공간의 이미지를 담기에 어려움이 있다. 이런 이유로 여기서는『역사의 시작』(맛시모 데 안젤리스 지음, 권범철 옮김, 갈무리, 2019) 등에서 제시한 '공통장(들)'로 번역하였다.

자 에지디오 포르첼리니는 제작fabrica이 fabri oficina('대장간')이나 에르가스테리온2을 나타내고 있음을 알려주고 있다. 이러한 의미는 이탈리아어와 독일어처럼 많은 유럽 언어들의 fabrica로부터 파생된 단어들에서 대부분 쓰이고 있다. 에르가스테리온은 포르첼리니가 사용한 그리스어로 고대 그리스, 동 헬레니아Hellenistic East, 로마 제국의 동부 지방, 비잔티움에서 발견된 작업장의 한 종류를 뜻한다. 이것은 대개 노예 노동을 활용하였다. 영국에서 산업 혁명이 일어나기 훨씬 전에, 이러한 종류의 작업장workshop은 사탕수수 플랜테이션이 (노예) 노동의 산업 조직을 예견하였던 카리브해 지역에서 대규모로 재등장하였다(Mintz 1985, 50). 이는 오늘날 볼리비아의 포토시시市 주변 광산들에서도 여전히 존재하고 있는데, 이곳에서는 프란시스코 데 톨레도라는 스페인 출신 총독에 의해 건립된 미타mita라는 명칭의 강제 노역 시스템을 통해서 은을 추출하였다(Bakewell 1984).

16세기와 17세기 사이 자본주의 세계체제의 발전 과정에서 전지구적 도시로서 포토시의 역할은 마드리드, 베를린, 라 파즈 등지에서 개최된 인상적인 전시회인 〈다스 포토시-프린집〉(2010)에서 집중 조명을 받았다. 지도제작은 예술적 실천의 중요한 현장이 되어 왔고 이 전시회에서 매우 눈에 띄게 중요한 부분이었다. 오스트리아 예술가인 안나 알테커가 제작한 〈세계 지도〉WORLD map라는 제목의 작품은 아르놀도 디 아르놀디가 1600년 시에나Siena에서 출간한 세계 지도를 다시 그린 것이다. 근대 지도제작법의 탄생과 본원적 축적 간의 관계는 이 작품에서 분명히 중요시되고 있다. 알테커는 16세기 말 포토시에서 주조된 역사적인 은화의 탁본을 이용해 자신의 원 지도 사본에 "은이 포토시로부터 동쪽(유럽 방향)과 서쪽으로(마닐라를 거쳐 중국으로 향하는) 그리고 전 세계로 이동하

---

2. ergasterion. 고대 그리스에서 노예가 작업하던 곳.

는 항로를 포개어 보았다"(Artaker 2010, 332). 새로운 전지구적 무역 통로와 자본의 순환들은 이런 식으로 지도에 각인되었고, 더불어 첫 번째 전지구적 통화의 출현의 기저를 이루는 물질성도 함께 각인되었는데, 이는 포토시의 쎄로 리코Cerro Rico('풍요로운 산')에 있는 광산에서 은을 추출함으로써 가능해졌다. 알테커의 지도는 화폐의 추상적 권력 기저에 깔려 있는 로지스틱스(은의 순환, 은을 운반하는 갈레온선[3]들, 1571년에 스페인이 마닐라를 정복함으로써 태평양 지역에 펼쳐진 새로운 전지구적 지리 등)에 초점을 맞추고 있다. 동시에, 전시회에서 그것의 위치는 은 생산의 "비밀"을 드러냈다. 즉 "수만 명의 인디오들이 참혹한 여건 속에서 강제노동을 하는 모습"이 드러났다(Artaker 2010, 232).

자본의 본원적 축적에 관한 이 전지구적 장면은 근대 지도제작법의 탄생에 대한 또 다른 관점을 제공해 준다. 지도 만들기map making와 근대 식민주의 간의 연관은 자주 언급되고 비판적으로 탐구되는데, 예를 들면, 16세기 말에서 17세기 초 사이의 여행보고서들 모음을 삽화집으로 만든 지도책들이 이 연구들에서 강조되었다. 프랑크 레스트링건트가 쓴 바와 같이, 이러한 모음집들에 있는 지도와 설화, 법적 문서들을 조합한 데서 창출된 "열린 형식"의 공간, 그것의 "이론적으로 무제한적인 성장"은 "식민지적 팽창을 준비하는 데" 기여하였다(Lestringant 1991, 256). 근대 지도제작법의 공간은 분명하게 "열려 있었다." 그러나 이 공간을 열기 위해서(동시에 자본의 본원적 축적과 식민지적 팽창에 열기 위해서), 영역적 선boundary lines(『자본』 1권에서 맑스의 분석으로 유명한 인클로저, 그리고 『대지의 노모스』에서 슈미트가 재구성한 유럽 공법the jus publicum Europaeum의 "전지구적 선들")을 추적하는 것은 절대적으로 중요한 역할을 하였다.

---

3. galleon. 15~17세기에 사용되던 스페인의 대형범선.

맑스는 소위 본원적 축적의 전지구적 지리학을 잘 인지하고 있었다. 그는 "미국에서 금과 은의 발견, 원주민 광산에서의 절멸, 노예화, 매몰, 동인도에 대한 정복과 약탈의 시작, 아프리카가 검은 피부의 상업적 사냥을 위한 토끼굴로 변하는 일들은 자본주의적 생산의 장밋빛 여명을 나타냈다. 이러한 일련의 목가적인 진행 과정들은 본원적 축적의 주요한 지점들이다"라는 유명한 말을 남겼다(Marx 1977, 739). 개빈 워커는 우리들이 맑스가 아프리카를 "토끼굴"("경작, 사육, 실험, 즉 재생산에 이상적인 구획이 만들어지고, 울타리가 쳐졌으며, 점유된 영토")이라고 언급한데 특별한 관심을 기울이게 한다. 워커의 논평은 자세히 인용할 만하다.

> 맑스는 통제의 정치 기술로서 "지역" 혹은 "문명"의 형성을 (전지구적 규모에서 본원적 축적에 대한 관념적 지도만들기로 이해될 수 있는) 경계짓기의 효과로 지적한다. 그가 보기에 이러한 경계짓기의 효과는 현상
> –물질적 형식phenomenal-material form상 차이의 자연화와 기초화를 끊임없이 재생산하는 것을 최우선적인 기능으로 삼고 이로써 그러한 재생산을 정당화하고 유지하는 것이다. 이러한 재생산은 필수적인데, 왜냐하면 그것이 표면상으로는 아프리카의 재생산을 알려주려는 의도를 가진 것으로 보이지만, 그것은 동시에 그리고 불가피하게도, 이 "다른" 공간과는 차별화된 무언가로서, "서구"의 형상화이기도 하기 때문이다.
> (Walker 2011, 390)

이 글귀 속에서 워커가 설명하는 것은 본원적 축적의 현장에서 지리적·인지적 경계선의 동시적 출현(그리고 구조적 얽힘)이다. 지도제작적 비율은 그것의 척도에 의거해 세계를 재구성하고 이를 통해 세계의 구조적 얽힘을 현대 지도의 근저에 있는 바로 그 "메타지리학"metageography에 새겨 넣는다. 경계가 지리적 그리고 "문명적" 분할들을 붕괴시키면서 근대

초기부터 지도제작적 상상을 가로지르기 시작하는 것도 바로 이 메타지리적 수준에서이다. 제리 브로튼이 『영토 거래하기』(1998)에서 보여준 것처럼, 메르카토르의 투사도 근저에 있는 지향은 "단순히 유럽의 중심성 centrality을 인정하는 것보다 더욱 복합적이었음이 분명해 보인다." 그의 세계 지도는 "16세기 제국주의 강대국들의 영토적·상업적 관심들의 측면에서 커지는 양극화를 반영하는 지정학적인 동쪽과 서쪽 간의 차이"를 확립하였다. 또한, 그의 세계지도는 "유럽 여행기 속의 '동양'이라는 관념의 담론적 전개와 17세기에서 18세기 사이의 지리학적 담론을 위한" 인식적 조건들을 창출하는 데 기여하였고, 이는 "역동적이고 계몽된 '서양'에 비교해 이국적이고, 게으르며, 불가사의한 '동양'이라는 묘사를 위한 내재적인 기본 틀을 만들었다"(Brotton 1998, 168). 이것은 아메리카 대륙 식민화의 과정에서 지도제작의 역할을 조사한 월터 미뇰로의 작업에서도 계속되는데, 그는 16세기 유럽의 관점에서 지도 위에 세계의 이러한 부분을 두는 과정이 "옥시덴탈리즘"Occidentalism으로 가는 결정적인 단계라는 점을 강조하였다(Mignolo 1995, 325).

유럽 공간 내에서 선형적인 경계의 일반화를 결정지었던 영토와 국가의 민족화(수년간 유럽 밖에서 식민지적 팽창의 특징으로 유지되었던 변방 공간의 개방)가 일어나기 오래전에, 근대 초기의 지도들은 영역적 선들 간의 연계, 정체성의 영토화, 그리고 문명적인 사고까지 예견하고 있었다. 그 지도들은 나중에 "서양과 나머지"West and the Rest 간 분할을 예견하는 인지적 경계를 정립하였다. 이러한 인지적 경계(그리고 일반적인 경계)의 작동은 단순히 배제의 측면에서만 설명될 수는 없다. 여기서 우리는 근대 지도제작적 이성의 발흥과 『광기의 역사』에서 푸코가 데카르트에 관해 해석한 데 대해 1963년에 자크 데리다가 제시한 논의를 연결할 수 있다. 이성과 광기 간의 모든 손쉬운 이분법적 대립쌍에 도전하면서, 데리다는 "[코기토]가 스스로 광기와 대적하거나, 아니면 오히려 자신을 광기와 대적 되도록 하는 그 과장된 시점"에 주목하는 것이 중요함을 강조하였다(Derrida 1978, 72). 이러한 이성과 광기의 중첩, 이러한 자아the Self와 타자Other의 충돌이라는 "과장스런" 순간은 모든 국경에서 특징적이며, 경계가 연결될 때만큼이나 분리될 때도 근거가 되는 상식적 진리에서 이미 명확히 나타난다. 나머지the Rest로서 생산되기 위해서(그리고 그것의 타자로 구성되고 배제되기 위해서), 비-서양 세계는 이미 서양 자체에, 서양과 나머지(세계 자체뿐 아니라) 모두가 생산되는 과장된 순간의 일부여야만 했다. 이 과장된 순간 ─ 세계 생산의 존재론적 시점 ─ 이 우리가 근대의 지도들로부터 독해해 내야 하는 바로 그것이다.

텅차이 위니차우쿠는 『지도화된 시암』에서 "하나의 표시로서의 지도는 새로운 표시 체계로 추상화하는 고유의 방법을 통해 공간적 객체를 전유한다"(Winichaukul 1994, 55)고 서술한다. 근대적 지도화의 핵심에 있는 공간의 전유는 인종 학살과 착취의 전지구적 지리학을 동반한 식민지 정복뿐 아니라 사유재산을 정립시키는 공통장의 전유를 복제한다. 공간적 점유의 이 모든 제스처에서, 영역적 선들을 추적하는 것은 중요한 역할을 한다. 즉 인클로저 없이는 사유재산도 없다. : 혹자는 맑스나 아니면 장-자크 루소를 빌어 이렇게 말할 수 있었을 것이다. "땅 한 조각에 울타리를 치고, 이건 내 땅이야 라고 말하게 될 사람, 그리고 사람들이 쉽사리 이러한 말을 믿게 된다는 것을 발견한 첫 번째 사람이 진정한 시민사회의 창립자였다"(Rousseau 1997, 161). 혹자는 슈미트의 말을 빌려, 정복에 개방된 비-유럽 공간을 합법적으로 구성하는 전지구적 선들이 없었다면 식민지 정복은 없었으리라고 말할 수 있을 것이다. 오늘날 우리는 여기에 지도제작적 생산, 세계의 제작을 드러내는 지리적이고 인지적인 경계가 없는 현대 지도는 없다는 말을 덧붙일 수 있다. 우리가 강조하고자 하는 것은 구체적으로 경계의 추적과 연계된 생산의 이 존재론적 순간이다. 고전 정치경제학이 자본주의의 역사적 지평으로부터 본원적 축적의 "원죄"와 폭력을 제거하고, 자본주의적 축적의 "법들"을 자연화한 것과 같이, 근대 지도제작법은 세계 제작의 존재론적 순간을 응결시켰고, 그것의 인식론을 세계의 자연적인 비율과 축척이라는 생각, 즉 지도 위에 추상적으로 제작된 세계를 투사하는 방식으로 구성하였다. 지리학적·인지적 경계의 자연화는 이러한 인식론적 움직임의 필연적인 결과물이었다. 방법으로서의 경계에서 중요한 것은 근대적인 지도화에서 응결된 이러한 존재론적 순간을 구출하려는 시도이고, 이를 통해 세계의 다른 상상과 생산이 가능해지는 공간을 개방하는 데 있다.

파리넬리는 자본주의 사회에서 지도제작적인 상징들과 화폐 간의 선택적 친밀감에 대해 언급하였다. 전자의 경우 지도 위에서 작동하고 후자는 시장에서 작동하기는 하지만, 이들 둘은 모두 공간과 상품을 같은 단위로 측정할 수 있게 하는 "일반적 등가물"의 역할을 수행한다(Farinelli 2009, 29). 이는 교환가치의 논리가 그 탄생 시기부터 근대 지도제작적 이성에 침투하였으며, 그 논리가 상품물신주의fetishism에 의해 만들어진 세계의 "유령 같은 객체성"phatomlike objectivity의 개념적 뼈대를 구성할 때와 같은 방식으로 이루어졌음을 의미한다(Marx 1977, 128). 예술가인 페렌츠 그로프와 장-밥티스트 노디가 파리에 설립한 〈쏘시에떼 레알리스떼〉라는 협력체가 예술적 개입의 주제 중 하나로서 지도가 주요하게 언급되기 시작한 한 전시회의 카탈로그 서문에서 서술하였듯이, "게라르두스 메르카토르는 단순히 플라망어 이름인 헤하르트 드 크레이머의 라틴어 번역에 불과할 수도 있다. 하지만 그럼에도 메르카토르mercator가 '상인'the merchant을 뜻한다는 사실은 여전히 남는다"(Société Realisté 2011, 13). 우리는 메르카토르가 훌륭한 상인이었다는 것을 알고 있다. 또한, 그가 "지리적인 기능을 자기 일이 가진 상업적·정치적 함의들을 빈틈없이 관리하고 조합하는 능력", 즉 자신의 상품들을 "인쇄-자본주의"의 여명기에 "16세기 유럽 이후에 가장 인기 있는 무언가"로 바꾸는 능력을 갖췄다는 점에 대해 잘 알고 있다(Brotton 1998, 160). 그러나 근대의 지도 제작적인 시선이 만든 바로 그 공간이 상품 형식이라는 최상의 권력을 지도 위에 새겨넣었다.

많은 저술가는 근대 지리학, 지도, 상품 물신주의 간 연계의 발전을 탐구하면서, 『아케이드 프로젝트』에서 발터 벤야민이 도시의 삶 속에서 일어나는 전시와 대량 소비의 경제를 분석했던 내용과 같은 것들을 참조한다(Gregory 1994, 214~56). 우리는 이 연계에 의해 수립된 개념적·물질적 공간의 내부로부터 작업하고자 하며, 그 연계를 만들어 내는 존재론적 순간을 드러내고 우리가 근대 지도제작법의 본원적 축적이라고 부르는 것 안에서 인지적 경계와 지리적 경계가 서로 뒤엉키는 행위에 포함된 기능을 분명히 드러내고자 하였다.

일단 이러한 뒤엉킨 행위가 수립되고 지도에 각인되자, 세계는 상이한 대륙들, 부족들, 문명들, 문화들, 사람들, 민족들, 언어들을 관리할 준비가 되었다. 사카이 나오키와 존 솔로몬은 "민족화"가 지식, 신체, 삶을 재형성하는 방식에 관해 기술하면서 중요한 지점을 간파하였다. 즉 "공문서the archive, 언어, 문화, 역사 등 – 간단히 말해, '의사소통 경험'의 근대적 물신화 – 은 자본Capital을 위한 생산과 노동 양식인 것만큼이나 지배의 다수결적 주체들의 구성을 위한 본원적 축적의 장이기도 하다"(Sakai and Solomon 2006, 20). 이들 "인식적" 장들은 지도에 의해 생산될 뿐 아니라 지도에 반영되기도 하는데, 이는 위니차우쿠(1994)가 시암/태국의 "지리-체"geo-body에 관해 쓴 놀라우리만치 훌륭한 역사에서 보여준 바 있다. 동질적이고, 구별적이며, 구획된 언어들의 출현은 사카이와 솔로몬이 "다수결적 주체와 지배의 구성을 위한 본원적 축적"이라고 부른 것의 과정 중 일부이자, 그것과 한 덩어리이다.

지리적·인지적 경계의 뒤엉킴에 대해 좀 더 깊이 조사하는 데 있어 중요한 지점은 요한 볼프강 폰 괴테와 이후 비교 문학 연구의 출현에 의해서 주조된 세계문학 개념이다(Damrosch 2003). 이와 비슷하게, 18세기와 19세기 사이 언어학의 역사에 대한 연구는 중첩적인 언어적·인종적 분류를 강조한다(Poliakov 1974). 19세기가 시작될 즈음 헤겔이 쓴 세계사에 대한 장엄한 서사시 속에서, 이러한 지리적·인지적 경계의 상호교차는 민족정신the Spirit(그리고 그것의 물질적 담지자인 국가the state)의 진보 속에서 시간과 공간의 재조합을 관장한다. 시간적·공간적 차원들 모두 속에서 그 민족정신의 위계들을 조직하면서 말이다. 라나지트 구하(2002)가 관찰한 바와 같이, 헤겔의 신적인providential 전망은 역사와 유사 이전 간, 발전의 상이한 "단계들", 대륙들과 문명들, 언어들, 인종들, 민족들 간의 경계선을 구축하였다. 마지막으로 그리고 중요하게도, 지리적·인지적 경계선들의 상호적인 함의는 영역들, 블록들, 지대들, 거주지들, 네트워크들, 행렬들, 지역들을 만들어 내며 지속적으로 현대 세계를 가로지르는 메타지리적인 유형들을 필요로 한다. 이러한 공간적(그리고 시간적) 구조들을 요구하는 경계짓기, 축적, 생산의 과정들을 고려하는 것은 우리가 제작된 세계fabrica mundi라고 부르는 것을 만드는 연결들, 연속들, 운동을 식별하는 데 결정적이다.

세계의 유형Pattern

다시 『음영선』으로 돌아가 보자. 1964년 방글라데시 다카에서의 마을 폭동을 틈타 자신의 친척을 살해하고 난 후, 고쉬의 주인공은 지도 위에 동그라미를 하나 그린다. 자신의 컴퍼스의 지지 다리를 폭력 사태가 처음 일어났던 쿨나라는 동파키스탄의 도시에 두고, 컴퍼스의 다른 끝을 스리니가르라는 불안 상황을 촉발한 사건이 일어났던 장소에 맞추었을 때, 그는 그 곡선이 뻗은 길이에 경악하였다.

나는 얼마 전까지도 선의를 가진 사람들, 분별 있는 사람들이 모든 지도가 동일했다고 생각했으며, 선들 속에 특별한 황홀감이 있다고 생각했던 때가 실제로 있었다는 사실에 상당한 충격을 받았다. 나는 그들이 경계에 폭력을 가하는 것과 과학과 공장들을 이용해 그러한 폭력을 행사하는 데 경외할 만한 어떤 것이 있다고 믿었다는 사실로 인해 비난받아서는 안 된다는 점을 상기해야만 했다. 왜냐하면, 그것은 세계의 유형이었기 때문이었다. 그들은 자신들의 경계선을 그렸고, 선들의 황홀감 속에서 그 유형을 믿었으며, 아마도 일단 그들이 지도 위에 경계선을 새겨 넣으면, 그 두 땅 조각들이 유사 이전의 곤드와나란드의 움직이는 지층 판과 같이 각각으로부터 멀리 떨어져 나갈 것이라고 기대하였다. (Ghosh 1988, 285~86)

고쉬는 "선들의 황홀감"에 대한 대중들의 믿음과 분리의 수단으로서의 경계에 대한 공식적인 접근법을 기록하기 위해 대륙 이동의 지질학적 과정을 떠올렸다. 그의 구술자는 이렇게 독백한다. "그 지도의 4천 년 역사에서 우리가 다카와 콜카타로 알아 왔던 장소들이 자신의 선들을 그린 이후 보다 더 각자에게 밀접히 묶인 순간은 없었다"(286). 그 경로는 경계의 이중적 속성 – 연결하고, 분할하는 두 가지 모두에서의 역량 – 이 그것들의 세계-제작 역량과 별개로 생각될 수 없다는 점을 보여준다. 또한, 세계의 유형은 중첩되는 공간도 없고 주인도 없는 공간으로 이루어진 깔끔하게 테두리 정리가 된 영토 단위들의 직소 퍼즐로 환원될 수도 없다. 지도화는 단순히 비율과 척도의 문제가 아니다. 오히려, 지도화는 "폭력을 경계로" 이동시키고 그것을 "과학과 공장들을 통해" – 즉 지식의 생산과 노동의 활용을 통해 – 다루는 강력한 과정들과 상호 교차한다. 인도 아대륙에서 분리주의가 태동하던 시기라는 점을 생각할 때, 적어도 고쉬의 소설 속 구술자에게는 경계와 그것을 둘러싼 세계의 모습이 이렇게 비쳤을 것이다. 분리주의의 태동은 남아시아의 메타지리적 구조를 수립하는데 결정적이었던 사건으로, 오로지 경계에 의한 분할 시점 이후에만 존재하였기 때문이다.

이 절에서 우리는 20세기 중반 지역학 연구소와 함께 출현했던 세계의 유형에 관한 계보학과 전제조건들을 탐구한다. 우리의 관심을 끄는 것은 뒤엉킨 인지적·지리적 경계로, 이는 세계를 상이한 거시적 지역 혹은 구역으로 분할하는 데 매우 중요하다. "땅the earth을 유럽, 아시아, 아프리카(나중에는 아메리카 대륙도 포함되어)로 나누는 고전적이고 흔하디흔한 분할"(Lewis and Wigen 1997, 29)에서 그러한 유형화를 위한 분명한 전례들이 있다. 19세기에, 근대적 지리학이 형태를 갖추어 갈 때쯤, 이러한 대륙 계획이 형식을 갖추었고 자연화되었다. 독일 지리학자인 카를 리터와 같은 인물들은 각각의 대륙이 "인류 문화의 진보 속에서 고유의 특별한 기능을 갖도록 계획되고 형성되었다"고 주장했다(Ritter 1864, 183). "지리적 개체"geographic individuals로서 대륙이 갖고 있는 이미지의 영향력을 과소평가하기는 어렵다. 특히 베를린 대학에서 리터의 동료였던 헤겔이 그 이미지를 적용해 세계 역사와 무엇보다 그가 "세계정신"world spirit의 전개 순간들로서 "민족정신"national spirits, Volksgeiste에 관한 이론의 지리학적 정초들에 대한 자신의 이해를 정립하였다는 점을 상기한다면 말이다(Rossi 1975, 24~33을 볼 것). 19세기는 유럽에서 국가의 민족화로 특징지어질 수 있다. 그러나 이러한 과정은 ("민족정신들" 간의) 선형적 경계가 유럽 지도로 각인된 과정과 일치하였고, (헤겔의 용어를 사용하면, 세계정신이라는) 더욱 넓은 범위의 메타지리학적 유형 안에서 일어났다. 그 유형은 그것의 전지구적 범위가 근대 역사(그리고 지도제작법)의 태동 이후부터 정립되어 왔다.

학문으로서 정치지리학political geography의 발전은 리터 이후에 이러한 이종적인 영역적 선들의 뒤엉킴에 의해 형성되었다. 한편으로, 정치지리학은 유럽 국가들의 "민족적인 것 되기"the becoming national와 경계의 추적에 의해서 만들어진, 유동적 지도제작법 안에서 작동해야만 했다. 프리드리히 라첼의 말을 빌리자면, 이러한 과정들은 "생활 형식의 확산"의 가장자리를 표시하였다(Ratzel 1899, 259). 국가를 "한 조각의 인간과 한 조각의 땅"(Ratzel 1923, 2)으로 제한하고 "민족적" 지리학자들의 과학적 작업의 대상으로서 그것을 생산함으로써 말이다. 다른 한편으로, 지리학자들은 식민지 세계에서 유럽 열강들의 팽창이라는 제국주의적 움직임을 따르기도 (그리고 빈번하게 예견하기도) 하였다. 조지 커즌 경이 인도 총독의 임무를 마치고 몇 년 후에 기술한 바에 따르면, 국내 경계의 통합성은 "국가의 존재 조건"이다. 이 조건이 유럽에서는 확보된 것으로 보였지만, 커즌은 식민지 변방들을 따라 "거대 열강들" 간에 일어나는 분쟁과 갈등의 지속적인 재생산에 대해 상당한 우려를 하고 있었다.

비어있던 대지 공간들이 채워지면서, 나머지 공간들을 위한 경쟁이 일시적으로 더욱 중요해진다. 다행스럽게도 과정은 자연스러운 종료를 향해 나아갔다. 모든 빈 공간들이 채워졌을 때, 그리고 모든 변방이 정의되었을 때, 그 문제는 다른 형태를 띨 것이다. 더 오래되고 더욱 강력한 민족들은 여전히 서로 자신들의 변방에 대해 논쟁할 것이다. 그들은 또한 여전히 자신들의 약한 이웃 국가들의 영토들을 침해하고 합병할 것이다. 또한, 본질적으로는 변방을 둘러싼 전쟁들은 사라지지 않을 것이다. 그렇지만 새로운 땅을 위한 쟁탈전, 혹은 썩어가는 국가들의 유산을 취하기 위한 쟁탈전은, 흡수할 영토가 점점 줄어들고 그 흡수를 사면권을 부여받은 채 할 수 있는 기회가 점점 줄어듦에 따라 맹렬함이 줄어들 것이다. 아니면 더욱 허약한 단위들이 중화되거나, 분할되거나, 그도 아니면 더욱 강력한 열강의 조용한 보호국으로 전락한다. 현재 우리는 전환기 단계를 지나쳐 가고 있는 중으로, 덜 간섭받은 조건들이 뒤이어 나와야만 한다. 이는 더욱더 국제법의 질서정연한 영역으로 빠져 듦을 의미한다. (Curzon 1908, 7)

때는 1908년이었다. 1차 세계대전이 커존의 예언적 전망을 드러내는 것은 아니었다. 더욱이, 유럽의 네 곳의 다국적 제국들의 종말을 불러왔던 그 전쟁의 결말은 민족적인 것the national의 징조 아래에서 유럽 지도 다시 그리기를 달성하기 위해 (우드로 윌슨의 결정적 압력 아래의 베르사유 체제 안에서 달성되었던) 시도를 위한 정초를 마련하였다. 기억할 만한 몇몇 부분에서 한나 아렌트(1951)는 민족주의의 꿈이 어떻게 중앙 유럽과 동유럽의 역사적으로 이종적인 영토에 있던 언어적, 민족적, 종교적 소수자들에게 악몽으로 바뀌었는지를 보여주었다. 아렌트의 분석은 오랫동안 "경계지방"marches 혹은 크라지나krajina(우크라이나라는 바로 그 이름에 있어서 중요하고 발칸에서의 전쟁 중에 1990년대의 인종 청소에 연관되었던 단어)로 고려되어 온 영토들을 나누는 선형적 경계를 추적하려는 시도의 관점으로부터 재천명될 수 있다.

"아프리카 쟁탈전"의 시대에 제국주의가 전성기에 이르고 1차 세계대전 시기에 그 정점에 이르던 상황에서, 특정한 "세계 유형"의 위기에 따라 경계에 대한 이해의 틀을 새롭게 구성하는 새로운 공간 "학문"(그리고 새로운 정치적 수사)의 등장을 목격하게 된 것은 우연이 아니었다. 세기말을 향해 갈 때 즈음에, 스웨덴의 연구자인 루돌프 끼예렌이 지정학이라는 용어를 처음으로 고안해낸 것으로 보인다(Chiaruzzi 2011). 이 용어가 독일, 영국, 북아메리카의 지리학자들 사이에 빠르게 퍼졌고 두 세계 전쟁의 시대에 공적 담론 수준에서 인기가 있었다는 사실은 지정학이 "시대정신"spirit of the age 속에 관련된 무언가를 좇고 있었음을 나타낸다. 1차 세계대전에 정점에 다다른 제국주의 열강 간의 갈등은 유럽국가의 민족화 그리고 유럽의 제국주의적 모험, 특히 대영제국의 모험을 통해서 진화되었다. 전지구적 패권 열강으로서 영국의 시대는 끝나가고 있었고, 이는 우리가 다음 장에서 "영토주의"와 자본주의 간(슈미트의 말을 빌리자면, 육지와 바다 간)의 특정한 균형으로 논의하게 될 것의 위기와 일맥상통하였다.

지정학의 출현은 그러한 세계 유형의 위기를 나타내는 증상이었다. 그것은 또한 이러한 위기를 극복하기 위한 수많은 노력에 자양분을 제공하였다. 악명을 떨치게 되긴 했지만, 레벤스라움Lebensraum[생활범위]이라는 개념(심지어 중앙 유럽과 동유럽을 식민지 지배의 형태 아래 두려는 국가사회주의 프로젝트에 의한 범죄를 지칭하는 용어로 활용될 때조차도)[의 존재] 자체는 유럽에서의 민족국가와 세계적 범위의 유럽 제국주의에 집중된 국제적 질서의 붕괴를 가져온 세계대전의 시대에서도 [지정학이] 광범위하게 인지되고 있었음을 보여준다. 여기서 특히 카를 하우스호퍼라는 이름이 떠오른다. 그는 부분적으로 미국이 2차 세계대전에 개입하기 전 시기 나치 지정학의 숨겨진 조종자로 『라이프』지와 같은 출판물에 자주 등장했다(Ó Tuathail 1996, 115~31).

미국의 지정학적 사고에 대한 레벤스라움 개념이 전쟁 기간 그리고 그 이후에 진화했기 때문에, 그것의 영향력을 추적하는 게 가능해졌다. 이 이야기의 일부분은 한스 웨이거트와 로버트 슈트라우스-후페와 같은 중앙 유럽 출신의 망명자들에 의해 수행된 역할을 포함한다. 이들은 미국으로 망명하였고 국가사회주의로 발전된 것과는 다른 방향에서 그 개념을 발전시켰다. 1920년대부터 이후 미국의 선도적 정치지리학자인 이사야 바우만의 손에 의해 그 개념이 다시 만들어져 (영토적이라기보다는) 경제적인 확대와 영향을 강조하게 되었다. 1940년대 초에 바우만은 〈외교위원회〉의 설립 지도자로서 자신의 역할을 수행하며 독일의 영토적 레벤스라움에 대한 대답은 "미국적 레벤스라움, 전지구적 레벤스라움, 경제적 레벤스라움"이어야 한다고 천명하였다(Smith 2003, 2005). 이후의 문헌에서 바우만은 지정학 개념을 명백히 거부하는데, 그는 그 개념을 지리학이라는 학문의 과학적 영역선으로부터 배제하였고 한때 초기 윌슨 독트린에 근간을 두었고 전지구화의 미래를 전망하였던 미국의 경제적 확대에 대한 자신의 전망을 강화했던 것이다. 우리의 관심을 끄는 것은 이러한 시점을 나타내는 탈정치화의 측면뿐 아니라 그것이 그 이후에 발전담론과 병행하는 탈정치화와 뒤엉키는 지점이다. 이것은 더욱더 냉전의 메타지리학적 유형 속에서 일종의 객관적이고 기술적인 방식으로 제시되는 경향이 있었다.

역사적·문화적 요소들보다는 지리학으로 덜 한정되는 세계 지역들에 대한 인식은 20세기 중반에 등장하여 일찍이 대륙적 전망을 알려주었던 몇몇 목적론적·분류학적 가정들을 대체하였다. 어떻게 세계가 합쳐지는가에 대한 이해를 위해서는 근본적이고 아마도 불가피함에도, 그러한 메타지리학적 단위들의 관념은 20세기에 걸쳐 ─ 군사적이든, 경제적이든, 정치적이든 상관없이 ─ 변화하는 권력의 배열들로부터 독립되지는 않았다. 남아시아 지역이 오직 분리의 여명기에 나타났다는 점은 이에 대한 유일한 기록이다.

통상적으로 논의된 것과 같이, 세계 지역들에 대한 지리학적 개요의 출현은 2차 세계대전 기간과 그 이후에 미국이 전지구적 열강으로 등장한 일과 함께 일어났다. 호세 마르티, W.E.B. 두 보이스, 라빈드라나트 타고르와 같은 인사들이 문화적으로 복합적이고 정치적으로 격렬한 20세기 초 지역주의의 전망을 명확히 설명하였다는 것도 사실이기는 하지만 말이다. 제대로 자격을 갖추고 지원금도 받는 학문적 추구로서 지역학이 미국에서 출현한 것은 이러한 이전의 전망들을 중성화한 것으로 이해할 수 있으며, 이는 아프리카계 미국인의 급진적 반식민주의의 위대한 전통의 제거에 기반한 아프리카의 재지도화remapping 사례에서도 명확히 드러난 바 있다(Von Eschen 1997). 지역학은 어느 정도 구획화할 수 있는 지역들, 즉 사회문화적 특성들에 따라 어느 정도 통합할 수 있고 이로 인해 비교와 분리가 가능한 실체로 이해될 수 있는 지역들에, 세계의 분할에 관한 과학적 권위와 객관성이라는 관념을 부여하고자 하는 노력을 포함하고 있기도 하다. 세계 지역들을 정확히 배열하는 것에 대해서는 항상 논쟁과 불확실성이 존재했었음에도 불구하고, 냉전 시기에 이를 때까지 지적인 합의와 제도적 기반들은 북아메리카, 라틴아메리카, 서유럽, 동유럽, 소련, 중동, 사하라 이남 아프리카, 남아시아, 동아시아, 동남아시아, 호주와 뉴질랜드 정도의 지리적 단위들을 둘러싸고 느슨하게 형성되었다.

미국의 군사적 관심이라는 시야에 이러한 지리적 구조들이 출현한 것은 레이 초우에 의해서 가장 분명하고 극적으로 표현되었다. 그는 지역연구와 "비교 작업"의 진화를 "가시화됨과 동시에 파괴되어야 하는 목표물로서 이해되고 개념화되는 세계"와 연계시킨다(Chow 2006, 12). "목표물로서 세계의 시대", 초우는 그것을 그렇게 불렀는데, 이것은 우리가 이미 앞서 언급한 바 있는 하이데거의 유명한 논문 제목을 개명한 것으로, 핵폭탄의 시대에 심대한 "사고의 군사화"를 주요한 특징으로 한다. 사고의 군사화에 대한 초우의 염려를 우리가 공유하기는 하지만(19세기의 전환기 유럽에서 전대미문의 전쟁이 발생한 시대로부터 비교문학이 나타나기도 하였다는 사실에 대한 그의 강조를 상기하는 것은 중요하다), 우리는 2차 세계대전 이후에 지역연구의 탄생이 즉각적으로 파괴되어야 하는 "목표물들"에 초점을 맞추는 것에 한정되는 것과는 거리가 상당히 있다고 주장한다. 오히려, 지역연구는 세계의 새로운 생산, 새로운 제작된 세계, 혹은 우리가 세계의 새로운 유형이라고 불러왔던 것의 발명에 중요한 역할을 하였다. 그런 식으로 지구를 틀 짓는다는 것은 새로운 (메타지리적이고 인지적일 뿐 아니라 문자 그대로의) 경계를 추적하는 것이 수십 년의 냉전 기간 자본주의의 발전을 위한 지배와 착취의 새로운 지도들을 생산하였음을 의미하고, 유럽 패권의 유령을 새로운 지리학적 상상력

안에 각인시키는 것을 의미하였다. 우리는 유령이라는 단어를 사용하면서 유럽의 "상상적 인물"의 지속적인 영향력에 대한 디페시 차크라바르티의 비평(2000, 4)과 양차 세계대전과 미국의 전지구적 권력이 지도의 중심으로부터 유럽의 이탈과 구체적으로 일치하였다는 사실을 참고하였다.

닐 스미스(2007)와 데이빗 누젠트(2007, 2010)는 자선단체들, 통치[정부], 대학들, 군대, 정보기관 간의 조력 관계 구축을 통해 지역연구의 등장을 역사적으로 세밀하게 추적한다. 미국의 영향권하에서 기하급수적으로 늘어나는 인구의 관리를 위한 지식의 수요에 대응하며, 이러한 연맹들은 "지식과 권력에 대한 새로운 지리학의 제도화"를 가능하게 했다(Nugent 2010, 19). 이 사업의 중심에는 "첩보 활동, 정책 분석, 직업적 가능성의 새로운 중심들"의 형성이 있었다(22). 〈사회과학연구위원회〉와 〈미국 학술사회위원회〉와 같은 조직들이 핵심적인 역할을 했다. 1943년에는 〈사회과학연구위원회〉가 「사회과학에서 세계 지역들」(1943)이라는 영향력 있는 문건을 발간했다(Hamilton, 1943). 이 보고서는 세계 지역들에 관해서 취합되어야 하는 첩보의 종류들을 처방하였고, 지정학적 중요성에 따라 그것들의 순위를 매기는 근거를 제공하였으며, 이러한 단체들에 관해 바람직한 지식을 생산하기 위한 전문가들을 훈련하는 기술을 제시하였다. 미국 사회과학에서 지역연구를 지배적인 관점으로 만든 역사적·제도적 과정들을 깊숙이 탐구하는 것은 여기서 적절치 않다. 하지만, 우리는 이러한 새로운 "지식지리학"knowledge geography의 창조를 이끈 기관에 대해서는 언급할 수 있다. 바로 〈포드 재단〉이다.

지역학area studies의 정립에 있어 〈포드 재단〉의 역할에 대한 설명은 무수히 많다. 에드워드 버먼(1983), 조지 로젠(1985), 데이빗 스잔톤(2004), 티머시 미첼(1983), 누젠트(2010) 등의 저작은 훈련, 연구, 출판의 새로운 기반시설들에 대한 자금지원을 상세히 기술한다. 이것들은 1966년까지 34개의 미국 주요 대학들에 있는 지역연구들에 장학금을 제공하여 학제적인 고등 수준의 학위 과정을 설립하는 결과를 가져왔다. 이러한 특별한 노력과 안토니오 그람시가 처음으로 포드주의라는 이름을 붙인 대규모 산업 생산 간의 관계는 상대적으로 덜 검토되었다. 지역연구의 부상에서 군대와 정보기관들의 영향을 추적하는 것은 중요하기는 하지만, 세계 목표the world target 개념으로 완전히 확인되지 않는 〈포드 재단〉의 관여 요소들이 있다(Chow 2006). 〈포드 재단〉의 이러한 관여 측면들은 소위 말하는 군산복합체를 인지한다고 해도 설명되지 않는다. 그것은 입법자들, 군, 산업계 간의 정책과 금전적 관계들을 의미할 뿐이다. 포드주의를 핵심적인 참고 지점으로 택함으로써 지역연구의 부상과 〈포드 재단〉과 같은 행위자들의 활동과 함께 등장한 세계의 유형에 새로운 시각을 더할 수 있다.

훈련된 고릴라와 성스러운 암소

우리가 그람시를 괜히 언급한 게 아니다. 그가 『옥중수고』에서 제시한 포드주의에 대한 분석은 포드주의와 연계된 노동과 생산의 합리화가 단순한 기술적 과정이 아니었다는 사실에 초점을 맞추고 있다. 합리화는 이보다 사회의 전체적인 직조를 재구성하는 것으로서 이해되었다. 즉 "새로운 종류의 인간을 정교화할 필요를 결정하는" 것이다(Gramsci 1971, 286). 섹슈얼리티, 가족, 도덕적 강제, 소비지상주의, 국가 행동 등에 대한 질문들은 모두 "새로운 종류의 노동과 생산과정에 적합한"(286) 새로운 종류의 노동자를 창조하려는 이러한 노력에서 중요한 것이었다. 페미니즘 사상가들이 지적하였듯이, "새로운 종류의 인간"의 포드주의적 제작Fordist manufacturing은 "가족 임금"의 도입을 통해 여성들을 집과 가사노동 영역으로 좌천시킴으로써 일정 부분 달성될 수 있었다(Lewchuk 1993 ; May 1982). 만일 우리가 오늘날 주체성의 생산을 포함하는 그러한 과정에 대해 고려한다면, 그람시가 "산업주의"의 역사 속에서 포드주의의 장소를 논의하는 유명한 구절에서 이 개념의 발명에 관한 전조를 보여주었음을 상기할 필요가 있다. "산업주의의 역사는 항상 인간 안의 '동물성'animality 요소에 대항하는 (오늘날에는 심지어 더욱 확연하고 격렬한 형태를 띠는) 끊임없는 투쟁의 모습을 띠었다. 그것은 자연적(이를테면, 동물적이고 원시적인) 본능을 새롭고 더욱더 복합적이며 완고한 규범들과 습관들, 즉 산업 발전의 필연적 결과로서 점점 더 복합적인 형태의 집단적 삶을 가능케 할 수 있는 정밀함과 세밀함에 예속시키는 거칠 것 없고 빈번하게 고통스러우며 치열한 과정이다"(Gramsci 1971, 298). 인간 본성의 장에서 산업주의의 이러한 "계속된 투쟁"에 대한 새로운 범위에서 볼 때 노동계급의 재구성이 특별히 필요하다는 점은 분명했다. 우리는 여기서 20세기가 시작될 때 즈음 프레더릭 테일러가 언급한 노동자의 "동물화"animalization와는 거리를 두고 있다. 그람시는 이렇게 덧붙인다. "미국의 산업주의자들industrialists은 '훈련된 고릴라'trained gorilla란 건 그저 말뿐이라는 점을 이해하고 있었다. 또한, '불행하게도' 노동자란 인간으로 남아 있다는 점과 심지어는 노동을 하는 동안에 노동자는 더욱 생각을 많이 한다는 것, 아니면 적어도 생각할 기회를 더욱 많이 얻는다는 점을 이해하고 있었다. … 그리고 노동자가 생각할 뿐 아니라, 자신의 노동으로부터 즉각적인 만족을 전혀 얻지 못하며 자신이 훈련된 고릴라로 자신을 환원시키려고 시도하고 있다는 점을 자각한다는 사실이 노동자를 순응주의자conformist와는 거리가 먼 사고 훈련으로 유도할 수 있다"(310).

그러한 비순응주의자적nonconformist 사고 훈련이 각광받았다는 점은 〈포드 재단〉이 상이한 전지구적 환경에 걸쳐 노동계급의 조건을 포착하고자 하는 연구를 지원하는 데 적극적으로 참여했던 사실에서 분명히 알 수 있다. 이것은 노동운동에 영향을 미치고 세계적 스케일에서 "조화로운" 산업 관계의 구축을 위한 일관성 있는 미국의 전략을 확보하는 수단으로 이해되었다. 마셜 플랜과 2차 세계대전 직후 서유럽의 새로운 시대 창조와 더불어 이미 실험되어 온 것들과 같은 선상에서 말이다(Maier 1991). 이러한 노력의 중심에는 클라크 커가 이끌던 연구팀이 있었다. 커는 이후에 캘리포니아 대학교에서 핵심적인 학술 행정가로 등장했다. 그는 「경제개발에서 노동문제에 대한 대학 간 연구」라는 제목의 프로젝트를 이끄는데, 이 연구는 20년간 24개국 이상에서 90명이 넘는 연구자들이 참여하였고 〈포드 재단〉과 나중에는 카네기 재단으로부터 1백만 불이상을 유치하였다. 1951년 〈포드 재단〉에 제출된 최초의 제안서에서 커는 "효과적인 미국의 세계적 전략을 개발하기 위해서는 다양한 사회들에서의 노동계급의 입장에 대한 깊은 이해가 요구된다"라고 적고 있다(Cochrane 1979, 61에서 인용).

커의 응용이 초기에는 성공하지 못하기는 했지만, 그다음 해에 제출된 두 번째 제안서에 대해서는 〈포드 재단〉이 "세계 다른 곳에서의 노동운동의 발전에 영향을 미치고 공산주의에 의해 통제되는 노동조합보다는 자유로운 노동조합의 발전에 영향을 미치려는 목적에" 중요하다고 판단하였다(59). 커는 〈국제노동기구〉를 자신들의 활동을 위한 허브로 활용하는 연구의 추진 자금을 지원받았고 40여 권의 책과 50건 이상의 보고서를 생산하였다. 이 연구의 핵심은 "개방되고 유동적인 사회, 교육받고 기술 관료적인 노동력, 조직화한 이익집단의 다원적인 집합, 감소된 수준의 산업 갈등, 노동시장에 대한 통치[정부의 규제 증가] 등으로 특징지어지는 산업주의 전망이었다(Kaufman 2004, 259). 1960년에 등장했던 핵심적인 출간물인 『산업주의와 산업적 인간』에서, 커와 그의 동료들은 산업 사회의 진화를 구성하는 가장 중요한 요소는 노동운동이나 계급 갈등이 아니라 관리자와 다른 엘리트들의 전략과 가치 들이라고 주장했다. 그들은 이런 이유로 "집중의 방향을 시위로부터 관리자와 관리받는 자들the managed을 위한 조직을 제공하는" 것으로 돌렸다(Kerr et al. 1960,

8). 전체적으로 그 프로젝트는 산업 갈등의 뇌관을 제거하고 그 갈등을 상이한 맥락에 적용될 수 있는 중재 시스템으로 유도하기 위한 전략을 제공하고자 하였다.

이렇게 해서 지역연구의 새로운 "지식지리학"이 어떻게 전 세계의 노동운동을 비활성화하고 탈정치화하기 위한 시도들과 제도적으로나 방법론적으로 연계되는지를 포착할 수 있게 된다. 소위 "산업 사회"의 등장은 개발에 대한 중립화되고 기술관료적인 관점의 틀 안에서 노동 갈등의 관리와 구별될 수 없다. 많은 저술가가 진보와 차이에 관한 고유의 시공간적 가정들로 가득한 2차 세계대전 이후 개발 담론의 등장과 개발 행위들 안에 지역연구가 어떻게 포함되었는지에 대해 기술하였다(Sanyal 2007). 국가라는 바로 그 형식, 탈식민지화 태동기 국가의 정통성legiti-macy, 임금노동의 일반화(그리고 그람시가 산업주의라고 부른 것)를 통한 완전한 "민족적" 시민권의 달성을 위한 시도들이 이러한 담론과 실천 때문에 서양the West 바깥에서 형성되었다. 그것은 "개발국가"development state의 시대였다.

아르투로 에스코바르와 볼프강 삭스와 같은 비판적 연구자들의 작업을 통해 우리는 이제 1947년에 트루먼 독트린으로 알려진 것의 형성 이후에 미국의 세계 정치가 발전 담론에 기반해 수행한 역할에 관해 잘 알게 되었다. 그것은 "반-식민주의의 식민화"(Esteva 2010, 6~8) 시도였는데, 이는 성공적인 반식민지 저항들과 투쟁들에 의해 만들어진 조건들 아래에서 새로운 서양의 자본주의 헤게모니를 수립하려는 시도를 의미한다. 이는 18세기 초 이후 식민지 담론과 통치성을 형성하였던 개발의 경제적 단계들에 관한 이론들을 재형성한다는 것을 내포했다. 경제학 분야는 지역연구의 부상과 함께 등장한 새로운 유형의 세계를 추적하는 데 직접적으로 참여하였다. 월트 휘트먼 로스토의 『경제 성장의 단계』라는 1960년에 출간된 "비공산주의자 선언"은 아마도 이에 대한 가장 대표적인 사례일 것이다. "개발"의 식민지적 계보학을 추적하는 것이 중요하기는 하지만(예를 들어, 1929년 〈영국 개발 강령〉은 개발이라는 동사를 식민지적 맥락에서 자동사 형태로부터 타동사 형태로 변화시키는 데 중요했다), 탈식민지화에 의해 만들어진 불연속을 강조하는 것도 마찬가지로 적절하다. 칼리안 사니알이 적고 있듯이, 개발이 목적 지향적이고 합리적인 행위로 발생한 체계적 변화로, 시행되어야 할 업무로, 달성되어야 할 목표로, 수행되어야 할 임무로 인식된 것은 1950년대가 되어서였다(Sanyal 2007, 108~0). "계획"은 오로지 "사회주의자"의 개념으로 남지 않았다. 그것은 냉전 기간 동안 마법 주문이 되었다(Escobar 2010a). "저개발"underdeveloped로 구성된 세계의 지역들 속에서 계획 개념은 사회의 과정을 가리켰는데, 여기서는 국가가 핵심적인 행위자이기는 하지만 〈포드 재단〉과 같은 국내·국제 기관들을 참여시키기도 하였다.

물론 〈포드 재단〉이 지역연구와 개발의 결합체 속에서 유일한 기관이었던 것은 아니다. 그렇지만 핵심적인 자금 지원 창출자의 역할과 포드 자동차 회사와의 관계들이 〈포드 재단〉을 중요한 검토 사례로 만들어주었다. 사이먼 클라크가 적었듯이, 커의 산업 사회 이론은 "전적으로 더욱 인도적이고 낙관적인 포드주의적 프로젝트, 즉 헨리 포드가 이전에 제시했던 근면과 청교도적 자기훈육보다 세계시장에 더욱더 잘 팔릴 것으로 기대되는 것"을 제시하였다(Clarke 1990, 13). 그렇기는 해도, 커가 가정한 이상적 유형의 산업사회는 실현하기에 장애물이 많았다. 이러한 장애물들을 제거하는 게 사회과학이 해야 하는 일이기는 하지만, 궁극적으로 극복하기에 지나치게 어려운 장애물이었다. 산업 사회 이론은 "산업 관계 현장의 지적(과학-구축 science-building) 측면에 놀라우리만치 미미한 영향"을 주었다. 지역연구의 조직체계 자체가 위기에 빠져들고 있는 동안에 말이다.

혹자는 소위 발전하는 세계에서 노동 투쟁들이 매번 어떻게 관리자들에 의한 생산 기지의 이동을 격화시키고, 생산과정을 변형시키며, 혹은 금융 채널에서의 투자를 위해 생산으로부터 화폐를 거둬들였는지를 기록하기 위해, 비벌리 실버(2003)의 20세기 노동 갈등 – 특히 자동차 산업을 거쳐 왔던 사람들 – 에 대한 연구를 언급해야 한다고 생각한다. 비슷하게, 미국이 이끄는 서양 the U.S.-led West의 관점에서 "제3세계"의 통치를 위한 핵심 개념으로서 개발 패러다임이 등장한 것이 아프리카와 아시아에서 최근에 탈식민화된 국가들의 지도자들을 불러 모은 1955년 〈반둥 회의〉의 정신과 어울린다는 점은 중요하게 기억될 필요가 있다(Young 2001, 191~92). 반둥, 기술과 개발 수사, 베트남 전쟁에서 정점에 다다른 다양한 탈식민화 투쟁의 시점 간의 관계가 복잡스럽고 모호해 보이는 것만큼이나, 이러한 역사적 현상들을 연계시키는 개념적 구조들은 산업 사회 이론들이나 지역연구의 지리학 안에 쉽게 자리를 잡을 수 없다.

이러한 불연속성을 방법으로서의 경계라는 관점에서 이해하면, 냉전이 정점에 이른 시기에 지역연구가 지배적 학문 분야가 되도록 하는 데 다양한 군사적, 산업적, 경제적, 정치적 개발이 중요한 역할을 했다는 점을 증명할 수 있다. 실제로 우리는 방법으로서의 경계의 접근에서 가장 중요한 것은 정확히 지역연구에 가려진 채로 남겨진 것이라고 말할 수 있다. 다시 말하면, "지역 형태"로 지정되었을 만한 것, 그리고 그 구성의 물질성에서 가장 중요한 경계짓기의 과정이다. 우리의 제안은 라나비르 사마다르가 남아시아의 민족주의에 대해 분석하며 만들었던 것에 가까운 어떤 움직임a move이다. 사마다르는 지난 십 년간 점점 더 많은 수의 비판적 연구자들이 "형태, 그 변두리들, 형태 간의 상호관계들 등을 구성하는 갈등을 연구함으로써 형태들을 분석한 것"에 초점을 맞추었다. 민족주의 연구는 결국 "민족 형식"에 관한 연구로 보완되었다. 사마다르는 이렇게 설명한다. "경계, 영역선, 단층선, 종족성, 지정학, 민족 구조 – 민족주의 연구에서 무시되었던 – 는 이제 민족 형태에 대한 비판적 연구를 가능하게 했다." 따라서, 민족 형태에 대한 조사는 그것을 구성하는 "내면성"과 "외면성" 간의 상호작용을 향해 열려 있어야만 하며, 이는 그것들의 "병치, 일관성, 모순"에 대한 생각을 전달함으로써 이루어진다(Samaddar 2007a, 7).

이렇게 사마다르는 자신이 진행하던 민족 형식에의 개입을 특정한 지역, 즉 "남아시아"의 정의에 대한 비판적 고민과 연계한다. 특히 벵골 경계지에 대한 자신의 중요한 저작인 『변두리 민족』(1999)에서 사마다르는 이 경계지에 이주민들과 난민들에 대한 지속적인 폭력이 만연하는 데 기반을 제공한 것은 "식민지 시기가 끝나가던 시점에 남아시아를 여러 개의 민족국가들로 쪼개는 것"이었다는 점을 강조하였다. 사마다르는 새로운 민족국가와 새로운 지역 둘 모두를 지도에 각인시켰던 경계짓기의 이중적 과정의 배경에 반하는 이동 행위들에 초점을 둠으로써 방법으로서의 경계의 관점에서 자신의 작업을 특별히 중요하게 만들었다. 인도-파키스탄 분리가 시작될 즈음의 탈식민지적 민족주의를 "반사적reflexive 민족주의"(이웃한 민족들에 반하여 정의된 민족주의)로 그리고 "그 선행주자에 대한 대략적 캐리커처, 즉 반anti식민지적 민족주의"로 묘사하면서, 그는 앞서 언급한 지역적 측면에서의 문제들에 대응하기 위해 민족국가를 넘어설 필요가 있다는 점을 지적하기도 하였다(Samaddar 1999, 28, 43). 사마다르의 분석은 남아시아에서의 민족과 지역 대형area formation 그리고 그 지역에 대해 매우 상이한 정의의 가능성을 만들었고 계속적으로 형성하는 물질적 긴장과 갈등 모두가 베일을 벗게 되었다. 그가 벵골 경계지의 국경을 넘는 이주에 대한 관점에서 남아시아를 분석한 것은 우리가 지역의 형태를 생산하는 데서 가장 중요한 긴장과 갈등을 더욱 잘 강조할 수 있도록 해 주는 지역 인식에 대한 접근법을 제공한다.

사마다르는 지역 형식의 물질적 구성을 강조함으로써, (오스발트 슈펭글러와 아놀드 토인비가 20세기의 중요한 연구자들인) 초기 형태의 비교 역사와 문명 사상으로부터 등장한 관점보다는 지역적 질문에 관한 다른 관점을 제공하고, 더불어 냉전기에 지역연구가 받았던 특정한 지정학적 왜곡에 관한 다른 관점을 제공한다. 그의 접근법은 반식민지적 민족주의의 순간을 둘러쌓던 수많은 투쟁과 꿈들의 정치적 중요성에 대한 감각을 되찾도록 해준다. 이러한 투쟁들과 꿈들의 드러나지 않은 궤적을 지도화함으로써, 어떻게 그것들이 끊임없이 민족과 민족 형식의 경계를 뛰어넘고 특정한 형식의 지역주의와 초대륙간주의transcontinentalism를 낳게 되었는지를 추적할 수 있게 된다(Anderson 2005 ; Samaddar 2007b). 동시에, 지역 형식에 초점을 맞춘다는 것은 개발과 지역연구의 탈정치화된 지리학 내에서, 경계의 추적과 연관된 공간의 물질적 생산을 재활성화함을 의미한다. 분리주의의 폭력 – 고쉬의 소설을 상기해 보면, 그것의 음영선 – 은 사마다르가 조사한 것과 같이 남아시아의 지역 형태의 바로 그 중심에서 다시 등장하였다. 그것의 "기억"뿐 아니라 "실재"reality는 "끊임없이 원래의 지점과 재정착의 지점 둘 다에서의 인구의 움직임과 연관되었다"(Samaddar 1999, 70).

일단 이러한 경계짓기의 폭력적 역사가 남아시아로 알려지게 된 지역의 창출에 핵심적인 것으로 인식되자, 그것을 횡단하는 국가 경계를 다른 관점에서 볼 수 있게 되었다. 국가 경계는 바로 그 아대륙 지역의 존재를 가능하게 하는 중층결정된 구획화 체계의 요소로 나타난다. 말다, 본가온, 하스나바드, 혹은 "힐리와 같은 영점기준선zero line 마을들" 등의 국경 마을들border towns에 대한 자신의 현지 연구와 경험을 검토하면서, 사마다르는 "국경선을 따라 안과 밖이 끊임없이 생산되었고 그것들은 육체적인, 그러나 그보다 더욱더 강하게, 국가-건설 사업enterprise과 동반하는 심리적이고 인식적인 폭력을 드러내었다"(1999, 108). 이러한 관점은 또한 지역에 걸쳐 일어나는 이주 운동들과 투쟁을 연구하는 새로운 방법을 제공한다. 사마다르는 1990년대에 인도의 힌두인 권리((바라티야 자나타 당)[인도 인민당])의 성장과 궤를 같이하며, 이주가 "국가의 권력, 안보, 운명이라는 쟁점"과 밀접하게 연관성을 가지게 되었다고 설명한다. 이주와 국경통제의 이러한 공격적인 민족주의적 정치화는 이주민 자신에게 이동이 경제적 동기부여들을 가로질러 종종 그것을 넘어서는 정치적 의미들로 가득하다는 점이 고려될 때만 이해될 수 있다. 사마다르는 이렇게 적고 있다. "이주민의 탈주는 그/그녀의 저항 형태이다"(150). 국경 근처의 주민들에게 사진이 부착된 신분증을 발급하는 것과 국경에 철조망을 치는 것(인도 통치[정부]가 활용한 주요 통제 기술)은 "정치적 경계선과 영역선의 절대성과 모순되는" 초국경적 이동에 맞서고 "시민권의 현신인 '암소의 신성함'"에 도전한다(77).

이로 인해 도출된 지도제작적 우려는 시간적일 뿐 아니라 공간적인 유예를 나타낸다. 이곳에서는 "전前 식민지"와 "아직 국가가 아닌" 것 간의 간극 그리고 안과 밖 간의 구획화가 불분명해진다(Samaddar 1999, 107~9). 그것은 또한 이동과 국경강화의 행위 간 갈등에도 주목하는데, 이것은 "지방", "국가", "지역" 수준에서의 공간을 창출하는 데 있어 서로 다른 모형 간의 갈등으로 이해될 필요가 있다. 이주자들의 공간은 남아시아 지역의 민족 분리에 의해 조직되었던 그것을 실제로 넘어선다. 분명히 말하지만, 이러한 지점은 이주자의 유목주의와 같은 개념을 임시변통으로 가져다 쓰려는 주장들과는 다른 것이다. 한편으로, 이주는 통합된 그러나 불완전한, 상품과 용역, 특히 노동 서비스에서의 지역 시장의 발흥이라는 배경에 비추어 분석되어야 할 필요가 있다. 다른 한편으로, 폭력, 착취, 인신매매(HIV가 인도 북동부 전역에서 "국경질병"border disease으로 변형되어온 방식에서 특히 분명해진 젠더 특정성) 등의 지속은 방글라데시에서 서벵골로 이주한 이주민들의 관점에서는 자신들의 처지를 유목주의와 같이 단순한 개념으로 묘사하는 것을 공격적이라고 받아들일 것이다(Banerjee 2010).

전 세계의 다른 경계경관에서처럼, 벵골 경계지의 "불법 이주"는 "합법과 불법 간의 차이를 악용하는 일종의 정치적·경제적 관리 양식"의 주춧돌이 되었다. 여기에 사마다르는 다음과 같은 의견을 덧붙인다. 이주 노동은 "권력을 가진 민족적 영역선의 기본적인 투자 형태 중 하나"이다. 그리고 이것은 1980년대 이후 "탈산업화"의 물결과 인도와 "전지구적 남"global South에 속한 많은 다른 장소들에서의 노동력 요새의 붕괴를 낳았던 자본주의 생산의 급진적 재구조화의 구조 내에서 이해될 필요가 있다(Samaddar 1994). 이주와 교차된 정치적 긴장들과 주체적 주장들에 대한 인식은 "권리의 부여", "대항권력"counterpower의 행사, 전지구적 현재 안에서 그 영역에 거주하는 새로운 방법 등을 조합하는 데 목적을 둔 정치적 실천의 상상을 향한 길을 닦아 놓았다. 새로운 정치적 관점이 경계 짓기의 과정과 이주 운동에 대한 사마다르의 연구에서 등장하였는데, 이 관점에서는 권리의 부여가 "권력이 행사되는 수준에 비례하여 이루어져야 하며, 민족주의적 쇼비니즘에 대한 비판"과 "안으로부터 상호 연계된 지역으로서 남아시아를 인식"하는 것과 함께 이루어져야 한다(Samaddar 1999, 44).

경계와 영역선, 이주의 실천과 투쟁의 중요성을 사마다르의 접근에 맞추면서, 그의 접근을 노동, 이주, 경계투쟁들에 관한 정치적 논쟁에 참여지지 않고 지역연구의 유산에 관해 의문을 제기하는 관점과 구별하는 것은 중요하다. 누젠트는 지역연구의 발흥에 자금을 지원했던 같은 기관들이 어떻게 1970년대에 지원을 중단하게 되었고 그 이후 1990년대에 "지역에 대한 연구에서 벗어나고 후기 자본주의 아래에 전지구적·지역적 공간의 변화하는 배열을 향하도록" 방향을 잡았는지 적고 있다(Nugent 2010, 26). 1990년대 후반의 「국경 횡단」이라는 제목의 보고서에서 〈포드 재단〉은 다음과 같이 기술한다. "예를 들어, 세계가, 알 수 있고, 자가봉쇄적인 '영역들'로 분할될 수 있다는 인식은 지역 간 움직임들에 더 많은 관심이 기울여짐에 따라 의문에 붙여지게 되었다. 인구학적 이동, 디아스

포라, 노동 이주, 전지구적 자본과 언론의 움직임들, 문화적 순환과 혼종 과정들은 지역의 정체성과 조합에 대한 더욱더 세밀하고 예민한 독해를 권고한다'(Ford Foundation 1999, ix).

우리는 이러한 주장에 근본적인 반대 의견을 갖고 있지는 않다. 우리는 이러한 주장들을 지역연구가 등장하는 세계의 유형상 위기와 변혁을 나타내는 중요한 증상으로서 이해한다. 오히려 우리가 가진 차이점은 강조 사항 중 하나이다. 우리는 이동성, 세계화, 노동 등에 관한 논쟁에서 세계 지역들을 구별하는 것의 분석적인 유용성, 더 나아가 필요성까지도 인정하기는 하지만, 우리는 그 논쟁들의 개념적·물질적 측면에서의 경계에 관한 관심이 현시점에서 "지역 간의 움직임들"에 대한 관심보다 더욱 분석적으로 유용하다고 주장한다. 강조점에 있어서 이러한 차이는 분석적일 뿐 아니라 정치적 측면에서 차이를 지적하는 것이기도 하다. 경계를 방법론적 관점으로 택하여 견고한 경계선과 국경지대를 조사함으로써 우리는, "지역들"의 물질적 구성을 교차하고 변화시키는 맹렬한 긴장들과 갈등들에 주목할 수 있다. 자본주의 축적, 통치, 문화까지도 포함된 전지구적 회로에서 그 지역들의 현재 모양과 삽입까지 고려하면서 말이다. 확실히, 이러한 긴장과 갈등은 국경들 "에서"만 보이는 것은 아니다. 그것들은 또한 자신을 각 "지역"에 각인시키기도 한다. 하지만 그 무엇보다 경계로부터 지역의 형태와 구성이 다른 모습으로 보이기도 한다. 우리가 벵골 경계지에 대한 사마다르의 연구를 통해 보여준 바와 같이 지역 자체는 정치적 상상과 실천의 형식에 개방되고 있으며, 이러한 상상과 실천은 "정체성과 구성"으로 향하는 더욱 미세한 접근으로 이어진다. 또한, 현대 자본주의의 창조와 파괴 과정에서 핵심적인 특징들인 다시-만들기 remaking와 다시-표시하기remarking의 지속적인 과정을 분명하게 한다.

대륙 이동Continental Drift

만일 오늘날 냉전에 의한 지역연구의 구축이 위기에 접어들었다면, 그 이유는 그 경계선의 제거와 극복보다는 그것의 확산에서 찾을 수 있다. 그 이유를 이해하기 위해서는, 지역연구에서의 유럽 대륙주의적 도식 continentalist scheme이 어떻게 제1·제2·제3세계라는 삼각대륙주의자들tri-continentalist의 세 개의 세계 도식과 상호교차되었는지를 인식하는 것이 필요하다. 마이클 데닝은 이 세 개의 세계 간에 인식된 불연속성이 "철학적 지향을 가진 제1세계의 '비판 이론', 제2세계의 반체제 대형, 그리고 제3세계의 농민과 게릴라 맑스주의 사이를" 중재할 수 있는 전망의 등장을 가로막는다고 주장한다(Denning 2004, 9). 세계를 하나로 생각하는 가장 강렬한 시도였던 냉전기의 지적 전통 – 세계체제 혹은 종속 이론 – 조차도 삼각대륙주의 도식과 공명하는 중심부, 주변부, 반주변부라는 분류를 고안하였다. 데닝에 따르면, "세 개의 세계들이 하나로 용해될 때에야" 이들 초기의 프로젝트 간의 친연성은 완전히 탐구될 수 있었다(9). 혼종성, 흐름, 초국가주의 등에 대한 관심을 불러일으키는 전지구화 경향들은 그것 자체로 새로운 형태의 균열, 구별, 경계짓기 등에 민감하다. 경제적 지역들, 등급이 매겨진 통치[정부]들, 수출가공지대, 연안 부두들은 소위 말하는 탈개발적 지리학의 부상과 함께 전두에 나서게 된 단지 몇몇의 새로운 종류의 다종적인 전지구적 공간들이다(Sidaway 2007). 다니엘 J. 엘라자르(1998), 울리히 벡(2000), 카를로 갈리(2010)와 같은 사상가들은 국가 주권의 변혁과 자본의 전지구적 팽창에 수반하는 정치적 공간의 재조직화를 강조한다. 여기서 염두에 두어야 할 것은 이러한 자본의 팽창이 대륙 블록의 구축, 민족주의적 프로젝트의 추구, 안보화securitization, 노동 이동labor mobility에 대한 가혹한 통제 등으로 나아가는 대항운동countermovement과 어떻게 만나게 되었는가다.

대륙 이동 개념은 경계와 전지구화에 관심을 두고 있는 많은 사상가에 의해 채택되었는데, 여기에는 우리가 앞서 논의한 바 있는 "이동하는 지질구조판들"을 상기시키는 아미타브 고쉬도 포함된다. 이 개념을 상기시킴으로써, 우리는 2005년부터 2008년까지 뉴욕시의 〈16 비버 그룹〉 조직하에서 진행되었던 '대륙 이동' 세미나를 상기시키고 싶다. 이러한 실험적 세미나 시리즈의 서론은 이렇게 시작한다. "대륙적 통합은 거대한 생산 블록의 구성을 가리키지만, (일본과 중국을 중심으로 한 완전체의 아시아 블록의 등장 전망은 차치하고) 특히 북미자유무역협정과 유럽연합을 가리킨다. 그렇지만 대륙 이동은 당신이 핀란드에서 모로코를 발견하고, 워싱턴에서 카라카스를, '동양'에서 '서양' 등 모든 방향에서 이런 발견들이 발생한다는 것을 의미한다. 그것은 현대 권력의 변성적인 역설이다"(16 Beaver 2005).

이러한 통합과 뒤섞임, 재지역화와 이동의 동시 발생적 감각은 현대 세계에서의 권력과 생산의 복합적인 권모술수를 잘 포착하고 있다. 분명히, 제작된 세계의 관점은 작금의 전지구적 접합을 산출하는 존재론적 차원을 강조하면서 탈영토화의 과정들이 항상 재영토화 과정들을 수반한다는 친숙한 들뢰즈주의자들의 주장에서는 즉각적으로 분명하지는 않은 중요성을 이러한 동학에 제공한다. 중요한 것은 단지 새로운 종류의 지리적·인지적 경계선의 뒤엉킴뿐 아니라 한편으로는 사회적 협력의 증가하는 생산성을 낳고 다른 한편으로는 무임금 형식의 노동과 좀 더 일반적으로는 노동 불안과 프레카리아트화의 확산을 낳는 노동 레짐의 변화이다. 우리가 "비조직화된 자본주의"(Lash and Urry 1987)나 '새로운 전지구적 무질서"(Joxe 2002)에 관한 주장을, 경제·문화를 (유럽연합, 북미자유무역협정, 동남아시아국가연합ASEAN, 아시아–태평양 경제협력체, 라틴아메리카공동시장, 미주기구, 아랍연맹 등의) 거대한 지역 단위에서 조직하고자 하는 현재의 경향들과 균형적으로 바라볼 때, 이러한 뒤엉킴과 이동은 가시권 내에 머물러 있어야 한다.

대륙 블록들 — 종종 지역연구들에 의해 정립된 지리적 단위들units을 복제하거나 밀접히 병행시키는 — 이 민족국가에서 규모가 확대된 통치[정부] 장치들로서 기능을 하기 시작하였다는 인식이 실제로 존재한다. 이러한 지역 단위들은 지난 40년간 전지구적 자본주의의 발전에 의해 도출되어 온 건설적이고 파괴적인 거대 에너지들을 접합하고 관리하고자 하는 특정한 시도를 대표하는 시장과 국가 들의 임시 집합들이다. 그 집합은 다양한 정도의 정치적 공식화나 입헌제도화constitutionalization를 보여주며, 유럽연합의 '조정을 위한 개방된 방법'Open Method of Coordination처럼 다수준적이거나 이종적인 통치의 복합적 형식들과 같은 몇몇 사례들을 통해 기능한다(Beck and Grande 2007). 그러나 그것들은 또한 완고한 문명적 구성물로서 등장할 수도 있다. 1990년대 중국, 말레이시아, 싱가포르, 일본 등과 같은 나라들에서 등장한 "아시아적 가치"에 관한 논쟁이 묘사한 것처럼 말이다(Barr 2002). 우리는 모두 새뮤얼 헌팅턴(1996)의 문명충돌에 대한 지지에서부터 다문화주의에 반대하는 백인의 기독교적 가치에 의한 근본주의적 방어들에 이르는 문명적 접근의 서양적 변형에도 익숙하다.

실제로 전지구적 지역들에 대한 이러한 이중적이고 때때로 충돌하는 측면들은 국경통제와 이주 관리에 대한 접근에서 빈번히 교차한다. 이렇게 해서, 우리는 유럽연합의 〈셍겐 협정〉의 도입이라든가 (유럽연합 국가들의 국경통제 업무들을 관장하는) 프론텍스Frontex agency의 형성과 같은 통치[정부]의 수단들이 동등하지 않게 그리고 종종 어렵사리 정치적·문화적으로 이주 통제의 노력을 다시 강화하는 "인종 없는 인종차별주의"의 새로운 형식들과 연계된다는 점을 알게 되었다(Balibar 1991, 23). 지역적인 배열들은 경제적 블록들 내에서의 국경치안border policing을 강화하기도 한다. 미국-멕시코 간 국경의 사례와 중앙아메리카에서의 국경통제를 위한 지역적 구조틀을 설립하고자 하는 시도들은(Kron 2010) 북미자유무역협정의 사례에서 나타난다. 중요한 점은 현시대 대륙 블록들의 형성은 경쟁적이고 불완전한 과정으로서 이주 움직임들, 노동 이동, 방법으로서의 경계 접근에서 중심에 있는 경계투쟁 등과 별개로 이해될 수는 없다는 것이다.

지역연구의 유산과 전지구적 지역주의의 더 새로운 형식 간의 연속성을 추적하는 것은 가능하다. 그러나 현대의 이주 움직임들은 동시에 동과 서 간의 문명적 분할과 북과 남 간의 경제적 분할의 뒤섞임과 변위에 책임이 있는 대륙 이동의 가장 중요한 형식 중 하나이기도 하다. 핀란드에서의 모로코, 워싱턴에서의 카라카스, 아니면 멜버른에서의 [인도] 하이데라바드Hyderabad의 현존presence은 배타적으로는 아니더라도, 사람들의 초국가적 움직임을 통해서 달성되었다. 문화적 다양성, 정체성, 다문화주의, 코스모폴리터니즘 등에 관한 논쟁을 넘어서는 프레임으로 이러한 대도시적 현존을 독해하는 것에 대한 긴급성이 증가하고 있다. 남아시아 지역 형식에 대한 사마다르의 분석 사례에서, 우리는, 점차 영토의 말단과는 거리가 먼 도시 공간들에서 수행되는 경계와 노동 투쟁들이 지배적인 대륙주의적 전망들로부터 사회적으로 그리고 정치적으로 상이한 방식으로 어떻게 세계 ─ 제작된 세계 ─ 를 만드는 방식을 함축하는가를 질문함으로써, 지역주의에 대한 새로운 관점을 획득한다. 다시 말해, 주체성의 생산이 어떻게 공간의 생산과 상호교차되는지에 관한 질문이다. 〈16 비버〉를 인용해 보자.

세계의 지역 블록들은 제도들의 기능적인 집합만을 발전시킨 것이 아니라, 새로운 규모로 적용되는 주체성의 지배적 형식도 발전시켰다. 이 주체성의 형식은 여전히 국가 수준에 살고 있거나, 그 블록의 다양한 말단들 혹은 내적인 주변부에 사는 모든 사람에게 제공되거나 부과됨으로써, 그들 모두를 통합시킨다. 동시에 그 형식은 착취, 소외, 배제, 생태적 유린ecological devastation 등에 수반되는 과정들을 합리화 ─ 혹은 위장 ─ 하는 역할을 한다. 이러한 개인적이고 문화적인 욕망의 통합은 어떻게 다른 방식으로 발생하는가? 그것은 어떻게 저항을 받거나 반대를 받았는가? 대륙화의 규범적 인물들을 넘어서는 초과는 어떻게 상상할 것인가? 비상 탈출구, 탈주선, 블록bloc 주체성에 대한 대안들은 어디에 있는가? 이것들은 구성된 시스템에 어떤 유형의 효과들을 미쳤는가?(2005)

이주 투쟁, 경계투쟁, 노동 투쟁을 "블록 주체성에 대한 대안들"의 생산으로서 이해하는 것이 이주의 낭만화를 함축하지는 않는다. 오히려, 그것은 이동행위practices of mobility를 특징짓는 양가성을 통해 작업을 한다는 것을 의미한다. 즉 그것들 안에서 벼려진 지배, 강탈, 착취의 형식들이자 그것들이 빈번히 표출하는 자유와 평등에 대한 욕망이다. 분명히, 이주자의 이동에 대한 지리는 그 이동들이 "대륙화의 규범적 인물들"을 초과할 수도 있는 방법들과 정도에 매우 중요하다. 이탈리아에서 허가도 받지 않고 일을 하는 (루마니아와 같이) 유럽연합에 새로이 가입한 국가들로부터 온 이주자는 (비록 루마니아에서 온 이주자가 집시남자Rom라면 그러한 환경들은 더욱 험난해질 수 있기는 하지만) 북아프리카로부터 와서 같은 나라에서 "몰래" 일을 하는 노동자와는 매우 다른 환경의 집합을 맞닥뜨린다. 국가의 가구 등록 시스템을 어긴 중국의 국내 이주자는 호주 학생 사증이 부과하는 주당 24시간 제한보다 더 긴 시간을 일하는 인도인과는 다른 방식으로 이주 통제에 도전한다. 부에노스아이레스의 볼리비아 이주자들은 대륙적 관점에서 아르헨티나에 의해 채택된 상당히 진보적인 이주법 아래에서 이동의 자유를 즐기지만, 그들은 빈번히 악질적인 형태의 인종차별주의에 의해 강화된 내적인 경계 내의 도시 게토(빈궁한 마을villas miseria)에서 거주하고, 종족적 논리에 의해 운영되는 방직 스웻샵sweat shop에서 착취당한다. 그러나 민족적이면서 또한 대륙적인 소속에 대한 규범적 문구들을 다시 작성하는 것은 오로지 이동을 통해 자신들의 욕망과 습관, 삶의 형식들을 구현하는 행위자들뿐이다. 뒤의 장들에서 우리는 노동 이동을 가치화하면서 동시에 억제하려는 자본의 시도를 이러한 과잉이 어떻게 가로지르는지에 관해 더욱 충분히 탐구할 것이다. 여기에서는 그러한 이동이 현대의 세계 지역들의 내외부적인 경계선 모두를 새로 만들고 변경하는 역할을 하고 있다는 점을 염두에 두는 것이 중요하다. 단단하게 묶인 독립체들로서 그것들의 공식적인 구성과는 반대로, 이주 움직임들은 그러한 대륙적 공간들에 대한 내부와 외부 구분의 가능성에 의문을 제기한다. 이주 움직임들은 이주자들의 흐름과 이것을 가로지르는 인구들의 구성에 의해 그 자체에 가해진 압력들에 의존하여, 내적인 영역선을 강화하고 유연화하는 경향을 보이고 있기도 하다. 이러한 경향들은 그 자체로 대륙적 이동의 중요한 사례들이고, 그것들은 이 장에서 보여주었던 지도제작적인 고려와 메타지리학적 불확실성에 관한 유구한 역사에 관련지어서 분석될 필요가 있다.

유럽연합과 북미자유무역협정과 같은 생산과 무역 블록들의 대륙적 통합과 형성이 현대의 전지구화의 특성이기는 하지만, 대륙주의자들의 프레임 내에서의 새로운 문화적 전망, 정치적 계획, 반–동일주의적anti-identitarian 지역주의의 부화는 결코 최근의 현상은 아니다. 실제로 소위 비판적 지역주의에서 많은 작업은 2차 세계대전 이후 지역주의의 발흥에 의해 효과적으로 제거되었던 예전의 대륙주의적 사고와 운동의 시기를 떠올리게 한다. 예를 들어, 폴 길로이의 『검은 대서양』(1993)은 W.E.B. 두보이스의 "이중 의식"에 대한 인식에서 역동성을 발견하고 급진적 정치에 관한 후반구적the latter's hemispheric · 전 아프리카적pan-African 전망에 기반하여 아프리카 디아스포라에 대한 급진적 재평가를 수행한다. 제프리 벨넙과 라울 페르난데스(1998)는 "미주 대륙들에서 작동하고 있는 국가적·초국가적 세력들 간의 긴장을 비교하여 다루기" 위해서 호세 마르티의 에세이인 「우리의 아메리카」(1892)로 돌아간다(Belnap and Fernández

1998, 4 ; Saldívar 2012도 함께 볼 것). 셰익스피어의 캘리번은 중남미 지역에 걸쳐서 급진적인 문화적·정치적 상상력을 끊임없이 자극한다. 셰익스피어의 작품 『템페스트』에 등장하는 이 인물은 1969년 쿠바 작가 로베르토 페르난데스 레타마르와 에메 세제르에 의해 탈식민화 투쟁의 상징으로 제안되었다. 가야트리 스피박의 『다른 아시아』(2008)는 "어떻게 대륙주의자가 될 것인가"에 대한 일련의 숙고를 통해 라빈드리나트 타고르와 같은 인물들과 함께 두 보이스와 마르티를 상기시킨다. 러스톰 바루차의 『또 다른 아시아』(2009)는 타고르와 일본 예술사가이자 큐레이터인 오카쿠라 덴신의 뒤섞인 전기에 대한 조사로 현대의 간-아시아적 문화 정치를 위한 배경을 수립한다.

이러한 개입을 자극하는 이전의 대륙적 전망은 비판적 지역주의 혹은 대안적 근대성에 대한 오늘날의 관심에 대한 암시를 넘어선다(Gaonkar 2001). 비판적으로 독해를 한다면, 그 전망은 사회의 근대화를 형성하는 물질적 힘들로부터 문화의 차원을 고립시키고 그것의 중립적인 외양을 만들어 냄으로써, 대안적인 근대성의 관점이 어떻게 문화의 차원을 응고시키는 경향을 보이는지를 보여준다. 두 보이스Du Bois의 예를 들면 인종, 노예제, 시민권 등에 대한 강조는 노동의 동력화와 가치화에 큰 비중을 두는 것이다. 마찬가지로, 두 보이스의 그러한 강조는 자본주의의 규범으로서 "자유로운" 임금노동을 제시하는 맑스와 고전 정치경제학의 전망을 대체한다. 나중에 우리는 탈식민주의와 "전지구적 노동 역사" 분야에서의 최근 연구가 이러한 대체를 지속하고 더 나아가 조성하였다는 점을 보여줄 것이다. 이러한 일련의 연구작업들은 노예제나 도제 계약 같은 노동 레짐들이 근대화에 의해 폐지될 운명인 옛이야기나 전환기적 형태라기보다는 자본주의 발전의 핵심부에 있었다는 점을 보여준다. 하지만, 그보다는 노예제나 도제 계약과 같은 "부자유한" 노동 레짐이 자본주의적 발전에 본질적인 것들이며 또한 정확하게는 노동자의 탈주를 통제하려는 그 시도로부터 등장한다는 점을 나타낸다. 역사적 자본주의에서 노동의 포섭과 포획의 여러 가지 모형들에 대한 급진적인 다시 쓰기는 이 연구로부터 기안하였다. 이 작업이 근대 자본주의와 "자유로운" 임금노동 간의 구조적이고 필연적인 연계라는 생각에 도전하고 있기는 하지만, 그것들은 또한 그 역사의 지리적 좌표를 축출하기도 하였다. 두 보이스와 C.L.R. 제임스와 같은 다른 "검은 맑스주의자들"은 이러한 공간적 이동을 자신들의 고유 방식으로 기대하였다(Robinson 2000). 그들은 노예제와 본원적 축적의 구성적 연관성을 그 기원뿐 아니라 근대 자본주의의 구조와 관련해서도 지적하고 있으며, 이는 포토시의 은 광산에 있는 캘리번과 노예 상태의 노동자들의 유령들이 계속 출몰하는 곳이다. 이러한 급진적 정치사상의 전통은 자본주의 주류 역사들을 알려주는 공간적 좌표들을 축출하였고 또한 해방을 위한 노동 투쟁의 시작을 유럽 바깥에 위치시켰다. 1946년에 쓴 『세계와 아프리카』에서 두 보이스는 "노예의 반란은 근대 세계에서 노동하는 집단들의 향상을 위한 혁명적 투쟁의 시작이었다"고 적고 있다(Du Bois 1992, 60).

이러한 관점으로부터, 우리는 노예무역과 그에 상응하는 투쟁의 새로운 지리학에 대한 두 보이스의 고민과, 방법으로서의 경계의 관점 간의 선을 추적할 수 있다. 두 보이스의 생각은 근대 정치학의 전지구적 차원, 특히 그가 "유색의 선"이라고 묘사하여 유명해진 것에 대해 예리하게 인지한 1890년대 초부터 형성되었다. 이것은 그에게 자신의 학술 활동과 아프리카계 미국인, 범아프리카 반식민지 운동에서의 자신의 행동주의 모두에서 지속해서 "안과 밖, 국내와 국외" 간의 바로 그 영역선을 희미하게 하고 번복하도록 하였다(Kaplan 2002, 172). 그는 자신이 대륙적 이동이라고 부른 것에 대한 기억할 만한 예상들을 제시하였다. 자신의 1928년 소설 『암흑의 공주』에서 그는 "이 동류의식의 진짜 정수는 그 동류의식이 사회적으로 대물림한 노예제이고, 차별과 모욕이다. 이 대물림은 단순히 아프리카의 아이들만 함께 묶은 것이 아니라 황색의 아시아를 거쳐 확장하여 남태평양으로까지 나아간다"고 적고 있다(Du Bois 2002, 116~17).

두 보이스의 "황색 아시아"에 대한 평생의 관심은 1959년 공산당 치하의 중국에 방문했을 때 절정에 달했고, 대륙 이동과 비판적 지역주의에 대한 현대의 논의 관점에서 특히 중요하다(Du Bois 2005). 그는 아프리카계 미국인이 일본과 중국을 만나게 된 데(Gallicchio 2000), 그리고 1920년대 특정한 형태의 국제주의적 아프리카–동양주의Afro-Orientalism의 등장에 기여했지만, 그 기여는 일본의 중국 강점에 대한 지지로 얻은 오명으로 빛이 바랬다. 일본 제국주의의 폭력과 잔혹성에 대한 무지함으로부터 두 보이스를 구해낼 방법은 없다. 그럼에도 불구하고, 사카이 나오키가 리처드 칼리크만과 존 남준 김John Namjun Kim과의 인터뷰에서 설명한 것처럼, 일본에 대한 두 보이스의 관심은 인종차별주의의 짐에서 벗어난 다른 보편주의를 모색하는 과정에서 만들어졌다. 사카이는 2차 세계대전 중 "이념 전쟁"에 참여했던 미국 지식인들이 어떻게 일본이 "미국에 대항하는 보편주의 입장을 갖게 될지도" 모른다고 심각히 고민하게 되었는지에 대해 기술하였다. 정작 일본은 특수주의적 입장을 가질 것으로 보였음에도 말이다. 사카이는 또한 "세계대전 중과 이후에 구축된, 지역연구의 임무 중 하나는 미국에 대한 이념 전쟁의 위기를 부인하고 미국이 지속해서 보편주의의 위치를 차지할 것이라는 신화를 창조하는 것이었다"(Calichman and Kim 2010, 225)고 덧붙인다.

이 신화는 전후 연합군에 의한 일본 점령의 물질적·정치적 형식을 취하였다. 테사 모리스-스즈키는 자신의 책『국경선 일본』에서 미군과 그 가족들이 점령 당시 얼마나 자유롭게 일본을 드나들고, 1952년에 조인된 협정을 통해 오늘날까지 일본의 이주 통제와 외국인 등록에서 계속 예외가 되었는지에 대해 설명한다. 이것은 같은 시기에 제국주의 식민지 시기와 미국의 점령 시기 동안 갖고 있던 일본 국적을 박탈당한 일본

내의 한국인과 대만인의 운명과는 매우 극명하게 대조된다. 한국이 받아들이기를 거부한 한국인들을 일본이 구금해 두었던 악명 높은 오무라 억류 수용소에 대한 모리스-스즈키의 설명이 특히 떠오르는 대목이다. 많은 억류자가 북한에 대해 정치적 동정을 하고 있었다는 사실은 긴장 상황을 만들었고 한국에 애정을 가진 사람들과의 분리를 유도하였다. 모리스-스즈키가 적고 있듯이, 오무라는 "이러한 갈등들이 집중되고 확대되는 곳으로, 첫째로는 일본이라는 국가와 그것의 전 한국인 식민지 신민들subjects 간의 갈등, 둘째로는 일본과 대한민국(ROK – 즉 남한) 간의 갈등, 셋째로는 분할된 한반도의 두 세력 – 남과 북 – 간의 갈등이었다"(2010, 49). 그러한 경계의 증식과 강화가 일본에서 미국이 누렸던 치외법권에 의해 구축된 보편주의의 신화와 지역주의의 발흥을 강조할 수 있었다는 점은 중요하다. 그렇지만 그러한 갈등들은 말할 것도 없이 방법으로서의 경계의 관점에서는 중요한 것이다. 그것들이 대륙 간 갈등들을, 2008년까지 일본의 최대 억류 수용소로 남아 있었던 오무라와 같이 고립되고 강제적인 공간으로 구겨 넣거나, 아니면 정치적 저항에 대한 두 보이스의 반구적 전망과 같이 세계적 범위로 확대할 것인지는 형성 중인 지리학geographies-in-the-making을 창출하는 그것들의 능력보다 중요하지 않다. 방법으로서의 경계는 새로운 공간들이 기존에 구축된 지리적, 인지적 경계들에 도전하면서 동시에 절연하는 폭력적 충돌과 투쟁으로부터 등장하는 그러한 손에 잡힐 듯 잡히지 않는 순간을 지적한다.

그러한 새로운 공간들의 창출은 대안적 근대성에 대한 논쟁에서 쉽사리 방향을 잃는다. 대안적 근대성을 봉쇄하는 강제적이고 영역화된 장치로서 지역과 대륙을 형성하는 것과는 반대로, 경계와 이동을 둘러싼 대륙 이동과 갈등들은 "대안근대성"altermodernity의 새로운 영토의 등장일 뿐 아니라 자본주의 축적의 장소로서 이러한 공간의 구성에서 핵심이다(Hardt and Negri 2009). 이런 이유로 방법으로서의 경계는 이주민의 이동을 통제하고자 하는 시도를 자본주의의 작동에 핵심적인 것으로, 그리고 현대의 국경통제 정책과 기술들을 이러한 목적을 위해 작동하는 행정적 메커니즘의 긴 연장선 중 일부로 이해하는 비판적 지역주의를 낳았다. 방법으로서의 경계는 인지적·지리적 경계선의 뒤엉킴에 대한 강조를 함축하고 있다. 또한 그것은 근대성에 내재해 있고 사회적 근대화의 여러 과정이 일어나는 만남들, 협상 과정, 혼합, 번역들에 침투하는 자본주의의 공리적 작동들에 대한 주의를 요구한다.

이것은 우리가 대륙 간 이동이라고 부르는 것에 대해 천콴싱과 같은 사상가와는 약간 다른 관점을 갖고 있음을 의미한다. 그는 자신의 중요한 저서 『방법으로서의 아시아』에서 서양the West이 "체계적이지만 결코 전체화하는 것은 아닌 방식으로 지역의 사회적 대형에 끼어드는 조각과 일면들"을 통해 동아시아에서 문화적 영향력을 행사한다고 주장한다(Chen 2010, 223). 우리는 아시아를 상상하는 방식으로서 상호-참조라는 천콴싱의 생각에 매우 동질감을 느끼지만, 천콴싱에게 서구로 나타난 그 "조각과 일면들"은 도리어 근대성에 대한 자본주의적 공리의 일부라는 점, 이는 공간적으로 이종적인 방식들로 스스로를 드러낸다고 주장한다. 이런 관점에서 우리는 자본의 전지구적 지배를 (동아시아에서의 현재 자본주의 발전 형식들이 분명히 증명하는 것처럼) 유럽 혹은 서구의 우월성을 중심으로 하는 세계 질서로부터 더욱더 유리된 것으로 본다. 같은 맥락에서 우리는 이주, 경계, 노동 투쟁을, 자본이 융성하고 정기적으로 위기를 맞는 조건들을 구축하는 "세계의 유형"과 경합함으로써 자본주의의 존재 방식들에 세밀하게 도전하는 사회적 갈등의 형식으로서 바라본다. 방법으로서의 경계는 이런 이유로 인문지리학human geography을 멀찍이 뛰어넘어 확장하는 명제이다. 그것은 또한 정치경제학의 가장 유서 깊고도 견고한 개념 중 하나인 국제노동분업에 대한 근본적인 재사유를 요구한다. 이것이 우리가 다음 장에서 다룰 주제이다.

자본의 변방

전지구적 공간의 이종성

일본인 예술가 야나기 유키노리가 자신의 유명한 작품인 〈세계의 깃발 개미 농장〉을 제작했던 것은 1989년 - 베를린 장벽의 붕괴, 천안문 시위, 소련 붕괴의 시작이 일어난 해 - 으로부터 일 년 후였다. 야나기는 일련의 서로 연결된 투명 상자들을 색깔 있는 모래로 채우고 각 상자가 국기를 나타내도록 하였다. 그러고 나서 그는 이 상자들 사이에 플라스틱의 통로들을 만들고는 한 무리의 개미들을 그 격자들로 내보냈다. 개미들이 음식과 모래를 그 시스템을 통해 운반함에 따라, 그들의 "경계횡단"border crossing은 천천히 각 국기의 완결성을 훼손했고, 색깔들과 무늬들의 복합적인 혼합물을 창조하였다. 자신의 책 『상상의 전지구화』에서 네스토르 가르시아 칸클리니는 야나기의 작품을 자신이 전지구화의 가장 두드러지는 특성으로 보는 문화횡단적cross-cultural·경계횡단적cross-border 이종교배의 패러다임으로 본다. 이러한 관점에서 경계선은 가르시아 칸클리니에게 "전지구적인 것의 실험실"로 나타난다(1999, 34). 이 문구는 우리가 보기에 경계가 수많은 전지구적 이행 과정의 한가운데에서 자리하고 있다는 그 감각을 멋지게 포착하고 있다. 그 경계는 문화적인 것만큼 경제적이고 정치적인 것만큼 사회적이다.

1990년대 초는 현대의 전지구화 과정들이 취할 형태를 묘사하기 위한 이미지들과 개념들의 풍부하고 예비적인 생산이 이루어지던 시기였다. 유동, 이종교배, 부드러운 공간, 평지, 전지구적/지역적 연결, 탈민족주의postnationalism 등은 이 시기에 주류 어법과 비판적 어법 둘 모두로 소환되는 몇몇 키워드들이었다. 많은 이들이 경계 없는 세계로 가는 움직임에 대해 확신하였다. 일본의 관리 분야 권위자인 오마에 겐이치의 저작인 『경계 없는 세계』(1990)는 이러한 의견들 중에서도 가장 유명한 것이다. 시장 경제는 영토의 제한에서 벗어난 것으로 보였고, 몇몇은 계급투쟁이 "역사의 종말" 속에서 소멸되었다고 확신했다. 가르시아 칸클리니의 전지구적인 것의 실험실이라는 경계 이미지는, 우리에게는 경제적·정치적 과정은 배제한 채 문화적 혼종화를 강조한 분석의 결과로 보이기는 하지만, 이러한 경향들에 대한 효과적인 대척점을 제공하고 앞으로 일어날 일들에 전조가 되어준다.

『방법으로서의 경계』의 중심 주장 중 하나는 지난 20년의 전지구화 과정들이 경계의 감소를 이끈 것이 아니라 확산을 낳았다는 것이다. 우리가 이러한 주장을 하는 유일한 사람들은 아니다. "빗장 걸린 전지구주의"gated globalism와 "전지구적 인종차별주의"에 대한 비판들은 이미 1900년대에 널리 퍼져 있었다. 에띠엔 발리바르는 자신의 책 『민주주의의 경계들』(1992a)에서 근대 역사와 정치이론, 전지구화의 현대적 과정들에서 경계선의 역할에 대해 엄밀한 분석을 시작하였다. 동시에 경계의 존재와 치안 활동에 내재하는 폭력에 대항하는 새로운 형태의 행동주의가 발전되는 중이었다. 예를 하나 들어보면, 1997년 카셀에서의 〈도큐멘타〉 전시에서는, 서유럽을 넘어서 효과적으로 공명하였던 경계와 이주 행동주의의 주목받는 노력으로서 "불법인 사람은 없다"Kein Mensch ist illegal라는 캠페인으로 나아간, 예술과 행동주의자 세계 간의 중요한 교차가 있었다. 탈민족주의에 대한 요구와 경계 없는 세계에 대한 예측의 맥락에서 우리는 어떻게 그러한 발전을 이해할 수 있을까?

가르시아 칸클리니의 작업은 경계의 질문에 대한 그의 대응에 끊임없이 붙어 다닌 모순들로 인해 전략적인 참고 지점을 제공해 준다. 야나기의 〈세계의 깃발 개미 농장〉에 관해 쓰면서 칸클리니는 "대규모 이주와 전지구화는 현재의 세계를 유동과 쌍방향 행위 시스템으로 변화시킬 것이며, 여기에서 국가 간의 차이는 사라질 것"이라고 주장한다(1999, 53). 우리는 아르준 아파두라이가 언급한 것과 같이, 같음sameness과 다름difference이 "서로를 학살하려고" 시도하는(Appadurai 1996, 43) 과정으로서의 전지구화에 관한 끝장 토론에 끼어들고 싶지는 않다. 그보다는 오히려, 우리는 가르시아 칸클리니가 전지구적 공간의 구성에 대해 고민하는 논쟁을 위해 "국가 간의 차이들"에 대해 강조하는 것의 함의들을 적어두고 싶다. 가르시아 칸클리니의 전망은 즉각적으로 경계선이 전지구화의 작동들을 이해하는 데 가장 중요한 현장이라는 것과 민족국가가 이러한 과정 아래에서 대변혁의 기본적인 단위라는 점을 제시한다. 그렇지만 그가 "국가 간의 다름"을 분석한 것에 초점을 두고 그를(혹은 그 문제에 대해 야나기를) 비판하는 것은 흥미가 떨어진다. 그보다는 전지구화가 창조하는 것보다는 축출하는 것을 구체화하면서, 전지구적 공간에 대한 그의 묘사가 대부분의 경우와 같이 부정적이라는 점을 지적하는 것이 더 흥미롭다. 우리는 예를 들면, 야나기가 묘사한 개미들의 움직임이 제시하는 것과 같이, 어떻게 "탈민족화"(Sassen 2006)의 과정들이 민족국가의 외부로부터 영향을 받을 뿐 아니라 내부로부터 시작되는지를 설명할 수 있는 더욱 심사숙고된 접근법들을 갖고 있다. 그렇다고 이것이 근대 민족국가의 공간이 사라졌다거나 전지구적 과정들에 의해 부적절하게 변환되었다는 의미는 아니다. 오히려, 그 공간은 압박 아래에 놓이고, 변화되며, 그 공간을 변형시키고, 재보정하며recalibrate, 그것의 영토적이고 상징적인 제한을 정의하는 것만큼이나 중요한 민족국가의 근대 공간을 횡단하고 넘어서는 경계를 만드는 다른 다양한 공간적 형성물들과 함께 공존하도록 만들어졌다.

우리는 현재의 전지구화 과정들의 핵심적 특성 중 하나가 상이한 지리적 스케일scales의 지속적인 재형성 속에 자리하고 있으며, 그 스케일은 더 이상 안정적인 상태에 있는 게 당연시될 수 없다는 점에 대해 확신하고 있다. 이는 사건과 과정들의 펼쳐짐을 야기하는 다양한 스케일의 공존의 문제만은 아닌데, 왜냐하면 항상 세계의 공간적 구성이 지닌 특성이었기 때문이다. 또한 그것은 단순히 지리적 스케일을 분리하는 영역선을 횡단하는 사건들과 과정들을 잇는 스케일간interscalar 관계의 문제도 아니다. 또 하나 중요한 것은 스케일이 즉시 더욱 변덕스럽고 결정적이 되는 ─ 사회적 활동을 봉쇄하고 사회적 활동의 결과로서 이동하고 변이되는 그 것의 모순적 역량의 심화 ─ 경향이다. 『방법으로서의 경계』는 이러한 심화의 역설적 과정에 대응하고 현재의 전지구적 공간의 재생을 특징지어주는 경계선의 확산과의 관계 속에서 그것을 이해하고자 한다. 그렇게 하면서, 그것은 상이한 스케일과 공간들을 횡단하고 교차하는 상이한 종류의 이동성을 사로잡는다. 바로 그 공간 개념의 구성을 점점 더 복잡하고 이종적으로 만들면서 말이다.

전지구적 공간의 현대적 배열은 일련의 구분된 영토들로 정확하게 지도화될 수는 없다. 왜냐하면 그 배열이 일련의 중첩, 연속성, 균열, 공통성으로 이루어져 있고, 그것들은 인접한 영토들의 집합으로서 세계의 지도화mapping뿐 아니라 세계 역사와 상업에 대한 체계적 접근들을 구조화시켜온 대규모의 문명적(동─서)·경제적 분단(북─남)에도 어려움을 주기 때문이다. 동─서 분단은 고전 시기, 중세 시기, 근대(제국) 시기를 통해서 지속되고 변형되었던 유럽 중심적인 공간적·문화적 구성들의 유산이다(Groh 1961). 반대로, 북─남 분단은 부유한 지역과 가난한 지역의 구분 수단을 제공하였는데, 2차 세계대전 조짐이 보일 즈음에 일어난(그리고 점증하는 기술 관료적 정교함을 획득하였던) 사회적 근대화와 경제적 발전의 서사구조에서 기원한 것이었다(Brandt Commission 1980). 두 종류의 분할 모두 이분법적 발견을 복잡하게 하는 분석 방법 때문에 심각한 문제 제기를 받아 왔다. 어떤 경우에도 이러한 방법으로는 분명한 지리적 재현을 얻을 수 없었기 때문이다. 소련의 붕괴로 인해 돌이킬 수 없는 위기에 봉착한 제1·2·3 세계라는 3세계 모델에 의해서든, 아니면 종국에는 반주변부라는 불안정한 범주에 의지하게 된 세계체제론에서처럼 세계를 중심부와 주변부로 분할하든 간에(Wallerstein 1974), 이러한 이분법적 분할들은 초국가주의transnationalism와 이종교배에 대한 분석적 강조가 1990년대에 그것의 실존적 지배를 가정하기 전부터 이미 압박하에 놓여 있었다. 그런데도 그 분할들은 여전히 국제관계와 개발경제학에서 많은 진지한 논쟁들에 구조적 맥락을 제공하고 있다(예를 들면, Reuveny and Thompson 2010을 볼 것). 전지구적 공간의 구성 단독에 대한 물질적 변화가 이러한 이분법적 범주화에 대한 의존에 변화를 주기에는 충분치 않다고 볼 여지는 있다. 그러나 장기적으로는 현대 세계의 격동적이고 구조적으로 불안정한 변혁들에 주의를 기울이길 거부한다면, 그 결과는 분석의 방향감각 상실disorientation과 정치적 혼돈뿐이다.

주류 국제관계학에서는 이미 세계 정치의 배타적인 주연으로서 국가의 독점적 역할에 대해 의문을 제기하는 목소리가 있었다.『포린 어페어스』기고문에서 리처드 하스는 "한두 개 국가에 의해서도 아니고, 특정한 수의 국가들에 의해서도 아니며, 그 대신에 다른 종류의 권력을 소유하고 행사하는 수십 개의 행위자에 의해" 지배되는 "무극 세계"로의 움직임에 영향을 미치는 "지질 구조상의 이동"tectonic shift을 지적하였다 (Haass 2008, 44). 하스에 따르면, 지역적·전지구적 기구들, 군벌들, 비정부기구들, 기업들, 전자 네트워크, 전지구적 도시 등은 국가들로 이루어진 국제 체계를 상당히 복잡하게 만들었으며, 이는 세계를 "전지구적 통합" 노력을 무엇보다 중요하게 만드는 "어렵고 위험스러운" 장소로 만든다(56). 마찬가지로, 경제지리학의 장에서 우리는 북과 남, 중심과 주변부와 같은 엄격하고 고정된 범주들을 사용하여 전지구적 과정들을 해석하는 것을 어렵게 만드는 복합성, 무작위성, 분열 등에 대한 전망을 발견한다(Vertova 2006). 자본주의적 축적의 전지구적 회로와 접합된 상이한 공간들 간의 위계적 관계에 제국주의, 비균등 발전, 종속 등의 고전적 모형들에 의거해 비교적 동질적인 영역들을 연결시키는 일은 이제 일어나지 않았다. 부유한 국가들과 마찬가지로 빈곤한 국가들은 점차 각자에게서

뿐 아니라 내부적으로도 더욱 분화되어 왔다. 세계의 가장 부유한 국가들의 주변화된 대도시 지역들이 "제3세계"적인 조건에 처해 있는 것은 드문 일이 아니다. 동시에, 예전에 소위 제3세계 국가들에서 전지구적 네트워크에 통합된 지역들과 영역들은 극단적인 궁핍과 착취를 경험하는 다른 지역과 영역들을 따라 존재하는 경향이 있다. 이런 이유로 다양한 기능 간의 비율이 중요하며, 이 모든 것이 동시에 경향으로서 존재하는 전지구적인 사회경제적 공간의 이종적 구성에 대한 가설을 세우는 것은 유용한 일이 된다.

지난 장에서 우리는 경계와의 차이가 항상 주어지기보다는 만들어지는 상당히 이종적 장으로서 전지구적 공간의 생산을 강조하였다. 이것은 제작된 세계fabrica mundi를 강조하고 있음을 의미한다. 즉 세계-형성world-making이라는 존재론적 질문들은 공간적 대변혁이라는 사회적, 정치적, 경제적 과정들에 앞서 있지도 사후적으로 등장하는 것도 아니다. 오히려 그 반대로 실제로는 역사적 과정으로 볼 때나 하나의 시점에서 볼 때 그러한 과정들과 동시적으로 존재하고 있다. 이 장에서 우리는 경제적 공간의 전지구적 구성으로 주의를 돌리면서, 이전에 살펴보았던 존재론적 복합성과 그것들이 주체성subjectivity의 생성에 갖는 함의들에 관해 계속 관심을 둘 것이다. 특히 우리는 고전 정치경제학에서 가장 소중하게 다뤄졌던 인식 중 하나를 비판적으로 검토할 것인데, 그 인식은 경제적 공간의 전지구화뿐 아니라 노동사, 노동 정치, 노동 과정들에 대한 논의에도 영향을 미쳤다. 그것은 바로 국제노동분업이라는 개념이다. 본 장은 이 개념의 역사를 다시 살펴보고 그것이 가진 실용적인 용도를 검토한다. 더 나아가 우리는 방법으로서의 경계의 관점이 국제노동분업 개념을 더욱 깊은 질문의 대상으로 둠으로써 새로이 등장하고 있는 자본과 권력의 전지구적 공간의 이종성을 이해할 수 있도록 해준다는 데 동의한다. 이러한 어려움들에 대응하기 위해 우리는 오늘날 세계에서 경계의 확산에 적합한 새로운 개념을 도입함으로써 국제노동분업 개념을 확장하고 보완한다. 그것은 전지구적 노동의 증식multiplication이라는 개념이다. 고전적인 개념을 대체하는 게 아니라 강화하는 것으로 개념화한다면, 그 목표는 새로이 등장하는 전지구적 생산양식이 어떻게 상이한 노동 레짐 간의 연속성과 간극들 – 경계들 – 을 착취함으로써 작동하는지 이해하는 데 있다.

이 탐구에 함축된 것은 전지구적인 것의 실험실로서의 경계에 대한 가르시아 칸클리니의 전망을 현대 자본주의의 이행과 작동에 대한 심사숙고된 실증적이고 이론적인 이해의 맥락으로 가져오려는 시도이다. 카를로 갈리가 2001년에 처음 출간한 정치적 공간에 관한 중요한 저서에 적은 것처럼, "자본 시스템의 발전 속에 있는 특정한 단계"로서 전지구화의 관점이 "불연속성 혹은 차별화differentiation의 요소들"을 강조하는 사회학자들이 선호하는 "다원인적" 접근에 상반되는 "단일원인적 독해"로 특징지어질 수 있던 날들은 지나갔다(Galli 2010, 102). 이것은 가르시아 칸클리니와 같은 인물들에 의해 탐구되었던 이종교배 과정들이 적어도 부분적으로는 상품 소비의 역학과 마케팅 전략들에 대해 알려주고 있기 때문이다. 자본가의 생산과정들은 점증적으로 차별화되어 가는 전지구적 지역들을 가로질러 확장하는 이종적이고 유연한 네트워크 속에 조직화되어 있다. 이런 관점에서 볼 때 국제노동분업에 관한 논쟁들은 계급과 부의 격차뿐 아니라 젠더와 인종의 차이에 의해 정립된 경계에도 초점을 두어야 한다. 방법으로서의 경계는 이러한 차별화의 양식들을 비판적으로 구별하고자 하며 경계투쟁과 그 투쟁이 발생시키는 정치적 주체성의 다양한 형식들과의 관련성을 평가하고자 한다. 여기에는 자본주의의 경제적 공간과 정치적·법적 공간들 간의 뒤엉킴에 대한 탐구가 포함되어 있는데, 이 공간들은 더는 국가의 영토적 형식 안에 완전히 결합되지 않는다. 방법으로서의 경계는 또한 이러한 공간과 국가의 영토적 형식 간의 결합을 무효화시키는 것으로 통상 이해되는 전지구적 이동의 종류들에 대한 재고찰을 요구한다.

근대 자본주의와 세계 시장

근대 자본주의의 전지구적 공간은 우리가 앞 장에서 제시한 분석에서 이미 어렴풋이 나타났다. 그것은 (인클로저, 분리, 분할 등의 새로운 맥락에 대한 물질적, 인지적 추적을 통해서 가능해진) 새로운 세계의 제작 배경에 반대되는 소위 자본의 본원적 축적과 근대 지도제작법의 탄생 간 뒤엉킴을 서술하는 데 있어 핵심적인 부분이다. 여기서 우리의 목표는 방법으로서의 경계의 관점으로부터 자본의 세계 공간에 대해 더욱 초점이 맞춰진 개념적 분석을 제공하는 것이다. 만일 혹자가 근대 초기 시대로부터 경제사상사를 들여다본다면, 17세기의 무역균형에 대한 금은통화론 bullionist과 중상주의 이론으로 시작해서 데이비드 리카도가 자신의 중요 저작인 『정치경제학과 과세의 원리에 대하여』(1821)의 7장(「대외 무역에 관하여」)에서 상세히 기술한 비교우위론에서 막을 내리게 될 것이다(예를 들어, Viner 1965를 볼 것). 그 책에서 더욱 흥미로운 것은 칼 맑스가 설명한 정치경제학 비판에 의해 이러한 계보학 내에서 생산된 개념적 파열이 강조된다는 것이다. 방법으로서의 경계의 중요한 측면은 이종적 경계와 영역선의 접합과 탈구에 대한 분석이다. 즉 일차적으로 정치적 경계(우선적으로 근대 국가 간의 경계들을 의미한다) 간의 팽팽한 균형과 극적인 불균형 그리고 우리가 자본의 변방 frontiers of capital이라고 부르는 것으로, 이는 자본의 팽창주의적 추진력뿐 아니라 복수의 위계적 기준에 의해 공간을 조직해야 할 필요에 의해서도 추적될 수 있다.

최근에는 심지어 신자유주의 성향의 저술가들과 관보들조차도 재발견하고 "예언적"이라고 칭송하고 있는 『공산당 선언』의 유명한 페이지들에서, 맑스와 프리드리히 엥겔스는 "세계시장의 착취를 통해" 부르주아에 의해 "모든 나라의 생산과 소비에" 주어진 "코스모폴리턴적 특성"을 주장하였다(Marx and Engels 2002, 223). "해외"나 "국제" 무역과는 다른 무언가로서 세계시장에 대한 이러한 강조는 정확하게 우리에게 중요한 사안이다. 정치경제학 비판을 위해 만든 몇 개의 계획 중 하나에서, 맑스는 세계시장을 "국제관계"와 명확하게 구분하면서, 세계시장이 "그 토대뿐 아니라 총체the whole의 전제조건도 형성한다"는 점을 강조한다(Marx 1973, 227 ; Ferrari Bravo 1975를 볼 것). 여기서의 국제관계가 (국가로의 생산 집중이라는) 맑스의 계획에서 제시된 과거 시점에 기반하고 있기는 하지만, 세계시장은 국가의 지형topographic 공간과 그것에 연관된 "국제" 관계의 체계를 구조적으로 넘어서는 자본의 공간성spatiality을 나타낸다. 이러한 관점으로부터 자본의 변방과 정치적 경계 간의 긴장과 필수적인 접합이 등장한다.

주목할 필요가 있는 세계시장과 관련된 (다른 어떤 고전 정치경제학자에게서는 결코 그 정도의 강도를 가진 고민을 찾아볼 수 없었던) 맑스의 고민에는 세 가지 측면이 있다. 첫째로, 이것은 "자본의 변방"이라는 문장을 우리가 사용하게 된 이유를 설명해 주는데, 맑스가 세계시장에 대해 갖고 있던 고민은 자본주의적 생산 양식의 비판을 위한 분석 틀을 만들어 내는 데 매우 중요하다. 이 비판은 자본이 자신을 지속해서 확대하기 위한 구조적 필요에 전적으로 기반한다. 맑스는 『정치경제학 비판 요강』1에서 다음과 같이 적고 있다. "세계시장을 창조하는 경향은 자본 개념 자체에 직접적으로 주어져 있다. 모든 제한limit(Grenze)은 극복되기 위한 장벽으로 나타난다"(Marx 1973, 408 ; 강조는 원문). 맑스가 사용한 독일어 그렌쩨Grenze는 정치적 경계를 의미할 때 보통 쓰이는 것과 같은 단

---

1. 통상 원어를 그대로 따서, 『그룬트리세』나 줄여서 『요강』이라고 부름.

어이다. 우리가 인용한『정치경제학 비판 요강』의 이 구절은 자본에 의한 "절대적 잉여가치"와 "상대적 가치의 생산" ─ 즉 "생산력"의 증가와 발전에 기반한 잉여가치의 생산 ─ 의 분석 간의 평행(그리고, 다시 말하지만, 접합)이라는 관점에서 볼 때 또한 중요하다(408). 첫 번째가 자본에 예속된 공간의 외연적인 성장을 요구하는 반면에, 둘째는 자본 축적의 긴급성에 종속된 총체적인 사회적 삶의 내포적인 재형성을 요구한다. 또한 "새로운 필요의 생산과 새로운 사용가치들의 발견과 창조"를 의미하기도 하는 "새로운 소비의 생산"은 이런 측면에서 매우 중요하다. 맑스는 이렇게 적고 있다. 필요한 것은 "획득된 잉여노동이 단순히 양적인 잉여로만 남지 않고, 지속적으로 노동 내에서 질적인 차이들의 순환, 따라서 잉여노동의 순환을 증가시키며, 그 노동을 더욱 다양하고 더욱 내적으로 차별화되도록 만드는 것이다"(Marx 1973, 408).

세계시장의 구성이 자본 팽창의 첫 번째 "외연적인" 축에 일치하는 경향으로 직접적으로 상정된다고 하더라도, 그 구성은 두 번째 축에 대한 규칙(맑스의 용어에 따르면 "하부구조")을 만들기도 하는데, 이것을 우리는 "내포적인" 팽창 intensive expansion이라고 부른다. 자본에 의한 공간의 생산은 처음부터 이러한 두 축의 뒤엉킴이라는 특징을 가지고 있었으며, 이 특성은 우리가 강조하고자 하는 세계시장에 대한 맑스의 분석 중 두 번째 측면으로 이어진다. 그의 방법과 철학적 접근에 전적으로 부응하는 방식에서, (세계시장 그 자체라는) 가장 추상적인 수준의 분석은 자본의 영역으로 진입한 개인의 일상생활에 대한 가장 구체적인 측면들을 결정하기 위한 직접적 결과들을 갖고 있다. "국내와 세계" 간의 복잡하고 기묘한 관계는 이미 경제적 관점에서 볼 때 의심할 나위가 없고, 이는 특히 "화폐 시장"money market의 측면에서 그렇다. 세계시장은 "단지 그 외부에 존재하는 모든 외국 시장들과 관계가 있는 내부 시장일 뿐 아니라, 동시에 순서대로 국내 시장의 구성요소로서 모든 외국 시장들의 내부 시장이기도 하다"(Marx 1973, 280). 화폐에 대한 언급(『정치경제학 비판 요강』에서 "사회적 관계"로 널리 알려진 분석)은 상당히 중요하다. 사실 그는 세계시장을 "모두와 함께 있는 개인individual with all의 연계"와 "개인으로부터 이러한 연계의 **독립**"indepenence of this connection from the individual (161 ; 강조는 원문) 두 가지 모두에 대한 최상위 수준의 재현, 그리고 마지막 실제적인 보증으로 생각하였다. 다시 말해, 맑스에 따르면, 세계시장이란 근대 자본주의 형태를 가진 개인들의 가능성을 위해 필요한 바로 그 물적 조건들의 재현이다.

맑스에 따르면, 19세기 중반에 세계시장과 자본의 변방은 일상적인 개인 경험의 "공간 좌표들"을 생산하는 데 상당히 중요한 역할을 하게 되었다. 이것은 대부분 유럽 국가들에 있는 그 개인들이 근대국가의 선형적 경계들에 의해 (자신들의 법적·정치적 실존의 공간적 좌표 내에서) 결정된 시민으로의 변화를 완결하기까지는 아직 많은 시간이 남아 있던 때였다. 정말로 이것은 주체성의 생산에 대한 다스케일적multiscalar 지리학의 유물론적 분석에서 매우 예외적인 사례이다!

일단 세계시장의 절대적으로 구체적인 성격이 강조되었으니, 그것의 추상적인 성격도 역시 잠깐 살펴볼 필요가 있다. 이것이 우리가 맑스로부터 채택하고 싶어 하는 세 번째 분석 요소이다. 세계시장은 각각의 "산업 자본가"가 작동하도록 강제되는 단순한 계량기the scale가 아니다. 이는 우리가 『자본』 3권에서 읽었던 "고유의 가치는 내수 시장 가격뿐 아니라, 전체 세계의 가격들과도 연계된다"는 것에 비유된다(Marx 1981, 455). 그것은 또한 더욱더 — 자본의 진보적인 "사회화"와 "확대된 스케일 위에서" 그것의 재생산과 더불어 — 자본이 "회전"되는 현장이자 "단순한 추상화로서 가치의 자율화"의 현장이 된다. 이것은 "행위 안의 추상화"로 고려되어야 한다. 우리는 여기서 맑스가 『자본』 2권에서 강조했던 것과 같이 개별 자본가에 의해 시작이 되었지만 항상, 특히 위기의 순간들에, 그들에 반해서 전개되는 경향이 있는 한 움직임과 마주치게 된다. "이러한 가치상의 혁명들이 더욱 예리하고 빈번해질수록, 독립 가치의 움직임은 기본적인 자연 과정의 힘과 함께 활동함으로써 더욱더 개별 자본가의 예견과 계산을 압도하게 되고, 정상적인 생산과정은 더욱더 비정상적인 투기speculation에 종속되며, 개별 자본의 존재에 더욱더 큰 위험이 된다"(Marx 1978, 185).

독립적으로 작동하고 종종 "개별 자본"에 반하여 작동하기도 하는 "총체적 자본"을 탄생시키고 지속성을 부여한 "가치의 자율화"는 필연적으로 "세계시장"의 지평선 안에서 발생했다. 이것은 세계시장이 금융 및 신용과 가진 특권적인 관계 때문인데, 화폐를 갖고 있음을 의미한다. "실질 화폐는 언제나 세계-시장의 화폐이고, 신용 화폐는 항상 이 세계-시장의 화폐에 의존한다"(Marx 1981, 670). 자본주의가 아직 완전히 산업에 안착하지 않았던 맑스의 시대에 만연했던 조건들의 관점에서 보더라도, 그는 오늘날의 금융 자본의 분석을 위한 상당히 효과적인 틀을 제공해 준다. 우리에게 더욱 중요한 것은 그의 접근법이 자본 자체의 경향을 이해할 가능성을 제공해 준다는 점인데, 자본 자체의 경향은 자본의 사회화가 진행되면서(혹은 이미 사용된 용어를 상기해본다면, 그것의 외연적이면서도 내포적인 팽창) 더욱더 분명히(우리는 이 점을 반복하고 싶다) 그것의 움직임을 위한 – 그것의 활동하는 추상화를 위한 – 추상적이고 전지구적 공간을 생산하고 있기 때문이다. 이 공간 안에서 발생하는 "가치의 자율화"는 근래 들어서 전체 "국가들"과 "대중들"뿐 아니라 "개별적인 자본들"에 반하는 법칙을 부과하는 경향을 보이고 있으며, 이는 자본의 변방과 정치적·법적·문화적 경계선과 영역선 간의 관계를 굉장히 복잡하게 만든다.

사회적 관계가 (화폐의 "객관적" 매개를 통해) 점차 조직되었던 새로운 기준으로서 이러한 가치의 추상적 특성은, 세계시장의 새로운 공간성에 이루어진 그것의 재현과 더불어, 19세기 말 유럽(그리고 훨씬 더 많은 미국)의 연구자 한 세대 전부가 "전통적인" 사회 질서로 인식한 것에 대한 급진적인 도전의 요체로 인식되었다. 막스 베버, 페르디난트 퇴니스, 허버트 스펜서, 소스타인 베블런, 에밀 뒤르켐과 같은 사람들은 "고전 사회학"의 위대한 시절의 대표로서 여기에 상기되었다. 자본주의라는 바로 그 개념은 위에 언급된 도전을 움켜쥐려는 시도로부터 진화되었다. 1871년의 파리 코뮌에 의해 생생한 방식으로 구현된 사회주의의 위협에 대응하며 이 사상가들은 고전 정치경제학의 패러다임을 넘어서는 시도를 하였다(Hilger and Hölscher 1972; Ricciardi 2010). 마르크 블로크가 『역사를 위한 변명』에서 적었듯이, 자본주의 개념이 "모두 젊다"altogether young는 점은 잘 알려져 있다(맑스는 여전히 "자본주의적 생산양식"을 얘기하였다). 그는 이렇게 덧붙였다. "그것의 마지막은 그것의 시작 — 카피탈리스무스Kapitalismus — 을 보여준다"(Bloch 1953, 170).

19세기 말에 있었던 자본주의에 관한 논쟁은 세계적 규모의 자본 축적과 가치화의 과정들이 국가 경계 내에서 드러남에 따라 점차 둘 간의 긴장이 증가하면서 발생하였다. 이것은 젊은 시절의 막스 베버가 프로이센 동부 지방에 있던 농업 노동자들의 처지에 대해 적은 글에서 명확히 나타난다(Ferraresi and Mezzadra 2005; Tribe 1983). 베버가 제시한 다른 쟁점들 중에서도 가장 중요한 것은 세계 곡물시장이 프로이센의 융커들Junkers로 하여금 농장에 더욱 많은 수의 폴란드 이주 노동자들을 고용하도록 압력을 넣었다는 부분이다. 베버에 따르면, 융커들은 그렇게 하면서 18세기와 19세기 폴란드의 "분할들"로 인해 생긴 상당히 이종적인 인구학적 구성의 특징을 갖는 영토 안에서 "탈민족화시키는" 세력으로 행동하였다. 베버는 사회적 관계의 안정성에 대해 자본주의가 제기한 급진적 도전으로 인식한 것 이전 단계에서의 새로운 사회정치적 권력의 정당화 기준을 만드는 데 자신의 전 생애를 바쳤다(Ferraresi 2003). 동시에 그는 독일 민족국가(또한 그것의 정치적 경계선)와 세계적 규모의 "후기 자본주의"advanced capitalism(Hochkapitalismus) 간의 균형 ─ 다시 말해, 팽창하는 자본주의 변방의 점점 더 커지는 전지구적 스케일(Mommsen 1984) ─ 에 지속해서 주목하였다. 몇십 년이 지난 후 칼 슈미트는 1942년 자신의 책 『땅과 바다』(1997)에서 이러한 배경과는 반대로 헤겔의 『법철학 강요』의 다음 문장을 재해석한다. "대지, 확고하고 단단한 땅이 가족 생활원칙의 전제조건인 것과 마찬가지로, 바다 역시, 그것이 생동감을 주는 외부세계와의 관계인, 산업을 위한 자연 요소의 전제조건이다"(Hegel 1991, 268; 강조는 원문). 슈미트의 목적은 독일, 영국, 미국 같은 해양 강대국 간의 반목을 세계 역사의 개념 틀 안에 각인하는 것이었다. 이러한 정치적 목적과는 별개로, 헤겔의 이 문단에 대한 (그가 1981년판 서문에 불성실하게 덧붙였던 것처럼, "시민사회"에 관한 문단들에 대한 맑스주의자들의 독해와 매우 근접해 있는) 슈미트의 독해는 "영토주의"territorialism와 자본주의 간의 긴장 관계로서 세계체제론 내에서 현재 논쟁되고 있는 것(예를 들어, Arrighi 2007, 211~49를 볼 것) 혹은 우리가 정치적 경계와 자본의 변방 간의 관계로 재구성해온 것을 훌륭하게 예견하였다.

1차 세계대전의 시기에 걸쳐 맑스주의자들, 자유주의적 지식인들, 정치 군벌들 등이 참여한 제국주의에 관한 대논쟁이 이러한 관계의 정교화를 위해 매우 중요한 장이었음이 분명하다. 비록 이것이 이 논쟁을 재구성하기 위한 장소는 아니었다 하더라도, 방법으로서의 경계의 관점에서 그것의 중요성은 강조할 가치가 있다. 제국주의 개념은 세계적 규모의 자본 축적과 가치화를 우리의 분석으로 다시 가져온다. 그것은 또한 유럽의 민족국가들과 우리가 이전 장에서 논의했던 유럽 바깥의 식민지 변방 간의 선형적 경계들 위에 구성된 정치 지형의 위기에 대한 또 다른 시각을 제공한다. 비록 제국주의가 자본주의와 영토주의의 전지구적 변방을 묶인하는 것으로 보이기는 하지만, 제국주의 프로젝트들을 그 시작과 더불어 불안정하게 만들었던 것은 바로 맑스가 세밀하게 분석하였던 세계시장의 추상적 차원이 갖는 점증하는 관련성이었다. 우리가 이사야 바우만의 저술들에 대한 분석을 통해서 예견하였듯이, 궁극적으로 그것은 제국주의의 영토적 편향의 – 그게 아니라면, 우리가 마이클 하트와 안토니오 네그리(2000)에 동의했던 것처럼, 통상적인 의미의 그런 제국주의의 – 종말을 이끌었다. 이러한 그림에 덧붙여질 필요가 있는 것은 반제국주의 투쟁이 맡았던 역할이다. 그것은 소비에트 혁명 이후, 특히 정치적 토론과 조정을 위한 초국적 포럼인 1920년 바쿠Baku '동구 인민 의회' 이후에 설립되었다(Young 2001, 127~139). 투쟁의 새로운 지형들이 등장하기 시작하였다. 공간적 좌표들을 재편성하고 유럽 국가들, 식민지 변방, 자본주의 세계시장 간의 정치적 경계선이라는 장애물들 아래에서 근대 역사가 발전시켜온 이종적인 스케일들을 혼합하면서 말이다. 1915년 자신의 에세이 「전쟁의 아프리카적 기원」을 통해서 제국주의에 대한 논쟁에 유명한 기여를 했던 W.E.B. 두 보이스의 『검은 물』(1920)과 같은 책은 여기에서 더욱 결정적인 조사를 할 수 있도록 해준다(Kaplan 2002를 볼 것).

세계적 규모의 자본 축적과 가치화가 제국주의에 대한 논쟁에서 핵심적이긴 했지만, (어떤 면에서 정치적 경계선과 자본의 변방 간의 긴장을 지워버리는) 자본의 논리와 제국주의 국가들의 영토적 팽창을 겹쳐놓는 계획의 한계는 분명했다. "소위 본원적 축적"(Mezzadra 2011a), "신제국주의", "강탈에 의한 축적"(Harvey 2005)의 일시적 관심에 대한 논쟁에서 최근에 재발견된 중요한 작업은 자본 축적에 관한 로자 룩셈부르크의 1913년 저작이다. 룩셈부르크는 제국주의를 "비-자본주의적 생산양식의 환경"(Luxemburg 2003, 348)에 대한 – 문자 그대로의 식민화가 새로운 영토 내 자본의 침투를 위한 공간을 여는 동안 자본이 은유적으로 식민화시키는 외부에 대한 – 자본주의의 필요와 연결했다. 이 분석 틀은 분명 흥미롭기는 하지만, 룩셈부르크는 자본의 심장부에 자리 잡고 있는 광범위한 동력에 대해 몹시도 완고하고 축자적으로 해석하였는데, 이 때문에 "자본주의의 최종 단계"를 제국주의 속에서 판별한다. 이렇게 된 이유는 제국주의가 순식간에 모든 자본주의의 "외부"를 탈진시켜 버렸기 때문이다. 그는 이렇게 쓰고 있다. "자본주의 국가들이 고도로 발전되는 것과 그 국가들이 비-자본주의 지역들을 획득하는 데 있어 점점 더 심각한 경쟁을 하는 것과 더불어, 제국주의는 무법성lawlessness과 폭력에서 성장한다. 둘 다 비-자본주의 세계에 대한 공격과 경쟁하는 자본주의 국가 간의 더욱 심각한 갈등들 속에서 말이다. 그러나 더욱 폭력적이고 더욱 무자비하며 철두철미하게 제국주의가 비-자본주의 문명의 몰락을 일으킬수록, 제국주의는 더욱 급속하게 자본주의 축적의 발밑에서부터 바로 그 지반을 절단하였다"(427).

자본주의적 발전에서 "구성적 외부"constitutive outside가 맡았던 역할에 대한 룩셈부르크의 강조가 여전히 중요하기는 하지만(Mezzadra 2011b), 룩셈부르크는 이 외부를 영토에 관련된 용어 안에서 축자적으로 이해함으로써, 맑스의 특출한 유연성을 간파하지 못했다. 자본의 변방의 외연적이고 내포적인 팽창을 이해하는 데 있어 "절대적"이고 "상대적인 잉여가치"의 조합은 "새로운 필요의 생산과 새로운 사용가치의 발견과 창조"를 통해 말 그대로 자본의 지배 외부에 있는 영토들이 더 이상 존재하지 않는 시점을 넘어서 잘 지속할 수 있는 구성적 외부의 끊임없는 생산에 관한 새로운 시각을 열어주었다. 오로지 상대적 잉여가치의 창출과 맑스가 자본 아래에 노동의 진정한 포섭이라고 부른 것을 통해 집약되어가는 것과는 정반대로, 이 과정은 끊임없이 ─ 다시 맑스의 용어를 빌리자면, 형식적인 포섭의 움직임이 지속되는 것과 일치하는 자본의 변방의 새로운 외연적 확대의 가능성을 열어주는 ─ 공간의 의미를 재정의한다.

데이비드 하비(1989)의 "공간적 조정"spatial fixes이라는 개념은 수익성, 통제, 위기의 종결 등을 모색하는 과정에서 자본의 지리적인 재배치 움직임들을 추적하기 위해 제시되었는데, 자본의 변방의 이러한 이동을 잘 포착하였다. 이 개념을 "제품", "기술적", "금융적 조정" 등의 인식들과 조합함으로써, 비벌리 실버(2003)는 우리가 이러한 이동의 외연적이고 내포적인 차원들이라고 부른 것에 대한 합동 분석을 위해 효과적인 개념 틀을 제공한다. 맑스에 의해서 자본주의 생산의 전제조건이자 결과로 이해되었던 세계시장 개념은 이러한 조정들이 일어나는 추상적 공간을 가리키는데, 이 공간은 자본주의적 생산, 가치화, 축적의 이종적인 이형들을 만들어낸다. 이러한 지형들 내에서 자본의 확장하는 변방은 복합적인 영토적 조립품으로 들어온다. 여기서 변방은 정치적 경계선과 얽히고 자본과 국가 간의 변화하는 관계를 만들어낸다. 그 변방은 또한 자체적인 고유의 연계·단절의 선들을 구축하고 항상 정치적 영역선을 넘어선다. 1980년대에 경제적 공간에 대해 쓰인 백과사전의 표제어에서, 이매뉴얼 월러스틴은 경제 시스템의 "공간적·시간적 가장자리" 개념을 제시하고 그것을 국가의 선형적인 경계에 포개놓는 게 불가능하다는 점을 지적하고 강조한다. 또한, 그는 그러한 포개놓음을 시행하려는 것이 국가 경계를 경제적 활동들의 자연적 "보관함"으로, 경제 체계의 시간과 공간에 걸쳐져 있는 역사적 변혁과 역학에 의해 끊임없이 도전받는 추정을 고려하는 것이 될 것이라고 주장하였다(Wallerstein 1985, 94~95). 이러한 주장은 세계체제, 특히 근대 자본주의 세계체제에 더욱 타당하다. 이 체제는 이 세계 전체에 펼쳐져 있는 상호의존성과 의존성 간의 복합적인 관계망들을 만들어 냈다.

월러스틴은 변화하는 자본주의의 전지구적 지형들에 대한 분석에 혁신적인 기여를 하였다. 그 역사가 2차 세계대전 이후의 반식민지·반제국주의 운동 및 투쟁들과 긴밀하게 연계되어 있는 불균등 교환, 저발전, 종속에 대한 비판 이론의 결과들을 세밀하게 검토하면서, 월러스틴은 중심부와 주변부의 관계를 도식화하는 통찰력 있는 이론적 개념 틀을 만들어 냈다.『근대세계체제론』(1974) 1권에서 그는 "세계경제에서 필수적인 구조적 요소"로서 반주변부 개념을 제시한다(349). 이것은 중심부와 주변부 간의 더욱 잔인한 지배와 종속 관계들을 접합하고 중재하는 일종의 보상의 방으로 작동한다. 자본주의의 전지구적 지형 그리고 그 변방의 확대를 통해 추적되는 영역선에 대한 해석을 위해 월러스틴이 이용한 세 가지 구성은 상당히 영향력이 있었다. 이것은 조반니 아리기가『장기 20세기』(1994)에서 발전시킨 헤게모니 주기에 관한 중요한 이론을 검토하는 데 핵심적이다. 월러스틴의 작업에서 우리가 중요하다고 파악한 것은, 예를 들면 발리바르와의 1991년 대화에서, 자본주의의 공간적 위계들에 대한 자신의 분석을 근대 보편주의의 저변에 깔린 이념적 긴장들에 대한 비판과 연결시키려는 시도이다. 명백하게도 이러한 긴장들은 인종차별주의와 성차별주의에 의해 구축된 것들과 같은 다른 영역선들의 집합과 구조적 관계들을 맺고 있다. 근대 인종차별주의와 성차별주의가 항상 정치적 경계 그리고 자본의 확장하는 변방과 뒤섞여 있다는 점과 연관지어 비판적으로 연구될 필요가 있다는 점은 실제로 매우 중요하게 기억되어야 한다. 이러한 점은 월러스틴으로 하여금 차별적 포섭이라는 우리의 생각에 매우 가까운 명제를 제시하도록 한다(5장을 보라). "인종차별주의가 사람들을 작동 체계의 밖으로 내쫓는 것이 아니라 그 안에 남겨두는 것을 의미하는 것처럼, 성차별주의도 같은 것을 의도한다"(Wallerstein 1991, 34). 인종학살을 동반한 나치의 반유대주의를 생각해 볼 때 이것이 인종차별주의의 모든 형태에 적용되는 것은 아니라고 할 수 있다. 그러한 점을 전제할 때, 이 단어들은 노동시장의 구성과 변화하는 배열들 안에서 인종차별주의와 성차별주의의 작동을 설명한다.

그런데도, 중심부와 주변부 개념들이 정교화되고 사용되는 방식에서 어떤 경직성은 월러스틴과 여타 세계체제론자들의 글 속에서 매우 분명하게 나타나고 있다. 우리는 아니발 퀴하노(1997)와 월터 미뇰로와 같은 라틴아메리카 연구자들이 제시한 비판적 지점에 동의한다. 그들은 "식민지적 차이"에 관해 월러스틴과 그 동료들[여타 세계체제론자들]에 의해 충분히 인정되지 못했던 이들로서, 효과적으로 "근대 세계체제를 자기 고유의 상상 시점에서 이해했을 뿐, 식민지적 차이와 함께 그리고 그것으로부터 나타난 갈등적인 상상의 시각에서는 이해하지 못하였다"고 주장하였다(Mignolo 2000, 57). 주변부 개념은 이런 측면에서 볼 때 문제시된다. 반면에 반주변부 개념은 우리에게는 계속 기독교적 연옥에 지나치게 가까워 보인다. 동시에 이 개념은 명확히 정의되지 않고 있기도 하다. 더욱 일반적으로 볼 때, 중심부, 반주변부, 주변부와 같은 개념들은 세계적 범위에서 자본 변방의 팽창에 의해 만들어진 전지구적 지형들의 안정을 (역사적 관점에서조차도) 과도하게 강조하는 것처럼 보인다. 우리는 세계체제론이 유용한 분석 도구라는 점을 부정하지는 않는다. 그러나 그것에 대한 과도하게 경직된 이해는 자본 축적의 객체적이고 구조적인 속성에 대한 과도한 강조로 나아간다. 마치 "자본의 난제"(우리에게 비슷한 문제를 주고 있는 하비의 최근작의 제목을 인용했다)가 일종의 자본 축적의 영속법을 발견함으로써 판독될 수 있는 것처럼 말이다. 이 문제는 현재 자본주의의 전지구적 이행을 이해하는 것과 관련이 있다. 이것은 세계시장, 지역, 국가 간의 새로운 접합과 단절을 만드는 일단의 급진적 변형들에 우리를 직면하게 한다. 자본, 변방, 경계의 새로운 집합들이 형성 중에 있고, 우리는 실증적인 세부 사항들에 대한 관심을 갖고 그것들을 조사할 필요가 있다. 이 과업과 씨름하기 전에, 우리는 국제노동분업 개념에 대한 분석으로 눈길을 돌리겠다. 이것도 역시 월러스틴에게 중요한 개념인데, 실제로 그는 다음과 같은 글을 남겼다.

> 우리는 세계-체제를 광범위한 노동분업이 존재하는 곳으로 정의해 왔다. 이 분업은 단순히 기능적 ─ 즉, 직업적 ─ 일 뿐 아니라 지리적이기도

하다. 다시 말해서, 경제적 과업의 범위는 세계-체제 전반에 균등하지 않게 배분된다. 부분적으로 이것은 생태적 고려의 결과이다. 분명하다. 그렇지만 대부분에 있어서, 그것은 사회적인 노동조직의 기능이다. 이것은 체제 내의 몇몇 집단들이 타자의 노동을 착취하는, 다시 말하면, 더 많은 부분의 잉여를 얻는 능력을 확대하고 정당화시킨다(Wallerstein 1974, 349).

국제노동분업의 계보학

노동분업 개념은 예전에도 많이 있었다. 크세노폰과 플라톤의 저술 속에서, 우리는 고전 정치경제학자들의 작업을 예견하는 통찰을 발견한다. 예를 들면, 노동 전문화에 대해 증가하는 수익의 인지, 아니면 시장의 규모에 의한 노동분업의 제한 등이 그것이다. 크세노폰은 가구 안에서 그리고 가구 밖에서의 노동의 성별분업을 탐구하였다. 플라톤과 그에 이은 아리스토텔레스는 도시의 성장과 가구들 간의 물물교환이 어떻게 직업적인 상인 계급과 화폐를 다루는 기관의 출현으로 나아갔는지를 강조하였다. 중세 시대 이슬람 학자인 이븐 칼둔은 종종 노동 가치이론을 예견한 것으로 인정받곤 하는데, 그의 저술들은 거대 시장에 의해 만들어진 노동분업이 어떻게 더욱 저렴한 상품과 더욱더 높은 생산성을 내게 되었는지에 대한 논의를 담고 있다. 이렇게 해서, 심지어는 자본주의적 생산과 중농주의자와 중상주의자의 작업과 책상 위에서 이루어진 그것의 이론화의 역사적인 등장 이전에도, 노동분업이 어떻게 시장의 팽창과 부의 창출을 위한 더욱 큰 능력의 창출과 연결되는지에 대한 강력한 찬사가 있었다(Guang-Zehn 2005).

페르낭 브로델(1979)의 중요한 역사적 설명에 의하면, 그러한 시장의 팽창은 작은 시장 마을에서 군, 도, 그리고 종국에는 국가 단위의 시장으로까지 경제적 활동들의 점진적인 규모 확대를 포함한다. 이것은 18세기 영국에서 일어났던 것과 같은 현상이다. 그렇지만 국가적 단위의 시장은 쉽게 이루어진 것은 아니었다. 그것은 "종종 모든 악조건을 견뎌내고 구축된 불규칙한 직조 망이었다. 즉 이것은 고유의 정책들을 가진 초강력 도시들에 대항해서, 중앙집권화에 반대하는 지방에 대항해서, 변방을 부수는 외국의 개입에 대항해서, 그리고 당연하게도 상호충돌하는 생산과 교환의 이해관계들에 대항해서 구축되었다"(Braudel 1979, 287). 여기에는 장거리 무역의 요소가 포함되어야만 하는데, 이것은 대개 때때로 한자 동맹Hanseatic League과 같이 광범위한 네트워크를 통해 연결된 강력한 도시들의 사업이었고, 그것이 발생시킨 국제 시장들이었다. 브로델은 심지어 그것을 "국가적 시장의 고된 통합에 선행하는 해외 무역에서의 팽창의 측정"을 위한, 측정자로서 진지하게 고려하기도 하였다(277). 실제로, 우리가 앞서 추적해본 바 있는 세계시장의 등장에 필수적인 국가시장과 국제 시장 간의 상호작용은 고전 정치경제학의 저작들에서 노동분업 개념의 진화에 핵심임이 밝혀졌다. 과잉 단순화의 위험이 있기는 하지만, 우리는 17세기에서 18세기에 걸친 이 개념의 진화가 노동분업이 시장의 확장에 의해서 제한되는 것만이 아니라 시장의 범위를 결정하는 데 핵심 요소이기도 하다는 인식을 담고 있었다고 말할 수 있다. 산업노동조직과 제조를 목적으로 한 그것의 기술적 분할을 수반하고 촉진하였던 노동분업의 실현은 18세기 후반 애덤 스미스에 의해 가장 명확하게 발현되었다(Zanini 2008). 노동분업에 대한 이해에서 이러한 혁명이 어떻게 자본주의의 등장, 해외 시장의 정복, 노동력 상품을 위한 세계시장의 점진적인 출현과 연계되었는지를 추적하기 위해서, 우리는 윌리엄 페티의 개입이라는 한 세기 이전의 시점으로 돌아가야 한다.

버나드 맨더빌이 일반적으로 "노동분업"이라는 표현을 처음 쓴 사람으로 알려져 있기는 하지만, "애덤 스미스가 그것에 관해 말하려고 했던 것의 모든 필수적 요소들, 이를테면 시장의 크기에 대한 의존성"을 예견했던 사람은 사실 페티이다(Shumpeter 1986, 207). 1676년에 쓰인 『정치산술』의 저자는 스미스보다도 더욱 노동분업의 공간적 차원을 강조하였는데, 그것은 "국제노동분업"의 계보학이라는 관점에서 볼 때 특히 중요한 것이다. 아일랜드의 올리버 크롬웰의 군대 내과의로 지명되고 나서 페티는 1650년대 중반에 "아일랜드 조사자"로 이름을 떨치게 되었다(Mc-Cormick 2009). 『아일랜드의 정치적 해부』에서 그는 자신의 인구 가치 이론을 이용해 반란과 전쟁 동안 일어나는 학살과 추방의 경제적 비용들을 산정해 보고자 하였다. 그는 또한 새로이 출현하는 정치적 경계의 뒤엉킴과 팽창하는 자본의 변방 속에서 "백인종"의 발명이 수행한 역할(Allen 1994~97) ― 우리 식으로 표현하면 영역선 ― 에 관한 초기의 생생한 사례를 제시하였다. 그의 계산에 따르면, 영국인들은 두당 70파운드의 가치를 갖고 있었다. 반면에 아일랜드 노동자들은 그에 계산에 따르면 "노예와 깜둥이들에게 통상 매겨지는 것처럼, 즉 대략 하나당 15파운드"였다(McCormick 2009, 189에서 인용). 우리는 아일랜드인을 영국인으로 "변이" 시키는 페티의 "연금술적" 제안에 안주할 수는 없다. 그보다는 영국 제국이 갖고 있던 더욱 합리적인 행정에 대한 일반적인 고민 그리고 인구의 최적 배치에 관한 일반적인 고민과 함께 발전되었다고 보면 충분할 것이다. 바다에 대한 세계 패권을 놓고 네덜란드와 경쟁하는 것이 페티로 하여금 아일랜드와 노동분업 이론의 "정수들"을 형성하는 데 대한 자신의 작업에 박차를 가하도록 하였다. 『정치적 산술』에서 그는 이렇게 썼다. "해운과 어로를 지배하는 이들이 다른 이들보다 더욱 세계의 모든 부분에도 자주 등장하고, 모든 곳Where에서 부족하거나 풍족한 것들을 관찰하고, 각각의 사람들이 할 수 있는 것과 그들이 욕망하는 것들을 관찰하는 기회들을 더 많이 얻고, 결과적으로 무역의 세계World of Trade 총체를 위한 요소들과 이송자들이 되는 기회도 더욱 많이 얻는다. 그들이 자국 내에서 제조하기 위해 원주민의 상품들을 가져오는 그 땅 위에서 이들은 똑같은 것을 되가져오는데, 심지어는 그 상품들이 자라난 그 나라로 가져오기도 한다"(Petty 1690, 15; 강조는 원문).

우리는 이 문구 속에서 나중에 국제노동분업이라고 불리게 될 것의 원형을 발견했다. 페티가 "해양 무역의 통제권"을 갖는 데 따른 "이득"과 기술적인 노동분업 간의 긴밀한 관계를 수립했다는 점은 중요하게 인지되어야 한다. "한 사람이 원료를 가공하는 동안, 다른 사람은 물레를 돌리고, 다른 이는 직조를 하고, 다른 이는 실을 당기고, 다른 사람은 옷을 만들고, 또 다른 사람은 눌러서 포장할 때, 이렇게 언급된 모든 과정이 같은 손들에 의해 서툴게 이루어지는 때보다 옷들은 더욱 저렴하게 만들어져야 하는 것과 마찬가지로," 해상에서의 세계적 규모의 헤게모니는 크고 작은 선박의 건조에 있어서 다양화를 가능케 하고 상품의 운송 비용을 더욱 절감하게 된다. 페티에 따르면, 이것은 "네덜란드인들이 어떻게 이웃 국가들보다도 적은 화물운송도 할 수 있었는지에 대한 이유, 즉 그들은 각각의 특정한 무역을 위한 특정한 종류의 소형선박들에 대한 비용을 지불할 수 있었던 것이 여러 개의 이유들 중 가장 큰 이유였다"(19~20). 페티의 분석을 우리의 용어로 번역해 보면, 우리는 "고국"에서의 자본주의적 생산관계의 구축이 그것과 관계된 기술적·사회적 노동분업과 함께 자본과 해상 무역의 "통제권"을 가질 수 있는 정치권력 간의 특정한 동맹에 ─ 다시 말해서, 자본의 변방이 세계적 규모에서 팽창하는 데 ─ 의존해서 이루어졌다고 말할 수 있다. 인도로부터의 저렴한 목화의 수입을 제재하는 〈캘리코 법령〉(1721)은 자유 무역과 보호주의의 혼합이, 예전에 해상 무역에서의 그리고 더 일반적으로는 자본주의 세계체제에서의 패권적 지위를, 페티의 바람대로 영국이 네덜란드로부터 계승하게 만들어준 규칙이 되었다는 점을 명확히 보여주었다. 국제노동분업은 결코 자유 무역의(이것을 부과했던 대포와 전쟁의 역할을 고려한다 해도)

"자연적인" 결과물이었던 적이 없었다.

분명히 페티의 『정치적 산술』이 맑스가 "세계시장"이라고 불렀던 것과 구획된 영토들 내에서 새로운 자본주의적 사회의 형성 간의 필수적인 중재 간의 초기 인식을 보여주고 있기는 하지만, 페티는 국제적이라는 용어를 채택하지 않았다. 그 이유는 간단하게 말해서 세계가 17세기에는 "국제적"이라는 개념 틀 내에서 인식되지 않았기 때문이다. 〈베스트팔렌 조약〉 이후 유럽에서 영토 국가 간의 선형적 경계들을 그리도록 이끌었던 과정은 세계적 스케일scale에서 영국 헤게모니의 등장과 함께 진행되었고 천천히 국가와 자본 간의 동맹을 만들었다. 무엇보다도 노동력에 대한 국내 시장의 등장과 민족적national이라고 명명된 자본 "분파들"의 점진적 형성을 통해, 이러한 경계와 국가들의 민족화는 19세기가 되어서야 일어났다. 다른 것들보다도 제국주의는 세계가 국제적으로 되는 과정의 표현이었다. 정치적 경계의 새로운 조합들이 자본 변방의 확장을 촉진하는 데 역할을 하였던 반면에, "분리하여 통치하라"라는 오래된 구절은 식민지 변방을 밀어서 넓히는 것과 "국내" 공간에서 새로운 영역선들의 집합을 구축하는 데 있어서 르네상스를 구가하였다. 스미스의 『국부론』(1776)이 출간된 이후에, "노동분업"은 공장에서의 생산성 향상을 판독하는 이론적 수단과 산 노동living labor에 자본주의적 훈육을 부과하는 데 사용되는 실제적 무기 모두가 되었다. 나이, 성별, 지리적 위치, "종족적" 기원, "기술"skill 등은 자본주의적 발전이 도시와 지방 간의 구분과 같은 과거의 지리적 구획화를 부서뜨리고 재구성하는 동안 새로운 구획의 구축을 위한 기준으로 작동하였다.

스미스의 바늘 공장이 기술적·사회적 노동분업의 완벽한 전형이 되었음에도 불구하고, 영국의 직물과 포르투갈의 와인은 "해외 무역", 지리적 분할, 생산의 전문화 등의 토대로서 데이비드 리카도가 발전시킨 비교우위이론과 밀접한 연관을 갖게 되었다. 그는 "영국에서보다 적은 노동으로" 직물이 포르투갈에서 생산될 수 있기는 하지만, 포도주 생산을 위해 필요한 노동의 측면에서 더욱 큰 차이가 있기 때문에, 포르투갈은 포도주를 수출하고 직물을 수입하는 구도에 자본을 투입하는 것이 더 이익이 된다는 주장으로 유명해졌다(Ricardo 1821, 141). 우리가 굳이 리카도의 주장처럼 이러한 교환들이 오늘날 윈윈게임이라고 불리는 것을 발생시키는 복잡한 조건들에 대해 자세히 살펴볼 필요는 없다. 영국과 포르투갈을 "해외 무역"에 대한 조사를 위한 분석 단위로 채택될 수 있는 구획된 국가 공간들로서 존재하도록 이끌었던 복합적 과정들, 그리고 그것들이 세계시장에서 갖고 있는 상대적으로 다른 입장들은 리카도의 저술들이나 고전 정치경제학 전반에서 대단히 중요한 주제로 등장하지는 않았다. 다시 말해서, "국제노동분업"이라는 문구를 가장 먼저 사용한 것은 맑스의 저술이고, 세계시장에 대한 그의 분석과 밀접한 관계가 있다. 맑스는 『철학의 빈곤』(1847)에서 이렇게 적고 있다. "기계의 발명 이전에, 한 나라의 산업은 기본적으로 그 땅에서 나온 산물인 천연자원에 기반해 작동하였다." 그러나 "기계 덕분에 방적공spinner은 방직공weaver이 인도에 있는 동안에도 영국에서 살 수가 있다." 산업은 국가의 토지와 이격되었고 "세계시장에만, 국제적 교환에만, 국제노동분업에만 의존한다"(Marx 2008, 152).

1848년 혁명 이전에 이미, 맑스는 세계시장과 연계된 국제노동분업 그리고 전지구적 범위의 프롤레타리아 투쟁을 상상하였다. 세계는 여전히 "국제적"이 되어가고 있는 중이기는 하다. 하지만, 국제노동분업 개념은 그에게 세계적 규모의 자본주의적 생산과 프롤레타리아적 국제주의의 이론과 실천을 통해 정치적으로 그것의 균열을 예견하기 위한 물적 토대를 이해하는 이론적 렌즈를 제공하였다. 이 놀라운 정치적 발명은 세계의 형태(그리고 영역선)를 변화시켰던 투쟁과 (스탈린의 시대에 못지 않은 1914년에) "국익"의 재앙적인 반발로 이루어진 양가적 역사를 촉진하였다. 그럼에도 불구하고 경쟁우위 이론은 한편으로는 민족국가들에 의해서 그리고 다른 한편으로는 중심부와 주변부 간의 분리에 의해서 상세하게 기술된 별개의 노동시장으로 세계를 분할하는 것을 기술하기 위한 기반을 만드는 일련의 복합적인 개선을 다루었다. 1937년 제이콥 바이너는 다음과 같이 그러한 논쟁의 발전을 요약하였다. "무역을 통한 이득을 분석할 때, 관심은 말할 것도 없이 이익공동체의 지역들을 둘러싸고 있는 특정한 영역선에 집중되는데, 이 지역들은 일반적으로 나라들이나 국가들이다"(Viner 1965, 599). 국제노동분업을 위한 중심-주변부 분할의 의미가 심화하는 것은 이후의 수십 년 동안 발전, 저발전, 불균등 교환종속 등에 관한 (주류와 비판) 논쟁들에 남겨졌다. 국가 간의 안정된 경계와 중심과 주변 간의 칼로 자른 듯한 분리의 그늘에서, 노동은 동질적인 단위들로 공간적인 분할이 되고, 생산의 기능적 전문화의 과정에 따라 집중되는 것으로 생각되었다. "1차 생산"이 "저발전"의 의심할 나위 없는 표식으로 인식되는 반면에, 산업적 생산의 만연은 "발전"을 나타냈다.

자본주의의 이행들

국제노동분업이 특정한 기간 동안 일어난 자본의 전지구적 작동의 형태를 반영하는 것인지 아니면 경제적 세력들의 총합을 조작해서 이러한 작동들을 민족국가의 이미지 안에 주조하고자 하는 시도를 알려주는 하나의 발견법인지 묻는 것은 악순환으로 들어가는 것이다. 국제적 분업은 결코 우리가 자본의 변방이라고 부른 것과 완벽하게 일치한 적이 없다. 확장된 제국주의 역사의 에피소드는 즉시 자본과 노동의 관계를 봉쇄하고 조직화하는 데 있어서의 국가 영역선의 역할을 구축하고, 재강화했으며, 훼손하였다. 제국주의와 노동의 전지구적 유형화 간의 연계들을 구축하는 데 있어 핵심적인 것들은 20세기의 시작과 더불어 새로이 등장한 독점 조직화된, 금융자본주의 이론들이었다. 중요하지만 서로 다른 방식으로 루돌프 힐퍼딩(1981)과 블라디미르 일리치 레닌(1975)은 국가 신탁과 독점의 창조에 있어서 은행업과 투자의 역할(그들은 기본적으로 중앙 유럽 국가들에 주목했다)이 자본의 국제화와 불가분하다고 주장했다. 레닌이 제기한 유명한 주장처럼 "제국주의의 두드러지는 특성은 산업자본이 아니라 금융자본이다"(1975, 109). 그는 금융자본이 점점 더 만연하는 현상을 자신이 "세계의 실제적인 분할"이라고 불렀던 것의 창출과 연계시켰다(79). 이것은 농업 지역 혹은 비자본주의 지역의 자본주의적 합병뿐 아니라 자본주의 산업이 이미 구축되었던 지역으로 확대되는 것도 포함하였다. 중요한 점은 레닌이 "자본에 비례하여" 구축된 세계의 "실제적actual 분할"을 "자본 수출 국가들이 그 용어의 비유적 관점에서 그 국가 자신들 사이에서 세계를 분할해 온" 방법과 ─ 다시 말해서, 영토적으로 ─ 대비시켰다는 것이다(79). 제국주의에 관한 그의 저술이 1차 세계대전 시에 절정에 달했던 유럽 제국주의 강대국 간의 갈등과 씨름하고 있었던 반면에, 그는 세계의 경제적·영토적 분할 간의 중요한 분석적 구분을 견지하였다. "자본주의의 최종 단계 시대는 우리에게 자본가들 간의 특정한 관계들이 세계의 경제적 분업에 기반해 성장하고 있으며, 그것과 유사하면서도 그것과 연관되어 특정한 관계들이 정치적 조합 간에, 국가 간에, 세계의 영토적 분할에 기반해, 식민지를 향한 쟁탈전에 기반해, '경제적 영토를 위한 투쟁'에 기반해 성장하고 있음을 보여준다"(Lenin 1975, 89).

세계의 경제적 분할과 영토적 분할을 구분하면서 우리는 자본 변방의 팽창과 방법으로서의 경계의 접근법을 알려주는 정치적·법적·사회적 경계의 확산 간의 구분을 위한 강력한 선례를 발견한다. 중요한 관점에서, "유사하면서도 연계되어" 이러한 두 개의 분할이 성장한다는 레닌의 강력한 신념은 현대의 세계에서 이러한 관계들이 고도의 복합성과 예측

불가능성을 획득했음에도 불구하고 정확성을 유지하고 있다. 평행성이 반드시 그리고 더 이상 분명히 경제적 분할을 국제적 세계의 정치적 경계에 꿰맞추는 중첩인 것은 아니다. 이러한 복합성의 진화와 국제적 영토 분할로부터 노동의 전지구적 유형화의 점진적이고 불완전한 분리에 대한 그것의 함의들을 추적하는 것이 핵심적인 작업이다. 그렇지만 노동의 분업과 재분업에서의 금융자본의 역할에 대한 레닌의 관찰은 근본적인 지침이 되어주고 있는데, 이는 1970년대에 시작된 자본주의의 더욱 일반적인 변화가 설명되는 것이 종종 금융의 작동에 대한 변화에 기반하고 있기 때문이다.

무질서한 자본주의(Lash and Urry 1987), 유연한 축적(Harvey 1989), 후기자본주의(Mandel 1975), 지식경제(Drucker 1969), 후기포드주의(Aglietta 1979 ; Lipietz 1992), 인지자본주의(Moulier-Boutang 2011 ; Vercellone 2006), 신자유주의(Harvey 2005 ; Touraine 2001), 제국(Hardt and Negri 2000) ─ 이것들은 1970년대에 펼쳐지기 시작한 자본주의로의 이행을 기술하기 위해 돌고 도는 많은 용어 중 일부이다. 각각의 용어들은 특정한 실증적·이론적 함의들을 가져오는데, 몇몇은 역사적으로 새로운 자본주의 형태의 등장을 가리키고 다른 것들은 과거와의 연속선을 추적한다. 이러한 용어 중 어떤 것에든 연관된 역사적·정치적 전제들이 다른 것들과 연관된 것에 반드시 조응하는 것은 아니다. ─ 예를 들어, 후기-포드주의에 관한 주장들과 자주 함께 등장하는 규제에 대한 강조가 자유화에 수반되는 탈규제의 형식들에 관한 무질서나 이론들을 위한 주장과 잘 어울리는 것은 아니다. 그런데도, 이러한 용어들의 확산은 어떤 종류의 이행이 가까웠음을 말해 준다. 그러나, 이것조차도 논쟁적이다. 자본주의의 다른 변형들이 역사적으로 공존했다는 점을 지적하는 사상가들은 이행의 시기가 "이행으로서 어떠한 진짜 의미가 있기에는 지나치게 길어졌다"고 주장한다(Chalcraft 2005, 16). 반대로, "정적인 자산에 대한 동적인 과정"

을 강조하는 이들은 "진실로 역사적인 관점"은 우리에게 "자본주의의 공통점들"에 대해서 알려준다고 주장한다(Streeck 2009, 226, 1). 국제노동분업에 관한 논쟁을 위한 이런 주장들이 적절한지 판별할 때는 자본주의의 체계적이고 차별적인 역량을 계속 염두에 둘 필요가 있다. 질 들뢰즈와 펠릭스 과타리(1983)에 의해서 발전된 "자본의 공리" 개념은 이런 점에서 유용한데, 왜냐하면 그 개념은 자본이 어떻게 사실상 매우 이종적인 상황들과 각본들 간의 동형이성isomorphism을 구축할 수 있었는지를 설명해 주기 때문이다. 이 책 뒷부분에서 보게 되겠지만, 이것은 특히 유럽 밖에서 자본의 다른 역사적 형태 간의 변화를 이해하는 데, 그리고 맑스가 중요시한 "자유" 임금노동자의 역할을 따르지 않는 노동하는 주체들의 중요성을 이해하는 데 매우 중요하다.

자본주의의 이행에 관한 많은 접근이 공유하고 있는 특성은, 그것들이 채택한 명명법은 차치하고, 세계 경제의 금융화 과정을 강조한다는 것이다. 1971년에 유연한 통화 이동 레짐의 시작을 알린 미국 달러의 태환 불가 선언은 핵심적인 사건으로 자주 인용된다. 금융과 금융 공학의 체계 권력의 성장은 결코 자본주의 변혁의 최근 흐름으로 국한된 현상으로는 볼 수 없다. 세계체제론은 우리에게 금융적 팽창이 축적의 역사적 순환과정이 갖는 특징적인 단계였다는 점을 알려준다. 예를 들어, 아리기(2007)는 금융화를 경제적 순환의 종말과 지경학적geo-economic 권력의 변화를 나타내는 투기적 팽창의 비교적 짧은 과정으로서 정의한다. 그러나 현대 자본주의의 변이에서 금융의 역할은 이런 식으로 고립될 수는 없다. 크리스티안 마라찌(2011, 28)는 "오늘날의 금융경제는 구석구석에 만연하고 있다. 다시 말하면, 그것은 전체 경제 주기에 걸쳐서 확산하여 있고, 처음부터 끝까지 공존하고 있다"고 강력히 주장한다. 슈퍼마켓에서 쇼핑을 할 때 신용카드를 사용하거나 제너럴 모터스와 같은 거대 제조업체들이 리스나 할부와 같은 신용 기제에 의존하는 것과 같은 사례를 인용하며, 마라찌는 금융이 "제품과 서비스의 생산에 동체화cosub-stantial"되어간다고 주장한다(29). 이것이 제품과 서비스의 산업적 생산이 어찌 되었든 쇠퇴하고 있다는 함의를 갖는 것으로 받아들여져서는 안 된다. 그와는 반대로, 그러한 생산 활동은 전 세계의 영토들, 집단지역들, 회랑, 엔클레이브들에 걸쳐서 발흥하고 있다. 다른 점은 산업 자본주의의 정점에서 적용되는 축적과 가치화의 과정과는 일부분 불연속적으로 필수적인 생산과 노동분업을 접합하고 통제하는 데 있어서 금융의 역할이다. 마라찌는 "더 이상 살아 있는 노동력에서 잉여가치를 '빨아들일' 수 없는" 기업들의 금융 시장으로의 전환을 동반하는 이러한 변화의 정체를 파악하였다(31). 그 결과들은 잘 알려져 있다. "노동 비용의 절감, 신디케이트에 대한 공격, 전체 노동 과정의 자동화와 로봇화, 저임금 국가들의 비편재화, 노동의 프레카리아트화, 소비 모델의 다각화"(31) 등이다.

이것 중에 저임금을 이용하는 생산과정의 변화가 국제노동분업에 관한 논쟁 대부분을 차지한다. "새로운 국제노동분업"은 금융의 확대 압력 아래에서 이루어지는 자본주의 이행에 관한 논쟁에서 가장 영향력 있는 개념 중 하나이다. 폴커 프뢰벨, 위르겐 헨리히, 오토 크레이(1980) 등이 처음 제안한 이 개념은 토비 밀러와 그 동료들이 "문화노동의 새로운 국제적 분업"의 등장을 제시한 문화연구 등의 많은 현장에 확산하였다(Miller et al. 2001). 처음에 세밀히 검토되었던 것처럼, 그 개념은 상이한 생산 단계가 상이한 국가들에서, 종종 같은 기업에 의해, 수행되는 국제적 생산이 개발된 국가에서 덜 개발된 국가로 이동하는 것을 묘사한다. 운송과 통신 기술에서의 변화 때문에 만들어진, 이러한 새로운 국제노동분업이 갖는 함의들로는 덜 발전된 국가들에서 제조의 증가, 개발된 국가들의 탈산업화, 통제의 중앙집중화, 생산과 노동시장에서의 경쟁의 심화 등이 꼽힌다. 많은 측면에서 새로운 국제노동분업에 대한 인식은 종속 이론의 연속이다. 왜냐하면, 국제노동분업은 덜 개발된 국가들에서의 수출지향적 제조업의 부분적인 발전이 그 국가들이 세계의 더 부유한 부분에 계속 의존하도록 할 것이라고 상정하기 때문이다. 이런 이유로 그 이론은 자본의 변방과 국제적 경계의 중첩을 가정할 뿐 아니라, 중심-주변부 이분법을 통해 작동하는 분석에 대해 강력한 의지를 유지하고 있다. 아마도 이것은 "주변부적 포드주의"peripheral Fordism(Lipietz 1986)의 논의를 위한 개념을 확장함으로써 가장 명확해졌다. 이 제의는 중심부가 그것의 기존 생산 방식을 내치고 그것들을 개도국으로 수출했다는 것을 함축하고 있다.

이 접근법이 유명해진 이유는 그것이 단지 안정적인 국제적 공간 분할을 유지하고 있을 뿐 아니라 노동분업에 관한 논쟁과 연관된 함의들을 갖고 있기 때문이기도 하다. 고전 정치경제학이 기업 내와 기업 간에서의 노동업무의 전문화에 초점을 맞추는 경향이 있었던 반면에, 새로운 국제노동분업 테제는 현대의 가장 중요한 경향은 기업들의 네트워크 내 상품의 생산에서 다른 과정들의 분할과 분배라고 주장한다. 이런 측면에서, 고전 정치경제학은 전지구적 상품 사슬의 형성에 초점을 맞춘 연관된 접근의 고민을 공유한다(Gereffi and Korzeniewicz 1994). 상품 사슬 인식에 관해서 뒷부분에서 다루기는 하겠지만, 여기에서 새로운 국제노동분업 이론처럼 상품 사슬에 대한 인식이 "노동력을 생산과정의 공간적 지불에서 선험적 요소로 고려하는" 경향을 갖고 있다는 점을 주지할 필요가 있다(Taylor 2008, 18). 노동력의 창조와 재생산에 대해서는 거의 관심을 기울이지 않는데, 이것은 이러한 접근들이 정확히 방법으로서의 경계가 강조하고 정치적으로 설명하고자 하는 것인 주체성의 생산을 생략하려는 경향을 갖고 있음을 말한다.

당연히, 노동력의 질문에 마땅한 주의를 기울이고 있는 새로운 국제노동분업의 분석들이 있다. 페미니스트 연구자인 마리아 미즈가 쓴 중요한 저작, 『가부장제와 자본주의』(Mies 1998)는 새로운 국제노동분업과 노동의 성별분업 간의 뒤엉킴에 대해 탐구하였다. 미즈는 여성들이 "세계 규모의 자본주의 축적을 위한 최적의 노동력"이 되었는데, 왜냐하면 "그들의 노동은 상품 생산이든 사용가치이든 간에 익명화되었고, '공짜 임금노동'으로 보이지 않으며, '소득 창출 활동'으로 정의되고, 이런 이유로 남성의 노동보다 훨씬 저렴한 가격에 구매될 수 있기 때문이다"(1998, 116). 이것은 분명 노동의 전지구적 여성화feminization에 대한 매우 흥미로운 설명이며 여성을 개발에 통합하려는 노력들에 대한 효과적인 비판이다. 우리가 여기에서 발전시키고 있는 이러한 분석의 관점으로부터, 노동의 전지구적 여성화는 확장하는 자본의 변방이 어떻게 특정한 근본적인 영역선―성적인 영역선―의 의미를 재활성화하고 재상징화할 수 있는지를 보여준다. 한편, 노동의 여성화에 대한 보다 최근의 설명들이 우리가 미즈에 의해 제시된 분석 틀을 넘어 말하자면 가사 노동자들의 이주에 따른, 생산 노동과 재생산 노동 간의 분할에 대해 질문할 수 있게 한다(Akalin 2007; Anderson 2000). 가장 시급하게 요구되는 것은 긴장과 노동의 여성화에 수반될 수 있는 주체성의 모순적인 경험들을 강조하는 것이다. 젊은 여성 지방-도시 이주민들이 중국 연안 공장들의 착취적 환경에 통합되는 일이 어떻게 농부 가구의 가부장적 세계로부터 해방적 탈주를 담을 수도 있는지에 대한 푼 나이Pun Ngai(2005)의 설명은 이 지점에서 훌륭한 사례이다.

　새로운 국제노동분업에 대한 논의에서 자주 누락되는 것은 그것이 서술하는 개발이 어떻게 중심부의 공장 규율을 무너뜨리고 포드주의 시대의 상징이었던 경제적 민족주의에 도전하는 강력하고도 산개된 노동자들의 투쟁에 대한 반응이 되었는가이다. 우리가 앞 장에서 상기했던 것처럼, 비벌리 실버는 특히 자동차 산업에서 제조의 주변부로의 탈지역화는 일반적으로 이러한 노동자들의 투쟁과 주변부 자체―브라질에서 한국까지―에서의 거부 전략의 재생산을 내포하였다(Silver 2003)는 점을 효과적으로 보여주었다. 새로운 국제노동분업의 근본적인 어려움은 그것이 기본적으로 노동분업·과정·이동·투쟁이 만연된 금융화와 그것에 수반하는 전지구적 공간의 심각한 이종화 아래에서 자본주의의 이행과 어떻게 관계를 맺고 있는가에 관한 이론이라기보다는 자본의 이동에 관한 이론이라는 데 있다. 로빈 코헨의 설명처럼, 새로운 국제노동분업 이론가들은 "노동분업에서의 변화를 측정하기 위해 자본의 이주에 대한 측정법들을 이용한다." 이보다 좀 더 나은 접근법은 "노동분업의 변화를 표시하기 위해 노동의 이동을 측정하는 것이다"(Cohen 1987, 230).

이러한 논평들은 방법으로서의 경계의 관점과 공명하는데, 이 관점은 노동 이동성 그리고 경계투쟁과 그것에 수반하는 주체성의 생산을 현대의 전지구화하는 세계에서 노동분업을 이해하는 데 중심적인 개념으로 본다. 그런데도 노동의 이동이 자본의 이동에 주목하지 않고는 평가될 수 없다는 점은 중요하게 인식될 필요가 있다. 왜냐하면 자본주의에서 노동은 항상 사회적이기도 하면서 동시에 추상적이기 때문이다. 구체적으로 발현될 때 노동은 항상 상품의 교환을 통해 중개되는 노동의 사회적 분업의 한 시점이다. 마리오 뜨론띠(1966)는 생산 노동은 자본과의 관계뿐 아니라 하나의 계급으로서 자본가와의 관계에서도 존재하며, 그 관계는 사실상 주체성의 요소가 중요해지는 곳이라는 유명한 주장을 했다. 그러나 뜨론띠가 보기에 노동의 주체적 외양이 산업 대중 노동자의 그것으로 남아 있다면, 더욱 이종적인 모습의 주체적 인물들의 투쟁과 움직임들을 고려할 필요가 있다. 다음 장에서 논의하듯이, 마르셀 반 데어 린덴과 같은 전지구적 노동사가들의 작업을 따라가다 보면, 자유로운 임금노동이 일종의 자본주의의 표준을 재현한다는 바로 그 생각은 역사와 현재에 비추어 급진적으로 도전받아야 한다. 이동의 실천들은 자본에 의해서 통제되고 착취된 산 노동의 후천적인 이종성의 일부이자 덩어리이다. 이러한 이종성의 심화는 우리가 우리의 전지구적 현재를 특징짓는 영역선과 경계의 확산을 성공적으로 설명하면 이해될 수밖에 없다.

이러한 노동 이종성의 심화와 영역선과 경계의 확산은 세계 지도의 곳곳에서 나타난다. 그것들은 그러한 중심부와 주변부로의 거대한 분할들을 당연시하는 그 가능성을 불안정하게 하며, 동시에 이종적인 경제적 공간들을 제한하는 국가 경계선의 능력에 의문을 제기한다. 이것이 국제 노동분업 개념이 쓸모없어진다는 말은 아니다. 오히려, 이 개념이 안정적인 세계의 직조를 만들거나 존재론적 지속성과 제작된 세계의 행위를 뒷받침하기에 충분한 힘을 더 보유하지 못한다는 점을 주장한다. 분명히 우리는 지리학이 더는 중요치 않고 자본의 통제(그리고 변방)와 정치 주권(그리고 경계) 간의 간극이 사라지는 "부드러운" 세계에 살고 있지 않다. 이 간극은 계속 존재하지만, 영토와 권력의 변화하는 조립품들 내에서 발현되는데, 이것들은 고전적인 민족국가 시대에서보다 더욱 파편화되고 파악하기 어려운 논리에 따라 작동한다.

우리가 세계의 영토적 분리와 경제적 분리 간의 관계에 대한 레닌의 분석을 참고점으로 활용해 보면, 현대의 상황은 매우 모순적으로 보인다. 한편으로, 확장하는 자본의 변방은 국가에 의해 오랫동안 독점되어 온 주요 정치 기능을 세계시장에서 확고히 해온 것으로 보인다. 맑스가 『자본』 1권에서 "소위 본원적 축적"에 관해 논하며 제시한 국가의 기억할 만한 정의를 떠올려 보라. "사회의 집중되고 조직화된 힘"(Marx 1977, 915). 이것은 현대 전지구적 금융에 대한 매우 정교한 묘사이다. 전지구적 금융은 다양한 영토적 스케일들에 걸쳐서 통치성과 시민권의 합리성을 심오하게 형성함으로써 전체 국가들에 대한 정책들을 좌우할 수 있다. 다른 한편으로, 영토적 파편화의 과정들, 노동과 사회적 협력의 이종성, 경계와 영역선의 증식은 그러한 정책들과 합리성이 시행되는 방식과 일치한다.

우리가 들뢰즈와 과타리로부터 채택한 자본의 공리 개념으로 돌아가면, 동형성isomorphy을 생산하는 그 자본의 경향이 오늘날만큼 실제적이었던 적이 없다고 말할 수 있다. 그러나 『천 개의 고원』의 저자들은 우리에게 "동형성을 동질성homogeneity과 혼동하는 것은 잘못"이라는 점을 상기시켜준다. 그 대신에, 그것은 상당한 수준의 사회적·시간적·공간적 이종성을 허용하거나, "조장하기까지 한다"(Deleuze and Guattari 1987, 436). 가장 높은 수준의 동형성은 현대 자본주의 내에서 가장 높은 수준의 이종성과 공존하는 것으로 보인다. 국제노동분업 개념이 특정한 영역에서 생산의 영토적 전문화뿐 아니라 특정한 상품 사슬들을 추적하는 데 계속 유용함에도 불구하고, 그 개념이 동형성과 이질성의 이러한 양극성을 설명해 주지는 않는다. 그 둘 간의 긴장은 오늘날 자본주의하에서의 삶을 구성하고 있음에도 말이다.

자본주의 이전의 시대에는 단일한 선도적 생산 주기(직물이나 자동차 생산)의 구분과 자본주의의 일반적인 지형에 대한 지도제작적 재현을 얻기 위해 그 주기의 공간적 분배를 지도화하는 것이 가능했다. 오늘날 이것은 훨씬 더 어렵다. 실버는 이렇게 기술했다. "현대 자본주의의 한 가지 놀라운 특징은 그것의 절충주의eclecticism와 유연성으로, 이것들은 구매 상품의 어지러운 선택지들과 새로운 상품의 갑작스러운 출현, 그리고 옛 상품들을 소비하는 새로운 방식들에서 볼 수 있다"(Silver 2003, 104). 이것은 실버가 적어도 네 개의 신흥 산업들을 선도적인 생산 주기에서 자동차의 역할을 얻기 위한 후보들로 파악하도록 하였다. 반도체 산업, 생산자 서비스, 교육산업, 개인 서비스 등이 그것이다. 각각의 분야들은 분명하게 세계적 규모로 고유의 경제적 공간을 만들어 내고 있고, 여기에는 특이한 지리적 불균형과 위계가 동반되어 있다. 공간적 조직화를 낳는 프레임들은 우연의 일치와는 거리가 멀다. 그런데도 (그리고 이게 더욱 중요한데) 이들 네 분야의 특정한 조합은 매우 상이한 비율에 있음에도 불구하고 다양한 지리적 범위들을 가로질러 중심부와 주변부 간의 어떠한 분리도 잘 뛰어넘는 현대 자본주의의 특징을 만들어낸다.

만일 오늘날의 첨단 경제 분야 – 이를테면, "생체자본"biocapital, "후기유전체적"postgenomic 약품과 의약품 – 로서 가능한 또 다른 후보를 택한다면, 그것의 공간적 위계와 분할은 지도화가 다시 가능하기도 하며 필요하기도 하다. 생체자본에 대한 선구적이고 다중현지적인multisited 민속지학적 분석에서 카우시크 순데르 라잔은 맑스가 일종의 "소위 본원적 축적"이라고 불렀던 것의 반복을 통해서 "실증적인 치료적 개입의 현장으로서 파렐(뭄바이)에서의 새로운 주체 인구의"의 창조가 미국 서부 연안에 사는 소비자들의 욕구를 만족시키는 데 필수적인 조건인 방식들을 효과적으로 발굴해냈다(Rajan 2006, 97)고 썼다. 그러나 뭄바이와 캘리포니아 간의 이 영역선은, "제3세계 자원의 식민지적 징발에 관한 옛이야기를 반영하면서"(281), 라잔이 얼기설기 얽힌 상상계, 생체자본의 개발을 가능케 하는 이동과 노동의 실천에 대한 분석의 심도를 높였을 때 흐려지기 시작했다. "내가 설정해 보려 했던 인도와 미국 간의 관계는, 외부와 내부 간의 관계는 아니다. … 그보다는 항상 헤게모니적 내부 – 하지만 그 안에서 내부를 불편하게 하고, 그것을 팽창시키지만, 결코 '안팎을 뒤집지는' 않는 방식으로 – 에 있는 외부의 이야기이다"(83). 이러한 과정과 변혁들, 연관과 단절들, 얽힘과 풀림 등을 이해하기 위해서, 우리는 국제노동분업에 대한 일종의 보완으로서 노동의 증식이라는 개념을 제시하는 것이 유용하다는 것을 알게 되었다.

노동의 증식

혹자는 증식이 노동분업에 관한 논쟁과 실천적 번역에서 항상 중요했다고 말할 수도 있다. 분업은 항상 그 목표로서 생산성, 스케일, 부 등의 복제를 염두에 두어 왔다. 예를 들면, 애덤 스미스는 이렇게 썼다. "그것은 노동분업의 결과로 나온 모든 다른 기술들의 생산이 엄청나게 복제된 것이다. 이는 매우 잘 통치되는 사회에서 가장 낮은 위치의 민중들에게까지 자신을 확장시킨 보편적인 풍요로움을 야기한다"(Smith 1976, 22).

이러한 언명의 뒤에서 우리는 사회적 협력과 데이비드 흄에 의해서 잘 정리된 사회적 기능들의 전문화 간의 관계와 잠재적 긴장들이라는 문제를 볼 수 있다. 흄은 자신의 책 『인간 본성에 관한 논고』에서 이렇게 쓰고 있다. "세력들의 결합을 통해, 우리의 권력은 확대된다. 고용의 분할을 통해, 우리의 능력은 증가한다. 상호구제를 통해서, 우리는 운이나 우연에 덜 노출된다"(Hume 1994, 8). 기계와 대규모 산업에 대한 분석에서 맑스는 "생산의 기술적 기반뿐 아니라 노동자의 기능과 노동 과정의 사회적 구성"을 끊임없이 변형시키기 위한 산업 자체의 혁명적 경향과 "경화된 특수성들과 함께 오래된 노동분업"을 재생산하고자 하는 자본주의의 필요 사이에 있는 "절대적 모순"에 관해 얘기했다. 그는 "대규모 산업은 바로 그것의 속성으로 인해 노동의 변화, 기능들의 유동성, 모든 방향에서의 노동자의 이동 등을 필요로 한다." 반면에 자본은 끊임없이 이러한 과정들을 제한하고, 구속하며, 가로막게 된다(Marx 1977, 617).

1980년대에 널리 논의된 바 있는 테일러주의와 포드주의의 위기는 이러한 맥락에서 이해될 수 있다. 비록 우선 노동자에 의한 "변화, 유동성, 이동"의 주장과 실천들이 이러한 위기를 가속화하기는 했지만 말이다(Boltanski and Chiapello 2005). 무엇보다도 기업 세계 내부와 경영에 관한 문헌들 안에서 그 논의는 노동 조직 안에서의 어떠한 기술적 완고함을 넘어서야 할 필요에 의해 지배되었다. "종합적 품질", "일본식 모델", "도요타주의" 등은 그 시절의 슬로건이었고, 『노동분업의 종말?』(1984)은 독일 사회학자인 호스트 켄과 미카엘 슈만이 쓴 영향력 있는 책의 제목이었다. 여기서 우리의 관심은 이러한 담론들과 실천들 속에 있는 이데올로기적인 시점에 대해 그렇게 대단한 비판을 제기하는 데 있지 않다. 완고

함의 새로운 형식이 얼마나 빨리 "종합적 품질"의 공장과 다른 노동 환경에서 스스로를 재생산하는지를 보여주는 것은 쉬울 수 있다. 대신에, 우리는 맑스에 의해 강조된 "절대적 모순"이 어떻게 1970년대의 총체적인 위기 이후에 자본에 의해 효과적으로 인지되고 관리되었는지에 초점을 맞춘다. 이런 시각으로부터 노동의 증식이라는 개념은 우리에게 유용해 보인다. 우리가 인용했던 마라찌의 분석에 의하면 금융화가 공장 담벼락 안의 노동계급에 의해 형성된 제한 앞에서 자본의 가치화를 위한 새로운 대륙들을 열기는 했지만, 자본 자체는 지리적으로뿐 아니라 전 사회적으로도 노동을 외부 위탁함으로써 이 담벼락을 깨부수었다.

노동은 최소한 세 가지 중요한 방식으로 이러한 과정들을 거쳐 증식되었다. 노동하는 주체들의 삶 전체를 식민화하는 경향이 이전보다 더욱 더 드러난다는 점에서 우선 그것은 심화한다. 둘째로, 이미 맑스가 『정치경제학 비판 요강』에서 상대적 잉여가치의 창출에 대해 분석하면서 밝혔던 과정에 의해서 그것은 내적으로 다양화된다. 이 과정은 끊임없이 자본을 노동분업의 너머로 "끊임없이 확대되고 더욱더 외연적이며 상이한 종류의 노동 시스템, 끊임없이 확대되고 끊임없이 풍부해지는 욕구의 체계가 대응하는 상이한 종류의 생산의 발전"을 향해 밀어붙인다(Marx 1973, 409). 셋째로, 그 조직의 법적·사회적 레짐에 관한 한 그것은 이종화된다.

다시 한번 맑스의 분석에 따라 우리가 밝혀낸 금융과 자본이라는 자본주의 변혁의 두 가지 차원의 통합이 완전히 이해되는 것은 세계시장의 수준에서이다. 『잉여가치학설사』라는 책의 한 구절에서 보면, 화폐는 사실 세계시장의 발전과 함께하는 한에서 "세계의 화폐"가 되고, 이것은 차례로 "추상노동"이 "사회적 노동"이 되는 무대이다. 달리 말하면, 세계시장은 자본의 "공리"가 재현되고 끊임없이 재생산되는 장이고, 그것이 "세계시장을 아우르는 상이한 노동양식의 총체"를 통제하는 데 있어 최후의 보루이다(Marx 1971, 253).

노동이 어떻게 1970년대의 총체적인 위기와 더불어 심화하여 왔는지를 이해하기 위해서, 현대의 노동 레짐과 맑스에 의해 묘사된 레짐들을 대조해 볼 필요가 있다. 『자본』 1권의 17장에서 맑스는 잉여가치의 추출에 영향을 미치는 세 가지의 주요 요소들을 구분한다. 노동시간의 길이, 생산율, 노동 강도가 그것들이다. 이 세 가지 요소들 모두가 동시에 변화할 수도 있기는 하지만, 노동 강도가 증가하는 동안 노동시간이 확장되는 데는 제한이 있다. 이 제한은 노동자의 몸이 가진 바로 그 육체적 존재, 즉 노동력의 추상적 양을 "담고 있는" 살아 있는 물질에 의해서 부과된다. 그것은 탈진, 질병, 혹은 매일매일 자신을 재생산할 수 없는 노동의 무능력에서 야기된 비효율성을 부수거나 제시하기 전에 몸이 상징하는 표식이다. 자본이 끊임없이 밀어내는 이 제한으로부터 기술적인 노동분업에서의 특정한 배열 ─ 예를 들면, 교대근무 제도 ─ 이 파생되었다. 맑스가 언급했듯이, "노동시간의 연장과 노동의 심화intensification가 상호 배타적으로 됨으로써 노동일의 증가가 낮은 수준의 강도intensity에만 연관되고, 역으로 더 높은 수준의 강도는 노동시간의 감소에만 연관되는 지점에 도달하는 것이 불가피해진다"(Marx 1977, 533).

자본의 금융화가 가치화로 가는 새로운 통로를 연 시대에 노동의 심화를 특징짓는 한 가지 방식은 이 제한과 그것이 만든 노동의 강도와 크기 간의 역의 관계에서 균형이 무너졌다고 말하는 것이다. 이것이 노동의 외연적 척도와 내포적 척도 간의 역inverse 관계를 좁힘으로써 노동자의 신체와 삶을 점증하는 강압 아래에 두는 ─ 스웻샵sweat shop부터 닭장처럼 칸칸으로 이루어진 사무실cube farm에 이르는 ─ 수많은 제조와 생산의 현장이 계속 존재하고 있음을 부정하는 것은 아니다. 하지만 전지구적 조립 사슬들을 가로지르는 생산의 기술적 조화가 동반한, 이러한 좁힘과 더불어 노동의 유연화와 사회화에 대한 새로운 수요가 나타났다.

앞서서 우리가 공장 담벼락에 대한 자본의 타격이라고 묘사했던 것도 사회적 필요노동시간의 측정으로부터의 노동의 분리를 포함하고 있다. 삶의 더욱더 많은 부분을 점유하고자 하는 노동의 경향은 노동시간의 연장보다 더욱 중요하다. 그것이 가정 영역으로의 침투domestic encroachment를 포함하거나 아니면 개인의 의사소통과 사교활동 역량을 좀 더 일반적인 노동에 포함할지 말지와는 상관없이, 더욱 많은 삶을 식민화시키고자 하는 노동의 성향은 많은 비평가와 논평가에 의해 관찰된 요소이다(예를 들어, 다음을 보라. Fumagalli 2007 ; Hardt and Negri 2004 ; Hochschild 1983 ; Virno 2003 ; Weeks 2007).

이러한 발생들이 노동 강도의 감소를 필연적으로 수반하는 것은 아니다. 맑스가 묘사했던 노동의 외연[확장성]과 내포[강도] 간의 역 비례 관계는 더욱 유연해지고 타협 가능해져 왔다. 절대적·상대적 잉여가치의 생산, 임노동과 무임노동의 분배, 그리고 생산·재생산 노동의 점증하는 뒤엉킴은 모두 중요하다. 공장 레짐은 정확히 노동자의 신체가 붕괴되기 시작하는 그 지점에서 외연적이고 내포적인 노동 수요의 균형을 맞추려는 경향이 있었다. 포드주의 시대에, 모든 일련의 사회 제도들은 노동력의 육체적 온전함을 지원하기 위해 진화되었다. 우리가 지난 장에서 강조했던 것과 같이, 가계와 작업장 간의 성별에 따른 노동분업은 이러한 배열에 있어 중심적이었다. 첫째로는 무임의 재생산 노동을 여성화된 영역으로 만드는 것이었고 둘째로는 임금노동을 남성의 영역으로 만드는 것이었다. 딕 브라이언, 랜디 마틴, 마이크 래퍼티(2009, 462) 등이 주장한 바와 같이, 가계는 점점 "자가 관리되어야 하는 재정적 무방비상태들로 보인다." 건강보험, 교육비용, 담보, 은퇴를 위한 투자 등은 가계가 책임을 지고 있는 재정적 사안들 중 일부일 뿐이다. 노동력의 재생산은 상품의 소비보다는 신용으로 시작되며, 이로 인해 이자의 지불을 통해 대여의 형태로 잉여가치의 원천이 된다는 것이 결말이다. 2007년에서 2008년 사이에 서브프라임이 야기한 전지구적 경제 위기로 명백해진 것과 같이, 노동이 신용 약속을 충족시킬 능력이 없다는 점은 금융의 휘발성에 극적인 효과를 가져왔다.

금융 파생상품과 같은 장치의 도입을 통해 이전의 고정된 형태의 자본을 액화시키는, 이러한 금융화 과정들에 따른 필연적인 결과는 노동의 심화이다. 자본이 더 높은 생산성과 수익성을 가져오는 방향으로 유도됨에 따라, 노동은 더 높은 수준의 위험성을 담게 되었을 뿐 아니라, 더 높은 생산성, 더욱 유연한 노동시간, 더 낮은 실질 임금 지불에 종속되기도 하였다. 노동 취약성 혹은 "표준적" 정규직, 단일한 고용업체와의 지속적인 노동관계 구성으로부터 멀어지는 움직임으로 알려진 조건은 노동의 외연적이고 내포적인 순간들의 역비례를 불안정하게 한다(Neilson and Rossiter 2008; Ross 2009; Standing 2011). 점점 더 많은 수의 불안정한 노동자들이 가계를 부양할 수 없고, 이러한 환경하에서는 자신을 재생산할 수 있는 노동의 역량이 불확실해진다. 노동은 이런 식으로 가계를 유지하는 사람들과 생활비를 벌 수 있는 능력을 알 수 없거나 매우 휘발성 높은 수요의 조건들에 종속된 사람들 사이에서 점점 더 분할된다. 어느 쪽이든 간에 노동의 증식은 존재한다. 그것이 (위험에 대한 노출을 감소시킬 수도 있는 운동과 활동들을 통해서 신체의 상태를 유지하는 것을 포함하여) 금융화된 가계를 관리하는 일을 담고 있든 아니면 불안정한 노동시장에서 일자리들을 두고 곡예를 하든지 간에 말이다. 이에 대해 마라찌는 다음과 같이 관찰했다. "고정자본은 만일 그것이 물질적이고 고정된 형태 속에서 사라진다면 삶the living의 이동적이고 유동적인 형태 속에서 다시 나타난다"(Marazzi 2005, 111).

여기서 묘사되는 노동의 심화는 소위 서구 선진자본주의 사회들 속에서 명확히 동질적인 인물형 — 다시 말하면, 산업 노동자 — 의 종속된 노동의 총체에 대한 헤게모니에 도전하는 다양화의 과정과 유사하다. 노동이 더욱더 사회적인 특성들을 띠어가고 있는 반면에, 협력의 심화와 생산의 기반으로서 지식과 언어와 같은 "공통의" 힘들이 점점 더 많이 행사하는 역할로 인해, 주체적 노동의 입장들은 업무와 기술들의 관점과 법적인 조건과 지위들의 관점 둘 모두로부터 증식된다. 에밀 뒤르켐이 19세기 후반에 제기한 상당히 영향력 있는 주장과 같이 노동분업이 사회적 연대를 증가시키고, 인간 집단들의 사회적 통합체들로 더욱더 응집시킨다는 주장은 더는 할 수 없다. 노동이 점차 사회화됨에 따라, 사회적 연대의 관계들은 그 자체로 더욱 유동적으로 되어 왔다. 사회를 노동이 분할되는 하나의 전체로 가정하기보다는, 차이성, 불연속성, 다수성 등, 노동의 현장을 요구하고 순차적으로 사회에 대한 유기적 인식을 파편화시키는 것들을 추적할 필요가 있다. 이러한 노동의 이종화는 또한 노동법의 유연화에 의해 반영되고 조성되기도 한다. 특히 단체교섭의 쇠퇴에 상응하는 계약 상황의 붕괴에 의해서 말이다(Salento 2003; Supiot 1994, 2001). 그것은 또한 노동표준과 조건들에 관계된 기업의 규약들과 헌장들의 확산에 의해 기록되기도 하는데, 특히 자본이 저비용 노동에 대한 탐색을 전지구화함으로써 그것을 정치적 비평과 소비자 행동에 취약하도록 남겨두는 상황에서 그렇다. 그러한 규약과 기준들은 명백히 수행적이지만, 그것들은 또한 전지구적 법의 현장을 파편화하는 강력한 규범적 경향들을 나타낼 수도 있고 영토로부터 관할권jurisdiction을 분리하기 시작할 수도 있다.

혹자는 이러한 상황을 명백하게 이제는 기술적·사회적 차원을 조합하고 산 노동의 구성을 가로지르는 새로운 집합의 영역선을 생산하는 노동분업의 더욱 심화한 모습으로 해석할 수도 있다. 우리는 이에 대해 부정하지 않는다. 분업 중 하나를 넘는 증식의 요소를 강조함으로써, 우리는 (흄에 의해 채택된 용어인 "세력들의 교차"로서) 현대 노동의 심화한 사회적 차원과 (역시 흄의 용어인 "고용의 분할"로서) 노동의 사회적·기술적 분업 간의 불균형에 대해 처음으로 지적하고자 한다. "증식"이 이러한 구조적 초과의 요소들(맑스가 대규모 산업에 대한 분석에서 밝혀낸 바 있는 "절대적 모순"의 현대적 발현)을 지적하고 있음에도 불구하고, 그것은 또한 점차 더욱 노동 경험들과 조건들을 재형성하고 있는 세 가지 경향 ─ 노동의 심화, 다양화, 이종화 ─ 의 유사한 작동을 표시하기도 한다. 이러한 경향들의 조합으로부터 야기된 삶의 생체정치적 동원은 세계의 북North과 남South, 중심과 주변 등등 간의 거대한 분할과는 관계없이 현대 자본주의하에서 산 노동의 변화하는 구성을 해석하는 데 열쇠를 제공한다. 혹자는 고전 탈식민주의적 움직임의 하나로 주변부가 반격하는 것이라고 말할 수도 있다. 식민지 세계의 오랜 특성이었던 노동관계의 급진적인 이종성이 우리가 여기서 개략적으로 그림을 그려보았던 과정들의 결과로서 예전의 대도시 영토들을 점점 더 많이 요구하기 때문이다.

다시 한번, 이것은 공간과 영토가 더는 노동의 구성 그리고 분업에 중요한 역할을 하지 않는다는 말이 아니다. 실버가 밝힌 네 개의 신흥 산업에 관해 우리가 서술한 것은 여기에서도 타당하다. 심화, 다양화, 이종화의 과정들은 노동하는 삶과 조건들을 자본주의의 전지구적 작동들의 다양한 공간과 규모들을 가로질러 재형성한다. 하지만 그것들은 고용과 실업, 고통, 연명과 착취, 탈주, 거부, 투쟁들 등의 매우 다양하고 견고한 집합을 만들어낸다. 특정한 생산 주기와 상품 사슬 안에서 고용된 노동자들을 연계하고 분할하는 전지구적 노동분업에 관해서 얘기하는 것은 여전히 가능하다. 그렇지만 국제노동분업 개념은 중요한 경제적 단위로서 국가보다는 "지역"을 선택한 이종화 과정으로 인해 그 연관성이 줄어들고 있다. 이것은 분업의 요소에 대해 지나치게 고집스러운 강조가 우리가 지금까지 서술해 온 노동의 증식을 쉽사리 모호하게 할 수 있으며, 그것을 교차하는 주체의 긴장, 운동들, 투쟁들도 마찬가지로 모호하게 할 수 있음을 의미한다.

자본의 확장하는 변방이 들뢰즈와 과타리가 "세계시장"을 "자본주의 공리"로 명명했던 것을 재현하고 실행하는 전지구적 금융 시장의 새로운 차원으로 밀어낸 반면에, 추상노동은 삶이 이 전 세계에 걸쳐 종속되는 기준으로서 폭력적으로 부과되었다. 다수의 대중들의 재생산이, 예를 들어 마이크 데이비스(2006)가 기술한 "슬럼의 행성"planet of slums 안에서 다수 대중의 재생산이 의존하는 연명 경제subsistence economy는 점차 금융 회로에 포함되었다. 소액신용대출의 배열은 이러한 대중들의 전체적 삶이 낭비되어서는 안 되지만 (빈번히 낭비되기는 하지만) 추상노동의 논리에 의거해 가치를 생산하도록 강제되어야 하는 "인적자본"으로 부호화되는 하나의 수단이다. 그러나 추상노동의 일반화는 그것을 산 노동으로부터 분리하는 간극을 없애지는 못한다(Chakrabarty 2000 ; Mezzadra 2011c). 한편으로, 이 간극은 노동의 실제 과정과 형식 안에서 확대된다. 그리고 이런 측면에서 그것의 증식은 "분할과 지배"의 역할을 수행한다. 다른 한편으로, 산 노동은 여전히 추상노동의 규범에 스스로를 종속시키기를 거부할 — 혹은 적어도 그것의 종속에 대해 협상해 볼 만한 — 기회를 갖고 있다. 그것은 증식이 자본과 노동 간의 관계에서, 예측 불가능한 긴장, 운동, 투쟁들을 일으킬 수 있는, 불가산적인 요소가 될 수 있다는 관점으로부터 나온 것이다. 우리가 다음 장에서 보게 되듯이, 이동의 실천은 그들이 일반적으로 노동 복제의 현대적 과정 속에서 하는 것처럼 이러한 긴장, 운동, 투쟁들에서 핵심적인 역할을 수행한다. 노동의 이동에 대한 통제는 자본의 확장하는 변방들이 지속적으로 정치적·법적 경계와 뒤엉키는 핵심 지점들 중 하나이기도 하다. 여기서 노동력의 상품으로서의 생산은 핵심 쟁점이다.

4장

노동의 인물형

세계의 노동자들

"프롤레타리아가 잃을 것은 족쇄뿐이다. 그들이 얻을 것은 전 세계이다. 만국의 노동자여 단결하라!" 이것은 칼 맑스와 프리드리히 엥겔스가 한 가장 유명한 말 중 하나이다(2002, 258). 그리고 중요한 관점에서, 이 말들의 유효성은 전혀 퇴색되지 않았다. 이러한 구호의 정신 속에서 글을 쓰지 않는 것은 어려운 일이다. 그러나 우리가 이 책에서 상세히 살펴볼 핵심 개념들은 – 방법으로서의 경계와 노동의 증식 – 이러한 상기할 만한 발언에 생명을 불어넣는 단결과 족쇄의 은유를 조사해 볼 필요가 있음을 나타내고 있다. 우리가 수행하는 조사의 근저에는 다수자the many 와 단독자the one에 관한 지루한 질문이 있다. 예를 들어 단결에 대한 인식은 분할과 조화 속에서 활동하는 다양한 분파들을 극복한다는 의미를 함축한다. 이와 비슷하게 족쇄에 대한 인식은 비록 평가절하되거나 감소하지 않아야 하는 유대와 속박의 느낌이 들기는 하지만, 다수의 단위를 하나의 선형적 체계로 연결하거나 표현한다. 우리의 접근과 주장의 중심에는 현대 세계에서의 경계의 확산이란 노동의 정치적 조직화가 서로 환원되지 않는 여러 의미들 안에서 수행되어야 한다는 의미라는 데 대한 동의가 내포되어 있다. 그것은 더는 국제 연대에 걸쳐 있는 분할들을 극복하거나 인간 조건에 대한 호소의 문제가 아니다. 오로지 전지구적 공간의 이종적 구성과 그것이 상품으로서 노동력의 생산과 재생산을 가로지르는 복합적인 방법들을 분석함으로써만 주체들과 투쟁들 사이를 오가는 작업을 시작하는 것이 가능하다.

이 장에서 우리는 이러한 작업 중 몇 가지 어려움을 마주할 것이다. 우리는 높은 수준의 노동 이동에 주어지는 돌봄노동과 금융거래라는 두 가지 매우 다른 노동의 장들 간의 관계에 대해 고려해봄으로써 노동시장들 내부 그리고 그사이에서의 경계와 위계의 창출을 추적해 보고자 한다. 돌봄노동자와 금융거래노동자에 대한 우리의 분석은 그 위치의 특수함과 이러한 인물형의 주체적 경험들에 강조점을 두고 있다. 그것은 또한 한편으로 노동과 이주의 여성화에 관한, 그리고 다른 한편으로는 자본의 금융화에 관한 더욱 일반적인 논쟁을 거쳐서 형성되기도 한다. 돌봄노동자와 금융거래노동자들에 관해 쓰면서, 우리는 이러한 특이한 인물형을 넘어서 현대의 산 노동living labor에 대한 탐구를 위해 적절한 몇몇 특징들을 구체화하고자 시도한다. 정동·감정 노동, 하나의 상품으로서의 노동력의 생산에서 경계가 수행하는 역할, 추상노동의 금융화에 함축된 모방적 합리성, 부채의 논리를 통한 자본의 통제와 같은 주제들은 이런 측면에서 특히 중요하다. 방법으로서의 경계의 관점에서, 돌봄노동자와 금융거래노동자가 경계를 둘러싼 긴장의 강도를 드러내고 이를 통해 현대의 경계 확산에 있어서 중요한 위치를 차지하고 있다는 점은 강조할 필요가 있다. 이것은 현재 전지구화되고 있는 생산 시스템들이 어떻게 국제노동분업과 같은 구성체들뿐 아니라 노동의 장을 분할하는 수단들, 이를테면, 육체노동과 정신노동 간의 분절에 대한 인지와 같은 다른 수단들을 복잡하게 만드는지를 탐구함을 의미한다. 우리는 묻는다. 어떤 지점에서 전지구적 노동의 개념이 등장하며, 그것의 정치적·분석적 용도는 무엇인가? 전지구적 노동과 국제 연대 간에 어떤 긴장이나 간극이 존재하는가? 우리가 이전 장에서 언급했던 국제주의의 정치적 기획은 어떻게 되었는가?

그것은 연대, 동맹, 연합, 조직까지의 문제들이 전지구적인 것의 포섭적 형상을 통해 시야에서 벗어난 척하기 위한 환상일지 모른다. 국제 연대와 관련된 수많은 전통적 문제들은 일반적인 인구와 노동 인구의 이종성이 증가함에 따라 민족국가의 봉쇄 안에 갇혀 있다. 동시에, 이주 움직임과 이동 행위는 그것들이 가진 작금의 성장에 대한 통계적 무게를 넘어서 연관성을 획득하였다. 스티븐 캐슬스와 마크 밀러는 이렇게 썼다. 이러한 움직임의 특징은 "전지구적 범위, 국내·국제정치에의 구심성, 그리고 거대한 경제적·사회적 결과들이다"(Castles and Miller, 2003, 2). 이행적 사회 공간(Faist 2000 ; Gutiérrez and Hondagneu-Sotelo 2008 ; Rouse 1991 ; Smith 2001)과 새로운 형태의 지역주의의 출현은 더 이상 이주 사슬의 고전적 모델을 사용해 분석되는 게 당연하지 않은 연계와 단절의 유형을 가리키고 있다(Reyneri 1979). 그것은 또한 국제 연대의 기획에서 항상 중요시되었던 근접성과 거리의 지리를 뒤죽박죽으로 만들었다. 이를 테면 디지털 네트워크의 활용을 통해서 의사소통, 순환, 교환의 새로운 채널들을 연 것이다. 정체성과 공동체 의식의 새로운 영역선은 이러한 회로들 안에 자신들을 구축하였다. 국제 정부 간 기구에서부터 비정부기구들까지 국제기구들의 등장은 더 나아가 이러한 공간들을 포화시키는 새로운 종류의 관료주의의 형성을 낳았다. 이런 상황에서 이동하는 노동인구를 조직화하는 데 있어서 가장 급진적이고 원천적인 과거의 경험들에 기반해 오늘날을 위해 구비된 가능성들뿐 아니라 한계들을 발견하는 것은 중요하다. 20세기 초 〈세계산업노동자동맹〉의 경험, 이주자들, 소수자들, 노동 이주의 경험, 조직의 무위계적 형식에 특이하리만치 개방적이고 혁명적인 "하나의 거대 조합"이 여기서 머릿속에 떠오른다.

구체적으로 보면, 세계의 노동자를 상상하는 게 우리보다는 맑스에게 더 어려운 일이었을 것으로 생각할 수도 있다. 마이클 데닝은 세계 노동자의 하나의 거대 조합 개념에 대해 "공통의 상황을 공유하는 상호연계된 전지구적 노동 인구의 구성"이라고 말했다(Denning 2007, 126). 실제로, 노동이 수행되는 구체적인 사회 환경들에 대한 자본의 무관심을 함축하는 추상노동 개념은 맑스로 하여금 국제적 노동계급의 정치적 인물형을 위험에 빠뜨리도록 한다. 노동의 추상성이 전지구적 자본주의의 작동에서 중요한 부분으로 남아 있기는 하지만, 우리가 노동의 증식이라고 불러온 것은 추상적인 것을 구체적인 것으로 변환시키는 과정이 얼마나 복잡해져 왔는지를 보여준다. 추상적인 것과 구체적인 것 간의 변환이 반드시 맑스가 혁명적인 노동계급 주체라고 본 것을 창출하는 이종적인 효과를 만들어 내는 것은 아니다. 이것은 우리가 전지구적 공간과 시간의 관점에서 그리고 전지구적 노동의 구성 관점에서 논했던 이종성 문제의 근원이다. 전지구화 과정이 경제 세력 총합의 작동과 그 결과로 나타난 국내 노동계급들과 지역 노동계급 간의 분열과 경쟁에 종지부를 찍지 않을 것은 분명하다. 미국 노동계급에 "마지막 휴양지"의 수요자라는 역할을 그리고 중국 노동자에게는 "값싼" 생산자라는 역할을 부여하여 [이들의 역할을 폄하하고 분열시킴으로써] 현재의 경제 위기의 원인을 이들에게 전가하는 주장들이 이러한 사실을 보여주고 있다. 같은 맥락에서, 노동조합들이 한편으로는 이주와 위탁, 그리고 다른 한편으로 새로운 형태의 노동과 "불안정성"에 맞닥뜨렸을 때 세계의 많은 부분에서 마주하는 도전들은 노동의 증가하는 이종성에 의해 만들어진 상이한 집합의 문제들을 효과적으로 묘사해 준다. 이러한 문제들에 대해 타협한다는 것은 세계 노동자들의 단결에 대한 맑스와 엥겔스의 요청을 포기한다는 의미가 아니라 우리에게 현재에 있어 정치 조직의 가장 중요하고도 도전적인 과업 중 하나를 제시한다는 의미이다.

이러한 곤경에 관해 한 가지 드러난 증상은 계급 개념의 관련성에 대한 논쟁과 검증이 확대되었다는 것이다. 사회 계급이 유용한 분석·기술 도구임을 부정하는 입장이 지속해서 확산하고 있었음에도 불구하고, 이 개념은 항상 다수의 정의들을 끌어내었다. 현시점에서 이러한 논쟁이 지닌 특별함은 이러한 상이한 정의들이 서로 멀어지고 표류하여 계급 개념 자체가 그것들을 더 이상 담을 수 없을 만한 지점까지 가고 있다는 데 있다. 프레드릭 제임슨은 이에 대해 다음과 같이 말했다. "사회계급은 동시에 사회적 아이디어이고, 정치적 개념이며, 역사적 교차이고, 활동가의 슬로건이다. 하지만 이러한 관점 중 어느 하나에 관한 정의는 단독적으로 볼 때 불만족스러울 수밖에 없다"(Jameson 2011, 7). 이러한 의미들의 혼란과는 관계없이, 우리는 스탠리 아로노비츠가 사회계급의 지도제작적 활용을 두고, 오래된 심층적 긴장을 드러내기 위해 현대 사회학의 사회 계층화를 지도화하는 데 활용했다고 비판한 지점만 염두에 두면 된다. 계급 형성 과정에서 투쟁, 권력관계, 역사적 상이함의 구성적 역할에 대해 강조하며 그는 객체적·구조적 힘들forces의 무게와 모순되는 계급 개념을 활성화하는 주체적 차원을 항상 지적한다(Aronowitz 2003). 맑스 자신은 자신의 저술을 통해서 이러한 긴장과 투쟁하였는데, 결코 만족스러운 해결책을 얻지 못하였다. 『자본』 3권의 마지막이자 완성되지 못한 유명한 장에서 맑스는 이 난제와 씨름한다. 그는 다음과 같이 말한다. "겉으로 보기에, 계급은 이윤, 지대, 임금과 같은 수입의 객관적 원천들과 일치하는 것으로 보인다." 그런데도, 그는 사회계급이 포괄하는 "이윤과 입장들의 무한한 파편화" 앞에서 일종의 현기증을 경험한다. 자신의 작업 마지막 부분에 계급 주체성이라는 유령을 부활시키고 "무엇이 계급을 만드는가?"라는 질문을 유보해 두면서 말이다(Marx 1981, 1026). 지속해서 분명하게 중성적이고 객관주의적인 태도로 계급의 지도를 그리는 사회과학자들은 이 지점에서 맑스의 방향 감각 상실을 잘 상기한다면 좋을 것이다.

우리는 이러한 방향 감각 상실의 지점이 담고 있는 함의들을 탐구해 보는 데 관심을 두고 있다. 그리고 그것은 말하자면 계급 개념의 정치적 차원인 주체적인 것을 강조하면서 이루어질 것이다. 노동, 이주, 경계에 관한 우리의 탐구는 이렇게 해서 청년 맑스가 계급을 "즉자적"in itself이라고 부른 것과 "대자적"for itself이라고 부른 것 간의 틈을 통해 작업해 나가는 긴 질문의 대열에 동참한다. 블라디미르 일리치 레닌과 게오르그 루카치, 테오도어 아노르노, 헤르베르트 마르쿠제, E. P. 톰슨의 『영국 노동계급의 형성』(1963), 그리고 이탈리아 오뻬라이스모[1] 집단 등은 이 지점에서 기념비적인 것들이다. 이 논쟁들 안에는 계급의 주체적 요소가 어떻게 다루어질 수 있는지에 관한 차이들과 불협화음들이 있었다. 간단히 보면, 기만과 폭로의 총체적인 정치 인류학을 함축하는, 계급의식 개념은 정신분석학적, 구조주의적, 사회학적 접근을 포함한 여러 관점과 경합하였고 그 과정에서 대체되었다.

계급의식 개념에 대한 도전 중에 우리가 가장 혁신적이고 정치적으로 유용하다고 본 것은 계급구성에 대한 오뻬라이스타적 관념인데, 이는 계급 형성에서 사회 세력, 경험들, 행태들이 복합적으로 작동함을 함의한다. 자본의 사회적 관계 내에서 그리고 그에 대항해 노동이 자신의 위치를 새로이 하는 지속적인 적응의 과정들을 강조하면서, 이 개념은 그것의 기술적 차원과 정치적 차원 간의 긴장에서 중심을 차지함으로써 항상 이중적인 모습을 띠고 있다. 노동계급의 기술적 구성은 노동력의 재생산을 위한 조건으로서뿐 아니라 생산과정에서 노동력의 구조적 조직화의 표현으로서도 이해되었다. 반면에, 정치적 구성 개념은 계급, 특히 노동 조직의 투쟁과 경험의 실천 속에서 분명히 나타나는 것으로서 주체적 요소를 취하고자 시도하였다. 오뻬라이스타의 정교화에서 이러한 계급의 주체적 요소는 자본의 발전에 핵심적 동인으로 여겨지는데, 그 요소는 노동자의 투쟁과 사보타주의 도전과 위협에 의해 그 형태와 동력을 끊임없이 변화시킬 수밖에 없다. 중요하게 볼 것은, 이러한 점이 계급의 정치적 구성의 흔적들은 그것의 기술적 차원에 각인되어 있음을 의미하며, 또한 주체성의 요소는 생산 지점에서의 노동의 조직화 속에서 분명히 가장 "중립적인" 변화를 분석하기 위해 고려되어야 함을 의미하다는

---

1. 노동자주의. 자율주의(아우토노미즘)에 입각해 노동계급의 권력이 지닌 우선성을 강조하는 정치 분석 시각이다. 이들은 자본의 재구조화로서 노동계급의 투쟁을 이해하며, 이에 따라, 후자가 전자에 선행한다고 본다. 마이클 하트, 안토니오 네그리 등이 대표적이다.

점이다. 이탈리아의 오뻬라이스모에서 애초에 발전되었던 것처럼, 계급구성의 개념은 극단주의자 그리고 포드주의적 공장과 산업적인 "대중 노동자"mass worker에 대한 일방적인 강조와 연계되었다. 공장의 담장을 무너뜨리는 것, 동시에 서구 맑스주의가 배타적으로 산업 노동자만을 언급해온 경향을 넘어서 노동의 새로운 구성을 등장시키는 것 등, 계급구성과 동일한 개념에 이식된 유연성 역시 오뻬라이스타 사상가들과 활동가들에게 모종의 기대를 갖게 했다(Negri 2007b ; Wright 2002).

우리의 작업이 오뻬라이스모의 경험으로부터 중요한 교훈을 끌어오고 있기는 하지만, 우리는 또한 산업 노동자에 대한 이러한 강조에 더 심오한 질문들을 제기한 다른 관점들에 대해서도 인지하고 있다. 이를테면, W.E.B. 두 보이스와 프란츠 파농과 같은 반식민주의 사상가와 실천가들(Renault 2011 ; Robinson 2000), 전지구적 노동사가들(Lucassen 2006 ; van der Linden 2008), 탈식민주의 및 서발턴 이론가들(Chakrabarty 1989 ; Guha 1983 ; Young 2001) 등이다. 마찬가지로, 생산 노동과 재생산 노동 간의 경계를 붕괴시킨 페미니스트들의 주장과 투쟁들은 산업 노동계급의 대표성에서 나타나는 남성주의적 왜곡에 도전하는 데에 매우 중요한 부분으로 존재해 왔다(Dalla Costa and James 1972 ; Federici 2004 ; Pateman 1988 ; Weeks 2011). 이러한 역사적, 반식민지적, 페미니즘적 성찰들이 조합된 함의들은 우리의 문제 제기에 중요한데, 왜냐하면 노동 이동의 형식과 경험들은 역사적으로나 오늘날에 모두 노동 인구의 이종화 과정과 반복적으로 연결되고 있기 때문이다. 이러한 이론적이고 정치적인 정교화가 가져다준 중요한 기여는 그러한 노동의 차별화가 자본으로부터 확연히 벗어난 것이라기보다는 얼마나 역사적·지리적 전형에 해당하는지를 보여줬다는 데 있다. 자유 노동과 비자유 노동 간의 영역선은 희미해졌는데, 이는 자본과 노동 간 관계의 법적 구성물로서 자유로이 체결된 노동 계약을 강조하여 자유주의와 별반 다를 바 없어진 맑스주의의 입장을 심각한 위기에 봉착시켰다. 얀 물리에-부탕(1998)이 강력히 주장한 것과 같이, 노동 이동의 조건과 이해관계는 항상 중요한 싸움터였는데, 왜냐하면 자본이 노동을 통제하는 기본적인 수단 중 하나가 노동의 이동과 탈주를 조종하고 특정한 방향으로 길을 내주는 것이기 때문이다. 이것은 노예나 고용계약이 맺어진 막노동꾼, 혹은 오늘날 파열된 경계공간을 어렵사리 빠져나온 이주 노동자, 공장에 사슬이 묶인 산업 노동자들에 대해서도 사실이다.

이에 기인한 노동계급 개념의 확대는 산 노동의 장을 가로지르는, 생산, "비생산", 재생산 노동, "자유" 노동과 비자유 노동, 공식 노동과 비공식 노동 간의 다양한 내적 영역선을 완전히 제거하지 않은 채 기각되었다. 그것은 또한 노동계급의 외적 경계의 구성과 이 계급의 다른 민족적 종파들이 존재하는 방식들에 관한 논쟁을 불러일으켰다. 톰슨의 『영국 노동계급의 형성』과 같이 혁신적이고 획기적인 연구조차도 이런 측면에서 일련의 가정들을 만들어낸다. 톰슨이 보기에 형성된 것은 바로 영국의 노동계급이다. 역사가인 피터 라인보우와 마커스 레디커가 17세기와 18세기 대서양 자본주의의 형성에 대한 설명을 제시한 『히드라』에서 주장한 바와 같이, 이것은 자본주의와 계급투쟁의 역사에서 특정 시대 전체가 제외되는 결과를 낳는다. 이 시기에 대서양을 횡단했던 선원들, 노예들, 그리고 평민commoner들의 "오합지졸들"은 "민족적·부분적" 분파들로 분할되지 않았다(Linebaugh and Rediker 2000, 286). 간단히 말해 산업 노동자들이 노동계급으로서의 형상을 가진 시점처럼, 민족적 노동-계급 대형의 등장은 역사적으로 (그리고 지리적으로) 우연한 일이었다.

노동-계급이 형성되는 국가적·산업적 시점들은 분명하게 서로 연관되어 있다. 그것들의 관계에 대한 용어들은 시간과 공간에 걸쳐서 극적으로 변하긴 했지만 말이다(예를 들어, 영국 사례에 대한 톰슨의 설명, 인도에서 국가 건립과 산업화를 위한 네루주의자의 계획들, 20세기 중반 아르헨티나에서의 국가주의적 발전을 위한 페론주의자의의 프로그램 등 간의 차이들을 생각해 보라). 19세기에서 20세기 초에 산업혁명을 경험한 나라들에서, 국가의 노동시장의 법적·정치적 구성은 자유 노동자의 형성을 제련해 내는 것과 동일하게 이루어졌다. 로버트 J. 스타인펠드(1991, 2001)가 앵글로-아메리카적 세계에 대해 주장한 바와 같이, 자본이 국가에 의해 보장된 동질적인 법적 틀에 적응하도록 강요한 것은 시장 역학이 아니라 산업 노동자들의 투쟁이었다. 이러한 상황으로부터 만들어진 상대적 안정성은 결국 자본에 이로움을 주었고 노동운동이 점차 민족화되는 기준선을 제공하였다. 그러한 민족화는 국제적 차원들도 갖고 있었는데, 이것이 법규들, 조약들, 새로운 형식적 국제주의를 끌어낸 기관들 등으로 이루어진 네트워크의 등장을 통해서뿐 아니라 부분적으로 제국주의적 모험과 확장을 통해서 만들어졌다는 점은 기억해둘 필요가 있다. 이것은 국가 간 경계선의 견고화를 함축하고 또한 민족국가, 그 신민들의 공동체, 그리고 그것의 노동시장 주변을 밀봉하는 것을 의미하였다. 우연치 않게 경계와 이주의 통제 기술에 대한 제도는 이러한 과정에서 중요한 부분이었다(Sassen 1996 ; Torpey 2000). 이주자들은 이러한 국제적 교차점에서 부가적인 역할을 맡았다. 그들은 한때 국가의 노동시장에 인력을 공급하는 역할을 요구받았지만, 동시에 그 체계의 상대적 안정성에 도전하는 위협적인 외부인으로 보이기도 했다.

자본주의 역사 속에서 산업화와 민족주의가 발흥하던 시기에 수십 년간 서구 국가들의 경험을 구성하게 된 이주 그리고 그것의 통제와 관련된 일련의 문제들과 기술들의 등장을 추적하는 것이 가능하다. 이주와 그에 대한 통제와 같은 행위들은 세계를 다양하게 지도화하는 것, 그리고 세 개의 세계 모델과 궁극적으로 북과 남 사이를 경제적으로 분할하는 것과 같은 계획들 속에서 만들어지는 전지구적 분할을 유형화하는 것에 기여하였다. 더욱 일반적으로는 『노동운동』(2006)에서 하랄드 바우

더가 보여준 바와 같이, 이주는 노동시장의 규제에 중요한 역할을 한다. 자국의 경계를 감시함으로써 민족국가들은 정치적, 법적으로 자국들의 노동시장을 끊임없이 구축하고 재구축하는 과정에 개입했다. 이러한 국가적 프레임을 고려하면, 이주는 노동과 자본이 조우하는 데 중추적인 역할을 한다. 그러나 만일 비판적이고 이론적인 시각에서 본다면, 이주 역시 국가의 노동시장 개념의 내재적인 한계를 나타내고 있다. 만일 시장이라는 바로 그 생각이 독립적인 교환 행위자의 존재와 노동시장에서 문제가 되어 보이는 평형상태에 대한 지향을 전제한다면(Althauser and Kalleber 1981), 이와 대비되어 이주자의 형상은 불균형적인 요소를 만들어낸다. 우리는 이것이 단순히 자유에 대한 의문의 문제가 아니라고 본다. 비록 이주 노동자들이 빈번하게 특정한 강제의 형식들에 종속되고 국내 노동자들과의 비교 속에서 자신들의 선택과 기회들을 제한당하고 있음에도 불구하고 말이다(Moulier-Boutang 1998). 더욱 중요한 것은 그것이 노동력이라는 상품 생산의 문제라는 것 그리고 다른 것 중에서 이 상품의 독특한 지위의 문제라는 것이다.

노동력이라는 상품이 그것의 담지자인 노동자의 산 신체living body와 분리될 수 없기 때문에, 그것의 생산은 필연적으로 이 신체가 귀속되는 훈육과 통제 체계들을 가로지른다. 자본주의가 산업주의화·민족주의화되는 순간에 국내 노동자로 비축된 노동력이 이미 생산되었다는 광범위한 가정이 있었다. 문제는 그것의 재생산 – 따라서, 가족 임금의 포드주의적 혁신, 복지에 대한 케인스주의적 제도들, 민족국가 내에서 노동의 성별 분업 등 – 이었다. 반대로 이주 노동자의 노동력은 이러한 상품의 생산에서 특정한 역할을 하게 되는 채용 계획들과 경계통제를 통해 선별될 수 있는 수입품으로 보였다. 성별, 연령, 혹은 인종과 같은 상품[으로서의 노동]의 육체적 측면들은 기존에 예비되어 있던 국내 노동자들에게는 적용되지 않았던 방식이다. 이들의 재생산과 훈육은 가족, 학교, 군대 등 다른 사회적 경로와 기관들을 통해 이루어졌기 때문이다. 이주 노동자들에 의해 구비된 노동력은 자본주의가 산업주의 및 민족주의와 결합하는 순간에 여러 다른 방식들로 관리되었다. 그러나, 기본적으로 그 시도는 국내 노동시장에 울타리 쳐진 공간 안에서 존재하는 기존에 비축된 노동력에 대한 일종의 보완재로 다루어졌고, 이는 국내 노동력의 재생산을 방해하지 않고 그것의 산업적 형성 속에서 자본의 필요들을 충족하기 위한 것이었다. 미국의 할당 시스템과 이후의 수정안들로부터 서독의 초청 노동자 레짐까지, 프랑스와 영국에서의 식민지 이주와 탈식민지 이주 계획으로부터 호주의 "백호"white Australia 정책에 이르기까지, 이러한 노력은 인종차별주의와 착취, 투쟁과 저항, 통치[정부]에 의한 통합과 다문화주의 프로그램들의 생산 등으로 특징지어졌다(Bojadzijev 2008 ; De Genova 2005 ; 221~36 ; Gilroy 1987 ; Hage 1998 ; Sayad 2004).

단순히 이미 형성된 국내 노동시장에 대한 보완재로 존재하는 것과는 전혀 다르게, 이주 움직임과 그에 동반된 노동력은 그 움직임들을 봉쇄하거나, 길을 내주며, 통합하려는 이러한 시도들에 대해 일종의 손쓰기 어려운 과잉 요인이 되었다(Papastergiadis 2000). 이런 상황이 일련의 다른 압력들과 같은 시기에 일어났다는 것은 노동시장의 국가 질서를 불안정하게 만들기 시작했고 민족국가의 국제질서는 역사 기록에서나 다루어질 만한 일이 되었다. 노동시장 안과 그 사이에 다수의 그리고 더욱 구멍이 많은 경계가 등장하는 것, 점점 더 많은 노동 이동과 교환이 비공식적인 구역에서 이루어지는 것, 새로운 유연하고 적기에 이루어지는 이주 계획들을 결사적으로 모색하는 것, 서로에 반대해 다른 지역들 내에 있는 노동 이동의 불평등한 기회들을 속여 떠넘기려는 자본의 노력들 – 우리가 다음 장에서 다루게 될 이 모든 것은 노동시장의 위치 재조정이고 재조직화의 부분과 집합이다. 여기서 흥미로운 점은 이러한 전지구적 구조 안에서 이주자의 이동들로 인해 창출된 주체성의 형식들이라는 측면에서 노동의 증식에 관해 우리들이 이전에 했던 주장들이 확장된다는 점이다. 그것은 왜 우리들이 종종 스펙트럼의 정 반대에 놓이곤 하는 현재 산 노동의 두 가지 상징적인 형상들에 관심을 돌리게 되었는지에 대한 이유이다. 이 두 가지 형상들은 소득과 그것들의 활동 안에 포함된 정신적·육체적 노력의 상대적 균형 둘 모두에 관한 것이다. 그것은 돌봄노동자와 금융거래노동자이다.

돌봄

여성들의 노동 이주 경험들은 이 시대 자본주의 발전의 가장 소란스러운 시점 중 몇몇에 걸쳐 있다. 그러나 존 버거와 장 모르의 『일곱 번째 인간』(1975)이라는 유명한 화보집에서 일어났던 것처럼, 하나의 상징적인 형상 주변을 맴도는 이주 노동자의 경험을 재현하는 것이 가능해졌을 때, 그 소란스러운 날들은 사라졌다. 버거와 모르가 몇몇 유럽 나라들에서 그렸던 이주 노동자들은 포드주의 황금기의 남성 공장 노동자들이었다. 그들은 대량 생산이 이주자들의 채용을 위한 규칙을 만들고 자신들의 투쟁이 자신들을 유럽 "다국적 노동자"의 정치적이고 심지어는 상징적인 재현에 중요한 주체로 만드는 시대의 황혼기에 갇혀 버렸다(Serafini 1974). 오늘날 이주 노동 경험을 재현한다는 것은 우리가 이전 장에서 분석하였던 증식의 과정을 고려한다는 것을 의미한다. 그것은 형상들의 증식과 그것들 사이의 움직이는 영역선들에 초점을 맞춘다는 것을 함축한다. 그러나 (간단히 예를 몇 개 들어본다면) 건설노동자와 경비노동자, 노점상과 택시 운전사 간에는, 지리학적 스케일과는 관계없이 이러한 재현 속에 두드러지는 방식으로 명백히 등장한 형상이 있다. 여성 가사돌봄노동자가 그것이다.

노동은 지난 수십 년 동안 여성화되어 왔다. 이것은 단지 세계적 규모에서 집 밖에서 일하는 여성의 숫자가 폭발적으로 증가하였기 때문만은 아니다. 중요한 것은 해방을 향한 여성들의 투쟁 결과로서뿐 아니라 노동의 더욱 일반적인 다양화와 이종화의 효과로서도 비판적으로 이해되어야 하는 놀라운 변혁이다. 동시에, 현대 자본주의에서 노동의 변화하는 속성에 대한 논쟁에서 자주 강조되어 왔듯이(Marazzi 2011; Morini 2010), 가부장적인 노동의 성별분업 체제 아래에 있는 여성으로서 역사적으로 구성되어온 능력과 경쟁력의 총합은 다양한 직업 범위에 있는 노동자에게 요구되는 표준적인 능력을 정의하게 되었다. 이것은 단지 점차 불안정해져 가는 근로 조건과 관련된 고용과 실업, 노동시간과 생활시간 등의 변화하는 영역선을 빠져나가는 능력에 대해서만 해당하는 것은 아니다. 그것은 또한 확대되는 서비스 경제에서 핵심적인 연관성을 가진 관계적, 언어적, 감성적 경쟁력의 전체 범위에도 적용된다. 정동·감정 노동은, 예를 들어, 건강 돌봄 산업에서(Ducey, Gautney, and Wezel 2003) 이러한 특정한 형태의 투자, 가치화, 아니면 맥도날드의 노동자나 생명보험 영업사원과 같은 다양한 경우에서 노동자의 주체성 착취 등을 이해하는데 자주 채택된다(Leidner 1999). 이러한 개념들은 긴 페미니즘의 역사를 갖고 있다. 여기서 그 개념들은 "더욱 성별화된 형태들을 포함하는 노동의 범주를 확대하기 위한 투쟁의 일부이자 집합"이었다(Weeks 2007, 233). 알리 혹쉴드의 중요한 저작인 『감정 노동』(1983)은 이런 측면에서 기념비적인 연구이다. 전형적인 예로서 기내 승무원들과 같은 "분홍 칼라" 노동자들의 감정 노동에 초점을 맞춤으로써, 혹쉴드는 일상적인 노동 과정의 바로 한가운데에서의 감정 관리를 분석하였다. 케이시 윅스가 논평한 것과 같이, 이것은 노동에 관한 논의에 중요한 변화를 가져왔다. 혹쉴드가 분석한 감정 노동은 윅스가 적은 바와 같이 "주체성의 활용뿐 아니라 그것의 생산도 요구한다"(Weeks 2007, 241).

이러한 과정들과 같이, 이주의 성별 구성도 마찬가지로 지난 30년간

극적인 변화를 경험하였다. 많은 학자는 이것을 "이주의 여성화"(Castles and Miller 2003, 9)라고 불렀다. 여성들은 항상 이주를 해왔지만, 그것이 꼭 누군가의 아내나 엄마로서는 아니었다는 점은 염두에 둘 필요가 있다. 주류 연구들이 남성 이주 노동자 인물형에 대해서만 초점을 맞추었다는 점은 페미니스트 연구자들에 의해 비판되어왔다. 페미니스트 연구자들은 여성들의 이주가 어려운 결혼 관계에 대한 타협이라거나 고국 사회에 만연한 성별화된 위계를 극복하는 것과 같은 주체적 동기와 관련 있다는 점을 지적해왔다(Morokvasic 1984, 1993; Kofman et al. 2000). 젠더는 이렇게 해서 이주의 주체적 차원과 이해관계들을 조사하는 데 있어 중요한 렌즈가 되었다. 경제적(혹은 그 사안에 대한 인구학적) 밀고 당기기 요인들 간의 상호작용 위에 구축된 이론 모형들의 완고함에 도전함으로써 말이다(Mezzadra 2011d). 이것은 이주에 관한 역사 연구에 중요한 결과를 담고 있다. 여기서 우리가 관심을 기울이는 지점은 현시대 이주의 지형을 분석하는 데 있어서 그 연구가 지닌 연관성 그리고 노동의 더욱 종합적인 변혁과 갖는 연계성이다.

노동의 여성화에서 중요한 것은 현재 세계에서 50% 이상의 이주민들이 여성이라는 단순한 사실 이상의 무언가이다(International Labour Organization 2010). 이보다 더욱 관련성 있는 것은 이러한 이주 움직임에 여성의 참여가 엄청나게 증가하는 현상의 이면에 놓여 있는 젠더 관계와 노동의 성별 분업에 있어서의 갈등으로 들끓고 있는 강렬한 위기와 변혁의 과정들이다. 특히 가구 내에서의 타협과 반목들은 "홀로" 이주하는 여성의 경험을 형성한다. 비록 이러한 것을 노동 과정의 맥락에서 분석하는 것이 중요하기는 하지만, 젠더 관계와 위계들에 대한 이러한 투쟁들이 여성의 총체적인 이주 경험에 걸쳐서 일어난다는 점은 강조될 필요가 있다. 그것들은 노동력의 상품으로서의 생산을 구성하는 요소이며, 젠더·종족·인종 등 우리의 신체에 각인된 권력관계와 독립적으로 존재하는 중립적 주체들로서 노동력의 담지자를 고려하는 것이 불가능함을 보여준다.

여성 가사돌봄노동자들은 노동의 여성화와 이주의 여성화 둘 모두를 육체화한다embody. 이러한 인물형들은 혹쉴드(2000, 131)가 "전지구적 돌봄 사슬"이라고 불렀던 것을 재생산함으로써 생기는 정동적·감정적 무게들과 물질적 무게들을 담고 있다. 그들의 노동은 여성 가사노동의 한 부분으로서 가구 내에서 이루어지곤 하였던 광범위한 업무들의 화폐화와 상품화에 대한 분석을 가능케 하는 프리즘이다. 몇몇 중요한 도전들이 있었지만, 가사노동의 여성적 특성이 "자연적인 것"이라는 인식은 계속 유지되었다. 1980년대 이후 신자유주의적인 정책과 개혁을 진행한 다수의 서구 국가들과 연계된 복지 시스템의 붕괴와 케인스주의적인 가족 급여의 붕괴가 이러한 추세에 기여해 왔다. 복합적인 정동 경제들은 이 지점에서 작동하는데, 고령화하는 사회에서 노인 친척들과의 관계, 가정의 사적 공간 내 상이한 계급과 민족에 속한 여성들 간의 대면 접촉들, 다른 국가에 떨어져 사는 가족의 아이들에 대한 장거리 돌봄 등을 포함한다. 근접성과 거리 간의 영역선은 뒤엉키고 모호해진 것처럼 보인다. 한편으로, 이방인들은 가구의 삶에서 가장 내밀한 측면 중 몇몇(통증·병환·노화·배변 처리)을 처리한다. 다른 한편으로, 이주자들은 종종 다른 심정적 가족들과 함께 일을 하며 해외 송금을 통해서 먼 데 있는 친척들을 부양한다. 이 송금은 종종 이들의 고국의 국내총생산의 상당 부분을 차지한다. 페르디난드 마르코스 치하의 1970년대에 노동력 수출이 경제 정책의 주요 요소였던 필리핀의 사례는 이런 측면에서 자주 언급이 되지만 독특한 경우라고는 할 수 없다(Castles and Miller 2003, 168~69).

주로 가구 내 여성 이주자들에 의해서 수행되는 노동의 특징은 그것이 전통적인 정의의 가사를 넘어서는 경향을 보이고 돌봄 개념의 확대 해석을 필요로 하는 광범위한 활동들을 포함한다는 점이다. 요리, 청소,

다림질 등의 육체노동들은 병에 걸리고, 장애를 갖고 있으며, 나이 들고, 젊은 사람들을 위해 변화된 서비스들과 점차 조합되었다(Yeates 2004, 371). 이 서비스들은 노동자 측에는 지속적으로 육체적인 수고를 해야 한다는 함의를 준다. 그렇지만 여기서는 정동·감정·관심 등 노동자들로부터 요구되는 일종의 경쟁력 들을 규정하게 되는 것들 역시 중요하다. 언어·문화·종교와 같은 연성 기술soft skill과 특징들은 채용 과정에서 중요한 역할을 한다. 이러한 손에 잡힐 듯 잡히지 않으며 변화하는 요건들은 돌봄노동의 정의에서 핵심에 자리하고 있다. 그것들은 "유모·가정부·성매매 노동자"의 경험 간 연속성을 보여준다. 이들은 바바라 에렌라이히와 알리 혹쉴드가 같은 제목을 가진 자신들의 책(2003)에서 전지구적 여성으로 일컬었던 것을 이루는 세 가지 인물형들이다. 이러한 연속성들을 인신매매에 관한 주류적 수사들을 뛰어넘어 탐구해 보는 것은 가치 있는 일로 보인다. 성매매 산업에서의 이주 여성들의 경험을 빈번하게 형태 짓는 강제와 자율 간의 복합적인 상호작용(Andrijasevic 2010a)과 수많은 유모와 가정부들이 처한 감금 상태의 존재 양식들 등을 염두에 둔다면 말이다. 세계 여러 곳에서의 외국인 신부 시장에 대한 고려는 이 시대의 전 세계 이주 여성들의 단면들을 더욱 드러낼 것이며, 이는 보니 호니히가 자신들의 출구전략을 추구하기 위해 여성들이 종종 활용하는 여성적 "무력함"의 상품화와 성애화 과정이라고 묘사한 것에 주목함으로써 이루어질 수 있다(Honig 2001, 89~90). 우리에게 더욱더 흥미롭게 다가오는 것은 이주 가사 노동자들에게 요구되는 많은 업무와 활동들의 정동적이고 감정적인 속성들이 어떻게 그들과 그들의 고용주 간 관계가 지닌 절대적 특이성을 가리키느냐이다. 혹자는 여기에 그 양측이 모두 여성이기 때문에, 이러한 관계를 해석하고 개혁하기 위한 페미니스트들의 논쟁에서 자매애가 채택되고 검증되어 왔다는 점을 덧붙인다(Anderson 2003, 113). 이 논쟁이 가진 중요한 특성은 "보편적인 자매애"라는 개념에 질문을 제기하고 있다는 점인데, 이 개념은 "여성 집단 내의 그리고 사이의 물질적이고 이념적인 차이들"에 초점을 맞춘 찬드라 모한티와 같은 탈식민주의적 페미니스트들에 의해 비판받아 왔다(Mohanty 2003, 116).

로스앤젤레스와 로마에 있는 필리핀 이주 가사 노동자에 관한 책에서, 라셀 살라자르 빠레냐스는 이러한 노동자들의 이주 경험과 연계된 "네 개의 핵심적인 위치 바꿈"에 관해 기술했다. 그것은 "부분적인 시민권, 가족 해체의 고통, 모순적인 계급 이동, 소속되지 않음"이다(Parrenñas 2001, 23). 이러한 위치 바꿈에 대한 고려는 중요한데, 왜냐하면 그것들(특히 첫째와 넷째)은 가사노동과 돌봄노동 시장을 조직하는 종족화의 과정을 분석하는 데 열쇠를 제공하기 때문이다. 동시에, 이주 가사 노동자들의 초국주의를 강조하는 것이 중요하다. 그들의 일상적인 생활과 활동들은 경계를 가로지르는 다수의 항구적인 상호연계들에 입각하고 있음을 인지하면서 말이다(28~29). 이러한 여성들이 거주하는 이동의 초국적 공간들은 ("고국의" 아이들, 가족과 친구 들과의 일상 소통을 통해서) 정동이 순환하는 공간들이며, (송금을 통해서) 돈이 순환하는 공간들이다. 그것들은 또한 이주를 통하여 여성의 자유를 물리적으로 확인하는 것에 대한 도전 속에서 가부장적 관계들이 갈등하고 타협하며 재구성되는 공간들이기도 하다. 앞서 언급되었던 이러한 보다 긍정적인 요소들과 부정적인 자리바꿈 간에는 더욱 심층적인 뒤엉킴도 있다. 사실, 이런 종류의 뒤엉킴은 이 시대 세계의 경계 곳곳에서 이루어지는 싸움들을 일으키고 심각성을 더하는 주요한 원인이 된다. 에렌라이히와 혹쉴드가 "가난한 나라들에서 부유한 나라들로…아내의 전통적 역할과 관계된 서비스들의 이전"(Ehrenreich and Hochschild 2003, 4)이라고 불렀던 것이 페미니스트와 전지구화에 관한 일반적인 논쟁들에 지닌 함의들을 반추해 볼 필요가 있기는 하지만, 이주 가사돌봄노동의 수요는 소위 말하는 제1세계의 전통적 영역선을 넘어서 잘 번창하고 있다는 점을 상기하는 것이 더욱 적절하다. 이러한 "서비스의 이전"은 이미 투쟁과 저항의 공간들인 초국적 공간들 내에서 발생한다는 점에서 연착륙과는 거리가 멀다.

이주 가사돌봄노동자에 대한 분석에서 우리가 강조하고 싶은 것은 고용 관계에서 그들의 활동들을 주조하는 것이 어떻게 초국적 공간들을 가로질러 발생하는 노동력의 생산과 재생산 간 영역선을 희미하게 만든다는 함의를 갖게 되느냐는 점이다. 독일과 이탈리아에 있는 동유럽 출신의 이주 가사 노동자들에 대한 연구는 이주가 어떻게 이러한 여성들에게 빈번하게 "행위 지평의 확대"(Vianello 2009, 160)를 의미하였는지를 보여준다. 동시에, 그것은 이주가 어떻게 이들의 고국에서 사회주의에서 시장경제로의 이행과 연계된 성 역할과 남성성의 위기와 타협하는 방법을 제공하는지를 설명해 준다. 이주 정책들 – 여기서는 유럽연합의 경우 – 이 자기결정과 자율의 이러한 요소들에 대응하는 방식을 분석하는 것은 특히 중요하다. 생활과 이동의 초국적 형태들은 이러한 만남을 통해 형태를 갖추었는데(Hess 2007, 239), 이것은 또한 한 무리의 중간자들과 중개인이 이러한 여성들의 이동을 지원하기 위해 활동하는 조건들을 양산한다. 훈련 센터들과 기관들은 세계의 많은 부분, 예를 들면, 인도네시아에서 이 과정에 개입한다(Anggraeni 2006). 유럽에서의 이러한 초국적 공간들의 또 다른 중요한 측면을 이해하기 위해서는, 이주 여성들이 돌봄노동자로 일하는 도시들을 매일 우크라이나, 루마니아, 슬로바키아, 벨라루시 같은 그들의 고향과 연결해 주는 수백 대의 버스와 밴들의 이동 경로들을 따라가는 수밖에 없다. 싸빈 헤스가 보여주었듯이, 상대적인 지리적 근접성으로 인해 빈번히 불법적인 조건에서 이동하는 이주 여성들은 자신들의 노동력의 사회적 재생산을 자신들이 일하고 있는 장소로부터 물리적으로 단절시킬 수 있다. 이러한 "전지구화되고 유연한 노동력"의 생산과 지속적인 재생산의 과정이 현시대의 자본 축적 레짐의 요구에 분명하게 부합하고 있기는 하지만, 이러한 순환적 이동 유형과 이를 유지하는 사회적 실천으로부터 등장한 프롤레타리아적 연명 경제와 이주 네트워크의 밀도 역시 분석될 필요가 있다(Hess 2007, 244).

이제 돌봄노동자와 가사노동자로 고용된 여성 이주자들의 초국적 공간들과 경험들을 요구하는 주체들의 지분과 긴장들이 우리가 상품으로서 노동력의 생산으로 논의해 왔던 것에 대한 중요한 시각을 열어준다는 점이 분명해졌다. 경계의 횡단 행위와 강화 행위 간의 다채로운 긴장들뿐 아니라 경계와 영역선의 다수성이 동시에 일어나 "전지구적 돌봄사슬"을 구축하고 돌봄노동의 수요와 공급 간 조우를 가능하도록 한다. 이러한 경계와 경계 경험의 그림자는 이주 목적국으로 불리는 국가들에서의 가사노동에서도 나타난다. 이러한 특정 노동시장을 파편화하고 분할하는 종족화 과정의 형태로, 아니면 많은 가사노동자의 가구에서 차별과 감금의 현실로 말이다. 이는 특히 여성 이주자들이 적당한 문서들의 도움을 받지 못한 경우 더욱 그러했다. 동거형 가사노동과 오페어 노동[2]의 가장 극단적 형태는 차치하고라도, 직접적인 학대와 모멸감을 느낄 수 있는 업무의 요구라거나 협박받는 느낌을 갖게 되는 정동적 측면 같은 것들은 가사돌봄노동을 할 때 일상적으로 겪는 일이 되었다.

브리짓 앤더슨이 쓴 바와 같이, 돌봄노동의 정동적 차원은 "직접적인 계약과는 다른 어떤 것으로 노동자와 고용주 간의 관계"를 노출한다. 계약이 체결된 경우에조차도 말이다(Anderson 2003, 111). 인격적 종속 요소는 항상 각각의 노동 계약에 의해 내포되고 규제된다. 맑스주의와 페미니즘에 의해 자주 강조되었던 것처럼 말이다. 노예제, 농노제, 결혼에 의해 규제되는 가족 내에서 여성의 조건 간의 유사점들은 19세기 미국

---

2. au pair. 언어습관 따위를 습득하기 위해 가사를 도와주고 숙식을 제공받는 젊은 외국 유학생이나 여성.

과 유럽에서의 초기 페미니즘 이론과 운동의 특징이었다. 가사노동은 항상 이런 발전들에서 중요한 요소였고, 노동자의 인격적 종속이라는 현실과 노동 계약에 의해 구축된 신체 통제에 대한 예리한 이해를 도출해냈다(Pateman 1988, 116~53). 아테네, 바르셀로나, 볼로냐, 마드리드, 파리라는 유럽의 다섯 도시에 있는 이주 가사노동자들의 삶과 근로 조건에 대한 연구와 영국에 근거를 두고 이주 가사노동자의 권리를 위한 캠페인을 수행하는 집단인 〈칼라야안〉의 회원으로서, 브리짓 앤더슨은 노동 계약에 대한 페미니즘의 비판에 중요한 기여를 하였다. "인류의 신체적, 문화적, 이념적 재생산"에서 무시할 수 없는 역할을 수행하며, 이주 가사노동자들은 노동시장에서 독특한 지위를 획득한다. 그들은 대개 자신들의 고용 관계를 노동력의 "판매"라는 측면에서 틀 지으려고 시도하지만, "고용주들은 노동력보다 더 많은 것을 원한다." 앤더슨은 이렇게 적었다. "이주 가사노동자들이 집 안에서 일하게 될 것이라는 점을 조건으로 내세우면서 이런 요구를 정당화시킬 수 있는 특정한 유형의 인격을 원하고 있음을 고용주들이 공개적으로 밝히는 상황은 빈번하게 일어난다." 그것은 "사람에게 있는 자산에 대한 것이 아니라", 고용주들이 구매하는 노동자의 "전인격을 통제하는 권력"이다(Anderson 2000, 113~14).

독단성과 남용은 이렇게 해서 구조적으로 이주 가사 노동자들 및 돌봄노동자들의 조건과 구조적으로 연계되어 나타난다. 그럼에도 불구하고, 돌봄의 모호하고 변화하는 속성과 감정·정동 노동에서 주체성의 생산에 대한 케이시 웍스의 강조를 고려하면, 이 특수한 경우에서 고용주들과 피고용인들 간의 관계에 관한 분석에서 한 발짝 더 나아갈 수 있다. 터키의 거주형 이주 돌봄노동자에 대한 연구에서 아이셰 아카인은 정확히 이러한 측면들에 초점을 맞추었다. 그는 자신이 적합한 인격이 되기 위한 능력이라고 부른 유연성과 적응 능력을 이주 가사노동자와 돌봄노동자의 고용주들이 요구하는 것으로서 강조한다. 아칼린은 이렇게 쓴다.

그들의 요구는 "'젠더적' 역량을 위한 것이다. … 그것은 고용주의 필요에 기반해서 형성될 수도, 개선될 수도 있다. 그들이 이주 가사노동자들로부터 구매하는 서비스들은 고정된 실체들로서 그들의 개성이 아니라, 그들을 주조하고 있는 역량이다"(Akalyn 2007, 222). 이 점이 우리에게는 특히 중요한데, 왜냐하면 아칼린이 묘사한 "젠더적" 역량이 노동자의 산 신체 living body 속에 "담겨 있는" 잠재적인 태도로 보이기 때문이다. 이것은 우리가 1장에서 논의했던 맑스의 노동 권력에 대한 정의와 같은 맥락이다. 그러나 이 장에서 분석된 이주 가사 노동자와 이주 돌봄노동자들의 경험은 우리가 그 정의를 좀 더 복잡하고 풍부하게 할 수 있도록 해준다. 한편으로, 우리가 이미 지적했듯이, 노동력을 지닌 자의 성질들 ─ 다시 말해, 성애화되고 인종화된 물질성 속의 육체 ─ 은 경계를 가로지르는 상품으로서 노동력의 생산과 그것의 "소비" 조건들 둘 모두에서 중요하다. 다른 한편으로, 돌봄노동자의 특정한 인물형에 대한 분석을 통해서 우리는 노동력을 구매하고 판매한다는 측면에서 노동 계약을 구성하는 것이 지닌 한계에 초점을 맞추어 왔다. 우리는 이러한 구성이 맑스의 정치경제학 비판에서 제시된 자본주의하에서의 표준적인 노동관계로서 자유로운 임금노동이라는 생각의 기반에 중심이 된다는 점을 알고 있다. 우리가 비록 세계의 노동사가들에 의해 발전된 이러한 생각의 비판에 대해 논의하고 있기는 하지만, 노동력 상품이 판매되고 구매되는 노동 계약의 법적 구성 역시 개념적인 관점에서 문제시된다는 것을 염두에 두는 것이 중요하다. 만일 우리가 맑스가 노동력을 프롤레타리아의 산 신체로부터 분리할 수 없다고 정의한 점을 염두에 둔다면, 각각의 판매 행위에서 법적으로 요구되는 이러한 특정한 상품의 소외는 여기에서 문제시될 것이 분명하다. 노동력의 임차, 고용, 임대를 말하는 것이 더욱 적절해 보이지만, 노동자의 신체가 항상 이러한 활동들에서 중요시되었다는 점은 기억할 만한 가치가 있다. 이러한 활동들은 우리가 이주 돌봄노동자에 대해 언급해 왔던 법적, 비공식적, 불법적 중개자들과 대행업체들의 집합에 의해 빈번하게 작동된다(Kuczynski 2009 ; Mezzadra 2011c).

이러한 비판적 관찰은 맑스 이론의 중심에서 상품 노동력의 특이성을 더욱 강조한다. 그것은 자유 임금노동의 배타적인 법적 구조를 넘어서고 노동이 자본 아래에 포함되는 다양한 배열들에 대한 분석을 심화시킨다. 페미니스트 분석과 젠더 분석은 이러한 배열들이 항상 내포하는 주체성의 생산에 대한 신체적 측면, 더 나아가 생체정치적이기까지 한 측면들을 분석의 전면에 내세운다. 이것은 이주자들의 상품으로서의 노동력 생산에서 경계가 수행한 역할에서 특히 명확하게 나타난다. "산 노동"은 『정치경제학 비판 요강』에서 맑스에 의해 온전히 발전된 개념이다. 그는 『요강』에서 이 개념을 기계 안에서 객체화된 "과거의" "죽은" 노동으로부터 "주체성으로서의 노동"을 구별하기 위해 사용하였다(Marx 1973, 272). 이것은 이러한 주체적 상황의 복합성을 잘 포착하였다. 디페시 차크라바르티가 보여준 바와 같이, 측정하기 위해 그리고 가치의 언어로 "번역하기 위해" 자본이 이용하는 "추상노동" 규약으로 결코 완전히 환원될 수 없는, 살아 있는 것으로서 노동을 구성하는 다수성과 이종성은 여기에서 다시 강조된다(Chakrabarty 2000, 60). 산 노동과 추상노동 간의 이러한 긴장과 간극은 현대 자본주의하에서만큼 격렬하고 광범위했던 적이 없다. 이주 가사노동과 돌봄노동자들은 이러한 긴장들과 간극을 구체적이면서도 패러다임적인 방식으로 구현한다. 그러한 신체적·정동적·감정적 태도들의 총체적인 스펙트럼이 작동되는 반면에, 그들은 자신들의 노동이 지닌 추상적 속성을 오로지 임금을 받을 때만 경험한다. 휴무일에 홍콩의 빅토리아 공원과 그 주변에 운집했던 수만 명의 인도네시아와 필리핀 출신 가사 노동자들은 자신들의 산 노동과 그것들을 둘러싼 자본 권력의 성상 (예를 들어, 그들이 자주 모이던 홍콩상하이은행 빌딩의 형태로) 간의 관계에 대해서는 생각하지 않았을 수도 있다(Constable

2007). 자본주의의 금융화 시대에, 보편적인 사회규범으로서 추상노동의 재생산은 금융 회로들의 작동과 재생산에 더욱 근거를 두고 있다. 이것이 이제 우리가 관심을 돌리려는 지점이다.

금융거래노동자들Financial Traders

금융거래노동자들은 생활과 이동에 대한 주권적 통제를 행사하는 현대 전지구적 체계의 정점에 자리하고 있다. 그러나 그들이 동시대의 다른 노동 인물형, 이를테면, 돌봄노동자에서 환경미화원, 교수에서 프로그래머에 이르는 인물형들과 비교했을 때 자신들이 일하는 시장의 채찍과 힘들에 덜 종속되었다고 할 수는 없다. 최근 몇 년 동안 전지구적 금융 시장들 전반에 걸쳐 발생한 붕괴와 채무불이행에도 불구하고 전지구적 금융 시장의 팽창은 1970년대 포드주의적 생산 체계가 무너지는 첫 번째 신호가 나타난 이후로 상당히 잘 진행되었다. 자주 인용되는 통계 하나를 언급하자면, 세계 금융 시장에 의해서 산출되는 부의 총 가치는 이제 제조업, 농업, 서비스업 등을 통해 생산되는 실질 가치의 여덟 배에 이른다(Office of the Comptroller of the Currency 2011). 금융은 이제 세계경제의 모든 분야와 경제 순환의 모든 단계에 스며들어 있다(Marazzi 2011). 이러한 금융의 팽창은 자본주의의 가치화와 축적 전략을 부분적으로 제조업과 농업, 서비스업 등으로부터 거리를 두게 하였고 더욱 비물질적이고 관계적인 형태의 생산활동으로 향하게 하였다. 이것과 함께 정신노동과 지식노동에 대한 착취가 여전히 전지구적 경제의 중요한 부분으로 남아 있는 육체노동의 착취와 더불어 점차 증가하고 있었다.

금융노동자들이 세계의 인지노동계에서 두드러지며 특권적인 위치에 있는 인물형이라는 점에는 의심의 여지가 없다. 그들의 수입이 비록 정체 상태에 있기는 하지만, 그만큼 그들의 위험과 스트레스에 대한 노출 역시 마찬가지라는 점 또한 사실이다. 금융 시장의 전지구적이고 연중무휴적인 (하루 24시간 주7일) 속성과 점차 증가하는 전자통신의 사용은 금융노동자들의 업무가 끝나지 않음을 의미한다. 마찬가지로, 이러한 시장의 휘발성과 팽창은 경쟁과 작업 속도의 증가를 의미했다. 판돈이 커지고 이득과 손실 간 잠재성이 큰 차이가 없을 때, 세계 금융 시장에 박차를 가하는 몸과 두뇌들은 이전보다 더욱 높은 수준의 노동 투입에 내몰린다. 이것은 금융노동자들에게뿐 아니라 그들과 밀접한 관계에 있는 이들에게도 함의를 갖는다. 자녀를 둔 금융노동자들에 관한 연구에서, 메리 블레어-로이와 제리 A. 제이콥스(2003)는 이러한 금융노동자들에게 부과된 끝날 것 같지 않은 노동시간과 빈번하게 나타나는 그들의 "일 중독" 경향을 가족 내에서의 "돌봄 결핍"과 연결했다. 실제로, 이 연구에서 조사된 대부분의 금융노동자는 사무실에서보다 가족들과 함께 있을 때 더 많은 스트레스를 받고 있음을 보여주었다. 이 결핍은 성 비대칭을 고착시켰을 뿐 아니라, 여성이 대부분의 일을 하고 남성은 자신을 가족 부양자로 위치시키는 전통적인 가정 내 노동분업을 조장하였다. 그것은 또한 유급 가사노동에 대한 요구를 증가시켰고, 금융 시장이 경제 활동의 맥박을 제공하는 도시들에서 이주 돌봄노동의 팽창을 야기하는 조건들에 촉매로 작용하였다. 만일 홍콩의 홍콩-상하이 은행 건물 아래에 모였던 인도네시아와 필리핀 여성들의 이미지가 그러한 돌봄노동자들 사이에서 새로운 형태의 사회성과 조직화의 출현가능성을 알리는 것이라면, 그 이미지는 그 여성들이 경제적·공간적·감정적으로 금융 분야의 노동자들과 맺고 있는 연관성을 드러내는 것이기도 하다. 이러한 두 집단의 노동자들 — 돌봄노동자와 금융거래노동자들 — 은 젠더, 수입, 육체적·인지적 과업들의 상대적인 할당 등에 관한 세계노동 스펙트럼의 양극단으로 보이는 곳에 자리하고 있다. 그러나 그 두 지단들은 물질적으로 그리고 상징적으로 전지구적 노동의 증식 안에서 연계되어 있다.

금융거래노동자의 전형적인 이미지는 남성에, 자신감 넘치고, 냉소적이다. 올리버 스톤의 영화 〈월 스트리트〉(1987)에 나오는 고든 게코나 브렛 이스턴 엘리스의 소설인 『아메리칸 사이코』(1991)의 화자인 폭력적인 소시오패스이자 투자은행가인 패트릭 베이트먼과 같은 인물들을 떠올리지 않을 수 없다. 그들의 자기충족적 이념들, 여성혐오증, 법의 그늘 안에서의 활동들 등과 함께, 게코와 베이트먼은 시어도어 드라이저의 소설 『금융가』(1912)의 주인공인 프랭크 카우퍼우드에서 그 문학적인 선조를 찾을 수 있는 가공의 인물들을 담은 긴 목록에 올랐다. 그 자체가 일종의 남성성 위기를 나타내는 이러한 과장된 남성적 고정관념은 분명히 실-생활에도 적용될 만한 버전들을 갖고 있다. 금융거래는 남성-지배적인 직업으로 남아 있다. 금융거래노동자들이 매춘부와 스트리퍼들과 향락을 즐기는 일들을 보도하는 뉴스들을 만나는 건 흔한 일이다(Schecter, Schwartz, and Ross 2009). 어떤 연구는 심지어 더 높은 테스토스테론 수치를 가진 금융거래노동자들이 시장에서 더욱 효과적으로 일을 수행한다고 주장한다(Coates and Herbert 2008). 그러나 호르몬, 남자다움, 혹은 남성스러운 행태의 다른 극단들이 더욱 이윤이 되는 시장 수행성을 증진한다고 주장하는 모든 연구에 대해 다른 한쪽이 반대주장을 제기한다. 브래드 M. 바버와 테렌스 오딘(2001)은 여성들이 남성들보다 더 나은 금융 투자를 한다는 점을 발견했다고 주장하며, 그 이유는 여성들이 거래 스타일에 있어서 덜 자만한 방식을 좇으며 이로 인해 거래 비용들을 줄이기 때문이라고 한다. 비록 특정한 고정된 젠더나 성격적 특성을 성공적인 금융거래와 연관시키는 연구들에 정보를 제공하는 방법론적 개인주의에 대한 문제 제기가 분명히 필요하기는 하지만, 금융노동자들이 인종과 젠더 측면에서 더욱 다양해지고 있다는 점 역시 사실이다.

시카고와 런던의 선물시장에서 이루어지는 금융거래에 대한 민속지학적 연구인 『구덩이 밖으로』에서, 케이틀린 잘룸은 21세기 초 몇 년간 런던 소재 금융 회사들이 어떻게 "다문화 패러다임" 안에서 "전문직업화된 금융거래노동자들"을 채용함으로써 자사의 활동들을 변영시키려 하였는지에 대해서 묘사한다. 이 회사들은 "아시아인들, 흑인들, 여성들을 고용하였고, 모두 교육 수준이 높았는데, 이를 통해서 시장의 다른 관점들을 도입하고자 하였다. 이런 논리에 따라서 각 금융거래노동자의 범주적 차이들은 그 혹은 그가 시장을 다르게 해석하도록 이끌었고, 시장의 행위에 대한 일정 범위의 통찰을 제공하였다"(Zaloom 2006, 91). 더욱이, 이러한 노동자 중에서도 미혼인 사람들이 선호되었는데, 왜냐하면 "그들은 [자신들이]" 배우자의 차를 "사줄 수 있는지, 혹은 가족 휴가를 갈 만큼 화폐를 받을 수 있는지와 같은 '관계없는' 문제들에 대해 걱정하지 않을 것이기 때문이었다"(84). 잘룸의 관찰은 금융거래노동자들이 어떻게 세계의 전지구적 도시들 곳곳에서 높은 수요가 있는 엘리트이자 고도의 이동성이 있는 인지노동계의 일부가 되었는지를 밝혀준다. 앤드루 M. 존스가 설명했듯이, "유럽, 북아메리카, 아시아에서 소수의 핵심 금융 중심들에 집중된 전지구적 노동자 풀이 존재한다"(Jones 2008, 6). 국내 노동시장들 간의 차이가 금융거래노동자의 채용 측면에서 무시할 만한 수준이 되는 방식을 밝히는 것은 중요하다. 노동시장 내 그리고 그사이의 경계선을 이런 식으로 재조직화하는 것은 지금 노동력을 형성하는 복수성과 다양성만큼이나 우리가 노동의 증식이라고 부르는 것의 핵심 특성이다. 금융 분야에서 채용 행위들과 관련해 한 가지 함의는 고급 일자리들을 채우기 위한 국제 대행사의 이용이 증가한다는 데 있다. 존스에 따르면, "고용주의 경험으로 볼 때 이러한 직업 중 많은 경우에 있어서 국제적 이동은 명확히 이상적인 특성이며, 또한 초국적 금융 서비스 회사들 내에서 국제 파견 행위들의 결과로 복잡한 유형의 단기 이주들이 있다는 강력한 증거"도 있다(7).

금융거래노동자들은 아예렛 샤하(2006)가 "재능을 향한 경주" 혹은 고숙련 이주민들을 유인하기 위한 부유한 국가 간의 경쟁이라고 불렀던 것의 대상이 된다. 영주권 그리고 궁극적으로는 시민권으로 가는 특혜적인 경로를 빈번히 포함함으로써, 이러한 경쟁은 이주민들이 국가 경제에 가져올 기능과 잠재적인 부-창출 역량의 수준을 조심스레 측정하는 이주계획의 국제적 파급을 일으켰다. 납치, 구금, 불법화 전략들을 통해 기능하는 경계통제 기술들만큼이나, 이러한 경계통제 및 여과 방법들은 실제로 전지구적 이동을 표현하고 조장하는 데 이용되면서 차별과 선별 과정들을 통해 기능한다. 우리는 다음 장에서 그러한 차별적인 포섭을 더욱 깊이 조사할 것이다. 지금은 세계의 상위 금융 분야 직위들에서 이주민들이 차지하는 비중이 점점 커지고 있다는 점을 중요하게 기억할 필요가 있다. 존스(2008)는 런던의 금융노동자 중 최상위 집단 10%에서 15%를 이주민들이 차지하고 있는 것으로 추산했다. 비록 이것은 세계의 돌봄노동자를 구성하는 이주민들의 비율에는 비할 바가 아니기는 하지만, 이제 그런 초국적 이동에 대한 설명 없이 이론적으로 혹은 실증적으로 금융거래노동자나 금융거래 노동행위를 연구하는 것은 불가능하다.

그렇다면, 금융거래노동자들의 두뇌와 신체 속에 담겨 있는 주체적 측면, 역량, 잠재성은 무엇인가, 특히 전지구적 시장들을 구축하는 데 있어서 성공적인 지명과 실행을 이끈 이주민들 속의 그것들은 무엇인가? 이러한 속성들을 판별하고 열거하려는 문헌은 경이로울 정도로 많다. 예를 하나 들자면, 토머스 오벌레크너(2004, 23)는 성공적인 금융거래노동자가 되기 위해 중요한 덕목으로 여겨지는 여덟 가지 특성들을 판별하기 위해 유럽의 주요 은행들에 있는 직업 금융거래노동자들에 의해 부여된 평점들을 분석했다. 그 특성들은 "훈육된 협력, 결정들에 제동 걸기, 시장의 의미 만들기, 감정적 안정성, 정보 가공, 이익에 맞춰진 온전성, 자치조직, 정보 다루기" 등이다. 그러한 연구들은 시장에 나오기 전에 이미 완성된 것으로 여겨지는 금융거래노동자들의 개인 성향 요소들에 대부분

초점을 맞추고 있지만, 대개 고용 결정의 향상을 목적으로 하는 것처럼 위장되어 이루어진다. 노동과 성향에 대한 그러한 행태적 연구들이 2007년에서 2008년 사이에 발생했던 전지구적 경제 위기를 예방했을지도 모르는 방식으로 고용 결정을 바꾸는 데는 거의 한 게 없다는 점은 주목할 필요가 있다. 그러나, 아마도 경제 붕괴를 촉발했던 것은 바로 그 금융거래노동자들의 효율적인 부-창출 행태였고, 그것은 전 세계의 노동자들에게 재앙과 같은 결과를 가져왔다.

다시 말하자면, 금융거래노동자들은 노동자 중에서도 극도로 특권화된 범주에 속해 있다. 그들은 전지구적 자본주의 시스템을 주무르는 사람들이고, 그들이 복잡스러운 도구들과 장비들에 대해 비물질적 조작을 가하는 것처럼 보이는 행동은 명백하게 물질적인 결과들을 낳는다. 금융 세계가 지속적이고 예측 불가능하게 변화하기 때문에, 금융거래노동자들의 고용계약에 있는 (임금 계약 파기 조건 등의) 고용 사항들이 어떻게 미래의 일들에 대응해 진화할지를 구체화하기는 어렵다. 올리비에 고드쇼가 설명한 바와 같이, "계약에 서명이 이루어지면 피고용인의 미래 상태 전반을 위해 이미 존재하는 안정된 명명법이란 없다." 대부분의 경우에 이것은 "직업이 계약에 의해 부여되는 것이 아니라 피고용인들이 노동 집단으로 통합됨에 따라 점진적으로 부여된다"는 것을 의미한다(Godechot 2008, 10). 아카린이 연구한 이주 돌봄노동자들과 마찬가지로, 금융거래노동자들은 이미 정해진 성향 특성들을 파는 것이 아니라 그들의 능력이나 적합한 사람, 환경이 변화함에 따라 그들의 고용주들에 의해 (아니면 시장에 의해) 요구되는 인격이 되기 위한 잠재력을 판매하는 것이다. 그러나 금융거래노동자들과 돌봄노동자들 사이에는 중요한 차이가 있다. 금융거래노동자들은 이전 가능한 자산들에 대한 통제권을 획득할 수 있고(또한 대체로 그렇다), 이로 인해 계약에 대한 재협상을 받아들이지 않는 고용주들을 떠나거나 그들에게 피해를 준다는 위협을 줄 수 있다. 이것이 바로 금융거래노동자들, 특히 사무실과 팀을 이끄는 이들에게 엄청난 상여금이 수반된 대가를 지불하는 — 현재의 경제 위기가 시작될 때 정치인들과 언론들로부터 분노를 산 행동 — 이유이다.

계약이라는 법적 장치가 노동력이 사고 팔리는 조건 등을 설정할 수 없기 때문에, 회사들은 금융거래노동자들의 충성을 확보하기 위해 엄청난 대가를 지불해야만 한다. 많은 논평가가 이러한 상여금이 어떻게 주주들의 가치를 낮추고 금융적 불안정을 만들어 내는 맹목적인 위험 감수를 유도하는지에 초점을 맞추고 있다(예를 들어, Crotty 2011을 볼 것). 이 주제에 대한 많은 논의를 분류하는 도덕주의와는 거리를 둔 채, 우리는 노동 조건들, 이동의 자유, 노동하는 삶의 다수성을 가로지르고 특히 이주민들의 사례에서 드러나는 계약에 관한 더욱 일반적인 지점들을 다루고자 한다. 금융거래노동자들의 상여금 지급에 항상 수반하는 은밀한 협박이나 사보타주 협박은 노동 규제, 경계, 비자 정책 등 돌봄노동자나 다른 저숙련 이주자들에 적용되는 것들에 의해 만들어지는 강제라는 현실의 반대 이미지이다. 부드럽게 가공된 통계적 구성과는 전혀 다르게 노동시장은 조작, 폭력, 선호 행위들로 특징지어지며, 이것들은 오늘날의 노동관계와 과정들에 대한 경계짓기를 요구하는 이동과 정상 근무 간의 불안한 균형에 개입한다. 노동의 일반적인 장을 횡단하는 다양한 형식의 강제, 제한, 협박 등은 다양화된 다수의 현대 노동 주체들의 집합들에 의해 상이한 방식들로 타협된 특정한 조건들과 경험들을 상기시킨다. 동시에, 형식적으로 통합된 "노동시장"의 영역선 내에서의 법적 지위들의 차별화는 노동자들을 고용주들과 자본 관계에 묶어두던 사슬들을 늘리고 꼬아놓는다. 이것이 전통적인 임금 관계의 형식을 띠든 아니면 다른 기제들이나 미끼들(금융거래노동자에 대한 상여금, 돌봄노동자와 그 고용주들 간의 관계를 부여하는 정동, 혹은 이주민들을 노동계약에 묶어두는 비자 요건들 등)을 담든 간에, 화폐와 노동력 간의 "자유로운 교환"

은 주체성의 생산이 당면과제가 되는 복합적인 상황들 속에서 더욱 뒤엉켜서 나타난다.

　노동과 자본 관계에 관한 더욱 일반적인 구성에서 금융거래노동자들의 위치가 갖는 절대적인 특이성을 염두에 두면, 우리는 일련의 역설들이 드러난다는 점을 알게 되었다. 금융거래노동자는 자신의 노동이 영원히 자본가가 되는 하나의 주체성을 생산하는 특별한 종류의 노동자이다. 이러한 특이한 노동력의 생산은 자본의 공간 내에 완전히 포함될 뿐 아니라 이 공간의 팽창과 자원, 시간, 삶들의 지속적인 식민화에도 능동적으로 관여하는 것으로 보인다. 그럼에도 불구하고, 특이한 노동력의 생산은 새로운 주체로서가 아니라 현 상태의 조건에 대한 노동 계약을 보여주는 일종의 법적 과잉의 성격을 수반하고 있다. 즉 그 계약 문서는 특정한 작업장과 시장 동학 안에 깊이 내재되지 못한 상태에서 노동 관계를 규제하기에는 불충분한 종잇조각에 불과한 것이다. 더욱이 금융거래노동자의 산 노동은 전통적인 경제 분석의 관점에서 고정자본의 한 형태로 고려될 수 있는 일련의 특성들을 구체화한다. 이것은 노동자들이 고용주와의 관계에서 자신들의 강점을 구성하는 요인이다(Marazzi 2005, 117~18). 퇴사하겠다는 위협은 그들의 경우에는 특히 강력하며, 이로 인해 그것은 항상 밖으로 드러낼 필요가 없을 정도이다. 고드쇼가 설명한 바와 같이, 이것은 만일 금융거래노동자들이 떠나게 되면, "그들은 정보, 지식, 노하우와 함께 떠나고, 그들은 팀과 함께 떠나며, 그들은 고객과 함께 떠나기" 때문이다. 이런 측면에서, 금융거래노동자들의 노동시장은 "근본적으로 이중적이다. 즉 사람이 거래되는 시장이면서 또한 그 사람들이 갖고 오는 것들의 시장"으로도 나타난다. 금융거래노동자들에 의한 교환의 가치는 "그런 자산들을 담지한 사람들의 고유한 기능들에서보다는 교환되는 자산들 속에 더욱 많이 자리 잡고 있다"(Godechot 2008, 21).

　이런 관점에서, 금융거래노동자들의 수행성을 일련의 고정된 성향 특성들과 연계시키려는 금융적 행태주의 접근은 심각한 어려움을 맞닥뜨린다. 만일 금융거래노동자가 자본가가 되는 일이 결코 끝나지 않는 형상이라면 그/그녀는 단지 경제적 인간 homo economicus에만 머무르지 않는다. 우리는 금융적인 의사결정 활동들에서 개인의 감정적 기질의 역할을 강조하는 연구의 합창에 참여하고 싶지는 않다(예를 들어, Seo and Barrett 2007을 볼 것). 분명히 금융거래는 단지 합리적 행위이기만 한 것은 아니고 특정한 양식의 신체적인 의사소통과 정동적인 표현을 포함하는 사회적·공간적 실천을 특별히 내재하는 행위이다. 잘룸이 관찰한 바와 같이, "금융 시장에서 추상적인 정보를 생산하는 과정 자체는 추상적이지 않다." 관리자들과 기획자들은 "사람들, 기술들, 장소들, 미학들을 자율적인 경제 행위 지대로 통합시킨다"(Zaloom 2006, 117). 성장하는 노동의 신체는 금융거래의 사회적·정동적 차원들을 강조한다. 시장들은 대중들이 서로에 대해 민감하게 모방의 유형에 참여하는 현장이다(MacKenzie 2004; Orléan 1999). 더욱이, 그러한 활동은 경제적으로 중대하다. 크리스티안 마라찌는 "금융화는 모방적 합리성, 개인 투자자들의 정보 결핍에 기반한 일종의 무리 행태 herd behavior에 의존한다"고 적고 있다(Marazzi 2008, 21). 현대의 금융거래 시나리오들에서는, 그러한 집단행동은 전자 기술들에 의해 매개되며 컴퓨터 모니터 위에 복합적인 그래픽 재현을 수용한다. 스크린 앞에 둥지를 틀고 앉아서, 금융거래노동자는 시장이 일상으로 온다는 인상을 받는다(Zwick and Dhokalia 2006). 시장은 이렇게 해서 존재론적으로 개방되어 있으며 펼쳐진 구조가 동반된 일종의 "인식적 객체"로서 부상한다(Cetina 1997). 그럼에도 불구하고, 그것은 다수의 매매 투입을 동반함으로써만 움직이고, 변형하며, 변화한다. 그리고 이것은 사회 세력의 특성들을 획득하기 위해 상호작용하고 모인다.

시장 동력에서 정동의 역할을 강조하는 최근의 흐름에도 불구하고, 합리적 계산과 행태의 지속적인 역할은 분명하다. 실제로, 시장 행위는 정동적이면서 동시에 합리적일 수 있다. 우리가 방금 인용한 문구에서 마라찌가 합리성의 한 형태로서 금융 시장 내에서의 모방적인 행태의 특성을 부여한 점은 중요하다. 금융자본주의의 현시대에, 이러한 종류의 모방적 합리성은 맑스가 유명한 M(화폐)—C(상품)—M'(화폐) 공식을 통해 기술한 산업 형식 내 자본의 지배적 과정들을 대체한다. 맑스가 보기에, 이 과정은 불변자본과 가변자본 모두에 대한 투자 논리의 방향을 설정하고 그것을 형성했다. 그러나 화폐를 위해 화폐를 얻는(M—M') 금융 시장 내에서의 경향은 맑스가 『자본』 3권에서 "이자 낳는 자본"(Marazzi 2011)으로 분석했던 것의 자원과 행위자들이 증식하고 확장함에 따라 새로운 질과 강도를 획득하였다. 이것은 노동을 산업 자본주의하에서 지배적이었던 임금 관계에서 노동이 나타났던 방식과는 매우 다르게 위치시킨다. 돌봄노동자가 인류의 사회적 재생산에 개입한다면, 금융거래 노동자들의 노동 역시 사회적 재생산을 그 대상으로 갖는다고 할 수 있는데, 단지 이 경우에 재생산되는 것은 바로 자본의 사회적 관계이다.

금융화는 금융거래노동자가 수행하는 특정한 형태의 재생산이 야기하는 사회적 효과들에 주어진 기술적 명칭이다. 우리는 이 개념을 이전 장에서 논의하긴 하였지만, 돌봄노동자와 금융거래노동자 간의 관계에 대한 분석을 통해 좀 더 덧붙일 것이 있음을 알게 되었다. 일상생활에 대한 금융의 확장에서 관건은(Martin 2002) 단순히 금융적인 논리와 계산을 가계 관리로 이양하는 — 즉, 돌봄과 많은 다른 재생산 활동들이 수행되는 가정 영역으로 이양하는 — 데 있지 않다. 여기에는 또한 전지구화와 이러한 확장된 금융 활동을 가정 영역권으로 투자하는 특이한 형태의 거리두기가 있었다. 예를 들면, 많은 이주 노동자들이 보내는 해외 송금의 순환을 통해 멀리 떨어져 있는 가족과 개인들의 물질적 필요와 정동적 필요 둘 모두의 필요들에 대응하는 것이다. 더 나아가, 이러한 금융화의 과정들은 부채의 징벌을 전 세계에 있는 인구에게 부과함으로써, 첫 번째 장소에서의 이주를 조장하는 조건에 기여한다. 현대 경제위기에서 더욱 잘 드러났다는 측면에서, 부채의 차별화와 분배는 인구의 전반적인 삶을 관장하는 수단이 되었다(Lazzarato 2012). 공공 부채에서 국가국가 부채까지, 가구 부채에서 개인 부채까지, 학업 부채에서 의료 부채까지, 부채의 유령은 현대 사회들을 가로질러 확산하여 왔다. 더욱더 추상노동의 표준이나 규범은 ─ 개인들과 전체 인구에게 금전적 가치의 생산이라는 측면에서 자신들의 활동들을 측정하도록 밀어붙이는 ─ 부채의 논리와 그것에 의한 삶의 식민화와 뒤엉킨다. 위기를 관리하고 가치를 증권화하여 자금을 조달하는securitizing 업무들과 같이, "금융파생상품을 동반한 자본주의"(Bryan and Rafferty 2006)의 시대에 금융거래노동자의 업무 중 상당 부분에 해당하면서 단순한 기술적 작업과는 거리가 먼 것들이 정치적 통제의 중심이 되었다. 금융과 전쟁, 시장과 군대 간의 상호침투가 점차 증가하는 것은 정치권력의 전개에 있어서 이러한 변화들에 대한 중요한 신호이다(Martin 2009). 주권과 통치 간의 영역선은 불명확해졌고, 이는 돌봄노동자와 금융거래노동자와 같은 노동 인물형들이 점점 안정적인 중심이 없는 것처럼 보이는 전지구적 시스템의 미로들 속에서 자신들의 생산적이고 재생산적인 역할들에 대해 타협하도록 하였다.

구속의 사슬, 연결의 사슬

이주 가사노동자와 돌봄노동자 그리고 금융거래노동자는 종종 물리적이고 상징적인 방식으로 교차한다. 이것은 더욱 간접적인 연계 형식뿐 아니라 직접적인 고용 관계들을 포함하기도 하는데, 이를테면 이주자들의 송금이 금융 투기와 위기관리 전략의 대상이 될 때 생성되는 것들과 같다. 더욱이, 사스키아 사센(1991)이 "전지구적 도시들"이라고 명명하였던 것들뿐 아니라 많은 현대 도시들의 환경과 생활 스타일은 이 두 인물형 간의 동시간적 현존과 만남으로 특징지어진다. 우리는 어떻게 그러한 연계, 의존, 무관심의 관계들을 이해할 수 있을까? 동시에, 이것들은 모두 자본 자체인 사회적 관계에 의해 부여된 것들이라는 점이 기억되어야 한다. 물리적 공간과 가상 공간의 광대한 너비를 가로지르는 이러한 연계를 가능케 하는 조건들은 무엇인가? 분할의 물질적 과정들은 어떻게 이러한 두 인물형이 얽혀든 노동의 증식과정을 필요로 하게 되었는가?

사슬 은유 부분으로 돌아가 보자. 이것은 결코 단순히 노동자를 자본에 묶는 속박을 묘사하는 도구만이 아니라 조립과 생산과정의 다양한 연결고리와 단계들을 형상화하는 방법의 하나였다. 처음에 구체화했던 것과는 거리가 먼 맥락에서 이후에 대체되고 활용된 정치적 행위의 이상적 전략으로서 투쟁이 자본주의 사슬의 가장 약한 고리에서 이루어져야 한다고 주장했을 때, 레닌은 이러한 함의들을 모두 염두에 두었던 것으로 보인다. 사슬 개념에 대한 보다 최근의 활용을 보면, 사슬이 생산과정에서 상이한 요소들을 연결하거나 발현시키는 다양한 방식에 좀 더 강조를 두고 있다(Bair 2009). 노동과 생산 활동의 다양한 예시화들이 서로와 연결되고 서로로부터 분리되는 방법을 개념화하는 가장 영향력 있는 방법의 하나는 전지구적 상품 사슬에 대한 인식을 활용하는 것이다. 세계체제론자들에 의해서 도입된 것으로서(Chase-Dunn 1989 ; Gereffia and Korzeniewicz 1994 ; Hopkins and Wallerstein 1986), 전지구적 상품 사슬 분석은 초국적 노동 생산과정들이 물질적으로 어떻게 현대 세계 경제 내 경제체[국가], 기업들, 노동자들, 가구들을 연결하는지를 추적한다. 전지구적 제조 시스템의 출현과 결과뿐 아니라 전지구적 돌봄 사슬들에 대한 구체화에도 초점을 맞춤으로써, 이 접근법은 그 연속과정에서 각 연결고리와 함께 일어나는 투입과 산출을 강조한다. 동시에, 이 접근법은 물질적·금융적·인적 자원들의 사슬 전반에 걸친 분배를 결정하는 통치의 지리적 분산과 구조 들의 유형에 주목한다. 그러한 분석이 비록 전지구적 경제 내에서의 상품 생산과 분배의 조직화를 위한 다양한 방법들에 매우 민감하기는 하지만, 그것은 우리가 돌봄노동자와 금융거래노동자들에 관해 물어 왔던 유형의 질문들에 초점을 맞추는 접근법에 의해 보완될 필요가 있다.

전지구적 상품 사슬 접근법은 우리가 이전 장에서 다루었던 새로운 국제노동분업에 관한 논쟁과 마찬가지로 세계의 노동과 생산을 가로지르는 안정적인 지리적 분할을 가정하는 경향이 있다. 이 접근법을 두고 우리가 망설이는 것은 금융거래노동자들과 같은 인물형들이 수행하는 활동들로부터 정확히 기인한 것이다. 이들 거래 노동자들은 그러한 지리적 분할들을 절단하고 뭉뚱그리는 전략들을 끊임없이 좇고 있으며, 자산들을 수집하고 축적함으로써 이러한 장벽들을 파편화하고 재배치하여 더욱 새롭고 더욱 추상적인 종류의 경계들에 의해 분할된 위기의 편린들로 만든다. 반대로, 전지구적 돌봄 사슬들은 최근 몇 년간 제1세계와 제3세계, 북반구와 남반구라는 오랜 구분들을 넘어 적절히 변형되어 왔고, 뉴욕, 두바이, 파리, 뭄바이, 상하이, 리우데자네이루 등 세계 곳곳에 전방위적으로 확대되었다. 비록 이러한 변동성이 지닌 신속성과 예측 불가능성들이 이러한 이미지가 전달하는 안정성 관념에 도전하기는 하지만, 이러한 사슬 모형이 이러한 새로운 위치들을 명확히 설명할 수 있다는 데는 의심할 나위가 없다. 더욱이 빈번하게 이주 경험의 특성을 부여하는 대격변과 강제퇴거의 이야기들과 함께 돌봄을 통한 만남에 매우 중요한 주체적·관계적 요소들은 이 전지구적 상품 사슬 접근법 때문에 불분명해졌다. 금융거래노동자들의 경우에 자신들이 살고 있고 그 형성에 기여하고 있는 세계가 점점 더 격변과 청산의 은유로 묘사되고 있는 것은 우연이 아니다(Ho 2009). 이것들 역시 그것의 견고하고 단선적인 연결고리와 함께 사슬의 이미지에 매우 상이한 함의를 갖고 있다.

전지구적 상품 사슬 접근과 관련해서 우리가 우려하는 것은 단지 사슬의 은유가 함축하는 선형적이고 목적론적인 연계 과정뿐만은 아니다. 비평가들은 이미 반복적인 환류, 네트워크, 클러스터, 현대의 생산과정을 더욱 잘 개념화하기 위한 망상 조직 등에 더 많은 주의를 기울일 필요가 있다는 점을 지적해 왔다(Dicken et al. 2001 ; Pratt 2008 ; Raikes, Jensen, and Ponte 2000). 예를 들어, "공급 사슬 자본주의"에 대한 애나 칭의 분석은 상품 사슬이 어떻게 "우발적 사건, 실험, 타협, 불안정한 약정과 관련하여 이해될 필요가 있는" 방식으로 진화해 왔는지를 강조한다. 그는 노동력의 생산과 훈육에 기여하는 사슬의 바깥에 존재하는 것이 "내적 통치 표준들"뿐만 아니라 사회·문화적 조건들이기도 하다는 점을 제기함으로써 노동 인구와 상품 사슬에 관한 우리의 논의와 같은 맥락에서 이 점을 확장한다(Tsing 2009, 15~51). 전지구적 상품 사슬 분석가들은 사슬과 함께 일어나는 생산과정들과 연합한 구획된 공간들을 가로질러 이미 주어지고 분배된 노동 인구 집단을 고려하는 경향이 있다. 비록 그들이 노동 인구에 대한 기업 간 연계들, 특히 임금과 기술적 성능개선에 관해 자주 분석을 하기는 하지만, 그들은 노동력의 생산과 재생산에서 주체성과 권력에 관한 질문들을 원천봉쇄하는 경향이 있다. 이렇게 해서, 그들은 노동 이동과 노동 투쟁에 관해 관심을 거의 기울이지 않는다. 그 둘 간의 관계는 말할 것도 없이.

상품 사슬 접근은 노동 인구가 구성되고 내재되는 구체적 조건들에 대한 최소한의 분석을 제공한다. 여기에는 국가 규제의 행사, 고용주들의 고용 및 노동 통제 전략들, 사회적 기원, 성, 종족, 나이 등등에 기반한 포섭과 배제의 유형들, 혹은 누가 노동력에 진입하느냐에 대한 결정에 영향을 주는 가족 내 관계들 등이 포함된다. 그것들은 또한 모든 생산 활동에 의해 생성되고 추상노동을 측정하는 데서 분명히 드러나는 추상적인 사회적 관계에도 어느 정도 주의를 기울인다. 추상노동은 우리가 일전에 주장했듯이 전지구적 자본주의의 규제 복합연계를 재현하고 산 노동을 구성하는 다수성과의 긴장 속에 존재한다. 생산의 내재적 요소들과 추상화된 요소들의 상호 구성에 관해 적절한 주의를 기울이지 않으면, 갈등으로 가득한 그 과정을 완전히 이해할 수 없다. 그 과정을 통해 이주자를 포함한 다양한 사회적 행위자들은 노동의 사회적 조직, 심지어는 추상화 노동조차도 활기를 얻게 되는 구체적 관계들을 변화시키려 시도함으로써 시장의 추상적 요구에 대응하기 때문이다.

우리가 돌봄노동자들과 금융거래노동자들에 대한 이 장의 분석에서 중시한 것은 이러한 노동 형태에 특정된 주체성의 생산을 강조한 지점이다. 또한, 우리는 돌봄노동자와 금융거래노동자들에 대한 탐구를 통해서 분별된 산 노동의 윤곽들이 어떻게 다른 고용의 장들로 확대되는지 그리고 공간에 대한 자본의 통제와 생산이 이종적인 노동 주체들과의 만남을 통해 형성되는 더욱 일반적인 영역들로 어떻게 확대되는지에 대한 설명을 제시하고자 하였다. 여성 이주자들이 국경선을 넘어 이동하려는 행위들은 국내 돌봄노동시장뿐 아니라 전지구적 돌봄노동 사슬들의 재생산에 핵심적인데, 이것은 노동의 성별분업이라는 가부장적 유형으로부터의 자유의 모색과 그것과의 갈등과도 중첩된다. 금융거래노동자들의 경우에 그들의 활동들은 점점 영토적 경계와는 유리되어 가고 있는 금융 영역에서 자본 변방의 확대를 야기했다. 금융적 통제의 정치적 논리와 금융거래노동자들이 형성에 기여하는 영토성territoriality 간의 긴장 역시 현재 경계의 변화하는 속성에 대한 모든 고려에 중요한 영향을 미친다. 현대 전지구적 자본주의의 핵심에 있는 이러한 긴장과 단절은 상품 사슬의 이미지에 적절하게 반영되지 않는 방식으로 현대 전지구적 자본주의 공간들을 분해한다. 그럼에도 불구하고, 상품 사슬이라는 인식은 쉽게 폐기되지 않는다. 왜냐하면 그것은 생산물과 이미지의 물신주의에 매우 쉽사리 유혹되는 세계를 묶는 연계 고리의 물질적 측면을 묘사하고 있기 때문이다.

상품 사슬에 대한 우리의 접근은 그 사슬들의 또 다른 면에 대한 적절한 관심이 없이는 그것의 형성과 유지에 관해 가장 기술적인 측면에서조차 적절히 이해할 수 없다는 확신에서 착안하였다. 여기서 사슬들의 또 다른 면이란 맑스와 엥겔스가 세계의 노동자들에게 자신의 사슬로부터 자신을 해방하라고 탄원할 때 언급한 것이다. 돌봄노동자와 금융거래노동자에 대한 우리의 논의는 이러한 인물형을 노동관계로 묶는 매우 다른 종류의 사슬들에 주목하도록 한다. 돌봄노동자의 경우에, 이것들은 기본적으로 [비자와 같은] 이주 관련 문서들로 실체화된 정동과 법적인 기제 간의 구속선이다. 그것들을 가지고 돌봄노동자들은 자신의 고용주들, 브로커들, 자신들이 떠났고 거쳐왔으며 일하고 있는 국가들의 관료 기관들과 협상한다. 자본의 변방과 영토적 경계 간의 차이들을 작동시키는 금융거래노동자들에게 사슬은 상당히 돈이 되는 장치이면서 동시에 속박이 되는 도구가 될 수 있다. 상여금 지급과 온갖 종류의 다른 인센티브와 부가 소득들은 이러한 자본의 주인들을 회사와 특정한 시장의 위치들에 묶어주는 고삐로 작동한다. 이것은 금융적 격동과 소용돌이가 금융거래노동자들 자신이 재생산하고자 하는 바로 그 통제 형식에 스스로를 묶는 또 하나의 오랏줄을 만든다는 점에도 불구하고 사실이다.

구속의 사슬에 주의를 기울이는 것은 우리가 노동의 장 전반에 걸쳐 노동 인구의 생산과 재생산에 기여하는 불화, 불협화음, 투쟁들에 대한 관점에서 전지구적 자본주의의 세계를 연결하는 사슬의 연결 기능에 대해 재고하도록 해준다. 이러한 긴장은 종종 노동자의 개성에서 유발된다. 자신이 돌보는 사람에게 호의를 갖고 있지만, 이 일을 하는 데 돈을 주는 그 고용주를 혐오하는 돌봄노동자를 생각해 보자. 아니면 끊임없이 객관적인 것으로 보이는 시장 세력과 그 시장 세력이 자신의 행동을 통제하는 방식에 자신의 자본가적 본능과 욕망을 옮겨 놓는 금융거래노동자를 상상해 보자. 돌봄노동자와 금융거래노동자는 이런 방식으로 구성된 개성을 가진 유일한 존재들이 아니다. 여러 다른 경우들이 존재한다. 자신의 연금 기금이 축적되고 있는 시장을 양적으로 유연화하려는 노동시장 개혁에 반대하는 행동에 참여한 산업 노동자를 생각해 보라. 아니면 자신이 예전에 경작했던 농지에 거주하는 인구들을 위해 강제로 서비스 업무를 하게 된 인도의 강제퇴거 농민을 생각해 보라. 만일 세계의 노동자들이 자신들의 단결을 집단적으로 다시 상상하고 물질적으로 구성하려 한다면 이러한 다수성을 이해할 필요가 있다. 이것은 노동자 개인의 육체와 영혼을 가로지르고 숙련 노동과 비숙련 노동을, 육체노동과 정신노동을, 산 노동의 구성에 기여하는 종족화와 불법화 과정 간의 전통적 분리를 낳는 분열과 분리의 연쇄 전반에 대해 다시 타협함을 의미한다. 오늘날에는 자본의 사슬로부터 자유로워지는 것은 분명한 거부의 행위를 요구한다. 그것은 단순히 상품 사슬이 세계를 엮는 방법을 재배열하는 것을 통해서는 얻어질 수 없다. 달리 말해, 접합적 정치는 충분하지 않다. 필요한 것은 세계의 노동자를 구성하는 주체의 이종적인 배열을 통해, 우리가 노동의 증식이라고 부르는 것을 받아들일 수 있는 구성적 정치이다.

누구의 단결?

아마도 오늘날 우리는 단결의 개념에 대해 지나치게 의심스러워하는 것 같다. 단결에 대한 호소가 수많은 노동 투쟁과 노동운동의 전체 역사를 거쳐 가져온 정치적·수사적 유용성을 부정하기는 어렵다. 그런데도, 단결의 전통적 언어들과 노동조합에서 벌이는 조직적 실천들은 젠더와 인종을 둘러싼 투쟁과 저항들 때문에 그리고 최근 자본주의의 대변혁을 목격한 점차 증가하는 노동 인구의 파편화에 의해 도전을 받아 왔다. 이것은 한편으로 동일주의적[3]이건 "미시정치적"이건 상관없이 분리주의 입장의 확산과 단일-관심의 정치 캠페인과 운동의 확산을 낳았다. 농민 반란과 폭동에 의해 새로운 특징이 생겼는데, 이것은 종종 일상적이고 심지어는 사소한 부정의injustice 행위들에 의해 촉발되지만, 반감의 수준에서는 복종, 위태로움, 황량함과 같은 더욱 광범위한 쟁점들을 상징화하게 된다(Hardt and Negri 2009, 236~38). 비록 이러한 입장들과 사건들의 많은 수가 즉시 노동투쟁으로 연결되는 것은 아니지만, 그것들은 우리가 이 장에서 분석하는 노동과 자본의 변이의 배경과 반대되는 징후로 읽힐 수 있다. 이러한 변화들은 단결을 쉽사리 유도하지 못하게 하고 그것이 왜 단순한 수사로 환원될 위험이 있는지에 대해서도 설명한다. 그것들은 산 노동의 구성을 가로지르는 경계와 영역선의 확산을 낳으며, 광범위하고 다양한 형식으로 다른 수준에서 자본에 대한 종속을 점차 확산시킨다. 그것들은 또한 일과 삶에 대한 동시대적 경험을 요구하는 주체의 특성과 과잉을 만들어 내는 데 있어서 사회적 협력의 적합성을 강화하기도 한다. 노동의 증식 개념은 이러한 과정의 양면인 파편화와 과잉을 확보하고, 이론적 측면뿐 아니라 정치적 측면에서 단결을 높이기 위해 그것들 간 간극의 핵심적인 연관성을 지적한다.

단결 개념이 제시하는 그러한 딜레마를 극복한다는 것은 노동 통제와 노동 훈육 체계가 맑스와 엥겔스가 세계의 노동자들에게 자신들의 사슬을 떨쳐내라고 북돋웠던 때 이후로 더욱 신중하고 정밀하게 조정되어 왔음을 인정한다는 의미이다. 그러나 그것은 또한 자본이 동시에 전 지구적 통제이기도 한 자체의 단결을 형성하는 뒤엉킨 방법들을 분석한다는 의미를 함축하고 있기도 하다. 자본의 이러한 근본적인 측면에 대

---

3. identitarianism. 정체성주의 혹은 아이덴티타리어니즘이라고도 한다. 특정한 사회 정체성을 중시하는 이념으로 최근에는 백인우월주의 같은 극우 성향 운동과 결합하여 나타나고 있다.

응하는 도발적인 방법은 알프레드 손-레텔의 중요한 저서인 『지적 노동과 육체적 노동』(1978)에서 찾을 수 있다. 이 책은 20세기 자본주의의 발전에서 지식과 인지 역량의 역할에 대한 상당히 논쟁적인 질문에 대해 어느 정도 반직관적인 접근법들을 제공하였다.

광범위한 역사적 풍경을 가로질러 지적 노동과 육체적 노동 간 관계들의 변화하는 중요성에 대한 질문에 답하기 위해, 손-레텔은 "사회적 합성"social synthesis 개념을 제시한다. 그는 이것을 매우 일반적인 방식에서 "사회가 응집된 전체를 형성하는 관계망"으로 정의한다. 그는 "사회적 형식들이 발전하고 변화"하는 것과 같이, "노동분업에 따라 그 형식 간에 작동하는 다수의 연결고리들을 함께 묶는 합성도 마찬가지이다"라고 말한다(1978, 4). 이런 맥락에서 합성을 진행하는 것이 일련의 총체적인 (독일의 비판·관념 철학에서 손-레텔의 훈련과 연계된) 불필요한 암시를 가져오기는 하지만, 이러한 접근은 노동의 증식과 분업의 다양한 유형들이 사회적·역사적 세력들의 압력 아래에서 변형되는 방식들을 이해하는 수단을 제시한다. 손-레텔이 "관계들의 네트워크" 혹은 "연결의 다수성"이라고 부른 것 그리고 그가 사회를 하나로 묶는 것으로 이해한 과정 간에 긴장을 만드는 것은 네트워크나 회집체(Castels 1996 ; DeLanda 2006 ; Latour 2005)와 같은 관념들에 크게 의존하는 현대의 사회 이론들을 바라보며 단결의 질문에 대응하는 유용한 방식이기도 하다. 이러한 이론들이 사회학적인 사고의 기저를 이루는 유기체설을 비판하는 방식은 자본의 체계적 속성과 논리를 부정하는 경향이 있는 사회 자체가 어떻게 뭉치는지(혹은 흩어지는지)에 대한 강조를 담고 있다. 손-레텔은 그러한 유기체설에 대해 신랄한 비판을 제기한다. 그는 자신이 사회를 형성하는 연결고리들과 분할을 조합하는 "사회화" 과정이라고 부른 것을 강조한다(1978, 139). 그가 다수성의 범주와 단결의 범주를 사이에 두고 저울질하는 것은 변화하고 다양화되는 사회 조직의 전략을 가리키는데, 이것은 근대의 태동기에 "자본으로 이용된 화폐에 의해 활성화된 금전적 교환" 주위로 수렴되기 시작한다(139). 현대의 네트워크와 회집체 이론가들과 마찬가지로, 손-레텔은 사회와 자본과 같은 범주들이 구성되는 방식에 관심을 가졌다. 그렇지만 이런 부류의 사상가들과는 다르게 그는 광범위하고 다양한 목적들에 대해 이러한 개념들이 가진 타당성과 분석적 효용을 부인하지 않는다. 여기에는 지식노동과 육체노동의 변화하는 배열에 대한 조사도 중요하게 포함되어 있다. 이러한 접근의 적합성은 1970년대 포드주의의 위기 이후 이러한 배열의 진화를 둘러싼 논쟁을 생각하면 분명하다.

비물질노동 개념에 대해 생각해 보라. 그것은 1990년대 초 파리에 망명했던 이탈리아 오뻬라이스터 사상가들에 의해 처음 도입된 이후로 많은 논쟁을 불러일으켰는데, 이것은 후기 포드주의 조건 아래에서 적대와 전복이라는 정치적 조건들에 대해 다시 성찰하기 위한 시도 중 일부로서였다(Lazzarato 1996 ; Negri and Lazzarato 1991). 중요한 것은 "서비스, 문화 상품, 지식, 의사소통 등의 비물질적 상품을 생산하는 노동"(Hardt and Negri 2000, 290)을 묘사하는 이 개념이 복합적인 "관계 네트워크"의 존재와 생산을 함축한다는 것이다. 그것이 의사소통과 언어적 교환들에서 나타났건 아니면 정동적이고·감정적인 "신체적 양식의 노동"에서 나타났는지는 상관없이 말이다(Smith 1987, 78~88). 비물질노동을 둘러싼 정교화와 논쟁들은 그 개념의 양극단 사이에서 오락가락함으로써 항상 교차하였다. 한편으로, 그러한 정교화는 로버트 라이히(1991)가 "상징적 분석 서비스"라고 지정했던 것으로 유명한 지식노동과 지식 영역의 중요성이 증가하고 있음을 밝히길 원했다. 그것은 또한 정보처리된 제조 작업, 창조 산업들, 돌봄노동과 같은 다른 고용 영역들에서 관계적인 활동들의 우월성을 강조하였다. 다른 한편으로, 비물질노동 개념은 이러한 종류의 노동 활동이 갖는 헤게모니와 그것들이 전지구적 범위에서 자본주의의 발전을 견인하게 되는 방법에 관한 주장을 내포하였다. 대부분의 비판은 이 두 번째 지점 주변에 집중되는 경향이 있었다. 그 비판들은 비물질노동의 헤게모니에 대한 요구들이 노동의 장을 둘러싸고 구조를 부여하는 사회적·공간적 위계들을 흐릿하게 만들었다는 점을 우려하였다(Caffentzis 2005 ; Holmes 2005 ; Wright 2005). 분명하게 이것은 그 개념을 최초로 구체화한 사람들이 이미 설명하고자 애를 써 온 문제였고, 또한 논쟁이 지속돼왔다는 것 역시 사실이다. 비물질노동은 포드주의의 위기 이후 노동에 대한 연구와 논쟁의 새로운 장을 연 역사적 개념으로 접근되어야만 하지만, 이론적 비판보다는 물질적 환경에 의해 대체되어 왔다.

마이클 하트와 안토니오 네그리(2009)와 같은 인물들조차도 자신들의 최근 작업에서는 비물질노동 개념을 활용하지 않는 경향이 있는데, 그보다는 "비물질적 상품들을… 생산하는 노동의 형태들", 아니면 더욱 구어체로 "머리와 가슴의 노동"에 대해 말하는 것을 선호한다(132). 우리가 노동의 증식 그리고 그와 연관된 경계의 확산이라고 부르는 것은 이러한 명명법의 변화가 가져오는 이동의 징조를 보여준다. 오늘날 노동과 관련된 입장이 가진 스펙트럼의 특징을 보여주는 이종화에 초점을 맞추는 것은 다양한 노동의 인물형들을 연결하고 분할하는 (손-레텔의 문구를 상기하면) "연계의 다수성"을 지도화하는 더욱 느리고 더욱 인내심 있는 과정을 요구한다. 비물질노동 개념이 돌봄노동자와 금융거래노동자들의 경험만큼이나 서로 다른 경험을 하나로 묶을 수 있다고 가정하는 것보다는, 조각들을 짜 맞추고 그것들 간에 그리고 그것들을 뛰어넘는 분할과 연계 모두를 생성해 내는 사회화 과정들을 인지할 필요가 있다. 이런 점에서 우리가 7장에서 수행하게 될 서로 다른 노동 인물형들 간의 연결과 분리들이 어떻게 뒤섞이고 재조합되는지 그리고 이러한 조립물들이 어떻게 "측면적" 공간들(Ong 2006)을 가로질러 움직이고 뻗어 나가는지를 추적하는 작업은 지금의 논의에 중요한 보완물이다. 지적 노동과 육체적 노동 간의 영역선으로 돌아갈 필요가 있다.

　지식을 기계로 편입시킴으로써 생산과정에 대한 자본의 통제를 확립한 육체노동의 표준화와 지식노동 형식들 간 형식적 분할을 제도화한 이후로 지적 노동과 육체노동이 어떻게 재조직화되고 재부호화되어 왔는가 하는 지점은 두 노동 유형들 간 영역선에 관한 가장 중요한 질문 중 하나이다. 손-레텔(1978, 66)의 설명에서 보면, 정신노동을 육체노동으로부터 분리하는 것은 상품 교환에서 기원을 찾을 수 있는 추상들을 활용하는 것이다. 그가 보기에, 그러한 추상들은 "육체적 실재의 일차적인 본성으로부터 끌어온 것이 아니라, 이차적이고 순수하게 사회적인 본성으로서 상품 생산의 시대에 '자신들의 자의식을 결정하는 인간의 사회적 존재'의 핵심적인 부분을 구성하는 것"으로부터 기인하는 것이다(74). 우리는 여기에서 손-레텔이 제시한 사적 유물론의 특이성에 대한 재성찰에 의지할 수는 없다. 그보다 우리에게 흥미를 주는 것은 그가 정신 혹은 지식 노동의 뿌리를 "상품 형식"에 대한 분석, 그것도 교환과 시장의 영역에서 찾는다는 점이다. 손-레텔은 육체노동이 위치하는 이 영역과 생산 영역 간의 긴장을 강조한다. 그는 자본주의의 초기 단계에 상응하는 "사회적 합성"을 서로에 대한 자율에 기반하여 육체노동의 지적 노동으로의 종속을 재생산하는 회집체로 특징화시킨다. 그러나 19세기가 끝난 이후로 이러한 자율은 자본주의의 발전에 의해 도전을 받게 되었다.

　"테일러 시스템"과 그에 관련된 "일관 생산 방법"에 대한 분석에서, 손-레텔은 지금은 이제 자본주의의 사회적 형태에서 "시발점을 이루는 것은 노동 자체"라는 사실을 지적한다(1978, 140~41). 우리는 여기에서 테일러주의에 대해 해리 브레이버만(1974)이 제시한 영향력 있는 분석과는 상당히 다른 분석과 마주하게 되는데, 브레이버만의 분석은 정신노동과 육체노동 모두의 "질 저하"에 초점을 맞춘다. 손-레텔은 일관 생산과 대량 생산을 자본의 지배하에서 "노동의 사회화"가 정점에 이른 상태로 이해한다(Sohn-Rethel 1978, 165). 생산과정에 대한 과학의 편입이 극적으로 증가함으로써 육체노동이 이전에 배타적으로 차지해 왔던 영역을 지식노동이 대체한다. 손-레텔에게 이것은 지식노동이 그것의 쌍둥이인 육체노동에 대해 지녔던 자율성에 불안정을 가져온 기원이다. 그가 보기에 문제의 근원에는 인지와 추상 간의 관계가 있다. 손-레텔은 "추상이 사고의 배타적 특권이라는 오래된 생각"(7)에 의문을 제기한다. 그리고 노동과 화폐의 추상성을 상품 형식의 사회적 중재의 심장부에 위치시키는 맑스의 생각 요소들을 강조함으로써 "실제적인 추상" 개념을 만들어낸다. 이 개념은 사고와 지식노동 영역의 훼손과 제한을 함축하고 있으며, 이것은 손-레텔이 현대성에서 과학과 자본 간의 점진적인 뒤엉킴에 직면해서 "독립적인 지성"의 인식을 향한 모험을 재구성하면서 추적하는 것이기도 하다(67~79). 이 과정은 "일관 생산"과 "독점"(163~165) 형태의 자본주의와 연관된 노동의 합리화와 사회화와 함께 새로운 단계에 진입한다. 새로운 사회화 원칙은 노동 과정에서 직접적으로 나타나 상품 형식, 시장 교환, 노동의 생산물에 대한 사적 전유 위에 구성된 "사회적 합성"을 파괴하겠다고 협박한다. 이러한 "독점 자본주의"의 "이중 경제"에 직면하여(163~65), 손-레텔은 지식노동 자체의 구조적 변혁을 지적하였는데, 이는 점점 더 사회화의 새로운 원칙에 의해 형성되고 있다. 그는 이러한 변혁들이 육체노동과 지식노동 간의 분할을 극복하게 될 혁명적인 이행의 기회를 제공한다고 주장한다.

다른 사상가들은 이렇게 정신노동이 생산과정으로 통합되는 것에 대해 유사한 설명을 제시하면서, 그것의 정치적 결과들을 강조하였다. 1960년대 초에 이미 로마노 알꽈띠와 마리오 뜨론띠와 같은 이탈리아의 오뻬라이스티 사상가들은 노동 사회화의 확장된 범위에 대해 논의하였고 그것을 사무실과 공장을 넘어 움직이는 노동자들의 투쟁을 위한 이론적 필연성을 구축하는 방식으로 기술하고자 하였다. 이러한 통찰이 비록 어느 정도의 긴장과 한 세대 이상의 정치사상가와 조직가들을 고무시키기는 하였지만, 육체/정신노동 분할에 관해 가장 흥미로운 설명 중 하나는 한스-위르겐 크랄이라는 1970년에 자동차 사고로 죽은 독일인 학생 리더이자 아도르노의 변절자에게서 나왔다. 일련의 에세이와 철학적 단편 글들에서, 크랄(1971)은 생산 노동이 정신노동과 구조적으로 분리될 때 유효성을 유지하는 생산 영역과 의식 영역 간의 분석적 분리가 지식노동이 생산과정의 구성적 요소가 될 때 그 의미를 상실한다고 주장하였다. 생산 주기의 진보적인 지식화와 더불어, 감정적·언어적·창조적 에너지들이 가치의 생산에 포함된다. 결과적으로 노동자 운동의 조직적인 모형들과 정치적 기획은 변할 수밖에 없었다. 이러한 모형과 기획은 노동자들이 사회를 구조화하는 지식 체계를 인식하지 않아도 자신들의 직업에 관해 알 수 있다는 전제에 더 이상 기반할 수 없게 되었다. 지식노동자들은 생산 주기를 횡단하는 지식의 사회적 체계에 관한 — 얼마나 파편적이고 혼란스러운지는 상관없이 — 구체적인 지식과 자각을 발전시킨다. 그 결과, 그들은 점차 자본에 의해 주어진 노동의 객체화된 형식을 감내할 수 없게 되었고, 그들의 사회성은 자율과 거부를 향해 조직화할 수 있는 방향으로 발전한다.

손-레텔, 뜨론띠, 크랄, 그리고 그 외의 사람들에 의해 파악된, 그리고 "세계의 1960년대"(Connery 2007)의 사회적 혼란과 역사적 균열 속에서 명료해진 혁명적 기회를 자본이 제거해 버릴 수 있었던 방법을 조사해 볼 필요가 있다. 이것은 손-레텔이 새로운 사회적 합성이라고 묘사할 만한 것을 자본이 형성하는 결과만을 낳은 것이 아니었다. 그것은 또한 우리가 앞 장에서 살펴보았던 요란스러운 형태의 공간적 재조직화와 이종화를 포함하기도 한다. 이것이 전지구적 노동이 생성되는 지점이며 이종화와 증식의 과정들이 노동으로부터 가치를 추출하는 새로운 기술에 끼어드는 지점이다. 종종 이것은 유연성과 혁신이라는 인식에 기반한다. 예를 들어, 뤽 볼땅스키와 에브 시아뻴로(2005)는 1970년대 초기에 자본 통제에 대한 거부로서 인식되었던 유연성과 노동시간 감축에 대한 노동자들의 요구가 어떻게 자본 고유에 의한 유연성의 실천과 이데올로기의 생산으로 빠지게 되었는지를 추적한다. 이러한 변화들은 "채용된 노동과 (멀티태스킹, 자기통제, 자율의 개발 등등의) 기술들의 조직화"에 심오한 영향을 미쳤고, "고용(일용직, 임시직, 자영업), 노동시간, 혹은 노동기간(파트타임 직업, 가변적인 시간) 등의 측면에서 가변적인"(218) 노동력을 만들었던 절약형 생산과 하청계약 전략들을 낳게 되었다. 혁신과 지식 자산의 축적이 핵심적인 경제적 속성이 된 반면에, 지적인 업무 및 활동과 육체적인 업무 및 활동 간의 재조합은 산 노동 구성의 심대한 변혁을 가져왔고 노동-계급의 단결에 대한 기존의 인식에 도전하였다. 새로운 개념적 갑주는 투자와 위기관리 논리의 일반화에 따른 총체적인 사회적 구조물의 작동들에 대해 재고하고자 하는 신자유주의적 경제학자들과 사회과학자들에 의해 만들어졌다. 미셸 푸코(2008, 215~33)의 논의로 유명해졌듯이, "인적 자본"(Becker 1962)에 대한 인식은 이러한 경향을 예증한다.

미국의 대통령이었던 리처드 닉슨이 1971년 미국의 달러에 대해 금본위제를 포기하기로 한 이후 새로운 단계에 접어들었던 금융 시장의 전지구화는 삶의 수많은 영역에 걸쳐 전례 없는 위기관리의 팽창을 위한 구조를 제공하였다. 동시에, 이 전지구화는 손-레텔(그리고 맑스의) 설명과 같이 상품 교환에 의해 수행된 근본적인 기능을 보완하게 되었다. 즉 "노동의 통약commensuration을 수행하는 사회적 연결체"(Sohn-Rethel 1978, 169)의 재생산이 그것이다. 이 통약이 바로 우리가 추상노동의 관점에서 분석했던 것이다. 무장해제된 것처럼 보이는 금융화라는 이 시대에 서조차 노동의 추상화가 지속적으로 유지하는 규제적 기능과 산 노동을 요구하는 다수성 간의 긴장을 강조하면서, 우리는 추상적인 것과 구체적인 것 간을 번역하려는 시도들의 불예측성과 분산 상태가 증가하는 점을 살펴보았다. 이 장에서 우리는 여성 돌봄노동자와 금융거래노동자들 – 자신들의 주체적 입장들이 추상노동과 산 노동의 복합체에 대한 매우 상이한 타협들을 도출하는 두 개의 인물형들 – 을 위한 이러한 번역 작업을 요구하는 불일치들을 분석하였다. 특히 우리는 그러한 번역 노력들이 하나의 동종적 계급 주체를 생성하는 것은 아니라고 주장하였다. 오히려, 그 노력은 넓은 범위의 현대적 노동 인물형들이라는 결과를 낳았는데, 이들의 주체적 차원과 역량들은 오로지 동맹과 연대가 빈번하게 기묘하고 예측되지 않은 형태를 띠는 매우 차별화된 영역에 걸쳐서만 조직화될 수 있다. 이것은 사회적인 입장 갖기만큼이나 공간적인 입장 갖기의 문제이다. 그리고 이것은 우리가 돌봄노동자와 금융거래노동자의 사례들에서 여러 번 보여준 바 있다. 현대 전지구적 맥락에서 손-레텔의 사회화에 대한 인식을 어떻게 적용하든지 간에, 그것은 "응집된 총체"가 특히 근대 국가의 구획화된 공간과 연관될 때 수렴하는 사회적 관계들의 네트워크의 불가피성에 급진적으로 의문을 제기하는 경계의 확산과 공간의 재조직화를 설명해야만 한다. 그것은 또한 전지구적 과정들과 금융화가 어떻게 자본 자체가 노동의 단결을 대리하는 방식들과 관계되는지에 대해 설명해야 한다. 이것은 자본이 노동의 통약과 그것의 가치 코드로의 번역을 달성하는 기준과 장치들에 관련된 것이다.

이 장에서 제공한 금융거래노동자들에 대한 분석은 전지구적 금융 시장의 형성에 함축된 노동의 몇몇 특성들을 이해하고 그것들에 침투한 모방적 합리성을 분명히 보여주는 데 목적이 있다. 이것은 현대 세계에서 노동의 공간적·사회적 차원들에 대해 다시 생각해 볼 때 고려되어야 하는 것 중 특별히 복잡한 것은 아니다. 전지구적 상품 사슬의 확대와 횡단은 예측되지 않은 방식으로 그리고 때로는 당혹스러운 방식으로 규모와 공간들을 가로질러 노동 주체들과 연관된다. 반면에 그것들은 다른 노동 분파들을 분쇄하고 그것들 간의 연결을 끊는다. 물질적 관계와 상징적 관계의 새로운 문제들은 이러한 과정들에서 등장하는데, 이것은 에밀 뒤르켐 유의 고전 사회학에서 파생된 연대와 응집에 대한 전통적 질문들과는 매우 상이하다. 동시에, 지식 업무들과 육체적 업무들의 조합과 분배에 관한 새로운 유형들도 등장한다. 전지구적 상품 사슬에 관한 대부분의 연구들이 가정하는 것보다 훨씬 덜 안정적인 전지구적 자본주의의 이종적 공간 생산 속에서, 경계와 영역선은 새로운 특징을 얻게 된다. 여성 이주 가사·돌봄노동자에 대한 우리의 분석은 점점 더 산 노동의 구성을 형성하는 이동과 이주 행위들을 통해 이러한 경계와 영역선의 타당성을 지적한다. 정동과 감정의 ― 다시 말해, 인지, 추상, 육체적 노력 간의 분할을 통해서뿐 아니라 지식노동과 육체노동 간의 분리를 가로지르는 내포들의 ― 동원은 현대의 경계투쟁에서 중요한 요소이다. 방법으로서의 경계라는 관점에서, 이러한 투쟁들의 의미에 대한 분석과 그 의미의 심화는 전지구적 시대의 자본에 의해 생산된 통약 전략들 안에서 그리고 그것들에 반해서 단결과 계급 개념을 재성찰하고자 하는 시도 속에서 두드러지게 나타나야만 한다. 이것은 시급한 과업이다. 우리가 만일 조직화와 번역, 동맹 등과 같이 이종성과 다수성을 지닌 세계의 노동자들을 일으키고 북돋는 방법들이 단결을 향한 요구를 통해 만들어질 수 있을지에 대해 갖고 있는 의구심을 극복하고자 한다면 말이다.

5장

시간적 경계의 공간 속에서

찻집에서 벤치까지

콜카타 북동쪽 변두리 뉴타운 지역에 있는 정보통신 서비스들을 위해 만들어진 주요 개발단지 중 하나인 '유니테크 특별 경제구역'의 반대편에는 길거리의 찻집과 먹거리 상점들이 우후죽순 만들어지고 있다. 그곳에서 일하는 사람들의 노동시간은 길다. 정보통신 개발사들이 자리 잡은 땅에서 예전에는 농사를 지었던 전직 농부들이 운영하거나 직원으로 일하는 이러한 건조물들은 젊고 영어를 말할 줄 아는 전문직들로 업무 시간이 다른 시간대의 리듬을 따르는 사람들에게 음식을 제공하기 위해 이른 아침 시간부터 문을 열고 있다. 인도의 콜센터와 정보통신 지원 서비스 공장들을 돌리는 소위 가상 이주민 군대the army of virtual migrants의 일부(Aneesh 2006)로서 교육을 잘 받은 이 청년들이 다른 대륙의 일상생활 형태와 속도에 맞추어 작업 시간을 유지하게 해 주는 이러한 조건은, 그들에게 가벼운 먹을거리와 필수적인 카페인을 제공하는 나이는 더 먹고 특권은 덜 가진 노동자들에게 연쇄 효과를 일으킨다. 이전 장에서 전지구적 공간의 증가하는 이종성, 경계선의 확산, 노동의 증식은 전지구적 생산과 노동 연구에 대한 상품 사슬 접근의 몇 가지 한계들을 가려내기 위한 시각을 제공하였다. 이 사례가 보여주듯이, 그러한 공간적 배열들은 항상 시간적 차원들도 가지고 있다. 이 장에서는 시간, 시간성, 경계 레짐, 이주 계획, 그것들을 요구하게 되는 상이한 포섭 기술들 속에서의 시간 한정 과정들에 대해서 다룬다.

이러한 인도의 가상 이주민들이 노동하는 삶 속의 시간과 공간의 변화하는 척도들에 의존하는 유일한 인물형인 것은 아니다. 이들에 더해서 이 장에서 우리는 억류된 이주자들, 망명 신청자들, 방리유인들, 유학생들, 그리고 인도를 떠난 정보통신기술 노동자들과도 조우한다. 이러한 인물형들이 공통으로 지닌 것은 시간의 압축·연장·분할이 통제·길러냄·

선별의 효과를 행사하는 경계경관을 통과하고 그곳에서 생활해 본 경험들이다. 숙련 노동자의 이주 계획들부터 살펴보면서, 우리는 그 계획들이 이주자들에게 상이한 행정적 지위와 노동시장 지위 사이에서 자신들의 방식을 타협하도록 함으로써 기다림·축출·지연 등의 서로 어긋나는 시간성을 만든다고 주장한다. 이를 통해 우리는 숙련 노동자의 이주와 비숙련 노동자의 이주를 구분하는 것이 발견법적 관점에서 가치가 있는지 의문을 갖게 된다. 이것은 우리가 알아낸 바로는 망명 신청자와 경제적 이주자를 구분하라는 점증하는 압력을 통해 검증되고 있는 지점이기도 하다. 더불어, 이 장은 불법 신민들과 추방 가능한 신민들의 합법적 생산이 어떻게 비정규화 informalization와 유연화의 과정에 공간을 제공하기 위한 노동시장의 재조직화와 함께 진화하는지를 이어서 검토해나갈 것이다. 우리는 전 세계에 걸쳐 있는 이주자 억류 시설의 성장이 이주자들을 배제하는 수단으로서보다는 그들이 노동시장으로 움직이는 시간과 속도를 규제하는 수단으로서 더욱 많이 작동한다고 주장한다. 이런 관점은 억류 캠프와 관련하여 철학자 조르조 아감벤이 주권 예외 지대와 같은 공간을 제시한 주장에서 파생된 것과 매우 다른 이해이다. 그것은 또한 우리가 억류의 시간성temporality과 대도시 지역에 있는 이주민들과 이주민 공동체들의 현재진행형 경험 간의 연속성을 끌어올 수 있도록 한다. 2005년 파리와 다른 도시들의 방리유 거주자들banlieues 속에서 이주자 배경을 지닌 청소년들 간에 폭동을 촉발했던 조건들을 살펴보면서, 우리는 얼마나 오래 이주민들이 이주민으로 남아 있는지, 다시 말해, 얼마나 오래 그들이 차이의 객체이자 통합의 대상들로 남아 있는지를 물었다. 이 장은 차별적 포섭의 정치와 민족국가, 다문화주의, 시간의 다수성과 현대 세계에서의 이주 경험 등을 가로지르는 시간적 위치 정하기 행위에 대한 논쟁과의 연관성에 대한 논의로 마무리된다.

이러한 시간과 시간성에 초점을 두는 것은 근대 지도제작법의 본원적 축적과 노동의 증식에 대한 지금까지 우리의 논의를 특징지어 온 공간에 대한 강조를 면밀하게 보완한다. 다시 말하지만, 우리는 자본주의가 시간적 이동과 배열을 통해서 공간과 지리의 한계를 극복하려 한다고 주장하는 자본주의 발전에 대한 분석과 만나게 된다. 예를 들어, 세계 시장의 형성에 대한 칼 맑스의 분석은 자본에 의한 "그것의 순환에 대한 공간적 궤도"의 확대와 점진적인 "공간과 시간의 멸절"(1973, 539)을 위한 동시적인 분투를 지적한다. 좀 더 최근에는 데이비드 하비(1989)와 같은 지리학자들이 자본주의 발전에 대한 최근의 흐름을 향한 이러한 경향이 가진 함의들을 도출해 왔다. 여기서 그들은 속도, 가속, 자본의 전지구적 팽창에 수반하는 새로운 종류의 근접성 등을 포획하는 수단으로서 "시간-공간 압축"의 과정을 지적한다. "공간이 중요하다"는 중요한 주장 그리고 지역성, 영토, 스케일에 대한 고민이 전지구화 시대에 자본을 이해하는 데 특별한 시각을 제공한다는 중요한 주장은 인문학과 사회과학에서 소위 공간적spatial 전환이 지니는 독특한 특성이 되어 왔다(Massey 1984 ; Soja 1989 ; Thrift 1996). 이렇게 광범위하게 전개된 지적 운동은 몇몇 뒤틀림과 변형을 거쳤지만 1970년대 이후로 회자되어온 "부드러운 공간"으로서의 세계the globe라는 지배적인 이미지에 대한 강력한 반대 서사를 제공하였다. 피어류자, 방리유 거주자들, 인도의 "직업소개"body shopping 시스템 안의 노동자들과 같은 인물형에 대한 우리의 논의는 곧바로 확장되어 현재의 자본주의에 대한 이런 접근에 의문을 제기한다. 이러한 인물형의 삶의 궤적과 일상적인 경험들을 탐구하는 것은 공간 안에서 발생할 뿐 아니라 공간을 능동적으로 구조화하고 구성하기도 하는 이동과 시간적 변형들에 관한 강조를 함축한다. 이 장은 이렇게 해서 "공간은 방향, 속도, 시간 변수들이 고려될 때 존재한다"는 미셸 드 세르토의 주장을 확증한다. 이런 측면에서 공간은 "이동하는 요소 간의 교차들로 이루어진다. 어떤 면에서 그 공간은 그 안에 배치된 운동의 앙상블에 의해서 작동한다"(de Certeau 1984, 118).

공간의 배열 혹은 장치로서의 경계라는 생각은 지도제작법, 영토성, 관할권 등에 대한 고민을 반영하는 강력한 생각이다. 특히 그 고민이 세계를 베스트팔렌적으로 [민족국가 단위에 기반하여] 유형화하는 가운데에 형성된다는 면에서 그렇다. 그런데도, 경계횡단과 경계투쟁의 주체적 차원을 도입하는 순간, 그 경계는 체계적으로 공간적 성질에 특권을 부여하는 분석 안에서는 충분히 식별될 수 없는 시간적인 두께와 다양성을 획득한다. 우리가 이 장에서 보여주는 바와 같이, 경계 레짐 자체는 시간적 관리 기술들을 점점 더 활용하는데, 이는 그 레짐이 생체측정과 전자여권을 활용함으로써 국경 횡단 과정들의 속도를 높이려 하거나 억류, 저지, 아니면 "선제적 억제"와 같은 기술들을 통해서 횡단의 속도를 늦추거나 국경 통로들을 차단하고자 하는 것과는 상관이 없다. 시간적 경계 temporal border 개념은 이러한 다양한 시간적 과정들과 전략들을 이해하기 위한 시도이다. 그것은 또한 이러한 과정과 전략들이 경계횡단의 시점을 넘어서 적절히 공명하는 불협화음, 훼방, 간섭을 창조하기 위한 주체적 경험들 및 실천들과 상호작용하는 방식들을 감지하고자 한다.

시간적 경계에 대해 서술함으로써, 우리는 경계횡단과 경계투쟁의 주체적 경험들이 어떻게 척도의 연대기적 형식이나 역사의 진보 모델이 포함할 수 없는 시간적 효과를 가지는지에 대해 드러내고자 한다. 널리 알려진 바와 같이 「역사철학 테제」에서 발터 벤야민(1969, 263)은 역사적 진보의 시간을 "동질적이고 비어있는 시간"으로 특징짓는다. "시계와 달력으로 측정되는" 이러한 시간 모델은 뒤이은 민족주의에 대한 논쟁에서 결정적인 역할을 맡았다. 『상상의 공동체』에서 베네딕트 앤더슨은 "동질적이고 공허한 시간을 통해 달력의 시간에 맞추어 움직이는 사회적 유기체라는 생각은 민족에 대한 생각과 정확히 비유된다"(1991, 26)라고 주장했다. 이주의 이러한 이종적 시간성을 탐구함으로써 경계횡단과 경계투쟁이 어떻게 이러한 민족주의의 유사 모델을 피해 가는지를 보여주는 수단을 얻게 된다. 그것은 또한 노동의 시간적 차원들을 강조하는 방법을 제공하기도 한다. 임시성과 이전transit이라는 이주 경험들은 국가의 구획된 공간들에 흔적을 남기기만 한 것이 아니다. 그 경험들은 또 다른 동질적이고 비어있는 시간성 – 자본의 척도로서 추상적 시간 – 에 직면한다. 이런 측면에서, 경계는 추상노동과 산 노동 간의 조우에서 발생한 제어하기 어려운 과정을 관리하려고 시도하는 규제 장치로서 나타난다. 이러한 조우의 시간적 측면들은 노동을 절약하기 위한 자본의 노력 저변에 깔린 노동시간의 연대기적 측정과 맑스가 산 노동을 "형태를 부여하는 불", "사물의 일시성, 그것들의 시간성", "산 시간living time에 의한 그것들의 형성"(Marx 197, 361) 등으로 서술한 것을 대비시킬 때 분명해진다. 우리가 이 장에서 다룬 인물형들을 볼 때, 이러한 다양한 시간성 간의 긴장과 갈등이 그들의 일대기를 가로지르는 수많은 경계들을 횡단하여 작동하며, 이것은 종종 미래와 과거에 대한 손쉬운 연대표에 의문을 제기하는 방식으로 이루어진다. 과거와 미래의 불확실성 간 메아리들은 삶의 경험들과 측정 기술들이 즉시 중첩되고 충돌하는 현재에 파고들어 온다.

앞 장에서 우리는 국내 노동시장의 구성과 경계짓기 과정 간의 관계에 대해 논의하였다. 노동의 시간 측정이 이러한 관계의 구축에 핵심이라는 점을 기억하는 것은 중요하다. 맑스에 의해 제시된 사회적 필요노동시간이라는 개념은 노동자들이 노동력의 가치를 재생산하는 노동일working day의 비율을 나타낸다. 국가 평균으로 계산되는 이러한 가치의 측정은 임금과 임금에 대한 국가 시스템을 구축하기 위해 필수적이다. 이렇게 해서, 노동시간, 임금, 경계 간의 관계는 국내 노동시장의 형성에 필수적이다. 국내 시장을 형성하는 데 이주 통제 시도에 의해서 보완될 수 있고 적절히 규모를 갖출 수 있는 기존의 노동 비축의 존재가 필요한 것과 마찬가지로, 그것은 또한 닫히고 경계가 둘러쳐진 공간 속의 어편 일시적 가치와 척도들을 분별하는 세밀한 계산을 필요로 한다. 경계는 시간 관리에서 중요한 기제인데, 다수의 이종적인 시간 경험을 규칙적으로 측정이 가능하며 통계적으로 조작이 가능한 시간으로 통합시키는 공간적 활동들을 겨냥한다. 오늘날, 경계의 확산과 함께 우리는 시간을 규제화하는 데 있어서 경계짓기의 역할과 그것이 과감하게 변화시켰던 금전적 가치를 추적해 왔다. 비공식적이고, 무임금이며, 불안정한 노동의 확대, 생산과정의 전지구적 외연, 노동시장들 간의 경계들을 검증하고 그것들 안에 새로운 경계를 구축하는 데 있어서 이주는 시간과 금전 간의 선형적 관계를 단절시키는 역할을 하였다. 심지어 평균과 통계적 규칙성이 구별되는 때조차도, 사회적 필요노동시간의 산정은 더는 정확한 가치 측정이 아니다.

노동시간, 경계, 가치 생산 간의 관계에서 이러한 변화는 새로운 종류의 공간적 연계와 시간적 통제를 구축하는 초국적인 노동 시스템의 작동 속에서 특히 가시화된다. 자신의 책 『전지구적 "직업소개"』(2006)에서 시앙 비아오는 인도 정보통신 노동자들의 초국적 이동을 위한 신체 쇼핑으로 알려진 노동 시스템에 대해 민속지학적 설명을 제시한다. 이것은 세계의 컨설턴트와 중개인 들이 인도에서 정보통신 노동자를 구인하고, 그들이 다른 나라들로 가는 경로를 배열하며, 그들을 프로젝트 기반의 노동자로 고객들에게 보내는 복합적인 시스템이다. 기업들의 요구와 송출국에서의 이주에 관한 법적 조치들 간의 중재를 통해서, 이러한 초국적 노동 시스템은 이동성 있는 노동을 변덕스러운 자본에 부합하도록 하였다. 그리고 이 시스템은 종종 일시적으로 노동자들을 노동시장에서 축출시키거나 저평가된 임금노동 혹은 인도에 있는 가족 구성원들의 투자 등을 갈취하는 등의 방법을 통한다. 디지털 격차가 전 세계에 걸쳐서 노동과 대중들을 어떻게 분리하는지에 관한 마누엘 카스텔의 관찰(2001)을 상기시키면서, 시앙은 직업소개가 "첨단 기술의 유효 범위 안에 있는 내부자들과 외부자들이 어떻게 연계되는지가 그것들이 어떻게 분리되는지보다 더욱 중요하다"는 점을 더욱 명확히 보여주고 있다는 점에 동의한다(Xiang 2006, 114). 특히 시앙은 어떻게 "인도의 정보통신 노동력이 매우 낮은 비용으로 생산될 수 있도록 하는 것이 여성, 아동, 그리고 다른 남자들의 … 보이지 않으며 저평가된 노동"인지를 강조한다(113). 이것을 통해 시앙이 의미하고자 하는 바는 "가정"과 두꺼운 사회적 네트워크에서의 세밀한 배치들이 이러한 생산과정에서 작동하고 있다는 것이다.

시앙이 자신의 분석에서 강조하는 것은 이러한 배치들만이 아니다. 종족화ethinicization 과정, 점수제 이주 계획point-system migration schemes, 훈련에 관한 질문들, 친족 관계들, 취업 알선 대행사들의 역할들 모두가 직업소개소 시스템을 조직하고 작동시키는 데서 한 역할을 담당한다. 시간적 경계의 관점에서 특별한 것은 시앙이 시드니에서 수행한 현지 조사의 한 부분이다. 호주의 457 비자 계획 아래에서 노동자들의 입국을 조율하는 직업소개소 운영자들에 의해 사용된 기제들과 법제화의 허점들에 분석의 초점을 맞추면서, 시앙은 정보통신 산업에서 노동력 공급과 수요의 변화하는 논리에 대해 일반적인 사항을 만들 수 있었다. "정보통신 노동 수요와 공급 간에 실제 간극이 있었는지 없었는지는 그리 중요하지 않다. 더욱 중요한 것은 노동 공급의 확대 동력을 유지하여 지속적으로 노동 공급을 확대하는 데 대한 고용주들의 욕망이다. 실제 부족shortage과는 달리, 이런 종류의 가상적인 부족은 결코 균형점에 도달할 수 없다. 이는 마치 더욱더 많은 공급이 더욱더 많은 부족을 낳기에 십상인 것과 같다. 이렇게 해서, 숙련 노동력의 부족과 심각한 수준의 전문직 실업 간의 공존은 신경제New Economy의 장기적 속성이 될 수 있는데, 이 속성은 구인되는 사람이 더 많은 순간에도 노동자들이 직업소개소에서 일상적으로 대기하고 있는 전형적 모습으로 나타난다"(17).

여기에서 언급된 대기시키기benching 행위에는 직업소개소에 노동자들을 예비적으로 붙잡아 두는 것이 포함된다. 이 노동자들은 민간기업과 공공기업으로 외주되기 위해 대기하는 동안 매우 적은 급여만 받는다. 이러한 대기 시스템과 그 안에 함축된 가상적인 부족의 창출은 수요에 비춘 정보통신 노동력 공급의 시점과 속도를 위한 기술로 이해될 수도 있다. 대기 노동자들의 관점에서, 이것은 강제된 시간지연으로, 자신들이 비싸게 획득한 인지 기술들이 쓸데없이 소모되면서, 더불어 택시 운전이나 상점 보조와 같은 비숙련 노동을 함에 따라 지속적으로 갱신되기도 하는 시간이다. 이런 사례에서 우리는 민족국가의 지리학적 영역 선들을 넘어 시간적 경계의 작동을 보게 된다. 이러한 것들은 고전적 관점에서는 공간적이지 않은 내적 경계들이고, 직업소개 시스템 안에서 초국적인 이주를 더욱더 많이 조장하는 수요들을 창출하면서 노동의 가격을 올리는 프로그램화된 지연들에 이주 노동자들을 복종시키는 기능을 하는 내적 경계들이다. 중요한 것은 공급과 부족이 단선적인 관점으로 연결되어 있지 않다는 점이다. 이는 대기하고 있는 노동력의 가치가 평균적인 국가 시스템 안에서는 산술될 수 없음을 의미한다. 여기에는 호주 노동시장에서의 직업소개소 노동자들의 임시 지위뿐만 아니라 작동하는 다른 요소들도 있다. 이러한 대기시키기 행위들을 이해하기 위해서는, 그리고 더욱 일반적인 시간적 경계들의 작동을 이해하기 위해서는, 현대 이주 시스템의 작동과 전지구적 경계에서 기술 자체가 가지는 역할의 변화를 조사해 볼 필요가 있다.

재능을 향한 경주

경계 정치에 관한 연구들은 전형적으로 비숙련 노동자, 미등록인 경우가 다반사인 이주자들과 난민 신청자들 등 경계의 선별 기능들이 최대치로 작동하는 경우를 맞닥뜨리는 이들의 경험과 투쟁들에 초점을 맞추어 왔다. 반면에 숙련 이주자들에 대한 의문을 다루는 연구들은 경계에 관한 질문을 회피하는 경향이 있으며, 그 대신에 채용, 보수, 문화적 통합 등에 이르는 쟁점들을 강조한다. 종종 이것은 숙련 이주자와 비숙련 이주자들이 상이한 이주의 세계를 점유하고 있는 것처럼, 즉 그들의 이동 경험과 정치적 중요사안이 급진적으로 부조화한 평행적 세계들 안에 사는 것처럼 보인다. 많은 공공적인 논의들에는 보유한 숙련된 이주자들을 등록된 이동과 연계시키고 "불법" 이주자들이 반드시 비숙련이라고 가정하는 재귀적이고 불합리한 경향이 있다. 인도의 정보통신기술 노동자들이 [직업소개소에서] 대기하는 상황을 생각해 보라. 이들은 의심할 나위 없이 고도로 숙련된 개인들 — 후자는 종종 지참금dowries과 같은 가족 구성에서 파생되었다 — 로, 시간과 돈을 투자해 직업소개 시스템을 통해 판매할 수 있는 프로그래밍 기술과 다른 노동 기술들을 획득했다. 그러나 대기시키기는 그들을 지연의 시간에 놓이게 한다. 여기에서 그들은 어쩔 수 없이 보통 비숙련 노동으로 여겨지는 업무를 수행하게 된다. 그리고 그들은 고용주가 후원하는 호주의 숙련기술 이주자 대상 457 비자로 구축된 사법 틀 안에서 고용과 추방의 암시들로 이루어진 경계짓기의 과정에 내던져진다. 이러한 노동자들은 숙련 노동시장으로부터 세심하게 통제되고 축출되는데, 이 장의 뒷부분에서 우리가 주장하듯이 이것은 대기시키기의 시간적 전략과 이주자들의 국내 노동시장 유입을 규제하는 데 사용되는 구금과 억류라는 더욱 폭력적인 행위 간의 연속성을 드러낸다.

직업소개소 노동자들은 "인지노동"(Roggero 2011)에서 특히 흥미로운 인물형들인데, 왜냐하면 그들의 노동과 이동 유형은 우리가 현재의 경제적 대변혁 과정들과 노동자들의 움직임을 결박하고, 제한하며, 관리하는 자본주의의 지속적인 개입 간의 연관성을 추적할 수 있도록 하기 때문이다. 점점 더 많은 문헌이 정보사회, 신경제, 혹은 지식과 경제 기반 경제 등의 과도하게 열광스런 개념들에 대한 비판적 대안으로서 "인지자본주의"의 도래를 알린다. 카를로 베르첼로네(2006)는 시간적 경계에 대한 고려와 연관된 인지자본주의를 향한 경로의 세 가지 측면을 다음과 같이 구분하였다. 추상노동에 대한 연대기적 수단을 제공하는 데 있어 점차 증가하는 어려움, 생산에 즉각적으로 투여되는 노동시간이 생산을 위한 총체적인 사회적 시간 내에서 더는 가장 중요한 부분이 아니라는 사실, 노동과 비노동 간의 전통적인 영역선의 약화가 급여와 개별 노동 간의 비율적 관계들을 파괴하는 방식(Vercellone 2006, 198). 베르첼로네와 다른 인지자본주의 분석가들에게, 이러한 흐름의 중요성은 경제의 금융화가 모든 임금 수준에 걸쳐서 그리고 상이한 종류의 고용 배열들에서 노동자들의 불안정을 증가시키고 있는 시기에 재정 개혁과 새로운 복지 모델을 위한 함의 속에 있다. 우리는 조금 다른 것을 강조하고 싶다. 말하자면, 노동력의 가치화와 탈가치화에서 시간적 경계의 역할이 그것이다. 이것은 "국부"가 훈련 비용과 시장 변동에 관련된 위험들을 인구들, 특히 이주 인구들에 차별적으로 전가하면서 점점 더 기업의 활동에 의존하는 경향을 보인다는 사실을 보충하면서, 국가가 여기서 묘사된 변화하는 경제적 여건들에 어떻게 적응하고자 하는지를 분석한다는 의미이다.

대기시키기가 보여주는 바와 같이, 시간적 경계가 반드시 영토적 경계와 그것들의 다양한 외연 및 외부화와 일치하는 것은 아니다. 그런데도, 시간적 지연과 선별의 기술들을 동원하는 것은 세계의 수많은 갈등 상황 대부분에 있는 경계의 공간적 기능 활동에서 중심이 되어 왔다. 이것은 특히 국가들이 이주 움직임들을 노동시장 동인에 대한 통계적 분석, 인구학적 연구, 정치적 우선순위 등에 의해 구축된 경제적·사회적 필요들과 연계시키려는 꿈을 좇는 상황에서도 해당된다. 억류와 추방 시스템들은 그런 꿈들을 실현하려는 시도에서 핵심적인 장치들이다. 이러한 시스템들에 대한 세부적인 분석을 제시하기 전에, 목적국들countries of destination의 실제 필요와 상상된 필요에 이주 흐름을 조화시키려는 숙련 노동 이주자 정책의 시행과 확산에 대해 설명할 필요가 있다. 우리가 앞으로 보게 되듯이, 그러한 노력들에 포함된 국가 간 경계의 통제는 또한 노동시장을 나누고, 종족의 영역선을 넘어서 그리고 그 안에 속해 있는 이주민 집단들을 분리시키며, 개별적인 이주민들이 자신들의 생애 이력을 타협하는 지침들을 제공하는 내적인 행정적 경계들과 범주들을 구축하는 데 괄목할 만한 효과를 거두었다.

전 세계에 걸쳐 이주 규제를 위한 전통적인 쿼터quota 시스템으로부터 전환점이 있었는데, 이 시스템은 점점 더 노동시장과 경제 체제의 새로운 유연성과 상호침투에 부적절하다고 인식되었다. 적기의 그리고 적소의 이주는 이제 다양한 국가와 대륙의 시나리오들을 가로지르는 이주 정책들을 형성한다. 이주 흐름과 직업적 격차, "기능 부족"을 연결하려는 시도에서 대표적 수단 중 하나는 점수제 이주 계획이다. 이것들은 1970년대 호주와 캐나다 같은 초기 정착 식민지settler colonies에 의해 제시된 이주 정책에서 그 기원을 찾을 수 있다. 이 정책들은 이주에 대해 인종에 더 기반한 접근으로부터 변화하여 다문화주의와 통합 등의 새로운 사회 의제들에 대한 노동시장의 요구에 부응하려는 접근으로 이동하였다(Hawkins 1991). 그러한 점수제가 최근에 영국, 독일, 싱가포르, 체코, 네덜란드 등 다양한 국가들로 확산한 것은 베르첼로네가 인지자본주의라고 부른 것이 시작됨으로써 적절하게 숙련된 노동에 대한 갈망에 불이 붙은 경제적, 정치적 맥락 속에서 그러한 시스템이 수용되었음을 입증해준다.

점수제 이주 계획들은 인지자본주의가 생산적 노동시간의 확장을 수반하여 사회적 관계와 재생산 활동들을 포함한다는 가정에 비중을 두고 있다. 이것은 비록 이러한 계획들이 이주 선별 시 교육 자격증과 노동 기술에 강조를 두고 있기는 하지만, 더불어 사회 조직으로 이주자들이 생산적으로 통합될 수 있도록 보장하는 다른 자격과 속성들 역시 관리하고 있기 때문이다. 그것은 언어 능력, 가족 관계, 건강, 나이, 종교, 금전적 부, 국가 문화와 가치 등에 대한 친밀감(몇몇 국가들에서 시민권 심사에 최근 도입된 수단을 통해서) 등까지도 포함한다. 미래의 이주자들은 이런 각각의 영역에서 자신들의 지위와 성과들을 세세하게 제공하고 노동시장의 필요, 비슷한 특성을 가진 지원자들의 수 등의 변화에 따라 변하는 계산자에 근거해 점수를 얻는다. 어떤 문턱을 통과한 사람들은 입국을 허락받는다. 대부분의 숙련공 지원자와 자격을 가진 지원자들에게 부가적인 성과보수도 주어지는데, 여기에는 영주권과 종종 궁극적으로는 시민권으로 가는 지름길도 포함된다. 그렇지만 시앙이 연구했던 인도 정보통신 노동자들과 같은 많은 고급 숙련기술 이주자들은 국내 노동시장에 한시적인 접근만을 허용받으며, 만일 위반하면 추방 가능한 신민으로 그들을 전환하는 사증 조건에 구속된다. 점수 시스템은 이렇게 해서 인지자본주의의 조건들에 적응하고자 하는 국가들의 이주 야욕을 관리만 하는 것은 아니다. 그것들은 또한 우리가 앞으로 보게 되듯이 많은 회색지대를 구축하면서 지속해서 숙련 노동과 비숙련 노동 간의 경계를 재정의하고, 시민에서 추방자에 이르는 다양한 주체의 법적·정치적 지위들을 확대하고 등급을 매긴다. 많은 개인이 자신들의 이주 경력에서 이러한 다수의 지위를 확보하고 있다는 사실은 점수 시스템과 시간적 경계 간의 관계에 관해 많은 것을 이야기해 주고 있다.

시간적 경계의 작동은 이렇게 해서 영토적 가장자리에 한정되지 않는다. 점수 시스템은 이주를 수용할 가치가 있다고 간주되는 이주자들을 가려내고 국내 정책과 국내 노동시장 안에 있는 일련의 행정적 특성들을 구축하고 관리한다. 다른 노동시장과 법적 조건들로 통하는 많은 이주 경로는 이러한 배열에서 붙박이 요소이다. 예를 들면, 어떤 이주자는 학생 비자로 어떤 나라에 입국하고, 학업을 진행하는 중에 비공식적인 직업을 가질 수 있으며, 자신의 학업이 끝나갈 즈음에 영주권을 신청할 수도 있고, 이것이 일단 확보되면 이러한 새롭게 얻어진 지위로 입국과 노동시장 기회를 가능하게 해 주는 다른 국가로 이동하고자 결심할 수도 있다. 우리가 공개의 목적을 위해 단순화한 이런 궤적의 어느 지점에서든, 시간적 제한범위에 대한 타협, 대기, 실패가능성 등에 대한 협상이 존재한다. 이러한 시간 늘리기와 시간 조작의 과정들 속에서, 점수제에 존재하는 긴장들과 모순들이 명확해진다. 이주하고자 하는 자신의 열망에 도움이 될 학위를 위해 공부와 일을 병행하는 학생을 보자. 그런 주체는 종종 노동시간을 제한하는 비자 규정들로 인해 추방될 수도 있는 취약한 지위에 있다가, 공부를 마치고 다른 목적지로 떠날 결정을 하기 전에 이주차로서 수용국에 편입할 만한 가치를 보유한 영주권자가 되는 이동을 한다(Baas 2010 ; Neilson 2009). 수많은 브로커와 중개인, 채용 대행사들의 개입은 이러한 이주 지형을 더욱 복잡하게 만든다. 통치[정부]가 자신들의 목적을 극대화하기 위해 점수 시스템을 조정함에 따라, 이주자들과 그들에게 조력과 정보를 제공하는 대행업체들 역시 이러한 위계화된 통제 장치를 통해 지속적으로 협상하고, 이용하며, 이동하는 전략들을 고안한다. 적법성과 불법성 간의 영역선들을 뭉뚱그리는 것은 항상 이러한 시간적 다툼에서 상당히 중요하다.

점수 시스템은 점증하는 인지자본주의 및 그에 따른 재능을 향한 전지구적 경주와 관련된 사회경제적 압력들에 직면한 국가들에만 매력을 주는 것은 아니다. 이와 더불어, 그 시스템들은 아예렛 샤가가 "출생 배경에 따른 행운"birthright lottery(Shachar 2009)이라고 명명한 것의 잘못된 쪽에 있는 일부의 사람들에게 틈새를 파고들어서 이주 기회를 배가시킬 수 있는 길을 열어주었다. 이것은 소위 이주 송출국과 수용국 모두에 중요한 결과를 담고 있다. 점수 시스템의 국제적 확산이 지닌 한 가지 두드러진 특성은 국가들이 젊고, 교육받았으며, 재능있는 노동자들을 위한 이러한 쟁탈전 속에서 경쟁자들에 의해 수립된 분류체계와 측정자를 빌리고 흉내 내는 경향이다(Duncan 2010). 예를 들면, 2008년 캐나다 체험 비자Canada Experience Class visa를 도입한 공식 법규들은 "더욱더 많은 단기 외국인 노동자들과 외국인 학생들을 캐나다로" 유인하고 "그들을 영주 거주자로 유지함으로써, 유사한 프로그램이 있는 호주와 같은 국가들과의 경쟁에서 캐나다의 능력을 강화하는" 것을 목표로 삼고 있음을 밝히고 있다(Government of Canada, 2008). 더 이상 국가 건설이 이주 정책 혁신에 있어 주요 동력자는 아니다. 국제적 경쟁에 따른 당면과제들과 정책 수립과 통치의 초국적 공동체의 영향이 이제 이 시대를 지배하고 있다. 우리는 뒤에 나올 장에서 이러한 통치 경향들과 그것들이 주권과 시민권의 변화하는 지도들에 가지는 복잡한 함의들에 대한 논의로 돌아갈 것이다. 여기서는 점수 시스템이 어떻게 숙련 노동자와 비숙련 노동자라는 범주 간에 두 갈래 길의 이동을 제시하는지에 집중하고자 한다.

기술로 여겨지는 게 무엇이냐는 질문은 점수 시스템이 가져온 모호함에 개입하고 그 시스템을 작동시키는 사람들에 의해 특히 강조된다. 이러한 행위자들은 기능공 이주 정책들을 되돌려 놓는 경향을 보이는데, 이는 종종 이러한 계획들 자체 내에서 개발과 혁신을 촉진하는 방식으로 이루어진다. 그렇게 하면서, 그 정책들은 사교성이라든가 적응성과 같은 일반적인 인간의 성질들이 생산과정에서 중요해지는 경제적 맥락에서 점점 더 정의하거나 계량화하기 어려운 기능 개념의 애매모호함을 활용한다. 기능 개념과 관련하여 점차 증가하는 모호함은 이제는 공식적인 정책 논쟁에서도 기록되는 문제이다. 브리짓 앤더슨과 마틴 루스(2008)는 영국 이민 자문 위원회를 위해 준비한 보고서에서 " '기능'이라는 용어는 개념적으로나 실증적으로 매우 애매한 용어인데," 왜냐하면 그것은 "기술적인 경쟁력"과 더불어 "측정하기 어려운 ('팀워크 기능'과 같은) 일반적인 '연성 기술'"을 나타내기 때문이다. "복종적이고 훈육과 통제가 용이할" 노동자가 가지고 있는 "개인적 성격과 태도들"뿐 아니라 "표정, 억양, 스타일, 외모까지도" "기능"으로 평가되는 품질들이 된다(4). 이주자들 및 이들의 이동을 가능케 하는 (또한 그것을 착취하는 데 기여하는) 사람들에게 새로운 협상 공간과 경로를 열어줌으로써, 이것은 분명히 숙련 노동자와 비숙련 노동자 간의 장벽에 구멍이 많고 이동이 가능한 회색지대를 구축한다.

이러한 상황이 갖는 함의는 이중적이다. 전통적으로 비숙련 노동자로 보였던 사람들이 숙련 노동 이주 계획과 타협하기 위한 틈들을 찾아낼 뿐 아니라, 새로운 기술과 형태의 착취와 노동시장 조작 등은 전통적으로 숙련 노동자로 보였던 사람들을 비숙련 노동자의 위치로 밀어내기도 한다. 숙련되고 자격을 갖춘 노동자들에게, 국경을 넘어가는 이동은 빈번히 자신들의 역량들을 급격하게 가치 절하시킨다. 심지어는 숙련 노동자들이 더 높은 임금이나 시민권 획득에 접근하기 위해 움직이는 경우에조차도, 숙련 노동과 비숙련 노동 간의 영역선은 더욱 가변적이 된다. 이런 이유로 이주 연구를 숙련 노동과 비숙련 노동의 평행한 세계로 보는 전통적 구분은 재고되어야 한다. 점수제의 도입과 세밀한 조정에 원동력이 되는 더욱 계량화되고 기술관료적인 합리성은 숙련 노동이나 비숙련 노동 어느 쪽으로 분류되건 간에 이주자들의 생활세계lifeworlds 를 식민화한다. 숙련 노동자들이 자신들의 이력을 재구성할 수 있는 수많은 기회를 축적할 수 있기는 하지만, 그들의 움직임을 제한하고 속도를 조절하는 시간적 경계는 다른 형태의 붙잡아 두기와 시간 끌기를 배치하는 더욱 일반적인 경계와 이주 체제들의 일부이자 그 집합이다.

억류와 추방가능성

"불법인 사람은 없다." 우리가 3장 도입부에서 언급한 바 있는 이 강령은 그것이 처음 만들어졌던 1997년 이후로 몇 년간 널리 성공적으로 확산되었다. 겨우 1년 전에 아프리카계 이주민들은 파리에 있는 생-땅브호이즈와 생-베흐나 교회들을 점령하고, 지금은 유명해진 쌍-빠삐에sans-papiers(불법체류자들) 운동을 시작하였다. 1970년대 이후부터, 베트남에서 온 "선상 난민들"boat people이 처음으로 세계의 지평선에 등장하였을 때, 수용소와 이주 정책들에 큰 변화가 일어난 배경에 반하여 — "불법" 이주자라는 — 새로운 정치적 인물형이 등장하였다. 증식과 파편화 과정을 강조함으로써 우리는 이러한 이름표에 상당한 의구심을 가질 수 있게 되었다. 이 책 전반에 걸쳐서 우리는 세계의 경계경관을 횡단하거나 그것과 타협하는 주체들을 묘사하기 위해 이주자라는 용어를 계속 사용하였다. 그러면서, 국가 관료제나 국제기구 등에 의해 고안된 난민, 망명 신청자, 혹은 "불법" 이주자들과 같은 범주에는 의지하지 않으려고 했다. 아이티인과 쿠바인 난민들, 중국 국내 이주자들, 이탈리아에 있는 "비밀스러운" 아프리카인 노동자들, 혹은 세계의 이주 경로들에 걸쳐 이동하고 있는 많은 사람과 같은 다양한 인물형들을 담을 수 있는 하나의 단일한 이론 틀이나 행정 틀을 찾을 희망은 거의 없다. 그런데도, "불법인 사람은 없다"라는 구호와 그것이 일으켰던 열띤 논쟁들은 다양한 수준의 불법화에 종속되어온 이주자들의 경험과 수많은 투쟁을 관통해 온 공통의 연결선을 드러내고 있다. 그러한 불법화가 구축된 수많은 법적 관점 및 프레임과는 별개로, "불법" 이주자라는 대중적 인물형은 전 세계에 걸쳐 있는 통치[정부], 언론, 사람들의 상상(그리고 공포)을 포착해 내었다. 아주 많은 수의 사법 시스템들이 특정한 행위나 품행을 불법적이라고 명명하는 경향이 있는 반면에, 이러한 대중적 인물형은 불법성이라는 이름표가 체화된 주체성으로 확장된다는 사실에 의해 구별된다. 이러한 이름표의 특성을 가지고 다투는 것은 단지 그러한 이름짓기를 둘러싼 셀 수 없이 많은 그리고 미시적인 편견들에 저항해 공격하는 것일 뿐 아니라 "불법" 이주자라는 인물형의 생산에 책임이 있는 법적 메커니즘들에 대해 의문을 제기하는 것이기도 하다. 이것은 그러한 다툼이 수없이 다양한 시나리오들에 걸쳐 현저하고 급진적으로 나타났던 이유이다. 간단히 말해서, "불법인 사람은 없다"는 구호는 이러한 급진성을 훌륭히 포착했다. 이 구호가 돌고 돌면서, 이주 운동에 관한 이론적 논쟁들은 "권리를 가질 권리"에 대한 논쟁을 중앙 무대에 올려놓았다.

우리는 나중에 이러한 정치적·이론적 논쟁에 대해 다시 다룰 것이다. 여기서 우리가 강조하고자 하는 것은 억류 행위들과 그에 대항하는 투쟁들이 불법화 과정의 틀 안에서 두드러지게 되는 방식이다. 이주의 일시성은 대기, 지연, 중단 등 수용소와 추방 시설 등의 많은 제도적 형식들을 상정하는 다양한 지대들과 경험의 등장으로 점점 더 두드러지고 있다. 여권, 국경통제, 국내 노동시장 등이 존재하는 동안에, 이러한 시스템들을 과시하는 주체들이 존재해 왔다. "불법" 이주자라는 인물형은 1970년대 초기 자본주의 격동적인 대변혁들의 태동기에 세계무대에 등장한다(Anderson and Ruhs 2010 ; Bacon 2008 ; Dauvergne 2008 ; Squire 2011 ; Suárez-Navaz 2007, 23 ; Wihtol de Wenden 1988). 이러한 인물형이 출현한 중심에는 공적 담론과 정책 담론에서의 뚜렷한 변화가 있었다. 즉 이주 관련 지식을 갖춘 세대와 이주 관련 전략의 주조를 위한 새로운 국제 제도적 환경, 비정규화informalization와 유연화 과정을 조장하기 위한 노동시장의 재조직화, 다양한 지리적 척도들에 걸친 이주 경로들과 유형들의 붕괴와 증식 등이 그것들이다.

이러한 변화의 본질적인 부분은 2차 세계대전 이후에 등장한 망명 신청자들과 난민들을 둘러싼 법적·정치적 장치들에 대한 일련의 도전들이다. 이러한 장치들은 인도적·정치적 고민이라는 배경 상황에 반하여 진화해 왔고 난민과 망명 신청자들을 소위 경제적 이주자들과 분리하는 단단한 영역선 뒤에 위치시켰다. 난민들의 이동 증가, 망명 신청자 범주의 다양화와 법적 확대, 이러한 변화를 설명하기 위한 엄격해진 이주 정책들 등과 함께, 이러한 영역선은 점점 더 어려움을 겪게 되었다. 분쟁과 개발로 인한 이주뿐 아니라 납치되고 노예화된 사람들의 움직임 등으로 구성된 강제 이주 개념에 대해 관심이 점증하는 상황은 이러한 구획이 모호해지는 증상의 하나였다. 일시 보호 비자, 연안 절차off-shore processing, "국내 피난민"internally displaced persons, IDPs 등을 위한 보호 지대 등과 같은 시스템의 도입은 또한 보편성과 자비심이라는 몰정치적 이상들 속에서 가정된 기반들에 의문을 제기하는 방식으로 난민을 위해 원조와 후견을 제공하는 인도주의적 레짐에 변화를 가져왔다(Nyers 2006). 보호의 측면에서 이루어진 이러한 발전들은 1980년대부터 연구자들, 통치[정부], 여론 형성자들 사이에서 점점 더 많이 논의되어 왔던 난민 위기를 서양을 넘어 전치시키는 데 기여하였다(Gibney 2010 ; Zolberg, Suhrke, and Aguayo 1989). 그 결과, 국내 피난민의 [경계횡단] 지연을 위한 수용소들이 수없이 많은 위기 지역들의 말단부에 우후죽순처럼 등장하였다. 가장 보수적으로 계산하더라도 2008년 국내 피난민의 숫자는 2천 6백만 명에 이르며, 이는 세계 난민 수의 대략 두 배에 이르는 수준이다. 가장 많은 수의 국내 피난민 인구가 발생한 국가 중에 소말리아, 콜롬비아, 콩고민주공화국, 수단 등이 있다는 점은 염두에 둘 필요가 있다(Gibney 2010, 2~3). 인권과 망명은 국내 피난민 수용소를 통해 추적된 비참함과 생존의 새로운 지형의 거울 속에서 괴이한 형상으로 비치고 있다.

안보에 대한 걱정들, 포퓰리즘적인 정치적 언사, 이주에 관한 경제적 가치 계산 등은 세계의 몇몇 부분들에서 새로운 법제적 변화가 일어날 조짐을 보이는 동안 망명 신청자들과 경제 이주자의 구분 작업이 더욱 많이 연구되는 상황을 낳도록 했다. 독일, 영국, 호주와 같은 나라들에서 있었던 이주 통제의 엄격화는 1970년대 말부터 이주자와 법리 활동가들이 인권 체제의 그물망을 넓히는 노력을 기울이게 했다. 이러한 노력은 대개 효과적이면서도 창의적인 방법들로 경제적 이주와 망명 간 영역선을 작동시켰다. 그에 대한 반작용으로, 보수적 선동가들과 대중추수적 선동가들은 이러한 구획들을 재정립하는 시도 가운데에서 "가짜 망명 신청자" 혹은 "새치기하는 사람"과 같은 개념들을 만들어 냈다(Hugo 2002; Neumayer 2005). 그러한 영역선은 난민들의 움직임이 더욱 많아지고 다양한 구성을 지님에 따라 점점 더 많은 도전을 받게 되었다. 감시와 새로운 개방가능성 사이의 틈새에서, 난민이라는 인물형은 자신들의 법적·정치적 지위가 "불법" 이주자의 지위에 놓일 위기에 있는 환경 속에 발이 묶이거나 억류된 채로 버려지는 상태에서 보다 더 파편화되었다. 1993년 독일이 망명 관련해 제한적으로 시행한 헌법 개정은 이런 측면에서 상징적인 전환점으로 받아들여질 수 있다. 개정된 헌법에 따르면, 〈제네바·유럽 인권 협정〉에 서명한 국가들(사실상 독일에 이웃한 국가들 전부)로부터 유입되는 이주민들의 망명 요구 권리를 제거하거나, 국회법에 의해 안전한 것으로 판명된 다른 제3국가들로부터 유입되는 이주민들의 망명 요구 권리를 제거하기 때문이다(Bosswick 2000).

실제로 많은 난민과 망명 신청자들은 불법화 과정에 종속되는데, 이는 종종 그들이 특별히 선호하는 이주 목적지로 여기는 국가들로 진입하기 전에도 그러하였다. 유럽연합으로 향하는 이주의 흐름을 지켜보면, 망명 신청자와 노동 이주자의 구분을 매우 어렵게 만드는 다양한 현상들을 관찰할 수 있다. 복잡하고 위험한 경우가 많은 경로들을 따라 이동하는 경험은 많은 다른 배경을 가진 이주자들에 의해 공유된다. 경유지 국가들에서 일하는 것; 경찰, 군대, 억류 등에 대응하는 것; 밀수업자들이나 브로커들과 협상하는 것; 경로를 따라 네트워크 구축하기; 지도를 점검하고 방향을 바꾸는 것 등은 다양한 종류의 이주자들에게 공통적인 경험들이다(Transit Migration Forschungsgruppe 2007). 다른 한편으로, 1990년 〈더블린 조약〉의 태동과 그것에 대한 후속 수정들 안에서, 망명 요청이 기술적으로 가능한 것으로 보이는 "안전한 제3국들"의 격리선

cordonne sanitaire이 유럽연합 주변에 형성되어 왔다. 동시에, 난민 수용소와 억류 시설은 그것의 공식적인 영역선을 넘어 잘 구축되어 왔다. 이것은 이주의 목적이 일자리이든 망명이든 상관없이 불법화가 지속적인 위협인 상황을 야기한다. "선제적 송환"preemptive refoulement은 종종 이러한 요소들이 조합된 행위의 결과이다(Marchetti 2006).

그러나 불법화 위협이 난민들과 망명 신청자들을 지배하고 있는 것만은 아니다. 다양한 지리적 스케일에 걸쳐 있는 이주 시스템들과 법들은 "불법" 이주자의 신상을 판별하고, 추방하며, 포섭하려는 노력을 통해 지난 수십 년간 점진적으로 형성되어 왔다. 만일 국경선이 우리의 정치적 삶 가운데로 이동해 왔다면, 그로 인해 "불법" 이주자라는 인물형은 경계와 이주 통제의 영역에서 혁신의 동인이 되었다. 니콜라스 드 제노바가 미국에 있는 미등록 멕시코인 이주자들에 대해 언급한 것과 같이, "사무적으로 볼 때" 이주자들의 "불법성"이란 것은 "없다". 실제로 불법성을 그것의 현대적 맥락 안에서 "미국 이민법의 산물로 볼 필요가 있다. — 단지 이주 법이 '외국인'의 다양한 범주들을 구성하고, 차별화하며 순위를 매기는 일반적 관점에서뿐 아니라, 1965년에 시작된 계획적인 개입의 역사가 불법화를 통한 포섭의 능동적 과정을 구체화해 왔다"는 관점에서 말이다(De Genova 2005, 234). 그러한 전망은 "불법" 이주자들이 국경 감시단, 민병대, 혹은 다른 무장 자경단들에 의해 사냥당하는 영토로서 미국-멕시코 간 경계지에 관한 친숙한 논의들과 강력한 대조를 보여준다. 이 공간에서 일어나는 죽음의 규모와 강도를 과소평가하지 않는 것은 중요하다. 그러나 불법화의 복합적 과정들과 그것들의 노동시장, 초국적 공동체의 네트워크, 합법적·비합법적 월경 흐름 등과의 뒤엉킴에 대한 분석은 단지 국경 강화의 폭력적인 광경에 대한 관심만 가지고는 이루어질 수 없다. 그러한 광경은 효혐과 배제의 장막 아래에 있는 변화무쌍하고 통제가 불가능해 보이는 이주 움직임을 불명확하게 하는 일종의 "제의적 행위"ritualistic performance로서 빈번하게 기능한다(Andreas 2009, 143~144). 이와는 반대로, 적극적인 "불법화를 통한 포섭"을 인지함으로써 미국의 사법적·정치적·경제적 공간 내에서 차이가 만들어진differentiated 주체 위치를 지속적으로 각인시키는 특성을 가진 일시적 불균형에 관심을 돌릴 수 있게 된다.

"불법화를 통한 적극적 포섭 과정"에 대한 관심은 우리가 세계의 다른 경계지에 적용할 만하다고 보는 것 중 하나이다. 경계강화의 광경이 불법성의 그물망 안에서 이주하고 노동하는 주체들을 잡아내기 위한 여과 과정과 부합하는 곳이면 어디에서든, 배제와 축출과 같이 더 익숙한 이미지들과 대조되고 보완되기도 하는 착취와 예속의 포섭 기제들을 관찰하는 것이 가능하다. 그러한 불법성의 합법적 창출은 다양한 주체의 위치들을 만들어낸다. 이 위치들은 이주자들이 미등록될 수 있는 여러 방법들을 가리키는데, 여기에는 이주자들이 어떤 고용 상태나 (예를 들면, 운전 면허증이나 신용카드의 소지) 같은 공적, 사적 관료제에 기반한 인정 등을 통해 얻게 된 취약한 지위들이 포함된다. "불법" 이주자는 추방 가능한 주체가 되기도 하는데, 이는 정치체polity와 노동시장 모두에서 이들의 위치가 추방가능성이라는 조건으로 표시되고 타협된다는 것을 의미한다. 비록 실제적인 퇴거라는 것이 먼 훗날에 일어날 만한 일이거나 일련의 전 생애 활동에 걸쳐 배경처럼 존재하는 위협에 불과함에도 말이다.

니콜라스 드 제노바와 나탈리 퓨츠(2010)는 현대 세계에서 전례 없는 규모로 증가하는 "불법" 이주자들을 강제적으로 제거하는 것이 "불법성"을 단지 "변칙적인 법적 지위로서뿐 아니라 실제적이고 물질적인 결과를 낳으며 깊이 내면화된 존재 양식"으로 경험하는 수많은 다른 사람들에게 가시적인 영향을 미친다는 점을 지적한다(De Genova and Peutz 2010, 14). 더욱이 추방 가능한 이주자는 비록 그것이 매우 간접적이고 암시적인 방식이라 하더라도 경찰, 비정부기구들, 항공사, 그리고 다른 소위 이주 운송 수단들 등의 행위자와 기관들을 담고 있는 구조들의 그물망 안에 얽혀서 옴짝달싹 못 하게 된다. 드 제노바와 퓨츠가 추방 레짐이라고 부른 것의 지리학은 새로운 목적지를 향해 뛰쳐나간 이주자들이 만든 실제 경로에 대한 일종의 역추적을 담고 있다. 점차 추방의 수단과 방법은 위기의 시기에 이득의 제공과 강제적인 제거에 대한 암묵적 위협 등을 통해 귀환하도록 회유하는 "자발적 본국송환"까지 포함한다(Andrijasevic and Walters 2010 ; Dünwald 2010). 그러나 추방이 반드시 본국송환을 포함하는 것은 아니다. "완충지대"와 "등급화된 안보화" 공간의 창출은 추방 레짐을 "외재화"의 과정과 – 특히 이주 목적지 지역들의 "경계에 인접한" – 많은 다른 장소에서의 억류 시스템과 깊숙이 연계시킴으로써 다수의 국경에 걸친 추방을 관리해낸다(De Genova and Peutz 2010, 5). 이것은 다른 종류의 정부 간 협약과 협력계획의 설계로 이어져 이주와 다른 종류의 비합법적인 흐름의 방해를 목표로 하는 국경통제와 저지 노력을 조정하고자 한다. 예를 들어, 미국–멕시코 간 국경의 통치는 멕시코를 과테말라와 벨리즈를 잇는 소위 프론테라 올비다다frontera olvidada[잊혀진 국경]의 감시활동에 의해서 점차 조정되고 있다. '푸에블라 프로세스'(1996)와 '메리다 구상'(2007)과 같은 정부 간 협정의 틀 내에서, 이러한 조정은 출신국과 경유국으로서 중앙아메리카 국가들에서 미국에 엮인 이주 움직임을 통제하고 통치 가능하도록 만드는 데 목적을 둔 더 광범위한 미국 주도의 지역 구상의 일부를 형성한다(Kron 2010).

명백하게 추방은 시간적 경계 이해를 위한 근본적인 조사 현장으로서 일련의 신체적·관료적 실천을 담고 있다. "불법" 이주자라는 인물형이 새롭게 전지구적으로 눈에 띄는 현상이 되었던 1970년대 초 이래로, 그러한 공간의 확산과 다양화가 있었다. 공항의 대기 지대에서부터 항구에 억류된 선박까지, 일반적인 감옥에서부터 특수목적의 시설까지, 이러한 억류 현장은 정치적 염려와 비판적 심층 조사의 대상이 되어 왔다. 인권 그룹, 반인종차별주의자와 이주 활동가, 아니면 걱정 많은 연구자들에 의해서 말이다. 구금과 격리라는 식민주의적 실행에 그 기원을 두고 있는 것으로 잘 알려진 난민 수용소의 특징은 오늘날의 행정적 억류에 대한 비판적 논의를 거의 독차지해 왔다. 연구, 분석, 정치적 개입 등에 관한 문헌들이 이러한 주제를 둘러싸고 점점 더 증가해 온 것이다(Bernadot 2008; Dow 2004; Perera 2002; Pieper 2008; Rahola 2003). 2차 세계대전 당시 나치의 라거Lager 시스템과 상당히 유사하다는 점 외에도, 난민 수용소가 제시하는 이론적·실천적 관점에서 현시대의 억류 현장을 분석하는 것은 억류의 정치적 작동과 주권, 안보, 생체정치biopolitics에 관한 더욱 광범위한 질문의 중요성을 통찰할 수 있게 한다. 이어서, 이것은 난민 수용소의 특징과 그것이 지닌 특이한 감정적·역사적 함의를 둘러싸고 있는 수많은 다른 형태의 정치적 행위와 심지어는 예술적 표현에까지 생명을 불어넣었다.

조르조 아감벤의 대단히 학구적이고 영향력 있는 저작인 『호모 사케르』(1998)의 출간 이후로 난민 수용소는 근대성의 생체정치적 패러다임의 지위로 격상되었다. 한나 아렌트, 칼 슈미트, 발터 벤야민, 미셸 푸코 등의 작업에 기초해서, 아감벤은 난민 수용소 그리고 그 수용소가 예외적 상태와 계엄법에 법적 근거를 두는 것과 관련해 매우 예리한 분석을 제시한다. 그가 보기에, 난민 수용소는 내부자의 권리를 박탈하는, 즉 내부자로부터 모든 정치적 지위를 빼앗고 그들을 "벌거벗은 삶"의 상태로 추락시키는 일련의 기술과 장치를 통해 가능해진 공간이다(Agamben 2000, 41). 아감벤에 따르면, 이것은 매우 다양한 역사적·현대적 현장들에 걸쳐서 작동하는 과정이다. 여기에는 쿠바와 남아프리카의 식민지 수용소, 라거 난민 수용소, 프랑스 국제 공항의 대기 장소, "불법" 이주자의 구금 센터, 임시 억류 장소, 대도시의 외곽지역, 관타나모만에 있는 것과 같은 특별 군사 감옥 등이 포함된다.

"불법" 이주자의 수용소에 관해서, 아감벤이 제시한 가장 근본적이고 눈부신 통찰은 수용소가 그곳의 거주자들을 법적 질서로부터 배제시키기 위해 동일한 법적 질서 안으로 잡아들이는 방식을 고민하는 지점이다. 이러한 포섭을 통한 배제의 과정은 이 책에서 가장 결정적인 주요 주제 중 하나이다. 즉 그것은 포섭과 배제 간 경계가 현대 자본주의의 시공간적 역학에 의해 확대되고 재작동되는 다양한 방식들이다. 그러나 아감벤의 접근은 그러한 자본주의의 발전과는 거의 관계가 없는 초역사적인 그리고 심지어는 존재론적 주장들에 중점을 두고 있다. 반면에, 우리는 노동 및 자본과 관련된 현재의 대변혁과 전지구적 이주 통제와 정치가 지닌 연관성에 초점을 둠으로써 행정적 구금의 시행이 어떻게 난민 수용소에 억류되지 않은 추방 가능한 주체의 삶 속 시간적 경계의 작동과 연결되는지에 관해 질문들을 제기한다. 우리는 수용소가 주권적 권력과 그 예외들이 지닌 초월적 측면으로부터만 분석될 것이 아니라 "추방 레짐"이 중요한 요소인 이주 통치와 관리의 더 광범위해지고 복합적인 네트워크 안에서도 분석되어야 할 필요가 있다고 믿는다. 아감벤의 주장이 난민과 이주 정치에 대한 비판적 논의에 때때로 기계적으로 이식되기도 하는데, 이는 배제, 궁핍, 비인간화 등 푸코가 이주 움직임을 겨냥한 권력 집합의 더욱 생산적인 차원이라고 불렀을 만한 것을 모호하게 만드는 과정에 대해서만 거의 일방적으로 초점을 맞추는 결과를 낳는다(Rahola 2010). "외국인들을 위한 수용소"조차도 마크 베르나르도가 언급했듯이 환경을 변화시키기 전에 영속적인 재구성 상태에 있고 결코 확정적인 형태로 고정하지 않는 "사회 제도"라는 점을 잊지 말도록 하자(Bernardot 2008, 43). 억류 시설 안과 바깥 모두에서 이주자들의 투쟁은 이러한 변화하는 상황들 가운데서도 가장 중요하다. 그 투쟁들 속에 2002년 호주의 악명 높은 우메라 억류 센터에서 약 60명의 억류자가 입술을 꿰맨 것 같이 극적인 행위들이 포함되었건, 아니면 2011년 튀니지 이주자들이 "접수 센터"를 불태우고 이탈리아의 섬인 람페두사의 거리로 도망쳤던 것과 같은 사보타주와 탈출 등의 계획적인 행위였던 간에, 이러한 투쟁은 그러한 수용소가 이주자들로부터 저항 능력을 **빼앗는** 데만 고정된 기관이 결코 아니라는 점을 보여주는 변화를 일으킨다.

수용소라는 명칭을 끌어올 수 있는 구조, 제도, 공간의 절대적인 다양성과 범위는 상당히 거대해서 수용소라는 그 용어를 더 넓은 정치적·존재론적 계획들과 엮는 분석적 이해를 상실할 위험도 있다. 다른 종류의 구금 시설과 이주 통치, 시간적인 경계짓기, 추방 등의 더욱 광범위한 과정에서 그 시설이 수행하는 역할에 대해 더욱 조심스럽게 초점을 맞춰 조사함으로써 아감벤이 주권적인 예외와 권리의 박탈에 강조점을 둔 것을 넘어설 필요가 있다. 이는 이주 움직임과 관계가 있는 권력 장치들, 특히 이러한 움직임을 도시·국가·지역의 실제와 가짜 필요들에 맞추려고 하는 선별과 걸러내기 방법들을 분석한다는 것을 의미한다. 구금의 시간적 차원을 강조하는 것은 경유·연장·가속 등의 비동시적인 리듬에서 이주 통제의 현대적 기술들에 대해 재고한다는 것이다. 이러한 템포와 타이밍은 작동 중인 신체와 정신의 주체적 경험을 가로지르고 이러한 작동을 노동시장 역학과 시민권의 사회적·상징적 조직에 각인시키는 데 있어 핵심이기도 하다. 에프티미아 파나지오티디스와 바실리스 치아노스가 썼던 것처럼, "이주 움직임 통치는 그것의 동력을 위계화된 이동의 시간적 지대로 밀어넣어 통치불가능한 흐름으로부터 통치가능한 이동성 있는 주체를 생산해 내는 데 목표를 두고 있다"(Panagiotidis and Tsianos 2007, 82). 루트비카 안드리야세비치는 이러한 접근법이 "이주자들의 여정이 통상적으로 투영되는 방식으로서 과정적 선형성(예를 들면, A/송출국에서 B/목적국으로의 움직임)"을 깨고, "기다리기, 숨기기, 예상치 못한 방향전환, 정착, 단 기체류, 탈출과 복귀 등과 같은 중단과 불연속"에 주의를 돌린다고 설명한다(Andrijasevic 2010b, 158). 유럽연합의 남부 인접 국가들에 있는 난민 수용소에 관한 글에서 그는 그 수용소의 목적이 단순히 보편적인 의미에서 이주 움직임을 예방하고 차단하는 데만 있는 것이 아니라 이주의 시간과 속도를 규제하는 데도 있다는 점에 동의함으로써 우리의 접근을 확인해 주고 있다.

행정적 억류 시스템과 노동시장의 형성 간 연계를 개념화하는 방법 중 하나는 "감압실"(Mezzadra and Neilson 2003)로서 억류 센터를 묘사하는 것이다. 감압실에서는 가장 폭력적인 방식으로 노동시장의 존재 자체를 받쳐주고 있는 구성요소의 긴장에 균형을 유지한다. 일시적으로 인도의 정보통신기술 노동자들을 노동시장에서 축출하는 방식으로 그들을 대기시키는 행위에 관한 앞의 논의로 돌아가 보면, 이제 우리는 이러한 행위의 시간적 차원들과 행정적인 억류에 특정된 지연 전략 간의 유사점을 볼 수 있게 된다. 직업소개소에 있는 노동자들을 대기시키는 것은 그들을 국내 노동시장의 정규직 정보통신기술 노동자들과 분리시키는 경계짓기 형식을 포함하고 있다. 그것은 또한 억류 수용소에서 이루어지는 시간적 규제와의 기묘한 연속을 나타내는 일종의 시간적 지연으로 고려될 수도 있다. 대기 상태에 놓인 직업소개소 노동자들의 조건은 그러한 기관 안에 폭력적으로 감금된 "불법" 이주자의 조건과 동일하다. 그 둘 모두가 이주 움직임을 국내 노동시장과 정책으로 계층화시키는 시간지연 전략을 담고 있다는 점에서는 말이다. 중요한 것은 이러한 지연과 억류 상황 간에 뚜렷한 물질적·경험적 차이가 존재하지만, 그러한 차이가 구축한 시간적 경계는 그 상황의 연속성을 강조하는 분석에도 적용될 수 있다는 점이다. 이러한 병렬이 제시하는 것은 대기시키기에 의해 만들어진 시간적 지연 지대가 점수 시스템과 같은 이주 정책의 다른 요소들과 함께 억류 시스템이 만들어낸 "위계화된 이동의 시간 지대"로서 지연, 감속, 속도 조절 등의 유사한 과정들을 동원한다는 것이다.

(이러한 노동자들과 인도의 친척들과의, 미국이나 호주에 있는 유사한 정보통신 노동자들과의, 싱가포르과 쿠알라룸푸르 등지와 같은 곳의 중개인들과의 관계라는) 전지구적 차원의 직업소개 관행이 가시화되면, 이러한 시간적 과정이 어떻게 필연적으로 공간적 경계와 동일한 선상에 놓이지 않고 반대로 그 경계를 변경하고, 강화하며, 불분명하게 하였는지에 대한 포착이 가능하다. 대기시키기는 직업소개 시스템 안의 인도인 정보통신 노동자들의 이동을 특정 경로로 유도하고 걸러내는 여러 장치들 중 하나에 불과하다. 대기시키기는 고전적인 노동의 수요와 공급 간 관계를 조작하고 뒤틀어 버리는 정교하게 계산되고 전략적인 방법을 통해 이 노동자들이 자유에 접근하는 것을 방해한다. 억류 센터의 경험이 우리가 대기시키기 경험에 관한 무언가를 이해하도록 하기도 하지만, 그 반대의 경우도 가능하다. 대기시키기의 경우를 통해 보듯이, 억류 센터는 벌거벗은 삶에 대한 주권 권력의 행사보다는 상품으로서의 노동력의 생산과 재생산에 더욱 많이 관련된 것으로 보인다. 여기서 우리는 시간적 경계에 대한 분석이 만들어 낼 수 있는 극적인 차이의 상황을 찾을 수 있다. 수용소에서 자행되는 폭력을 지켜보는 시야를 잃지 않으면서, 초점은 이주의 변화무쌍한 움직임과 현대 자본주의의 유연하고 금융화된 논리가 동시에 일어나도록 하는 데 있어서 불법성의 합법적 생산과 추방가능성의 조건이 맡는 역할들에 대한 검토로 이동한다. 이것은 국제적인 국경 횡단에 대한 관심과 더불어 이러한 움직임들이 어떻게 민족국가들의 내부 경계와 대도시적 공간의 도시적 영토들을 가로질러 공명하는지에 대한 관심도 함께 포함한다.

내적 경계

다국적 은행사 건물들과 판자촌에서 시간은 서로 다른 속도로 흐른다. 그러한 다른 시간성이 일상생활 속에서 상호교차되는 동안에, 세계는 빈곤, 궁핍, 인종 차별 등으로 표식이 달린 인구들을 관리하고 통치하기 위해 작동하는 복합적인 공간 구분의 유형들에 의해서 교차한다. 게토와 파벨라[빈민 지역] "이주자 마을", 슬럼의 확산은 지리적인 분단을 횡단하고 현대 세계의 내적 경계가 확산하는 것에 대한 중요한 사례를 제공한다. 마이크 데이비스가 자신의 책 『슬럼, 지구를 뒤덮다』(2006)에서 제시한 묵시록적인 그림은 인도의 판자촌들이나 슬럼가와 같은 공간의 거주자들이 추구하는 정치적 협상을 강조하면서 그 공간들을 보다 면밀히 분석하는 것과 대조될 수 있다. 파르타 채터지(2004, 2011)는 이러한 주변화된 인구들의 삶이 어떻게 "시민사회"에 만연해 있고, 자율적인 주체를 정의하는 권리와 의무들과는 근본적으로 다른 기준에 따라서 통치되는지를 묘사하기 위해 "정치적 사회" 개념을 발전시킨다. 채터지는 주장한다. 생계와 투쟁이라는 목적을 위해 이 주체들은 "통치[정부]에 대한 자신들의 요구를 만들고 다시 통치를 받는다. 하지만, 이것은 안정적인 법제에 의해 정의된 권리와 법의 틀 안에서라기보다는 직접적인 정치적 협상을 통해서 도달한 일시적이고 맥락적이며 불안정한 구조들을 통해서 이루어진다"(2004, 57). 이 접근법은 그것이 내포하고 있는 종속적 주체들의 자결성agency과 자율 공간을 빼앗는다는 측면에서 볼 때 문제의 소지가 있다(Samaddar 2007a, 135~52). 그러나 본 장의 맥락에서 그 접근법은 시민권 개념의 핵심에서 이루어지는 균열의 출현을 명확히 드러내는 데 도움을 준다. 중산층 도시와 빈민촌 간의 내적 경계는 시민권 안에서의 경계로 보이고, 이것은 그 경계의 감시활동에서 가장 중요한 쟁점들에 새로운 설명을 제시한다. 이동, 그것의 경로를 만드는 일channeling, 그것의 관리, 그리고 종종 벌어지는 그것의 차단은 이러한 쟁점 중에서도 특별히 중요하다. 누군가에게는 시간적 유예와 공간적 지연을 이해하는 데, 그리고 도시 교외 거주지역과 같은 장소에서 삶을 형성하는 다양한 경계 등을 이해하는 데, 마티유 카소비츠의 〈증오〉(1995)라는 영화가 기억나는 유일한 사례일 수도 있다. 이 영화에 등장하는 세 명의 주인공이 파리로 가는 기차에 올라탔을 때, 그들은 정말로 다른 세계 — 그리고 다른 시간대times — 로 가로질러 가는 것처럼 보인다. "세상은 당신의 것"Le monde est à vous이라는 문구가 이들이 기차의 창문을 통해 내다보는 거대한 광고판에 등장하는데, 이것은 아이러니하게도 고전 갱 영화인 〈스카페이스〉(1932년 하워드 혹스가 감독한 오리지널판과 1983년에 리메이크된 브라이언 드 팔마 감독판 모두에 등장)를 참고한 것이다. 이 장면은 이 이야기의 비극적인 결말이 오기 전에, 희망과 반란의 극단적인 제스처로 세 명의 청년 중 하나가 스프레이형 페인트를 이용해 당신vous을 우리 nous로 바꾸고, '세상은 우리 것!'이라고 표현하는 장면이다.

프랑스의 방리유[대도시 교외]는 시간적 경계의 작동을 심도 있게 조사할 수 있도록 하는 매우 흥미로운 공간적 구분 사례를 제공한다. 2005년 [파리] 교외 소요 사태가 시작하던 시점에 쓴 글에서, 에띠엔 발리바르는 "'방리유'는 보통 말하는 의미에서의 변방frontier, 접경지역-area, 전선 frontline이다. 그것은 거대한 대도시 지역의 바로 그 중심부에서 주변부를 형성한다"(Balibar 2007, 48). 방리유의 특이성을 염두에 두는 것은 중요한데, 방리유라는 단어는 프랑스의 특정한 도시개발과 사회개발의 유형들을 반영하고 있으며 영어의 교외나 게토 등의 단어로 번역될 때 쉽게 놓치는 부분이다. 발리바르가 그것을 남아프리카 공화국의 흑인 거주구와 계속 연결하려 했다는 점은 방리유를 더 넓은 범위에서의 전지구적인 도시적 인종차별정책apartheid의 틀 내에 배치할 수 있음을 보여준다. "극단적인 것들 간의 근접성"이라는 방리유의 특징, 즉 같은 단어가 "부유한, 심지어는 매우 부유한" 근린 지역과 굉장히 빈곤한 근린 지역을 정의하며, "빈번히 두 지역은 지리적으로 매우 근접해 있으나 사회적인 심연과 영속적인 반감으로 분리되어 있다는"(Balibar 2007, 48) 사실은 다른 대도시의 풍경들과의 대비를 가능케 한다. 혹자는 부에노스아이레스의 코누르바노conurbano(거대한 대도시의 주변부)를 떠올릴 수도 있을 텐데, 여기에서는 부자들을 위해 외부인의 출입이 통제된 공동체들(소위 말하는 전원countries)과 최극빈층 근린지역(소위 판자촌villas miserias)이 도시 개발의 동력을 제공한다(Vidal-Koppmann 2007).

근대 방리유의 역사는 프랑스의 산업화 역사와 그와 관련된 이주의 역사와 일치한다. 이주는 처음에는 시골 지역에서 다른 유럽 국가들로, 그 후에는 식민지와 구 식민지들로부터 시작되었다. 1936년 〈민중전선〉이 선거에서 승리했던 시기부터, 노동계급의 방리유는 좌파의 요새가 되었고, 여기에는 "붉은 방리유"의 실재reality와 신화를 형성한 〈사회당〉 그리고 특히 〈공산당〉에 의해 주도된 지방 정부들이 함께하였다. 사회 복지 서비스와 교육 등에 대한 투자는 이런 행정부들의 특징이었는데, 이를 통해 "상대적으로 동질적인 공동체, 독특한 문화를 구체화할 수 있는 공동체"를 만들고자 시도하였다(Dubet and Lapeyrronie 1992, 51). 이주자들, 특히 알제리에서 온 이주자들은 붉은 방리유 안에서조차도 항상 일종의 하위 계층에 있었는데, 이들은 대개 자신들이 "공동체"에 속해 있다는 점을 공간적으로 표시하는 소위 포여foyer[축자적으로는 현관](Sayad 1980)라는 특수한 건물에 거주하였다. 포드주의 시대에는 "이주 노동자"로서 그들의 현존에 대한 정당성이 광범위하게 인식되었고, 공장과 사회에서 그들의 투쟁은 그러한 인식을 더욱 강력히 공고화하는 데 핵심적인 역할을 하였다(Abdallah 2000, 14~31). 1995년에 처음 발간된 책 『불화: 정치와 철학』에서 자크 랑시에르는 프랑스에서 등장한 새로운 형태의 외국인 혐오증과 인종차별주의에 대해 논평하며 포드주의의 위기에 의해 만들어진 극적인 대변혁을 적절히 묘사한다. 그는 이렇게 쓴다. "우리에게는 20년 전과 거의 같은 수의 이주자들이 있다. 그렇지만 그들은 그 당시에는 다른 이름을 갖고 있었다. 그들은 이주 노동자로 불리거나 아니면 그냥 평범한 노동자로 불렸다. 오늘날의 이주자들은 우선 자신의 두 번째 이름을 잃은 노동자이고, 자신의 정체성과 자신의 타자성otherness의 정치적 형식을 잃은 노동자이다"(Rancière 1999, 118).

도시 구조에서의 실업과 퇴락dereliction의 증가는 1970년대 이후 파리 주변에 있는 더욱 빈곤한 교외와 다른 프랑스 주요 도시들의 특징을 보여준다. 이 지역들의 인구 구성 역시 변하였는데, 이는 도망갈 기회를 가졌던 사람들은 좀 더 나은 근린 지역으로 이사를 가버렸기 때문이다. 대개 소수민족과 가난한 백인이 유일하게 남겨진 거주자들이었고, 이들은 점차 공적인 논의에서 범죄율, 배제, 그리고 좀 더 최근에는 이슬람주의로 낙인찍히게 되었다. 1981년의 무더운 여름 이후, 폭동은 방리유에서 일상적인 일이 되었다. 이러한 사회적 과정들에 일종의 대척점을 제공하고 경직된 공동체 간 긴장을 야기하면서 말이다. 우리가 아래로부터의 경계짓기bordering-from-below라고 부를 만한, 자주 그런 공간들에서 작동하는 능동적 과정은 자위권의 확보에 유용하였고, 또한 때에 따라서 공동체와 영토 안의 그리고 그것들 간의 분할선과 분배선을 증식시켜왔다. 방리유에서 사는 것으로 인해 부여된 낙인은 이동을 상당히 어렵게 만든다(Castel 2007). (경찰과 다른 감시원들에 의해 제지될 위험이 매우 크고 운송 시스템들은 종종 도시 중심으로의 여정을 불필요하게 길게 만들기 때문에) 방리유라는 단어가 가진 [대도시 외곽이라는] 축자적 의미에서 그리고 또한 양질의 교육이나 일자리를 얻을 기회가 다른 프랑스 시민들보다 훨씬 적기 때문에 사회적 이동의 측면에서 모두 그러하다. 무엇보다도 이것은 이주의 가족사를 가진 청년들에게 해당하는데, 이는 그들이 형식적으로는 완전한 자격요건을 갖춘 프랑스 시민인 것과는 관계가 없다. 1990년대 초기에 프랑수아 뒤베와 디디에 라뻬호니(Dubet and Lapeyronnie 1992, 7)는 "이주, 청소년 범죄, 불안전 등의 문제들은" 방리유에 관계된 "사회적 질문"에 대한 공적 논쟁에서 핵심 주제로서 노동자의 파업을 대체하였다. 더욱 최근의 논의에서는 인종적 굴절이라는 유령이 출몰하였는데(Fassin and Fassin 2006), 이는 특히 프랑스의 시민권에 대한 패권적 이해로서 "공화주의적" 관점에 방해가 되었다.

방리유는 프랑스의 공적 담론에서 배제의 불모지로서 점점 더 고려의 대상이 되었다. 이러한 이미지는 우리가 간략하게 개괄한 개발의 면면들 - 만성적인 실업에서부터 공간적·사회적 이동성의 제한까지 - 을 분명하게 포착해 낸다. 동시에, 배제 개념의 활용을 복합적으로 접근할 필요가 있는데, 왜냐하면 그 개념이 방리유에서의 삶이 가진 다른 측면들을 모호하게 할 위험이 있기 때문이다. 대부분의 방리유 거주자가 프랑스 시민이라는 사실과는 별개로, 최근 연구들은 이러한 인구들이 문화적 태도와 기호, 생활양식을 더 광범위한 프랑스 사회와 공유하고 있음을 보여준다(Castel 2007, 36~37). 청년 문화, 음악(특히 랩), 영화, 심지어는 문학(특히 『폴라』와 같은 신사조 범죄 소설) 등에 관한 한, 방리유는 "그 나라의 가장 중요한 문화적 실험실이고, 새로운 재능과 스타일의 영속적인 원천"으로 고려될 수 있다(Caldiron 2005, 129). 사회적 협력의 두꺼운 네트워크와 〈이주와 방리유 운동〉과 〈창녀도 종도 아닌〉 같은 사회 운동의 경험들은 이러한 놀라운 생산성 뒤에 자리하면서, 방리유 거주자가 점차 사회의 다른 영역들로 확산하는 경제적 위태로움의 조건에 대처할 수 있도록 한다(Revel 2008). 우리는 여기서 방리유의 경계 지역이 안과 밖의 영역선을 모호하게 하고, 혹은 더 나아가 지속해서 그 영역선을 작동시키는 주체적 경험의 장을 지시하는 역설적인 상황과 마주하게 된다. 프랑스의 사회학자인 호베흐 까스텔이 쓴 바와 같이, "젊은 방리유인들이 마주하는 문제는 그들이 사회의 외부에 있다는 것이 아니다⋯ 그렇지만 그들은 어떠한 인정된 장소를 점유하고 있지 않으며 그들 중 상당수는 그러한 장소를 관리할 능력이 더는 없어 보인다는 점에서, 그들은 사회의 내부에 있지도 않다"(Castel 2007, 38).

이러한 특이한 주체의 위치를 정의하기 위해 계급과 인종의 조합적 행위를 기술하면서, 발리바르(2007, 57)는 그러한 행위의 효과가 "그것을 점유하는 사람들을 영원히 (장소로부터out of place) 추방된 사람들, 내적으로 배제된 사람들"로 구성하는 것이라는 데 동의한다. 발리바르의 문장은 방리유의 내적 경계에 의한 주체성의 기묘한 생산 속에서 시간("영원히")과 공간("장소로부터")의 뒤엉킴을 예리하게 포착하였으며, 이는 구별의 공간을 제한할 뿐 아니라 시간적 지연 지대들을 구축한다. 이러한 시간적 차원은 인종이라는 주제가 고려될 경우 더욱 적절히 인식될 수 있다. 아쉴 음벰베(2009)가 2005년 11월 봉기가 일어나던 때에 「공화국과 야수」라는 한 편의 글을 통해 이 쟁점에 관한 생생한 토론을 촉발했던 것은 유명하다. 그는 이주 정책과 이주의 배경을 지닌 인구들의 관리에서 프랑스의 식민 역사가 다시 등장하고 있음을 지적하였다. 2005년 폭동으로부터 등장한 가장 중요한 운동 중 하나가 식민지 인구들의 종속과 통치[정부]에 관한 프랑스 법인 〈원주민 법〉을 차용해, '공화국 원주민'Les Indigènes de la République이라는 명칭을 채택한 것은 우연이 아니다(Bouteldja and Khiari 2012; Le Cour Grandmaison 2010; Rigouste 2009). 이러한 역사적 시각으로부터 방리유에 대해 고려해 보면, 프랑스 시민권은 식민지적 과거(Blanchard et al. 2005)의 재등장으로 인해 내적으로 파열된 것으로 보이며, 이러한 황량한 도시 주변부를 둘러싼 내적 경계는 추가적인 시간적 차원을 획득한다. 식민지적 주체의 인물형은 프랑스 공화주의의 세속화된 공간 속에서 때 이른 재등장을 하게 된다. 형법, 경찰, 행정적 수단들은 이 경계지대에서 사는 인구들에 대한 일상적 통치를 형성한다.

프랑스 방리유의 특이성을 항상 염두에 둘 필요가 있기는 하지만, 완전히 새로운 탈식민지적 조건 아래 시민과 신민 간 식민지적 구별의 부활은 하나의 총체로서 유럽연합을 위해 최근에 만들어진 시민권과 이주 레짐을 통해 추적할 수 있다(Mezzadra 2006). 이런 측면에서 방리유의 문제라는 것은 2세대, 3세대, X세대 이주자 자신들이 살고 있는 사회에서 차지하고 있는 위치와 관련된 더욱 일반적이고 고통스러운 질문들이다. 여기서 가장 중요한 것은 항상 시간이다. 즉 이주자는 얼마나 오랫동안 이주자인가, 그 혹은 그는 얼마나 오랫동안 "다른가"? 여기에서 그런 질문들에 오랜 시간을 할애할 수는 없다. 또한 이와 관련된 다른 통합 유형 아래에 있는 소수민족 혹은 공동체의 형성에도 많은 시간을 할애할수 없다. 방리유 거주인의 시점에서 볼 때 통합이라는 바로 그 개념이 의심스럽다고 말하는 것 정도로 충분하다. 적어도 이것이 아메드 듀더가 『해체』에서 취한 입장이다. 이 글은 2006년에 출간되어 이전 해의 봉기에 관한 회고적 선언의 일종으로 널리 읽힌 바 있다. 방리유의 일상 언어와 거리 스타일과 공명하는 아이러니한 어조를 상정하면서, 듀더는 프랑스인들이 통합이라는 단어를 사랑하며 이는 그 단어를 통해 프랑스인들이 "야생 동물들"인 것처럼 다루어지고 있는 이방인들을 "길들일" 수 있는 것처럼 느끼게 해 주기 때문이라고 주장한다. 그는 이렇게 말한다. "두 세대에서 심지어는 네 세대를 살아온 다음에 우리더러 통합하라고 요구하는 것은 진짜 헛소리다." 이러한 통합의 이데올로기와 시행을 거부하면서, 듀더는 주류 프랑스 사회가 통제가 안 되는 부류의 인구들의 주체성을 형성해 보고자 시도할 때 활용하는 훈육 논리를 포착한다. 흥미롭게도, 이 점을 지적하기 위해 그는 이 장의 독자들에게 친숙한 제도를 언급한다. "우리는 통합하지 않을 것이다. 왜냐하면 이 단어가 매우 불쾌하기 때문이다. 솔직히 말해서, 그 말은 포로수용소 냄새가 난다"(Djouder 2007, 89~91).

이주자가 얼마나 오래 이주자로 남아 있느냐는 – 다시 말하면, 이주자가 얼마나 오래 차이의 객체로 남아 있으며 그런 이유로 통합integration의 대상이 되느냐는 – 질문은 시간적 경계라는 질문과 밀접하게 관련되어 있다. 그러한 시간적 경계는 시민권의 공간에 계층을 만든다. 그것들은 대개 규정하기 어려운 세대 개념을 통해 측정되는데, 이는 카를 만하임이 자신의 1928년 에세이에 적었던 것과 같이 반대할 수 있는 원천을 제공하고, 기존의 규범과 가치에 도전하며, "잠재적으로 사회 변화의 소용돌이에 빨려 들어갈 수 있는"(Mannheim 1952, 303) 코호트[1]를 묘사한다. 이주 연구는 이주자의 경험들이 어떻게 여러 세대에 걸쳐서 변화하는지에 대한 이론과 실증적 접근법으로 가득하다. 이주 연구는 2세대의 불안정하고 연약한 조건에 특별한 관심을 두고 있는데, 이는 윌리엄 I. 토머스와 플로리안 즈나니에츠키(1918~20)의 선구적인 작업과 함께 고전적인 난제로 등장하였다. 더욱 최근에는 "분절된 동화"segmented assimilation(Portes and Rumbaut 2001 ; Portes and Zhou 1993)와 같은 개념들이 제시됨으로써, 같은 종족 공동체나 집단에 속해 있음에도 불구하고 다양화되고 파편화된 경로를 2세대 이주자들이 추구하는 상황을 연구할 수 있게 되었다.

그런 연구에서 중요한, 더불어 시간적 경계에 대한 질문에도 중요한 지점은 학계에서 이주 경험에 그 기원을 두고 있는 세대 논리가 어떻게 이주 움직임의 경향에 중첩되어 더 넓은 역사적·지리적 유형과 일치하게 되는지를 이해하기가 어렵다는 점이다. 이런 측면에서, 세대들과 사회적 관점들, 그리고 그것들이 가져오는 경험들은 단순히 나이의 문제가 아니다. 상이한 이주의 시간성temporalities 간의 조우와 빈번한 충돌은 드물지 않게 도시와 국가, 지역의 내적 경계들을 따라 일어난다. 예를 들어, 최근 인도인 청년들이 호주로 이주한 것을 생각해 보자. 그들의 이주는 빈번히 학생 비자를 통해 그 국가의 "상위 교육 수출" 산업에 채용된 후에 일어난다(Bass 2010). 지정된 분야에 자격을 갖춘 학생들을 위해 마련된 영주권으로 가는 우호적인 경로에 현혹되어, 이 인도인 이주자들은 자신들이 이동하기 위해 가족들에게 빚을 떠안기는데, 이로 인해 학업 중에 일

---

1. cohort. (통계적으로 동일한 특성이나 행동 양식을 공유하는) 집단

할 수밖에 없는 상황에 놓인다. 하지만, 이것은 그들이 많이들 그러듯이 만일 자신들의 비자가 허용하는 주당 20시간 이상의 일을 하게 되면 자신들을 추방가능한 대상deportable subjects의 위치에 놓이게 하는 것이기도 하다. 실제로 호주의 교육과 숙련 노동자 이주 시스템 간의 중첩은 국가의 노동시장으로 진입하는 전체 이주 물결에 대한 창문을 제공하였다. 이러한 이주자 중 상당수는 교육적 열망을 압도하는 노동과 영주권에 대한 동기가 있다. 이 이주자들은 낮은 지위를 얻게 되는 경향이 있는데, 예를 들면 택시 운전사, 경비원, 상점 종업원, 주방 보조원, 아이 돌봄이 등의 비숙련 직업들이다. 공교롭게도 이들의 고용주는 종종 1960년대와 1970년대에 호주로 들어와 사업과 공동체 네트워크 등에서 기반을 닦은 전 세대 인도인 이주자들이다. 그러한 종족 간 고용과 착취 양상은 이주 사슬과 네트워크에 관한 연구에 잘 기록되어 있다. 그 양상들은 대체로 이주자 산업의 형성, 노동시장의 종족화ethnization 과정, 대도시 지역에서 엔클레이브의 등장 등과 연관되어 있다(예를 들어, Light and Bonacich 1988; Model 1985; Portes and Jensen 1989; Werbner 1990을 보라).

이 경우에서 흥미로운 점은 이렇게 똑같이 나이 든 구 인도 이주자 세대도 마찬가지로 이제는 많은 새로운 이주자들과 같은 연배에 때로는 같은 학교에서 공부하기도 하는 젊은 인도계 호주인들인 2세대들을 자식으로 두고 있다는 것이다. 2008년과 2009년에 더 최근에 이주해 온 인도인 "학생들"이 자신들에 대한 폭력적인 가해와 착취적인 노동 조건, 그리고 몇몇 상위 교육 공급자들과 대학들이 자신들의 학업 진도를 지연시킴으로써 부가적으로 학비를 뜯어내려는 시도들에 대한 반작용으로 동시다발적인 시위와 연좌 농성을 벌이기 시작했다(Neilson 2009). 결국에는 호주 정부가 학생들이 영주권을 얻게 되는 경로에 대한 정책을 바꾸도록 촉발한, 이러한 시위들은 특히 그 폭력의 인종적 측면들이 모든 아대륙 언론에서 대서특필되며 호주와 인도에서 언론에 널리 퍼졌다. 인도계 호주인들의 이민 2세대들은 시위하는 학생들이나 노동자들과 동년배였고 표면적으로는 같은 종족이었음에도, 그들 간의 사회적·시간적 장벽은 뚜렷했다. 일련의 계급·카스트상의 차이들뿐만 아니라 비즈니스 집단 내의 인도인 공동체가 어렵게 얻은 지위와 다문화 정치에 대한 국가적 합의가 호주의 "새로운 프롤레타리아"(Thompson and Rosenzweig 2009)와 함께 이러한 시위대들이 지닌 분노와 분열에 의해 손상될 수도 있다는 우려는 상당히 중요한 지점이다. 시간적 경계는 이 집단들 간의 불화와 서로 불신을 갖고 있는 관계 속에서 뚜렷하게 작동하고 있었다. 여기서 우리는 다른 세대들과 잇따른 이주 움직임들을 통해 시간의 작동이 어떻게 시민권의 더 넓은 전방들 내에서 이주자들을 분리하고 계층화시키며 또한 서로를 나누는지 볼 수 있다. 심지어 그들이 어느 모로 보나 같은 나이 또래의 집단들에 속해 있을 때조차도 말이다. 파리의 변두리이건 멜버른의 거리이건 간에, 내적 경계들은 포섭과 통합의 이론과 수사의 한계를 드러내기도 하면서 주체들과 갈등을 생산하는 데 기여하기도 하는 시간적 형식을 띤다.

차별적 포섭

누가 민족국가의 시기가 "동질적이고 공허하다"고 말했는가? 선형적 시간과 근대 국가의 역사·운명 간의 상관관계는 비판적 사유의 상투적 표현이 되었다. E. P. 톰슨(1967)이 직선적인 시간 척도를 산업적인 훈육과 연결했던 유명한 예와 마찬가지로, 민족국가의 시간 역시 상상의 과정, 연속성seriality, 다양하고 불균등한 주체들을 하나의 단순한 공동체로 엮어 넣는 역사적 진전과 연결되어 왔다(Anderson 1991). 이전 장에서, 우리의 논의는 산 노동으로부터 추상노동을 분리하는 긴장과 부정합성의 공간 안에서 펼쳐졌고, 우리가 이 장에서 좇고 있는 인물형은 현대의 도시들, 국가들, 경제 지역들의 내적으로 경계 지어진 공간들 내에 이러한 동일한 긴장이 각인되어 있음을 가리킨다. 이러한 내적·시간적 경계 짓기의 과정은 이 현실세계Earth's surface의 광활한 구역에 걸쳐서 동일한 시간과 시간성의 양상들을 부과하기 위한 노력 속에 내포된 폭력에 대한 현대적 표현이다. 우리는 발터 벤야민(1969)이 제시한 것으로 유명한 역사주의historicism의 "동질적이고 공허한" 시간을 통해 폭발할 수 있는 예츠자이트Jetztzeit(지금 이때now time)에 대한 기원 속에서 찬양받는 "역사의 천사"가 우리를 이러한 파멸로부터 자유롭게 해 줄 수 있는지에 의구심을 갖고 있다. 벤야민은 민족주의, 이주, 차이의 의문들에 중요한 탈식민지적 개입을 자극하였다(예를 들어, Bhabha 1994를 볼 것). 그러나 예츠자이트에 함축된 혁신의 순간은 진행적 시간의 연속성을 완전히 파괴하기는커녕 신비롭고 심지어는 카리스마적인 방식으로 그것을 보호하면서 이러한 척도에 대한 내적 보완으로 작동할 수 있다.

우리에게 그런 메시아적 수사는 논점을 비껴간 것이다. 왜냐하면 현시대의 역사적 순간은 민족국가를 더는 지속적인 시공간적 단위로 만들지 않는 시간적 경계들에 의해 교차하기 때문이다. 호미 바바나 파르타 채터지(1986, 1993)와 같은 탈식민지적 비평가들이 경계의 확산으로 인해 발생한 이러한 새로운 배합을 이해하는 데 기여한 것은 경이로운 수준이다. 이러한 비평적 사유의 배합은 변칙적인 시차와 식민지적 근대성의 비동시적인 역사적 리듬들을 지적하면서, 국가적 시간이 전제하는 선형성이 제국의 공간적 차원과 이종성을 용납하는지를 묻는다. 이주는 이전의 제국적 중심으로부터 평균 시각을 수립하는 위도와 경도의 격자를 가로지르고 넘어서 이러한 기묘하고 다양한 시간적 변화를 가져온다. 방리유 거주자들, 구금된 이주자, 찻집을 운영하는 전직 농부, 혹은 직업소개소에 대기 중인 노동자들에게 그들의 노동이 공허한 시간empty clock time에 반해서 어떻게 측정되는지 묻는다고 상상해 보라. 순서마다, 그들은 강제를 통해서건 아니면 권고와 미끼 놓기라는 더욱 간접적인 형태를 통해서건 간에 그들의 이력뿐 아니라 그들의 일상까지도 가로지르는 시간적 경계를 마주친다. 이러한 마주침은 국가의 공간 안에서 점증적으로 펼쳐지는 비동시적이고, 파편화되었으며 길게 늘어진 시간의 경험을 생성한다. 정보통신기술 노동력으로 재진입하기 위해 참을성 있게 기다리고 있는 대기 노동자가 이러한 동일한 시간적 철회의 훈육에 종속되지 않는 노동자들과 함께 시간에 따른 동시성simultaneity-along-time에 대한 감각을 공유할 것 같지 않다. 이와 유사하게, 개점 시간이 다른 시간대의 리듬에 의해 좌지우지되는 찻집의 주인은 그를 둘러싼 삶의 페이스와 상당히 조화롭지 못하다고 느끼기 쉽다. 공동체의 민족적 감정을 유지하는 연대기적 시간에 대한 노동자의 개입은 항상 국가와 국제질서의 주master 내러티브와 영토 좌표로부터 조금씩 변화하는 복수의 포섭과 배제의 틀 전반에 걸쳐 분배된다.

물론 국가의 텅 빈 시간은 항상 그러한 다종적인 분산과 시간적 이동과 마주쳐왔다. 방법으로서의 경계 때문에 열린 관점과 관련해서 새로운 것은 이러한 변칙이 더는 단순한 소란이 아니라는 점이다. 국가적 진보의 동종적인 시간 교차cross-time는 일련의 내적 경계짓기에 의해 흩어지는데, 이러한 내적 경계짓기는 정돈이 덜 되고 다원적인 단일한 역사적 경험의 궤적을 완전히 포괄하기 위해 집단의 역사적 내러티브 역량을 재고할 수밖에 없게 한다. 그것은 사회적 포섭 정책이 대도시적 풍경과 정신세계를 휩쓸고 지나간 후에 항상 남겨지는 잔여 쟁점도 아니다. 국가의 공간과 시간은 점점 더 분할되고 시험받는다. 한때는 국가 간 경계에서 일어났던 걸러내기, 종속, 노동시장 차별의 동인 그리고 국가 사회의 구획된 공간 내에서 일어나는 동인 간의 영역선은 불명확해졌다. 이는 포섭과 배제 간의 경계가 마찬가지로 압력을 받아 왔고 혼란스러워지고 있음을 의미한다. 이런 이유로 포섭이 항상 사회·경제적 불평등을 감소시키는 분명한 선good이라는 널리 퍼진 인식에 대한 문제 제기는 시급성을 갖는다. 통합에 대한 프랑스인들의 이상에 대한 듀더의 논평이 우리에게 상기시켜 준 것과 같이, 포섭은 또한 훈육과 통제의 수단으로 작동할 수 있다. 경계와 이주에 대한 비판적 연구가 차별화와 권력관계의 결정적 요소로서 배제의 순간과 기술을 강조하는 경향이 있는 반면에, 우리는 대안적인 경로를 택한다. 우리가 차별적 포섭 과정이라고 부르는 것에 초점을 맞춤으로써 세계의 경계구역에 거주하는 인물들은 사회의 말단부에서 연명해 가는 주변적 주체가 아니라 공간, 시간, 사회적 자아의 물질성을 구성하는 드라마 속의 주연이라는 확신을 준다.

차별적 포섭 개념은 이주 연구와 반인종차별주의, 페미니즘 사상의 경계를 횡단하는 복합적이고 다양한 형태의 계보학을 담고 있다. 많은 이름을 품어 왔지만, 이 개념은 영역, 사회, 혹은 영역 안에서의 포섭이 어떻게 다양한 수준의 종속, 지배, 차별, 파편화에 의존할 수 있는지를 묘사하고 분석하기 위한 수단을 오랫동안 제공해 왔다. 페미니즘 사상과 실천에서, 그것은 평등, 권리, 권력의 쟁점들에 대한 비판적 접근을 알려주어 온 차이의 이론적 강조뿐 아니라 작업장과 다른 사회 제도에서 여성이 지위 상승을 할 수 있는 능력을 제한하는 유리천장을 깨기 위한 실증적인 시도와도 연관되어 왔다. 차별적 포섭 개념은 그것이 어떻게 다수의 페미니즘 사상과 실천의 지류들에 스며들었는지 추적하는 것이 어려울 만큼 페미니즘 집단 내에서 광범위하게 퍼져 있고 직관적으로 이해된다. 그러나, 우리는 그것의 출현이 놀라우리만치 우리의 접근과 비슷한 몇 가지 사례를 언급할 수 있다. 특히 우리는 급진적 페미니즘에 주의를 기울일 필요가 있는데, 이들은 공공 영역으로의 선형적 통합이 낳은 결과로서 여성 해방에 대한 자유주의적 이해를 비판한다. 여기에서 특히 더 관련성이 있는 이들은 "건방지고 못된"(Echols 1989) 미국의 페미니스트와 자유주의적 정치 구조에 의구심을 품고 있는 유럽 페미니즘 집단

등이다. 이들은 "당신이 권리를 갖고 있다고 믿지 말라"라고 선언했던 적이 있다(Libreria delle donne di Milano 1987).

1970년의 선언 〈헤겔에게 침을 뱉어라〉Sputiamo su Hegel에서, 카를라 론지는 전체론적이고, 유기적이며, 절대적으로 포섭적인 남성적 사상의 경향에 강력하게 도전한다. 그는 그러한 남성적 사상이 헤겔의 철학적 작업에 체화되어 있음을 발견하였다. 그는 모든 차이를 총체성이라는 모든 것을 포괄하는 궁극적 텔로스telos로 통합시키는 변증법적 인식 틀에 페미니즘 사상을 각인시키기를 거부함으로써, 평등과 권리의 자유주의 정치 인류학이 여성의 포섭을 사회 안에 봉인하는 "합법화된 괴롭히기"legalized bullying에 의존하는 것처럼 보이는 공간을 개방시킨다(Lonzi 2010, 15). 론지의 접근법은 특히 이탈리아 페미니스트들에 의해 이루어지는 정치적 실천의 생성 시도가, 남성 지배적 공공 영역으로 여성들의 차이를 통합하는 데 애쓰기보다는 정치적 근대성의 핵심에 있는 자연과 문화, 심리적인 것과 사회적인 것, 사적인 것과 공적인 것 간의 분할을 어지럽히는 긍정적이고 개방된 움직임으로서 여성들의 차이를 가치화하는 일련의 시도가 되도록 지원하였다(Dominijanni 2005 ; Muraro 2004). 다른 맥락에서, 마리아로사 달라 코스따와 셀마 제임스의 책 『여성의 힘과 공동체 전복』(1972)으로 시작된, "남성과 여성 간의 권력-차이 그리고 자연적 열등성이라는 속임수 아래에 여성의 무급 노동을 은폐하는 것"에 대한 강조는 "노동자를 서로로부터 그리고 심지어는 자기 자신들로부터 소외시켜온, 차이와 불평등과 위계와 분업의 축적"을 보다 분명하게 드러내 왔다(Federici 2004, 115). 이렇게 해서 노동계급의 단결은 우리가 여성의 (무급) 재생산 노동의 차별적 포섭 과정이라고 부를 수 있는 것 그리고 그것을 가족 내에서 통제하기 위해 (남성의) 급여를 이용하는 것에 의해서 균열이 생긴 것처럼 보인다. 캐롤 페이트먼의 중요한 작업에서, 우리는 근대성의 사회 계약이 지닌 것으로 가정되는 단일화 역량에 도전하기 위해 "가부장적 복속"의 차별화 효과를 가져온 또 하나의 비판적 분석을 발견했다. 가부장제가 여성을 마치 그들이 남성인 것처럼 취급하는 공공법과 정책들에 의해 극복될 수 있다는 생각에 이의를 제기하며, 페이트먼은 성적인 차이에 의해 "오염되지 않은" 곳으로서 공공 영역과 시민 영역이라는 관점은 이 권역에서 여성의 비대칭적 포섭만 재생산할 뿐이라고 주장한다(Pateman 1988, 17). 이런 사상가들이 현대 정치 인류학과 그것에 동반된 제도들의 "숨겨진 안식처"를 개방한 방법으로부터 우리는 인종적 차이를 강조하는 것들이 포함된 시민사회와 시민권과 같은 개념을 찾아내는 작업과 유사성을 찾아내었다.

기표로서의 여성signifier woman 이면에서 발견된 주체적 입장의 다수성은 지난 몇십 년간 광범위한 논쟁을 불러일으켰다. 이것은 젠더, 계급, 인종 간 교차점에서 상이한 수준의 종속에 대한 탐구를 촉발했다(Crenshaw 1991 ; McCall 2005). 이 작업은 배제가 어떻게 항상 절대 완결되지 않는 포섭과 동시에 작동하는지, 반드시 조화롭지는 않으면서 또한 사회적·정치적 공간에 걸쳐 차이점을 흩뿌리는 방식으로 동일성에 균열을 만들고 분할하는지를 보여준다. 인종과 종족에 대한 비판적 연구에 대한 안토니오 그람시의 연관성 측면에서 스튜어트 홀의 논의는 그러한 이종화 과정들을 자본의 작동과 연계하는 선동적 수단을 제공한다. 전 세계의 사례들을 살피며, 그는 "'퇴행적'이라고 불리는 영역들을 자본의 사회적 레짐 안으로 병합시키는 차별적인 양식들"을 지적한다(Hall 1986b, 24). 이것은 그가 "차별적 병합"differential incorporation과 같은 사례들로서 아시아와 라틴아메리카의 내륙국가들, 대도시 자본주의 레짐 안의 엔클레이브, 국내 노동시장 안의 이주 노동자들 등을 언급함으로써 그람시가 수행한 이탈리아의 "남부 문제"southern question 분석에서 더 확대된 범위의 분석을 제시한다. 그는 주장한다. "이론적으로, 이러한 구체적이고 차별화된 **병합**의 형식들이 지속해서 종족 분절적인 인종주의자, 그리고 다른 유사한 사회적 속성들의 출현과 관련되어 온 끈질긴 방식을 인지할 필요가 있다"(25). 홀의 논문 속에 나오는 이러한 눈부신 번뜩임은 경계, 시간, 주체성의 측면에서 그러한 병합에 대한 완전한 분석을 발전시키지 않고도 우리가 차별적인 포섭이라고 부르는 것에 대한 논의에 가까워진다. 홀의 사고를 확장하고 적용하고자 하는 후속적인 시도들은 이주자 공동체 간 새로운 형태의 초국가주의transnationalism를 연구하기 위해 차별적인 병합 개념을 활용해오거나(Basch, Schiller, and Blanc 1994) 아니면 자본의 신체 정치body politics를 탐구하기 위해 그것을 정밀화해왔다(Cherniavsky 2006).

이주 연구에는 이러한 질문들과 유사하면서도 좀 더 사회학적인 개입이 있었다. 이런 맥락에서, 병합의 포섭 방식에 대한 질문은 그에 뒤따르는 재가공과 재명명의 대상이 되어 왔다. 그 각각은 고유의 특이성, 힘, 실천적 함의와 함께 이루어진다. 캐슬즈(1995)는 차별적 배제differential exclusion라는 용어를 사용해 여러 국가들에 걸쳐 적용된 이주 "정책 모델"을 묘사한다. 여기에는 독일, 스위스, 오스트리아, 벨기에와 같은 구 서유럽의 초청 노동자guest-worker 국가들이 포함되고, 다른 이주 역사를 가진 남유럽 국가들도 있으며, 아랍만 국가들, 일본도 포함된다. 캐슬즈는 "이주자들이 사회의 특정한 영역들(무엇보다도 노동시장)에 병합되지만 (복지 시스템, 시민권, 정치 참여 같은) 다른 것들에 대한 접근은 거부되는 상황"을 묘사한다(294). 이러한 차별적 배제 개념의 특정 사례들은 "임시 방편"으로서 이주를 허용하거나 이주자들의 훈련과 이들의 움직임을 고려한다는 측면에서 가장 적절한 맥락으로 국가 정책 틀을 유지하는 것과 같은 접근을 포함한다. 가장 중요한 점은 캐슬즈가 계속 노동시장을 본질적인 "사회 영역"으로 보고 있다는 점이다. 다른 사회 제도들이 자신들을 배제한 것과는 반대로 이 사회 영역은 자신들을 수용해준다. 달리 말해서, 차별적 배제 안에서의 차별화는 사회의 다양한 영역에서 이주자들에게 불균등한 접근가능성이 주어진다는 점을 묘사하지만, 반면에 적어도 이주자의 접근이라는 사안에 관해서는 이 영역들 자체는 건드리지 않고 따로 떼어놓고 있다. 예를 들어, 노동시장은 국가에 의해 울타리가 둘러쳐진 채로 유지되고 이주는 국가적 제한 간에 그리고 그것을 가로지르는 새로운 시간적, 내적, 초국가적 경계를 도입함으로써 기존에 구축된 차별화 양식들을 뒤흔들기보다는 그것에 부응한다.

우리는 이주 연구들 그리고 특히 미국의 "새로운 2세대"에 대한 연구로부터 등장한 또 하나의 중요한 개념 - 분절된 동화 - 을 이미 언급한 바 있다. 임시적인 이주 제도와 정책에 대응하는 차별적인 배제 모델과는 달리, 분절된 동화 개념을 채택한 연구들은 미국 사회에서 점점 더 복합적이고 차별화되어 가는 인종과 종족 영토들 가운데에서의 "새로운 이주 아동들"의 운명을 받아들이려고 애를 쓰고 있다. 알레한드로 뽀르테스와 민 쪼우(1993)에 의해서 발전된 것과 같이, 그 개념은 이주자 아동들이 동화할 수 있고, 이러한 동화로의 다양한 경로들을 동일화하는 다양한 집단들의 가용성을 가리킨다. 이것은 사실 우리가 차별적 포섭을 통해 의미하는 것과는 상당히 차이가 있다. 분절된 동화 개념은 종족적 승계에 대한 옛 이론들을 정교화하는 것으로 이해될 수 있다. 이 개념은 개별 이주자들이 거치는 경로를 종족 공동체가 거치는 경로로, 즉 더 넓은 민족 사회로 통합될 수밖에 없는 안정적인 이주자 집단의 분류와 동일시되는 종족 공동체의 경로로 봉인하고자 한다. 알레한드로 뽀르테스와 루벤 G. 룸바우트(1996, 2001)는 다른 동화의 다른 경로들과 유형들을 파악하였는데, 즉 직선적 병합, 하향적 병합, 선택적 문화 변용 등이 여기에 포함된다. 이것은 미국 사회의 재생산을 규제하는 포섭과 배제 과정의 대변형을 효과적으로 보여준다. 미국에서 거주하는 캄보디아 난민들에 대한 연구에서 이러한 흐름을 언급하면서, 아이와 옹은 한 발짝 더 들어가서 그러한 변화들이 어떻게 급진적으로 종족 승계와 분절된 동화의 이론들에 생기를 불어넣는 시민권과 통합의 이미지들에 도전하는지를 보여준다. "이주 인구가 실제 매우 다양한 데 따른 상이한 사회적·계급적 위치는 그들 모두를 미국 내 단일한 "민족 운명 공동체"에 가둬두려는 어떠한 시도도 분쇄해 버린다"(Ong 2003, 259).

차별적 포섭 개념을 제시하면서 우리는 다시 한 발짝 더 들어가 보겠다. 차별적 포섭은 단지 동화의 불가피성이 다원주의 관점과 다문화적 관점에 의해 검증되어야만 한다고 가정하는 접근법일 뿐만 아니라, 상이한 지리적 스케일과 대륙적 지평 전반에서 이루어지는 경계의 작동을 관찰하고 설명하는 것에 관한 문제이기도 하다. 이것 중에서도 시간적 경계가 중요한데, 왜냐하면 그것은 동화 이론에 의해 가정된 공허하고 동질적인 시간을 확장하고 분리하면서 민족국가의 공간을 가로질러서 아니면 그 안에서 확장하기 때문이다. 오늘날 수많은 다른 공간과 스케일에 걸쳐서 논의되고 있는 다문화주의의 위기 그리고 심지어 실패는 우리에게 이러한 과정의 증상으로서 관심을 불러일으킨다. 우리는 다문화주의의 역사 속에 안주할 수는 없다. 더욱이 그것이 단지 문화적 다양성에 공간을 제공하는 좀 더 다원주의적인 모델에서 좀 더 공동체적인 모델까지를 범위로 하는 복합적인 공공정책 모델이라면 말이다. 또한 우리는 1970년대 이후로 여러 국가에서 다문화주의의 등장과 그에 이은 수정작들을 수반했던 수많은 이론적 논쟁을 자세히 추적할 수도 없다. 종족적으로 중성적인 백인 시민들과 다문화주의적 프레임 내에서 인정되고 감내되어야 했던 그런 종족적인 타자들 간의 급진적 비대칭에 대해 경고하는 비판 의견들이 자유주의적 다문화주의의 중흥기 시절에 이미 존재한 바 있다는 점을 중요하게 기억해야 한다(Žižek 1997). 호주의 맥락에 관해 기술하면서, 가싼 하쥐는 라캉의 개념을 동원해서 "백색 다문화주의"를 "다문화적 실재"multicultural Real를 담을 수 없는 "환상"이라고 정의한다(Hage 1998, 133). 스튜어트 홀(2000)에 의해서 제시된 다문화주

multicultualism와 다문화적multicultural 간의 차이는 또 다른 중요한 비판적 기여를 제공한다. 그는 문화적 다양성을 관리하려는 통치[정부]의 시도들과 문화적 차이의 일상적인 실제를 지적하였다. 폴 길로이의 "평범한, 보통 사람들의 다문화주의"(Gilroy 2004, 108~9)에 대한 논의는 이러한 홀의 관찰들을 더 확장한다. 그에 따르면, "차이에 대한 일상적 노출"이 "통치[정부]의 위력과 제도적인 무관심의 산물이 아니라 구체적인 – 정치적, 미적, 문화적, 학술적 – 저항 작업의 산물"인 이종적이고 파편적인 실천을 낳을 수 있다. 이것은 우리에게 중요한 지점인데, 특히 전 세계에 걸친 대도시 지역에서 신자유주의적 통치성의 현장으로서 문화와 창의성의 연관성을 고려할 경우에 더욱 그러하다(Rossi and Vanolo 2012). 그러나 더욱 중요한 것은 다문화주의의 위기에 대한 현재의 논쟁 이면에 있는 과정과 이해관계를 이해하는 것이다. 이 논쟁은 2001년 9·11 사건이 일어나던 시기에 특히 격렬했다.

다문화주의를 과거의 운동으로 선언하기에는 아직 너무 이른 것으로 보인다. 왜냐하면, 영어권 국가들과 서부 유럽의 국가들에서는 현재 다문화주의가 교착상태를 보이고 있기는 하지만, 말레이시아나 대한민국과 같이 새로운 이주 압력이 인구의 종족 구성을 변화시키고 있는 나라의 통치[정부]들은 여전히 다문화 정책 접근에 큰 관심을 갖고 있기 때문이다. 그럼에도 불구하고, 많은 강력하고 부유한 국가들에서 통합, 안보, 이주 통제 등의 과제를 앞에 두고 다문화주의로부터 후퇴하는 현상이 무시될 수는 없다. 니콜라스 사르코지, 앙겔라 메르켈, 데이비드 캐머런과 같은 유럽 지도자들의 담론들이 시사하는 바와 같이, 통합 개념은 특히 다문화주의의 대척점으로서 등장해 왔다. 중요한 노력 중 하나로 무엇보다도 무슬림 인구들을 대상으로 한 것인데, 이주자와 소수 집단에게 민족적 가치와 생활방식들을 엄수하도록 한 것이다. 알라나 렌틴과 가반 티틀리(2011, 200)가 설명한 바와 같이, 통합은 "근본적으로 통제와 도구를 끼워 넣는 문제이고, 좋은 다양성과 나쁜 다양성의 흐름을 통제하는 문제이며, 미래의 사회적 응집의 결합체로서 호환성에 초점을 맞추는 문제이다"(200). 이것이 왜 언어, 문화, 문화 간 대화의 문제들이 직업적 기술과 더불어 이주와 통합 계획에서 어느 때보다 더욱 분명한 중요성을 갖는지에 대한 이유이다. 이것들은 세대의 변화와 상관없이 증가하는 이주자들의 조건을 위태롭게 만들고 그들의 정통성을 의심스럽게 만드는 것들이다. 그러한 조건은 포드주의 시대의 고전적인 이주 노동자 시스템과 관련해 캐슬즈가 기술한 차별적 배제와는 매우 다른 것이다. 한편으로, 파편화와 프레카리아트화[불안정화]precarization 과정은 노동시장의 유연화 압력하에서 시민권의 형상으로 스며들어 왔다. 이것은 포섭과 배제의 여러 선들 간 중첩을 야기했고, 그것들 간의 영역선을 모호하게 하며 이주자의 위치가 확정될 수 있는 통합되고 동질적인 참고 지점의 존재 근거를 약화시킨다. 다른 한편으로, 진입, 지위, 거주, 정통성 등에 관련된 시스템의 계층화와 증식은, 충성심 및 동질성에 대한 새로운 요구와 함께 모순적으로 보이는 방식과 짝을 이루어, 이주자의 주체 위치를 더욱 다양화하고 그 위치들에 경계짓기를 하는 과정들을 촉진한다.

렌팅과 티틀리는 이렇게 기술한다. 통합은 "영토적 경계를 넘어서거나 그 내부에서 진행되는 경계실천"이 되었다(2011, 204). 다음 장에서 제시할 이주와 경계 레짐에 관한 우리의 분석은 차별적 포섭 개념을 구성하는, 그러한 경계짓기의 과정들을 정밀하게 탐구한다. 이 과정에서 우리는 국경을 정적인 벽static wall으로 제시하는 널리 알려진 수사와는 상당히 다른 태도를 보인다. 예를 들어, 유럽 요새Fortress Europe라는 개념은 유럽연합의 외부 경계를 따라 수행되는 이주자 대상의 전쟁과 같은 작전들에 주목하는 데 중요한 역할을 했다. 그러나 유럽 공간 내부를 향한 경계의 이동과 유럽 공간 다수의 외부로 향하는 경계의 이동을 현대의 이주와 경계 관리 체제들의 핵심적인 특징들로 묘사하는 것은 적절하지 않다(Cuttita 2007). 더욱이 유럽 요새라는 은유는 통제와 지배의 기제에 대해 지나치게 일방적인 방법으로 정치적 상상을 유도하는 것이다. 거기에는 유럽연합의 외부 경계들이 어떻게 그것들이 확대하는 다수의 지리적 스케일에 걸쳐 도전받는지를 모호하게 할 위험이 있다. 우리가 다음 장에서 보여주겠지만, 걸러내기, 선별하기, 이주 움직임을 유도하기 ─ 단순히 이주자들과 망명 신청자들을 배제하기보다는 ─ 등은 현대의 경계 레짐과 이주체제의 목표로 보인다. 여기에는 엄청난 양의 폭력 동원, 우리가 (드 제노바와 함께) 불법화를 통한 포섭이라고 불러왔던 과정들, 억류 수용소의 증식, 수천 명의 죽음 등이 포함되어 있다. 차별적 포섭 개념은 이러한 과정들을 이해하고자 하면서, 이주자들의 움직임 행위들과 이를 대상으로 한 다양한 통치 및 통치성 장치들 간의 긴장, 조우, 충돌이라는 관점에서 바라보고자 하였다(Squire 2011).

이동성 있는 외부 경계들을 가로질러 일어나는, 이러한 긴장, 조우, 충돌은 우리가 다음 장에서 분석할 내적·시간적 경계의 생산에 핵심 열쇠들이다. 우리가 직업소개소에서 대기하는 노동자, "불법" 이주자들, 추방가능한 신민, 방리유 거주자, 유학생과 같은 인물형들에 대한 논의에서 살펴본 바와 같이, 그러한 갈등과 조우는 포섭과 배제가 분명히 구분되어 있다는 생각을 점점 더 문제시한다. 더욱이, 그러한 갈등과 조우는 우리가 현대의 민족국가 형태에 대해 재고하지 않을 수 없게 만든다. 연대기적 혹은 달력에 따른 시간을 통해 움직이는 전체적인 영토 단위의 단일체 형태를 넘어서 전지구화의 경향들에 의해 재설정되었지만 제거되지는 않았던 민족국가라는 형태에 대해서 말이다. 우리가 고찰해본 바에 따르면, 민족국가는 사실 이론가들에 의해 제한되고 주권을 가진 공동체라는 용어들로 상상된 것보다 훨씬 더 적응을 잘 해내고, 교활하며, 분화되어있다. 그것은 시간, 시간대, 시간적 경계의 복수성을 품을 수 있다. 이것들은 다른 시간적 행동과 리듬의 관리를 가능케 할 수 있다. [정보통신기술로 대표되는 광섬유를 통해 광속으로 이루어지는 인지자본주의의 거래 활동 등에서부터 인구학적 변화로부터 나타난 더 느리고 더 생체정치적인 리듬에 이르기까지. 그러나 민족국가의 시간적 다수성은 민족국가의 공간적 통합성을 붕괴시키기도 한다. 시간적 다수성은 내적 경계들, 더는 노동시장과 다른 경제 제도들을 구조화하는 단순한 사회적 영역선, 문화적 분할, 혹은 분야적인 한계로 인식될 수 없는 내적 경계들을 횡단하기 때문이다.

내적 경계에 대한 우리의 인식은 샹탈 무페(2005)에 의해 자신의 정치사상의 주춧돌로 발전되고 에르네스토 라클라우(2005)에 의해서 "민중주의적" 운동이 그 주위를 차지한 근간으로 발전되어온 "내적 전선"에 대한 인식과는 매우 다르게 굴절되어 있다. 무페는 이렇게 기술한다. "배제가 없는 합의는 없다. '그들'이 없는 '우리'는 없다. 그리고 전선을 그리지 않으면 어떠한 정치도 가능하지 않다"(Mouffe 2005, 73). 우리가 9장에서 주장하듯이, 이러한 이론적 설명은 근대 국가의 개념적 세계와 정치적 덫에 갇혀 있고, 내부와 외부 간의 명확한 구분에 분명히 입각하고 있다. 내적 경계들과 차별적 포섭에 대한 우리의 분석은 민족국가를 넘어서는 정치 세계의 등장에 대한 지도를 만드는 더 광범위한 시도에 기여한다. 이는 조직, 정치 행위, 논쟁의 질문들에 대해 재고하기 위한 새로운 개념들의 정밀화를 요구한다. 그러나 그것의 시행은 국가의 관점에서는 감당할 수 없다. 오히려, 그것은, 제임스 C. 스콧(1998)의 저명한 저서『국가처럼 보기』의 제목을 전략적으로 바꾸어, 이주자처럼 볼 것을 요구한다. 오직 경계횡단과 경계투쟁의 주체적 관점에서만 경계의 시간적 두터움thick-ness과 이종성이 파악될 수 있다. 이런 시각에서 기술하는 것은 방법으로서의 경계의 책략이다. 현재의 주권과 통치성의 돌연변이들에 대한 분석 가운데에서 이런 시각을 유지하는 것은 다음 장에서의 과업이다.

6장

통치성의 주권 기계

엄격하지만 인정 있는tough but humane

"엄격하지만 인정 있는" — 이것은 2009년 10월 호주의 수상인 케빈 러드가 보트를 타고 자국에 들어오려 시도하는 이주자들에 대한 통치 [정부]의 접근을 묘사하기 위해 제시한 정치적 어구였다. 이러한 공개 선언은 호주 북부의 국경지대를 재구성했던 일련의 사건들에 대한 전조가 되었다. 그 이야기에는 두 척의 배가 있다. '엠브이 오셔닉 바이킹'과 '케이엠 자야 레스타리 5호'가 그것이다. 첫 번째 배는 호주의 세관 선박으로, 인도네시아의 요청으로 인도네시아의 수색 구조 지역에 난파된 배에서 78명의 타밀 이주민들을 구조하였다. 이 이주민들은 싱가포르 근처의 인도네시아 영토인 빈탄섬으로 이송되었는데, 여기에는 국제이주기구IOM 가 운영하고 호주 정부로부터 일부 재정을 지원받는 억류 센터가 세워져 있다. 여기에서 탑승객들은 하선을 거부당했다. 2주가 넘는 고립 상태에 있는 동안 단식투쟁, 외교적 긴장, 이주민들을 배에서 강제로 하선시키려는 위협 등이 일어났다. 결국 호주와 인도네시아 둘 어느 쪽도 무력을 행사할 준비가 되어 있지 않다는 점이 명확해졌다. 그 사건은 호주 정부가 그 배에 있는 이주자들에 대해 수용소 지원을 신속 처리하겠다는 제안을 함으로써 마무리되었다.

'케이엠 자야 레스타리 5호'는 호주의 요청으로 인도네시아 영해에서 나포되었을 때, 254명의 타밀 이주민들이 타고 있던 10미터 크기의 배였다. 인도네시아 해군은 그 배를 메락항으로 견인했는데, 여기서도 타밀 이주민들은 하선을 거부했다. 이러한 교착 상태는 6개월 이상 지속되었다. 이 기간에 이주민들은 오로지 급식과 의료 지원만 받았다. 그들 중 40명은 탈출했고, 몇몇은 병에 걸렸으며, 한 명은 난국이 해소되기 전에 죽었다. 스리랑카가 이들 중에 [과거 스리랑카 내전에서 오랜 기간 반군 세력이었던] 타밀 타이거Tamil Tiger 출신이 있다고 주장하였고 인도네시아 정부는 이주자들을 퇴거시키겠다고 위협하였지만, 그런 폭력적인 개입은 일어나지 않았다. 결국 타밀 이주민들은 유엔 측에서 그들이 제3의 국가에서 정착하는 과정을 지원하는 데 동의를 함으로써 하선할 수 있었다. 그들은 '오셔닉 바이킹호' 이주민들이 보내졌던 빈탄섬의 억류 캠프로 이송되었다. 그로부터 겨우 열흘 전에, 호주 정부는 스리랑카와 아프가니스탄인들의 새로운 난민 신청에 대해 모두 처리를 연기하였다. 그것은 마치 '자야 레스타리 5호' 이주민들이 처했던 고난이 일반화되는 것과 같았다. 이 나라들로부터 오는 모든 미등록 입국 시도들은 절차를 밟는 데까지 수개월을 대기해야만 하였다.

그로부터 석 달 후, 호주 정부는 유엔이 탈출한 사람들의 귀국을 받아들여도 될 만큼 안전하다는 자문의견을 제출한 스리랑카 이주자들에 대한 입국 처리 지연을 철회하였다. 그 단계에서, 호주의 수상이 교체되었고, 수상인 줄리아 길라드의 첫 번째 성명들 중 하나로 호주로 오는 도중에 제지된 이주자들에 대한 연안에서의 입국 처리 절차를 재개한다는 내용이 발표되었다. 동티모르에 "지역 입국처리 센터"를 세운다는 그의 제안은 동티모르 정부에 의해 거부되었다. 말레이시아와 난민 신청자를 교환하고자 하는 후속 계획은 호주 고등법원에 의해 거부되었는데, 이민부 장관은 말레이시아가 난민들에게 안전한 국가라고 선언할 자격이 없다는 판결이 2011년 8월에 내려진 것이다. 이 지점에서 2001년 호주 정부의 소위 '태평양 해결책'Pacific Solution의 일부로 시작되었던 연안에서의 망명 처리에 관한 10년간의 과정이 1년 후 나우루의 퍼시픽섬과 파푸아뉴기니의 마누스섬에 억류 센터가 새로 열릴 때까지 연기되었다. 그 10년의 기간 동안, 외부 처리 관행이 세계 곳곳에 걸쳐 광범위하게 퍼졌다. 예를 들어, 그 관행은 유럽의 이주 관리의 중심으로(Gammeltoft-Hansen 2007; Vaughn-Williams 2009) 북아프리카의 "환승 캠프"transit camps의 구축과 함께 등장하였다. 그러한 외부화 사례들 간의 연결을 추적할 수 있는지는 차치하고, 이 장은 경계의 감시활동과 행정에 대한 변화가 어떻게 다양한 지리적 스케일에 걸쳐서 권력의 작동들에 더 광범위한 변혁을 제시하는지를 탐구한다. "오셔닉 바이킹호'와 '자야 레스타리 5호'에 타고 있던 이주자들의 상황으로 이따금 돌아가 보면서, 이 장은 권력의 주권 개념이나 통치 개념 어느 쪽도 현재의 경계정치와 경계투쟁을 이해하는 데 적합하지 않다는 점을 제시한다. 이것은 우리에게 예외론적 주장을 알리고 또한 통치성 연구의 몇몇 한계들을 탐구하는 주권의 단일체적인 개념에 의문을 품도록 한다. 경계와 이주 체제의 대변혁을 위한 전략적 참고 지점으로서 칼 맑스의 노동력 개념을 채택하면서, 우리는 현대의 이주 통제와 억류 시스템이 정상과 예외, 통치와 주권 간의 경계들을 모호하게 한다고 주장한다.

'오셔닉 바이킹호'와 '자야 레스타리 5호'에 타고 있던 이주민들을 둘러싼 난국은 이주 주체들이 무한정한 지연을 경험했던 사례의 하나이다. 앞 장에서 우리는 호주에서 대기 상태에 놓였던 인도 정보통신기술 노동자들과 행정적인 억류 상태에 놓여있는 이주자들 간의 개념적인 유사성을 발전시켰다. '오셔닉 바이킹호'와 '자야 레스타리 5호' 이주자들을 이런 집단들과 구별시키는 것은 거부 행위 – 배에서 하선하지 않겠다는 결정 – 이다. 이 배들을 둘러싼 교착상태들은 작동 중인 시간적 경계들의 또 다른 예를 제공하지만, 주권 권력과 통치 권력이라는 기존의 분류들 내에서는 설명하기 어려운 일련의 행위들과 반행위들을 촉발한다. 예를 들어 폭력적인 개입의 형태로 주권적인 결정을 유발하는 것과는 반대로, 그 배들은 주권 권력의 기권abdication이나 결정 불능incapacity to decide에 의해 방해받았다. 호주나 인도네시아 어느 쪽도 개입할 준비가 되어 있지 않았는데, 호주의 경우에는 자국의 엄격함이 비인도적으로 비치지 않기를 바랐고, 인도네시아의 경우에는 아마도 이주자들에 대한 행정적 책임을 지고 싶지 않아서였던 것으로 보인다. 그 배들은 또한 법적 명령 간의 사법적 차이점들과 불일치들이 각축을 벌이는 불확실한 공간을 점유하면서 규범적인 통치 체제 간의 간극 속으로 빠져들었다. 민간 행위자들과 비정부기구 집단들의 노력이나 국제기구들의 노력 중 어느 것도 이러한 정체 상태를 끝내는 데 더 효과적이라고 볼 수 없었다. 주권 권력만큼이나 탈중심화된 통치[정부]의 행위들도 그 상황을 진정시키거나 비극적 결말을 되돌릴 능력이 없었다. 이러한 사례들에서의 이중적이고 복잡해 보이는 주권과 통치의 작동에 대해 우리는 어떻게 설명할 수 있을까? 논의를 국경지대와 국경 투쟁의 범위를 가로질러 확장해서, 이 장에서 우리가 제기할 주장은 주권이 통치에 필요한 보완재를 제공하며, 이것은 특히 통치가 인도주의에 대한 호소 같은 방식을 통해 그것의 작동에 대한 인식 틀을 재생산하는 데 실패한 경우에 그러하다는 것이다.

1981년 제네바에서 유엔을 대상으로 행한 "통치[정부]에 맞서기 : 인권"이라는 제목의 연설에서, 미셸 푸코(2000)는 너무 빈번하게 통치[정부]에 의해 무시되는 "인간의 고통"이 인도적 개입의 권리를 정당화해 준다고 주장하였다. 1970년대 활동가들의 인도주의와 베르나르 쿠시네(당시 〈국경 없는 의사회〉의 대표였고, 최근까지는 프랑스의 외무장관이었음)와의 작업으로 고무된 푸코는 주권으로부터 해방된 새로운 형태의 권리의 가능성을 그려보았다. 그의 발언은 두 가지 이유에서 흥미롭다. 첫째, 인도적 개입과 푸코가 "국제적 시민권"이라고 부른 것 간의 암시적인 연계를 드러내면서, 그 발언은 인도적 당면과제가 많은 통치[정부]의 활동들에 인식 틀을 제공할 뿐 아니라 통치 권력을 보완하거나 혹은 통치 권력을 발생시키기 위해 주권적 개입이 소환될 수 있는 경계를 구체화하기도 하는 현재와 대비된다(Whyte 2012). 이것은 인도적 개입으로 스스로를 정당화하는 국가의 군사 행동에만 해당되지 않는다. 1990년대 후반 코소보나 좀 더 최근에 리비아에서 일어났던 일들 따위 말이다. 주권적 개입은 경계 감시와 이주 통제 등의 사례들 속에서 통상적으로 통치[정부]의 지배 영역을 넘어선다. 그런 상황에서 인도적 동기들과 합리화는 다른 방식 그리고 빈번하게 모순된 방식으로 견인될 수 있음에도 불구하고 말이다. 이것은 우리를 푸코의 텍스트에서 두 번째 지점으로 이끈다. 그것은 푸코가 언급한 사실로, 〈국제사면위원회〉 및 〈떼르데좀므〉와 함께, 작가인 하인리히 뵐 등 서독의 지식인들 집단이 베트남에서 탈출한 "선상 난민"을 구조하기 위해 1979년 '캅 아나무르호'를 전세 내면서 설립된 독일 비정부기구 〈캅 아나무르〉이다. 잘 알려져 있다시피, 푸코가 유엔을 대상으로 한 연설로부터 23년이 지난 후, 같은 독일 비정부기구에 의해 원래 전세되었던 선박을 기리기 위해 구매된 '캅 아나무르'라는 이름의 배가 이주 관련 논쟁의 중심에 놓이게 되었다. 이 사건은 유럽연합 남부 경계의 재구축에 매우 중요하다는 점이 밝혀졌고, '오셔닉 바이킹호'와 '자야 레스타리 5호'의 사례들과 기묘한 동질감을 보여준다.

2004년 6월 20일, 두 번째 '캅 아나무르호'는 몰타와 이탈리아의 섬인 람페두사 사이 국제 공해상에서 침몰하고 있는 작은 배로부터 서른일곱 명의 사하라 이남 아프리카 국가들의 이주민들을 구조하기 위해 이라크로 인도적 구호 물품을 운송하던 임무를 중단하였다. 그 선박이 포르토 엠페도클레에 정박하려고 시도하자, 이탈리아 해군과 해안 경비대는 이 선박을 공격하였다. 11일간의 교착상태가 지속되었다. ('캅 아나무르호'에서 국기가 나부끼는) 독일, 이탈리아, 몰타가 외교 논쟁에 빠져 있는 동안 이주민들은 신경쇠약을 겪었고 배 밖으로 뛰어들 만큼 위협을 받았다. 독일 정부는 난민 수용소에 대한 요구는 그들의 영토에서 이루어져야 한다고 주장했다. 이탈리아는 '캅 아나무르호'가 이주민 구조 후에 몰타 해역을 지나고 있었기 때문에 몰타가 이주민들을 받아들여야 한다고 주장했다. 그렇지만 몰타는 이러한 요구를 거부하였고 이탈리아가 이주민들을 바로 리비아로 되돌려 보내야 한다고 주장했다. 결국, '캅 아나무르호'의 선장이 응급구조 요청을 발동하였을 때, 그 선박은 포르토 엠페도클레에 정박할 수 있었다. 주요 선원들은 즉시 체포되었고 그들이 불법적인 "인간 밀수업자들"로 행동했다는 이유로 기소 위협을 받았다. 구조된 이주민들은 이탈리아에서 망명을 요구하였지만, 그들의 모든 요구는 거부되었다. 잠깐의 억류 후에, 그들은 가나와 나이지리아로 송환되었다. 이 사례에서 우리는 이탈리아와 독일이 〈캅 아나무르〉의 인도적 개입을 불법화한 것을 알 수 있다. 그 선박이 육지에 닿을 권리를 거부당하는 동안 거기에는 주권의 교착상태가 있었다. 그 선박이 정박한 후에 이탈리아는 선원을 체포하고 이주자들을 추방하는 주권적인 행동을 취하였다. 이 사건의 결말은 유럽연합 국경과 이주 관리 체제의 재조직화였다.

2004년 7월, 〈캅 아나무르〉 사건에 바로 뒤이어, 독일의 내무 장관인 오토 쉴리는 전 해에 북아프리카에 "접수 시설"과 "환승 처리 센터"의 설립을 지지했던 유럽의회에서 나왔던 영국의 수정안에 지지를 표하였다. 호주의 태평양 해결책에 의해 자극받은 것으로 널리 알려진 이 영국의 계획과 그 이후 독일에 의한 구체화는 유럽연합 수준에서는 결코 명시적으로 승인된 적이 없다. 그러나, 2004년 11월 4일에서 5일까지 개최되었던 유럽의회에서, 회원국과 정부들의 수장들은 "제3국가들과 유럽연합 간의 기존 관계와 향후의 관계에 이주를 완전히 통합하는 과정을 지속하려는" 자신들의 의지를 공식적으로 표명하였다(European Council 2004, 21). 쉴리와 자신의 이탈리아 상대인 주세페 피사누가 〈캅 아나무르〉 사례를 이용해 유럽연합 외부 경계의 관리를 "인도주의화하는"humanitze 단계들을 요구했다는 점이 중요하다. 이것은 유럽의회가 유엔 난민고등판무관과 협력하여 소위 지역 보호 프로그램을 제안하도록 하였다. 문제시되는 지역의 "보호 역량"을 강화하고 선택된 대상 지역으로부터 온 난민들이 유럽연합 내에 정착하도록 허용하는 프로그램을 제도화하는 것을 목표로, 쉴리와 피사누는 지역 보호 프로그램을 지중해에서 익사당하는 이주민들의 인도적 문제를 막기 위한 "내구성 있는 해결책"으로 파악하였다(Hess and Tsianos 2007, 34). 〈캅 아나무르〉의 인도적 활동을 국가 주권이 기각한 것은 국가 주권의 실체들이 인도주의적 틀에서의 이주 관리에 대해 지역적으로 통합된 접근을 도입하려는 시도와 연결된다. 놀랄 것도 없이, 이러한 인도주의적이고 합리적인 이주 통치 프로그램은 한낱 꿈에 불과했다. 정책을 관행과 분리하는 간극 안에서 이러한 틀이 부서지거나 파열될 때는 언제나 주권 권력의 폭력적인 면모가 개입하였다.

비판적인 이주 연구자들은 국경통제를 대체하고 그것을 외재화하는 형식적으로 통일된 정치적 공간의 영토적 테두리를 넘어서는 기술을 살펴본다. 여기에 연안 억류 시설의 구축, 선박의 저지와 방향전환, 추방 절차에서의 협력, 아니면 이주 인구들을 조사할 때 디지털 데이터베이스를 활용하는 것 등이 포함되어 있건 없건 간에(Broeders 2007), 외재화가 가진 한정적인 측면은 국경 체제의 창출과 관리에 제3국가들을 포함하는 데 있다. 이것은 유럽연합의 남부 경계들을 보면 매우 분명해진다. 2004년 이후 우리는 특히 마그레브[북아프리카의 모로코·알제리·튀니지 지방] 국가들에 대해 본국 송환 협정들이 구축한 견고한 거미줄, 유럽 외부 구금 시설에 대한 자금지원, "우수 사례"라고 포장된 감시와 국경통제 기술과 지식의 수출 등을 보아 왔다. "조건부 원조"는 이런 과정의 핵심 문구로서, 이주와 국경통제를 "개발 협력"과 밀접하게 연관시켜왔다. 이러한 조건들하에서 알리 벤사드는 이렇게 적고 있다. "유럽은 자신의 모순을 '추방하거나' 아니면 '탈지역화하고' 싶어 한다. 마그레브를 하나의 경계로 설정하려고 하면서 … 유럽은 '전위부대' 역할을 맡을 마그레브 국가들을 모집하고, 아프리카인들의 이주 홍수를 막을 댐 기능을 도맡도록 주문한다"(Bensaâd 2006, 16).

2011년 카다피의 마지막 집권과 폭력적인 몰락에 이를 때까지 리비아와 "특권적인" 관계가 있었던 이탈리아와 같은 유럽연합 회원국 중 몇몇이 이러한 과정을 밀어붙이는 데 특별히 더 능동적이었기는 했다. 2008

년 10월 말리의 바마코에 설립되고 〈제9차 유럽개발기금〉의 구조로부터 기금을 받은 〈이주정보관리센터〉와 같은 프로젝트는 아마도 외재화 과정을 형성하는 유럽 철학의 가장 좋은 예일 것이다. 〈이주정보관리센터〉는 말리 정부를 유럽 경계 안으로 그리고 이주와 개발의 새로운 연계라는 보호하의 이주 레짐에 포함하려는 특징을 갖고 있다. 이러한 새로운 레짐의 목표는 이주를 막는 데 있는 것이 아니라, 그 센터의 웹사이트가 잠재적 이주민들의 "인적·금융적·기술적 자본"이라고 부르는 것을 선별하고 운반하는 데 있다(Janicki and Böwing 2010).

〈이주정보관리센터〉가 그러한 용어를 사용하는 것은 유럽연합 회원국들이 경제·노동시장 수요의 측면에서 이주 시스템을 부활시키려는 욕망을 보여준다. 근대 국가의 탄생 이래로 이주 흐름을 선별하고 노동시장의 약식행위의 수준을 확립하는 관료적 수단들이 존재했지만, 이러한 기제들은 점점 더 미세하게 조정되고 있다. "적시 공급"과 "적재적소" 이주에 대한 환상은 세계 여러 곳에서 이주 정책의 진화에 자양분이 되었다. 예를 들어, 시앙 비아오(2008)는 1960년대에서 1980년대까지 동아시아에서 만연했던 "집단적이고 수용소에 기반한" 노동 이주 시스템이 어떻게 "애매모호함이 없이" 언제 어디서 이주자들이 일할지를 판별하는 "분야 특정적 이주 정책들"의 등장에 의해 퇴출당하여 왔는지를 묘사한다. 중국 이주자의 일본, 한국, 싱가포르 등으로의 "이식"을 추적하면서, 시앙은 "공공정책의 경제화economicization"라는 내수 경제와 대외 경제 간 경계의 모호화, 그리고 이주 관리에서 "사회의 통치화"라는 틀 안에서 고용주와 중개인이 수행한 역할을 지적한다(182~184). 점증적으로 조정되고 방향이 설정되는 이런 종류의 이주 규정은 유럽의 "솅겐 지역"Schengenland에 관한 영향력 있는 논문에서 윌리엄 월터스에 의해 경계의 생체정치적 기능의 등장과 연결되었다. 월터스는 이렇게 쓰고 있다. "생체정치적 경계 개념은, 규제 수단으로 이해되어온, 경계가 인구들과 가진 관계—그들의 움직임, 안보, 부, 건강 — 를 포착하고자 한다"(Walters 2002, 562).

여기서 인구population 개념과 국민people 개념 간에는 중요한 차이가 있다는 점을 염두에 두어야 한다. 생체정치학 개념과 같이, 이러한 구별은 푸코에게서 왔다. 우리는 이 개념에 대해 이 장 뒷부분에서 다시 언급할 것이다. 여기서 우리는 푸코에게 국민이란 주권과 시민권의 "법적" 논리(그리고 권리의 언어)와 동일하지만, 그는 사람들을 생체정치적 통치의 대상으로 위치시킨다는 점을 언급할 수 있다. 통치받기 위해서, 인구들은 인지되어야 한다. 또한, 그들은 모호하고 통계적으로 불안정한 독립체이기 때문에 그 움직임들이 지속적으로 추적되어야 하고 구별되는 집단들로 해부되어야 한다. 통치받을 인구가 더욱 불안정하고 이동적일수록, 그에 배치된 지식 장치들은 더욱더 세밀하게 조정되고 심사숙고되어야만 한다. 이주의 경우에 기술의 광범위한 종합이 이러한 목적을 향해 조립되어 왔고, "여권, 사증, 건강증명서, 초청장, 통행증, 신분증, 감시탑, 상륙 지역, 대기 구역, 법, 규정, 세관, 세무서 직원, 보건당국, 이민 당국 등"이 여기에 포함된다(Walters 2002, 572). 새로운 생체측정 기술과 정보기술이 이러한 집합에 덧붙여졌는데, 경계를 이주민들의 신체에 각인하고 경계의 탈영토화를 더욱 촉진했다(Amoore 2006 ; Feldman 2012, 117~49). 인종과 종족의 이미지가 전 세계에 걸친 경계의 일상적 활동에서 지속해서 재형성되고 재각인된다는 점을 기억하는 것이 중요하다. 시앙이 쓴 것처럼, "피부와 피에 관한 '본원적' 집착과 기능과 두뇌에 대한 신자유주의적이고 코스모폴리턴적인 관심 간의 융합은 선택적으로 전지구화되고 있는 세계 안에서 새로운 정보수집 기술을 제공한다"(2008, 182). 경계에서 생산된 주체들은 이렇게 해서 고도로 차별화되고 유연한 경제 시스템과 노동시장의 변화하고 규정하기 어려운 수요에 기반해서 "인적자본"을 제공할 수 있는 능력을 갖춘 것으로 구성된다. 앞으로 보게 되듯이, 경계와 이주 관리의 수사는 그 주체들의 "이동의 자유"를 자연스럽게 시행하고 가능케 하는 것으로서 새로이 등장하는 이주 통제 레짐을 제시한다. 비록 이러한 수사와 레짐이 직접적으로 노동 이주를 대상으로 하고 있지는 않지만, 그것들은 점차 망명의 대변혁과 난민들의 이동을 함께 형성한다.

우리가 이 장에서 강조하는 것은 국가가 유연하게 이주의 통치를 꿈꾸는 것을 방해하는 경계의 갈등적이고 강제적인 작동이다. 이러한 분열적이고 빈번하게 폭력적인 요소들에 주의를 기울임으로써, 우리는 푸코주의적 통치성 이론을 확장하는 시도들을 대비시키고자 한다. 자기책임과 진취성enterprise의 가치들에 떠밀려 (혹은 강제되어) 주체들이 자유로운 행위자로서의 삶을 수행하는 자유주의적 통치 패러다임의 등장을 강조하는 방식으로 말이다. 이 영역에서 광범위한 논쟁이 있다. 하지만 우리는 추출, 순환, 생체 특성들을 가져오는 것으로 알려진 유전적 물질의 재분배와 관계된 통치의 형식을 그들의 주요 사례로 활용한 폴 라비노우와 니콜라스 로즈(2006)의 작업을 전형으로 택할 수 있다. 정보가 제공된 동의, 자율, 자원 활동, 선택, 비지시성nondirectiveness 등은 이 학자들이 생체의학의 장을 훨씬 넘어서서 제안하는 통치성 개념의 핵심을 묘사하는 것으로 보인다. 로즈가 자신의 책 『삶 자체의 정치』(2007, 74)에서 적었듯이, 그러한 통치성 개념은 "강제와 동의의 영역선을 불명확하게 할" 뿐만 아니라 윤리와 권력 간의 구획 역시 불명확하게 한다는 점을 지적할 필요가 있다.

이러한 접근에서 맞닥뜨리는 어려움은 그러한 접근이 오로지 같은 버전의 주체성 ― 선진자본주의 사회들에서의 지배적인 기업가적이고 자유주의적인 주체의 그것 ― 에서 나타난 미묘한 변형의 무한 반복만을 설명할 수 있다는 점이다. 이러한 그림에 없는 것은 그러한 주체의 생산이 어떻게 항상 강제와 동의의 순간들과 구별되기가 매우 쉬운 다른 주체성의 생산을 수반하는지에 대한 설명이다. 저지interception 그리고/혹은 억류의 경험을 가진 이러한 이주민들은 그러한 주체들의 집단 중 하나이다. 아쉴 음범베(2003)를 따라 우리가 국경과 이주 관리에 관한 통치[정부]적 절차들의 "네크로폴리틱스1적"necropolitical 효과들 — 즉 세계의 국경지대에서 매년 발생하는 빈번하게 보고되지 않는 수천 명의 사망 — 이라고 부를 수 있는 것들은 이러한 자유주의적 통치성의 전망을 저지하는 주권적 권력을 충격적이고 물질적으로 상기시켜준다. 그것들은 적시 및 적재적소 이주의 꿈이란 것이 말 그대로 하나의 꿈이란 것을 극적으로 보여주지만, 동시에 생체정치적 경계가 지속해서 작동하기 위해 요구되는 필수적인 보완을 지적하기도 한다. 국경과 이주 관리의 통치화 과정과 이것의 필수적인 보완 과정 모두를 이해하기 위해서, 우리는 **통치성의 주권 기계** 개념을 제시하고자 한다.

경계 통치하기

우리가 이 장에서 언급했던 신조인 "엄격하지만 인정 있는"으로 돌아가 보자. 처음 그 말을 읊조렸던 정치가의 힘은 줄어들었지만, 호주 북부의 경계구역 감시를 위한 변화하는 수단들을 묘사하는 데 있어서 그 공식은 여전히 효과적이다. 추정컨대, 엄격함은 강력한 국경 순찰 속에 — 다시 말해, 선박 저지와 억류 시스템 속에 — 포함된다. 반면에, 인정 있음은 폭력적인 개입의 미흡 — 예를 들어, 이주민들을 선박에서 내보내기 위해 군대를 활용하는 데 있어서의 조심성 — 을 말하는 것으로 보인다. 더욱 중요한 것은 인정 있음이 유엔의 규약이나 인권 감시 원칙들에 의거해서 경계를 순찰함으로써 요구될 수 있는 특정한 인도주의를 내포한다는 점이다. "엄격하지만 인정 있는" 공식은 세계 곳곳의 수많은 경계들 — 그것들

---

1. 네크로폴리틱스(necropolitics)는 직역하면 죽음의 정치이며, 국가 권력이 국민을 통제하고 굴복시키는 데 제한이 없는 정치다.

은 동시에 견고해지면서도 유연해지고 있다 ― 에 일어나고 있는 것으로 여겨지는 과정을 보여준다(Mostov 2008). 우리가 파블로 빌라(2000)로부터 가져온 범주들을 채택한다고 했을 때, 경계의 강화 장치와 관행은 점점 경계횡단이 가능해지고 실제로 횡단이 더 많이 일어남에 따라 경험되는 조건들을 만들어가고 있다.

그런데도, 엄격함을 경계강화와 병치시키고 인정 있음을 경계횡단과 병치시키는 것은 실수일 수 있다. 이러한 태도 혹은 성격은 경계강화와 경계횡단 모두에서 작동한다. 엄격함은 저지와 경계강화의 폭력만 아니라 추방과 역류의 시행 속에 있는 강제적 경계횡단과도 연계된 성질이다(De Genova and Peutz 2010). 반면에, 인정 있음은 국제적 인권 시스템과 연계된 성질이며, 이주 관리에서 중요한 역할을 맡고 있다. 인권은 오늘날 세계에서 경계와 이주의 질문들과 타협하는 데 지배적인 프레임을 제공한다. 이는 특히 특정한 활동가 공동체들, 비정부기구 섹터, 유엔이나 국제이주기구와 같은 국제 정부 간 기구들에 해당된다. 인권과 이주 관리의 연계를 분석한다는 것은 인권이 경계횡단이 조장되는 조건을 구축하는 것만큼이나 경계횡단이 차단되거나 지연되는 조건을 구축하는 역할도 많이 수행하고 있음을 인식한다는 것을 의미한다. 이것은 중요한 지점이다. 인권이 비록 권력 행사의 외부에 있는 것으로 권력을 저지하는 견제와 균형 시스템의 핵심적인 요소로서 고려되어 왔기는 하지만, 우리는 인권이 점점 전 세계의 이주와 경계 레짐에서 핵심적인 구성요소가 되고 있다는 점에 동의한다. 이것은 권력의 통치화 과정들이 진행되는 한 인권은 권력의 행사에서 점점 더 내부화된다는 것을 의미한다. 이러한 주장은 인권 담론과 통치성 과정의, 특히 경계에서의, 뒤엉킴의 양식들에 대한 우리의 비판적 분석에서 핵심이다. 그러한 뒤엉킴에 대한 강조가 최근 몇 년간 난민들의 관리 사례에서 특히, 인도적 개입의 공정성과 중립성 원칙을 목표로 해온 인도주의에 대한 수많은 비판 사이에서 중심이

되어 왔다는 점은 중요하게 기억해둘 필요가 있다(예를 들어, Nyers 2006 을 볼 것).

경계통제에서 인도주의의 역할에 대한 부분적인 이해는 통치와 통치 성의 범주들을 취합함으로써 얻을 수 있다. 만일 인도주의의 도덕적 실 천이 이주 관리와 연관된 원칙적인 통치 체제 중 하나로 보인다면, 그것 이 경계에서 작동하는 다른 통치 체계들과 지닌 연관성을 분석하는 것 도 가능할 것이다. 그 체계들이 규모에 있어서 초국적이든 아니면 국내 적이든, 성격에 있어서 사적이든 아니면 공적이든 상관없이 말이다. 경계 는 점점 민족국가의 주권 권력에 구속된 통치[정부]의 행위들로 인해 더 욱 통치화되거나 아니면 그것들과 뒤엉키고 있으며, 또한 시장 기술들 그 리고 다른 측정과 통제 시스템들과 유연하게 연결된다. 경계는 복수의 통 치 행위자들이 작동하는 지대이다.

통치, 통치성, 통치 체제 등과 같은 개념들을 비판적으로 보면, 경계 위에서 명확해지는 전지구적 과정들과 연관되는 몇몇 중요한 정치적 대 변혁들을 이해할 수 있게 된다. 통치성에 대한 푸코(2003)의 유명한 설명 은 그것이 주권의 위기로부터 나타난다는 것이었다. 1977년에서 1978년 까지의 강의에서, 그는 통치성이라는 용어에 대해 세 갈래의 정의를 제시 한다. 첫째로, 통치성은 "그 대상으로서 인구, 지식의 주요 형식으로서 정 치경제학, 그것의 핵심적인 기술적 수단으로서 안보 장치"를 가지고 있 는 권력의 행사를 나타낸다. 둘째로, 통치성은 "통치[정부]"의 권력을 지명 하는데, 그것은 모든 다른 것들의 우위에 있고 특정한 통치[정부] 장치들 과 지식 단체들의 형성을 유도한다. 셋째로, 통치성은 "중세 시대의 사법 국가가 15세기에서 16세기의 행정 국가가 되는 과정의 결과"를 묘사한다 (Foucault 2007a, 108~9). 푸코의 통치성 개념 발명은 "자신을 드러내고 거 대한 괴물이나 자동 기계처럼 성장하는 국가의 순환적 존재론"(354)을 비판하고자 하는 시도의 일부였다. 이는 그가 리바이어던의 홉스적 이미지와 주권에 관한 주류 법 이론들을 특징화한 데서 알 수 있다. 그것은 또한 푸코 자신이 1978년에서 1979년까지 행한 자신의 강의에서 표출한 신자유주의에 대한 커져 가는 염려들과 밀접하게 연결되어 있다(Foucault 2008). 이러한 관점에서 볼 때, 통치성에 대한 푸코주의적 개념과 1960년대 후반부터 점차 신자유주의 이론들 및 정책들과 연관되어 온 통치 개념을 연결하는 것은 타당하다.

무엇보다도 미국의 기업 통치 현장과 공공 행정에 대한 비판적 분석으로부터, 통치 이론가들은 통치를 조심스럽게 통치[정부] 개념과 분리한다. 게리 스토커가 쓰고 있듯이, 통치는 "그 권위를 지휘하거나 이용하는 통치[정부]의 권력에 의존하지 않고 일들을 처리해 내는 역량을 인정한다. 그것은 통치[정부]가 조종하고 인도하기 위해 새로운 도구들과 기술들을 활용할 능력이 있는 것으로 본다"(Stoker 1998, 24). 여기에는 미시물리학적 수준에서 작동하는 장치들, 책략들, 권력 장치들의 역할에 대한 푸코주의적 주장들에 대한 비유도 있다. 통치 연구자들에게, 통치[정부]는 푸코가 비판한 국가의 존재론에 매우 근접한 무언가를 의미한다.

통치의 중요한 특성 중에 강조되어야 할 것이 또 하나 있다. 그 개념에 정의를 제공하려는 스토커의 시도를 따라서, 우리는 통치가 "통치[정부]의 스타일상에서 변화하는 유형들"을 말하고 있으며, "거기에서는 공적 영역과 사적 영역 사이와 그 내부에서의 영역선이 희미해진다"고 기술한다(Stoker 1998, 17). 그의 통치 개념은 "통치[정부]로부터 견인되었을 뿐아니라 그것을 넘어 도출된 제도들과 행위자들의 복합적 집합"을 이해하고 지도화하고자 한다(19). 통치 이론과 정책에서 주주 그리고 이해관계자들과 같은 단어들의 광범위한 사용은 공적인 것과 사적인 것 간의 구획을 불분명하게 하는 것 그리고 통치 과정 속의 행위자로서 자격이 부여된 주체들에 대한 정의의 변화와 정확하게 일치한다. 이러한 행위자들을 정의하는 데 이용되는 기업 언어는 전혀 중립적이지 않다. 그것은 전지구적 사회와 정책들의 총체적 조직망을 통해 자본주의적 기업의 모델과 언어, 합리성을 전파하고자 하는 시도의 부분과 한 덩어리로 고려되어야만 한다. 그럼에도 불구하고, 그것은 새로이 부상하는 경계 레짐과 이주 레짐에 대한 우리의 연구를 통해 주의 깊게 추적하고 지도화하는 시도를 필요로 하는 근본적인 변혁을 나타낸다.

여기에서 비판적 분석을 필요로 하는 통치의 특징들이 더 존재한다. 통치 과정에서 동시에 등장하는 컨설팅 기관이면서 동시에 시행기관으로서 통치 과정에서 등장하는 이익집단과 시민사회의 네트워크 중에서, "인식공동체"epistemic community는 핵심적인 역할을 맡고 있다(Shapiro 2001). 존 제라드 러기는 다음과 같이 적고 있다. 인식공동체는 "어떤 에피스테메epistememe 주위에서 성장하는 상호연관된 역할들로 구성되었다고 말할 수도 있다. 즉 그 공동체들은 사회적 실재의 "적절한" 구성에 대해, 그것의 구성원들을 위해, 한계를 정한다"(Ruggie 1998, 55). 통치의 유형과 과정에서의 위험 정의, 계산, 관리의 중요성을 가정하면, (자연과학에서 사회과학까지) 위험을 체계화할 수 있는 "전문 지식"의 담지자들은 잠재적으로 통치[정부]의 행위자가 될 수 있는 자격을 부여 받는다(Joerges 2008, 7). 분명히, 과학은 오랜 기간 근대 국가의 총체적 역사에서 구성적이고 심지어는 헌법적인 역할을 수행해 왔다. 혹자는 이런 측면에서 패러다임적 전환이었다고 여겨온 19세기 독일의 경험만을 생각할 것이다(Schiera 1987). 그런데도, 그것은 우리가 보기에 통치[정부]에서 통치로의 이동이 푸코주의적 개념에 따라 지식과 권력 간의 관계로 정의될 수 있는 것과 관련된 일반적 구성에 큰 변화가 나타나고 있음을 보여준다. 이 두 범주 간의 구획은 통치 과정에서 점차 구분이 불명확해졌다. 전문 지식 언어를 통한 이러한 과정의 틀 짓기는 일종의 지식 생산의 통치화와 일치한다. 예를 들어, 이것은 유럽연합의 재정지원 프로그램뿐 아니라 세계 각지의 다른 지역에 있는 국가와 초국가적 재정지원 프로그램들로 위기관리의 합리성이 침투하는 데서 관찰할 수 있다.

이제는 레짐 개념으로 돌아가 보자. 우리는 사회과학에서 현재 레짐 개념의 사용이 통치성과 통치에 대해 지금까지 묘사된 발전과 수많은 중첩 지점들을 보여주는 계보를 담고 있다는 점에 대해 언급하는 것이 중요하다는 점을 알게 되었다. 쎄르핫 카라카이알리와 바실리스 치아노스(2010)의 최근 논문을 차용해 보면, 우리는 현재 레짐 개념을 활용하는 데 있어서 세 가지 원천을 판별할 수 있다. 국제관계에서 그것은 신현실주의neorealist 학파의 장애들을 극복하고 전지구적 무역이나 통화 관리에 대한 분석에서 비공식적 협상의 중요성을 이해하기 위해 제시된다. 프랑스의 경제 조절 학파에서, 축적 레짐 개념은 자본주의적 축적이라는 목표를 향해 수렴하는 다종적이고 자동적인 사회적 과정 간 관계들의 일관성을 만드는 문제에 대응하기 위해 만들어졌다. 어쩌면, 우리의 목적에 더욱 중요한 것은 이주 레짐 개념이 최근 몇 년간 이주 시스템 개념에 대한 일종의 보완재 혹은 대체제로 소개되었다는 점일 것이다(Papado-poulos, Stephenson, and Tsianos 2008, 164). 주세페 시오르띠노에 따르면, "이주 체제에 대한 인식은 간극, 모호함, 노골적인 긴장을 위한 공간을 허용한다. 즉 한 레짐의 존재는 실천을 통한 끊임없는 수리 작업의 결과이다. … '이주 레짐' 관념은 관찰과 행위의 상호의존을 강조하는 데 도움을 준다"(Sciortino 2004, 32).

레짐 개념이 어떻게 앞서 논의했던 통치성과 통치 과정의 유연하고 다스케일적인 속성, 그리고 그 행위자들의 이종성과 그것들의 속성을 규정하는 지식과 권력의 점차 증가하는 뒤엉킴을 요약하는지를 이해하기는 쉽다. 더욱이, 이주에 관해서 볼 때, 그것은 상이한 세계의 각 부분에서의 새로운 이주 관리 유형의 등장을 묘사하는 데 효과적인 분석 도구로 보인다. 이러한 새로운 유형은 한편으로 이주의 "풍랑"을 받아들이기 위한(Papastergiadis 2000), 다른 한편으로는 노동과 생산의 유연화 과정의 압력 아래에서 재구성되는 경제 시스템의 필요와 타협하기 위한, 쿼터 제와 같은 전통적인 완고한 통치[정부] 도구들이 지닌 무능함을 점점 더 의식한 결과이다(Castles 2004). 유엔 전지구적 거버넌스 위원회와 스웨덴 정부로부터의 요청에 따라, 1993년에 비말 고쉬가 정립한 이주 관리 개념 은 이러한 도전들 모두에 대처하기도 하였다. "이주관리"는 "위기관리"와 일종의 유의어가 되었다. 다른 말로 하면, 이주 관리 개념은 이주를 위기 의 측면에서 성문화하였고, "원치 않는 이주의 풍랑"으로부터 "경제적인 필요의 그리고 이익의 흐름들"을 만들고자 하면서 이러한 위기를 유연하 게 관리하는 데 목적을 두고 있다(Geiger and Pécoud 2010, 3).

일단의 독일 비판적 이주·경계 연구자들에 의해서 이루어진 것과 같 이(Hess and Kasparek 2010), 이주 개념을 경계 자체의 관리에 적용하는 것은 매력적이다. 레짐의 시각에서 경계가 통제되고 관리되는 방식들을 바라본다는 것은 이종적인 사회적 실천과 구조의 집합을 면밀히 조사 한다는 의미이고, 국경의 통치화 과정들에 개입하는 담론, 행위자, 합리 성의 집합을 조사하겠다는 의미이다. 그것은 또한 국경 체제의 단일성이 선험적으로 주어진 것이 아님을 의미하기도 한다. 오히려, 그러한 단일성 은 위험이라는 측면에서 부호화된, 역동적 과정들에 의해서 제기된 질문 과 문제 들에 효과적으로 반작용할 수 있는 능력을 통해 등장한다. 통치 의 언어에 대해 말할 때, 혹자는 국가가 새로이 출현하는 경계와 이주 레 짐에서 계속적으로 주요 이해관계자가 될 것이라고 말할 수 있다. 그런데 도, (비록 세계의 다른 부분들에서는 그렇지 않겠지만) 국가들은 점점 더 통치의 애매모호한 환경과 맞닥뜨리게 될 것이다. 그리고 그러한 통치 환 경은 다수의 이해관계자가 중요하지만 항상 예측 가능하지는 않은 역할 들을 수행하는 곳이다. 여기서 이주·경계 레짐이 핵심적인 정치적 질문 들을 건드리고 있다는 점을 기억할 필요가 있는데, 왜냐하면 그 레짐들 은 시민과 외부인들 간의 구별뿐만 아니라 누구를 국가의 영토 안으로

들어오도록 허용할 것인가에 관한 중요한 결정을 수반하기 때문이다. 이러한 속성들, 더 나아가 경계의 통제 그 자체 역시 장 보댕과 토머스 홉스의 정치이론들 안에서 이 개념이 형성된 초기부터 주권의 특성들을 정의할 때 고려되어 왔다. 오늘날에조차도, 그 속성들은 민족국가에 의해서 가장 빈틈없이 유지되고 있는 특권들에 속해 있다.

따라서, 우리는 새로이 등장하는 전지구적 이주·경계 레짐으로 빈번히 묘사되는 것을 분석할 때 매우 조심스러워야 한다(예를 들어, Düvell 2002를 볼 것). 이러한 공식을 사용하면서 우리가 통합된 정치적 이주 통치[정부]의 등장을 언급한다거나 그러한 특성들을 상상하고 규범적으로 예상하는 것은 아니다. 그 대신에, 우리는 통치에 대한 우리의 분석 틀 내에서 이질적 요소로 이루어진 인식적·정치적 공동체들 내 일련의 모순적이고 파편적인 지식의 형성을 언급한다. 더 나아가 우리는 행정적 통제 기술, 기술 표준, 그리고 이러한 공동체들 내에서 강화된 역량 강화 프로그램의 전지구적 수준에서의 순환, 이주 정책과 국경통제 유형의 형성에 깊은 영향을 미친 통치를 언급한다. 통치는 종종 이주자들의 "이동의 자유"를 강조하며 중립적인 유형의 위기 산정과 관리에 따라 강제 없는 유연한 설득 과정으로서 새로이 등장하는 국경·이주 레짐들 안에 등장한다(Bigo 2006 ; Rygiel 2010 ; Walters 2002). "신자유주의적 정치 이성"이 국내와 국제 수준 모두에서 자율적 행위자들로서 그것의 통치 전략의 목표가 된 주체들을 고려하지 않을 수 없다는 점은 염두에 둘 필요가 있다(Hindess 2004). 이러한 새로운 국경·이주 통제 체제에 포함된 행위자들 자체는 점점 더 변화하고 이종화된다.

유럽 사례를 보면서, 우리는 회원국들이 유럽연합의 외부 변방의 관리에 어떻게 협력하는지를 쉽게 볼 수 있다. 2011년 5월에 유럽위원회에서 나온 말들을 인용한다면, 그 목표는 "중앙집권화된 유럽 행정부의 설립"이 아니라, "실천적인 협력에 의해 지원받는, 공통 문화, 공유된 역량과 표준들의 창조"이다(European Commission 2011, 7). 회원국들이 협력하는 대행 기관은 바르샤바에 근거를 둔 프론텍스라는 곳으로, 유럽연합의 경계 보호 노력의 조정 책임을 갖고 있으며 자사의 웹사이트에 자신을 "법 인격과 수행 및 예산의 자율성을 갖고 있는 공동체 조직"으로 묘사하고 있다(Frontex 2006 ; Feldman 2012, 83~109, Kasparek 2010, 그리고 Neal 2009 를 볼 것). 유럽의 경계통제 정치에 대한 가장 날카로운 비평분석가 중 한 명이 강조했던 바와 같이, 경계-횡단 정찰 행위의 증가라는 단순한 사실 은 "내부와 외부 간의 급진적인 분리에 의존하는 전통적인 이해의 범주 들을 혼란스럽게 한다"(Bigo 2006, 115). 소위 유럽연합의 확장 과정을 분 석하는 것과 유럽의 국경통제 정책들의 다양하고 다스케일적인 범위를 비판적으로 탐구하는 것 모두를 통해 볼 때, 유럽의 "영토"라고 여겨질 만한 것의 통일체는 점점 더 경계들의 구조적 이동으로 인해 불안정해진 다(Beck and Grande 2007). 두 경우 모두에서 새로이 등장하는 경향이 있 는 것은 유럽적 공간에 대한 상이한 정도의 내재성과 외재성이며, 이것 은 전통적인 민족국가의 경계에 의해 생산되었던 내부와 외부 간의 명확 한 구분을 대체하고 모호하게 한다. 멀리 떨어져 있는 나라들과 이웃한 나라들이 점점 더 유럽의 이주 레짐 관리에 참여하고 있는 반면에 장차 회원국이 될 국가들의 법적·정치적 시스템들은 점점 더 유럽연합에 의 한 압력 아래에 놓이게 된다. 이것은 경계 장치의 팽창을 함의하며, 이주 노동의 차별적 포섭을 통해 유럽 시민권의 공간 내에 그것들을 재각인 시키는 것과 조응된다(Cuttitta 2007 ; Rigo 2007). 프론텍스의 전무였던 일 카 라이티넨의 말을 빌리자면, "경계 앞, 경계 안, 경계를 가로질러, 그리고 경계 뒤의 행위들이 효과적인 경계통제 속에 있는 모든 핵심 요소들이 다"(Laitinen 2011).

동시에 전통적으로 통치[정부]에 참여해온 것들과는 상당히 다른 행 위자들이 유럽 경계 통치 내로 점증적인 참여를 하고 있는 점을 염두에 둘 필요가 있다. 예를 들면, 많은 행정관리구역 내에 허가받지 못한 이주민들의 움직임을 금지하겠다는 [자신들의 비즈니스에 우호적인 환경에] 위협을 받으며 활동하는 이주 운송 수단들로 알려진 민간 수송 회사들이 제일 먼저 떠오른다(Feller 1989 ; Gilboy 1997 ; Sholten and Minderhoud 2008). 아마도 그중에서도 가장 중요한 것은 새로이 부상하는 유럽 이주·경계 레짐 내에서 국제이주기구와 같은 새로운 전지구적 행위자들, 국제이주정책개발센터와 같은 "인식 공동체", 그리고 인권 담론을 새로운 경계 체제에 각인하고 통치화하는 데 결정적으로 중요한 "인도주의적" 비정부기구들에 의해 수행되는 역할일 것이다(Andrijasevic and Walters 2010 ; Georgi 2007 ; Transit Migration Forschungsgruppe 2007). 연구와 문서작업들, 전문 지식과 정책 자문의 제공, 특정한 과업과 작전들의 수행과 관련해서, 이러한 조직들은 이주 정치에 대해 [기술적인] 관리의 측면에서, 따라서 탈정치화된 접근을 취하는 경향이 있다. 국가들이나 유엔 기관들과는 다르게, 그 조직들은 〈제네바 협정〉이나 〈세계인권선언〉과 같은 조약들에 얽매이지 않는다. 이런 이유로 인해, 그 조직들은 "국제법에 의해 부여된 의무들을 회피하고자 하는 국가들에 의해 종종 활용된다"(Geiger and Pécoud 2010, 13). 혹자는 예방적 강제송환의 시행이나 외재화된 억류 시설들의 운영에서 국제이주기구의 역할을 떠올린다. 그럼에도 불구하고, 이러한 초국적 대행 기관들은 자신들의 선도적 역할들을 정당화하기 위해 인도적 주장을 강력하게 동원한다. 마틴 가이거와 앙투안 페쿠는 그들의 담론 속에서 "국제인권법에 대한 꽤 체계적인 참고"를 관찰한다(12). 사실, 이러한 조직의 일부에서 그러한 언어와 중립성 주장이 만연하는 것은 통치[정부]에는 효과가 없다. 이들은 비판을 잠재우고 정치적 논쟁을 회피하기 위해서 이주 통제 활동에 대한 — 유엔난민고등판무관의 개입과 함께(Bigo 2002 ; Ratfisch and Scheel 2010) — 자신들의 개입을 빈번하게 사례로 제시한다.

이주 관리에 대해 많은 국제기구, 비정부기구들, 그리고 다른 수행기관들이 다양한 영역에 걸쳐서 작업을 하는 반면에, 그들의 대다수는 보건, 교육, 종교, 노동, 정책, 범죄, 혹은 언론 등과 같은 특징적인 개입 영역들에 자신들의 전문적 활동을 한정한다. 이런 측면에서 그 기관들은 영토적 제한에서 벗어나 전지구적으로 구성되는 경향이 있는 사회의 하위체계를 창출하는 데 있어 상대적인 자율성을 획득한다. 국경에서 활동하는 다른 행위자들에 경찰, 군대, 관세청, 정보기관들이 포함된다. 이것들은 대개 국가의 통제 속에 놓이게 되지만, 우리가 프론텍스의 사례에서 보여주었던 것과 같이, 그것들은 협력 협정들이나 그러한 협정을 조정하는 책임을 장악함으로써 일정 수준의 자율권을 획득할 수 있기도 하다(Kasparek 2010). 이주민들의 움직임과 이주 운송선 활동에 대응하면서, 이것과 같은 시행기관들이나 아니면 적어도 그들의 첩보원들은 비밀 행위자들과의 체계적이고 공생적인 네트워크들로 들어가는 경향이 있다. 이것은 그들이 영토 경계와 국가의 통제를 넘어서 자신들의 권력을 더욱 확장하도록 한다. 여기에서 경찰, 군대, 관세청, 정보기관 간의 구분선들은 모호해지는 경향도 있다.

이런 많은 행위자들에 더해 많은 사설 단체들이 국경을 지키는 데 참여한다. (많은 비공식적이고 "불법적인" 운송 수단들과 네트워크들이 더해져야 하는) 앞서 언급한 운송 회사들은 차치하고, 이러한 사설 단체들에는 이주 억류와 통치[정부]를 위한 에스코트 서비스 등을 제공하는 사설 보안 회사들이 포함되어 있다(Fernandes 2007 ; Huysmans 2006 ; Lahav 1998). 거기에는 또한 다양한 사회적, 법적, 심리적 서비스들을 공급하는 비영리 단체들과 자선단체들도 포함된다(Flynn and Cannon 2009). 더 나아가, 고용주 결사체와 같은 민간단체들은 점점 늘어나 이주 정책의 설계 역할을 맡고 있다(Menz 2009). 국경에서 활동하는 다른 행위자들에 그러한 대행 기관들이 더해진다는 것은 민간의 통치 레짐이 이주 정치와 관련되기도 한다는 점을 의미한다. 국경에서 활동하는 통치[정부]기관과 레짐은 증식하고 있다. 인도주의의 담론과 실천들은 종종 이러한 기관과 레짐이 활동하도록 하는 인식 틀을 제공한다. 우리가 앞으로 보게 되듯이, 이 인식 틀은 이주 관리의 부드럽고 조화로운 질서 내의 경계를 구성하는 갈등과 투쟁을 거의 담지 못하고 있다. 주권은 통치할 수 없는 이주의 흐름이 길들여지거나 타협이 이뤄질 수 없을 때 개입하는 보완적인 권력으로서뿐만 아니라 통치 그 자체의 성질 — 오로지 그것의 지배를 스스로 견뎌내는 주체를 만나는 한에서만 존재할 준비가 되어 있고 존재하도록 해주는 통치 체제 — 로써 나타나기도 한다.

레짐 갈등

우리는 전 세계에 걸친 경계경관에서 구체화하는 통치와 주권의 변화하는 배열을 어떻게 이해해야 할까? 권력의 이러한 성질은 현대 세계의 확산하는 경계에 걸쳐 펼쳐지는 노동과 자본 간의 갈등을 중재하기 위해 서로에 대해 어떻게 상호작용하고, 교차하며, 작동하는가? 이러한 통치와 주권의 작동은 어떻게 이주 정치와 국경 정치의 현장을 지배하는 법, 권리, 인도주의의 담론 및 실천과 교차할까? 우리는 이러한 질문들이 명확한 법적 관할 영역선에 따라 분할되어 완전한 법적 풍부함의 특징을 지닌 세계를 가정하는 접근이나 주권 권력이 규범적 배열을 제한 없이 지연시키는 영속적인 예외 상태의 가정 둘 어느 쪽에 의해서도 답해질 수 없다고 주장한다. 독일의 법 이론가인 군터 토이브너의 작업을 차용하여, 우리는 이러한 발전이 규범성의 파편화normativity fragmentation의 맥락, 즉 사회구성의 다수성이 제도화된 정치의 바깥에서 나타나고 규범적 질서들이 더는, 국내이든 국제이든, 법체계에 확고히 자리를 잡을 수 없는 맥락에서 이해되어야만 한다고 주장한다(Fischer-Lescano and Teubner 2004, 2006 ; Teubner 2004, 2010). 그러한 접근은 주체성의 생산에 대한 우리의 중심적인 고민을 잃지 않으면서 경계 정치와 경계투쟁을 통치와 통치성의 측면에서 이해하고자 하는 우리의 노력을 보완해 준다. 이러한 발전들을 살펴보는 것은 두 가지를 함축한다. 첫째, 경계는 통제의 공간 이자 동시에 과잉의 공간이며, 이동을 제한하는 현장이자 투쟁의 현장이다. 둘째, 경계는 통치와 통치성을 위한 바로 그 조건들의 생산에 포함된 사회 제도이다. 이러한 주장들 간의 관계를 이해하는 것은 경계가 어떻게 "통치 불가능한 흐름으로부터 통치 가능하고 이동 가능한 주체를 생산하고자" 하는지를 분석한다는 것을 의미한다(Panagiotidis and Tsianos 2007, 82).

규범성의 분화에 대해 말하는 것은 동시에 규범적인 배열들이 필연적으로 공식적인 법으로부터 기인하는 것은 아님을 인식하고 상이한 규범 레짐 간에 나타날 수 있는 갈등 혹은 붕괴를 설명하는 것이다. 경계에서 작동하는 다양하고 점점 더 전지구화되며 민간화되는 행위자와 레짐에 대한 우리의 논의로 돌아가면, 우리는 행위자와 레짐이 어떻게 점점 더 많이 그것들 고유의 규범적 구조와 지침을 생성해 내는지에 주목할 수 있다. 토이브너는 그러한 사적 통치[정부] 레짐의 "급속한 양적 성장"과 그것들이 "국가 제도나 국제 제도들에 의해서 충족될 수 없는, 강력한 '규범 허기'norm hunger, 조절 규범들에 대한 거대한 요구"의 발전을 관찰한다(Teubner 2010, 331~32). '지포에스'G4S와 같은 업체의 사례를 살펴보자. 그 업체는 사설 보안회사로서 호주, 벨기에, 프랑스, 이스라엘, 네덜란드, 영국, 미국과 같은 법적 관할권을 가로질러 경계통제에 가담하고 있다. 주 경쟁사인 세르코SERCO와 함께, 지포에스는 그것이 "망명 시장"asylum markets이라고 명명한 것 안에서 작동하며, 많은 법적 관할권들 내에서 이주 억류와 추방 서비스들을 행정 관리하기 위해 통치[정부]들과 계약을 맺어 왔다(Grayson 2012). G4S는 2012년 런던 올림픽과 같은, 이주 노동자의 고용이 중요한 역할을 하는 거대 국제행사에서의 보안 제공에서도 활동해 왔다. 그러나 그 업체는 자사의 노동력 중에서 이주민의 빈도가 얼마나 되는지에 대해서는 공개적으로 논의하지 않는 경향이 있다. 그보다는 오히려 인도주의와 문화적으로 민감한 언어들을 사용하여 이주민들을 자사의 통제 행위들이 보호하는 희생자로 재현한다. 2010년에 지포에스G4S는 "인권, 노동, 환경, 반부패 등의 영역에서 사회적으로 책임감 있는 사업 행태"를 증진하는 전략 정책 구상인 유엔 글로벌 컴팩트의 가입기관이 되었다(G4S 2010, 4). 이 업체는 인권, 환경, 지역 공동체, 사업 행위, 회계 표준, 노동관계, 다양성과 포섭 등의 영역들을 아우르는 기업 통치와 기업의 사회적 책임 규약들을 만들어 냈다(G4S 2010). 더불어, 지포에스는 보안 산업, 시민단체 대표들, 스위스·영국·미국 정부들에 의해서 발전된 〈민간보안공급자의 국제 조례〉의 설립에 서명한 기관이다 (Leander 2012). 이 조례는 최근 민간 보안 산업의 감시 기제를 구체화하는 헌장을 제출하였다. 국제 정부 간 기구와 비정부기구처럼, 지포에스와 같은 민간 통치[정부] 행위자들은 국제법이나 인권 선언에 구속되지 않는다. 그럼에도 불구하고, 그들은 헌장, 권고안, 우수 사례, 기준안 등의 수단들을 통해 적극적으로 인도주의, 환경주의, 노동 정의에 대한 주장들을 내놓고 있다.

염두에 두어야 할 것은 이러한 다양하고 점차 전지구화되며 민간화되는 행위자와 체제가 "국내 입법과 국제 조약들의 영역 외부에 놓여 있는 고유의 법 자원들을 활용하는" 방식이다(Teubner 2010, 332). 〈민간보안공급자의 국제 조례를 위한 감시 메커니즘 헌장 초안〉의 예로 돌아가 보면, 우리는 그 "기제가 법치가 실질적으로 훼손된 곳에서, 그리고 국가 권위의 역량이 감소하고, 제한되거나 부재한 곳에서 민간 보안 서비스의 효과적인 감시를 지원하는 것을 목적으로 삼는" 방법을 인지할 수 있다 (ICOC 2012, 2). 많은 사상가가 경성법hard law과 연성법soft law 간의 구분을 따르는 반면에(Shaffer and Pollack 2010), 안드레아스 피셔-레스카노와 군터 토이브너(2004)는 "전지구적 법이 그 타당성을 국가의 입법 과정과 국가의 제재로부터 배타적으로 끌어오며, 이 과정과 제재는 국가의 내적 자원이나 공식적으로 제재된 국제 법 자원으로부터 기인하는 곳이라는 가정"(1010)을 포기할 것을 주장한다. 이것은 "민족국가와 국제법의 법적 자원을 넘어서서 자리하고 있는 규범을 포괄하고, 동시에 레짐에 대한 우리의 개념을 재형성하기 위해 법 개념을" 확장한다는 의미이다(1010). 그들이 염두에 두고 있는 것은 "매우 다양한 사회의 파편들에 대한 자가-입법화self-juridification로부터 나타난"(2012) 레짐이다. 이것은 "전지구화된 경제, 과학, 기술, 대중매체, 의학, 교육, 운송" 등과 같은 다양한 사회적 영역 속에서 진화한다(Teubner 2010, 331). 피셔-레스카노와 토이브너(2004)는 다음과 같이 적고 있다.

> 법원이 법의 중심부를 점령하고 있는 반면에, 다양한 자율적 법 레짐들의 주변부는 정치적·경제적·종교적, 조직적 혹은 임시적, 집합적 혹은 개별적 법 주체들이 자리를 차지하였다. 이것들은 법의 바로 그 경계에서 자율적인 사회 영역들과 긴밀한 접점을 마련해 두었다. … 법적 주변부와 자율적인 사회 영역 간의 접점 지대에서, 많은 수의 입법 기제mechanism들을 위한 장이 만들어졌다. 예를 들면, 표준화된 계약, 직능 단체들의 협약, 공식적 조직의 일상적 절차들, 기술적·과학적 표준화, 행태의 규격화, 비정부기구들, 언론, 사회적 공공 영역 간의 비공식적 합의가 그것이다. (1012~13)

우리는 이렇게 해서 직능적인 협약, 표준, 우수 사례, 일상적 절차 등과 같은 수단들이 영역에 따라 범위가 정해진 자율적인 사회적 파편들 속에 뿌리내리고 규범의 생산에 개입하면서 유사-법적 지위들을 획득하는 상황을 보게 된다. 사적 체제뿐만 아니라 많은 수의 시민사회 기관들, "인식공동체", 비정부기구들, 민관 행위자들까지 통틀어서, 이들은 "자신들이 자유롭게 고유의 합리성을 다른 사회 체계들이나 자연환경 혹은 인간 환경에 대한 고려 없이 강화할 수 있는 자신들만을 위한 영역권을 창조한다"(Teubner 2010, 330). 국경은 이러한 이종적 체제들이 첨예한 갈등에 이를 뿐 아니라 다양한 수준에서 국가 기관들, 정부 간 기구들, 국제 기구들, 이주자 운동들과의 불화를 경험하는 현장이다.

이런 식으로 국경에 접근하면 국가의 법적 합리성이나 국제법에 근간을 둔 관점보다 현대의 경계 정치를 특징짓는 분쟁, 투쟁, 교착들에 대해 더 많이 이해할 수 있다. 이 장의 도입부에서 우리가 언급한 사례들에서 보듯이, 국내법과 국제법의 선조들은 그러한 난관의 이유에 대해서 말해 주는 것이 별로 없다. '오셔닉 바이킹호'의 교착 시기에 한 법률 전문가가 설명했던 것과 같이, 그 배로부터 "망명 신청자들을 하선시키는 데 누가 책임이 있느냐에 대해서 국제법은 침묵하였다"(Force Could Be Used on Oceanic 78 : Academic 2010). 아니면, 다른 논평가들이 말한 것처럼, 그 이야기는 "구멍이 숭숭 뚫려 있는 국제법의 규범과 메커니즘"(Zagor 2009)을 드러냈다. 그러한 사례들을 이해하기 위해서는 협상과 위기관리의 복합적 과정을 추적해야 한다. 여기에서는 (경찰, 관세청, 정보기관, 외교단, 군대 등을 포함하는) 통치[정부] 기관들, 비정부기구들, 정부 간 기구들과 국제기구들, 인식공동체들, 활동가들, 언론 선상의 이주민들 모두가 의견과 역할을 갖고 있다.

이러한 상황들에 대한 해결은 판결이나 지시를 내리는 중앙 권력을 통해서 등장하기보다는 참여하고 있는 통치[정부] 행위자들 간에 협상이 이루어지는 느슨한 연계에 의해 나타나는 경향이 있다. 이것들에는 빈번히 다양한 분파 간에 이미 존재하던 사실의 네트워크들을 강화하는 선택적인 네트워크 만들기 과정이 포함된다. 이러한 기존의 연결들이 강력한 상황은 분명 존재하고, 이러한 상황 속에서 경계는 효율적으로 작동하는 경향이 있다. 그러나 갈등이 발생하는 이러한 환경 속에서, 이렇게 비교적 자율적인 시스템 간의 중재는 효과를 발휘하는 데 시간이 걸린다. '오셔닉 바이킹호'와 '자야 레스타리 5호'의 사례에서, 배에 남아 있기로 한 이주민들의 결정은 이러한 레짐 갈등이 활성화하도록 촉진하였다. 이것들은 변화하는 환경에 대한 수동적 반작용이 아니라 민족국가와 국제기구 모두를 혼란에 빠뜨리고 허둥대도록 만들기 위해 오랜 숙고를 거친 전략적인 거부의 행동들이었다. 그 선박들이 등록되었던 다른 사법 권역들과 이주민들이 애초에 저지당했던 다른 지역들에 의해 제시된 법적 불일치에도 불구하고, 그 두 배에 타 있던 사람들에 의해 제시된 요구는 유사했다 — 두 집단 모두 인도네시아에 하선하거나 스리랑카로 귀환하는 것을 거부했다. 두 이주자 집단들은 또한 단식투쟁, 자살 위협, 곤궁한 아이들의 고통이 주목을 받도록 하는 것, 가능한 때에 언론에 발언하는 것 등 유사한 방법의 시위와 선전을 활용하였다. 이것들은 이주 통제의 진화하는 시스템을 뛰어넘어 수행된 적절하게 정치적인 행위들이었다. 그것들은 또한 긴장, 폭력, 투쟁 등 현대의 경계 레짐을 나타내는 것들을 체화했던 이동형의 다원적 주체성을 생산하였다.

이런 식의 상황 인식은 현대의 이주 투쟁에 대해 국제법적 자원을 요청하는 권리 기반 접근rights-based approach과는 매우 다른 그림을 전해 준다. 토이브너는 인권의 질문이, 특정한 법적 인격들에 의한 권리의 침해에 관한 것보다는, 상이한 사회 체제들 간의 구획 갈등이 어떻게 집단이나 개인들의 권리를 침해하는지에 관한 것으로 재구성될 필요가 있다고 주장한다. 이러한 갈등을 위한 최고 법정은 존재하지 않기 때문에, 그것들은 "오로지 갈등하는 체제 중 하나의 관점에서만 해결될 수 있다." 예를 들어, "한 영역의 규범 원칙들이 제한으로서 타자의 고유 맥락으로 옮겨질" 때에 그렇게 될 수 있다(Teubner 2010, 340). 이것은 법 자원을 이용해 인권 문제에 대응하려는 시도가 불가능한 계획임을 의미한다. "인권 정의는… 최선의 경우에 부정적으로 형성될 수 있다. 그것은 부정의한 상황들을 제거하는 데 목적이 있지, 정의로운 상황들을 만들어 내는 데 목적이 있지 않다"(Teubner 2010, 340). 인권은 상이한 영역 간에 자유에 대한 보증을 이전시키는 "지평선 효과"horizontal effects를 제공하지 않는다. 오히려, 국제 인권 시스템은 국경에서 작동하는 여타의 것 중 하나의 통치 레짐일 뿐이다. 몇몇 경우에 다른 레짐들에 대한 제한적인 맥락을 제공하고 국경통제 시스템에 효과적으로 기여하는 데 성공하고, 다른 경우에 그것은 무시되거나 아니면 방해받는다. 디디에 비고가 논평했듯이, "망명 신청자의 인권을 고민하는 담론들은 사실상 안보화 과정의 일부이다. 만일 그 담론들이 진짜 망명 신청자와 불법 이주자 간의 차별화 게임을 수행한다면, 후자를 비난함으로써 그리고 국경통제를 정당화시킴으로써 전자를 지원한다"(Bigo 2002, 79).

경계의 안보화와 인도주의적 개입 간의 관계를 인도주의적 행위들이 부차적으로 발생하는 피해에 대해 뒤늦게 개입하는 호출과 대응의 하나로 보는 것은 잘못이다. 윌리엄 월터스가 언급한 바와 같이, 인도주의 활동 기관들 사이에서 목표와 우선순위의 갈등과 차별화뿐 아니라 인도주의적 통치의 제도와 관행 안에서 보안 관행과 효과의 물질화 역시 관찰할 수 있다. 경계에의 인도적 개입 시 가장 중요하게 여겨지는 특정한 지식의 생산도 가능한데, 이는 임시적 임무, 사절단, 현장에서 데이터와 증언의 취합 등에 기반한다. 인도주의는 국경 순찰행위를 더욱더 복합적이고, 다양한 단계를 거치는 이종적인 일로 만들면서, 통치[정부]의 행정 양식에서 혁신을 촉구한다. 이런 이유로 정치 투쟁이 어떻게 인도주의의 영역선을 기술하는지를 묻고, 이것이 어떻게 "공식적인 통치와 그것과 경쟁하는 어떤 움직임 간의 교환 활동 및 중첩"뿐만 아니라 "상이한 권력과 주체성 간의 까다로운 조정"을 포함하는지를 탐구해 볼 필요가 있다

(Walters 2009, 152, 154).

이런 측면에서, 권력의 통치화가 어떻게 주권의 변형과 교차하는지를 묻는 것은 중요하다. 경계는 생체정치적, 훈육적, 목가적 권력의 확산에 길을 내주며 주권적 논리들이 점점 줄어드는 현장이라기보다는, 주권 권력 및 통치 권력이 상호작용하고 이주민 자신들의 자율적 행위와 경쟁하는 공간이다. 경계의 통치[정부] 체제 간 갈등의 복합성에 대해 설명하는 것이 필수적인 것과 마찬가지로, 이주민들에게 강제적인 무력을 행사하면서도 그러한 강제를 정당화하거나 이주 갈등이 법적으로 해결되도록 허용하는 통합적인 사법 틀은 제공하지 않을 수도 있는 주권 권력의 현존을 인식하는 것 역시 중요하다. 실제로, 경계에서 나타나는 상이한 체제 구성들, 그 구성의 조직과 시간성 간의 충돌이 정확히 현대의 이주 정치 내 주권과 자치권 모두의 작동에서 핵심적이라고 주장할 수 있다. 이러한 역학을 이해하는 것은 주체성의 생산에서 경계와 경계투쟁의 역할에 관한 비판적 논쟁에서 지혜를 제공한다.

매우 추상적인 수준에서, 우리는 주권 개념이 통치 조건으로서 정치적 단일성의 존재를 상정하며, 반면에 통치성은 단일성과 일관성을 그 자신의 행위의 결과로 이해한다고 말할 수 있다. 주권의 기원은 어떤 사회적 집단 내에서 생사를 결정하는 역량을 가진 절대 우위의 권력이라는 형태로 존재한다. 그러한 권력을 둘러싼 정치적 실재가 아리스토텔레스의 시대에서부터 현대에 이르기까지 논의되고, 논쟁되며, 문제 제기되어 왔음에도 불구하고, 적절한 주권 이론의 등장은 근대의 여명기에 이르러서야 시작되었다. 여전히 그 개념에 대한 현대적 이해를 위한 유산을 제공해 주는 주권의 이론화는 근대 국가의 등장과 발전에 밀접하게 연결되어 있다. 이런 이유로 인해 비록 주권의 물적 구성체가 여러 시대에 걸쳐 다양한 변화와 변혁을 거쳐왔음에도 불구하고, 그것에 대한 지배적인 개념적 이해가 18세기 이후로 비교적 안정적으로 남아 있게 되었다. 주권은 통상적으로 영토 국가에 귀속된 정치권력의 최종적이고, 절대적이며, 중앙집권화된 형태로 이해된다. 이러한 관점은 주권이 구시대적이긴 하지만 여전히 작동하는 권력의 형태라는 입장을 견지하는 통치성 이론가들을 포함하여 많은 분석가들 사이에 널리 인정되고 있다. 그러한 이해는 또한 최근 몇 년간 국경과 이주자 억류 수용소에 관한 논쟁에서 상당한 영향력을 입증한 또 다른 주권에 대한 널리 인정되는 관점을 지지한다. 조르조 아감벤(1998)에 의해 제시된 벌거벗은 삶과 호모 사케르² 개념은 특히 학계, 행동주의, 예술의 세계에서 국경, 이주, 수용소 정치에 접근하는 특정한 방식을 독점해 왔다. 이러한 인식은 경계 순찰에 침투된 주권 폭력과 무력 통치를 해명하는 데 중요한 역할을 수행해 왔다.

주권에 대한 아감벤의 이해는 1920년대 칼 슈미트에 의해 구축된 예외론적 접근에 대한 비판적 개입에서 파생된다. 법을 유예시킬 수 있는 능력을 갖춘 것으로 주권 권력을 보는 슈미트의 관점을 채택하고 예외가 규범이 된다는 벤야민의 주장을 확인하며, 아감벤은 국가를 넘어서 도달하는 정치의 한 형태를 상상하고자 한다. 이러한 급진적인 궤적에도 불구하고, 그의 최초 주장은 주권을 "법적 통치의 바로 그 조건, 그리고 그와 함께 국가 권위의 바로 그 의미"(Agamben 1998, 18)로서 보는 슈미트의 이해에 상당히 영향을 받은 채로 남겨져 있다. 우리는 이러한 시각은 이주민들이 일상의 기반 위에서 경계에 도전하는 운동과 투쟁을 제거해 버릴 위험을 가지고 있다고 평가한다. 국경을 "법과 … 그것의 부정적인 비판 모두의 장"으로 만듦으로써 말이다(Lowe 1996, 35). 더욱이, 아감벤의 도식이 예외로서 이주자들과 난민들에 대한 대규모의 약탈이나 규범으로서 완전한 법적 풍부함의 존재를 가정한다는 점에서, 예외론적 접근은 여러모로 이주 정치에서 인권 관점과는 동전의 양면 관계에 있

---

2. homo sacer. 희생물로 바칠 수는 없지만 죽여도 되는 생명.

다. 따라서 필요한 것은 아감벤이 제안한 것보다 그 어조에 있어서 덜 획일적이고 덜 계시적인 주권 개념이다. 우리는 그러한 개념을 구체화하는 데 이 장의 남은 부분을 할애할 것이다. 우선 푸코의 작업을 어느 정도 세밀하게 논의하고 그다음에는 토이브너와 다른 법 이론가들의 저술을 다시 꺼내 볼 것이다.

권력의 회집체

통치성 연구자들과 주권적 예외를 강조하는 이들 모두에게, 주권의 국가중심적 개념의 유지는 주권이 어떻게, 단지 국경에서만이 아니라, 현재의 자본주의와 전지구화의 압력들하에서 변형되어 왔는지를 제시해준다. 로버트 레이썸(2000), 마이클 하트와 안토니오 네그리(2000), 사스키아 사센(2006), 디미트리스 파파도풀로스와 바실리스 치아노스(2007), 존 애그뉴(2009) 등의 일단의 사상가들은 주권이 어떻게 경제, 정치, 문화, 권력의 초국적이고 탈민족적인 형성물의 진화와 함께 변화해 왔는지를 면밀하게 분석해 왔다. 이러한 변혁들을 검토하는 것은 단지 예외주의적인 주장에 계속 나타나는 주권에 대한 국가중심적 관점에 의문을 제기하는 것뿐만 아니라, 통치와 통치성 이론들이 어떻게 주권의 변이들을 완전히 이해할 수 없게 되었는지에 대해서도 의문을 제기한다. 우리는 현재 자본주의 대변혁의 측면에서 푸코가 주권과 통치성에 관해 쓴 저작에 수정을 가하면서 이 과업을 수행하겠다. 우리의 분석은 노동력에 대한 맑스의 개념에 대한 재고에 기반한다. 더 나아가, 우리는 국경이 어떻게 독특하면서도 갈등적인 방식으로 권력의 통치적 형태와 주권적 형태들 모두를 묶어내는지를 비판적으로 분석하기 위해 권력의 회집체assemblage 개념을 제시한다.

주권이 역사적·정치적 대변혁에 종속되어온 권력의 한 형태라는 점은 『사회를 보호해야 한다』라는 제목으로 출간된 강의에서 푸코의 주장을 통해 이미 밝혀진 바 있다. 1976년 1월 14일 강의에서 푸코는 "리바이어던 모델의 외부에 있고, 사법적 주권에 의해 상세하게 기술된 장과 국가 제도의 외부에 있는"(2003, 34) 권력에 대한 연구의 필요성을 강력히 주장하였다. 그는 자신의 주장을 더욱 확장하기 위해서, 역사적 관점에서 주권 이론은 네 가지 역할을 수행해 왔다는 주장을 제기한다. 첫 번째로, 주권은 "실제적인 권력 기제. 즉 봉건 군주제의 기제"였다는 것이다(34). 둘째로, 주권은 "거대한 봉건적 행정체제들을 구성하고 정당화시키기 위한 수단으로 사용"되었다는 것이다(34). 그렇게 되면, 종교 전쟁의 시기 동안, 주권은 "양쪽 모두에서 돌고 도는 무기가 되었다. … 16세기와 17세기 권력 시스템을 둘러싸고 발생했던 정치적·이론적 투쟁의 거대한 수단이었다"(35). 마지막으로, 18세기에 장-자크 루소와 그와 동시대 사람들의 연구에 기반해, "주권의 역할은 권위주의적이거나 아니면 절대적인 봉건적 행정 체제에 대한 대안 모델, 즉 의회 민주주의의 주권을 구성하는 것이었다"(35).

여기서 푸코는 프랑스 혁명의 시기로까지 올라가는 주권의 대변혁에 대한 도식적이고 고도로 절제된 설명을 제시한다. 이러한 역사를 보다 더 자세하게 구체화하는 데에는 1648년 〈베스트팔렌 조약〉과 같은 사건들을 거론하거나 아니면 니콜로 마키아벨리, 장 보댕, 요하네스 알투시우스, 토머스 홉스, 바뤼흐 스피노자, 사무엘 푸펜도르프, 존 로크, 에메르드 바텔과 같은 주창자들의 이름을 덧붙일 필요가 있다. 이것은 진화하는 주권 이론과 주권의 초기 역사를 가로질렀던 강력한 대안들에 대한 풍부한 그림을 보여줄 것이다(예를 들어, 다음을 볼 것. Bartelson 1995 ; Negri 1999). 그러나 우리는 주권의 초기 역사보다는 현시대의 대변혁에 더 많은 관심을 두고 있다. 푸코의 설명에서 굉장히 흥미로우면서도 동시에 당황스러운 점은 주권의 역사가 루소와 프랑스 혁명에서 다소간 멈추어

서버린 그 방식에 있다. 근대 헌정 국가의 등장과 함께, 그 절차와 수단들이 주권의 작동과 호환하지 않는 새로운 권력 형태들이 나타났다. 이를테면, 훈육권력과 생체권력이라고 불리는 것들이다. 그러나 주권 그 자체는 본질적으로 동일한 채로 유지된다. 역설적으로, 이러한 불변하는 성질은 근현대 주권에 지속적인 역할을 부여하는 것이다. 예를 들어, "훈육 기제의 강탈에 반하는 우리가 가지고 있는 유일하게 현존하는 확실히 견고한 의지"에 대해 말하며, 푸코는 "주권을 둘러싸고 조직화한, 혹은 그 오래된 원칙 위에 접합된 권리로 회귀하는" 잘못된 경향을 지적한다 (2003, 39).

주권은 새로운 권력 형태의 등장을 방해하는 문턱이 된다. 푸코는 "주권의 원칙으로부터 반훈육적이면서 또한 해방된 새로운 권리"(2003, 40)의 모색을 옹호한다. 그는 이렇게 주장한다. 18세기에 실제로 일어난 일은 권력이 "군주제에 반하고 훈육적 사회의 방식에 존재하는 모든 장애에 반대하는 데 이용된 영속적인 비판의 수단"이 되었다는 것이다(37). 주권에 대한 푸코의 비판은 전쟁은 정치의 연장이라는 카알 폰 클라우제비츠의 주장을 뒤집어 놓은 것이다. 주권 권력을 뒷받침하는 이러한 전쟁의 정치에 대한 종속을 거부함으로써, 푸코는 잠재적으로 국가 지위와 그것의 성취들, 즉 시민 자유, 민주주의, 법치, 공화주의 등으로 이루어진 총체적인 현대의 조직체계를 약화한다. 이것이 그가 위르겐 하버마스(1989)와 비아트리스 핸슨(2000)과 같은 사상가들로부터 격렬한 비판을 받게 된 이유이다. 이들은 다수의 무력 관계들을 담고 있는 전쟁으로서 정치를 바라보는 그의 관점이 홉스의 만인에 대한 만인의 투쟁 유령을 소환시키고 있다고 우려한다. 실제로, 주권에 대한 푸코주의자들의 비판은 이것보다 더욱더 복합적이다.

주권에 대한 푸코의 접근이 가진 복합성을 강조하는 데 좋은 출발점은 맑스와 그와의 관계에 대한 골치 아픈 질문을 꺼내 보는 것이다

(Revel 2010, 246~57). 푸코는 1976년에 프랑스의 잡지 『에로도트』의 편집 자들과 지리학에 관한 인터뷰를 하며 이렇게 말했다. "내 관점에서, 맑스 는 존재하지 않는다." 그는 곧바로 보다 명확히 덧붙였는데, "그러니까, 예 전에 어떤 특정한 개인을 상징하던 고유의 이름을 둘러싸고 구성된 일 종의 독립체entity, 그의 저작의 총체, 그로부터 파생된 광대한 역사적 과 정들 등에 대해 말하는 것이다"(Foucault 1980, 76). 이러한 "고유의 이름 을 둘러싸고 구성된"(그리고 그것의 "유기적 지식인"을 수반한 정치 문화 속에서, 국가들과 정파들 안에 내재화된) "독립체"는 실제로 푸코의 주 요 비판 대상 중 하나였다. 동시에, 그는 맑스를 "저자"로 만들기 위해 "이 론화하는" 시도들에 대해 매우 회의적이었는데, 푸코가 같은 인터뷰에서 말한 바에 따르면, 이는 "그가 야기한 일종의 단절을 오인한 것이다"(76). 따라서, 맑스는 푸코에게는 무시할 수 없는 중요한 이름이다. 그럼에도 불구하고 우리는 "끊임없이 변화하는 방식이기는 하지만, 푸코의 작업의 총체는 맑스와의 진지한 투쟁이란 측면에서 볼 수 있으며, 이것이 푸코의 생산성을 움직이는 힘들 중 하나로 볼 수 있다"(Balibar 1992b, 39)는 에띠 엔 발리바르의 의견에 동의한다.

1960년대와 1970년대 프랑스의 문화적·정치적 지형 안에서 맑스 라는 이름이 가졌던 비판적 위치를 가정하면, 왜 푸코가 자신의 저작 들 속에서 맑스를 분명히 인용하는 데 상당히 인색했는지 쉽게 이해할 수 있다. 따라서 그가 생체정치 개념을 채택한 초기의 텍스트 중 하나에 서 ─ "권력의 그물망"The Meshes of Power이라는 제목으로 1976년 11월 1일 바히 아 대학에서 그가 한 강연 ─ 맑스는 권력에 대한 단순히 "사법적인" 분석들 에 비판적 접근을 만들어 내고자 하는 푸코의 시도에서 주요한 역할을 수행한다. 푸코는 자신이 "단일한single 권력은 없고, 몇 개의 권력들이 존 재한다"(Foucault 2007b, 156)는 분명한 맑스주의적 인식을 발견한 『자본』 2권을 인용한다. "권력들은, 지배의 형식, 종속의 형식을, 예를 들어 노예적 관계들이 존재하는 작업장 안에서, 군대 안에서, 주인-노예 관계 안에서 아니면 어떤 건물 안에서와 같이, 국지적으로 작동하는 형식들을 말한다. 이 모든 것은 권력의 국지적, 지역적 형태들로, 고유한 기능 방식, 고유의 절차와 기술을 갖고 있다. 이 모든 권력 형식들은 이종적이다. 따라서 우리는 권력을 분석하고자 한다면, 권력에 대해 말할 수 없다. 그러나, 우리는 권력들에 대해 말해야 하고 그것들의 역사적·지리적 특수성 속에 그것들을 국한하도록 애써야 한다"(156).

여기서 『자본』 2권에 대한 푸코의 논평은 꽤 혼란스러운데, 왜냐하면 그는 오히려 『자본』 1권에 대해 (이를테면, 노동일, 협력, 기계와 산업, 그리고 소위 본원적 축적에 관한 절들에 대해) 언급하고 있는 것처럼 보이기 때문이다. 푸코는 실제로 루디 레오넬리(2010, 126~27)가 주장한 바와 같이, 프랑스어판 『자본』 1권의 2편을 인용하고 있다. 푸코는 이렇게 말한다. "예를 들면, 맑스는 구체적이면서도 동시에 비교적 자율적이며, 어떤 면에서는 불투과적인, 사회의 잔여에 존재하는 권력의 사법적 유형과 관련되어 작업장에서 고용주가 행사하는 실질적인 권력의 특성에 대해 끊임없이 주장한다. 이렇게 해서 권력을 지닌 지역이 존재한다. 사회는 각기 다른 권력들의 군도이다"(2007b, 156).

여기에서 푸코가 제기하는 논점은 문헌학적 분석의 과업을 넘어서서 흥미로운데, 그 문구가 우리가 언급했던 『자본』 1권에서 맑스에 의해 다루어졌던 상이한 주제들을 지적하는 데 그치지 않는 것으로 보이기 때문이다. 무엇보다도, 그것은 맑스가 착취에 대한 자신의 비판에 기반을 마련하는 중요한 문구를 인용하는 것으로 보인다. 그 텍스트는 널리 알려져 있다.("자유, 평등, 번영, 그리고 벤담"이 통치하는, "인간의 선천적 권리들"의 에덴동산) 순환계 속에서 벌어지는 교환들의 네트워크를 묘사한 후에, 맑스는 독자들이 "표면상으로 그리고 모든 사람이 다 보는 가운데에 모든 일이 일어나는 이 시끄러운 영역계를 떠나서, '관계자 외 출입금지'라는 표지판이 걸린 문턱이 있는 비밀생산기지로 그것들을 따라 가도록" 한다. "여기서 우리는 단지 자본이 어떻게 생산하는지뿐만 아니라, 자본 자신이 어떻게 생산되는지를 보게 될 것이다. 이윤 창출의 비밀은 결국 만천하에 드러날 것이다"(Marx 1977, 279~80).

우리의 분석 맥락에서 중요하게 강조되어야 할 것은 이러한 소란스러운 순환의 영역으로부터 "감춰진 생산 기지"로의 이동이, 푸코가 "권력의 사법적 유형"이라고 칭한 것의 분석으로부터 "작업장에서 고용주가 행사하는 실질적 권력에 관한 분석"으로의 이동과 매우 정확하게 부합한다는 사실이다(Foucault 2007b, 156). 우리가 주체성의 생산이라고 부르는 것의 장 속에서 일어나는 근본적인 변화는 이러한 움직임과 일치한다. 즉 우리는 여기서, 맑스가 적은 바와 같이 "우리의 등장인물들dramatis personae의 골상학 안에서" 일어나는 변화를 인지할 수 있다. "예전에 전주money-owner였던 자가 지금은 자본가로서 성큼성큼 앞으로 나가고 있다. 그리고 노동-력의 소유자는 그자의 노동자로서 뒤를 따른다. 그자는 거만한 태도로 이죽거리며 사업에 열중하고 있다. 그리고 다른 사람은 소심한 마음으로 주저하고 있다. 마치 시장에 숨어들어서 이제는 무두질 말고 다른 것은 기대할 것이 없는 사람처럼"(1977, 280).

8장에서 보게 되겠지만, 맑스가 등장인물이라는 단어들을 사용한 것은 전략적이다. 그 용어가 비록 개인이 화폐나 아니면 노동력의 담지자인 연극무대를 언급하고 있기는 하지만, 그것은 또한 (근로 계약을 통해) 화폐와 노동력 간의 교환을 구성하는 데 있어서 그리고 "인간의 본연적 권리의 에덴동산"(Marx 1977, 280)인 평등의 필연적 출현을 생산하는 데 있어서 인격의 법적 개념이 수행하는 중요한 역할을 함축하기도 한다. 푸코는 옳았다. "만일 우리가 국가 장치에 특권을 부여함으로써 권력을 분석한다면, 만일 우리가 권력을 보존의 기제로 고려함으로써 권력을 분석한다면, 만일 우리가 권력을 사법적 초구조로 고려한다면, 우리가 하는 일은 기본적으로 고전적인 부르주의 사상의 주제로, 본질적으로 권력을 사법적 사실로 보는 관점으로 돌아가는 것과 다를 바 없다. 국가 장치, 보존의 기능, 사법적 초구조를 특권화시키는 것은 맑스를 '루소화'Rousseau-ize시킨다는 것이다"(Foucault 2007b, 158). 국가 장치들과 법은 맑스의 비판적 사고에서 중요한 역할을 지속해서 수행해 왔지만, 더욱 중요한 것은 감춰진 생산기지에서 작동하고 있는 것과 같은 이종적인 권력 기술과 국가 장치의 접합articulation이었다. 오직 이러한 접합에 초점을 두는 방법을 통해서만, 맑스가 주체성 생산의 각축장 내에서 권력 분석을 배치하고 발전시킬 수 있게 된다.

바히아의 강의에서 푸코는 자신이 수행한 "서구에서 권력의 역사" 프로젝트를 이러한 맑스적인 문제의식에 위치시켰다. 그는 특히 19세기 말 이후 유럽의 사회민주주의에 의해 재각인되어 온 "부르주아적이고 사법적인 권력 이론"과 맑스의 접근을 구별함으로써 그것을 발전시키는 데 자신의 목적이 있다고 주장하였다. 이런 관점에서, 그는 유럽 군주정의 전지구적 권력의 간극을 메꾸고 "지속적이고, 원자적이며, 개별화하는 권력. 즉 각자가, 모든 개인 자신이, 자신의 육체 안에서, 자신의 움직임 안에서 전지구적이고 대규모적인 통제의 장소 안에서 통제될 수 있는" 권력을 구축했던 훈육 기술들의 등장을 대략적으로 묘사하였다(Foucault 2007b, 158~59). 이것은 푸코가 『감시와 처벌』에서 [바히아 강연으로부터] 1년 전에 아주 효과적으로 분석했던 "해부–정치적"anatomo-political 권력 기술의 부류이다. 그러나 바히아에서 그는 18세기 이후 "서구의 정치적 절차들이 자신을 변형시키는 또 다른 거대한 기술적 핵심"의 출현을 더욱 깊이 있게 묘사한다. 그것들의 작동 방식은 강제가 아니라 규제이다. 그것들의 대상은 개인이 아니라 인구population이다. 푸코는 인구 개념이 단순히 "수없이 많은 인류의 집단"만을 일컫는 것이 아니라, "과정들과 생물학적 법칙들에 의해 방해받고 지휘받으며 통치받는 살아 있는 존재들"

을 일컫기도 한다고 말한다. "인구에는 출생률, 사망률이 포함되어 있고, 연령 곡선, 세대 피라미드, 기대 여명, 건강 상태 등이 포함되어 있으며, 인구는 소멸할 수도 반대로 증가할 수도 있다"(161).

주권 – 훈육 – 생체정치. 이 개념들은 근대의 권력 기술의 연대기적 발전을 지칭하고 있는가? 푸코에게는 분명 이러한 방향을 가리키는 것으로 보이는 통로들이 있기는 하지만, 우리는 이것이 푸코가 제시했던 개념들에 대한 가장 생산적인 독해라고 생각하지 않는다. 바히아 강의에서 보면, 그가 "해부–정치"anatomo-politics와 "생체정치"라고 이름 붙인 다종적인 권력 기술들은 서로와 접합하면서 반면에 각각의 특수성을 유지하고 있음이 분명하다. 이 두 개의 푸코주의적 개념들을 노동력에 대한 우리의 재독해를 통해 살펴보면, 우리는 그것의 이종적인 주체 대상들(개인들과 인구)이 노동력의 두 가지 측면에 잘 일치한다는 점을 발견할 수 있다. 즉 노동력의 "담지자"로서 생산된 "산 신체" 그리고 그 개념 – 혹은 다른 관점에서, 노동자의 개별화된 경험과 사회적 협력의 실재에서의 그 혹은 그의 삶 – 에 의해 전형화된 일반적인 인간의 잠재력이 그것이다. 이런 관점에서, 권력의 기술로서의 훈육과 생체정치의 이종성에 대한 강조는 그것들의 접합에 관한 일원화된 순간과 합리성을 이해하고자 하는 시도와 동반되지 않을 수 없다.

이런 측면에서, 앤 로라 스톨러의 주장을 좇아가볼 가치가 있는데, 그는 "권력의 역사"를 프랑스 철학자인 푸코에게 유일한 참고 지점으로 남아 있는 서구의 맥락을 넘어서 검증하였다(Mezzadra 2011e). 스톨러에 따르면, 주권, 훈육, 생체정치와 같은 개념들이 식민지적 경험에 대한 분석에서 가치를 유지하려면, 그 개념들이 권력 발전의 상이한 단계에서 각기 따로 등장하는 것으로 이해되지 않고, 그와 달리 서로 얽히고 병치된다는 점이 강조되어야 한다. 중요한 것은 이러한 상호얽힘과 병치로부터 나타난 권력과 지식의 변화하는 배열의 "경제"를 비판적으로 탐구하는 것이다(Stoler 1995, 38, 61, 64). 스톨러의 주장을 확장하여, 우리는 이러한 다양한 권력의 형태들이 어떻게 경계투쟁과 경계 정치와 관계를 갖게 되는지를 설명하기 위해 권력의 회집체 개념을 제시할 수 있다. 이런 맥락에서, 회집체라는 용어는 상이한 스케일과 정치적 지도화 전반에 걸쳐 작동하는 권력의 불확실한 총체를 가리킨다. 그 개념이 질 들뢰즈와 펠릭스 과타리(1987)의 유산을 물려받고 있기는 하지만, 여기서는 아이와 옹Aiwha Ong과 스테판 콜리어(2005), 사스키아 사센(2006)과 같은 저자들에 의해 제시된 전지구적 회집체에 관한 최근의 논의들로부터 더 직접적인 영향을 받았다. 이들이 지적하는 바는 새로운 권력의 회집체가 국가의 영토와 권위를 완전히 대체하기보다는 재배열하는 경향을 보이는 방식이다. 한때 민족국가에 강고하게 자리 잡았던 권력들의 해체, 그리고 기술, 정치, 행위들을 다양하고 때로는 불안정한 방식으로 혼합하는 전 문화된 회집체들 안에 이것들을 재배열하는 일이 동시에 존재한다.

이러한 분리와 재배열 과정들은 경계의 형성, 순찰, 재강화, 횡단 등에서 결정적인 권력의 역학에 특히 중요하다. 이러한 맥락에서 합쳐진 권력의 회집체는 거의 항상 고도로 차별화된다 ─ 다시 말해, 권력의 회집체들은 주권 권력, 상이한 종류의 훈육권력, 아니면 상이한 생체정치기술 등을 단순히 한데 모아 각각의 권력들이 따로 존재하는 배타적 집단과는 거의 공통점이 없다. 오히려, 그것들은 특징적이고 매우 맥락적인 대형으로 모두 합쳐져서 다양한 형태의 주권, 훈육권력과 생체권력을 구성한다. 월터스(2009)가 지적한 바와 같이, 인도적인 국경 개입 활동 내에서의 목가적 권력에 대한 최근의 정밀화 작업들을 고려하는 것도 역시 중요하다. 경계경관 내에서 형태를 갖춰가는 회집체가 주권 국가 권력들의 배치를 포함할 수는 있다. 그렇다 하더라도, 그 회집체는 지식 장치의 대형과 같은 것에서의 훈육 기제, 민간단체나 다른 이주 관리 시행기관의 인도적 노력에서 목가적 권력의 배치, 아니면 안보화securitization의 실천이나 차별적 포섭으로 인구를 형성하는 기술의 적용 — 예를 들면, 점수 기반의 이주 시스템들 — 을 통해 생체권력을 작동하는 가운데 훈육 기제를 포함할 수도 있다. 마찬가지로 그러한 회집체는 국가로부터 유리되어 온 주권 권력들을 동원할 수 있거나 아니면 경계의 통치화에 영향을 주기 위해 국가들과 함께 작동하는 정부 간·비정부 간 기구, 혹은 국제기구에 귀속된다.

가장 중요한 것은 경계의 통치화가 어떻게 파편화되고, 재구성되며, 생산되는 상이한 권력 회집체 및 자본 세력과 연결되는지이다. 이것은 경계가 우리에게 맑스와 푸코의 만남을 가능케 하는 개념적이고 물질적인 장을 제공해 주는 이유이다. 현대 세계에서의 경계통제에 중심적인 권력 장치와 기술은 또한 맑스가 "숨겨진 생산기지"라고 부른 것의 실재와 공간적 재조직화를 재구성하기도 한다. 노동력의 이론적 초점은 계급투쟁에 대한 맑스의 논의에서 분명한데 반해, 푸코는 이 개념을 매우 상이한 권력 기술의 계보학적 탐구를 아우르는 더 광범위한 분석적 장 내에 배치하고 대체하기도 한다. 그럼에도 불구하고, 이러한 권력 기술에 상응하는 주체성의 다양한 생산과정은 현대 전지구적 자본주의 대변혁의 배경에 비추어 분석되고 이해될 필요가 있다. 푸코(2008) 자신은 1978년에서 1979년까지의 강의에서 주체성 생산의 실현을 위해 작업한다. 인적 자본에 대한 신자유주의적 개념에 대해 논의하면서, 푸코는 그 개념의 창시자인 게리 베커의 관점을 다음과 같이 묘사한다. "임금은 보수 이외에 아무것도 아니고, 특정한 자본에 할당된 소득인데, 그 자본은 그 자체가 소득인 능력-기계ability-machine가 그것의 담지자인 인간 개인으로부터 분리될 수 없기 때문에 우리가 인적 자본이라고 부르게 될 자본이다"(2008, 226).

여기에서 비록 푸코가 노동력 개념보다는 인적 자본 개념을 다루고 있기는 하지만, 그것을 체화된 개인으로부터 분리하는 것이 불가능하다는 점은 그의 분석이 노동력의 개념적 장에 가까이 있음을 증명한다. 이것은 담지자bearer라는 단어(독일어로는 Träger, 프랑스어로는 porteur)를 그가 사용한다는 점을 고려하면 아주 분명한데, 담지자라는 말은 숨겨진 생산기지에서 착취되는 주체를 지명하는 과정에서 맑스(1977, 276)에 의해 사용되었다. 우리의 목표에 더욱 부합하는 것은 인적 자본을 구성하는 요소들 속에 "이동, 개인들의 우회 능력, 특히 이주 등을 포함하기 위한 푸코의 전환"이다(2008, 230). 비록 푸코는 이러한 점을 노동과 혁신에 대한 신자유주의적 접근을 설명하는 맥락에서 발전시키고 있지만, 이주와 이동을 논의하는 이러한 움직임은 역사적 자본주의의 변화하는 노동 레짐 속에서 그것들이 갖는 중요성을 고려할 때 우연적이라고 볼 여지는 거의 없다.

스튜어트 엘든(2007)이 주장한 바와 같이, 영토의 문제는 푸코의 후기 강연들에서 지속적으로 "주변화되고, 가려졌으며, 과소평가되었다"(562). 이것은 푸코가 역사적으로나 자신이 살던 동시대 둘 다의 측면에서 경계의 형성과 정치학에 거의 관심을 두지 않았음을 의미한다. 월터스는 그 이유로 1970년대에는 경계가 "전지구화를 포함해 정치적 공포와 근심의 총체적 복합체를 응축시킬 능력을 갖춘 일종의 총체적 사안으로서 구성되지도 않았기" 때문이라고 주장한다(2009, 141). 푸코의 시대 이후로 이주 통제와 관리가 역사적으로 발전하였던 점은 다양한 권력 회집체의 형성과 배치가 현대의 경계경관이 등장하는 데 결정적이었음을 보여주었다. 푸코를 넘어서서, 우리는 주권 개념뿐 아니라 푸코의 시대 이후의 기간 동안 일어난 그것의 물질적이고 역사적인 변혁에 대한 결정적인 개입이 훈육과 생체정치를 배치하는 분석만큼이나 현재에 대한 비판적 이해를 위해 중요하다고 주장한다. 한편으로, 주권의 이름 아래에서 주조되어온 권력 기술은 지속해서 현재의 정치 지형 속에서 결정적이면서도 빈번하게 네크로폴리틱스적 역할들을 수행한다. 다른 한편으로, 주권은 또한 우리가 통치성과 통치의 이름 아래에서 묘사해온 이종적인 권력 기술의 접합이라는 이름으로 이해될 수도 있다. 이러한 접합과 주권 모두가 현재에 이르러 상당히 문제시되고 있다는 점은 놀랍지도 않다.

통치성의 주권 기계

자본주의의 전지구화 과정 내의 주권을 재형성하고 있는 다양한 긴장들에 깊은 관심을 가져온 사상가는 사스키아 사센(1996)이다. 2006년 자신의 책 『영토, 권위, 권리』에서 그는 전지구화의 정치적 결과들에 대한 논의에서 매우 중요한 변화를 만들어 냈다. 한편으로, 사센은 국가가 가까운 미래에 사라질 운명에 놓여 있다기보다 전지구적 과정을 가속하는 데 핵심적인 행위자가 되고 있으며, 점점 더 통합되는 새로운 권력의 회집체 속에서 지속적으로 중요한 행위자가 되고 있다는 점을 분명히 했다. 다른 한편으로, 그는 이러한 통합에서 기인한 국가 기능과 구조의 거대한 대변혁을 적절히 지적하였다. 무엇보다도, 그 대변혁은 전지구화의 과정들에 의해 도전받는 특정한 구획된 영토 내에서 국가들이 권력의 배타적 독점을 요구하는 것과 관련된다. 더욱더 국가는 법의 원천들뿐만 아니라 국지적, 초국가적, 국제적, 전지구적 권력의 행위자들과 자신의 권력을 타협하도록 강요받는다(법의 원천 간 구별에 관해서는 Ferarese 2006을 볼 것). 이것은 사센이 다음과 같이 기술한 상태로 이끈다. "국가 주권은 그것 자체의 조건 및 규범뿐 아니라 외부적 조건 및 규범 모두를 접합한다. 주권은 체계의 속성으로 남지만, 그것의 제도적인 착생과 모든 합법적 권력에 정통성을 부여하고, 그것들을 흡수하는 능력, 법의 원천이 될 수 있는 능력은 불안정해져 간다. 현대 주권의 정치학은 상호배타적인 영토를 인지함으로써 간파할 수 있는 것보다 훨씬 더 복합적이다"(Sassen 2006, 415).

사센이 전 세계에 걸친 경계 레짐 속에서 일어나는 광범위한 대변혁들의 집합에 관해 논의하면서 이 지점을 지적했다는 것은 현재 우리가 진행하는 분석에서 상당히 중요하다. 그는 경계짓기 역량을 지리적 영토로부터 "유리"시키는 것 그리고 "기업들 안에 있든 아니면 국가의 영토적 영역들과 제도적 영역들 내부 깊숙이 이동할 수 있는 긴 초국가적 위치들의 연쇄 안에 있든 상관없이, 그 경계에 대한 다수의 위치들"의 존재를 지적한다(Sassen 2006, 416). 이러한 비지리적 경계짓기 역량과 경계에 대한 다수의 위치들은 현대 주권이 작동하기 위한 핵심적인 현장들을 대표한다. 이 역량과 위치들은 주권의 제도적 위치가 지닌 불안정을 보여주기도 하는데, 이는 "더 이상 영토적 상관관계를 가정하지 않는다"(416).

이 지점에서 전지구화에 관한 현대의 논쟁에서 핵심적인 국가와 주권의 대변혁들이 사실 그렇게 새로운 것은 아니란 점을 지적할 수 있다. 19세기 말 유럽에서 발전한 주권과 근대 국가의 위기에 대한 생생한 토론은, 한편으로 국제법의 태동에 의해 그리고 다른 한편으로 점증하는 사회적·법적 다원주의에 의해 점차 늘어나고 있는 주권국가를 위해 생산된 한계들에 정확히 초점을 맞추었다(Mezzadra 1999). 후자는 생디칼리즘[3]의 등장과 연계되었고, 노동운동의 관점에서 해럴드 라스키에 의해 분석되었다. 1928년의 이탈리아 파시스트 조합주의와 함께 고찰하면서, 윌리엄 얀델 엘리엇은 그러한 사회적·법적 다원주의 안에서 "정치에서 실용적인 반란"의 징후를 감지해냈다. 1909년에 이탈리아 법률가인 산띠 로마노는 국가의 위기를 "근대의 공공 법률이 지배하지 않고, 오히려 그 법률이 거의 적용되기 어려운 사회 운동에 의해 지배되는"(Romano 1969, 15) 상황으로부터 출현한 것으로 묘사하였다. 제도주의로 대표되는 법 이론 속에서의 그러한 중요한 이론적 발전은 ─ 그리고 칼 슈미트와 한

---

3. syndicalism. 공장·사업체 등은 그 속에서 일하는 모든 사람들이 소유하고 경영해야 한다는 주의.

스 켈젠의 법 이론들 ― 이러한 논쟁의 배경을 고려하며 이해되어야 한다.

우리는 현대의 상황이 이러한 초기 유럽의 논쟁들에 의해서 지도화 된 정치적 지형과 관련된 (사센의 용어로, 우리가 "임계점"tipping point이라고 부르는 것의 교차에 의한) 질적 변화로 특징지어진다고 확신한다. 이는 오늘날의 법적·사회적 다원주의가 따로 떨어진 현상이 아니라 국제법의 발전과 엮여 있는 것으로 보인다는 점을 고려하면 특히 더 분명해진다. 그런데도, 1백여 년 전에 제시된 대안들은 여전히 현대의 논의에서 회자하고 있다. 이는 슈미트의 주권 이론과 켈젠의 전지구적 법 이론에 대한 관심의 부활을 통해서 잘 드러난다. 군터 토이브너는 현대의 경계 레짐들과 관련한 우리의 분석에 필요한 많은 도구들을 제공해 준 독일의 법률가로서, 우리가 방금 언급한 논쟁의 계보 안에 포함시켜둘 필요가 있다. 1997년에 출간된 중요한 논문에서, 토이브너는 빌 클린턴의 '팍스 아메리카나' 계획을 매우 격렬하게 비판한다. 클린턴의 그 계획은 미국의 세계적인 패권에 기반해 법치를 전지구화하는 것이었다. 전지구화의 "다수의 원심적 경향들"을 통제하기 위한 미국의 구조적 불안정성에 초점을 맞추어 토이브너가 제기한 클린턴에 대한 비판은 테러에 대한 전쟁이 완벽히 실패하고 전지구적인 경제 위기가 닥친 이후에 미국 패권의 위기에 대한 인식이 널리 확산하여온 오늘날 더욱 예리해진 것으로 보인다.

우리는 1997년에 토이브너가 "전지구적 부코뷔나"global Bukowina라는 이름으로 제시한 대안적인 법적 전지구화 모델에 더욱 관심을 두고 있다. 부코뷔나는 1913년에 『법사회학의 기본 원칙』의 초판을 출간한 법조인인 오이겐 에를리히의 탄생지였던 오스트리아 제국의 극동 지방을 말한다. 이 작업은 여러 방식으로 19세기 말 유럽의 제도주의에 대해서뿐만 아니라 사회적·법적 다원주의에 대한 토론들과 연결되어 있었고, 이러한 연계는 에를리히가 독일의 역사 법 학파 전통으로부터 취득한 통찰들에 새로운 의미를 제공하고 있다. "산 법"living law의 사회적 연구를 위한 에를리히의 제안에서 몇 가지 가장 중요한 지점은 실제로 그가 제정법의 전능함 신화라고 여기는 것에 제기한 맹렬한 비판이었다. 중요한 점은 그가 "법적 발전의 무게 중심"이 "국가의 활동이" 아니라, "사회 자체에" 있다고 주장했다는 점이다(Ehrlich 1936, 390). 사회 자체로부터 부상한 다수의 법적 질서들에 대한 에를리히의 생각에서 토이브너가 법적인 전지구화에 대한 자기 고유의 이론에 대한 청사진을 발견했다는 점은 놀랍지 않다. 토이브너가 에를리히와는 달리 니클라스 루만의 사회적인 것에 대한 이론에 기대고 있기는 하지만, 우리가 보았던 것처럼 그는 에를리히와 사회 자체의 기능적 하위체계로부터 법적 질서들이 동시적으로 성장한다는 생각을 공유한다. 오스트리아 제국의 먼 지방인 부코뷔나는 그가 이러한 영역 특정적인 법 질서의 가장 중요한 속성들 중 하나로 생각하는 것에 대한 은유가 되었다. 즉 그 법적 질서가 체계의 "가장자리"와 "주변부"로부터 성장하였고 가장자리와 주변부에 의존한 채 남아 있다는 사실이다.

이것은 제정법의 전능함에 대한 에를리히의 비판과 일관성을 갖고 있다. 토이브너는 법적 단계의 중심성을 끊임없이 주장하는 국가를 주변화시키는 것을 목표로 삼고 있기 때문이다. "전지구적 마을로 가는 자체의 경로를 따라온 파편화된 사회 제도들로부터 성장한 새로운 산 법living law이 전지구적 법의 주요 원천인 것으로 보인다. 이 지점이 적절한 전지구적 법 이론을 위해 법 정치 이론과 자율적 법 제도 이론 대신, 왜 법다원주의 이론이 필요한지에 대한 이유이다"(Teubner 1997, 7).

여기서 우리는 토이브너가 슈미트와 켈젠 모두로부터 취한 거리distance를 볼 수 있다. 즉 정치적 결정도 자율적 규범autonomous Grundnorm(기초 규범basic norm)도 전지구적 법의 출현을 낳지는 않았으며, 오히려 그것은 오직 구조적으로 모순되고 파편화되는 경우에만 실재로 나타난다. 법적 파편화는 법적 전지구화에 의해 취해진 형식이다. 토이브너에 따르면, 이 과정은 억제될 수도 저항받을 수도 없는데, 이는 법적 파편이 "전지구적 사회 그 자체의 더욱더 근본적이고 다차원적인 파편의 찰나적인 반영"이기 때문이다(Fischer-Lescano and Teubner 2004, 1004). 최선의 경우에, "파편들의 연약한 규범적 호환성이 달성될 수도 있다. 그러나 이것은 갈등법이 특정한 네트워크 논리를 구축할 수 있는 능력에 달려 있으며, 이것은 붕괴하는 단위들의 느슨한 결합을 야기할 수 있다"(1004).

토이브너가 국제사업으로부터 파생된 공식인 "갈등법"conflicts law을 통해 의미하는 바에 대해서 기술적으로 세부적인 내용을 깊이 파고들 수는 없다. 갈등법은 19세기 이래로 결혼, 상속, 경제적 거래들과 같은 사안들에서 다른 국가의 법적 질서들 간 충돌을 해결하고자 하는 규칙과 절차를 지정하는 데 활용되어 왔다. 최근에는 토이브너에 가까운 관점에서 일하는 많은 법조인이 갈등법을 유럽법과 유럽 통합의 등장과 같은 것들로 함축되는 문제들로 잘 알려진 현시대의 중대한 법적 발전의 총체를 이해하기 위한 하나의 방법으로 활용해 왔다(예를 들어, Joerges 2011과 Nickel 2009를 볼 것). 피셔–레스카노와 토이브너의 작업에서, 갈등법은 전지구적 법의 "파편들의 약한 규범적 호환성"을 설명할 수도 있는 "구체적인 네트워크 논리"의 해독에 전략적인 열쇠가 된다. 법 레짐들 간의 "선택적 네트워크 구축 과정"은 "이미 존재하던 사실의 네트워크들"을 증가시키고 체계화하고자 한다(Fischer-Lescano and Teubner 2004, 1017). 그러한 네트워크 구축은 체계가 "그것의 환경에서 점증하는 격변"에 대응할 때 특히 더 잘 일어난다 — 즉 "공생적 관계"가 된다(Fischer-Lescano and Teubner 2006, 60).

토이브너와 피셔–레스카노의 체계 관점은 루만에게서 비롯되었다. 그중에서도 지금 우리의 논의에서 특히 중요하게 참고하는 것은 루만이 1971년에 출간한 에세이인 「세계 사회」Die Weltgesellschaft로, 그들은 여기에서 사회과학에서는 드문 성공적 미래 예측의 예를 발견한다. 그 에세이에서, 루만은 "전지구적 법이 급진적 파편화를 겪을 것이며, 그것은 지리적 구분선이 아니라 사회 영역적 구분선을 따를 것이라는 '추측에 근거한 가설'을 수용하였다. 이는 규범적 예측들(정치, 도덕, 법)에서 인지적 예측들(경제, 과학, 기술)로의 변혁 때문일 수도 있고, 국가적으로 조직화한 사회에서 전지구적 사회로 이행 중에 이루어질 변혁 때문일 수도 있다"(Fischer-Lescano and Teubner 2004, 1000).

인지적 예측을 참고하는 것은 여기서 중요한데 왜냐하면 그것은 통치성과 통치에 관해 (그리고 일반적으로 경계와 이주 레짐들에 관해) 이장에서 우리가 기술해 온 발전들과 같은 맥락에 있기 때문이다. 만일 누군가가 (초국가적 지적재산권 체제로부터 소위 초국가적 건설 프로젝트에 대한 건설법칙lex constructionis과 초국가적 건설 프로젝트에 대해 그것의 표준 계약들에까지, 그리고 상거래법칙lex mercatoria에서부터 인권 체제에 이르기까지) 피셔-레스카노와 토이브너가 제시한 수많은 실증적 사례들을 바라본다면, 그것들이 통치성과 통치에 대한 문헌들 속에서 중요한 역할을 수행하고 있는 현장들을 나타내고 있음을 쉽게 알 수 있을 것이다. 각각의 사례들이 완전히 동시에는 아니더라도 나란히 진행되고 있음을 알게 된다. 루만이 규범적 예측에서 인지적 예측으로 이동한 것은 이러한 법적·통치[정부]적 과정의 법적·기술적·정치적 차원 간의 영역선을 희미하게 한다. 중요한 것은 여기에 포함된 많은 다양한 환경들의 격변을 제어하고 감소시킬 체계가 필요하다는 점이다. 피셔-레스카노와 토이브너는 이를 인지하고 "거대한 기능적 체계와 법이 갖는 관계"의 역동적 속성을 전지구적 법의 유연성과 변화하는 환경에 적응할 수 있는 그것의 능력의 주요 원천으로서 제시한다. 즉 "결정적인 것은 언제나 법 외부의 사건들과 법 내부의 규범적 기회 간의 상호작용이다"(2006, 38).

우리가 토이브너가 발전시킨 접근법뿐 아니라, 통치성과 통치 연구자들에 의해 발전된 접근법들, 특히 기술적인 관점에서 효과적인 것들을 찾고 있다는 점은 분명히 해둘 필요가 있다. 변화하는 경계통제 레짐에 대한 우리의 분석은 이러한 접근들이 어떻게 요즘에 주권의 제정적 특권이 행사되는 방식에서 일어나는 근본적인 대변혁을 포착할 수 있는지를 보여준다. 세계의 많은 부분에서 주권적 민족국가들이 자신의 경계를 배타적으로 통제하겠다고 하는 주장이 여전히 어느 정도 효과성을 보여주고 있다거나 빈번히 유혈 사태의 원인 – 멀리 볼 것 없이, 카슈미르를 생각해 보라 – 이 된다는 점은 핵심사항이 아니다. 또한 경계 관리·행정의 수사를 전 세계 곳곳에서 국경을 횡단하려고 시도하다가 자신들의 일상적 삶을 잃은 다수의 여성, 남성, 아이들의 현실과 단순히 대조하는 것도 핵심이 아니다. 이것이 국경을 둘러싸고 일어나는 삶과 죽음의 투쟁들에 해결의 빛을 비추기 위해 기억될 필요가 있는 중요한 지점이라는 점은 또한 분명하다. 이러한 투쟁들은 이주 통치와 관리의 수사에 의해 구조적으로 제거되었고, 이는 몇몇 가장 폭력적인 형태의 현대 네크로폴리틱스와 그것이 이루는 공모라는 측면에서 정치적으로 맹렬히 비판받을 필요가 있다. 그럼에도 불구하고, 여기에서 정리해야 할 더욱 일반적인 쟁점이 있다. 즉 통치와 통치성 과정의 존재 자체, 새로이 파편화된 전지구적 법의 존재 자체, (루만주의적Luhmannian 용어를 적용해서) 기능체계와 부분체계에 대한 세계 사회 접합의 존재 자체는 여건들, 즉 그것들의 양식들을 초월하는 "틀 만들기"framing에 달려 있다.

이러한 틀 만들기에 이름을 붙이기 위해, 우리는 주권 개념을 생각했는데, 한때 그것을 감싸고 있던 신비의 가면이 제거되었지만, 그것의 중요성은 여전히 유지하고 있다. 말할 것도 없이, 사센이 보여준 것처럼, 우리는 주권을 오로지 그것이 가장 전통적인 모습으로 나타나는 현대 세계에서만, 다시 말해 주권이 주권 국가들의 주장과 행위들에 직접적으로 연계된 곳에서만 찾을 필요는 없다. 로버트 레이썸(2000)이 주장한 바와 같이, 이것은 단지 주권이 국가 없이 존재할 수 있을 뿐만 아니라 국가들이 "그 용어를 강조하는 의미에서 주권적이 되지 않으면서 질서를 제공할 수 있음을"(1) 인식한다는 것을 의미한다. 우리는 어떠한 체계적인 민족주의를 넘어 주권의 산발적인 효과를 지도화하는 법을 배워야 하고, 특히 이는 통치, 통치성, 전지구적 법이 그것들의 작동에 대한 틀 만들기를 재생하는 데 실패한 곳에서 이루어져야 한다. 이것이 우리가 이 장에서 논의해오고 있는 이론들의 내적 한계를 말하는 이유이다. 간단한 예를 들어보자. 적재적소 이주라는 환상은 신자유주의적인 경제 합리성이 일상적으로 작동하는 다양한 방식들을 따라 분석될 수 있는 경계 레짐의 통치화를 효과적으로 만들어낸다. 하지만 이것은 단지 환상일 뿐이다. 비록 그것이 매우 실제적인 효과들을 낳는다고 하더라도 말이다. 환상과 실재 간의 틈을 메꾸기 위해서, 다시 말해 환상이 그 자신을 재생산하도록 허용하기 위해, 다른 형식의 권력이 필요하고, 이 권력은 종종 경계의 군사화라는 형태로 무대에 등장한다.

신자유주의적인 경제적 합리성, 즉 통치성·통치·전지구적 법의 작동에 대한 초월적 계획으로서 시장에 대해 언급하는 것은 여기서 결정적인 역할을 하는데, 왜냐하면 그것이 역사적으로 그리고 이론적으로 복합적인 주권과 자본 간의 관계라는 문제를 지적하기 때문이다. 지난 십 년 동안 전지구적 시대의 주권에 대한 가장 중요한 연구 중 하나에서, 마이클 하트와 안토니오 네그리(2000)는 권력의 새로운 패러다임과 주권의 새로운 형태의 등장을 묘사한다. 그들이 "제국적" 주권이라고 부르는 것은 전지구적 자본의 주권과 동시대적인 것으로서 제시된다. 우리는 하트와 네그리의 책이 (제2기 부시 집권기에 새로이 등장한 새로운 제국주의 이론가들이 제기한 지나치게 단순화된 비판들에도 불구하고) 자본주의의 전지구화로부터 등장한 정치적·법적 문제들의 몇몇 근본적인 특성들을 간파하고 있다고 확신한다. 우리는 이미 제국의 혼합되고 혼성적인 구성과 같은 개념들의 중요성을 강조해 왔는데, 그것들은 이 장에서 묘사된 많은 변화를 잘 요약한다.

오늘날 주권적 효과를 만들어 내는 가장 중요한 행위자들 중에서 우리가 확실히 자본주의적 행위자들을 찾아낼 수 있다는 점은 덧붙일 필요가 있다. 전지구적 경제 위기 가운데 더욱 뚜렷해진 금융자본의 폭력 자체는 민족국가에 대해 주권적이고 독재적인 "위로부터의" 정책으로 작동할 수 있다(Fumagalli and Mezzadra 2010 ; Marazzi 2010). 2011년의 그리스와 이탈리아를 생각해 보라! 그럼에도 불구하고, 이것은 국가와 자본 간의 완전한 일치가 이루어졌음을 나타내지는 않는다. 이와 같은 논점을 완전히 전개하기 위해서는 현대의 통화 전쟁뿐 아니라 국가들의 기금으로 구성된 체제의 활동을 좀 더 자세하게 논의할 필요가 있지만, 이는 이 책의 범위를 넘어서는 일이다. 우리에게는 이러한 국가와 자본 간의 일치가 과거와 마찬가지로 다시 한번 환상에 불과할 것이라는 사실을 주장하는 것이 더욱 중요하다. 이는 이러한 일치가 전 세계를 아우르는 하나의 매끄러운 공간이라는 환상에 불과하다는 것을 의미한다. 우리가 이 책의 앞부분에서 이미 주장했던 것처럼, 그리고 우리가 다음 장에서 더욱 깊이 분석하듯이, 우리는 실제로 자본주의 생산양식의 지리학에서 급격한 대변혁과 맞닥뜨리고 있다. 그것의 공간 좌표들은 점점 더 포착하기 어려워지고, 구획화된 국가 영토들의 단일체뿐 아니라 중심부와 주변부에 구축된 틀에 도전하게 된다. 그럼에도 불구하고, 이러한 과정들은 전지구적 자본을 상당히 매끄럽게 만드는 경계의 증식과 구역설정 기술들zoning technologies의 작동을 동반한다. 다시 한번, 방법으로서의 경계라는 관점은 주권국가와 자본의 관계처럼 중요한 사안이 생산적으로 분석될 수 있는 시각을 열어준다. 혹자는 자본주의적 전지구화의 시공간에서 경계의 증식은 끊임없이 주권국가와 자본 간의 관계를 형성하는 현존하는 긴장과 변화하는 긴장의 지수index라고 말할지도 모르겠다.

우리가 이야기하고 있는 주권이 통치성에 내재하고 – 왜냐하면, 통치성의 합리성에 종속되는 경향이 있기 때문에 – 동시에 통치성의 장치들을 초월한다는 점 – 왜냐하면 주권이 자율성을 유지하고, 그렇지 않다면 주권이 통치성의 보완재로서 활동하는 것이 불가능하기 때문에 – 은 강조할 필요가 있다. 우리가 통치성의 주권 기계라고 부르는 것이 바로 이 역설적이고 "괴물 같은" 장치이다. 다시 한번 우리는 노동력에 대한 맑스의 개념이 주권과 통치성의 논리들 간 상호얽힘을 비판적으로 분석할 수 있는 결정적인 시각을 제공한다는 점 – 특히 경계, 즉 이 두 가지 논리 모두가 노동력의 "담지자"로서 생산되는 과정에 있는 신체들 위에서 상호교차하는 전략적 현장에서 그러하다는 점을 강조할 필요가 있다. 맑스는 흥미롭게도 노동력을 움직임과 불안정의 측면에서 정의한다. 그는 또한 노동력을 산 신체 안에 봉인된 잠재적인 창조적이고 생산적인 태도들의 정수로 위치시키고 있다. 자본의 관점에서, 이러한 움직임은 자본 축적의 네트워크 내에서 자본을 생산적으로 변화시키기 위해서 즉시 축출되고 억제되어야 한다.

이는 흥미로운 문제를 제기하는데 왜냐하면 만일 우리가 노동력을 맑스와 함께 움직임과 삶의 관점에서 이해한다면, 우리는 또한 이동 행위들을 제지하고, 억류시키거나, 아니면 푸코의 말처럼, 연루시키고, 관리하며, 혹은 체포까지 하기 위해서 행동하는 하나의 권력 형태의 존재를 상정해야만 한다(1978, 93). 중요한 것은 푸코주의적 개념화에서 권력이 단순히 제약과 훈육 도구라는 것을 확증하는 것이 아니다. 그러나 맑스의 노동력 개념을 도입함으로써 권력과 저항의 내재적 관계에 대한 푸코의 논의를 둘러싸고 발전되어온 이론적 통설의 상당 부분에 도전할 수 있다. 왜냐하면 맑스가 노동력의 결정적 특성으로서 잠재성을 주장한 지점을 통해, 푸코주의적 관점에서 제시되는 권력 행사의 장이, 항상 "저항이 우선한다"는 들뢰즈주의적 구호로 요약될 수 없는 선험적 권력의 존재를 통해, 주체의 자격을 부여하고 주체를 형성한다는 이야기를 만들어 낼 수 있기 때문이다. 노동력은 이런 관점에서 통치성에 대한 국가주권의 복합적 관계의 분석에 있어 자명한데, 이는 무엇보다도 그것이 가치론적이기 때문이고, 아니면 그것이 논리적으로 모든 수단에 앞서는 가치의 원천이기 때문이다. 우리는 이렇게 말할 수도 있다. 주체성은 권력이 권력과 정면으로 맞서는 전장이며, 무엇보다도 삶의 잠재성을 포착하는 것 그리고 출구 전략과 탈출 전략의 다수성을 위한 공통의 기반으로서 그 잠재성을 전유하는 것 사이에서 그려지는 투쟁선을 창조하는 전장이다.

7장

구역, 회랑, 그리고 탈개발적 지형

회랑과 경로

바다 배에 숨어있는 밀항자 혹은 밀입국자는 지상의 국경 횡단자가 겪는 것과는 상이한 종류의 위험들을 마주한다. 경계투쟁, 추방, 시간적 경계짓기 등의 이미지를 떠올릴 때 우리는 대개 [경계가] 육지에 있다는 함축적 의미를 함께 전제한다. 또한, 이러한 이미지는 "보트 피플", 그리고 그들을 육지와 바다가 만나는 지점으로 데려다줄 다양한 대리인과 수송선에 의해 경계가 강제로 부여되는 사례들에서도 형성된다. 윌리엄 월터스는 자신의 선동적인 에세이 「바다에 경계짓기」(2008)에서 배에 몰래 올라탄 이주자들의 본국송환에 대해 의문을 제기했다. 이러한 배는 수많은 높은 파도, 군도 사이의 해협, 인접 지대, 통과통항transit passages 등 국제 해양 구획과 경계로 표기된 것들을 횡단하는 이동성 선박이다(Prescott and Schofield 2005). 그러나 월터스가 설명한 것처럼, 밀항자들을 본국으로 송환하는 과정과 절차는 해양 선박들이 항구에 닿을 때 시행된다. 이조차도 그 위치가 확인가능한 경우에 한하지만, 그 과정과 절차가 이렇게 진행되는 것은 밀항자를 원래 자리로 돌려보낼 기회가 각각의 기항지마다 굉장히 불균등하기 때문이다. 항구 당국, 해안 경기대, 정치적·법적 명령, 보험 회사, 해운 회사 등을 연결하는 권력과 영토의 회집체는 이러한 상황에서 작동한다. 월터스는 싱가포르에 근거를 둔 시시아SEAsia라는 상호의 해운 컨설턴트 회사를 중심으로 "밀항자 제거 산업"의 활동을 추적한 결과, "본국송환 회랑"이라는 명칭을 만들었다. 『밀항자들: 아시아와 극동으로부터 본국송환 회랑』(2005/6)이라는 책에서 월터스는 밀항자들의 하선과 본국송환이라는 측면에서 여러 다른 연안 국가들의 적합성을 평가한 열람표를 제공한다. 그 매뉴얼은 "아시아 국가들과 그곳의 항구들을 '가용한 출구', '잠재적 출구', '출구 없음'으로 지리화하는 지도"를 담고 있다(Walters 2008, 15).

본국송환 회랑이 흥미로운 이유는 이렇다. 우선 그 국가들이 어떻게 이동 경로와 관로를 구축하였는지, 그리고 해운 회사들과 다른 관심 있는 대행사들과 같은 업체들이 어떻게 시시아 같은 회사로부터 그 이동경로와 관로의 범주를 확인하였는지, 또한 어떻게 그 경로의 순위가 매겨지고, 판매될 수 있었는지 등이다. 이주와 지역주의의 새로운 지리를 구축하는 데 있어 해상 항로와 그곳에서의 일상적인 절차들이 요구하는 복잡한 역할은 육지와 바다 간의 특정한 교차점에서 나타나게 된다. 파편화되고 구분된 시간과 공간의 배열은 전 세계에 걸친 통행, 출발, 도착의 수많은 지점에서 나타난다. 이주 루트 상에 있다면 공항, 섬, 기차역, 선박 여객터미널이든 상관없이 그러한 역할이 일어나는 것이다. 이러한 교차점에서 회집하는 다양한 행위자와 과정은 점점 더 우리가 통치성의 주권 기계라고 불러온 것과 일치하는 방식으로 작동한다. 밀항자의 본국송환 회랑의 사례에 다수의 통치[정부] 과정들에 의한 국가의 추방 제스처가 각인되는데, 여기에는 특히 보험회사들과 이들의 위험관리 전략 등도 포함된다. 본국송환 경로들을 파악하는 데 있어 가장 큰 고민 사항은 성공적이고 효율적인 밀항자의 제거를 위해 어떻게 다양한 로지스틱스의 요소들을 편성할 것이냐다. 이러한 로지스틱스의 실행은 우리가 이 장에서 검토하는 이종적 공간의 경계짓기, 연결 짓기, 펼치기에 있어 핵심적이다. 로지스틱스는 통신, 교통, 경제적 효율성 등의 측면에서 사람과 사물의 움직임을 관리하는 것이다. 로지스틱스의 운영은 상이한 인구와 경계에 걸친 움직임을 측정하고 편성하는 것이며, 그 움직임의 대형을 형성하는 가변적인 조건들을 고려하는 것이다. 로지스틱스 운영의 목적은 차이점을 제거하는 것이 아니라 그 차이점을 가로질러 작동하는 것이고, 그 어느 때보다 더욱 파편화된 세계 속에서 통로와 연결을 구축하는 것이다. 경계를 비롯한 간극, 차이, 갈등, 조우는 장애물로 이해되는 것이 아니라 효율화의 방안을 만들기 위한 척도로서 이해된다(Cowen

2010 ; Holmes 2011 ; Neilson 2012 ; Neilson and Rossiter 2011).

만일 항구가 로지스틱스를 위해 본국송환 회랑이 구축되고 유지될 수 있는 공간으로서 특권화된 현장이라면, 마찬가지로 현대 세계에 산재해 있는 자유구역, 엔클레이브, "측면" 공간 등의 계보학에서도 중요한 현장이라고 할 수 있다. 고대와 중세 시대에 자유 항구의 등장은 영토 국가와 관계되기보다는 그와는 매우 다른 형태를 띠면서도 무역 순환과 자본의 지배력의 기반 속에서 그에 버금가는 역할을 수행하는 전지구적 지리의 시작을 나타낸다. 세금과 관세 부과에서 예외적용은 이러한 육지와 바다의 문턱이 지닌 핵심적인 속성으로, 이러한 문턱들 중 몇몇은 한자 동맹에서와 같이 근대 국가 이전부터 상업과 정치 간의 치밀한 연대를 조직화하였다. 현대 자유 무역과 특별경제구역, 기술 단지, 연안 엔클레이브 등의 확산(Easterling 2008)과 관련하여 가장 중요한 선례 중 하나는 그러한 경계경관에서 찾을 수 있다. 항구는 역사적으로 일종의 유보구역이다. 이곳은 사람과 물건의 움직임을 선별하고 조사하기 위한 다수의 기술이 고안되고 가공되는 곳으로, 여기에는 엘리스섬 같은 현장에서 진화했던 이주 가공 시스템에서부터 검역·격리 방법까지 포함된다.

배의 정박을 위한 엔클레이브로서 항구는 상이한 법적 질서가 상호작용을 하는 특이한 법적 공간이기도 했다. 첫 번째 근대적 제국들이 등장했던 15세기와 16세기에, 그 배는 귀족의 권력과 유사한 절대 권력을 가진 선장의 법적 권위를 중심으로 조직되었다. 로렌 벤튼이 설명한 바 있듯이, 배는 "바다에서 질서의 원천으로 이중적인 임무를 수행하였다. 즉 그 배들은 자체의 규율과 법률 인력을 갖춘 법의 섬이었다. 그리고 그 배는 "지방자치적인" 법적 통치[정부]의 대표들 ─ 대양 공간으로 밀고 들어가는 군주법crown law의 매개체 ─ 이었다."(Benton 2005, 704). 이러한 표류하는 섬의 움직임과 대양에 걸친 유럽 귀족정의 영토법을 투사함으로써 나타난 불연속적인 법적 해안경관은 근대 제국과 영토 간의 특이한 관계를 예견하였다. 이 제국들은 지속적이거나 연속적으로 영토를 제한하거나 통제를 구축하기 위한 수단을 갖고 있지는 않았지만, "구멍이 잔뜩 있고, 여러 조각들을 덧대 붙인, 실 뭉텅이들로 가득한" 짜깁기 공간을 불균등하게 뒤덮었다(700). 이는 제국의 권력 행사가 반드시 영토의 외연에 비례하거나 경계의 불변성에 상응하지 않는 정치적으로 상당히 차별화된 공간을 만들어낸다. 벤튼은 이렇게 기술한다. "제국이 영토의 광활한 확장을 요구하지는 않는다 하더라도" 이러한 요구를 강화하는 통제가 빈번하게 "다양한 크기와 상황에 있는 협소 지구, 회랑, 영토, 엔클레이브 등에 대해" 이루어진다(700).

그러한 권력, 공간, 법의 제국적 회집체는 영토적 논리 및 분할과의 관계에 의존하였는데, 이 논리와 분할은 우리가 2장에서 논의했듯이 베스트팔렌적 질서의 등장과 모든 대륙이 그 질서에 의해 잠식되는 상황으로 세계를 뒤덮어 버렸다. 땅과 바다를 연결하는 봉합선은 공간과 권력의 더 광범위한 재조직화를 낳게 된 긴장과 갈등을 확고히 하며 경합적인 영역을 유지했다. 이것은 영토의 작동이나 제국의 토대에 대한 의문이 여전히 논란으로 남아 있기는 하지만, 세계화에 대한 현대의 논의로부터 제국의 형상이 사라지지 않았던 이유 중 하나이기도 하다. 오늘날의 세계에서 정치적 공간의 생산을 이해하고 평가하는 데 있어 제국에 대한 논의가 갖는 지속적인 적합성은 제국적 주권의 수준, 역사에 따른 그 수준의 단계적 변화, 불균등함 등에 관한 앤 로라 스톨러의 저작에 명확하게 기록되어 있다. 스톨러는 "19세기와 20세기 제국적 세계에서 부분적으로 제한된 권리에 담긴 심오한 근본 원리의 일부"였던 "종속, 신탁, 보호령, 합병되지 않은 영토 등의 법적·정치적 모호함"에 주목한다. "이러한 불확정적인 공간과 애매모호한 장소에 거주하였던" 이들은 "제국의 한도 밖에 있었다"는 점을 그는 중요하게 언급한다(Stoler 2006, 137). 우리가 공유한 스톨러의 평가에서, 그러한 정치적 공간은 제국의 정치적이고, 법적이며, 문화적이기도 한 작업에 관하여 패러다임적인 것을 드러낸다. 그는 "제국의 대형formations이 극단적으로 이동성을 가진 전위dislocation의 정치체"라는 점을 강조하며 현재의 정치적 공간성을 교차하는 분산된 제국의 형태에 관해 생산적인 시각을 제공한다. 비록 스톨러는 이런 측면에서 미국 제국주의의 기능을 재해석하는 데 관심을 갖고 있기는 하지만, 이 장에서 우리는 현재의 전지구적 순간에 자본의 작동을 특징짓는 확대, "본원적 축적", 경계짓기 등의 다양한 행위들 안에 있는 정치적 공간의 역할에 초점을 맞추고 있다.

사법권과 영토 간의 변화하는 교차점과 불확정적이고 애매모호한 공간의 정치적·경제적·법적 구성을 이해하는 데 있어, 변화하는 교차점들의 적정성에 대한 결정적인 질문을 던질 수 있다. 자유무역지대에서부터 연안의 엔클레이브에 이르기까지 우리가 여기서 환기했던 모든 공간은 근대 국가와 그것의 법적·정치적 표준이라는 관점에서는 변칙적으로 보인다. 국가들이 여전히 해저 심층과 해표면을 포함한 지구 표면 전체에 대해 소유권을 주장하고 있기는 하지만, 또한 자유무역지대나 연안 엔클레이브 같은 공간의 확산이 있었던 것도 사실이다. 국가가 그러한 자유무역지대나 연안 엔클레이브 같은 지대zone를 보통의 규범적인 배열로부터 제거하는 이상한 형태의 적출은 법적 질서, 노동 레짐, 경제 발전의 유형, 새로운 문화 스타일 등의 다양성을 가능케 한다. 우리는 수나 종류에 있어서 확산해온 이러한 지대들이 최근에 많은 사상가들이 수용소를 통해 그 정점에 다다른 안보화의 새로운 형식을 설명하는 데 활용해온 예외의 논리를 뒤집는다고 주장한다. 그 지대들은 법적으로 텅 빈 공간이 되기보다 예측되지는 않지만 타협가능한 방식으로 중첩되고 때로 갈등하는 경쟁적 규범과 계산으로 가득 차 버린다. 그 지대들이 가능케 한 축적의 형식은 공간적·사회적 재조직화 과정을 촉진한다. 그 과정은 지대의 경계를 넘어서 적절히 확장하고, 이러한 재조직화와 확장의 현장들을 현재의 전지구적 난관에 대한 모든 진지한 정치적 검토에 필요한 전형을 제시한다.

이러한 지대를 규정하고 한정하는 여러 가지 경계는 국가의 영토를 둘러싼 경계와는 확연히 다른 지위를 갖는다. 그 경계는 특수한 부류의 내적·시간적 경계로, 획정된 공간들 내에서 특정한 삶과 경제의 형식을 창조하고, 또한 사람, 노동력, 정보, 그리고 다른 상품의 움직임을 구조적·로지스틱스 측면에서 조직화하는 것에 특히 적합하다. 이런 측면에서 볼 때, 전지구적 지역, 혹은 우리가 2장에서 부른 것처럼, 대륙 블록에 관한 현재의 조직화와 그것들 간 경제적·정치적 권력 균형의 변화는 다른 형상으로 나타난다. 중요한 것은 경쟁하는 가치나 패권의 문명적 혹은 지역적 논리가 아니며, 단순히 무역에서의 전략적 자리매김, 산업 생산, 연성 권력의 행사, 아니면 경제적 공간 네트워크의 구축 등의 문제도 아니다. 마찬가지로, 유럽 중심주의에 도전하는 문화적·사회적 정치학은 "대안근대성"(Gaonkar 2001)과 같은 것을 사실로 상정함으로써, 이런 맥락에서 그러한 대안근대성의 내적 한계들에 대응토록 한다. 유럽의 근대성 대체라는 중요한 과업은, 근대성과 근대화에 관한 전통적인 이론들에 필수적인 탈식민지적 포장을 씌우기는 하지만, 앞서 언급한 공간들의 뒤엉킴, 경계짓기, 다층적 접합 등으로부터 등장하는 지역적 대형formations에 적합한 이론적·정치적 장치를 제공하지 않는다. 이러한 대형은 개발 혹은 종속에 대한 고전적인 서사들 내에서 틀 지을 수 없는 이종적인 탈식민지적이고 자본주의적인 조건들과 뒤섞인다는 점에서 정확히 탈개발적이다(Sidaway 2007). 이렇게 탈개발적 안경을 쓰고 자본의 작동을 지켜보는 일은 자본의 변방과 다수의 경계 그리고 영역선 간의 관계 변화를 세밀하고 구체적으로 분석하도록 한다. 그것은 또한 전지구화와 전지구적 이동에 관한 논의들을 거의 독점해 온 흐름의 은유에 우리가 의문을 갖도록 한다.

끊임없는 변화에 대한 헤라클레이토스적 인식에 그 기원을 두고, 근대 국가의 경계를 넘어서는 이동의 형식과 관행들을 분석하는 데 흐름이라는 개념은 강력한 언어를 제공해 왔다. 우리는 이 개념적 이미지가 분절화, 위계화, 실행계획상의 조정 등 우리가 이 장에서 검토한 다양한 공간들의 생산에서 중요한 것들의 잡종적인 과정을 적절히 파악할 수 없다고 주장한다. 뛰어난 민속지학적·인류학적 작업은 흐름의 은유가 편재하는 것처럼 보이는 데에 의문을 제기하면서, 전지구적 연결과 단절의 사례와 유형을 전면에 내세운다. 그 사례와 유형에는 다른 개념 도구와 학술용어가 더 어울릴 듯하다. 아이와 옹의 구역만들기 기술에 관한 논의는 "시장 주도의 계산들이 인구 관리에 도입되는"(Ong 2006, 3) 공간의 개방을 강조한다. 옹은 "이동의 언어 — 흐름, 탈영토화, 네트워크 — 가 시장 유동성이 통제 양식의 유연성을 형성하는 방법으로부터 부주의하게 한눈을 팔아 버렸다"고 주장한다(121). 이것은 애나 칭Anna Tsing의 관점과 일치하는데, 그는 "세계를 만드는 '흐름'이 단순히 상호연계인 것만이 아니라 경로를 다시 조각하는 것이고 지리학의 가능성을 다시 재지도화하는 것"이라고 주장한다(Tsing 2000, 327). 칭은 "순환하는 주체와 객체의 형성, 순환의 통로, 그리고 그러한 통로를 둘러싸고 틀을 잡는 풍경 요소"에 주의를 돌림으로써 흐름의 은유를 대체한다(337). 중요한 점은 전지구적 연계가 단순히 이미 만들어진 궤도나 혼란스러운 소용돌이의 유형을 따르기보다는, 거대한 힘, 폭력, 기업체에 의해 빈번하게 창조된다는 점을 강조하는 데 있다. 그가 "공급 사슬 자본주의"라고 명명하며 쓴 이후의 논문에서, 칭은 로지스틱스 과정과 그 과정이 공간적·사회적 이종성의 유형과 갖는 상호작용에 집중한다. 이를 통해, 한편으로는 "전지구적 통합에 관해 동시적으로 사고하기 위한 모델을 제공하고 다른 한편으로 다양한 틈새의 형성을 제공하기 위해"(Tsing 2009, 150) 흐름의 언어를 모두 포기한다. "틈새 만들기를 위한 새로운 척도"의 발생과 그 척도가 "노동력의 새로운 형상들"과 연결되는 방식에 대한 그의 관심은 구역만들기 기술, 채광촌extraction 엔클레이브, 뉴타운들, 그리고 전지구적 상황을 구성하는 변칙적인 공간들에 대한 이 장에서의 탐구와 궤를 같이한다.

이러한 공간들의 증식을 지도화하는 것은 전지구화에서 새로이 등장하는 공간성, 그것의 생산을 가능케 하는 로지스틱스, 그리고 이동 행위를 끌어내고 노동하는 삶을 훈육하고자 시도하는 다양한 경계짓기 과정들에 대한 새로운 시각을 제공한다. 우리는 현대 세계의 실재를 형성하는 데 있어 흐름의 중요성을 부인하지 않는다. 우리가 의문시하는 것은 마누엘 카스텔이 제시한 영향력 있는 통찰인데, 예를 들면, 그는 오늘날의 지배적인 경향이 "네트워크화된 지평선, 흐름의 몰역사적 공간, 점차 서로 간의 관계가 사라지고, 점점 문화적 코드들을 공유하기가 어려워지는 방향으로"(Castells 2010, 459) 향하고 있다고 주장한다. 그러한 형성–중에–있는–전지구적–공간global-space-in-the-making의 이미지가 우리가 맞닥뜨리고 있는 도전의 새로움에 대한 인식을 촉진하는 데 적절한 역할을 수행해 왔을 수도 있다. 그러나 흐름의 공간과 파편화된 장소 간의 단순한 모순을 사실로 상정함으로써, 그런 이미지는 한편으로 동종적이고 부드러운 전지구적 공간과 다른 한편으로 정치적·사회적·문화적으로 파편화된 지역적 공간 간의 불연속을 제시한다. 이것으로 우리가 현대의 전지구적 과정의 논리를 완전히 이해할 수 있는 것은 아니다. 전지구적 흐름의 공간을 그렇게 이론적으로 변환시키는 중에 놓친 것은 정확히 칭(2005)이 "전지구적 연계"라고 불렀던 것인데, 이는 전지구적 흐름의 접합과 기반작업에 필수적인 공간의 연속적인 이종화와 파편화이다.

프레더릭 쿠퍼는 아프리카에서의 식민지적 사고와 실천에 대한 자신의 역사적 연구가 어떻게 전지구화 개념에 대한 회의론을 유도하였는지를 설명하면서, "지구 말고는 담아낼 그릇이 전혀 없음을 암시하는 언어를 택하는 것은 잘못된 방식으로 문제를 정의할 위험이 있다"(Cooper

2001, 190)고 쓴다. 이 장에서 우리의 분석은 전지구적 과정이 어떻게 수많은 그릇들을 통해서 펼쳐지는지, 그것이 근대 국가로 전형화되는 것과는 확연히 다른 공간적 생산의 논리로 특징화되는 것을 보여줄 것이다. 칭이 인도네시아 칼리만탄섬의 광대한 삼림 파괴에 대한 자신의 연구에서 밝힌 바와 같이, 영토를 전지구적 흐름에 개방하는 것은 빈번히 새로운 "변방" 공간들의 구축이라는 함의를 가지며, 이 공간들은 "합법적인 것·불법적인 것, 공적인 것·사적인 것, 훈육된 것·야생적인 것 간의 혼란"(Tsing 2005, 41)으로 특징지어진다. 그러한 변방의 상황은 카스텔이 흐름의 공간과 장소의 공간이라고 부른 것들 간의 단절과 연결을 접합하는 광대한 특별지대에서 상이한 수준의 폭력과 격렬함으로 이루어진다. 세계의 많은 부분에서 전지구적 과정들을 접합할 때 연계와 단절이 함께한다는 점은 염두에 둘 필요가 있다. 전지구적 연결들 자체는 제임스 퍼거슨이 사하라 이남 아프리카의 자원 채취와 "엔클레이브"에 관한 자신의 저작에서 기술한 바와 같이, "선별적이고, 불연속적이며, '점과 점 간' 방식으로 연계된다"(Ferguson 2006, 14). 퍼거슨은 전지구적 "깡충거림"을 제시하여 움직임들이 "점들 간에 놓여 있는 공간들을 (똑같이 효율적으로) 배제하는 반면에 네트워크 내의 고립된 지점들을" 어떻게 효율적으로 연계하는지를 묘사한다(47). 여기서 우리는 이미 흐름의 은유가 가진 역량에 의문을 제기하는 또 다른 개념적 이미지를 발견하였고, 현대의 전지구적 과정들에 의해 분출된 분석적 난관들을 맞닥뜨리게 되었다.

옹, 칭, 퍼거슨과 같은 인류학자들의 연구로부터 등장한 전지구적 지리학은 전지구적 세력들과 여러 수준의 공간적 파편화 모두의 특징을 갖고 있다. 그것은 영토적·경제적·사회적·문화적 단절뿐 아니라 연계의 증식 또한 함축한다. 우리는 특별경제구역, 회랑지대, 엔클레이브 등과 같은 공간들이 주변화되고 예외적인 것이 되기보다는, 전지구화와 그것에 수반하는 긴장, 반목, 갈등에 대해 특권화된 관점을 제공한다고 확신한다. 이러한 공간들을 가능케 하는 경계짓기 기술은 국가 경계와 뒤엉키고, 통치성과 주권의 작동을 위해 새로운 영토적 회집체의 형성에 기여한다. 이렇게 새롭게 등장하는 정치적 공간들은 근대 국가의 역사와 밀접히 관련되어 있는 수직성과 에워싸기와 같은 은유를 통해서는 적절히 포착될 수 없다(Ferguson and Gupta 2002). 공간을 접기도 하고 동시에 펼치기도 하는 과정은 형식적으로 통일된 영토 국가들 속에 담긴 지위와 단위들을 증식시킨다. 반면에 새로운 지역의, 대륙의, 초대륙의 연계 경로들은 지리학의 이러한 불가사의한 확장과 중첩에 더욱 깊이 기여한다. 뒤에 나오는 내용에서 우리는 그러한 공간들과 경로들을 횡단하는 노동 통제와 이동 행위에 초점을 맞춘다. 특히 '트랜짓[1] 노동 연구 프로젝트'Transit Labor Project의 틀에 기반해 수행된 중국과 인도의 사례 연구들에 주목할 것이다.

아시아 자본주의 대변혁의 소용돌이 속에서 변화하는 노동과 이동 유형들을 조사하면서, 우리는 '트랜짓 노동 연구 프로젝트'를 통해 상하이와 콜카타라는 도시들 안에서의 "연구 플랫폼"을 구축하고 연구에 참여하였다. 이 플랫폼은 세계 각지에서 온 연구자들, 활동가들, 예술가들과 지역의 중국인과 인도인 참가자들 간의 협동 연구 활동들을 조직하는 것을 포함하였다. 워크숍, 현장 방문, 심포지엄, 메일링 리스트, 온라인 출판 등을 활용해서, 이러한 협동작업은 노동의 이행과 그것의 일시성이 교차하는 지점에서 나타나는 이주, 토지 획득, 물류관리 등의 쟁점들에 초점을 맞추었다. 복수의 행위자들, 규범들, 노동 레짐들이 중국과 인

---

1. 환승, 통로, 이행, 변화: 이 개념에 대해서 저자들이 속한 〈트랜짓 노동 연구 프로젝트〉 웹사이트는 다음과 같은 설명을 제시하고 있다. "트랜짓에서는 출발이나 도착이 없다. 트랜짓은 과거를 미래에 연결한다는 환상을 주고 현재를 연장시킴으로써 사람이 전위의 통로 안에 거주하게 된다. 특정한 경계 장치와 이동의 규칙이 없는 것은 아니지만, 정지상태와 진보라는 선형적 시간을 넘어 역사를 움직일 수 있다." www.transitlabour.asia.

도의 생산구역 내에서 어떻게 공존하는지와 또한 다양한 규약들, 관리 스타일, 통치 접근법들이 어떻게 이러한 현장들을 지나가는지에 대한 이 해를 우리는 이러한 협동작업의 경험으로부터 얻을 수 있었다. 중요한 것 은 비교를 넘어서는 분석이다. 여기에서는 건축 모티프, 기업 조례, 정치 적 결사의 방법들만큼 다양한 불연속적이고 상대적인 요소들의 움직임 을 인식하는 것이 필수적이다. 우리는 부동산 불법 점유와 저항, 생활영 역의 상실과 재배치, 그리고 노동의 주체성이 더 이상 동종화된 산업 노 동자로 수렴하지 않는 맥락에서 어떻게 착취를 인지할 것인가 라는 복잡 한 사안에로 눈길을 돌릴 것이다. 이런 방식으로 우리는 다수의 영향 영 역들이 이상한 형태의 원격 근접성proximity-in-distance을 제공하고 노동 을 계속 그 자리에 붙잡아 두기 위한 권력의 계략을 혼란스럽게 만들면 서, 어떻게 이러한 공간들 내에서 그리고 그것들 사이에서 상호작용하는 지를 추적할 것이다.

틀 안에서In the Frame

지난 3~40년 동안의 자본주의 이행과 변이에 관한 비판적 분석에서 신자유주의 개념을 배제하기는 상당히 어렵다. 약탈, 몰수, 공공 자원의 축소 등의 다양한 형태를 설명하기 위해 이 개념을 광범위하게 사용하 는 것에서부터(Harvey 2005 ; Klein 2008 ; Mattei and Nader 2009) 미셸 푸코 (2008)와 존 코마로프와 진 코마로프(2001)의 후기 작업에 나타나는 더욱 미묘한 차이를 가진 설명들에 이르기까지, 자본주의의 현재 형태들에 대 한 논의는 이러한 관점이 거의 독점적으로 주도해 왔다. 최근 자본주의 의 활동과 관계된 많은 지리적·역사적 사례들에 등장한 신자유주의를 비판하는 설명에 드리운 장막이 우리가 그 개념에 대해 걱정하고 있는 지점이라고 할 수 있다. 이러한 "독트린"의 탄생과 연계된 사상 집단, 싱크

탱크, 재단의 지성사를 검토함으로 얻어지는 무언가가 있다는 점엔 의심할 나위가 없다(Mirowski and Plehwe 2009). 이와 유사하게 신자유주의적 사상과 고전 자유주의 간의 단절을 강조하는 비평의 사조는 많은 부분에서 보수정치세력이 자유 개념을 전유하는 데 필요한 평형추를 제공한다. 앞 장에서 우리는 특히 보수정치세력들이 전면에 내세우는 통치성과 주권의 서로 얽힌 대형과 관련해서 그러한 신자유주의의 분석에 의지하였다. 현재 우리의 관심은 신자유주의 개념이 비판 사상의 은어 속으로 광범위하게 침윤되는 방식들에 대응하는 것이 몇몇 중요한 ─ 사실은 결정적인 ─ 분석과 개입의 맥락을 차단하고 불명확하게 만든다는 데 있다.

우리는 오락가락하며 경제적·이념적·통치적 분석을 제시할 것인지에 관해 전혀 결정하지 않고 있는 신자유주의 논의들에 존재하는 혼란을 지적하는 데는 그다지 관심이 없다. 또한, 우리는 신자유주의가 많은 다른 맥락적 징후, 실증적 분석을 가능케 하는 공간적·역사적 징후들을 지니고 있다는 뻔한 이야기를 제시하고 싶지도 않다. 그보다는 신자유주의를 자본주의 역사 속에서 불규칙적이거나 불연속적인 발전으로 제시하는 주장에 관심을 두고 있으며, 결코 보편적인 범주나 동질적인 존재였던 적이 없는 포드주의 혹은 케인스주의 규범과 신자유주의를 대조하는 데에 관심을 두고 있다. 우리가 알기로 신자유주의 사상을 이런 식으로 제시하는 주장은, 자본과 노동의 포드주의적 접합에 항상 깃들어 있었고 궁극적으로는 그것의 위기를 야기했던 투쟁과 모순을 몰래 숨기는 경향이 있다. 그 결과 신자유주의는 일종의 이데올로기로 환원되고, 새로운 생산의 배열을 조직하려는 다양한 시도들은 희미해진다. 다행스럽게도 지금 우리가 제시하는 분석은 그러한 생산과 착취의 유형들이 어떻게 전지구적·지역적 스케일에 걸쳐서 등장해 왔는지를 강조하고 있다. 동아시아적 맥락과 그것을 넘어서 나타나는 신자유주의의 징후들에 관해 논의한 왕 후이와 아이와 옹과 같은 학자들의 작업은 이런 측면에서 주목할 만하다. 1990년대에 아우구스토 피노체트 집권기의 칠레에서 이루어진 시카고 보이스[2]의 작업을 포함해 라틴아메리카 신자유주의의 역사와 발전에 관한 논의들은 더 광범위한 전지구적 분석을 위한 풍조를 확립하였다. 로널드 레이건과 마가렛 대처의 유산들, 그리고 실비오 베를루스코니[전 이탈리아 총리]·존 하워드[전 호주 총리]·블라디미르 푸틴[전·현 러시아 대통령] 정권을 비롯한 제도화된 정치권력의 많은 면면에 걸쳐 남겨진 잔향들 역시 언급될 필요가 있다. 그러나 우리가 여기서 초점을 두는 것은 중국에서 덩샤오핑이 추구한 "개방 없는 개혁"perestroika without glasnost과 그에 뒤이어 동아시아 지역에서 그 개혁 정책이 투사된 괄목할 만한 발전체제들이다. 우리가 보기에 이러한 치환과 변화는 인도 경제의 평행적인 변이와 떨어져서 접근할 수 없다. 따라서 그 치환과 변화는 아시아 지역과 과거 수십 년간 그 지역을 가로질러 온 극적인 재스케일화 과정을 넘어 확장시켜서도 연관성을 찾을 수 있을 것이다. 아프리카와 그리스에서 중국 자본의 모험, 미탈 제철Mittal steel 일가의 이야기, 폴란드와 같은 동유럽 국가들에 인도 콜센터를 아웃소싱하는 것 — 이 모든 이야기들과 또한 더 많은 비슷한 다른 이야기들은 이런 측면에서 관계가 있다. 오히려 우리는 전지구화가 진행되는 중에 나타난 공간, 시간, 계산의 조합에 대한 분석으로부터 배울 수 있는 더욱 전형적인 교훈들에 관심을 두고 있다. 경계, 변방, 영역선의 복수성은 상이한 스케일의 축적, 주권, 통치성을 확장하고 다시 섞는 노력 속에서 시험되어 왔다.

우리는 옹이 "위도에 따른 지역"latitudes(2006)이라고 부른 광범위한 초대륙적 공간들 속에서 주권과 통치성 간의 비대칭적이고 비동시적인 상호작용에 초점을 맞추는 것에서 시작한다. 이 개념을 가지고 옹은 전

---

2. Chicago Boys. 미국의 시카고 대학에서 경제학을 전공하고 이론을 적용키 위해 본국인 칠레로 돌아간 경제학자들

대륙에 걸쳐 뻗어나가는 종족화 과정, 감금적인 노동 훈육 방식, 영토적 권리에 대한 시장 지배 등의 생산과 착취의 과정을 상호교차하는 측면 공간을 묘사한다. 예를 들어, 그는 아시아계 관리자에 의해 운영되는 "걷잡을 수 없는 시장 네트워크와 감금된 노동 구역 양쪽 모두에 의존하는"(125) 전자제품 제조업을 염두에 둔다. 그러한 "첨단기술 생산 레짐은 그 범위가 태평양 전반에 걸쳐 있고, 실리콘 밸리의 첨단기술 스웻샵들은 그 어느 때보다 낮은 비용이 드는 중국의 제조업 공장들과 경쟁한다"(125). 이러한 초대륙적 생산 레짐에는 또한 관리자나 기술관료와 같은 고급 인력의 이동이 포함되는데, 사업이나 기술 등의 이유로 해외에 체류하며 일하다가 중국으로 사업을 벌이기 위해 돌아오는 사람들이 이에 해당한다. 그러한 측면 공간과 관련해서 옹이 열광한 지점은 그 공간들이 "이동형의 자본 속에 뿌리박고 있는 일종의 초국가적 권력"(137)을 가능케 하는 시장 기술의 동원을 통해 통치성의 한계를 확장하는 방법이다. 그가 보기에 현대 자본의 중심전략은 세계 여러 곳에서 차별적인 노동 기회들을 두고 노동자를 기만하고 착취하기 위해 시장 간 비교 계산을 활용하는 것이며, 여기에는 지불 수준, 노동조합이나 다른 조직 형태의 구성가능성, 젠더화되고 종족화된 훈육 형태에 의해 부과된 계산이 포함된다. 중요한 것은 이러한 시장 주도적 계산이 멀리 떨어진 현장들 간의 이주와 이동의 유형을 수립하고, 그것들 간의 특권화된 경로와 회랑을 구축한다는 점이다. 옹에게 위도에 따른 지역의 이러한 공간적·시간적 차원은 동아시아 신자유주의의 진화에 강력한 분석적 시각을 제공한다.

우리가 논의하고 있는 책인 『예외로서의 신자유주의』(2006)에서 이러한 계산과 차원에 관한 옹의 분석은 예외의 표식 아래에서 이루어진다. 조르조 아감벤(2005)이 슈미트의 용어를 전유한 예외 개념의 용법과는 달리, 옹은 예외 개념을 "배제뿐 아니라 포섭을 위해 배치될 수 있는 정책 내에서의 특별한 출발"(Ong 2006, 5)로 더욱더 넓게 사용한다. 그는 우리가 이 책의 앞부분에서 제시했던 차별적 포섭의 분석과 중요하게 공명하는 포섭과 배제 간의 이러한 작동이 어떻게 기존의 주권과 시민권의 유형을 방해하는지 조사한다. 그가 누구보다 먼저 그리고 누구보다 뛰어나게 분석한 지점은 변화하는 시장 통치성 과정에 대한 것으로, 그가 보기에 그 과정은 주권 권력이 추구하는 구획화 전략과 함께 작동하기도 하고 때때로 어긋나게 작동하기도 함으로써 선택적으로 공간과 인구들을 겨냥한다. 옹이 통상적으로 시장 권력의 의미로 사용하는 통치 권력에 의해 달성된 것과 주권 권력의 효과 간의 분리는 그가 예외 개념을 갖고 의미하는 것을 이해하는 데 매우 중요하다. 그는 비록 측면 공간들을 통치하는 중첩적인 주권체의 새로운 회집체 안에서 비정부기구와 기업의 역할을 지적하고 있기는 하지만, 경계짓기와 구획화의 순간은 주권적 개입의 주요한 사례를 제공하는 것으로 보인다. 그러한 주권적 실행과 통치성의 시장 논리의 이중적인 작동 안에서 (다시 말해서, 그것들의 강력한 공명 속에서 혹은 그것들 간의 간극 속에서조차), 예외는 권리의 부정적 유예가 아니라 "통상적으로 다른 인구들에게는 허용되지 않는 정치적 편의와 조건을 향유하는 소수의 사람을 위한 기회들"(101)의 긍정적 창조로서 나타난다. 옹의 예시가 담고 있는 범위는 매우 넓은데, 거기에는 말레이시아에서 "온건한 이슬람"이 중산층 여성들이 활발히 공공장소에 나타나는 것을 허용하는 방식에서부터 비정부기구가 홍콩에서 가사도우미의 생물학적 안전을 지켜주는 방식, 생명공학기술에서 실험활동과 기업가 정신을 부양시키는 데 있어 싱가포르 권위주의 정권의 역할까지 포함된다. 무엇보다도 우리의 목적과 가장 관계있는 그의 논의는 소위 등급화된 주권 전략에 관한 부분이다.

『예외로서의 신자유주의』뿐만 아니라 옹의 초기 저작인 『유연한 시민권』(1999)에서, "등급이 매겨진 주권"은 노동시장 접근, 조세 레짐, 보건 및 안전 기준, 산업 관계, 환경 정책 등이 신자유주의적 통치성의 시장 주도적 논리에 따라 규제화하는 특별경제구역을 수립하기 위해 몇몇 동아시아와 동남아시아 국가들에서 이루어지는 관행을 말한다. 그의 설명에 따르면, 그런 논리는 "정치 정책과 기업 이익을 조직하도록 유도하고, 그 결과 국가 공간을 다양한 비접경구역들로 파편화하는 것을 선호하는 개발 결정이 이뤄지며, 전지구적 자본 회로에 연결되거나 아니면 그것에서 분리될 수 있는 인구들의 차별적 규제를 촉진한다"(Ong 2006, 77). 그러한 구역설정의 상황에서는 주권적 순간sovereign moment이 신자유주의가 작동하는 공간의 실제 구축이나 구획화로 제한되는 것처럼 보인다. 그러나 통치성의 관점에서 보면, 이것은 단지 시장적 계산이 그 안에서 그리고 그것을 가로지르며 효과를 내고 최적화될 수 있는 또 다른 공간이다. 주권과 통치성이 서로를 이용하는 방법에 대한 그러한 견해는 옹의 구역설정 기술에 관한 분석에 국한되지 않는다. 이는 측면 공간의 특권화된 통로를 구축하는 다양한 형식의 이주와 움직임에 대한 그의 견해로 연장된다. 옹에 의해서 우리가 통치성의 주권 기계로 불러온 것을 위한 그러한 구성에 의해 창출된다고 여겨진 예외가 가지는 함의가 무엇인가?

옹에 의하면, 주권 권력은 "사회 질서의 효과를 만들어 내기 위해 인간의 활동을 유도하고, 교정하며, 크기를 조정하는 규제력을 가진 실체들의 네트워크에 의존한다." 주권을 "국가 지배가 야기하는 단일한 형태의 효과"로서 보는 지배적 시점에 반대하며, 그는 주권을 "다양한 전략의 우연적인 결과물"(2006, 100)과 연결 짓는다. 그가 "탈개발주의"postdevelopmentalism라고 부른 것의 등장을 망라하는 관점에서 볼 때, 등급화된 주권은 단지 근대 민족국가 주권의 가공품이나 필요조건이 아니라 통치성의 탈집중화된 속성 몇몇을 취하고 있다. 그것은 "국가 영토를 하나의 통일된 정치 공간으로 다루지 않는 더욱 산개된 전략"이다 (77). 같은 맥락에서, 등급화된 주권이라는 바로 그 개념은 구역만들기 기술의 배치와 작동이 완전히 통치성의 논리로 환원될 수 없음을 주장한다. 여기서 우리는 주권 권력·통치 권력의 병렬적 기능 작동 이상의 무언가를 본다. 오히려, 이러한 권력들은 흐릿해지기 시작한다. 옹은 "전지구적 생산과 금융 회로에 다르게 접합된 구역들 안에 있는 시민들의 정치적 조건에 대한 간접적 권력을 기업들에게"(78) 주는 어떤 예외가 출현했다고 기술한다. 국가, 기업, 비정부적 행위자들과 세계무역기구와 같은 국제기구들을 뒤섞은 이종적인 주권의 구성을 지적함으로써, 그는 주권 개념을 통치성의 개념에 더 가깝게 이동시킨다. 실제로 그는 글의 종착점에서 다른 용어로 이동하고자 하는 의도만으로 어떤 하나의 용어로 문장을 시작하는 경우가 많다. 그는 이렇게 쓴다. "주권이 실제로 어떻게 작동하는지 이해하는 것은 군사적 권력과 법적 권력을 넘어선 통치의 다른 기제들에 대한 이해를 필요로 한다"(76). 이러한 지점에서, 옹은 우리가 지난 장에서 상술하였던 통치성의 주권 기계 개념에 매우 가까이 다가간다. 그러나 여기서 작동하는 또 다른 중요한 차이가 있다. 우리는 중국의 생산 구역에 관계된 법적 배열과 이러한 맥락 속에서 일어나는 경제적·법적 공간들의 불균등하고 불규칙한 중첩의 분석을 통해 이 차이를 정교하게 탐구해 볼 것이다.

중국의 특별경제구역에 대한 외국 기업의 개입을 조사하는 데 있어 발생하는 문제 중 하나는, 이러한 자본주의 행위자들이 항상 구역설정 기술들이 수용할 수 있는 노동과 건강, 환경 기준의 하한선을 택하지는 않는다는 사실이다. 생산자들뿐 아니라 소비자들이 그러한 기준과 상품 및 브랜드 가치 간의 복잡한 거래에 대해 높은 인식수준을 가진 세계에서는, 전지구적인 인도주의적·환경적 수사의 맥락에서 자신의 정체성을 꾸미기 위한 전략으로서 윤리적인 태도를 취하는 기업들에게 경제적으로 특별한 이득을 취할 수 있도록 한다. 기업들이 설명하는 이러한 윤리적 태도와 "가치"는 경제적 가치를 생성하는 과정의 일부나 그 집합이 된다. 중국에서 활동하는 다국적 기업들의 기업 강령과 노동 조건·기준 간의 연관성에 대한 흥미로운 논문에서, 푼 나이(2008)는 전지구화 아래에서 점증하는 민간 통치 체제의 중요성을 설파한다. 푼에게 이런 강령들은 "점점 더 전지구화되는 중국적 맥락에서 재조직화된 교훈주의의 한 형태"를 제시한다. 그는 이렇게 설명한다. "재조직화된 교훈주의의 원칙은 기업의 관점에서부터 노동권을 재접합할 뿐 아니라 노동권과 노동 보호의 영역권, 국가와 시민사회의 역할에 속하는 것으로 보이는 영역으로 이동하기 위해서, 미시-작업장 수준에서 작동하는 신자유주의적 원칙들을 재작동시키는 것을 포함한다"(Pun 2008, 88). 푼은 그러한 통치전략들을 "초국가적 자본이 독재 레짐으로부터 중국 노동자들의 권리를 보호한다는 인상을 만드는 도덕적 겉치레"(88~89)로 본다. 푼의 이러한 주장이 그 상황의 중요한 측면을 명확히 간파하고 있기는 하지만, 이전 장에서 우리 역시 법적 다원주의에 관한 군터 토이브너의 이론을 논의하면서 현대 자본주의의 정신과 물질적 작동들 전반에 걸쳐 경쟁하는 규범들의 미로를 강조할 필요가 있다고 주장한 바 있다.

특히 기업의 강령에 천착하는 논문에서, 토이브너는 수행적인 "홍보전략"에서부터 그가 "진정한 시민 헌법"이라고 부르는 것까지 이러한 헌장들의 심오한 대변혁을 관찰한다(Teubner 2009, 263). 상관습법lex mer-catoria과 인터넷 법Internet law, 건축법 등을 포함해 "사적 행위자들이 만든 규칙" 안의 다른 부분적인 전지구적 레짐과 함께 존재하면서, 기업 강령은 "국가 권력에 의해 보장되지는 않는 구속적 속성"을 갖지만, 동시에 "높은 규범적 효율성을 보여준다"(263). 토이브너의 관찰을 중국의 생산 구역의 맥락으로 옮겨보면서, 우리는 이러한 공간들 안에서 작동하는 다수의 규범 체제 간의 잠재적 모순뿐 아니라 파편화도 인지할 수 있다. 종종 이러한 체제 간 모순과 파편화는 다른 행위자들이 자리를 바꾸거나, 노동 조건이나 환경 파괴에 대한 도덕적 책임을 서로에게 떠넘기려 시도하는 복합적이고 기묘한 비난 게임을 발생시킨다. 예를 들어, 널리 알려진 폭스콘에서 발생한 자살 사건들과 2010년 포산Foshan 혼다 공장에서의 대규모 파업 이후 오가는 말들 속에서, 초국가적 자본으로부터 "중국 노동자의 권리를 보호한다고" 자신을 표현한 것은 중국 당정국가였다. 그러한 도덕적·정치적 입장 만들기와 별개로, 기업 강령 자체가 포함되는 법적 다원주의에 함축된 파편화는 바로 그 특별경제구역의 구성에 존재하는 주권 권력의 흔적을 보여준다.

우리는 다시 이전 장에서 언급된 중요한 문제에 맞닥뜨리게 된다. 특별경제구역의 존재를 가능케 하는 경계만들기 안에 주권적인 제스처가 분명히 함축되어 있기는 하지만, 이 구역 공간의 통치에 포함된 다수의 행위자와 규범적 질서의 작동에 대한 틀 만들기 또한 주권의 흔적들을 품고 있다. 그러한 틀 만들기는 필연적인 것도 유일한 것도 아닌 공간적 술책이다. 그것은 구역의 경계에서 공간적 감각 안에 분명히 존재하지만, 또한 그것들 안에서 집약적으로 나타나기도 한다. 예를 들어, 기업 강령은 다국적기업의 모든 위치와 활동에서 적용되는 것처럼 보이지만, 지역적으로 변환되면서 필연적으로 인접하고 경쟁적인 질서, 물질적 환경, 체제들과 팽팽한 난전에 빠지게 된다. 이러한 변환의 틀은 좀 더 분석이 필요하다. 다스케일적 접근의 한계는 여기서 분명해진다. 전지구적인 것과 지역적인 것 간의 지리적 교차는 그러한 변환의 작동에 관해 설명하기에는 충분치 않다. 또한, 통합되는 경향과 분산되는 경향 간의 긴장에 물질적으로 그리고 빈번히 폭력적으로 함축된 권력의 배열을 가로지르는 방식에 관해 설명하기에도 충분치 않다. 전지구화를 향한 아시아의 실험들은 이러한 긴장에서 벗어나지 않는다. 옹에 대한 동의뿐만 아니라 옹으로부터의 불협화음도 존재하지만, 우리는 이러한 긴장을 자본에 생산적으로 만들기 위해 조직화하는 (혹은 적어도 조직화하려고 시도하는) 틀에 초점을 맞추는 것은 중요하다고 믿고 있다. 이러한 틀 안에서 국가와 자본 간의 관계라는 골치 아픈 문제는 그것의 현대적 형태와 특질을 걸쳐 입게 된다. 여기서 주권의 문제는 예외라는 신비의 베일이나 법과 폭력이라는 독점 권력 중 어디에도 의존하지 않는다. 오히려 주권의 문제는 그것들 간의 영역선을 조화시키고 작동시키고자 하는 방식으로 규범적 레짐과 통치적 네트워크 위에 자신을 중첩시킨다.

네트워크를 조화시킨다는 이야기가 관리 담론과 국제관계 둘 모두에서 중요한 가정으로 여겨져 온 것은 우연이 아니다. 널리 읽히고 있는 앤-마리 슬로터의 논문을 보면, "국가 위, 국가 아래, 국가를 관통하는" 연결들을 만들고 유지하는 역량은 "전지구적 의제를 설정할 수 있고 혁신과 지속가능한 성장을 가능케 하는 중심적 행위자"(Slaughter 2009, 95)의 특권으로 보인다. 슬로터는 주권이란 말을 직접적으로 쓰지는 않았다. 하지만, 그의 논문이 다가오는 아시아의 세기에 대한 주장들 가운데 지배적인 전지구적 권력을 유지하는 미국에 대한 전망을 다루고 있다는 사실은, 그의 고민이 얼마나 주권이라는 개념의 틀에 따라 전통적으로 분석된 전망에 가까운가를 보여준다. 중요한 점은 그가 현대의 권력 배열이 어떻게 중앙집중화되는 세력과 분산하는 세력 간의 십자포화에 갇혀 있는지를 적고 있다는 점이다. 그에 따르면 미국은 약간 유리한 위치에 있다. 왜냐하면 "미국의 핵심적인 통일성은 아무런 위협을 받고 있지 않으며," 미국의 이주민 역사, 개방적 문화, 다른 지역들과 연계하는 역량 등은 미국을 전략적으로 "탈집중화와 긍정적인 갈등을 선호하는 세계에" 위치시키고 있기 때문이다(102, 109). 이런 관점에서 독재하거나 직접적으로 통제하는 것보다 조화시키는 능력은 전지구적 권력과 목적의 유지에 핵심적이다. 슬로터의 전망은 국제관계 언어 속에 뿌리 깊게 유지되고 있지만, 우리가 통치성의 주권 기계의 작동에 핵심적이라고 보았던 종류의 틀 만들기 내지 조화시키기 장치들 역시 효과적으로 등장시킨다. 우리의 관점에서 볼 때, 권력을 통합시키는 경향과 탈집중화하는 경향 사이의 긴장은 특별경제구역zones과 같은 변칙적인 공간의 사례에서 더욱 분명하게 나타난다. 이런 구역 공간은 현대의 전지구적 지역주의의 문제와 동인을 분명하게 해준다. 이것은 단지 그 구역 공간들이 자신들이 속해 있는 반구의 판자촌과 거의 항상 함께 존재해 온 이주를 유인하는 자석이기 때문만은 아니다. 그와 더불어, 그 구역 공간들이 비정상적일 정도로 강력한 연결들의 현장이며, 경쟁적인 규범과 네트워크가 그 연결들을 봉쇄하는 과잉된 공간화 전략 속에 중첩적으로 존재하기 때문이기도 하다. 이러한 구역 공간들을 구성하고 횡단하는 경계짓기 과정들에 대한 분석은, 경계짓기 과정들이 축적·점유·착취의 과정을 가능케 하고 강화하는 방식으로 관심을 돌린다. 이 점을 염두에 두고 우리는 탐구의 방향을 중국과 인도로 전환하려 한다.

집으로 가는 마지막 열차?

리신 판Lixin Fan의 영화 〈집으로 가는 마지막 열차〉(2009)를 본 사람이라면 누구나 1억 5천만 명이 넘는 이주 노동자들의 삶이 전지구적인 경제 권력으로서 중국의 후손들에게 원동력을 제공하였다는 점을 알 것이다. 더불어 고통과 꿈, 투쟁, 희망, 기만으로 이루어진 그들의 파괴된 삶에 대해서도 알 것이다. 영화 속의 한 등장인물이 말하듯 공장과 공장을 전전하고 "전 세계를 방랑한" 이들 국내 이주자들은 1970년대 중국 경제 개혁의 시작부터 발전의 핵심적인 행위자가 되어 왔다. 이주는 1958년에 수립된 가구 등록 시스템(소위, 후코우hukou)을 통해 유도되고 통제되면서, 도시와 지방 간의 역사적 분할을 관리하고 이용하기 위해 중국 정부에 의해 활용되어 왔다. 후코우 시스템의 규칙에 따르기 위해서는 지방과 도시 가구 간의 차이가 지역 정부에 의해 제공된 사회 서비스의 수급권을 수립하는 데 있어 특히 중요하다(Chan 2010; Fan 2008, 40~53). 후코우 시스템이 "도시 사회구조에 대한 인구 이주 압력을 제한하면서 노동력 공급을 확보하는" 반면에, 대부분의 이주민들은 산업 도시에서 "임시 거주자"로 등록되어 애매모호한 지위를 유지하게 된다(Wang 2003, 70). 리신 판의 영화에 등장한 주인공들은 부흥하는 연안 도시에 있는 자신들의 새집을 떠나 몇 년 전 떠나온 자신들의 시골 마을로 여행을 하면서, 중국 설날에 수백만 명의 이주 노동자들과 같은 경험을 하게 된다. 그들이 횡단한 나라는 상이한 세계들을 담고 있는 듯이 보인다. 다수의 지리적·시간적인 경계가 횡단하고, 근대성과 전통 간의 충돌은 끊임없이 타협되어야 한다.

〈집으로 가는 마지막 열차〉는 우리가 이주자의 관점에서 지난 수십 년 동안 중국의 극적인 성장을 둘러싼 지적 논쟁들에서 제기된 가장 중요한 주제 중 몇몇에 접근하도록 해준다. 이주 노동자들은 중국적 "이행"의 가장 놀라운 특징들 몇몇을 체화한다. 나중에 알게 되겠지만, 그들은 국가 정책에 의해 공장에서 시골 지역으로 돌고 도는 이행적인 노동계급의 구성원으로 만들어진다. 종종 그들은 분절된 "이주민 마을"(Xiang 2005)이나 아니면 "기업들에 의한 임시적인 노동력의 귀속이나 확보"(Pun 2009)를 지원하는 노동자 기숙사 같은 임시적이고 예외적인 공간에 거주한다. "끝나지 않은 프롤레타리아화" 개념은 이러한 과정을 이해하기 위해 제시되었는데, 이는 극단적으로 거주 지위가 취약해진 상황과 이로 인해 복지 서비스의 접근성이 취약해지는 상황으로 특징지어지는 "애매모호한 정체성"의 지속적 확산을 낳는다(Pun, Chi Chan, and Chan 2010). "부분적인 프롤레타리아화"가 서구 이외의 자본주의하에서 긴 역사를 갖고 있다는 점(Amin and Van der Linden 1997)은 중요하게 볼 필요가 있기는 하지만, 여기서 우리는 신자유주의와 같은 일반적인 개념 내에서 쉽게 수용될 수 없는 최근 몇 년간 중국 발전의 특이성을 마주하게 된다. 조반니 아리기(2007, 353)는 "중국의 상승이 신자유주의적 교리를 고수한 덕분이라는 신화"를 제거할 필요가 있음을 강조한다는 점에서 현대 중국을 이해하는 데 큰 도움을 준다. 또한 그는 통용되는 신자유주의 개념에 문제를 제기하는데, 그 개념은 지난 수십 년간의 정치적·경제적 논쟁에서 일종의 잡동사니 같은 인식을 제공해 왔다. 비록 우리가 항상 주류 중국 담론에 가까운 아리기의 분석 논조에 동의하는 것은 아니지만, 우리는 그가 중국의 상승 근저에 있는 경제사회 모델을 이해하고자 시도하면서 강조하는 요소 중 많은 것들이 중요하다고 인식하고 있다. 이산적인 중국 자본의 역할로부터 "군구와 부락 사업"의 기여까지, 또한 동아시아 "산업혁명"에서 중국의 경제적 재등장의 역사적인 뿌리내림으로부터 "수출가공지대"의 "지식집약적"·"노동집약적 산업들"의 구성에 이르는 다양한 요소들의 중요성을 인식한다.

이런 맥락에서 본다면 우리가 "추상적인 수준에서 〔그것의〕 특징을 단순히 요약하는 것으로 확신을 주는 결론을 제시할 수 있는 방법은 없다"(Wang 2003, 44)는 왕 후이의 주장을 인식한다면, 신자유주의 개념은 분석적 타당성을 유지할 수 있다. 왕은 1989년 천안문 광장 탄압 이후에 시장이 점진적으로 "국가장치 대변혁과 사법 시스템 개혁의 촉진 이면에서 기초적인 원동력"(119)이 되는 방식들을 매우 멋지고 열정적으로 분석해 내었다. 시장과 화폐 개혁이 촉진되는 과정에서 1989년의 폭력은 정치 권력과 시장 간의 교환 관계를 형성하였고, 이는 왕(2009, 32)이 "중국의 신자유주의와 신권위주의가 서로 뒤엉킨 비밀스러운 역사"라고 일컬은 것을 만들었다. 비록 사회의 심각한 탈정치화가 이러한 뒤엉킴의 주요 조건이었다고는 해도, "국가의 파벌화 과정, 사회적 파벌과 특수한 이익들의 대형 간의 상호결합"(31)은 공산당 자체의 개입을 위태롭게 만드는 중국 발전의 핵심적인 특성이 되었다. 통치성과 주권의 새로운 회집체 역시 중앙 정부와 지방 정부들 간, 국가와 비정부기구 간의 복잡한 관계에 의해, 그리고 경제적 활동과 발전을 위한 특별 구역들의 확산에 의해 형성된 조건 아래에서 등장하였다.

1990년대 이후부터 신자유주의와 시장화에 대한 비판이 중국에서 현대성에 대한 재평가와 밀접하게 연계되어 왔다는 점은 염두에 둘 필요가 있다. 왕 후이의 연구는 19세기 서구 제국주의와 자본주의의 만남을 탐구하고 더욱 고전적인 중국 전통 역사를 분석하며, "현대 중국 사상"의 풍부한 기록들을 드러내는 시도로 가득 차 있다. 이러한 연구의 가장 중요한 특징은 제국에 중점을 둔 중국 역사의 서사와 민족국가에 중점을 둔 서사 사이에서 대안을 마련하려는 시도라는 데 있다. 왕은 이들 두 정치 조직 모델들 간의 차이를 민족국가의 명시적 경계라는 특징의 측면에서 설명하는데, 그는 제국들이 이와는 반대로 "경계 양편 모두 혹은 다양하게 공유된 변방들을 자기들의 것으로 이해한다는" 점을 포착하였다. 이러한 명시적 구분이라는 관점에서 왕은 1689년에 이미 〈네르친스크 조약〉을 통해 중국과 러시아와 같은 두 제국이 "영역선을 그리는 방법을 분명히 채택하였다"는 놀라운 사실을 발견한다. 그 조약 안에서 도망친 노예에 관한 법에 대한 언급은 "국경의 각 측의 사람들이 다른 쪽으로 달아나는 것을 금지당하고 있고, 각 측의 정부들은 도망친 노예를 위한 수용소의 허가를 금지당하고 있으며"라는 부분이다. 이 언급 부분은 이 조약이 뚜렷한 "접경지 안의 행정적 관할권"에 의거하고 있음을 보여준다. 청 황조하에서의 중국에 대해 더욱 일반적으로 얘기하면서, 왕은 많은 지역이 "변방을 갖고 있었다. 그러나 많은 지역은 또한 명시적인 영역선도 갖고 있었는데, 이는 말할 것도 없이 그 지역들이 자신들의 경계지역 안의 소수 인구의 소유권과 거래에 대한 질문들을 해결해야 했기 때문이다. 이것은 매우 복합적인 시스템이자 관행의 집합이었다"고 덧붙인다(Wang 2009, 131~32).

경계와 변방에 관한 이 시스템과 관행의 집합은 현대 중국의 조직에 중요한 역사적 선례를 만들었는데, 이는 서구 정치의 경험 속에서 민족국가와 영토 간에 존재하는 표준적인 관계와는 매우 다른 것이다. "초-시스템 사회"와 "초-사회 체계"와 같은 인식을 환기하면서, 왕(2011a)은 지역 관점 속 "중국은 무엇인가?"라는 질문을 구축한다. "만리장성-중심"과 "황하-중심"Yellow River-centric 이론과 같은, 더 거대한 지역적 인식 틀 안에서 중국 역사를 구성해온 다수의 영토적 분할에 대한 상이한 묘사 간 차이에 대해 작업하면서, 왕은 자신이 "유동성의 측면"(180)이라고 부른 것과 중심-주변 관계의 구조적 불안정성을 강조한다. 그의 논문에서 우리가 특히 유용하다고 보는 것은 중국 역사와 현재를 지역적 측면 내에서 이해하기 위해 민족국가의 균질적이고 공허한 시간을 처리할 필요가 있다고 강조하는 부분이다. 왕은 이렇게 적는다. "인식론적으로, 오로지 시간이 수직적인 관계에서 해방되고 다층적인 수평적 움직임 안에 위치할 때만 우리는 지역의 공간적 개념을 위한 시간적 차원을 발견할 수 있다. 이것의 목표는 모호성, 유동성, 혼종성, 지역의 중첩을 역사에 대한 우리 성찰의 중심에 놓는 것이다"(193). 다수의 시간적·영토적 경계가 부합하는 공간과 시간의 깊은 이종성의 이미지는 중국 역사뿐 아니라 현재에 대한 새로운 이해를 위한 열쇠를 제공한다. 그것은 근대화의 친숙한 서사들이나 전체주의 혹은 "세계 공장"이라는 환유와 같은 주류 개념이 제공하는 것보다 훨씬 더 생산적으로 중국 발전의 특이성들에 관한 분석적 이해를 가능케 한다.

세계 공장으로서 중국의 이미지가 경제 개혁 이후 수출-지향적 산업 생산의 부흥을 포착하는 반면, 그 이미지가 지닌 함의는 지나치게 단순하다. 왜냐하면, 그러한 중국의 이미지는 산업 생산과 노동을 그것이 배태된 공간과 시간의 깊은 이종성으로부터 고립시키기 때문이다. 프랑스 연구자 장-루이 호까는 "중국적 조건"에 관한 중요한 연구에서 현대 중국에 공존하는 다수의 노동 레짐과 주체 입장의 관점에서 이러한 이종성을 강조해 왔다. 그는 "공식적인" 것에서 독재적인 노동 지배까지, 공공 기관에서 상대적으로 보호받는 노동 형태에서부터 다른 곳에서 "후기-포드주의"의 특징으로 묘사되어 온 대규모의 프레카리아트화과 유연화 과정의 확산에 이르는 다수의 노동 레짐과 주체의 입장에서 이종성을 검토하였다(Rocca 2006, 56~67, 97~104). 상당히 이종적인 형태의 노동 통제와 규제의 접합(혹은 접합하려는 시도)은 중국 발전의 특이성을 구성한다. 더욱이 자유롭기는커녕, 노동시장은 사회적·영토적 이동성을 유도하는 데 있어 주요한 역할을 수행하는 가족과 공동체 네트워크와 더불어, 지리적·성별적 결정에 "구속된다"(Rocca 2006, 100). 노동 증식의 강력한 과정은 이러한 복합적인 회집체의 결과이다. "창조 산업"을 둘러싸고 대도시 지역의 인지노동이 대규모로 집중되는 상황이 일어나고 있다. 이런 상황은 많은 경우 노동 주체의 높은 이동성 및 대학졸업생의 위태로운 지위로 이루어진 다수의 계약적 배열에 상응하는 계층화와 분절화 과정으로 특징지어진다(Ross 2009, 53~76).

세계 공장 이미지의 한계를 이해하기 위해서 베이징 북서부의 "중국 실리콘 밸리"인 중관춘中关村을 살펴보는 것이 좋겠다. 『중국 첨단 산업의 이면』(2008)에서, 유 조우는 중국의 상승에 대한 해석의 어려움을 저렴한 노동력과 수출지향적 생산을 통해 "국제노동분업"에 참여하는 것에만 입각한 데서 비롯되었다고 설명한다(15~18). 2005년에는 1만 7천여 개의 신기술 기업들(그중 60%는 정보통신기술과 그에 연관된 분야들)의 고향이었던 중관춘의 형성은 이런 방식으로는 설명될 수 없다. 중관춘의 개발은 국내 기술 기업들에 의해서 지배되었고 내수 시장에 의해서 주도되었다. "수입대체와 수출향상"(21) 간의 시너지라는 용어로 가장 잘 묘사되는 모델에 따르면 말이다. 위의 묘사에서, 중관춘의 개발은 "국가가 발행한 대변혁의 청사진"을 따른 것이 아니라 "순환적이고, 진화적이며, 빈번히 혼란스럽고 무계획적"이었다. 이는 우리가 이전 장에서 논의한 통치와 통치성 이론들을 상기시키는 "제도적 불확실성"의 인식 틀을 반영한다. 즉 "국가, 다국적기업들, 지역 기업과 지역연구기관 등의 행위자들은 각자가 그 영향력이 흥망하는 사각의 혁신 체계 안에 갇혀 있고, 각각은 다른 행위자들에 의해 그리고 변화하는 정치적·제도적 환경에 의해 도전을 받는다. 새로운 제도들이 등장하지만, 이는 몇 년이 지나면 부적합해질 것이다. 간단히 말하자면, 껍질을 벗는 파충류와 같이, 중관춘은 새로운 정체성, 조직, 전략들을 생성하고 시험함으로써, 그리고 기술의 관리와 혁신에 대한 지식을 축적함으로써 성장한다"(25).

대립 그리고 협상과 타협의 복합적인 과정은 이러한 특정한 경제적·기술적 엔클레이브의 발흥과 발전에 있어 핵심적인데, 이 엔클레이브는 현대의 인지자본주의와 노동 이론에 의해 묘사된 발전의 정점에서 노동인구를 유인하고 동원한다. 그러나 그 과정은 오도되어 중관춘을 다른 엔클레이브들과 관련해 절대적인 예외의 자리로 위치시키기도 하는데, 그 예가 바로 1980년대 초 이래 중국의 경제 발전을 이끌어 온 특별경제구역이다. 중국의 특별경제구역이 아시아나 다른 나라들에서의 수출가공구역들과는 다르다는 점을 상기할 필요가 있는데, 전자는 "기능적으로 더욱 다양하고 더욱더 넓은 땅에 걸쳐 있으며", 그 시작부터 "단일 기능의 실체라기보다는 연관된 경제적 활동과 서비스의 복합체"(Yue-man, Lee, and Kee 2009, 223)로 설계되어 왔다. 수출지향적 제조업은 1980년 최초의 특별경제구역 설립 이후로 활동이 성장한 반면, 자본주의의 역사 속에서 상이한 시대에 관련된 것처럼 보이는 노동의 증식 과정들과 생산 체제들의 뒤엉킴 역시 이 지점에서 극적으로 분명해진다. 이런 상황은 레슬리 창의 책 『공장 소녀들』(2008)을 작가의 미안해하는 의도와는 반대로 읽을 때 드러나는 현실이다. 광둥성 중앙에 있는 둥관시의 젊은 여성 이주자들에 관한 연구를 통해, 창은 이러한 노동자들의 삶이 어떻게 영토적인 이동 행위뿐만 아니라 이종적인 노동 체제 간의 영역선을 지속적으로 횡단함으로써도 형성되는지를 기록하였다. 스웻샵에서부터 공장에까지, 컨설팅이나 금융 분야의 공식적이고 독립된 노동에서부터 브랜드와 상품의 모조, 특히 산자이의 조립 라인에까지 이르는 이동과 횡단을 통해서 말이다. 현대 중국에 특징을 부여하는 공간과 시간의 심오한 이종성은 이러한 현상들의 맥락에서 새로운 차원을 획득한다.

다수의 내적 영역선 구축은 중국 내 이종적인 노동 레짐을 접합하는 데 있어 하나의 핵심요소이다. 덩샤오핑 집권 시기에 이루어진 첫 번째 특별경제구역의 설립 이후로, "자유 무역"에서 "개발구역"에 이르는 특별한 지위를 가진 구역들이 증식되었다. 거름망, 연계, 단절의 다층적 시스템은 이러한 구역설정 행위의 결과이다. 경제 발전의 상이한 속도를 조합하고, 이종적인 통치성 레짐을 접합하며, 이러한 중첩적이고 위계화된 공간들을 가로지르는 이동 행위를 관리하려는 시도가 매우 중요해졌다. 구역과 다수의 경계기술들은 그것들의 구축과 관리에 연계하여, 중국이 아프리카와 다른 지역들에서 자신의 경제력을 외부로 표출시키는 과정에서 재생산되기도 하였다(Brautigam and Tang 2011). 선전Shenzhen의 여성 공장 노동자들에 대한 푼Pun의 연구는 내적 경계가 확산됨으로써 어떻게 선전의 생산 라인을 위한 노동인구가 창출되는지에 대해 놀라운 분석을 제공한다. 푼은 영구 거주자들, 임시 거주자, (2003년까지 추방될) "불법" 거주자들 간의 차별화를 통해 후코우 시스템이 이주 노동자들의 조건을 구조적으로 취약하게 만드는 방식을 강조한다. 공장이 노동자들의 노동 증서를 등록하는 데 비용을 [중국] 선전Shenzhen 노동국에 지불토록 하는 의무사항과 조합되어, 이 시스템은 "전지구적인 민간 자본에 우호적인 인구통제와 노동통제를 제공한다"(2005, 5). 노동자들은 특별경제구역에서 자신들의 법적 존재 보장을 위해 회사에 의존하게 된다. 이는 차례로 언어 능력, 결혼 여부, 일손이 빠른지, 그리고 "예의 바름, 정직, 복종"(53) 등과 같은 (면접기술 연구를 통해 구축된) 일반적인 태도 수준들 등에 대한 통제와 같이 선택과 고용의 순간에 더욱 심각한 경계

설정을 시행한다.

푼은 이러한 요소들이 어떻게 통상적으로 4년 혹은 5년 이상을 일하지 못하는 단기체류적인 현존재presence로서 선전의 여성 노동 주체를 생산하는지를 보여준다. 이러한 기회의 시간window of time이 "사춘기와 결혼 사이 여성의 이행기적인 생애 시기"와 자주 일치한다는 사실은 "개인의 생애 주기"가 어떻게 "사회적 시간, 전지구적 자본주의와 융합되는 사회주의 경제의 이행기와"(Pun 2005, 32) 맞물리는지를 보여준다. 다른 말로 하면, 국가의 시간과 자본의 시간은 중국 지방에서 여성의 삶에 대한 봉건적 통제의 시간과 호응하고, 공장에서의 노동시간에 대한 단단한 조정과 규제를 만들어낸다. 실제로 이러한 시간한정 동인은 우리가 5장에서 시간적 경계로서 논의했던 것과 놀라울 정도로 유사한데, 왜냐하면 그 동인은 노동적 삶과 생물학적 삶 모두 속에, 이 사례에서는 중노동의 시간이기도 한 유예의 시간을 형성하기 때문이다. 그렇지만 푼이 주장한 바와 같이 이러한 공장들 안에서 일한 경험은 많은 여성들에게는 일종의 준감금 상태이면서, 동시에 일종의 탈주이기도 하다. 그의 민속지학적 인터뷰는 이러한 지점을 밝혀냈는데, 수많은 여성 노동자들은 인터뷰를 통해 자신들의 기회를 제한하고 여성에게 전통적인 형태의 억압에 굴종할 것을 요구하는 가정환경으로부터 도망치는 수단의 하나로서 선전 구역으로 가는 통로를 경험하고 있다고 밝혔다. 수많은 여성 이주 노동자들의 시각에서 중국의 현재 전환은 상당히 갈등적인 과정이라고 할 수 있다. 푼은 "기존의 지방–도시 분할에 도전하는 중국 사회 내의 조용한 '사회 혁명'에 관해서도 말하는데, 이 혁명은 국가–사회관계를 재구성하고, 가부장적 가족을 재구조화하며, 특히 계급과 젠더 관계를 재생한다"(Pun 2005, 55). 이러한 이주와 노동 경험에서 가장 핵심적인 주체화 과정들은 프롤레타리아화와 소외 과정, 또는 푼이 언급한 "종결되지 않은 프롤레타리아화" 과정의 측면에서 충분히 설명될 수 없다. 그러한 과정들은 분명 계급 동인을 포함하고 있기는 하지만, 또한 계급의 형성에 기여하고 마찬가지로 현재 중국에서의 전환을 이끄는 갈등 행위를 형성하는 젠더화되고, 종족화되며, 공간화된 관계들을 체화한다.

푼이 선전에서 자신의 연구에 착수한 이래, 이주 노동자들의 압력으로 인해 후코우 시스템을 개혁하고 더욱 유연하게 만들기 위한 수많은 시도가 있었다. 그런데도 후코우 시스템은 "중국의 사회경제 전략과 개발전략의 핵심으로 남아 있다"(Chan 2010, 362). 이런 상황과 더불어, 이주 노동자의 두 번째 세대의 형성 ― 더 교육받고, 더 많은 경험을 갖췄으며, 다양한 형태의 집단행동과 투쟁에 참여할 준비가 더욱 많이 되어 있는 ― 은 중국에서의 최근 노동 투쟁의 동인과 구성에서 중요한 요소가 되어 왔다 (Pun and Lu 2010). 빈번히 언급되었듯이, 1990년대가 시작된 이후로 이주 노동자들은 "집회와 파업의 확연한 증가, 혹은 중국 정부가 애매모호하게 '우발적 사건'이라고 지칭하는 것"에 관련되어 왔다(Lee 2007, 6). 그럼에도 불구하고, 광둥성 포산의 남부 혼다 공장에서 2010년 5월에 시작된 파업 운동은 새로운 성격의 투쟁 혹은 〈중국 노동 회보〉의 연구자들이 "새로운 이주 노동자 세대의 충격적인 영향"으로 묘사한 것을 알려주었다(China Labor Bulletin 2011, 5). 중국 내 폭스콘 공장들에서 십여 명의 청년 노동자들이 자살한 배경에 저항하여 일어난 2010년 노동자 투쟁의 결과를 지금 평가하는 것은 시기상조이다. 그러나 임금의 상당한 상승과 노동 계약 및 산업관계 시스템의 개혁 시도들은 노동자의 우위와 관계된 사회적·경제적 권력에서 변화가 일어나고 있음을 보여준다. 역사 속에서 빈번히 등장했던 것과 같이, 21세기 전 세계적인 범위에서 가장 중요한 일 중 하나인 이러한 파업과 노동 투쟁의 극적인 흐름은 많은 측면에서 이주 투쟁의 물결이기도 했다. 이러한 파업들에서 가장 중요한 것은 중국과 여타 지역에서의 산 노동의 구성을 가로지르는 다수의 영역선에 걸쳐서, 또한 이에 반해서 일어나는 경계투쟁들이었다.

상당히 흥미롭게도 중국에서 2010년 노동 불안의 시기는 우리가 '환승 노동 연구 프로젝트'의 참여자로서 상하이 남서부 변두리의 쏭장 산업 구역에서 제조사들이 회로기판을 찍어내는 홍콩 소유의 공장에 방문했던 것과 같은 시기에 일어났다. 1992년에 설립되어 수출가공지대에 위치하고 이후에 여러 번 재구역화된 이곳은 첨단 통신 장치와 소비재 전자제품에 필요한 HDI-1과 HDI-2 리지드 플렉스 프린트 회로기판rigid flex printed circuit board의 생산 지대이다. 그 공장은 중국 본토, 홍콩, 일본 등지에 걸쳐 뻗어있는 조립생산 사슬의 일부이고, 파이오니아, 에릭슨, 일본전기, 후지쯔, 애플, 알카텔, 산요Sanjo, 캐논, 폭스콘, 그리고 이동전화, 개인 디지털 도구들, 랩톱 컴퓨터, 디지털카메라 등의 제조사들의 주문자상표부착생산제품을 공급한다. 이 경우에 우리가 만났던 노동자들은 엄격한 기밀보장계약에 묶여있었지만, 그들은 폭스콘에서 일어난 자살사건들에 대해 알고 있었으며 그에 관해서 자신들이 묵고 있던 기숙사에서 대화를 나누곤 하였다고 말해 주었다. 이외에도 우리의 관심사항이었던 것은 우리가 공장에 들어가기 전 관리부서에서 제공한 설명 발표였다. 거기에서는 산업에 대한 충실성과 환경에 대한 관례, 품질 관리, 노동기준 등에 대한 고객이 정한 규약들에 관해 상세히 설명되었다. 이것은 우리가 앞서 논의한 기업의 규정, 재조직화된 교훈주의, 법적 다원주의 등 아시아의 생산 구역들에서 가시화된 주권과 통치의 변이들과 관련이 있다. 우리가 접하게 된 증명서들은 "효과적이고 효율적인 환경 관리"의 증진을 위한 국제표준화기구14001ISO 14001과 유해물질규제지침, 폐전자전기기기처리지침 등 여러 기준을 충실히 반영하고 있음을 보여준다. 이 증명서 중 몇몇은 홍콩 품질보증청이나 사업 표준 연구소와 같은 기관들에 의해 발급되었고, 다른 것들은 그 공장이 회로판을 공급하는 주문자상표부착생산 업체에 의해 수여되었다. 예를 들면, 이것들 중에는 환경 관련으로 통제된 물질들에 관계된 소니 기업 기술 표준인 SS-00259

의 준수를 명시하는 소니 녹색 파트너 증명서가 있었다.

　여기서 우리는 예전에 공급 사슬의 로지스틱스 활동에 도입되었던 기업 규정과 표준이 가치의 생산에서 도구화되는 방식이 놓인 상황을 발견했다. 그러한 증명서와 이 공장에서 제조된 회로판이 포함된 상품에 표시된 로고와 여러 다른 녹색 상표[환경 기준에 부합함을 알리는 표시]가 붙은 장치들로 입증되는 도덕적·환경적 기민함은 주문자상표부착생산 업체들이 이 상품들에 더 높은 가격을 요구할 수 있음을 의미한다. 여기서 흥미로운 것은 이러한 가치의 창조가 어떻게 복수의 산업과 개별적인 규제 장치들을 통해 발생하는가 하는 지점이다. 점점 더 민간 기관들뿐 아니라 더욱 직접적으로 정치적 통제에 종속되는 주권체들에 의해 감시되고 있는 상황에서 말이다. 국제표준화기구14001, 유해물질규제지침, 폐전자전기기기처리지침과 같은 표준은 아무리 엄격하다 해도 충분하지 않다. 거기에는 소니가 직접적으로 지령을 내리고 통제하는 SS-00259도 분명히 있을 것이다. 왜냐하면 이것이 기업의 상표부착과 잠재적인 "녹색 세탁"을 위해서도 훨씬 더 효율적인 기제이기 때문이다. 쑹장 산업 구역의 공장 공간 안에는 갈등하고 중첩되는 규범들이 가득 차 있다. 우리에게 흥미를 주는 것은 이러한 다수 체제들의 틀 만들기와 그것들의 조화가 자본의 생산성을 가능케 하는 방식이다. 이것은 공장 공간 내 노동 조건에 함의를 갖고 있다. 칭이 예리하게 관찰한 바와 같이, "공급 사슬의 다양성은 사슬 내부로부터는 완전히 훈육될 수 없다" 그리고 "이것은 공급 사슬을 예측불가능하게 만든다 — 그리고 자본주의를 이해하는 틀로서 아주 흥미롭게 만든다." 이러한 환경하에서, "노동자들을 훈육시키는 배제와 위계들은 사슬의 내부에서만큼이나 외부에서도 많이 등장한다"(Tsing 2009, 151), 이런 이유로 증명서가 존재한다는 것이 공장 안의 노동 조건에 대해서 거의 알려주는 바가 없다. 우리는 이 작업 현장 안의 노동 조건이 어떠한지 확실히 말할 수 없다. 비록 그 관리 시스템이 우리들과의 소통에 무척 적극적이었던 것으로 봐서는, 그들의 노동 조건이 분명 푼이나 다른 기숙사형 노동 시스템 연구자들이 기록한 것보다 훨씬 더 좋았을 것으로 보인다. 우리는 관찰 그리고 제스처와 눈 맞춤을 조심스럽게 사용하여, 자신들의 삶과 월급봉투에 대해 말하는 것이 계약에 의해 금지된 노동자들의 경험을 가늠할 수 있을 뿐이었다. 정확히 그런 순간들에서 우리는 특별경제구역에 있는 다수의 통치 레짐들에 걸쳐 남아 있는 주권 권력의 흔적을 느낀다.

코그니잔트와 인피니티 사이

콜카타의 제5구역 정보통신 허브에 있는 코그니잔트사™와 인피니티사™ 건물들 사이에 서 있으면, 자연스레 베이징의 중관춘이나 다른 중국 기술 구역에 있는 것처럼 상상하게 된다. 각진 선형 금속과 유리, 풍경처럼 꾸며진 정원, 넓혀진 거리 등의 건축 스타일은 마치 그것들을 같은 홍콩 기반의 회사가 설계한 것처럼 보인다. 오직 코코넛을 쪼개 놓고 다른 벵골 지역 특산품을 파는 노점상들만이 1990년대 콜카타 북동부 변두리 지역에 건립된 이 기술공원의 위치를 무심코 보여준다. 실제로 토지 수탈과 가속화된 도시 확장으로 점철된 "중국식" 발전 모델에 대한 저항은 최근 서벵골에서 일어난 농민 투쟁의 전형이 되었다(Roy 2011). 혹자는 2006~2007년에 싱구르와 난디그람에서 일어났던 분쟁들을 떠올릴 수도 있다. 이때의 농민운동은 자동차 공장과 특별경제구역의 설립이라는 "공공의 목적"을 위해 마을과 농지를 확보하려던 서벵골 정부의 두 번에 걸친 시도를 성공적으로 막았다. 이 투쟁들은 인도와 서벵골 지역에서의 공적 삶에 상당한 반향을 일으켰다. 콜카타의 지식계층(Chatterjee 2008 ; Samaddar 2009 ; Sanyal 2007) 사이에 본원적 축적에 대한 논쟁을 촉발시켰고 종국에는 2011년 5월 서벵골주 좌파 전선Left Front 정부의 장기

집권을 종식하는 데 기여하였다. 콜카타 변두리의 다른 지역에서는 토지 획득과 중국식 개발 모델에 대한 저항이 그다지 성공적이지 않았다. 콜카타 북동부이자 제5구역의 접경지대에 자리하고 있는 라자르핫 혹은 뉴타운으로 알려진 광대한 토지 지역은 실패한 농민운동에 대한 황망한 기억만을 남긴 곳이다. 텅 빈 택지, 쇼핑몰, 특별정보기술구역, 생계수단도 없이 남겨진 인구들이 거주하는 "서비스 마을들", 광대한 불모지 등이 듬성듬성 박힌 채, 라자르핫은 통치의 이동 방식, 자본과 노동의 변성, 축적의 정보전략에 수반하는 폭력적인 공간의 창조 등에 관해 우리에게 많은 교훈을 준다.

인도에서 특별경제구역, 뉴타운, 그리고 다른 도시 실험의 개발이 중국식 모델을 따르고 있다는 전제는 여러모로 인상이나 비평의 사안에 가깝다. 이 두 나라를 마구잡이로 연결 짓는 데 "친디아"Chindia 건설과 같은 개념이 인기 있게 사용되고는 있지만, 지식이나 정책이 이전되었다는 직접적 혹은 기술 관료적 과정의 증거는 거의 없다. 두 국가 모두 자신들의 식민지 역사 속에 구역 만들기 행위의 전례를 갖고 있고, 여기에는 19세기 아편전쟁에 뒤이어 중국에서 등장한 조계지와 조약항, 그리고 영국 동인도 회사에 의해 아대륙에 설립된 프레지던시 타운[영국 식민지 시기 인도의 영국정부 행정 구역 중 하나] 등이 포함된다. 비록 1965년 구자랏에 설립된 칸들라 수출가공구역이 세계 최초 구역만들기 중 하나로 빈번히 언급되기는 하지만, 중국의 특별경제구역은 덩샤오핑의 문호 개방 정책이 준 충격 아래에서 1970년대 후반과 1980년대 초반이 되어서야 등장하였다(Chen 1995). 그런데도 2000년 인도 상무부 장관인 무라솔리 마란의 방중은 인도 특별경제구역의 역사에서 기념비적인 사건이다. 마란은 자신이 중국에서 본 것과 그곳 관료들과의 토론에 감명을 받아 2000년 4월에 새로운 수출-수입 정책을 도입하였다. 이것은 인도의 기존 수출가공구역을 학교, 주택, 병원, 소매 개발 등의 사회적 시설이 충분한 특별경제구역으로 변환시킴으로써, 후에 논쟁의 빌미가 된 2005년 〈특별경제구역 법안〉2005 SEZ ACT의 전례를 제공하였다. 실제로 인도에서 지난 십 년간 추진된 구역설정 실험들은 여러 측면에서 중국식 모델과는 달랐다. 이를테면 공공 주도의 개발에 상반되게 민간 투자와 민관협력 구상이 우세한 것, 대부분의 특별경제구역이 기존의 산업 지역과 도시 지역에 근접해 있는 것, 중국의 특별경제구역에 비교해 인도 특별경제구역은 상대적으로 작은 규모라는 것 등이다(Jenkins 2007). 그런데도, 계획자들의 상상을 물질화하는 것, 건축설계 회로들, 많은 수의 동일한 고용주와 기업의 현존 등이 시행하는 문화적 관리 스타일 등은 중국과 인도의 개발구역들에 기묘한 유사성이 있음을 보여준다. 켈러 이스터링이 관찰하였듯이 이러한 반향들은 "적절하고 솔직담백한 정치적 협상의 영역" 안에서 순환하기보다 "시장과 문화적 설득의 비공식적인 흐름"으로부터 기인하는 경향이 있다(Easterling 2008, 297).

지난 십 년의 후반부에 인도 아대륙 전역에 걸쳐 확대된 특별경제구역은 국가적 스케일을 가뿐히 넘어서는 노동력, 노동 과정, 자본의 사회적 관계 등의 재조직화에 근본이 되는 여러 다른 공간의 배열에 포함된다. 이 공간에는 수출가공지대, 자유무역지대, 뉴타운, 정보통신기술 허브, 화물운송 고속도로, 산업 회랑 등이 포함된다. 이러한 공간이 어떻게 서로와 연결되고 단절되는지를 이해하는 것은 공간 안에 연결되어 포화된 규범적 배열, 주권 권력과 정부 권력에 대한 공간의 중요성, 더 넓은 전지구적 순환로로 나아갈 뿐 아니라 각각의 공간을 연결하는 로지스틱스, 그 공간들이 만들어낸 노동, 착취, 강탈의 다양한 형식들을 평가하는 데 핵심적이다. 이런 측면에서 중요한 요소들은 다음과 같다. 첫째, 외국인의 직접투자를 끌어들이기 위한 인도 주들 간의 경쟁(Sharma 2009; Tripathy 2008), 둘째, 이러한 공간의 통치 내 개발위원회와 다른 행정 부처들의 역할, 셋째, "공공의 목적"(Bhaduri 2007)과 같은 개발 용도의 토지 획득을 위한 1894년의 〈토지획득법〉의 활용, 넷째, 농민과 소작인 공동체의 강제 이주(Chakrabarti and Dhar 2010), 다섯째, (예를 들면, 델리 -뭄바이 산업 회랑과 같은) 광대한 기간시설 사업들을 가능케 하는 정부 간 협약들, 여섯째, 차별적 시민권과 그것이 노동자의 프레카리아트화에 야기하는 역할 간의 은밀한 만남(Dey 2010), 그리고 일곱째, 이러한 공간의 구축에 지식노동과 가상 이주가 지닌 중요성 등이다. 1991년 이후 인도 아대륙 전역에 거쳐 노동과 생사의 탈개발적인 재스케일링과 재공간화에 관한 포괄적인 조사가 이루어진 것은 우연이 아니다(Sen and Dasgupta 2009). 지금으로서는 (많은 경우에 비공식적인 배열을 임시계약 등을 통한 공식 영역으로 편입시키는 것과 같은) 비조직화되고 비공식적인 노동에 대한 저항, 성별 기반 노동분업 재강화, 국내 이주 노동자 집단의 팽창, 특히 자본 접경이 도시 중심부와 변두리에 악영향을 끼치는 지점에서 근근이 연명하는 사람들의 증가가 있었다는 정도만 얘기하도록 하자(Samaddar 2009). 도시 변두리의 개발로 모든 산업적 권리를 포기한 라자르핫과 같은 공간에 이러한 경향은 한꺼번에 찾아왔다. 이런 이유에서 우리는 전환 노동 프로젝트의 일환으로 라자르핫에서 축적한 경험과 지식에 집중할 것이다.

콜카타 변두리에 설립된 뉴타운인 라자르핫은 엄밀하게 보면 특별경제구역은 아니다. 라자르핫에는 정보통신과 정보통신 지원 서비스 영역들을 위해 설립된 다수의 특별경제구역이 있기는 하지만, 그것은 정확하게는 인도 대도시들의 끄트머리를 따라 성장해온 다른 뉴타운들과 같은 분류에 속한다. 이를테면 뭄바이의 나비 뭄바이, 델리의 구르가온 등이 그것들이다(Bhattacharya and Sanyal 2011). 처음에 서벵골 주정부는 도시의 주택 문제를 경감시키고자 뉴타운 개념을 고안했지만, 개발 사업 자체는 서부 벵골 주택 및 기간시설 개발 회사라는 새로운 행정 기구에 맡겨졌다. 이 회사는 1990년대 후반에 설립되어 토지의 획득과 매각, 기반시설의 구축, 주택의 건설, 상업목적 건물들의 감독, 미래 도시의 유지를 목적으로 광범위한 권력을 부여받았다. 오늘날 라자르핫으로 가보면, 중국식 개발이 슬로모션으로 진행되고 있는 것과 같은 인상을 받게 된다. 2007/8년의 경제 위기로 발목이 잡히면서, 이 지역은 완공되지 않거나 입주가 이루어지지 않은 아파트 단지가 독특한 특징으로 자리 잡았다. 이런 상황이 전기와 같은 기초 기반시설의 공급 부족을 야기하였음에도, 부동산 투기의 대상, 특히 그 지역의 미래 성장을 이용하고 싶어 하지만 거주하지는 않는 인도인들의 투기 대상이 되었다. 쇼핑몰, 사립학교와 병원, 버스 터미널, 액센츄어·와이프로·인포시스·타타 컨설팅 서비스와 같은 정보통신과 정보통신 관계 서비스 회사들의 입주가 예정된 사무용 건물들을 이곳에서 우연히 볼 수도 있다.

아마도 라자르핫의 가장 놀라운 특징은 한때는 울창하고 생물학적으로 다양한 경작지이자 어로지였던 곳이 폐허로 변하고, 수자원은 파괴되었으며, 토지도 황폐해진 것이라 할 수 있다. 예전에 이곳에 거주하던 노인과 소작농들은 추정된 시장 가격에 자신들의 땅을 강제로 매각당하였는데, 이 땅은 그 이후의 매각 과정에서 다섯 배 내지 여섯 배의 가격을 가뿐히 넘었다. 저항했던 사람들은 대개 진압 경찰이나 지역 폭력배들과 맞닥뜨렸다. 그들 중 상당수가 소위 서비스 마을service villages로 모여들었는데, 이곳에서 그들은 강탈 상태state of dispossession에 처해 있다는 점으로 인해 뉴타운의 주거 타워에 거주하고자 하는 중산 계급 공동체가 형성되기도 전에 이미 그들을 위한 값싼 노동력으로 여겨진다. 우리가 5장 도입부에서 지적했던 바와 같이, 이러한 전직 농부 중 일부는 새로이 고용된 노동자들을 상대로 찻집이나 다른 대용품 가게들을 차리러 예전에 자신이 살던 고향으로 다시 돌아가기도 하였다. 다른 사람들은 매일 도로변에 생기는 잡다한 일거리들을 하거나 아니면 성매매에 뛰어들거나, 그도 아니면 그러한 도시 개발을 가능케 하고, 그와 함께 나타나곤 하는 다양한 형태의 폭력행위에 종사하였다. 라자르핫 지역의 건물과 기반시설 건설 작업에는 주로 서벵골 지역 내 타 지역 출신 이주 노동자들이 종사한다. 반면에 그 지역 출신의 전직 농부들은 기술과 노하우가 부족해 이 작업에 참여하지 못한다. 이 때문에 지역의 노동 환경 변화가 주는 새로운 노동 기회라는 것이 이들에게는 공허한 제안이 된다. 이 전직 노동자들에게는 농업 경작으로 돌아가는 길과 공업으로 나아가는 길 모두가 차단된다. 그들의 삶은 본원적 축적의 고전적인 대본을 따르지 않는다.

정보통신 특별경제구역에서부터 찻집, 쇼핑몰에서 서비스 마을, 물에 흠뻑 적셔진 논에서부터 텅 빈 아파트 단지에 이르기까지, 라자르핫의 이종적인 공간을 가로지르는 것은 단지 노동 체제를 분리하는 경계를 횡단하는 것뿐만이 아니라 "탈식민지적 자본주의의" 윤곽들과 타협하는 것이기도 하다(Samaddar 2012 ; Sanyal 2007). 이 공간의 파편화와 분파화, 그뿐만 아니라 그 공간을 콜카타로부터 적절히 분리하고, 한편으로는 그것을 제5영역 정보통신 허브에 참여시키며, 다른 한편으로는 지저분한 시장거리, 먹거리 상점들, 바귀하티Baguihati라고 불리는 은행센터 등에 참여시키는 다수의 무한한 경계들은 에른스트 블로흐가 1932년에 유명한 글에서 명명했던 "비동시성의 동시성"을 한참 뛰어넘는다(Bloch 1977). 전지구화되는 시간의 소용돌이에 갇힌 채, 라자르핫은 과거를 현재의 생산 양식과 분리하는 바로 그 서사가 산산이 조각나서 촘촘히 경계화된 공간이다. 농부의 경작도 전혀 없고 공업 제조의 현장으로 상상된 적도 없는 이 공간은 시간, 시간성, 시간적 경계가 진보의 시간표를 따라 배열될 수도 없고 공시성 위에서 멈춰버릴 수도 없는 곳이다. 누가 서비스 마을과 빈집의 높은 가격 상승이 비동시적이지만 병렬적으로 존재한다고 말할 수 있을까? 특별경제구역 내 정보기술 지원 서비스ITES : IT-enabled services회사의 노동자와 그 회사의 외부 연결도로 앞에 늘어선 찻집에서 일하는 노동자라는 두 부류의 노동자들이 각각 다른 시간대의 리듬에 따라 노동하도록 강제되며, 이로 인해 라자르핫과 아대륙 자체를 넘어서 확장하는 측면 공간들에 강제로 거주하게 될 때, 그 두 부류의 노동자들이 종사하는 노동 공간이 사회·경제발전의 상이한 단계들 내에 존재한다고 우리가 어떻게 말할 수 있겠는가?

이러한 확장과 전지구적 연계의 유형들을 추적하는 한 가지 방법은, 이러한 환경에서 세워진 회사들이 생산한 문헌을 살펴보는 것이다. 기술, 컨설팅, 아웃소싱 회사인 액센츄어가 발간한 "전지구적 배송 : 다국적 세계 속에서 높은 성과로 가는 길"이라는 제목이 달린 홍보물은 "전지구적 배송과 궁극적으로는 높은 성과에 도달하기 위해 새로운 재능의 동력장치에 접근하고, 전 세계 곳곳에서 상호연결된 노동자들을 관리할" 필요에 대해 기술한다(Haviland 2008, 2). 이 홍보물이 담고 있는 팀워크, 상호연계, 다지향성 등의 미사여구는 라자르핫의 현실 문제를 다루는 기업 자본의 웃는 얼굴을 나타낸다. 2011년 2월 액센츄어는 인포스페이스Infospace의 개발을 위해 배송센터를 개설하였는데, 이는 라자르핫의 제3행동구역Action Area III 내에 특별경제구역의 지위를 가진 미완의 정보통신 공원이었다. 이 공간의 경계에 걸쳐 있는 찻집에 자주 들르고 그 근처 발리가리Baligari 서비스 마을에 방문하는 사람은 이 홍보 문서 안에 체화된 이데올로기의 물질화를 보게 된다. 인지자본주의의 징후가 있는 인포시스와 같은 정보기술 및 정보기술 지원 서비스 기업에서 일어나는 그와 같은 일은 분명 분석이 필요하다. 여기서 분석이란 "작업장에 또 다른 캠퍼스"(Remesh 2004, 292)를 제공, 노동조합과 다른 노동자 집단들이 이 구역에서 조직화하려는 시도들(Stevens and Mosco 2010), 가상 이주에 함축된 "노동의 액화"(Aneesh 2006, 9), 그리고 취약한 노동 조건, 사회문화적 조정, 이 분야에 쉽게 흡수되는 영어 구사가 가능한 대학졸업자 인력 풀로부터의 착취(Upadhyay and Vasavi 2008) 등을 제공하는 긍정적 힘에 대해 인지함을 의미한다. 그러나 그러한 분석은 노동 과정을 가능케 하는 바로 그 개발의 영향을 받은 주변 공동체들과 생태계의 파괴를 무시할 수 없다. 적어도 아대륙의 노동 투쟁과 전환의 전지구적 맥락 속에서 정교화됨에 따라, 인지자본주의의 경제적·정치적 범주는 탈식민적 자본주의, 파편화되고 중첩된 공간, 이종적인 노동 레짐과 노동하는 주체, 그리고 인지자본주의의 불안스러운 합법화를 정치적·문화적으로 구성하는 것 등에 관한 분석에 즉각적으로 접합되지 않으면 이해될 수 없다.

의심할 나위 없이, 인도에서 정보와 로지스틱스에 의해 주도되는 새로운 형식의 자본주의 개발에 영향을 받은 농민과 소작농 공동체의 강제퇴거를 분석하는 데 가장 자주 사용되는 수단은 데이비드 하비(2005)가 제안한 "강탈에 의한 축적" 개념이다. 예를 들어, 스와프나 바네르지-구하는 인도의 특별경제구역 구축에 관해 접근할 때, "시간-공간의 압축을 표현하는 노동과 자본 간의 관계에 기반한 생산양식"(Banerjee-Guha 2008, 52)을 포함하는 강탈에 의한 축적 과정의 "고전적 펼침"으로 인식한다. 비록 하비는 "강탈에 의한 축적"이라는 문구를 맑스가 본원적 혹은 원초적으로 묘사한 축적 행위의 지속과 확산을 표시하기 위해 사용하지만, 본원적 축적에 대한 논쟁은 라자르핫 그리고 그와 유사한 경제적 공간의 개발이 중심 무대를 차지했던 인도의 맥락에서 특별한 우여곡절을 겪었다. 본원적 축적을 "자본의 내재적 역사"로 기술하면서, 칼리안 사니얄은 "고유의 방식으로 전-자본을 생산하는 과정으로서 자본주의적 개발"을 개념화한다. 여기서 가장 중요한 것은 "이행의 서사"(Sanyal 2007, 39)를 넘어서는 본원적 축적의 과정이다. "배제된 자의 불모지를 자본이 존재하게 되는 서사에 새기고자" 하면서, 사니얄은 "직접적인 생산자가 자신의 생산 수단으로부터 소외되는… 그렇지만 강탈당한 사람들 모두가 자본주의적 생산 시스템 내에서 장소를 찾지는 못하는" 시나리오를 지적한다(47, 52). 본원적 축적이 반드시 농민들이 임금노동자가 되도록 강제하지는 않는다. 오히려 그러한 축적이 지속가능하게 하는 것을 사니얄은 통치적 반전governmental reversal이라고 명명했다. 개발의 신호와 성장의 필요성에 관한 지배적 담론 아래에서, 기본적인 삶의 조건이 모든 곳의 사람들에게 제공되어야 하고 노동 수단을 강탈당한 사람들이 생계 수단 없이 방치되어서는 안 된다는 점에 대한 전지구적 공감이 있다. 이런 이유로 중앙정부나 지방정부가 개입하지 않을 때, 강탈당한 사람들의 생계 요구에 부응하고자 하는 통치[정부]의 프로그램과 수단에 개입하려는 다른 국가들, 국제기구들, 시민단체들이 있고, 이를 통해 이들은 본원적 축적의 지속 자체를 가능케 한다. 사니얄이 언급한 바와 같이, "단지 강탈당한 사람의, 자본의 세계를 둘러싸고 있는 불모지 거주자의 생계를 확보해 주는 목표를 가진 통치 기술의 측면에서 빈곤과 결핍에 대응하는 것만으로도, 개발은 이제 자본의 존재에 대한 정통성을 주장할 수 있다"(174).

『정치적 사회의 연대기』(2011)에서, 파르타 채터지는 인도의 변형된 정치권력 구조와 개발을 연계시킴으로써 이 주장을 확장하는데, 여기에는 계급 지배 틀의 변화, 중산계급의 정치-도덕적 동요에 대한 국가의 민감성, 농민 공동체로의 국가와 다른 통치 기술들의 침투 등이 포함된다. 채터지가 보기에 그러한 통치적 반전이 본원적 축적을 가능케 하는 것은 그가 "정치적 사회"라고 부른 것 안에서 진행되는 하나의 과정이다. 이 사회 안에서 농민들은 자신의 생계상 필요를 강력히 주장하는 데 능동적으로 활동한다. 종종 "폭력의 계산적이고, 효용적인 사용"을 의미하는 타협의 과정에서 농부들이 빈번히 요청하는 것은 "국가가 자신들의 사례를 보편적으로 적용 가능한 규칙에 대한 예외로 선언해달라는 것이다." 이것은 "정치적 사회 속에서의 요구에 대한 국가의 대응을 … 단순히 행정적인 것보다는 불가역적으로 정치적인 것으로" 만든다(Chatterjee 2011, 229~31). 채터지의 주장은 도발적으로 예외로서의 신자유주의에 대한 요구를 반전시킨다. 그는 영국의 지배를 특징지었던 "계몽된 폭정"의 기술을 기반으로 [영국에 의한 인도 식민지 통치 시기를 일컫는 용어인] 라즈의 고전적인 "제국적 특권"을 "식민지적 예외를 선언할 수 있는 권리"(250)와 연계시킨다. 반면에, 그는 본원적 축적 과정의 통치를 유지하는 것을 정확히 강탈의 정치와 "통치받는 자"(Chatterjee 2004)의 정치 둘 모두가 교차하는 정상적인 행정적 과정에 예외를 두는 협상으로 이해한다.

채터지의 주장은 경제구역에 침투한 규범적 배열에 관한 분석적 접근법을 우리에게 제공하는 경우에 한해서, 우리들의 주장과 유사한 전망을 제공한다. 이런 접근법에서 과소평가된 부분은 공간적 전략이다. 이는 본원적 축적의 지속하는 과정들과 그러한 구역 안에서 명확해질 뿐 아니라 그것들을 초과하기도 하는 규범 체제 간의 갈등적이고 중첩적인 관계들 속에서 채택된다. 이것은 이러한 개발로 초래된 강탈이 통치[정부]의 경계 안 그리고 그것을 넘어서는 곳 모두에 있어 경계가 용인하는 착취의 형식들과의 관계에서 항상 분석돼야 함을 의미한다. 강탈의 효과들을 경감하려는 통치[정부]의 계획들이 효과적이든 그렇지 않든 간에 말이다. 라자르핫과 관계된 용어로 본다면, 농민 정치와 정보기술/정보기술기반사업 노동자들의 불안한 상태는 서로와의 관계 속에서 이해되어야만 한다. 제이미 크로스가 인식한 바와 같이, "인도의 새로운 경제구역의 가장 중요한 성과는… 인도 내 대부분의 경제 활동이 이미 이루어지고 있는 기존의 조건들을 가시화하고 정당화시킨 것이다"(2010, 370). 이를 통해 그는 더 광범위한 비공식 경제 노동자들을 위한 규제나 보호장치가 존재하지 않는다는 것은 그들이 탈규제와 유연성으로 표현된 구역에서 발가벗겨진 채로 놓여 있는 것을 의미한다고 말한다. 이런 관점에서 보면, 강탈에 의한 축적의 지속적 과정은 착취에 의한 축적의 지속적인 과정과 이러한 축적 전략과 축적 전략 속에 있는 주체성의 생산과정을 표현하는 규범적인 통치적 배열들의 관계에서 분석되어어야만 한다. 우리는 이 지점을 다음 부분에서 분석할 것이다. 거기에서는 구역과 다른 예외적인 경제적 공간을 더 광범위한 국가적, 지역적, 전지구적 경제체에 연계시키는 경계짓기 과정에 대한 강조가 정치적 주체성의 질문과 교차한다.

경계구역Borderzones

우리가 이 장에서 탐구한 공간들은 경계구역으로 적절히 정의될 수 있다. 다수의 이종적인 경계짓기 기술들은 그것의 구축과 존재 안에서 작동한다. 지정학적 경계는 국가 권력의 중요한 지렛대인데, 그 주권적 영토 중 일부를 잘라내도록 결정하고 그 잘린 영토들을 자본 축적의 지역적·전지구적 회로에 개방한다. 이런 결정을 통해 주권 권력은 통치성의 변화를 시작하고, 영역선들이 지속적으로 감시되어야 하는 다수의 규범적 질서들 안에 얽혀들게 된다. 몇몇 노동 레짐의 공존은 종종 현대 특별경제구역의 생산풍경productive landscape을 형성한다. 비록 특정한 전례와 모델이 계속 확산한다 하더라도 이러한 공간은 점증적으로 다양해진다. 가령, 1965년 상호협약 협상 이래로 미국-멕시코 간 국경에 산개된 공업수출지향적 생산 구역들인(Peña 1980, 1997 ; Sklair 1994) 마낄라maquila 모델은 중앙아메리카와 카리브해 국가들뿐 아니라 아프리카와 아시아의 현장에서도 지속해서 확산한다. 우리가 분석하거나 언급한 공간이 매우 이종적이라는 점을 중요하게 기억해둘 필요가 있기는 하지만, 더불어 그 공간들은 새로운 규범의 생산과 표현을 위한 실험실을 만드는 어떤 종류의 규범적 포화를 공유하기도 한다. 우리가 예외를 규범적 무효와 동일시한다면 이 공간은 예외로 받아들여질 수 없다. 그런데 우리가 그 공간들을, 다른 규범들과의 관계와 갈등들을 포함해, 규범들이 형성되는 와중에도 분석될 수 있으며 변화하는 환경에 맞춰 끊임없이 조정하는 중에도 분석될 수 있는 현장으로 여긴다면, 그 공간은 예외적인 무언가를 유지하게 된다. 칼리만탄에 대한 칭의 분석(2005)을 생각해 보면, 어떤 변방 정신frontier spirit은 이 현장 속에서 삶과 노동을 형성한다. 이 현장은 합법과 불법, 허가받은 것과 허가받지 않은 것 간의 영역선이 빈번히 흐릿해지고, 지방, 국가, 지역, 전지구적인 것의 중첩된 스케일이 더 이상 강한 구속력을 지니지 못하는 곳이다.

다수의 공간적 스케일의 상호교차, 즉 현대 자본의 전지구적 과정과 이행의 핵심 가운데 있는 바로 그 지리적 붕괴는 이 경계구역들 안에서 특히 쉽게 관찰될 수 있다. 이것은 특히 새로운 지역과 지역주의의 등장을 고려할 때에 해당한다. 최근 지리학자인 데니스 아놀드와 존 피클스(2010)가 연구한, '대 메콩 소구역'을 보자. 아시아개발은행이 1992년에 대 메콩 소구역 경제협력 프로그램을 출범시킨 이래로, 메콩강 연안 지역에서 자유 무역과 투자가 증가하여 이 지역의 경제 성장이 촉진되었다. 아놀드와 피클스에 따르면, 이러한 무역과 투자 유형은 "공급 사슬 역학과 국가 관례의 복합적인 상호 얽힘을 매우 분명하게 묘사"한다. 아시아개발은행의 대메콩 소구역 프로그램과 연계된 정책들이 국제기구와 국가기관에 의해 수립되기는 했지만, 그 정책은 "노동과 투자의 흐름을 관리하는 지방, 국가, 초국가적 지역 기구들에 의해 시행되기도 한다"(Arnold and Pickles 2010, 1604~5). 국경을 가로지르는 통치와 개발 기반시설의 새로운 제도는 신자유주의적 합리성을 권위주의적 정치 스타일과 조합하면서 지역 전반에서 등장한다. 중요한 것은 경계가 이러한 지역 통합의 과정 안에서 시험되고 재작동된다는 점으로, 이는 경계를 잠재적 갈등과 전쟁의 장에서 지역화와 전지구화 간의 수렴을 위한 전략적 접합점으로 변형시키려는 시도이다. 아놀드와 피클스는 다음과 같이 주장한다. 대 메콩 소구역에서 그러한 수렴은 "이동 자본과 투자에 부응하는 지방화된 공간 속에서 접합되는데, 그 공간은 한편으로는 국가의 영역선들에 엉거주춤한 태도를 취하고 영역선들을 흐리멍덩하게 하고, 다른 한 편으로는 특히 이주 노동의 흐름 측면에서 경계를 재정의하고 구체화한 다"(1599).

자본과 상품의 흐름을 통제하는 데 있어 경계의 지정학적 기능과 역할에 관해 아놀드와 피클스가 여기서 관찰한 것은 경계의 연화이다. 이것은 노동 이동 통제의 새로운 엄격함과 일치한다. 태국 경계 근처 새로운 특별경제구역의 설립은 이러한 변혁에 대한 분석이 수행될 수 있는 실증적인 토대를 제공한다. 아놀드와 피클스는 1990년대 이후로 중요한 산업 분야가 된 방직과 의류 생산의 중심이었던 태국의 미얀마[3] 접경 지역 근처인 매솟-미야와디 구역에 초점을 맞추면서, 태국과 미얀마 간의 지정학적 긴장으로 인한 경계강화와 보석, 목재, 다른 천연자원들의 불법 거래를 위해 구축된 경로로 인한 경계횡단의 조합이 어떻게 매솟 경제 전체가 의존하고 있는 거대한 이주 노동자 예비군에 대한 착취의 조건을 만들었는지를 보여준다. 광범위한 인종차별주의에서부터 차별화된 법적 지위에 이르기까지, 휴대전화나 오토바이의 사용 금지부터 문화 행사 개최 금지 이르기까지, 다수의 영역선들이 미얀마 출신 이주 노동자들의 삶과 노동을 둘러싼다. 여기서 "부분적 경계 시민권"이 등장하는데, 이것은 국가와 고용주들로부터 멀리 떨어져 있는 이주 노동자의 노동력을 재생산하는 비용을 대체한다. 여기에는 이주 노동자의 조건을 매우 취약하고 불안스럽게 만드는 낮은 임금이 동반된다(Arnold and Pickles 2011, 1615). 이러한 노동자들의 움직임을 고도로 감시하는 데 있어서 가장 중요한 것은 복합적인 법적·문화적·경제적 배열들 속에 뒤엉켜진 유연한 주체성의 생산이다. 아놀드와 피클스는 매솟 그리고 대메콩 소구역

---

3. 원문은 '버마(미얀마)' 그리고 '버마'로 칭하고 있으나, 현재 국제표준 명칭인 미얀마로 통칭하였음.

의 모든 형태의 지역 통합에서 주정부 정책이 지닌 강력한 역할을 분석하는 데 많은 관심을 가졌다. 또한, 그들은 특별경제구역이 고전적인 정치 지도로 편입되는 동시에 그 지도들을 흐릿하고 복잡스럽게 하는 다양한 방식에 관한 훌륭한 사례 연구를 제공하기도 한다. 메솟에서 작동하는 다수의 영역선들은 태국과 미얀마 간 지정학적 경계의 의미를 재가공하고, 민족국가의 영토적 테두리를 넓히고 자본 축적의 지역적이고 전지구적인 회로들에 그것을 개방한다. 이와 동시에 아놀드와 피클스는 국가 영토 내의 새로운 구획들을 추적한다. 새우 양식과 해산물 가공 산업이 마을 주민들을 강탈하고 환경을 악화하는 태국-말레이시아 연안 지역들(Horstmann 2007, 150~51) 혹은 금융, 부동산, 여타 고부가가치 분야들이 집중된 방콕의 대도시 지역에서 전지구적 연계의 상이한 유형들이 관찰된다. 이러한 전지구적 연계 그리고 이와 관계된 경제·노동 체제들의 이종적인 유형 간의 관계를 표현하고 관리하는 데서 다수의 경계짓기 기술들은 작동한다.

제임스 D. 사이드어웨이는 이렇게 적는다. "20세기 상당 기간 동안 개발은 영토와 경제의 넓은 상동관계에 의존하는 국가 프로젝트로 개념화되었다." 이 장에서 우리가 분석하는 공간들은 새로운 탈개발적 지리학이 등장하는 한 부분으로, 그 공간 안에서 "이러한 국가와 개발의 짝짓기가 점차 덜 안정되어 가는" 곳이기도 하다(Sidaway 2007, 350). 이러한 과정은 세계의 많은 부분에서 볼 수 있고, "자원-수탈 엔클레이브, 만성적인 전시상태, 약탈적 국가 간의 연결"이 "국가 경제 공간의 파괴"와 "'전지구적' 공간의 건설"(Ferguson 2006, 13; Reno 1999도 볼 것)을 야기하는 몇몇 아프리카 국가들에서는 끔찍한 형태로 나타나기도 한다. 그러한 구획되고 고립된 공간의 증식은 전지구화의 새로운 공간성이 갖는 더욱 일반적인 특성으로 보인다. 우리가 서술한 것처럼, 국가가 의심의 여지 없이 중요한 상징적이고 정치적인 보증자로 남아 있는 인도와 중국과 같은 나라들에서도 이러한 상황은 일어나고 있다. 사이드어웨이는 "다양한 분절과 영역선 행위로 표시된, 하위 국가적 공간과 초국가적 공간, 교차점과 네트워크가" 어떻게 "민족적 서사와 계획의 역할에 자신을 덧붙이고 재작동시키는지"를 관찰한다(Sidaway 2007, 355). 대표적으로 옹을 포함해 많은 연구자들이 주권에 등급을 매기는 과정으로서 묘사한 것은 어떠한 민족적 종파도 초월하는 통치 과정에 국가를 개방하는 것 — 우리가 통치성의 주권 기계 개념을 통해 이해하고자 하였던 경향 — 과 같다. 증식, 선택적 재작동, 강제, 개방, 경계와 영역선의 이종화 등은 이러한 탈개발적 지형의 중요한 특성이다.

우리는 "그런 이유로 등급이 매겨진 주권은 그 자체로 새로운 영역선에 관한 것일 뿐만 아니라, 선택적인 영역선 횡단, 주체성, 배제의 복합적이고 불균등한 경험이기도 하다"(Sidaway 2007, 352)는 사이드어웨이의 주장에 동의한다. 우리의 관심을 끄는 것은 주체를 생산하고 형성하는 데 있어서 경계의 역할, 그리고 이동 행위가 통치성의 주권 기계 및 그 기계가 변화하는 착취 체제와 뒤엉킨 것에 도전하는 다수의 국경 투쟁을 교차시키는 방법이다. 다음 장에서 우리는 주권과 통치성의 새로운 회집체의 함의, 시민권의 중요한 정치적 개념을 위한 경계의 증식 및 이종화의 함의에 초점을 맞출 것이다. 이주와 이동은 이러한 과정뿐 아니라 우리가 여기서 분석해 온 새로운 탈개발적 지형에서 작동하는 결정적인 힘이기도 하다. 라틴아메리카는 그러한 탈개발적 지형들이 어떻게 도시·국가·지역 환경으로 삽입되는지에 관해 몇 가지 흥미로운 묘사를 제공한다. 비록 탈개발이라는 용어가 주류 개발 담론과 실천에 관련해 인식된 실패들에 대한 일종의 규범적 대안의 모색을 지적함으로써, 라틴아메리카의 맥락에서 다른 중요성을 지니고 있다 해도 이 점은 달라지지 않는다. 아르투로 에스코바르는 탈개발에 관한 자신의 용법을 다음과 같이 설명한다. "탈개발이라고 할 때 나는 몇몇 사회운동들이 하듯이 주류 개발 담론과 실천의 전제들이 도전받을 수 있는 사회적 공간의 개방을 의미한다."(Escobar 2010b, 20).

라틴아메리카에서의 탈개발적 지형과 관련해 흥미로운 사례는 로마 데 사모라에 1990년대 초에 세워진 '라 살라다'라는 이름의 비공식적인 시장에서 찾을 수 있다. 이 시장은 부에노스아이레스와 그 도시의 광역 도시권인 코누르바노conurbano 간의 행정적 경계에 있다. 라틴아메리카에서 가장 거대한 비공식 시장으로서 2009년에 소득이 부에노스아이레스의 모든 쇼핑센터 소득의 두 배를 넘었던 점을 고려한다면, 라 살라다는 이종적 공간, 회랑, 네트워크, 그리고 흐름이 만나는 현장이다. 부에노스아이레스에 근거를 둔 집단인 〈랄리코누르바노〉와 〈뚜 빠르떼 살라다〉에는 주로 건축가와 도시학자들이 모여 라 살라다의 특이한 공간을 정의하는 "물류 도시성"logistical urbanism 개념을 제시했다(D'Angiolillo et al. 2010). 야간에 개장하는 그 시장은 주로 그날 만들어진 직물 제품을(그렇지만 판매를 위한 상품들은 수년간에 걸쳐 상당히 다양화되었고, 여기에는 가전제품들과 휴대용 전화기도 포함된다) 제공하는데, 부에노스아이레스나 아르헨티나의 다른 도시들에서뿐 아니라 페루, 칠레, 우루과이, 볼리비아 등에서부터 이곳까지 구매자들이 찾아온다. 상품의 순환을 위한 초국적이자 지역적인 판로의 구축에 있어 이 비공식 시장의 중요성은 라 파즈의 로스 알토스에 있는 비공식 시장들과의 연계뿐 아니라, 나이지리아와 중국과의 연계까지 추적이 가능해졌다는 데 있다(D'Angiolillo et al. 2010).

베로니까 가고(2011)가 보여주듯, 라 살라다의 설립과 활성화가 가능해진 것은 지역적 과정과 전지구적 과정 간의 교차를 통해 아르헨티나에 나타난 다양한 신자유주의적 자본주의에 대한 다른 형태의 민중 저항과 서발턴 저항이 만났기 때문이다. 2001년 12월 폭동 위기가 촉발될 당시 비공식적 교환과 거래, 물물교환이 급격히 증가함으로써 라 살라다가 현재 모습을 갖추는 데 필요한 스케일의 수준 향상 조건이 만들어졌다. 가고가 "프롤레타리아적 미시-경제"라고 부른 것들이 광범위하게 직조됨으로써 시장의 로지스틱스가 탄력을 받았는데, 이는 라 살라다의 구축과 유지에 기여한 볼리비아 이주자들의 역할을 떠올리면 분명해진다. 하위 공동체와 프롤레타리아 공동체 총체의 재생산을 위한 물적 조건들의 폭력적인 변혁과 파괴를 직면하면서, 1980년대 중반 이래 집을 강탈당한 볼리비아의 농부들과 광산 노동자들이 이주하면서 개방된 이 초국적 공간은 저항, 사회적 그리고 경제적인 자기-조직화의 공간이 되었다. 동시에 볼리비아의 신자유주의적 구조조정 과정이 근대화와 개발주의 담론과 정책의 위기를 일으켰고, 이 과정이 새로운 혼종적 자본주의 구조 안에서 이종적 노동과 축적 체제들을 조합하는 시도를 야기했다는 점은 기억해 둘 필요가 있다. 사회과학자이자 볼리비아의 현 부통령인 알바로 가르씨아 리네라는 이에 관해 "바로크적 근대성"을 이야기하였는데, 이는 국내 세력들과 공산주의 세력들의 착취를 통해 "계급적이고echelon-like 위계화된 형태로 15세기, 18세기, 20세기의 생산 구조를 통합함"을 의미한다(Linera 2008, 270). 소액신용대출microcredit의 확산을 통해 빈번하게 촉발되는 광범위한 비공식 경제의 출현은 "프롤레타리아적 미시경제"와 자본의 축적 간 여러 번의 조우와 충돌, 혼종화에 의해 교차하여, 볼리비아에서 이와 같은 신흥 바로크적 근대성의 핵심 구성요소가 되어 왔다.

라 살라다에 관해서 이러한 개발 사례를 염두에 두고 살펴보는 게 중요하다. 가고가 기술하듯이, 스스로 이주하고 재결성하는 '공동체적 자본' 역시 존재한다. 이러한 '공동체적 자본'은 심오한 양가성을 지닌다는 특징이 있다. 즉 자가관리, 동원, 불복종을 위한 자원으로 작동할 수도 있고, 동시에 노예상태, 굴복, 착취의 원천으로 작동할 수도 있다"(Gago 2011, 282). 이러한 양가성을 탐구하면서, 가고는 라 살라다의 "로지스틱스적 도시성"과 일련의 구획된 공간들을 연결한다. 많은 볼리비아 이주자들이 사는 슬럼에서부터 그곳에서의 판매를 위한 직물과 의복들이 생산되는 비밀스러운 스웻샵들까지 포함하는 그 공간들은 그 연결 주변을 둘러싸고 있으며 연결이 접합하는 지역 네트워크와 흐름을 가능케 하는 것들이다. 연기계약노동indentured labor이라는 독특한 형태의 노동은 볼리비아인들 소유로 운영되는 생산 현장에서 흔한 일이다. 노동자들은 라디오 안내방송과 "구인 대행사들"을 통해 볼리비아에서 직접 고용되지만, 가장 많은 경우는 공동체와 가족 네트워크들을 통한 직접 고용이다. 여정의 계획이나 낮은 수준의 숙소와 음식 제공, 심지어 노동자들의 여권 보관까지 모두 하청업자들이 관할하기 때문에, 노동자들은 강제로 일정 기간 임금을 받지 못한 채 일을 하게 된다(251~53). 주류 언론이 빈번하게 "노예화된 노동"의 이용을 라 살라다의 '짝퉁' 브랜드 상품 제작 및 종족·주변부 경제와 연관 짓는 동안에, 노예화된 노동이라는 이름에 함축된 수동성 그리고 일방적인 복종에 도전하는 볼리비아인 노동자와 노동자 결사체의 말과 행위에서 완전히 다른 그림이 등장한다. 페소와 미국 달러 간 등가에 의해 창출된 수입import을 통해 메넴Menem 시대에 붕괴하였던 아르헨티나의 방직산업이 재조직화되었는데, 여기에는 "위조"와 "진품" 브랜드 상품을 생산하는 비밀 스웻샵들에 대한 위탁이 빈번히 이용되었다. 주변화되고 특정 종족화된 것과는 달리, 라 살라다의 경제는 임금노동의 지배를 넘어 아르헨티나 노동의 변혁과 증식의 거울이 되어 왔다. 볼리비아의 신자유주의 시대에서 기원한 밀집되어 있고, 복합적이며, 양가적인 프롤레타리아 미시경제에 자본이 말려드는 상황이 최근 몇 년간 "후기-신자유주의적인" 아르헨티나의 거울로서 라 살라다의 경제에 불안하게 다가왔다.

우리가 이 장에서 살펴본 경계구역은 모두 다수의 영역선과 스케일이 상호교차하여, 우리가 자본의 변방이라고 부른 것이 새로이 팽창하는 구체적인 현장이다. 이러한 팽창은 소위 본원적 축적의 여러 과정과 형태가 재등장하는 것과 구조적으로 연결되어 있다. 자본은 계속 사회적·자연적 "환경"을 파괴하며 새로운 축적 공간과 회로를 개방한다. 로자 룩셈부르크(2003, 348)에 의해 사용된 용어를 상기시키는, 사회적·자연적 환경은 역사의 앞선 순간들에 이미 자본에 의해 줄곧 형성되었다. 이 같은 현재의 과정을 맑스에 의해 분석된 고전적인 본원적 축적과 구별하는 이유는 이러하다. 즉 오늘날에는 비자본주의적 생산양식에서 자본주의 생산양식으로의 전환은 그렇게 중요하지 않고, 볼리비아 사례의 바로크적 근대성에서 살펴보았듯이 오히려 다른 시대의 자본이 현시대의 다양화된 스케일 위에서 재작동한다는 점이 중요하다. 본원적 축적의 현대적 발현에 토지 그리고 천연자원의 추출은 여전히 매우 중요하다. 그러나 오늘날의 "인클로저" 역시 지식과 삶을 교차하고, 붕괴하는 복지 시스템들 속에서 작동하며, 비우량 주택 담보 대출subprime mortgages과 같은 금융 장치의 작동에서 추상화된다(Sassen 2010). 이 장에서 분석된 다수의 영역선들은 구역과 다른 변칙적인 공간을 속박하고 횡단하는 이러한 과정 속으로 깊숙이 말려들어 간다. 방법으로서의 경계의 관점에서, 우리는 자본의 변방과 영토적 경계의 새로운 접합을 필요로 하는 긴장, 갈등, 투쟁의 결정화로서 그 영역선에 접근했다. 이런 방식으로 우리는 통치성의 주권 기계라고 부른 것의 작동에 관한 실체적 설명을 제시하고자 하였다. 현대의 본원적 축적 형식을 살펴보는 문헌들이 강탈과 착취를 대치되는 행위로 다루는 경향이 널리 퍼져 있기는 하지만(Harvey 2003), 우리가 탐구한 영역선은 자본의 작동과 관련한 이 두 용어들 혹은 순간들을 접합하기 위한 장치로서 작동하는 경향이 있다. 구역, 회랑, 다른 탈개발적 지형들 안에서 그리고 이를 가로질러 거주하고 일하는 이동적인 주체들의 경험, 실천, 투쟁들 속에서 접합은 가시화된다.

주체 생산하기

스타하노프와 우리

도대체 착취 개념에 무슨 일이 벌어진 것일까? 그리 많이 멀지 않은 과거에 노동 정치가 그 힘과 에너지를 작업장에 존재하는 착취의 실재로부터 끌어왔던 때가 있었다. 그것은 시장과 계약에 의해 가려진 "생산의 숨겨진 거주지"를 찾는 것이 혁명적인 계급투쟁의 촉발로 이어졌던 산업 노동자의 시대였다. 아마도 1989년에 실제로 존재했던 사회주의의 붕괴였고, 아니면 아마도 그것은 소위 말하는 본원적 축적이 현재까지 지속되는 것이었다. 하지만, 이러한 정치와 탐색은 지난 몇십 년간 점진적으로 감소한 것으로 보인다. 접두사 자기self로 면역되지 않고 잉여가치 생산에서 노동자의 공모를 강조하는 분석에 내재되지 않으면 착취라는 단어는 순진해 보이거나 아니면 최소한 자본주의 발전의 초기를 들먹이는 것처럼 보일 것이다. 이것은 단순히 신자유주의적 교리의 결과는 아니다. 착취와의 관계에 기반한 자본주의의 정치적 분석으로부터 멀어지는 것은 전지구적 현재를 가장 급진적으로 분석할 때 나타나는 몇몇 특징을 보여주는 경향이라고 할 수 있다. 1990년대 초기 즈음 스튜어트 홀(1992)은 착취보다는 권력에 더 초점을 두는 문화연구 경향에 관해 기술하였다. 의심할 바 없이, 권력의 실증적이고 생산적인 속성에 대한 미셸 푸코의 강조는 여기에 큰 영향을 미쳤다. 그러나 착취의 분석학으로부터 멀어지는 것은 현대 전지구화를 다루는 많은 맑스주의적 접근의 속성이기도 하다. 우리는 "강탈에 의한 축적"이 "제국적 자본주의 축적 조직에서 가장 중요한 모순으로 전면에 나타났다"(Harvey 2003, 172)는 데이비드 하비의 판단을 여러 번 언급했다. "본원적 축적"이 현대 자본주의 팽창의 핵심 요소라는 점은 부인할 수 없다. 농부의 강탈, 유전적인 물질의 인클로저, 천연자원의 징발, 교환 혹은 과세의 금전화, 혹은 전체 인구들을 훈육하기 위한 신용 시스템의 활용 등과 본원적 축적이 관계가 있든 없든 간에 말이다. 전후 호황에 기름을 부었던 조건들을 재생산하는 데 있어 자본의 무능이 촉진한 질적 변화를 하비가 지적하기는 했지만, 그는 자본의 축적이 지속적으로 강탈에 의한 축적을 동반한다는 점을 지적하는 데는 조심스러워한다. 그래도 의문은 남는다 : 착취는 무엇이 되었는가?

우리는 현대 자본의 작동을 이해하는 데 중요한 분석적·정치적 열쇠는 강탈 행위와 착취 행위 간의 발현을 비판적으로 검토하는 데 있다고 확신한다. 이러한 서로 다른 축적 과정들이 어떻게 합쳐지고, 단절되며, 함께 작동하고, 서로에게서 멀어지는지를 추적하는 것은 방법으로서의 경계의 핵심적인 부분이다. 이런 추적은 현대 자본의 작동을 국가 경제나 지역 경제로 한정하는 분석 틀에서는 완전히 달성될 수 없는 작업이다. 그렇다고, 현대의 축적 전략을 지휘하는 금융 시장의 전지구화가 수행하는 중요한 역할이 유일한 이유인 것도 아니다. 금융 시장이 전지구적인 반면에 노동시장은 그 작동과 범위에 있어 내재적으로 국가적이라는 가정을 파괴하는 데 이주의 한 부분과 다양한 형태의 내적·시간적 경계짓기는 똑같이 중요하다. 국가적 구획으로 추정되는 것의 내부 그리고 그 너머에서 노동시장을 절단하고, 분할하며, 증식하는 데 있어 공간과 스케일의 지속적인 상호작용은 자본이 어떻게 상이한 축적 전략들의 말단부를 작동시키는지를 추적하는 데 있어 핵심적인 요소이다. 앞 장에서 우리는 국가적 스케일 위와 아래에 있는 다른 종류의 소규모 고립 지역 pockets, 엔클레이브, 회랑들이 어떻게 이러한 관계를 가시화하는지를 검토하였다. 예를 들어, 특별경제구역을 구축하고 운영하는 데 적용된 주권과 통치 기술은 강탈뿐 아니라 잉여노동의 통제도 가능케 한다. 이 장에서 우리는 이러한 발전들이 어떻게 노동자를 정치적·법적 주체, 시민, 개인으로 위치시키는지에 관해 질문하며, 이러한 노동 주체의 발전이 갖는 함의를 강조할 것이다. 이는 다른 종류의 국경 투쟁과 그 안에서 번역 정치의 적절성에 관해 더욱 적극적으로 고민해보도록 할 것이다. 그러나 강탈과 약탈의 경계를 가로지르는 자본의 축적 추구가 어떻게 노동자의 입장과 지위로부터 시민의 위치와 지위를 탈구시키는지 보여주는 것으로 시작할 필요가 있다.

칼 맑스는 본원적 축적을 묘사하면서 "비밀"이라는 도발적인 용어를 쓰고 있다(Marx 1977, 873). 그러나 그는 자본이 노동으로부터 절대적 잉여가치와 상대적 잉여가치를 쥐어 짜내는 이중적 방법을 사용한다는 사실에 대해서는 어떤 비밀도 만들어 내지 않는다. 고전적으로 절대적 잉여가치는 축적의 외연적 방법과 관계가 있었는데, 이는 생산의 시공간적 차원 확장과의 관계를 일컫는다. 상대적 잉여가치의 경우에는 생산방법의 외연화와 관계가 있는데, 예를 들면 생산성과 효율성을 높이고자 하는 과학적 관리 기술이 그것이다. 하비와 같은 사상가는 "중요한 것은 바로 절대적 전략과 상대적 전략들이 서로를 조합하고 상대로부터 도움을 얻는 방식"이라는 점을 인정한다(Harvey 1989, 186~67). 이외에도 자본의 축적이 본원적 축적에 참여하기도 하고 그것을 제거하기도 하는 특정한 방식을 이해할 필요가 있다. "(정치체나 단일체로서) 어떠한 생산 관계든 그 자체로 이종적 구조로, 특히 자본이 이에 해당된다. 이는 가치 생산과 잉여가치 전유의 모든 단계와 역사적 형태가 가치와 잉여가치를 이전하는 복합적인 네트워크 속에서 동시에 활동하고 함께 작동하기 때문"(Quijano 2008, 201~2)이라는 아니발 꿔하노의 주장에 우리는 동의한다. 일단 이 점에 동의하면 하나의 축적 형식이 다른 형식에 대해 갖는 역사적 우위에 관한 질문은 다른 시공간적 맥락에서 그 축적 형식의 이종적인 구성을 세밀하게 검토하는 것보다 그 적절성이 떨어지게 된다.

착취의 질문으로 돌아가서, 우리는 절대적 잉여가치와 상대적 잉여가치 모두를 생산하는 것뿐 아니라, 그 둘을 본원적 축적과 접합하는 것에도 관심을 기울일 필요가 있다. 이는 하비가 금융화와 사유화와 같은 강탈에 의한 축적으로 밝힌 몇몇 요소들이 맑스가 본원적 축적이라고 묘사했던 과정을 넘어서서 확장하며, 잠재적으로 착취에 의한 축적의 일부로 고려될 수 있음을 인식한다는 의미이다. 이러한 혼합이 중요한 이유는 그것이 "가치의 생산과 잉여가치의 전유" 속에서 다른 축적 전략의 복합체와 항상 맥락적인 합류를 구축하기 때문이다. 본원적 축적에 대한 분석을 맑스가 『자본』 1권의 마지막 장에서 영국 산업혁명 사례에 관해 묘사했던 과정으로 축소하는 것은 지나치게 좁은 해석이다. 실제로, 맑스는 "여러 다른 나라들의 징발 역사는 다른 측면들을 가정하고 있으며, 상이한 연쇄의 순서에, 그리고 상이한 시기에 그 역사의 다양한 국면들을 통과한다"고 주장한다(1977, 876). 이와 비슷하게, 우리가 전지구적 노동 역사에 대한 논의에서 강조했던 것과 같이, 착취 작업이 하나의 동질적 산업 노동자에게 수렴하는 것으로 가정할 수 없다. 이것은 강탈과 착취 사이에 견고한 개념적 경계를 그리기 어렵게 만들고 심지어는 본원적 축적이 임금 관계에 종속된 도시 노동자의 등장을 초래한다고 가정하기 어렵게 한다. 하비는 정확하게 "본원적 축적의 정치와 더 나아가 강탈에 의한 축적의 정치가 자본주의의 전사prehistory에 속한다는 생각"에 의문을 제기한다. 브라질의 〈무토지농민운동〉과 도시 기반 〈노동당〉 간 검증된 관계의 사례를 보면서, 그는 "강탈에 의한 축적에 대항하는 투쟁"과 "더욱 전통적인 무산계급 운동" 간의 동맹에서, 대개는 후자의 단단한 조직 구조로부터 등장하는 동맹에 대한 장애물을 발견한다(Harvey 2010, 313). 일단 우리가 임금 관계를 넘어선 착취의 외연을 인식하면, 강탈에 대한 투쟁이 노동 착취에 대한 투쟁에 합류하는 정치적 동맹의 가능성이 더욱 커지게 된다. 그 동맹이 다수의 변화하는 연계와 결사의 선들과 협상하는 더욱 복합적인 과업을 직면하게 되기는 하지만 말이다.

그러한 정치적 동맹이 만들어지는 데 가장 견고한 장애물 중 하나는 노동관계, 임금 체계, 그리고 그것들을 통치하는 제도들이 국가적 틀 안에 내재해 있다는 점이다. 우리는 이미 그러한 제도들이 폭력적이고, 위계적이며, 다양한 경계를 지닌 노동시장의 활동들에 대응하는 데 적합한지에 관해 의문을 제기했다. 또한 노동 조직, 중재, 규제의 그러한 국가화된 시스템들의 전세계적인 외연과 상호관계를 함축하는 국제노동분업 개념을 비판적으로 탐구해 왔다. 산업 중재위원회와 대부분의 노동조합처럼 국가에 기반했든 아니면 국제노동기구처럼 국제적 범위에 기반했든, 바로 그러한 형식의 제도가 현대 세계에서 강탈이 갖는 점증하는 중요성에 대항해 투쟁하는 운동들과의 의미 있는 협력을 방해하는 경향이 있다는 점도 덧붙일 필요가 있다. 강탈에 의한 축적이라는 쟁점에 대응하는 전투적 활동들은 극단적으로 국지적인 지향을 하고 있거나 아니면 탈집중화되고, 초국적이며, 네트워크화된 형태를 취하는 경향이 있다. 이러한 스케일들을 가로지르며 작동하는 것은 가장 성공적인 경우이다. 어떠한 것도 본질적으로는 그 운동들이 국가 수준에서 작동하거나 국가 제도들을 통해 작동하는 것을 막을 수 없기는 하다. 그 운동들도 자신들이 대항해 싸우고 있는 강탈 행위를 가능케 하는 데 있어 빈번히 국가가 핵심적인 행위자인 현실을 마주한다.

인도에서 정부의 역할을 생각해 보라. 정부는 농부로부터 농지를 획득하여서 제조업과 상업이 이용하도록 하는 일종의 바닥치기 경쟁race to the bottom 1에 참여하여 왔다(Sharma 2009). 아니면 노동, 이주, 경계 쟁점들에 대응하기 위해 국가 제도 안에서 목소리를 내는 운동, 국가의 그늘 아래에서 작동하며 시민과 노동자의 등가성을 가정하는 경향이 있는 운동의 어려움에 대해 생각해 보라. 이주민, 외국인, 혹은 비정규 노동자에 대해 노동조합이 전통적으로 취하는 무관심한 태도는 이러한 어려움 중 하나의 사례일 뿐이다. 재니스 파인(2007)이 주장한 바와 같이, 깊이 뿌리

---

1. 정부의 과한 규제 또는 비용 절감을 통한 개체들 간의 경쟁으로 편익이 감소하는 상황.

박혀 있던 태도들은 변하고 있다. 이는 이주민들이 강탈과 착취의 사안에 대응하고 전통적인 노동조합에 의해서는 달성이 불가능한 방식으로 노동자들을 동원해낸 일부 노동운동에서의 혁신적인 조직화 전략이 낳은 결과이다(Alzaga 2011). 이는 또한 시민-노동자citizen-worker라는 인물형이 더욱 일반적으로 탈구된disarticulation 효과이기도 하다. 실제로, 시민-노동자 인물형은 그 주체를 국가적 틀에 꿰맞추는 경향이 있다. 이는 시민과 노동자와 같은 인물형이 여러 스케일들에 따라 다른 세부내용을 가질 수 있다 해도 마찬가지이다. 하지만, 20세기에 걸쳐 시민-노동자라는 인물형은 이와 관계있는 시민-병사citizen-soldier라는 인물형과 더불어(Cowen 2008) 2차 세계대전에서 파시즘의 패배 이후에 역사적인 우위를 가져온 세 가지 국가 형태 — 민주적 복지국가, 사회주의 국가, 발전주의 국가 — 모두에서 주체성의 장을 독점할 만큼 위협적이었다. 시민-노동자의 탈구에 대하여 이야기하는 것은 주체성의 관점에서 이러한 세 가지 상이한 국가 형태의 전환과 변혁을 탐구하는 것이다. 먼저 항상 이 인물형을 가로질렀던 모순, 갈등, 경계를 밝혀낼 필요가 있다. 1930년대의 소비에트 스타하노바이트 노동자와 20세기 미국의 제조업 노동자에 대한 간략한 고찰을 통해 이 작업을 진행해 보고자 한다.

시민-노동자의 출현은 19세기 민족주의, 산업화, 노동자들의 투쟁 등에 그 뿌리를 두는 길면서도 다양화된 과정이다. 혹자는 소련에서의 스타하노프 시점을 생각할 것이고, 혹자는 미시간주의 플린트와 같은 미국 공업도시의 전성기를, 인도의 네루 계획에 따른 훈육된 노동 주체, 혹은 1950년대 브라질의 제뚤리오 바르가스 정부가 치하한 오뻬라리오 빠드랑2을 떠올릴 수도 있다. 여기서 노동과 시민권 간의 이러한 특정한 상

---

2. operário padrão. 번역하면, 표준 노동자. 1950년대 브라질 산업 중흥기의 노동자 대상 캠페인. 규율, 성실, 능숙함 등을 노동자의 이상적 가치로 제시하고 시상식도 개최하였다.

호교차를 둘러싼 역사적 복합성을 탐구하려는 것은 아니다. 그러나 소련과 미국의 사례들을 간략히 조사해봄으로써, 시민-노동자 인물형을 투입하고 종국에는 그것의 무효화를 야기했던 역설과 긴장에 대한 단초를 얻을 수 있다.

수잔 벅-모스는 1930년대 소련의 스타하노바이트 노동자를 관찰하며, "집단의 이익을 위해 개인을 내치는 육체적 고통은 소비에트적 극치Soviet sublime라는 환각이다"라고 말한다(Buck-Morss 2000, 182). 알렉세이 스타하노프는 1935년에 6시간 만에 102톤의 석탄을 캐내는 기록을 세운 광부였고 이오시프 스탈린은 그 노고가 다른 경제 분야들에 걸쳐서 확대되어야 하는 모범 노동자로 그를 승격시켰다. "마법의 포템킨 왕국"에 들어온 "일반인 유명인사들"(Fitzpatrick 1994, 274) 중 하나로 새로이 등장한 트랙터 기사 파샤 안젤리나 혹은 사탕무 경작자 챔피언 마리아 뎀첸코와 같은 개인들뿐 아니라, 결국 소련의 남성과 여성 노동력 중 절반은 스타하노프 노동자가 되었다. 그렇지만 이것은 분명 높은 수준으로 구축된 민족 영웅의 영역이었다. 자신의 책『자석의 산』에서 스티븐 코트킨은 노동자들이 "스타하노비즘이 고역에 가깝다는 점, 따라서 관리자들에게 비정상적인 긴장을 부여하고 관리자와 노동자들 간, 그리고 감독자와 노동자들 간에 더 큰 분열을 만들고 있다는 − 생산에서도 의문스러운 결과를 빈번히 수반한다는 − 점을 알아차리지 못하기는 거의 어렵다"는 점을 관찰한다(Kotkin 1995, 213). 스타하노비츠들이 관리자들을 비난하는 데는 그리 오랜 시간이 걸리지 않았다. 그들은 또한 다른 노동자들에 의해 공장에서 자신의 기계를 사보타주당하였고 조롱의 대상이 되었다. 정치적 연대와 시민적 의무의 상징으로 개인의 성과를 숭배하면서, 스타하노비즘은 생산자와 생산과정 간 상호의존성이 점차 증가하는 상황에서 제조업의 협력 패턴을 훼손하였다. 루이스 H. 시겔바움이 밝힌 바와 같이, 이러한 노동과 시민권 간의 특정한 상호교차는 지속가능하지 않았고, "광범위하게 노동단체 핵심 그룹에게 압력을 가하는 장치로서 공안공포정치police terror가 스타하노비즘을 대체하였다"(Siegelbaum 1990, 247).

자신의 책 『시민 노동자』(1993)에서, 미국의 역사가 데이비드 몽고메리는 19세기에 임금노동 기반 사회가 등장한 과정을 추적하였다. 그는 노동자들이 향유하던 투표권과 결사의 자유, 노예제와 관련된 인격적 종속의 굴레의 해체 등으로 인해 그러한 사회가 어떻게 가능해졌고 또 제한되었는지 등에 관해, 노예 해방 이후 새로운 형태의 "유색인종차별"color line을 곱씹으면서 추적하였다. 그는 노동자들의 시민권 투쟁이 법원, 군대, 경찰 등에 의해 재가된 자유로운 계약에 기반한 시장과 가족적 관계들, 그리고 실업에 대한 범죄화로 위장된 새로운 형태의 계급 지배에 도전했으나 결코 그것을 타파하는 데까지 이르지는 못했다고 결론 내렸다. 에블린 나카노 글렌 역시 미국에서 어떻게 "자유시민권과 자유노동의 개념이 나란히 발전하고 진화하였는지"를 보여준다. 그는 노동과 시민권이 어떻게 "인종과 젠더 관계, 의미, 정체성이 구성되고 경합하는 뒤엉킨 제도 영역"으로 등장하였는지 강조한다(Glenn 2004, 1). 글렌의 안내를 따르면 그 인물형을 함께 묶을 정치적·법적 범주에 궁극적으로 강조를 두는 방식으로, 미국 시민-노동자라는 인물형이 어떻게 인종과 젠더 분할과 교차하는지를 판별할 수 있다. 미시간주 플린트의 제너럴 모터스 기업 도시와 같은 맥락에서, 1936년에서 1937년에 이르는 기간 동안 대공황 시기 파업 때 그 정점에 달했던 격렬한 계급 갈등은 2차 세계대전 이후 소비자 문화에 의해 소거되었다(Fine 1969). 미국에서 시민권과 노동의 접합을 지속적으로 조장하였던 불균등함은 기업 활동의 다른 현장에서도 명백해졌다. 흑인 여성들이 회사의 호봉제seniority system가 자신들에게 차별적이라는 내용으로 제기한 소송을 법원이 기각했던 1977년의 드 그라폰리드De Graffenried 대 제너럴 모터스 간 사건은 이와 관련해 널리 알려진 사례이다. 킴벌리 크렌쇼가 설명한 바와 같이, 법원이 "인종차별과 성차별이 연관되어 있다"는 인식을 거부한 것은 "성차별주의와 인종차별주의의 영역선이 각각 백인 여성의 경험과 흑인 남성의 경험으로 정의된다는" 가정에 기반하였다(Crenshaw 2011, 28). 시민권 영역 내에서 이렇게 노동자 지위를 내적으로 차별화한 것은 제너럴 모터스가 플린트 등지에서 채택한 전략과는 반대로 독해될 필요가 있다. 후자의 경우 수많은 제조업 일자리들이 멕시코의 마낄라maquilas로 이동하면서 1980년대 플린트 및 다른 마을들이 탈산업화되어 소위 러스트 벨트의 일부가 되는 시기에 제너럴 모터스가 채택한 전략들이다(Dandaneau 1996). 여기서 노동 현장은 공간과 스케일뿐 아니라 다수의 시민권과도 교차한다. 국가 시민권의 공간을 등급화하는 차별적 포섭은 확장되어 일종의 균열 점에 이르고, 노동자로부터 시민의 탈구가 시작된다.

프란시스 팍스 피븐과 리차드 A. 클로워드가 『미국 사회협약의 붕괴』(1997)라고 부른 것은 세계 많은 국가들의 맥락에서 자가복제되었다. 유사한 다른 사례와 같이 이 사례에서도 우리는 시민-노동자를 이원적으로 보려는 계획이 부분적으로 퇴행한undoing 것을 인식할 수 있었는데, 시민-노동자라는 것은 2차 세계대전 직후 영국의 사회학자 T. H. 마샬의 작업에서 가장 공식적으로 개념화되었다. 마샬(1950)은 시민권의 사회적 권리가 국내 노동시장에 긴밀하게 연계되어 있다는 점을 고려하였다. 1945년 작업에서 그는 다음과 같이 적었다. "이 시대 모든 노동자는 시민이다. 그리고 우리는 모든 시민이 노동자가 될 것이라고 기대하게 되었다"(Marshall 1964, 233). 마샬은 시민적·정치적 권리와는 차별되는 사회적 권리를 "시민권의 보편적 지위"라고 부른 것의 물적 자격material qualification으로 보았다. 전후 영국에 대해서 주로 작업을 진행하면서 그는 시민권의 보편적 지위가 자본주의 시장의 예상 밖 변화들로부터 개인을 보호하는 한 덩어리의 의무와 권리를 제공하는 것으로 보았다. 마샬은 종종 시민권을 계급의 사회적 불평등을 극복하기보다는 감소시키는 수단으로 보고, 국가 사회 안에서 인종 및 성별 분할의 역할을 과소평가했다는 비판을 받는다(Barbalet 1988 ; Crowley 1998). 그는 또한 사회적 의무로서 노동과 시민권이 수반하는 의무를 희생의 관점에서 접근하는 데 골몰하였다. 이는 깊은 의문을 제기하게 하는 관점이었고, 실제로 1968년 한 세대 전체가 저항하는 접근이었다(Mezzadra 2002). 우리를 더욱 걱정스럽게 하는 것은 마샬이 시민권의 경계와 이를 규제하는 다양한 포섭 과정들에 대해 무지했을 뿐 아니라 비시민들non-citizens에 관한 질문을 우회하고 있다는 점이다. 이것은 브라이언 터너(2001)가 마샬리안적 시민권의 "침식"이라고 명명한 것과 함께 부상한 쟁점들인데, 자본의 전지구화와 함께 등장해서 노동, 전쟁, 가족 관계의 유형에 상당한 영향을 끼쳤다. 우리는 이런 맥락에서 마샬의 영향력 있는 이론에 토대가 되는 단위로서 시민-노동자 인물형의 탈구라는 지점을 강조하고자 한다.

시민과 노동자 간의 이러한 연계가 현재 완전히 붕괴된 것은 아니다. 여전히 부정할 수 없는 시민권과 노동의 결합이 존재한다. 비록 그것이 근로계약이나 국가에 의해 조직된 노동조합 시스템을 통해 시행되는 정기적인 집단 협상, 혹은 "실업수당을 위한 노동"과 같은 제3의 계획을 명령하는 새로운 형태의 앵글로색슨적 "상호 의무" 등을 통해 강제로 통과하는 시민권 경로에서 나타나기는 하지만 말이다. 바뀐 것이라면 이러한 시민권-노동 결합이 더는 둘로 나뉜 주체적 시민-노동자와 그것의 재생산을 지속시켰던 노동의 성별 분업으로 완전히 포착되지 않는다는 점이다. 시민과 노동자 둘 다 분할과 증식의 분산된 과정에 이용되었다. 이것은 시민이 아닌 그리고 아마도 시민이 되기를 갈망하지 않는 이주 노동자들이 수많은 정치적 공간들에 걸쳐서 현존한다는 점을 보면 분명하다. 그것은 또한 점수제와 자본 투자뿐 아니라 다른 요건 통제(예를 들어, 건강, 교육, 노동 기능, 범죄기록 부재 등)를 충족함으로써 특정한 국가의 시민이 되려는 많은 주체의 재능 경주를 통해 확대된 가능성 안에서 분명해진다. 더욱 일반적으로는 선진 자본주의 사회에서 노동과 시민권 간 관계가 마샬이 "시민권 지위"라 명명한 것의 물질성을 생산하지 않았는데, 이는 사회적 관계계약의 형성에서 계약 원칙에 균형을 주기 위한 것이었다. 우리가 앞 장에서 논의한 탈개발적 공간과 국가의 맥락에서 (임금) 노동은 완전한 시민권으로의 접근을 허용하는 열쇠를 제공하지 않게 되었다. 결과적으로 시민과 노동자 둘 모두의 주체 위치는 시민-노동자의 이원적 구조 바깥에서 다시 사유되어야만 한다. 그 구조는 더는 당연시될 수 없고 국내 노동시장을 구축하는 데 있어 기반이 되지 못하기 때문이다. 비록 우리가 이전에 공간의 생산과 노동의 증식이라는 관점에서 이 과정을 분석하기는 했지만, 그것들이 주체성의 생산에 갖는 연관성을 고려하는 것 역시 중요하다. 이 장의 나머지 부분에서 보듯이, 이 과업은 시민과 이방인에 관한 논쟁을 넘어서서 정치, 법, 노동의 주체적 차원으로 가는 가장 급진적인 현대의 접근 중 몇몇을 고려해야만 하는 영역으로 우리를 잘 인도해줄 것이다. 그것은 우리가 각기 다르고, 매우 파편화되었으며, 심지어는 서로 화해할 수 없는 정치적 주체, 법적 페르소나, 노동자의 인물형을 만나게 되는 여정이다. 한 가지 의문은 이러한 인물형들을 다시 함께 두려는 시도가 타당하냐는 점이다.

정치 주체

시민-노동자라는 이원적 인물형은 특히 좌파 진영 내에서의 정치적 상상을 오랫동안 지배해왔다. 우리가 이 책에서 진행하고 있는 분석은 이렇게 둘로 구분된 인물형에서 가장 확연히 드러나는 노동과 시민권 관계의 폭발을 묘사하는 데 이바지할 수 있을 것이다. 삼각 위기 ─ 민주적 복지국가의, 사회주의 국가의, 발전주의 국가의 ─ 는 전지구화의 정치사를 개방했다. 정치적 발전과 헌정constitutional 구조의 담지자로서 시민-노동자의 붕괴가 이 위기의 각 지점에서 중요하다는 점은 분명하다. 이는 노동이 인간의 행위와 경험을 식민화하기를 멈추었다는 의미가 아니다. 오히려, 사회적 삶과 사회적 협력은 그 어느 때보다도 더 노동이 처한 당면 현실과 합리성에 억눌리고 있다. 우리가 3장에서 다루었던 노동의 증식 개념은 이러한 과정을 파악하고자 하는 시도인데, 이는 노동을 사회의 "유일한 공통 본질"로 만들었다(Hardt and Negri 1994, 10). 동시에 이 개념은 노동이 정치적·헌정적 과정의 중심으로부터 점차 소외되는 것에 비판적 시각을 제공한다. 이와 더불어 증식은 이종화를 의미하기도 한다. 증식은 산 노동의 구성과 교차하고 변화하는 권력과 지식의 회집체 안에 삽입되는 다양한 주체 위치와 영역선의 생산을 야기한다.

노동이 삶 전반을 식민화하는 위협을 가하고 인간 활동에 있어서 공통의 본질이 되는 바로 그 지점에서, 노동의 재현은 노동조합과 정당뿐 아니라 사회과학자에게 수수께끼가 된다. 신자유주의가 인적 자본, 부채, 위기 등과 같은 개념을 통해 빈번히 묘사되는 방식으로 개인들 간의 사회적 연쇄를 재작동시킴에 따라 시민권 자체는 심대한 변화를 경험하여 왔다. 이주는 이러한 관점에서 볼 때 반드시 연구가 필요한 중요한 현장이다. 차별적 포섭 개념은 시민이라는 통합적 인물형의 무효화 그리고 "부분적 시민권" 혹은 공민권이라는 복수의 조건들을 함께 생산하는 문제에 맞닥뜨린다(Hammar 1990; Standing 2011, 93~102). 우리가 이 장의 논의를 통해 드러낸 포섭과 배제 간 구획이 모호해지는 상황은 사회적 통합 규약의 이탈을 가리킨다. 이와 동시에 우리가 앞 장에서 살펴본 탈개발적 지형은 국가, 역사적 영토, 시민-노동자가 오랫동안 거주했던 정치적 형식의 재정치repositioning를 측정하는 수단뿐 아니라 자본 변방과 영토 경계의 새로운 접합을 분석하는 데 효과적인 시각을 제공한다.

정치적 주체성의 새로운 인물형을 모색하는 것은 지난 20년간 비판적 논쟁의 바탕을 이루는 주제였다. 우리에게 주체성에 대해 글을 쓴다는 것은 맑스의 정신 안에서 글을 쓴다는 것을 의미한다. 맑스는 항상 "자본의 시대에서의 주체성의 특정한 구성 과정, 그리고 그 과정을 형성하는 특정한 기술 혹은 행위"의 분석과 "주체성의 해방, 다른 말로 혁명적 주체성이라는 주제"에 대한 탐색을 조합하려고 시도하였다(Samaddar 2010, xxviii). 푸코주의의 용어를 정밀하게 적용한다면, 이것은 주체성이 전장이라는, 다수의 복종 장치들이 주체화 행위들과 마주하게 되는 공간임을 함축한다. 주체가 강탈과 착취의 과정에서 작동하는 것과 같은 권력관계에 의해 구성된다면, 주체는 항상 완전히 징발될 수 없는 과잉의 순간에 의해 구성되거나 특징화된다. 우리가 이 전장에 초점을 맞춰 탐구를 한다는 것은 정치적 주체성의 등장을 물질적으로 측정하는 것에 관해 고려한다는 의미이다. 제이슨 리드에 따르면, 주체성의 생산이 자본주의적 생산 양식의 기반 위에 일단 자리 잡게 되면, 그것은 "주체성의 구성, 특정한 주체적 행동거지의 구성, 그리고 주체성의 생산력, 부를 생산하는 주체성의 역량" 등을 묘사하게 된다(Read 2003, 102).

우리가 보기에, 다중 multitude 개념(Hardt and Negri 2000, 2004; Virno 2003)은 자본주의하에서 주체성을 생산하는 것이 지닌 이러한 두 가지 면을 잘 포착한다. 이 개념을 활용하는 사상가들은 오뻬라이스타 전통에 의지하여 변화하는 노동계급 구성에 관한 분석을 발전시키고자 하였다. 17세기 근대 국가의 발흥을 둘러싼, 토머스 홉스와 바뤼흐 스피노자와 같은 저자들이 포함된(Negri 1991을 보라) 철학적이고 정치적인 논쟁들로부터 발굴되어 온 방식에 대해 고민한다는 점에서 이러한 정밀화의 중요성을 찾을 수 있다. 다중 개념은 이와 같은 논쟁들 속에 만연되어 있고 이후 혁명과 입헌주의 시대에 개인의 정치적 주체성에 관한 정의에 핵심 단어가 되었던 대중people 개념에 반하는 입장에 있다. 그런 면에서 다중 개념은 특이성들과 공통적인 것 간의 매우 상이한 접합을 지적한 것으로 볼 수 있다. 그러므로, 제조업 노동계급으로부터 다중으로의 이행은 빠올로 비르노(2003, 22)가 "다수적인 것의 존재 양식"mode of being of the many이라고 부른 것이 권력과 착취가 자신을 재정의하는 데 있어 탁월한 근거 기반이 되는 장면을 제시한다. 동시에, 이러한 이행은 우리가 노동운동의 경험을 넘어선 국가(그리고 그것의 그늘, 민중) 형식에 의해 발휘된 영향력을 넘어서, 새로운 형태의 투쟁 조직과 정치 조직을 고안해야 한다는 과제를 준다. 우리도 이 지점들을 중요하게 염두에 두고 있다. 동시에, 원초적 형성으로부터 몇 년이 지난 후, 새로운 투쟁과 정치적 조직화가 시작한 광범위한 비판적 논의의 맥락에서 다중 개념을 시험해 볼 필요가 있다. 4장에서 이미 언급한 바와 같이 이 논쟁은 여러 측면에서 "비물질노동"에 대한 논쟁과 평행을 이룬다. 노동 증식과 경계 확산에 대한 우리 고유의 개념들은 현대 산 노동의 구성을 가로지르는 다양한 분할선과 잠재적 갈등을 지적함으로써, 다중의 통일성이라는 생각을 더 진지하게 탐구하는 데 기여한다.

다중 개념과 관련하여 우리가 중요하다고 파악한 것은, 우리가 언급했던 "주체성의 생산"이라는 문장 속에 있는 소유격의 이중적 의미가 구성한 세력의 장 안에 그 개념이 정치를 물적으로 뿌리내리게 하는 방식이다. 이 점은 "정치"를 신자유주의의 긍정적 타자로 위치시키는 신자유주의 논의 경향과 대조를 이루는데, 이러한 경향은 종종 정치를 복지국가의 이상화된 이미지와 동일화시키는 결과를 낳는다. 웬디 브라운이 영향력 있는 논문에서 적은 바와 같이, 비판적 사고가 이러한 광범위한 굴절을 겪는 이유 중 하나는 신자유주의가 "고전 자유주의적 정치경제의 부활보다 조금 더한 것"으로 여겨지고 "고의가 아닌 정치적·사회적 결과들을 수반하는 한 꾸러미의 경제 정책들"로 환원되는 경향이 있다는 사실 때문이다(Brown 2005, 38). 푸코를 차용하여 브라운은 신자유주의에서 신neo이, 호모 에코노미쿠스의 패러다임 주변에서 사회적인 것을 재조직하고자 하는 "구성주의 프로젝트"를 가리킨다는 점을 정확히 지적했다. 이는 신자유주의적 정책이 고전적 자유주의가 넘을 수 없다고 생각했던 경제적 영역과 사적 영역, 정치적 영역 간 구획을 불분명하게 만든다는 것을 의미한다. 정치적인 것의 자율성 그리고 정치적인 것과 국가의 동일화는 이러한 조건들 아래서 격렬하게 도전받았던 것으로 보인다. 우리가 맞닥뜨린 것은 정치의 퇴거이고, 이는 비판 이론 속에서 성찰될 필요가 있다. 한편으로 신자유주의적 합리성과 통치성은 절대적으로 물질적이고 물리적인, 주체화의 여러 가지 실천들이 조응하는 방식으로 주체의 신체와 영혼에 스며들었다. 다른 한편으로 자본의 금융화는 국가 구조와 그것의 헌법적 배열 외부에서 정치적 통제의 순간을 확고히 하였다. 이러한 두 개의 차원들, 정치와 금융화의 물질성은 정치적 주체성에 관한 어떠한 논의에서든 분명하게 고려되어야 한다. 이는 국가가 현대 정치 회집체에서 중요한 요소가 아니라는 뜻이 아니다. 국가는 그러한 회집체의 접합에서 분명 여러 역할을 수행한다. 그렇지만 국가는 정치의 중심으로부터 퇴거하였다. 이를 통해 정치의 (혹은 "정치적인 것"의) 자율성은 급격하게 불안정해졌다.

이러한 관점에서 볼 때 정치적 주체성에 관한 논쟁에서 가장 영리한 몇몇 입장들은 문제가 있다고 여겨진다. 여기에는 슬라보예 지젝이 "순수 정치"(Žižek 2006, 55~56, 또한 Žižek 1999, 171~244도 볼 것)라는 이름표를 붙여 비판적으로 명명한 것들이 포함된다. 자크 랑시에르의 『불화』(1998)와 같은 중요한 저서가 지젝으로부터 정곡을 찌르는 비평을 받았다고 해서, 이주에 관계된 학자와 활동가 들의 영감의 원천이 되어온 그 작업이 완전히 해체되어야 하는 근거가 마련되었다고 우리는 생각하지는 않는다. 잘 알려져 있다시피, 『불화』는 "모든 사회질서의 기저에는 궁극적으로 평등이 있다"(Rancière 1998, 16)는 사회질서를 뒤흔드는 전복적 발견을 중화시키고자 하는 시도의 연속으로서 서구 정치철학에 관해 대단히 흥미로운 독해를 제공한다. 랑시에르의 정교하고 세련된 주장을 심하게 단순화하면, 이러한 중화는 특정한 이종적 분배 구조 – "부분들의" 행정적인 "산술"ac/count – 에 입각한 "치안" 레짐들을 낳는다고 말할 수 있다. 치안과 그것을 둘러싼 합의와는 반대되는 것으로서 정치는 『불화』의 저자에게 특정한 "치안" 레짐 안에 "몫–없는" 부분들을 주체화한 결과이며, 이는 "무엇이 되었든 간에 어떠한 발언하는 존재들의 수치적이지도 않고 기하학적이지도 않은 평등의 우발성"(28)을 재활성화한다. 우리가 5장에서 논의하기도 했던 주제인 포드주의의 위기로 인해 이주민의 위치 안에 만들어진 대변혁에 관해 랑시에르가 제시한 놀라운 분석을 염두에 두면, "불법" 이주민들이 몫 없는 부분의 역할을 하는 데 있어 가장 확실한 후보 중에 있다는 점을 이해하기 쉬워진다. 실제로, 이 책의 프랑스어 원본이 출간된 지 1년 후에 발생한 1996년 쌍 빠삐에 운동의 렌즈를 통해 『불화』를 독해하고자 하는 유혹을 거부하기는 쉽지 않다.

에띠엔 발리바르의 평등자유égaliberté(Balibar 2010) 인식과 함께, 평등과 부분적 주체(몫을 갖지 못한 이들로 이루어진 부분)의 반란 간 교차 지점에서 정치에 관한 랑시에르의 독해는 보편적인 것의 개념을 재성찰하고자 하는 흥미로운 시도들을 강화한다는 점에서 상당한 영향력을 발휘하였다(Butler, Laclau, and Žižek 2000). 한편으로 랑시에르의 작업에서 우리가 문제를 발견한 것은 정치의 부분적 주체가 치안의 개념으로부터 부정적인 방식으로 추론되는 것처럼 보인다는 것이고, 다른 한편으로는 정치가 오로지 "사건"의 일시성 안에, "합의의 한시성을 방해하는" "정치적 순간의 특이성"(Rancière 2009, 7~9)의 한시성 안에서만 존재한다는 점이다. 파열에 관해 이렇게 강조하는 것이 분명 중요하고 흥미진진한 것이기는 하지만, 정치적 주체의 등장과 구성적 행위constituent action의 조건을 만들어 내는 실천과 투쟁의 물질성을 더욱 깊이 고찰할 필요가 있다. 이는 최근 알랭 바디우의 시도를 통해 더욱 분명하게 문제로 발견되었는데, 그는 사건과 진실에 관한 자신의 이론들 간 상호교차에서 "주체가 되어가는 자the becoming-Subject인 개인들의 잠재적 힘"으로서 "공산주의적 사고"를 재성찰한다(Badiou 2010, 242).

만일 우리가 랑시에르나 바디우 대신에, "텅 빈", "부유하는 기표" 같은 개념들 위에서 자신의 정치이론을 정립하고 "사회적인 것의 이종성"을 이해하고자 하는 시도를 해온 에르네스토 라클라우(2005)로 시선을 돌린다면, 반대의 문제와 맞닥뜨리게 된다. 그가 샹탈 무페와 함께 『헤게모니와 사회전략』에서 정밀화시켰던 이론과 일관되게, "접합"의 순간은 "노동자들의 사회적 투쟁들이든 다른 정치적 주체들의 투쟁이든 간에 자신들에게 남겨진 채로 부분적인 특성을 갖는" 사회적 투쟁들에 "특성"을 부여하는 것이다(Laclau and Mouffe 2001, 169). 전통적 맑스주의에 대한 라클라우와 무페의 비판은 (사회 변혁을 사유하고 실천하는 데 있어서 노동계급의 위치와 자본과 노동 간의 모순을 의미하는) 고유한 특권적 지위가 존재한다는 생각을 거부한다. 이것은 전통적으로 국가(그리고 당)에 의해 점유되어온 특권적 위치가 접합의 순간의 최고지위와 자율에 관한 이론으로 바뀌는 일종의 변질을 야기할 위험이 있다. 이러한 입장에 함축된 것은 "주권의 옛 권리"에 대한 방어와 오로지 근대국가의 제도적 틀 내에서만 상상될 수 있는 "자치의 민주적 권리"에 대한 헌신이다(Mouffe 2005, 101). 라클라우가 "구성적 적대"constitutive antagonism, 혹은 사회적 공간을 파열시키는 "급진적 전선"이라고 일컫은 것(Laclau 2005, 85)을 강조함으로써, (대중의) 단일성 생산 — "대단히 탁월한 정치적 행위"(154) — 으로 압도된 지평선 안에 정치가 각인될 수 있다. 국가의 유령이 라클라우의 대중 뒤로 어렴풋이 나타난다.

랑시에르와 라클라우를 함께 생각해 본다면, 이종적인 사회적 요구들 사이에 몫이 없는 자들로 이루어진 부분이 일으키는 반란과 "등가사슬"을 수행적으로performative 생산하는 것 두 가지 모두가 결코 실제로 의문시되지 않았던 제도적 틀 내에 각인되고 있다는 인상을 받게 된다. 실제로, 정치와 치안의 관계에 대한 랑시에르의 이해가 가진 문제 중 하나는, "평등주의적 논리가 등장해 치안 공동체를 그 자체로부터 분할하게 되는"(Rancière 1998, 137) 파열의 결과가 또 다른 치안 레짐과는 다른 무언가라고 상상하기 어렵다는 점이다. 이 점은 라클라우를 살펴보면 더욱 명확해지는데, 그는 이종적인 사회적 투쟁과 이종적인 사회적 요구 간의 접합 혹은 등가의 순간을 정치와 동일시한다. 우리가 다음 장에서 보여주듯이, 이러한 주장은 홉스에서 헤겔까지 근대 주류 정치철학에서 국가의 지위를 복제함으로써 한때 사실로 받아들여졌다가 철회된 초월적 관점에 의존한다. 그러한 중요한 이론적 기여와 관련해 우리가 갖고 있는 문제는 그 기여들이 국가의 제도 구조가 현재 경험하고 있는 심오한 대변혁을 부인하는 것처럼 보인다는 점이다. 여기에는 국가를 초월하는 경향이 있는 전지구적 회집체 안에 국가를 삽입하는 것뿐 아니라 푸코가 국가의 통치화라고 불렀던 것을 야기하는 더욱 미시정치적인 쟁론을 포함한다. 우리는 이러한 대변혁 중 몇몇에 더 비중을 두고 분석한다. 이를 위해 우리의 분석은 움직임, 투쟁, 조건을 통해 근대 국가로부터 물려받은 제도 형식의 영역선이 동요하고 있음을 보여주는 여러 주체적 인물형의 특징들을 따른다. 정치철학이 그러한 대변혁을 기록하는 방식 중 하나는 경계의 배타적인 기능과 정치체의 구성원과 외국인 간의 분할이 지닌 정당성에 대한 고민을 심화하는 것이다(Cole 2000 ; Hashmi and Miller 2001 ; Mezzadra and Neilson 2012).

특히 시민권 연구는 시민과 비시민 사이를 뚜렷하게 구분하려는 시각에 반론을 제기하는 데 중요한 기여를 하였고, 이방인, 외부인, 외국인 등을 시민권의 발전을 견인하는 중요한 세력으로 강조하였다(Isin 2002). 역사적·이론적 관점에서 이러한 시도는 시민권 개념의 양가성을 극복해내기 위해 만들어졌다. 시민권 개념은 점차 "일원화되거나 단일체적인 전체"로서 나타나지 않고 "분할된 개념"으로 나타났다(Bosniak 2006, 3). 법적 지위로서 시민권과 다수의 시민권 실천 간 긴장은 점차 그 개념을 구성하는 구성요소로 인식되어 왔다(예를 들어, Honig 2001, 104를 볼 것). 무엇보다도 사회권의 감소를 의미하는 시민-노동자 인물형의 폭력적인 탈구 과정과 평행하게, 시민권은 재형성되고 유연화되었다(아이와 옹의 분석을 떠올리게 한다). 지위의 다수성은 그것의 통합적인 윤곽을 무너뜨리는 경향이 있는데, 이는 시민을 규정하기 어려운 캐릭터로 만든다. "누가 시민인가?"라는 질문은 시민권에 대한 현대 이론들에서 점차 중요하게 다루어진다(Isin and Turner 2008, 8). 이러한 조건에서 사스키아 사센은 현대 시민권을 표시하는 긴장과 갈등에 관한 완전한 이해가 오로지 시민권 공간의 법적 풍부함으로부터 작동하는 분석이 아니라 그것의 말단부로부터 작동하는 분석에서 등장할 수 있다고 주장한다. "권위를 부여받지는 못했으나 인정받고 있는"(Sassen 2006, 294) 정치적 주체 혹은 다른 말로 "불법" 이주자는 배제당하기 쉬울 뿐 아니라 시민권의 경계를 재형성하고, 경쟁하며, 재정의하는 데 있어 핵심적인 행위자가 되기도 한다. 그러한 주체가 그/그녀의 법적 지위와는 별개로 하나의 시민으로서 행동한다는 사실에 대한 강조는 "시민권 행위"뿐만 아니라 "반란적 시민권"(Balibar 2010) 혹은 "권리를 주장할 권리"(Isin 2008, 2009) 속에 표현된 시민권의 활동가적 차원에 대한 이론적 정밀화의 특성을 나타낸다.

시민권 연구가 정치적 주체성에 대한 논쟁에 제공한 중요한 기여는 우리들이 그 연구를 통해 포섭과 배제 간 단순한 대립이라는 정치의 이진법적 이해를 넘어서 움직일 수 있도록 한다는 점이다. 긴장과 갈등의 장으로 정의됨으로써 시민권 개념은 정치체 공간 내 위계와 내적 영역선의 확산, 그리고 그러한 위계와 영역선들에 걸쳐지고 또한 그것들을 횡단하는 주체들의 정치 투쟁 모두에 대한 시각을 제공한다. 이것은 시민권 개념이 항상 경계의 질문과의 관계에서 제시되어야 하는 이유이기도 하다. 시민권에 관한 현대의 여러 접근법 속에서 여전히 문제로 남아 있는 것은 실천들과 지위들 간의 변증법적 관계를 가정한다는 점인데, 이는 시민권 연구 범위 전반에 걸쳐서 시민의 정치적 인물형이 가진 두 가지 면을 제공하는 것으로 이해되어 왔다. 시민권 연구는 비시민들의 주장 속에서(Isin 2009 ; McNevin 2006, 2011) 시민권의 실천과 지위 간의 단절과 흐름을 추적하는 경향이 있다. 반면에, 시민을 뛰어난 정치적 주체로서 부활시키기 위해 추동력을 제공하는 것처럼 보이는 것도 정확히 이러한 단절의 순간이라는 점은 역설적으로 보인다. 더욱이 주목할 필요가 있는 것은 어떤 종류의 시민권 지위를 확보하거나 아니면 고정하는 데 있어서 시민권 실천으로 식별되는 여러 실천이 무능력하다는 지점이다. 여러 측면에서 시민권 논의에 영향을 끼친 발리바르의 유명한 논문이 제시한 현대 정치의 해석적 인식틀을 참고하는 것은 이런 측면에서 유용하다. 「'인간의 권리'와 '시민의 권리'」라는 에세이에서 발리바르는 현대 정치가 "반란 정치"와 "입헌 정치" 간의 영구적 진동에 의해 구조적으로 분리되어 보인다는 데 동의한다(Balibar 1994, 51). 현대 정치를 구성하는 이러한 두 가지 측면 간의 중재라는 문제는 역사적으로 여러 가지 방식으로 해결되었다. 그 방식 중에는 복지국가를 전형으로 하는 "논쟁적 민주주의" 안에서 계급투쟁을 생산적으로 만드는 것을 목적으로 했던 헌법적 배열, 아니면 발리바르(2003b, 125~34)가 "민족 (그리고) 사회 국가"라고 부른 것 등이 있다. 그러한 중재의 가능성 자체가 요즘에는 사라지고 있는 것처럼 보인다.

노동/력

이 책에서 여러 번 우리는 경계, "인종 없는 인종차별주의", 보편주의를 특징짓는 이념적 긴장, 프랑스 방리유의 "내적으로 배제된" 거주자들, 그리고 맑스에 대해 푸코가 취하는 투쟁 등과 관련해서 발리바르라는 이름을 환기해보았다. 그러나 발리바르의 작업은 시민권과 주체성에 대한 논쟁에서도 역시 중요한 참고문헌이다. 지난 20년에 걸쳐서 쓰인 일련의 논문들에서 그는 라틴어로 subditus의 동의어로서 subjectus의 원 의미인 종속^{subjection}의 그림자가 어떻게 현재의 "주권적 주체"^{sovereign subject}의 모험들 안에서 결코 희미해지지 않고 있는지를 보여준다. subditus로서 subjectus를 생산하는 수직적 지배 관계와 반대로 역사적으로 그리고 개념적으로 구성된 시민권조차 종속의 "귀환"으로 인해 지속적이고 구조적인 어려움을 겪는다(Balibar 2011, 5~7). 이는 주권이 (주권을 이론적으로 제도화한) 시민 공동체 구성원들에 대해서 자율적이고 초월적인 권력의 특징을 유지하고 있기 때문만은 아니다. 발리바르가 보여주듯이 시민의 형상은 "인류학적" 영토 위에서 발생한 경계짓기의 다양한 과정에 따른 결과이다. 이러한 과정은 "정상적인" 시민의 인물형을 만들어 내는데, 이는 계급, 젠더, 인종, 안보, 외래성 등과 같은 기준에 따라 항속적으로 분할되고 선택적으로 해석되는 인간으로부터 추출된다(465~515). 이런 측면에서 시민권은 "차이 기계"(Isin 2002)로 나타난다. 이 기계가 어떻게 새로운 계층과 위계를 만들어 내는지 추적하기 위해, 그것이 어떻게 인류학적 영역선과 영토적 영역선을 뒤얽는지 분석할 필요가 있다. 예를 들어 젠더와 인종의 복합적 회집체는 우리가 4장에서 논의하였던 이주 돌봄노동자의 주체적 위치를 만들어 내는 데서 작동하는데, 이들 노동자의 외래성은 빈번하게 위태롭거나 불규칙한 법적 지위로 변환된다. 안보에 대한 고민은 "불법" 이주에 관한 공론 속에서 인종적 환상과 뒤섞이는 반면에, 어떤 이주자 집단은 언어, 국적, 혹은 종교 등에 대한 고려로 인해 다른 집단들보다 더 많이 받아들여진다(그리고 그로 인해 자신들의 부분적 시민권을 협상하기에 더 좋은 위치에 있다). 주체의 지위뿐 아니라 활동가 시민으로서 그들이 가용한 행위의 공간 또한 이러한 요소들에 상당히 영향을 받는다.

차이 기계와 그것에 연관된 주체성의 생산으로서 시민권에 대한 우리의 비판적 분석을 심화하기 위해서는, 시민권을 정치경제학에 대한 맑스의 재해석과 접합할 필요가 있다. 발리바르가 제안하였듯이 "자유로운 개인성의 승리를 나타내는 것으로 보이는 근대 사회적 관계 중심에 있는 주권과 복종 간의 상관관계"는 급진적인 이론적 탐구가 필요함을 보여준다(Balibar 2011, 315). 맑스는 시장 교환 관계에 대한 자신의 분석에서 사회계약에 관한 현대 이론들이 정밀화한 정치적 개념의 총합을 포진시킨다. 만일 『자본』 1권의 '상품의 물신성' 부분을 주체성의 생산이라는 관점에서 독해한다면, 가장 급박하고 중요한 문제는 개인과 그들의 노동이 지닌 사회적 특징 간 사회적 복합체를 재현할 수 있는 권력체ª power의 형성인 것으로 보인다. 자연적 사물과 사회적 객체 둘 모두로서 상품의 이중적 특성은 『유대인 문제』에서 청년 맑스가 근대 정치와 근대 시민의 구성으로 분석한 천국과 현세 간의 분절을 복제하였다. 그 특성은 또한 이러한 분절을 자본주의 사회의 직조를 만드는 일상적인 교환들로 함축시킨다. 맑스가 이 두 문헌 모두에서 신학적인 측면을 참고한 것은 우연이 아니다. 상품 형식의 지배를 통해서 "인간들 간의 분명한 사회적 관계"가 취하게 되는 "사물 간 관계의 환상적 형태"에 대한 비유를 찾아내기 위해서, 맑스는 『자본』에서 "우리는 신비로운 종교의 왕국으로 가는 비행기를 타야 한다"라고 썼다(Marx 1977, 165). 이중적 재현 과정은 상품 형식 안에서 그리고 그것에 상응하는 특정한 형식의 사회성 근저에 있는 교환 관계 안에서 작동한다. 한편으로, 각각의 상품은 "유령 같은 객관성" 안에서 어떠한 구체적인 결정으로부터 추상화된 "동종 인간 노동의 고형화된 양"을 재현한다. 다른 한편으로, "그것들 모두에 공통적인, 이러한 사회적 본질의 결정체들로서"(128), 상품은 서로 간의 교환 관계를 가능케 하기 위해 자신의 가치를 재현할 필요가 있다. "보편적 등가물로서" 그리고 "모든 다른 상품들의 사회적 행위"(180)로서 화폐의 기원에 관한 분석에서 맑스가 쓴 놀라운 문장에 대해 작업하면서, 발리바르는 우리가 근대 정치철학이 정밀화한 사회계약 문건을 재가공해야 할 상황에 있음을 보여준다. 화폐는 개별적인 상품 간의 상호 인정 과정으로부터 보편적이고 대의적인 권력으로 등장한다. 화폐는 단일성이 바로 그것의 실존에 의해 가능해지는 상업 사회의 주권자가 된다(Balibar 2011, 330~31).

주체성에 관한 맑스주의 이론의 관점에서 볼 때, 상품의 사회적 행위를 주장하는 것은 보이는 만큼 과장된 것은 아니다. 오히려 그것은 상품 형식과 유령 같은 객체성에 대한 맑스의 분석과 완벽히 일관성을 유지한다. 이러한 분석으로부터 야기된 문제는 무엇보다 이 객체성 안에 존재하는 주체적 인물형을 탐구할 필요가 있다는 점이다. 『자본』 1권의 2장 도입부에서 맑스는 다음과 같이 기술한다. "상품은 스스로 시장으로 갈 수 없으며 혼자 힘으로 교환을 행할 수 없다. 따라서, 우리는 그것의 수호자, 상품의 소유자에 의존해야만 한다." 이러한 수호자를 묘사하고 그들의 관계를 분석하기 위해, 맑스는 인격들persons이라는 용어를 소개한다. 이 단어는 여기에서 일반적인 의미로 쓰이고 있지 않다. 그보다는 "그 형식이 계약인, 사법적 관계"를 지칭하며, 상품의 "보호자들"이 이를 통해 "사유재산의 소유자로서 서로를 인식한다." 상품 형식의 유령 같은 객체성은 법에 따라서 생산된 주체적 인물형을 형성함으로써 법적 형식에 침투한다. 여기서, 맑스는 다음과 같이 기술한다. "개인들은 서로에 대해 단순히 상품의 대리자로서, 따라서 소유자로서 존재한다." 이 촘촘한 문단의 결론은 상세히 인용할 가치가 있다 : "조사가 진행됨에 따라 우리는 일반적으로 그 경제적 단계에서 나타나는 등장인물이 단순히 경제 관계의 의인화에 불과하다는 것을 알아내게 된다daß die ökonomischen Charaktermasken der Personen nur die Personifikationen der ökonomischen Verhältnisse sind ; 그 등장인물들은 경제 관계의 담지자Träger로 서로와 접촉한다"(Marx 1977,

178~79).

맑스가 채용한 카락터마스커Charaktermaske라는 단어는 특히 여기에서 효과적이다(Haug 1995를 볼 것). 영어 번역에 빠져있는 "가면"mask의 언급은 연극적인 언급을 강화하고 맑스가 화폐의 주인과 노동력의 소유자에 드라마티스 페르소네dramatis personae라는 문장을 사용한 이유를 우리가 더욱 잘 이해하도록 해준다. 홉스 역시 『리바이어던』의 16장(「인격, 본인, 그리고 인격화된 사물에 관하여」; 1981)에서 가면과 인격 개념 간 관계를 강조하고 이 관계를 자신의 재현 이론을 위한 주춧돌로 변형한다. 훗날 마르셀 모스는 가면 개념을 인류학적 관점에서 탐구하였다(Mauss 1985). 방금 인용된 문장에서 카락터마스커라는 단어의 사용은 이러한 맥락에서 이해되어야만 한다. 인격 개념은 여기서 기술적인 의미로 주체의 자유를 가능케 하는 동시에 억제하는 법적 구조물로 사용된다. 동시에 이러한 법적 구조물의 뒤편으로는 객체의 상품 형식을 형성하는 강력한 "경제 관계"의 결정이 등장할 조짐을 보인다. 주체는 여기서 이러한 상품 형식에 대한 수호자가 되고자 한다. 이러한 관계가 개인의 의지로부터 얻는 자율성은 맑스가 카락터마스커에 대해 논할 수 있는 근거가 되었고, 동시에 상품의 사회적 행위에 관해 말할 수 있게 하였다. 예브게니 파슈카니스가 1920년대에 쓴 법과 맑스주의에 관한 훌륭한 작업에서 주장한 바와 같이, "인간에게 종속적이지 않은 사회관계를 상품으로서의 객체들이 실체화하기 때문에 객체들이 인간을 경제적으로 지배하는 것이라면, 인간은 법적으로 사물을 지배한다고 할 수 있다. 왜냐하면, 인간은 보유자이자 소유자로서의 능력에 있어서는 추상적, 비인격적, 법적 주체의 단순한 인격화에 불과하고, 이는 사회관계의 산물이기 때문이다"(Pashukanis 2002, 113). 상품 형식과 법을 엮는 이러한 이중 구속을 통해, 인격이라는 추상적 형상 안에서 개인과 기업체 둘 모두에 중요하게 적용되는 구속의 주체적 표현을 발견할 수 있다. 이는 국가와 화폐의 관계가 구성적이기도 하고 문제적이기도 한 이중의 주권적 대표의 생산에서 더욱 진화한다. 이에 관해서는 우리가 이 책 앞부분에서 영토적 경계와 자본의 변방에 관한 논의를 통해 제시한 바 있다.

인격 개념을 이러한 이중 구속의 전형으로 고려하는 것은 시민권과 인권에 관한 현대의 논의들을 비판적으로 평가하는 방식을 제공한다. 우리는 이 개념들을 포기하거나 폐기할 의도가 없다. 우리의 관심사는 시민권과 인권에 관한 인식 틀과 담론의 생산이다. 이는 그 인식 틀 내에서 일어나는 주체의 차별적 위치정하기differential positioning에 관한 탐구를 가능케 하는데, 그 함의를 비판적으로 분석하지 않은 채 개성personality 개념으로부터 작업하려는 분석들에서 빈번히 간과되는 부분이다. 시민의 단일한 인간형과 인권 안의 인간 둘 모두를 깨뜨린다는 측면에서 현대 세계에서 경계의 증식은 핵심적인 요소이다. 여기서 로베르토 에스포지토를 떠올려 보는 것도 유용하다. 그는 경계의 증식 안에서 분명하게 표상되는 인격 개념의 신학적·사법적 계보학에 대한 탐구를 통해서 인권 담론에 대한 생체정치적 비판을 수행하였다. 에스포지토는 "인격의 임의법dispositif이 인류를 권리로부터 분리하는 인공적인 가림막처럼 보이는" 다양한 방식들을 분석하면서, "'인권'과 같은 무언가"의 문제적 본성(에스포지토는 불가능성을 주장한다)을 보여준다(Esposito 2012, 83). 상품 형식에 대한 맑스의 분석이 제시한 접근법을 택함으로써 우리는 인격의 가면 뒤에서 쓸모가 없어지고 동시에 그 가면을 지속시키는 주체성의 생산에 관한 탐구의 물질적 기반을 얻게 된다.

맑스에게 상품의 세계에서는 상품의 형식에 대한 두 개의 과장된 발현이 존재한다. 하나는 화폐로 각각의 개별 상품의 교환가치를 대리하고 측정하면서 주권자로서 교환을 규제하는 보편적 등가물이다. 다른 하나는 노동력이다. 이것은 "사용-가치가 가치의 원천이 되는 특유의 특성을 보유하는" 상품이다(Marx 1977, 270). 화폐와 노동력은 과장된hyperbolic

상품으로 정의될 수 있다. 왜냐하면 그것들은 오로지 상품의 세계 안에서 그 존재를 가능케 하는 과잉된 위치를 점유하는 한에서만 상품의 세계에 참여하기 때문이다. 우리가 1장에서 논의한 바와 같이, 그것들이 법적 인격의 가면 뒤에서 일어나는 주체성의 분할된 생산과 이와 관련하여 상품의 세계를 형성하는 교환 관계라는 두 개의 기둥으로 동시에 존재한다는 점은 우연이 아니다. 인격 개념의 또 다른 중요한 의미가 여기서 전면에 드러나게 되는데 이는 "모든 사람"every man의 특성으로서 "자기 개인 소유의 재산"에 관한 존 로크의 이론(1988, 287)에 의해 함축되었다. 우리는 앞서 맑스가 한때 이 이론을 받아들였고 대체했다고 주장한 바 있다. 즉 고유의 인격을 소유한다는 것은, 화폐 안에서 결정화된 사회 권력을 매개로 자기 자신 및 세계와 연결하는 주체 그리고 자신의 잠재성, 즉 노동력에 억지로 의존하게 되는 주체에 대해 각각 상당히 다른 의미를 갖고 있음을 맑스는 보여주었다. 더불어, 우리는 4장에서, 자신의 노동력을 자유로이 소유하는 자가 자유 계약을 통해 그것을 판매할 수 있다는 의미에서의, 법인격 개념 위에 구성된 노동력의 "담지자"라는 맑스주의적 이미지에 의문을 제기할 필요가 있다고 주장한 바 있다.

스티븐 베스트가 자신의 역작 『도주자의 자산』(2004)에서 보여주었듯이, 자유 임금노동자와 노예 간의 분명한 구획을 추적하기는 쉽지 않다. 그것도 자유 임금노동자가 그/그녀 자신의 인격을 소유하고 노예는 그렇지 못하다는 주장을 통해 추적하기는 더욱 쉽지 않다. 19세기 중반 미국에서 도주한 노예에 대한 노예법을 둘러싼 법적 논쟁과 정치적 토론들에 관해 작업하면서, 그는 자산property으로 인식되지 않았던 노예의 인격과 그/그녀의 노동 간 구분이 점진적으로 등장했음을 보여준다. 베스트에 따르면 "19세기 아메리카에서의 자산의 핵심을 재정의하도록" 해준 것은 바로 노예법과 지적재산과 같은 이종적 영역들이다. "이 두 영역들은 부동산 법과는 달랐고 자산의 외연이 일시적이고 금방 사라지는 것으로 이어진다는 점을 강조하였다"(2004, 16). 노예의 신체에 대한 이러한 법적 작업과 "일시적이면서 또한 금방 사라지는" 인격 개념의 사용을 통한 그 법적 작업의 복제는 현재 자본주의적 발전과 함께 등장한 더욱 유연한 형식의 개성personality의 기본적 전신들 중 하나로 생각될 수 있다. 리사 애드킨스는 "자산과 대중 간의 관계는 재구조화되고 있으며", 특히 "이전에 대중과 연계되어 있던 성질은 해방되고 자격부여와 재부여 과정의 대상이 된다고" 주장한다(Adkins 2005, 112). 그러한 소유property와 인격성personhood의 재조직화는 노동계약의 중요성을 철회하는 관점을 포함하고 있을 뿐 아니라 "인격과 노동의 소유권 간 관계의 재작동"(119)을 담고 있기도 하다. 이것은 "고객 감사, 고객 벤치마킹, 고객 조사, 고객 초점 집단과 직업 기술, 직업 훈련 계획 등과 같은 사회-기술적 장치들"(122)로 점점 더 많이 측정되는 문서 작성과 활동 형식들을 통해 일어난다. 애드킨스가 주장한 바와 같이, 만일 이것이 "인격 안의 자산의 종말"을 일으킨다면, 상품으로서의 노동력의 생산이 자본주의적 생산을 유도하는 복종과 주체화 과정을 유지하는 사회적 행위를 계속 실행한다는 점을 재확인하는 것이 중요하게 된다.

상품 형식과 인격의 법적 개념 간의 관계에 대한 앞서의 논의에서 노동력 자체가 상품이라는 점이 잊혀선 안 된다. 이것을 실감한다는 것은 시민권과 국가의 틀에 의해 제공되는 것과는 상당히 다른 주체성이 생산되는 기회를 제공하는 조사와 분석의 장을 연다는 것이다. 법적 인격의 가면 뒤에는 체화된 주체가 자신의 노동력을 상품화하도록 강제하는 다양화되고 역사적으로 차별화된 상황들의 혼합이 존재한다. 그러나 이러한 차별화는 공통의 물적 토대 전반에 걸쳐 일어난다. 우리가 1장에서 논의하였듯이, 상품으로서 노동력의 특이성은 그것의 담지자가 지닌 산 육체와 분리될 수 없다. 이는 노동력이 자본의 통제―맑스가 묘사한 고전적인 계약 구조에서부터 노예제의 강제까지, 자유노동과 강제노동 간의 많은 중간적 형식들에서부터 현대의 수많은 작업장을 점유하고 있는 고용 노동과 임시직 노동들에 이르기까지 ― 아래에 놓이는 광범위한 상황들 전반에 걸쳐 실제로 지속되고 있다. 비록 상이한 조합들을 통해서이기는 하지만, 강탈과 착취는 항상 그러한 상황들에서 벌어진다. 중요한 것은, 강탈은 노동력 상품의 공급을 통제하는 데 필요한 구체적인 주체성 생산의 흔적으로서, 항상 착취를 따라다닌다는 점이다. 노동자 인물형을 이렇게 확장된 의미로 이해할 때 시민 인물형과 동일시할 수 없는 이유가 바로 여기에 있다. 동시에, 이 인물형은 법적 인격으로 환원될 수도 없다. 왜냐하면, 노동 규제의 법적 양식들이 다른 형태의 노동 통제(혹자는 맑스가 『자본』 1권의 "노동의 판매와 구매" 장 말미에서 언급한 "무두질"을 떠올릴 것이다)와 공존하기 때문이기도 하고, 많은 노동관계가 계약을 통해 표준적인 규제를 회피하기 때문이기도 하다. 여기에서 법률적인 것the juridical과 비법률적인 것the non-juridicial 간의 경계는 그러한 법률적 구획과 관계되어 있지만, 점차 분리되고 있는 사법적 관할구역 간의 영토적 경계만큼이나 중요하다.

노동력을 보유하고 있는 주체를 한편으로는 법적 인격으로 다른 한편으로는 시민으로 환원시킬 수 없는 것이 노동관계를 둘러싸고 굽이치는 권력체들the powers 때문만은 아니다. 그것은 이러한 특정한 주체성의 생산을 특징짓는 과잉의 효과이고, 이는 노동력의 담지자가 결코 그 노동력의 상품화된 형식과 완전히 동일시될 수 없다는 의미이다. 우리가 앞서 주장한 바와 같이, 노동력을 훈육과 통제, 강탈과 착취의 과정을 초과하는 그리고 어떤 의미에서는 그 과정에 선행하는 역power 형식의 하나로 접근할 필요가 있다. 많은 이름이 이러한 초과의 순간에 주어졌는데, 앞서 계급에 관한 논의에서 언급한 것과 같이 이것은 단순히 사회적 계층화 효과로 정리될 수 없다. 여기서 우리가 덧붙일 수 있는 것은 이러한 과잉excess이 항상 법적, 정치적 영역에서 그것과 상관관계를 갖고 있는 주체성의 인물형과 연관되어 그리고 그러한 인물형과의 긴장 속에서 존재한다는 점이다. 이로부터 노동자가 실제로 느끼는 비애와 기쁨을 법과 정치이론의 추상적 언어로 번역하는 어려움이 발생한다. 아마도 이러한 어려움 때문에, 우리는 새로운 법적 혹은 정치적 주체를 고안하려는 많은 다양한 시도를 목격해 왔다. 시민의 회생에서부터 대중에 대한 재의미부여resignification에 이르기까지, "몫 없는 이들의 몫"에서부터 새로운 코스모폴리턴적 주체에 이르기까지 말이다. 이러한 개념들 중 어떤 것이 다른 것들에 비해 더 실현 가능한가 혹은 실증적으로 더 구체화한 것이 있느냐는 것은 그렇게 중요한 문제가 아니다. 오히려, 우리는 주체에 대한 그러한 상이한 접근의 확산을 가능케 한 역사적 배경을 이해할 필요가 있다. 이것을 번역의 문제로 접근하는 것은 주체의 단일성이라는 까다로운 문제를 탐구하는 시발점을 제공할 수 있고, 동시에 아직 우리가 충분히 논의하지 못했던 또 다른 중요한 쟁점을 부각시킬 수도 있다. 바로 정치적 조직화라는 문제이다.

경계투쟁

대니 트레조가 배역을 맡은 전직 마약전담 수사관이자 복수심에 가득 찬 국경지대 영웅인 '마셰티'는 로베르토 로드리게즈가 감독한 동명의 영화(2010)에서 이렇게 외친다. "넌 방금 멕시코 놈 하나 잘못 건드리는 바람에 망한 거야." 마셰티는 자신을 음모에 몰아넣고 반이민 캠페인을 벌이고 있는 강경 노선의 텍사스 상원의원을 벌거벗긴다. 그는 또한 이 상원의원의 사설 경호부대들 사이에서 살육전을 벌이는데, 바주카포를 장착한 오토바이를 탄 모습의 구식 총격전의 형태로 그들을 완전히 제거해 버린다. 과장된 만화책 스타일의 이 영화는 수컷스러운 광대 짓을 아이러니의 지점으로까지 확장하고 미국 남부 국경지대 이주 통제 레짐을 특징짓는 과잉을 반대의 방식으로 보여준다. 장벽, 자경단원, 위성 감시, 국경 경찰은 모두 이러한 회집체의 일부이며, 국가 이주법은 이주 노동자들을 애리조나에서 앨라배마에 걸쳐서 더욱 가혹한 형태의 착취에 놓이도록 한다. 중요한 것은 마세티가 그의 적들을 도륙하기 전에 군대를 불러온 것이 여성의 목소리라는 점이다. "우리는 국경을 넘지 않았어요. 국경이 우리를 넘어왔지요." 마세티와 한편에 섰던 전직 국경 경찰 사르타나는 2006년 미국을 휩쓸었던 라티노들의 투쟁에서 크게 유행했던 슬로건 중 하나를 언급하며 이렇게 외친다. 우리는 차후에 이 슬로건에 대해 다시 언급할 것이다. 여기서 우리는 경계투쟁과 그것이 구체화한 주체성의 생산이 국경에서 결정화된 법과 수많은 형태의 규제와 과잉된 적법성 속에 존재한다는 점을 주지시키고자 한다. 만일 〈마세티〉에서 이러한 과잉이 공개적으로 표명된 역설의 형태를 취한다면, 많은 실제의 투쟁들 속에서 그 과잉은 그러한 갈등 속에서는 언제나 가장 중요한 삶과 죽음의 선상에서 작동함으로써 더욱 비극적인 형태의 결과를 상정하게 된다.

이전에 우리는 복종과 주체화의 관계가 주체를 전장으로서 구성한다고 주장한 바 있다. 경계투쟁의 사례에서, 이러한 전장을 가로지르는 갈등과 긴장은 국경의 입지에 적용되는 특정한 조건을 넘어서 작동한다. 실제로 경계투쟁은 단순히 국경에서만 일어나는 것은 아니다. 경계투쟁은 공식적으로 통합된 정치적 공간의 한가운데에서 경계투쟁 자신들과 외연이 이어지고 심지어는 스스로를 발현하기도 하는 결과들과 공명한다. 우리가 이 책에서 논의해 온 경계의 확산과 이종화는 경계투쟁의 증식과 만나게 된다. 우리가 다루는 것이 도시적 분할이든, 내적 경계이든, 인지 경계이든 간에, 모든 경계의 [안과 밖이라는] 양면을 아우르는 사회적 관계에는 갈등적 순간이 존재한다. 파리의 방리유, 2010년 중국 노동자들의 파업, 혹은 유럽연합의 재승인 조약에 기초하여 이주민들을 북아프리카 말리로 추방시킨 것에 대해 [말리의 수도] 바마코의 〈말리 추방자 연합)이 2006년부터 진행한 활동 등의 운동과 투쟁 들을 보라. 이 모든 사례에서 주체성을 생산하는 데 있어 경계와 영역선의 역할은 강조되고 경합한다. 국가의 경계와 그것을 둘러싼 경계투쟁은 의심할 나위 없이 중요하지만, 이들 주변에서 다른 구획을 개방하는 투쟁들도 결코 그 심각성에서 뒤지지 않는다. 그 투쟁들이 경계횡단, 경계강화, 혹은 그 둘 간의 연계에서 중심을 차지하는지 아닌지는 중요하지 않다. 그와 상관없이 그 투쟁들은 경계를 구성하는 긴장의 현장에 개입한다. 빈번하게 경계의 투과성을 강조할 뿐 아니라 타협의 가능성과 그 경로들을 차단하려 시도하는 방식으로 응결되고 고체화되는 경향을 보여줌으로써 말이다. 이런 의미에서 투쟁은 조직화한 운동과 정치 활동들만을 가리키는 것이 아니라 그러한 운동과 활동 들의 근본적 선조건이 되지만 또한 선정치적prepolitical인 것의 영역으로 지정되기도 하는 사회적 실천과 행태를 가리키기도 한다. 네스터 로드리게즈가 자신의 글 「경계를 위한 전투」(1996)에서 열변을 토한 바와 같이, 이주민의 일상적인 "자기 활동"self-activity은 종종 경계가 이주민 자신들의 삶에 표식을 달고 제한을 가하는 방식에 저항하고 그것과 협상하도록 허용하는 투쟁의 특징을 지니고 있다.

이주민과 난민은 종종 인권, 시민권, 혹은 인종차별주의의 틀 속에서 해석되기도 하는 경계투쟁의 주인공이다. 그러나 이 갈등 속에서는 항상 어떤 무언가가 더 중요하다. 우리가 이 책의 앞부분에서 밝혔듯이 이주와 국경통제는 노동시장의 편제와 규정 속에서 구성적 역할을 한다. 우리는 안젤라 미트로풀로스(2006)가 "사법권, 통화, 그리고 그것들 간의 위계적 연결이 모든 월급봉투 속에서 분명히 나타난다"고 한 주장에 동의한다. 어떤 경계를 따라 일어나는 모든 투쟁은 노동시장 그리고 이와 관계된 주체성의 생산을 지속시키는 복합적 회집체 안에 개입한다. 노동력 상품은 경계가 없는 전지구적 영역도 아니고 순수한 국내 영지도 아닌 공간 안에서 순환된다. 점점 더 이종적이 되어가는 이런 공간 속에서 다수의 영역선과 접합하는 방식으로 자본의 변방이 횡단하는 공간 속에서, 경계투쟁은 분석적으로 위치 지어져야 하고 정치적으로 탐구되어야한다. 우리가 만일 주체성의 생산이 제시한 관점에서 자본과 노동 간의관계를 바라본다면, 그러한 탐구가 생산 지점에 한정될 수 없다는 것이분명해질 것이다. 오히려 그 탐구는 노동과 노동자들을 존재하게 하는바로 그 과정 – 종종 일하지 않는 대중들을 포함하고 그들에 대한 함의가 있는 과정들 – 을 따라가야 한다. 우리가 앞서 여러 번 강조하였듯이, 이 과정은 절대 부차적이지 않은 방식으로 젠더와 인종에 의해 구축된 영역선을 작동시킨다. 그러한 영역선과 여기서 고려되고 있는 경계의 뒤엉킴은산 노동의 구성 속에서 위계와 파편화를 생산하는 데 있어 결정적인 요소이다. 산 노동을 구성하는 다수성을 재고하고 통합된 정치 주체를 만들어 낼 수 있는 용어들로 번역하려는 어떠한 시도도 이런 이유로 경계투쟁에 합당한 주의를 기울여야만 한다.

분명히, 경계투쟁은 많은 상이한 형태와 형식들을 상정한다. 우리는이미 도시 갈등을 언급하였고, 내부 이주민을 포함하는 노동자 파업, 추방 과정을 둘러싼 반목들에 대해 언급하였다. 분명히 할 것은 모든 경계투쟁이 이주 문제를 포함하고 있는 것은 아니며, 모든 질문이 자국의 경계와 영토를 통제하는 권리에 관한 것이거나 이주자들을 배척하고 추방할 권리에 관한 것은 아니라는 점이다. 경계투쟁에 포함된 아주 많은 행위자들, 학계, 언론, 비정부기구들, 노동조합들, 그리고 이 분야에 문외한인 개인들(시민들과 비시민들 모두)은 이주에 대해 국가중심적인 관점을유지하고 있으며, 종종 "외국인 노동자", "불법 이주자", 혹은 "난민" 등 마치 그것들이 분석 범주인 것처럼 정책과 연관된 이름표들을 비판 없이적용한다(Scheel 2011). 그러나, 활동가 네트워크와 그들의 연합에서 두드러지듯이 경계투쟁에는 다양한 모습이 존재한다. 이들은 국경선의 폐지를 청원하고 정확하게 민족국가와 자본의 전지구화를 지속시키는 데 있어 그 국경선의 역할을 지적한다. 〈국경 금지〉No Border라는 느슨한 명칭, 유럽 경계 활동가 간 분산된 네트워크의 명칭으로 수년간 활동해온 이 투쟁들은, 이주자 문제들을 훨씬 뛰어넘어서는 함의들을 지닌 국경 주변 그리고 국경선 위에서의 가장 급진적이고 가장 자극적인 몇몇의 정치 활동의 사례들을 제공한다. 이주 통제를 위한 전략적 지대에 있는 국경 캠프의 조직에서부터 이주 관리에 관여하고 있는 시행기관들에 반대하는 캠페인까지, 억류센터를 겨냥한 직접 행동에서부터 이동하고 있는 주체들의 안전한 경로를 위한 "지하철로"의 구축 시도까지, 이러한 계획들은 우리의 정치적 경험을 횡단하고 여러 방식으로 경계에 대한 우리의 접근에 지식을 제공한다. 〈국경 금지〉 정치를 세심히 탐구하려고 시도하는 논문에서, 브리짓 앤더슨, 난디타 샤르마, 신시아 라이트(2009)는 우리의 것과 가까운 여러 분석적 전제들을 발전시킨다. 이들은 경계를 "특정한 유형의 주체와 주체성을 만들려고" 시도하는 거푸집으로서 접근한다. 경계 그리고 그 경계의 외연이 국가 영역의 주변에서뿐 아니라 그 영역에 걸쳐서 그리고 그것을 넘어서서 시간적으로 작동한다는 점을 인식함으로써, 이들은 경계통제가 어떻게 사람들을 강제로 "자신들의 작업 시간과 노력"을 강화하는 방식으로 "영원한 현재를 살게 하는지"를 보여준다. 그들은 이런 식으로 시민 권리에 기반한 인도주의적 입장 혹은 관점들 너머로 경계 행동주의border activism를 밀어내는 방식을 통해 경계를 "생산적이고 발생적인" 것으로 바라본다. 더욱이 그들은 그러한 경계 정치를 "공통장을 위한 더 넓고 활기를 불어넣는 투쟁의 일부로" 바라본다 (6~12).

앤더슨, 샤르마, 라이트가 제시한 이론적 전제들은 우리가 앞서 공유한 것들이다. 그러나 〈국경 금지〉 정치의 실천적 정밀화와 관련해서는, 이렇게 주의 깊게 발전시킨 지점으로부터 주의를 끌어올 만한 다른 요소들이 자주 등장한다. 〈국경 금지〉 투쟁들은 때때로 경계를 국경경찰과 다른 통제 시행기관들의 금지 노력만큼이나 국경 횡단자들의 능동적인 주체성을 포함하는 사회적 관계의 집합으로서 접근하기보다는 제거해야 할 대상으로 접근한다. 이는 역설적으로 국경에서 벌어지는 참상을 강화할 위험이 있는 권력과 지배에 대한 어떠한 집착을 야기할 수 있다. 동시에 많은 〈국경 금지〉 활동가들이 인권과 경계의 규범적인 위법성을 급진적으로 이해하는 입장에 진심 어린 태도를 갖는 것 또한 우리가 이 책에서 면밀히 살펴본 것에 그들이 접근하기 어렵게 만드는 요인이다(Hayter 2004). 〈국경 금지〉는 무엇보다 상징 행위를 우선적으로 촉진함으로써 경계 행동주의가 더 넓은 정치적 프로그램으로 발전하지 못하게 하는 일종의 정치 로고에 머무르도록 할 위험이 있다. 의심할 여지없이, 그 어느 때보다 상징화와 스펙타클화spectacularization로 향하는 경향이 있는 사회적 맥락 내에서 그러한 행위를 생산할 필요는 존재한다. 그러나 우리가 보기에는 공통적인 것의 구축은 경계를 제거하고자 하는 욕망 이상의 무언가를 포함하고 있어야 한다. 다음 장에서 공통적인 것과 경계 간의 관계에 관한 복합적인 사안을 계속 다루기는 하겠지만, 일단 여기서는 우리가 〈국경 금지〉 정치에 대한 통상적인 비판에 동의하지 않는다는 점만 밝혀둔다. 즉 〈국경 금지〉 정치가 이상적이거나 아니면 전 세계의 많은 국가에서 힘겹게 획득해 온 민주주의적 특권들을 약화시킬 위험이 있다는 비판에 우리는 동의하지 않는다. 그런데도, 우리는 〈국경 금지〉가 그 자체로서 구체적인 정치적 프로젝트라는 앤더슨, 샤르마, 라이트의 주장에 대해서 호의적인 거리를 두고 있다. 왜냐하면 우리는 다른 정치 투쟁 ─ 예를 들면, 지적재산을 둘러싼 투쟁들, 혹은 인지자본주의 노동을 통한 지대의 추출을 둘러싼 투쟁들 ─ 과 〈국경 금지〉의 접합이 필요하다고 강력히 느끼고 있기 때문이다. 현대 세계에서 경계의 확산이 목격되고 있는 한 우리는 경계의 정치적 제거가 가능하지 않다고 판단한다. 그렇다고 우리가 통상적인 의미의 현실주의자인 것은 아니다. 우리는 경계의 독재에 대한 거부가 일상적으로 벌어지는 경계 확산을 둘러싼 투쟁의 강도에 초점을 맞추고 있다. 〈국경 금지〉의 네트워크를 둘러싼 급진적 활동들이 이제는 다른 명칭들을 갖는 경향이 있는 프로젝트들로 변이되고 있지만, 우리는 〈국경 금지〉가 개방한 정치공간을 기반으로 그것을 가치화한다. 〈국경 금지〉에 대한 많은 비판자가 이상적이거나 낭만적이라고 인식하는 것은 정확히 우리가 그것이 지닌 가장 가치 있는 측면이라고 이해하는 부분이다. 이는 경계의 제거가 실제적으로 여러 경계투쟁의 근저에 깔린 욕망과 행위에 부합하기 때문이다. 문제는 그러한 거부와 욕망의 실천들을 어떻게 공통적인 것의 구축을 위한 더 넓은 프로그램과 조합하느냐이다.

우리가 〈국경 금지〉 정치가 더욱 규범적으로 굴절된 버전들 몇몇에 대해 의구심을 표현해 왔지만, 그렇다고 해서 규범적 배열들이 방법으로서의 경계 접근에 아무런 연관성을 갖고 있지 않다고 주장하는 것은 아니다. 앞서 언급했던 것처럼 정치철학 자체는 경계를 둘러싼 쟁점들과 경계가 가진 정통성의 부침이 정치화하는 것과 점점 더 진지하게 타협할 수밖에 없다. 자신의 책 『배제의 철학』에서 필립 콜은 경계의 배제적 기능 이전에 불안감을 극복하려는 자유주의적 정의이론이 발전시킨 일련의 "비대칭적 주장들"(즉 구성원과 외국인, 내부인과 외부인 간의 급격한 비대칭에 기반한 주장들)에 관해 세밀한 비판을 제시하였다(Cole 2000, 53~55). 이러한 자유주의 이론의 혼란을 설명하는 하나의 방법은 영토적 경계선과 인류학적 영역선의 뒤엉킴을 상기하는 것이다. 우리는 앞에서 발리바르를 차용해, 이러한 뒤엉킴이 시민 인물형과 법인격의 인물형을 구성할 뿐 아니라 그들과 화폐 및 노동력과의 접합을 구성한다는 점을 설명한 바 있다. 경계가 단순히 이미 형성된 주체에 어떻게 제한을 가하는지보다는 어떻게 주체성을 생산하는지를 이해함으로써만, 경계가 정의에 대한 제동장치이자 또한 불의의 전달자로서 행동할 수 있는 능력을 비판적으로 이해할 수 있다. 그리고 이를 토대로 우리는 경계가 어떻게 정확히 그것의 배제적 기능으로 인해 물질적으로 실제적인 그리고 이상적인 것과는 전혀 관계가 없는 정의의 경로를 경멸하는 대신에 형성하는지에 대한 분석을 시작할 수 있다. 경계 기계가 정의에 한계를 부과하고 동시에 정의의 통치를 가능케 하는 한, 그 기계는 항상 배제의 장치로서 작동하는 만큼이나 동시에 다수의 주체 위치 생산을 포함하는 포섭 수단으로서 작동하기도 한다.

경계투쟁의 여러 다양성을 요약하는 방법의 하나는 경계의 이종성과 변덕스러운 속성 측면뿐 아니라, 빈번하게 정의의 언어로 표현되는 요구와 욕망으로부터 절차적 정의를 분리하는 문턱threshold이라는 측면에서 그 투쟁을 살펴보는 것이다(Mezzadra and Neilson 2012). 정의 앞에 놓인 문턱을 식별하는 것은 중요한 철학적, 정치적, 법적 개념의 수많은 활기찬 논의가 담고 있는 속성의 하나이다. 누군가에게는 자크 데리다의 중요한 논문인 「법의 힘」(1989~90)이 떠오를 수 있는데, 이 논문은 역사적으로 주어진 모든 정의 체제 혹은 법 집행에 정의 개념을 부여하는 구조적 과잉을 강조한다. 경계와 정의의 문턱 간 관계는 분명히 여러 다른 형태를 띨 수 있다. 예를 들어, 많은 종류의 이주 정치와 경계 행동주의는 경계와 절차적 정의의 한계 모두를, 완전히 일치하는 게 아니라면 안정적인 선으로 가정한다. 이는 진정하며 정의로운 민족 공동체라는 관념에 호소하는 캠페인의 경우에도 해당된다. 그러한 민족 공동체 관념은 배제 그리고 다른 형태의 경계통제에 관한 여러 결정들을 할 때 유일한 혹은 최우선적인 판단 근거가 된다. 이러한 한계 중 어떤 것은 이동성이 있다고 인식되고 다른 것은 안정되어 있다고 여겨지는 상황에는 정치적 지평의 거대한 가변성이 존재한다. 이에 해당되는 사례에는 새로운 종류의 이동형 경계 레짐이 야기하는 효과를 비난하기 위해 인권과 관련된 담론과 법적 사건들 주변에서 최우선적으로 작동하는 캠페인 등이 포함된다. 이러한 캠페인과 같은 사례들은 현재의 이주 운동을 식민지적 모험의 상호적 효과들로 이해하는 정치적 입장을 아우르기도 하는데, 이들은 실제로 존재하는 정의-부여 시스템의 함의를 비난하지만 대도시와 식민지(예를 들어, "당신들이 거기 있으니 우리가 여기에 있다"라는 구호 아래에서) 간의 안정적인 분할을 재생산하기도 한다.

더욱더 흥미롭고 도전적인 것은 정의에 내재하는 경계와 문턱 모두를 이동적이고, 침투가능하며, 불연속적이라고 보는 경계투쟁들이다. 순수한 형태로서 그러한 투쟁의 정체를 파악하기는 어렵지만, 우리는 이러한 복합적 이동과 배열의 상호작용 속에서 현대의 차별적 포섭 과정과 노동의 증식에 적합한 경계 정치를 주조하는 게 가능할 수도 있다는 희망을 보고 있다. 우리가 영화 〈마셰티〉에 대한 논의에서 이미 언급했던 바 있는 구호 ― "우리는 국경을 넘지 않았다. 국경이 우리를 넘었다" ― 를 떠올린다면, 경계의 이동성에 대한 주장과 어떤 사법권 혹은 법적 과정이 정의에 대한 모든 요구에 적합할 수 있느냐라는 질문 사이에는 함축적인 연관성이 존재함을 알 수 있다. (미국-멕시코 전쟁과 1848년 〈과달루페 이달고 조약〉을 상기해 보면) 이 구호를 민족주의적으로 독해할 가능성이 있지만, 그렇다고 이러한 해석이 지닌 급진적인 힘이 줄어드는 것은 아니다. 우리는 많은 상이한 경계경관에서 벌어지는 이주민 투쟁 안에서 유사한 동인들을 볼 수 있다. 여기에는 프랑스와 다른 유럽 국가들에서 일어난 쌍 빠뻬에 운동(Suárez-Navaz 2007)에서부터 캘리포니아 남부 지역에서 발흥하여 미국과 서유럽 내 여러 지역으로 확대된 〈경비원을 위한 정의〉와 〈청소부를 위한 정의〉 운동(Alzaga 2011), 호주에서의 인도 "학생-이주-노동자"들의 투쟁(Neilson 2009)과 프랑스와 이탈리아에서 "불법" 이주민이 노동자 파업에 참여한 것까지 포함된다(Barron et al. 2011; Mometti and Riccardi 2011). 이 모든 투쟁 그리고 그와 유사한 많은 것들에서 노동력에 체화된 역량과 태도는 시민과 법적 인격의 경계짓기 안에서 작동하는 주체성의 생산과 복합적으로 교차한다. 그것은 개인적이든 아니면 집단적이든 이러한 인물형들을 하나의 육체에 융해시키려고 시도하는 투쟁들 속에 포함된 강도의 문제가 아니다. 오히려, 이러한 다양하게 경계 지어진 인물형들을 일시적으로 분리하고 함께 합치는 바로 그 힘이 그 인물형들을 접합의 이론적 측면으로부터는 이해될 수 없는 관계로 가져온다. 이러한 관계들과 그 안에 내재한 정치적 잠재성들을 이해하기 위해서는, 우리가 다음 섹션에서 어떠한 언어적이거나 문화적 환원주의조차도 넘어서는 그것의 물질적 차원들을 강조하면서 본격적으로 살펴볼 개념인 번역이라는 문제로 주의를 돌릴 필요가 있다.

번역 노동

"1921년에 일리치Ilich는 조직의 문제들을 다루면서 대략 이렇게 썼다. 우리는 우리의 언어를 유럽의 언어로 '번역하는' 방법을 알지 못했다"(Gramsci 1995, 306). 안토니오 그람시는 자신의 책 『옥중수고』에서 파시스트의 검열을 피하고자 블라디미르 일리치 레닌을 일리치로 언급하면서, 이 문구를 통해 정치 조직의 쟁점들을 위한 번역의 중요성을 나타냈다. 그람시는 공산주의 지도자와 지식인이라는 점 이외에도 훈련된 언어학자였는데, 헤게모니와 같은 그의 정치 개념 중 대부분은 이러한 훈련의 흔적들이다(Ives 2004; Lo Piparo 1979). "자연적이고", 민족적이며, "과학적이고 철학적인" 언어 간의 번역과 "번역가능성"이라는 쟁점은 『옥중수고』에서 중요하게 다루어진다(Boothman 2004). 레닌에 대한 언급은 1932년에 쓰인 그람시의 가장 철학적인 수고(수고 11)에서 「과학적이고 철학적인 언어들의 번역」이라는 제목의 장 도입부에 등장한다. 레닌의 연설에 관한 그람시의 기억을 통해 환기된 번역의 정치적 개념은 이론적 개념을 구성하는 데 그리고 그 개념들이 보편적 타당성을 가진 것처럼 위장하는 데 정교하게 개입하기 위해 필요한 핵심이 되었다. 그람시는 이렇게 적는다. "모든 진실이 비록 보편적이고 이론가 족속을 위한 추상적 수학 공식으로 표현될 수 있다고 하더라도, 진실의 효과성은 특정한 구체적 상황에 적합한 언어를 통해 표현되는지 여부에 좌우된다. 그러한 구체적 용어로 표현될 수 없다면, 진실은 호사가들에게만 좋은 복잡스럽고 학자연한 추상에 불과하다"(Gramsci 1971, 201).

개념과 특정한 구체적 상황의 물질성 간 충돌의 순간은 번역 그리고 이러한 문제에 대한 단순한 언어적 접근을 넘어서는 번역가능성 이론을 필요로 한다. 그람시에게 번역은 무엇보다도 언어적 경계를 통해 작동하지만, 결코 그 과업으로 인해 탈진되지 않는 노동을 포함하는 사회적 실천이다. 번역은 단순히 두 개의 언어들이 접촉하는 시점에 대한 인지뿐만 아니라, 어떤 기존 사회에서 의미를 생산하는 데 기반이 되는 경제적·문화적·정치적 세력들 간의 상호작용에 대해 인지할 것을 요구한다. 정치적으로 전치했을 때 번역은 지도자들에 의해서 독점되는 조직적 기술이 아니라 투쟁 안에서 아래로부터 만들어지는 물질적 실천이다. 특히 경계 투쟁에서 번역은 모든 다른 정치적 실천이 관통하는 조직적 격자를 제공한다. 언어-문화적 영역에 한정되어 있다기보다는, 번역은 과거 혹은 오래된 정치적 경험들로부터 영감을 작동시키거나 끌어오면서 구체적인 상황에 투쟁을 연결하는 기초 원칙이다.

번역 노동에 관해 말하는 것은 단순히 교차문화적 대화를 위한 역량을 환기하는 것이 아니라 우리가 이미 언급하였던 일련의 문제들로 우리를 인도하는 물질적·정치적·법적 조건에 관심을 집중하는 것이다. 홉스는 『리바이어던』에서 "모든 [사회적] 계약은 상호적 번역이거나 권리Right의 변경이다"라고 기술하였다(1981, 194). 이는 라틴어 단어인 트란슬라티오translatio의 의미를 떠올리게 하는데, 그 단어는 단지 "의미의 이전"만을 일컫는 것이 아니라 "자산property의 이전"을 일컫기도 한다(Best

2004, 124). 홉스가 우리에게 번역의 법적·정치적 함의를 상기시켜준 반면에, 그 개념이 지닌 더욱 경제적인 함의도 역시 강조할 필요가 있다. 『정치경제학 비판 요강』에서 맑스는 상품의 순환과 보편적 교환을 가능케 하는 데 있어 번역과 화폐의 역학 간에 함축된 유사점을 경이로운 문장으로 서술한다. 그는 "순환되기 위해 그리고 교환 가능해지기 위해서는 먼저 모국어로부터 외국어로 번역되어야만 하는 생각들"에 관해 언급한다. 맑스에게 "언어의 외래성"은 가격에 비유되는데, 이는 상품의 "사회적 특성"을 그것의 물질성으로부터 분리함으로써 상품의 구매와 판매를 가능케 한다(Marx 1973, 163). 구체노동을 추상노동으로, 추상노동을 교환가치로, 교환가치를 가격으로 바꾸는 상품 형식을 둘러싼 번역의 네트워크는 맑스에게 일련의 대변혁을 제시한다. 이러한 연속적인 번역은 상품 형식과 화폐의 주권과 연결된 주체성의 생산에서도 매우 중요하다. 물질적으로 밀집된 번역의 함의를 염두에 둠으로써, 우리는 번역 연구가 기본적으로 지닌 언어적 고민을 넘어 확장하는 방식으로 사회적 실천으로서 번역의 작동을 관찰하고 분석할 수 있게 된다(Snell-Hornby 1988). 문화적 갈등과 협상의 "번역 구역"을 지적한 에밀리 앱터(2005)와 같은 사상가들의 연구는 문화적 번역이라는 용어에 통상적으로 전제되는 조화로운 공명에 의문을 제기한다는 점에서 우리의 접근과 연결된다. 법, 국가, 자본의 작동에 대한 번역의 내연성을 강조함으로써, 우리는 경계를 생산하는 데 있어 번역의 역할에 대한 탐구도 진행할 것이다. 이는 번역이 언어, 문화, 그리고 사실은 주체성 간에 다리를 놓는 도구이자 분리하는 도구 모두로서 역할을 한다고 주장하는 것인데, 결과적으로 번역을 경계의 의미론적 장 한가운데에 두는 사카이 나오키(1997)의 작업에 의지하는 것이기도 하다.

레닌에 대한 그람시의 논평으로 돌아가서, 우리는 "조직에 관한 질문들"이 번역과 번역가능성에 대한 그의 사색을 가속화했다는 점을 인지할 수 있다. 레닌 스스로는 그람시가 문장을 바꾸었던 그 연설에서 (「러시아 혁명으로부터 5년 그리고 세계 혁명의 전망」은 실제로는 1922년 11월에 이루어졌다) 1921년 〈공산주의 인터내셔널〉에 의해 채택된 "조직구조"에 관한 해결책이 외국인들에게는 가용치 않으며, 이는 언어적 번역의 품질 때문이 아니라 "그 안의 모든 것은 러시아의 조건에 기반한 것"이라는 사실 때문이라는 점을 지적한다. 그는 이렇게 주장한다. "우리는 우리 러시아의 경험을 외국에 제시하는 방법을 아직 모른다." 언어가 아닌 경험의 번역가능성에 대한 이러한 인정은 러시아에 관계된 정치적·경제적·사회적 상황에 대한 레닌의 깊은 이해와 개입의 맥락에서 독해할 필요가 있다. 당의 완고함과 혁명 이후의 엄중함에 대한 전형적인 이미지와는 반대로, 이러한 발언은 변화하는 조건에 대해 유연하게 적응하는 역량과 의지를 보여준다. 레닌은 다음과 같이 선언한다. "나는 러시아 혁명으로부터 5년이 지난 후, 우리 모두, 러시아인들과 외국의 동료들 모두에게 가장 중요한 것은 앉아서 학습하는 것이라고 생각합니다"(1965, 430~31). 그러나 변화하는 계급 관계와 정치권력의 역학 속에서 기초적 조직에 대한 그의 확신은 번역의 문제에 맞닥뜨리게 된다. 중요한 것은 이미 이종적인 인민, 민족, 국가 간의 소비에트 회집체를 넘어 확장되는 국제적 맥락에서 적합하고 적용가능한 국제주의와 조직 양식이라는 질문들이다. 레닌은 러시아 혁명과 그 이후의 상황에 적용되었던 방법들이 다른 특정한 구체적 상황에 단순히 이식될 수 없다는 점을 잘 인식하였다. 이로 인해 그는 번역의 정치적 노동을 혁명 조직의 불가피한 측면으로 두었다. 레닌의 관점은 오늘날 더욱 타당하게 여겨질 만하다. 확산하고 있는 경계의 세계에서 번역가의 업무와 정치조직가의 업무는 서로 빈번히 수렴되고는 한다. 모스크바의 현대 노동계급 사이에서 노동 투쟁을 조직한다고 상상해 보자. 이 도시는 150만 명의 이주민이 거주자로 등록되어 있고 "불법" 이주민의 추방은 일상적인 일이며, 노동력의 구성은 언어적, 종족적, 민족적 영역선과 교차되어 있는 곳이다. 1922년 국제적 상황의 측면에서 레닌이 밝혀낸 번역과 조직화의 문제들은 그 자체로 단일한 도시의 스케일에서도 자명하게 드러난다.

　노동 인구가 모이는 곳이라면 어디나, 특히 이주가 노동 인구를 구성하는 곳이라면 어디에서나 번역에 관한 질문은 정치적 조직화의 구성 요소가 된다. 우리가 이 책을 시작하면서 논의했던 2004년 뉴욕에서의 "요금 인상" 택시 파업은 일상적인 조직화의 실천에서 그리고 자본의 작동에서 번역을 마주하는 수많은 노동 행위와 사회투쟁 중 하나일 뿐이다. 그러한 활동과 투쟁에 참여해온 누구라도 번역에 대한 지속적인 필요, 수고스러운 노력, 협상, 그리고 이러한 상황을 특징짓는 오해들조차 인지할 수 있을 것이다. 연결과 네트워킹에 집착하는 세계에서, 노동과 정치 조직화를 실천할 때 번역불가능한 것과의 단절, 불연속, 대립의 시점에 구축된 관계들을 기억하는 것은 중요하다. 모든 것을 가치 언어로 번역한다는 환상 속에서 자본이 노동하고 있는 반면에, 산 노동은 불연속 및 차이와 끊임없이 교차한다. 오드리 로드는 말한다. "우리가 가장 강력하면서 또한 가장 취약한 것은 바로 우리의 차이 속이다. 그리고 우리의 삶에서 가장 어려운 과업 중 하나는 차이를 주장하고 그러한 차이를 우리 사이의 장벽이라기보다는 가교로 활용하는 법을 배우는 것이다"(Lordre 2009, 201). 그러한 주장과 학습의 과정은 랑시에르, 라클라우, 그리고 우리가 앞서 논의한 다른 사람들에 의해 발전된 정치적 주체의 인물형과는 사뭇 다른 주체성을 생산한다. 이는 단지 차이가 주체를 내부적으로 교차하고 쪼개기 때문만은 아니다. 더불어, 가교를 장애물로 바꿀 위험을 항상 지녔다 해도 번역의 사회적 실천은 끊임없이 열린 상태여야 하는 집단적 주체를 창조하기 때문이기도 하다. 이와 동시에 이 집단적 주체는 번역에 열려 있어야 하며, 그것 자체의 구성 과정을 다시 열어야만 한다. 이러한 개방과 번역의 실천 속에서, 이러한 개방과 번역의 실천 속에서는,

포섭과 배제의 언어, 부분과 전체의 용어, 혹은 데모스demos나 국가에서 스스로를 드러내는 "순수 정치"의 지평 안에서 정통성을 모색하지 않는 권력의 인물형이 등장한다. 그것은 자연, 역사, 혹은 문화에 의해서 주어지는 것이 아니라 반대로 정치적으로 발명되고 재발명되어야만 하는 공통a common의 권력이다.

"통약불가능성incommensurability 현장의 관계"(Sakai 1997, 13)로서 번역이 창조하는 정치적 가능성을 위한 급진적 공격은 자본에 대한 공격이며, 자본은 정확히 가교와 장애물을 착취와 강탈을 위한 도관으로 바꾸려 하는 사회적 관계이다. 이것은 현대의 외피를 뒤집어쓰고 등장하는 오래된 책략이다. 중국의 기숙사형 노동 레짐을 가로지르는 언어적 영역선에 관한 푼 나이의 논의를 살펴보자. 지역적, 친족/종족적, 언어적 네트워크가 어떻게 남중국의 공장들에서 "빈번하게 생산기계에 의해 조작되어 노동분업과 일자리 위계를 만들어 내는지"를 서술하면서, 그는 이것이 지역적 정체성을 보존하고 증진하는 데 관심 있는 노동자 집단들 간의 경쟁을 포함한다는 점을 강조한다. 그러한 "자기-훈육"은 종종 종족적·언어적 영역선을 관리하기 위한 다른 전략과 조합되어 여성 노동자의 "복종"을 강화하고 "노동자의 저항을 방지하고자 노동자 각각을 서로 대치시키기 위해 영역선을 이용한다"(Pun 2005, 121~23). 인도의 남성 노동자들이 바레인과 같은 걸프Gulf 국가들로 노동 이주를 하면서 만들어진 매우 상이한 경계경관에서도 유사한 동인을 관찰할 수 있다. 이주 노동자들을 특정한 직업과 법적 후견인에 묶어두는 카팔라kafala 이주 시스템을 설명하면서, 앤드루 M. 가드너는 언어적·문화적 장벽이 "외국인 노동자의 자유행동성agency에 제한을" 가함으로써 어떻게 노동자들을 동등하지 않은 관계에 놓는지를 탐구한다. 기업들은 "언어적, 문화적, 종족적 차이점들이 더욱 고분고분한 노동력 – 조직화와 파업 능력이 부족한 노동력 – 을 만들어 내게 한다는 점에서, 다양한 지역들로부터 노동력을 끌어오기 위해"(Gardner 2010, 2016) 신중한 태도를 보인다. 다시 말하지만 이것은 오래된 전략이라는 점을 강조할 필요가 있다. 마커스 레디커가 노예선에서의 충격적인 "인간 역사"를 서술하며 상기해 주듯이 미국과 유럽의 노예 상인들도 유사한 방법을 택하였다. 레디커는 리처드 심슨이라는 사람을 인용하는데, 그는 17세기 후반 선내 외과의사로 있으면서 꾸준히 여정을 기록했다. "기니Guinea로 무역을 떠난 사람들이 깜둥이들Negros 을 조용히 시키는 데 쓰던 수단은 그들을 출신 나라와 다른 언어에 따라 몇 그룹으로 나누어서 선별하는 것이다. 그렇게 하면 그들은 단체로 행동할 수 없다는 것을 알게 된다… 서로를 이해하지 못하는 한 말이다"(Rediker 2007, 276에서 인용). 많은 노예주는 이러한 책략에 실망하였다. 왜냐하면 자신들의 노예인 신민들이 심지어는 노예선에 승선해서도 즉흥과 적응 기술에 있어서 달인이 되었고, 저항을 유지하고 양생하며 반란조직에서 번역 언어 역할을 하는 공통 언어를 만들어 냈기 때문이었다.

피진 영어[3]인 동인도인 선원들의 주벤Lascar Zubben, 그리고 복수의 다른 즉흥화된 방언들은 근대세계를 만든 "많은 중간 항로"에서 노예, 죄수, 막노동꾼(Christopher, Pybus, and Rediker 2007)뿐 아니라 선원들과 기타 해상 노동자 "잡색 선원 집단"에 가해진 분할과 지배 책략들에 이들이 독창적으로 대응한 결과이다. 선원 집단이라는 개념 자체는 배 위에 회집되고 유사−군정에 의해 독재적으로 통제된 노동자이자 형성 중에 있는 집합적 주체를 설명한다. 브루노 트레이븐이 자신의 고전 소설 『죽음의 배』에서 쓴 바와 같이, "함께 살고 함께 일하는 과정에서 선원들 각자는 동료들이 하는 말을 습득하게 된다. 그렇게 두 달 정도 지나면 배 위의 모든 사람들은 모든 선원들이 공통적으로 이해하는 300개 정도의

---

3. Pidgin English. 다른 언어권의 사람들 간 의사소통을 위해 단순화된 회화용 영어.

단어들에 대한 지식을 얻게 된다"(Linebaugh and Rediker 2000, 153~54에서 인용). 그러한 노동 행위와 경험 속에서 우리는 공통적인 것을 창조하는 번역 역량의 선례를 발견하게 된다. 다시 한번 말하지만 여기서 강조되어야 할 것은 일련의 모든 사회적·물질적 실천에서 번역을 구현하는 것이다. 그리고 여기서 더 중요한 것은 선원들의 의사소통을 언어적으로 가능케 해 주는 300단어들이라기보다는 함께 생활하고 함께 일함으로써 발달한 작업 관련 지식이다. 그러한 지식은 우리가 번역 노동이라고 부르는 것과 일맥상통한다. 동료들의 단어를 골라내는 상호과정을 통해 새로운 어휘를 만들어 내는 것은 매우 특이한 종류의 번역을 수반한다. 이는 심지어 언어적 측면에서 봐도 원천과 대상 언어 간의 교환을 위한 전통적 모델과는 다른 것이다. 민족 언어 혹은 규범적 문법 간의 움직임을 재현하는 것과는 전혀 상관없이, 이것은 외국인에서 외국인에게로의 담론이다. 영원히 번역 중인 상태에 있고 협동, 조직화, 투쟁의 물질적 실천에 뿌리내림으로써 공통적인 하나의 언어를 창조한다.

탈식민지 저술가와 비평가들은 언어와 주체의 물질적 구성을 위해 계속되는 번역 과정의 함의를 잘 인지하고 있다. 에두아르드 글리쌍(1997)은 근대성이 시작되는 시점으로서 노예제와 플랜테이션의 중요성을 강조하고 다수성이 언어의 통일성 및 고유성 원칙에 침투하는 과정을 분석한다. 그는 카리브해에서 일어난 서발턴의 투쟁과 문화적 실천을 구성하는 "관계"의 수많은 실천에서 이러한 과정을 발견한다. 글리쌍에게 우회와 번역의 순간은 언어 자체로 구성되는데, 이 과정에서 정체성 정치에 저항하고 종속화subjectivation에 열린 이해를 갖는 데 필요한 잠재적 기초를 제공하는 "크레올화"creolization 과정을 수용하게 된다. 우리가 번역 개념을 사용하는 것은 크레올화가 반-동일주의적으로 굴절되는 것을 증식시키려는 의견표명이자 시도인데, 이는 크레올리테[4] 혹은 혼종성을 다루는 현대 이론가들과 글리쌍을 명확하게 구별 짓는 지점이기도 하다. 동시에, 자본의 작동 안에서 번역의 역할을 강조함으로써 우리는 번역이 자본과의 싸움을 위한 공통의 언어를 발명하기 위한 도구가 될 수 있는 조건을 분석하는 또 하나의 인식틀을 제시한다. 이러한 번역 노동은 다시 언제나 자본, 국가, 법과 얽혀든다. 트레이븐의 『죽음의 배』로 돌아가서, 우리는 여기에 그러한 공통의 언어를 생산하는 것이 자율적이고 다양한 노동자 집단으로서 선원 집단을 구성하는 더 넓은 주체성의 생산에 관한 단지 여러 관점 중 하나라는 점을 덧붙이고자 한다. 몸짓들, 정동의 교환, 리듬의 표현, 고통, 고난, 기쁨의 공유가 이러한 번역 노동 속에서 작동하기도 한다. 여기에서 우리는 지난 몇 세기 동안 공해를 가르고 횡단하는 경계짓기 과정뿐만 아니라, 현대 자본주의의 영해를 흩뜨리는 이주와 금융의 광풍이 일으키는 도전을 마주하기에 적합한 하나의 정치 주체를 만들어 낼 기회를 발견한다. 이 책의 마지막 장인 다음 장에서 우리는 이 공통을 직조하는 이론적이고 실천적인 과업과 마주한다.

---

4. Créolité. 프랑스령 마르티니크섬 출신 작가들에 의해 1980년대에 시작된 문학 운동. 프랑스령 카리브 지역에서의 문화적, 언어적 이종성을 주장한다.

9장

공통적인 것 번역하기

누구의 방법?

　공통적인 것the common과 경계 간에는 무슨 관계가 있는 것일까? 이 책에서 우리는 여러 각도에서 경계에 관한 질문들을 건드려 보았는데, 이는 우리가 전지구적 공간의 이종화, 노동의 증식, 경계의 확산이라고 불러왔던 것들에 필요한 접근이다. 공통적인 것 개념은 종종 이러한 과정의 대척점 그리고 그 과정이 현대 세계에 발휘하는 효과들의 핵심적 대척점으로 환기된다. 예를 들어, 우리는 소위 본원적 축적의 지속적 실재에 관해 논의하며 '공통장들'commons을 전유하는 다양한 수단들을 지적하였다. 이는 근대 자본주의의 기원에서 인클로저와 국가의 역할에 대한 칼 맑스의 분석에서 중심 주제이기도 했다. 오늘날 공통장은 이론적 논쟁과 사회적 투쟁에서 새로운 특징을 획득하였다. 혹자는 서부 벵골, 아프리카, 혹은 러시아에서 토지 획득과 토지 착복에 대한 농민들의 저항을, 아마존에서의 생물자원수탈에 대한 원주민들의 투쟁, 지대 시스템의 침투에 반대하는 사회적·문화적·정치적 조직화의 현장을 구축하고 유지하기 위한 대도시의 투쟁, 혹은 네트워크상에서 정보와 지식을 소유권의 대상으로 바꾸는 데 반대하는 디지털 투쟁 등을 떠올릴 것이다. 탈사회주의적 이행과 선진자본주의의 이행 모두에서 국가 복지 시스템의 붕괴에 저항하는 다양한 노력들 역시 공통적인 것을 방어하기 위한, 혹은 좀 더 정확하게 말하면, 공법의 틀 내에서 구축된 공통재화를 보호하기 위한 투쟁의 중요한 사례들이기도 하다. 이 모든 투쟁은 성공적이었든 아니었든 간에 각자의 이론적 순간들을 지니며, 안토니오 그람시의 말들이 상기하듯이(1971, 201), 이것들은 결코 "추상적인 수학 공식"으로 매몰되지 않을 것이다. 이 투쟁 간의 관계를 추적하기 위해서, 우리는 그 공통적인 것을 번역하는 작업에 적합한 개념적 학술용어를 필요로 한다. 이는 단지 그러한 투쟁들이 자원, 의사소통, 이데올로기, 혹은 대중 참여의 준위에서 연결된 방식 아니면 연결 여부의 추적만을 의미하지 않음을 의미한다. 그것은 또한 그 투쟁들이 어떻게 즉시 잠재력을 갖게 되고 탈안정화되는 주체성의 생산을 필요로 하는지, 그래서 하나의 주체나 기관에 의해서는 결코 완전히 숙달되거나 조직화할 수 없는 번역의 관계들로 그 투쟁들을 가져오는지를 이해한다는 뜻이기도 하다. 이미 우리는 **공통적인 것, 공통장, 공통재화, 공적인 것, 사적인 것** 등의 용어들을 언급하였다. 우리는 이 용어들에 공통적인 것을 번역하는 일이 지닌 정치적 중요성을 구체화하는 데 도움을 주는 개념들을 더 추가할 것이다. 우선 우리는 공통적인 것이 경계와 가진 관계를 이해하기 위해 공통적인 것을 둘러싸고 있는 용어들이 이렇게 확산되는 과정을 살펴보고자 한다.

공통적인 것이라는 개념은 다른 용어들을 포괄하는 우산이 아니다. 오히려, 그 개념은 공통장들, 공통재, 공적인 것, 사적인 것에 관련된 사회적, 법적, 정치적 사안들에 대한 급진적 관점의 발전을 가능케 하는 근본적인 인식notion이라고 할 수 있다. 공통적인 것과 공통장들 간 개념적 차이를 나타내는 단수의 것과 복수의 것 간 전환이 여기에서 중요해진다. 전자는 전적으로 내재적이고 물질적인 어떤 생산과정을 나타내고, 전자에 의해 후자의 사건들이 시공간 속에서 외연을 획득하게 된다. 동시에 단수의 것은 이 복수적 사건들에, 의존적이면서 동시에 구성적인 방식으로 그 사건들을 가져오는 내포적 질을 부여한다. 상이한 공통장들은 확연히 다른 법적 그리고 정치적 구조를 가질 수 있다. 관습법과 민법 체계와 같은 사법 규제의 상이한 역사적 전통이 진화한 것은 이러한 점을 보여주는 여러 표식 중 단지 하나일 뿐이다. 세계 곳곳에서 사회적 구성을 조직화하는 규범적 양식을 공유하고 구축하는 토착적 방식에 식민지법을 불안정하게 중첩하는 것은 공통장을 둘러싼 투쟁과 논쟁을 더욱 복잡하게 한다. 자연적 공통장과 인공적 공통장 간의 불안정한 분할 역시 이러한 투쟁 속에서 빈번히 중요한 요소가 되는데, 이는 상이한 형태의 조직화, 분배, 관리에 대한 협상에서 이미 주어진 '재화'의 보존 혹은 보호를 넘어서 움직인다. 만일 물과 같은 필수 자원이 공통재화로 인식됨에도 불구하고 그 자원을 동등하게 분배하는 수단이 없다면 공통재화로서의 효용은 거의 없을 것이다. 여기서 우리는 기반시설, 물류, 심지어 측정 등, 대개는 인공적 재화의 영역에 한정되기는 하지만, 인클로저에 민감하고 이로 인해 물의 사유화에 대항하는 투쟁에서 반드시 고려되어야 하는 기술적 사안들을 맞닥뜨린다. 그러한 기술적 회집체가 얽혀있는 정치적·사회적 관계에서도 이는 마찬가지이다. 이러한 질문들에 대한 공법과 공공재의 논리를 기반으로 구축된 국가중심적 해결책들 역시 같은 관점에서 인클로저의 형태로 고려될 수 있다. 사회적 국가와 연계된 복지 시스템과 같이 인공적이라고 여겨지는 공통장을 볼 때 이러한 문제는 특히 두드러진다. 그러한 공적 시스템의 보존을 위한 투쟁들은 결코 혹은 아직까지는 공통적인 것을 위한 투쟁이라고 할 수 없다. 그것들이 공통적인 것을 위한 투쟁이 되기 위해서는, 시민권을 통해서 극대화된 공적인 것과 그것의 주체적 형상들을 구성하는 차별적 포섭과 배제의 과정에 대한 근본적인 질문이 있어야 한다. 공통적인 것의 질문이 왜 항상 경계의 질문에 대한 탐구를 포함하는가에 대한 이유가 바로 이것이다.

우리는 경계가 연결하고 분할한다는 말을 여러 번 하였다. 그렇게 함으로써, 우리의 논의는 경계가 관계를 구축한다는, 말하자면 그것이 정치적으로 격앙되고 매우 우발적인 형태의 사회성과 취약성을 만들어낸다는 점을 보여주었다. 경계가 이러한 작업을 수행한다는 점과 공유의 과정이 항상 분할의 순간을 포함한다는 점을 인식한다고 해서, 그것이 경계가 공통적인 것을 가능케 하거나 만들 수 있다는 주장이 될 수 있는 것은 아니다. 때때로 코스모폴리터니즘이나 전지구적 민주주의와 같은 더욱 낙관적 이론들이 상상하는 전지구적으로 혹은 보편적으로 공통적인 것에 대한 인식에 우리는 집착하지 않는다. 또한, 우리는 20세기의 일국 사회주의 독트린이나 금융자본으로부터 국가와 민족 공동체를 보호하려는 다양한 시도들 속에서와 같은 경계치안의 논리들에 엄격하게 갇히거나 복속되는 유형의 공통적인 것 개념에도 동의하지 않는다. 그러나, 우리는 공통적인 것의 제작이 항상 그리고 모든 상황에서 경계의 제거를 필요로 하거나 제거를 초래할 수 있다고 생각하지 않는다. 중요한 것은 제로섬 게임이나 마니교적인[1] 싸움이 아니다. 우리에게 문제는 경계의 "연화"나 심지어 그것의 "민주화"를 제시하는 것이 아니다. 왜냐하면 경험적으로 우리는 경계가 빈번하게 경화와 연화를 동시에 겪는다는 점을 알기 때문이다. 오히려 문제는 중요시되는 경계에 의해서 그리고 그것을 통해서 구성되고 재생산되는 사회적 관계의 성질이다. 우리는 환대와 환영의 윤리가 현대 세계의 모든 경계에서 요구되는 자본의 사회적 관계를 변화시킬 수 있다고 믿지 않는다. 이것은 우리가 경계에 관한 질문을 하나의 방법으로 대하는 이유이다. 이러한 태도에 관해 우리가 들은 최고의 질문 중 하나는 이것이다. 누구의 방법인가, 자본의 것 아니면 당신의 것? 그러한 도발은 분명 이중적인 대답을 끌어낼 수밖에 없다.

분명히 자본은 그것의 활동을 조직화하고 강화하는 수단으로서 경계짓기의 관계를 따른다. 이는 노동이냐 공간이냐와 같은 단순한 분할의 문제와는 전혀 다른데, 왜냐하면 우리가 여러 번 주장한 바와 같이, 경계는 자본을 순환할 수 있게 하고 그 변방의 확대를 지원하는 핵심적인 접합 장치이기 때문이다. 생산 사슬의 확장, 경제구역과 회랑의 구축, 심지어는 더욱 작은 스케일의 신체적 사안에 대한 자본의 침략은 모두 경계의 확산을 야기한다. 그러나 방법으로서의 경계를 급진적인 정치사상과 행위를 위한 개념으로 위치 짓는 것은 단지 주인의 도구를 전복적으로 활용하는 데 그치지 않는다. 그보다는 자본이 경계를 이용하는 법을

---

1. 세상이 선(빛)과 악(어둠) 간의 싸움으로 이루어져 있다는 세계관에 기초한 종교.

심각하고 피할 수 없는 논쟁의 지점으로 볼 필요가 있다는 점을 지적하는 것이다. 경계가 자본의 활동에 필수적이라는 주장은 투쟁의 전략선 strategic line을 확인하는 것이며, 이는 민족국가나 지역들의 영토적·사법적 테두리를 훌쩍 뛰어넘는 것이다. 관건은 전 세계의 경계경관과 국경통제체제들에 침윤되어있는 압제적 폭력에 대한 투쟁만이 아니다. 물론 그것은 모든 경계투쟁에서 부인할 수 없는 핵심적인 측면이기는 하지만 말이다. 일단 경계의 생산적 차원이 강조되면, 더 깊숙한 논쟁의 장 전체가 등장한다. 현대 세계의 제작된 세계에서, 경계는 공간, 노동력, 시장, 관할권, 다양한 다른 대상들을 주체성의 생산에 수렴되는 방식으로 생산하는 데 있어 유용하다. 우리들에게 방법으로서의 경계는 이러한 생산과정의 갈등적 측면에 초점을 맞춤을 의미한다. 그것은 경계투쟁이 자본의 사회적 관계를 둘러싼 가장 강렬한 긴장들을 결정화crystallize하는 데 어떻게 기여하는지 그리고 그것들이 어떻게 많은 맥락 속에서 종종 지리적 경계지와는 거의 상관없이 일어나는지를 보여준다는 것을 의미한다.

만일 자본이 경계와 필연적인 관계가 있다고 하더라도, 그것을 경계가 반드시 자본을 봉쇄할 수 있다는 의미로 볼 수는 없다. 맑스가 세계시장의 창조에 관해 논하면서 서술한 유명한 말처럼, 자본은 모든 제한을 "극복해야 할 장벽으로"(Marx 1973, 408) 접근한다. 경계는 분명 이러한 제한 중 가장 중요한 것에 해당한다. 끊임없이 그것들을 극복해 가지만, 그런데도 자본은 모든 극복의 순간을 경계가 확산하는 순간으로 만들기도 하는 복합적인 동인들 속에 묶여 있다. 경계의 제한 기능, 영토를 표시하거나 정의하는 그것의 능력은 개념적이든 아니면 물질적이든 상관없이 직접적인 방식으로 주어지지 않는다. 만일 우리가 어떤 경계를 정의하는 것은 개념의 생산이 그 자체로 경계짓기 행위이기 때문에 "제자리걸음"이 될 위험이 있다는 에띠엔 발리바르의 관찰을 상기한다면(Balibar 2002, 76), 이러한 복합성은 새로운 중요성을 얻게 된다. 이러한 종류의 순환 운동을 자본에 대항한 급진적 투쟁에 대한 장애물보다는 자원으로 만드는 작업은 경계투쟁이 일상적으로 맞닥뜨리는 것이다. 이 투쟁이 어떻게 작동하는지 그리고 투쟁이 경계를 이용하는 자본의 동등하면서 반대되는 역량과 어떻게 타협하는지에 대한 검토는 이런 이유로 공통적인 것에 대한 새로운 정치의 발명에 도움을 줄 수 있는 통찰을 제공한다. 그러한 정치는 경계 없는 세계에 관한 모든 수사학적 기원을 뛰어넘어서 확장해야만 한다. 그 정치는 또한 경계를 합법성–부여justice-giving 기관으로 바꾸려는 시도를 포기해야만 한다.

우리가 이전 장에서 제시했듯이, 번역의 문제는 경계투쟁의 조직화에서 가장 중요하다. 잡색 선원 집단, 피진 영어, 해상 생활의 작업 지식 등에 관한 논의에서 우리는 노동과 투쟁에 참여한 주체들의 공통 언어를 만들고자 하는 번역의 정치에 관해 언급하였다. 그러나 자본은 추상노동의 수단에 기반해 인간 활동을 부호화하고 교환가치와 가격의 복합체 속에 그것을 삽입하는 종류의 번역도 일으킬 수 있다는 점 역시 중요하게 기억해야 한다. 이 지점에서 이러한 유형의 번역과 그것이 함축하는 말걸기의 형식들을 구분하기 위해 더욱 개념적인 용어를 몇 가지 소개할 필요가 있다. 자신의 중요한 저작인 『번역과 주체』에서 사카이 나오키(1997)는 번역에 관한 두 가지 다른 양식의 말걸기를 구분하는데, 이는 청중 혹은 청자가 번역 행위 안에 함축되는 두 가지 상이한 방식들로서 균질언어적 말걸기와 이언어적 말걸기를 의미한다. 이러한 말걸기 양식들이 비록 문화적 파문을 일으키기는 하지만, 또한 사회적·정치적 평원 위에 물질적 효과를 일으키기도 한다. 말걸기에 관한 질문에서 중요한 것은 "우리의 번역적 언명이 사회적 관계를 정립하고 수정하는 실천이 되는 방법을 우리가 우리 자신들에게 재현하는 기본적 용어"이다(Sakai 1997, 3).

균질언어적 말걸기부터 먼저 살펴보자. 그것은 "말거는 자/발신자가 균질언어로 추정되는 사회의 대표자적 입장을 수용하고 또한 동등하게 균질언어적 공동체의 대표자이기도 한 일반적 수신자들과도 관계를 맺는 언명 속에서 자기 자신과 타자들을 관계 짓는 어떤 이의 레짐"이다(Sakai 1997, 4). 번역 상황들 안에서 그러한 말걸기 양식은 능동적으로 다른 언어 공동체 간에 하나의 경계를 만들고, 그렇게 함으로써 그 언어 공동체를 분리된 것으로 그리고 동질적인 것으로 구성한다. 사카이가 보기에 이런 방식으로 수행된 번역은 주체들을 예컨대 서구와 나머지 세계 간의, 혹은 유럽과 아시아 간의 문명적 분할들 – "이종적인 사람들 간의 사회적 조우로부터 발생하는" 현대성의 "폭력적 대변혁 동학" 속에 완전히 함축된 분할들 – 로 호명하는 "조형적 도식"을 구성한다(Sakai 2000, 799). 자본에 의해 이루어진 번역도 유사한 방식으로 기능한다는 것도 알 수 있는데, 왜냐하면 자본의 번역은 다양한 활동, 삶의 형태, 언어의 성질을 동질적인 가치 척도로 환원하기 때문이다. 이렇게 해서 상품은 사회적 생명과 문화적 특이성을 지니면서도, 특정한 종류의 번역가능성을 확보하고 그것들을 화폐에 의해 구축된 일반적 등가성의 회로에 끼워 넣는 – 상품 형식이라는 – 특정한 형식으로 구성된다. 주체를 문명 속으로 삽입하는 번역 행위와 자본에 의해 성취된 번역 행위 사이에는 물질적 평행이 존재한다. 중요한 것은 번역이 사회적 관계를 구축하고 변혁하는 방식이다. 이런 관점에서 자본 자체가 사회적 관계라는 점은 중요하게 기억되어야 한다. 그것이 구축되는 용어와 그것이 대체되고 변화되는 방식은 번역의 정치에 깊숙이 함축되어 있다.

모든 번역이 이러한 단일화 방식으로 기능하지는 않는다. 우리는 이미 번역이 자본의 작동과 그것의 균질언어적 말걸기를 훼방하고 혼란에 빠뜨리는 이종성을 생산할 수 있다는 점에 관해 논의하였다. 사카이는 그러한 번역과, 주체성 및 공통적인 것의 생산에 대한 번역의 함의를 분석할 수 있는 더욱 정교한 언어를 제공한다. 사카이는 균질언어적 말걸기를 자신이 이언어적 말걸기라고 지칭한 것과 대비시킨다. 이는 말걸기 상황이 말걸기에 함의되어 있는 듣는 자가 균질언어 공동체가 아니라 수많은 다른 배경을 가진 외국인들로 구성되어 있으며, 자신들 간의 의사소통 수단을 반드시 공유하지는 않는 사람들로 이루어져 있음을 의미한다. 중요한 것은 말거는 자가 이러한 상황에서 끊임없는 번역과 대항번역을 요구하는 또 한 명의 외국인이 된다는 점이다. 그 결과 언어들 사이에혹은 연설선the line of address에 걸쳐서 분명한 경계의 생성이 일어나지 않는다. 이언어적 말걸기는 "상호적이고 투명한 의사소통의 정상성에 의존하지 않지만, 그 대신에 어떤 언어적 혹은 다른 종류의 매개체이든 간에그 안에 이종성이 내재하기 때문에 모든 발언은 의사소통에 실패할 수있다고 가정한다"(Sakai 1997, 8). 이것은 사카이가 "외국인의 무집합적 공동체"nonaggregate community라고 부른 것(9), 혹은 존 솔로몬과의 공동 저술에서 그가 "외국인 다중"이라고 명명한 것(2006, 19)을 만들어낸다. 이러한 새롭고 불안정한 주체의 대형은 복수 일인칭 대명사를 균질언어적말걸기에서 함의하는 것과는 상당히 다르게 사용한다. 사카이는 이렇게설명한다. "무집합적 공동체 안에서 우리는 함께이고 우리 자신들을 '우리'로서 지칭할 수 있는데, 왜냐하면 우리는 서로와 멀리 떨어져 있고 또한 우리의 함께함togetherness은 어떤 공통의 동질성에 근거를 두지 않고있기 때문이다"(1997, 7). 이것은 공통common이라는 단어를 거칠게 사용한 사례이지만, 사카이는 이후에 그 용어에 더욱 정확하고 개념적인 대형을 제공한다. 문화적 차이가 어떠한 본원적 지위를 갖고 있지 않다는점을 인식하면서, 그는 그 차이들이 "서로에게 이종적인 다양한 파편들"을 동원하면서 "새롭고 우발적인 방식으로" 연결할 수도 탈구할 수도 있는 방식을 지적한다. 비록 이러한 종류의 배열들이 "차이와 분리에 대한인정이라는 이름으로 재현된다" 할지라도, 그는 거기에는 "필연적으로공통으로-존재하기being-in-common라는, 어떤 코뮤니즘의 시작이 존재한다"(122)는 점에 동의한다.

사카이가 장-뤽 낭시(1991)의 작업을 참고하여 언급한 "코뮤니즘"은 최근 몇 년 동안 격렬한 철학적 논쟁의 한가운데에 있었는데, 이와 관련해 가장 유명한 이름은 (우리가 앞 장에서 다룬 바 있는) 알랭 바디우이다. 이 논쟁은 철학적 사유로서 코뮤니즘과 정치적 명칭으로서 코뮤니즘 사이의 간극으로 특징지어진다. 그 논쟁에 참여한 사람 중 몇몇에게 (바디우 자신에게는 말할 것도 없이) 이 간극은 정치적 갱신의 조건으로 유지되어야 하는 반면에, 번역과 공통적인 것에 대한 우리의 작업은 새로운 코뮤니즘 정치의 물적 기반을 재구성하는 데 목적을 두고 있다. 이것은 사카이가 낭시에 대한 논의에서 이동하여 『헤게모니와 사회주의 전략』(2001)에서 에르네스토 라클라우와 샹탈 무페에 의해 정교화된 접합 개념을 간략히 언급하는 부분과 일맥상통한다. 우리가 사카이가 동원한 이론적 논의보다 더 큰 관심을 가진 지점은 이러한 공통으로-존재하기의 시작이 어떻게 이론적이고 정치적인 탐구의 새로운 세계를 열게되었는가 하는 부분이다. 이것은 이언어적 말걸기와 번역이 구축한 사회적 관계가 어떻게 경계, 자본, 공통적인 것 등의 쟁점에 영향을 미치는가를 묻기 위해, 문화적 차이에 대한 질문을 포함하지만 반면에 그것을 넘어 질문을 적절히 확장하기도 한다. 번역의 질문에 그렇게 정치적으로 개입하는 것은 항상 이러한 실천의 물질적·사회적 밀도를 인식하는 개념의 발전을 함축한다. 통역자 혹은 중재자 ─ 통역적인 교환에 필연적으로 개입하는 제3의 인물 ─ 의 과업과는 완전히 달리, 이러한 정치적 개입은 차이에 대한 지속적 협상과 구성된 정체성의 타격에서 비롯된 즉각적이고 종종 고통스러운 충격요법을 포함한다. 중립적 중재자의 제거는 정치적 평면에도 함의를 지니면서 물질적·사회적 차이를 일반의지volonté général로 함몰시키는 초월적 운동에 날카로운 의문을 제기한다. 이런 측면에서 번역은 어떠한 형식적 혹은 대의적 계략에 의해 봉쇄될 수 없고, 인식적, 문화적 혹은 정치적 계략에 의해서도 봉쇄될 수 없다.

다음 절에서는 번역의 이러한 정치적, 물질적, 사회적 개념과 접합에 대한 인식을 둘러싸고 구축된 이론들을 대조할 것이다. 이를 통해 공통적인 것의 공간에 접근하는 새로운 방법을 만들어 내고, 공통적인 것의 제작에서 항상 가장 중요한 경계투쟁과 주체적 차원의 역할을 강조할 것이다. 인간종의 언어-인지적 기능들 내에서 공통적인 것을 현실화하는 것과는 반대로, 이러한 접근은 인간적인 것을, 내적으로 그리고 그것의 비인간적인 것과의 불안정한 분리 속에서, 차별화하기를 지속하는 경계 짓기 과정들과의 대결을 함축한다. 차이들은 공통적인 것이 구축될 수 있는 지반으로 나타난다. 사카이(2011)의 용어를 다시 사용하자면, 이것은 보편적인 인간성을 알고자 하고 보편적인 것의 윤곽을 구별하고자 하는 인문학humanitas과 특수한 공동체에 관한 특정한 지식의 생산을 구체화하는 인간학anthropos 간의 구별을 넘어 움직인다는 의미이다. 그러한 보편화 경향과 특수화 경향의 공모를 방해함으로써만 공통적인 것은 가시화될 수 있다.

접합, 번역, 보편성

접합 이론과 실천은 공통적인 것의 제작에 있어 우리에게 얼마나 도움을 줄 수 있을까? 그람시가 발명한 것으로 빈번히 인식되는 접합 개념은 루이 알튀세르, 에띠엔 발리바르, 질 들뢰즈, 펠릭스 과타리, 에르네스토 라클라우, 스튜어트 홀 등의 사상가들에 의해 1970년대에서 1980년대에 걸쳐 매우 정교화되었다. 우리는 이 개념을 경계와 그것이 지닌 연결과 단절 역량에 관한 논의에서 여러 차례 사용하여 왔다. 사실, 바로 그러한 연결하고 단절하는 과정, 언제나 협상 속에 있고 맥락-특정적인 잠정적이면서 우발적인 단절을 구성하는 과정이야말로 접합 개념이 묘사하고자 하는 것이다. 알튀세르와 발리바르는 『자본론을 읽는다』(1970)

를 집필하며, 자본주의 생산양식의 내적 조직화와 이것이 구조, 초구조superstructure, 사회의 다른 수준들과 세속적 권위 간의 관계와 관련하여 제기하는 쟁점들에 대해 논의하기 위해 접합 개념을 사용하였다. 그러나 라클라우의 저작에서 접합 개념은 많은 후속 논쟁들에, 예를 들면, 포퓰리즘populism, 사회 운동, (급진적) 민주주의에 관한 문화연구와 정치적 논쟁에 영향을 주는 형태를 지니기 시작한다.

라클라우의 접근에 대한 초기의 정교화는 『맑스주의 이론에서 정치와 이데올로기』에서 이루어졌다. 이 책에서 라클라우는 고전 맑스주의 이데올로기 이론의 몇몇 측면이 지닌 환원주의적 논리에 대응하고 있는데, 이것은 알튀세주의자의 정교화에서조차 사회적 관계의 결정을 경제적 세력에 의해 발생한 최종적 상황에 위치시켰다. 접합 개념은 계급 관계를 더 넓은 사회적 맥락 안에 위치시키는데, 여기에서는 상이한 실천들, 이념적 요소들, 사회 세력들, 사회 집단들 간의 우발적인 연결이 종합, 집합, 변화의 항속적인 과정에 있는 것처럼 보인다. 라클라우는 계급투쟁과 민중적 민주화 운동 간의 관계에 관한 이론을 정밀화시키기 시작하는 중이었다. 그리고 접합 개념은 대중적 민주화 운동이 어떻게 계급투쟁에 의해 "중층결정되는지"에 대한 설명뿐 아니라, 계급투쟁들이 왜 정치적 성공을 위해 어떠한 기회라도 잡으려는 민중—민주적popular-democratic 운동으로 구성되어야 했는지를 설명하는 수단도 제공한다. 라클라우 이론의 중요한 측면은 이 지점에서 등장하고 그의 작업 전반에 걸쳐 종종 부드럽게 완화된 방식으로 남겨져 있다. 계급모순과 대중모순을 연결시키려 하면서 그는 후자를 민족적 틀 안에 위치시키는 경향이 있다. 이로 인해 계급적 관심과 대중적 객체의 접합으로 야기된 주체성의 생산을 묘사하면서 그는 " '독일의 노동계급' 혹은 '이탈리아', '영국' 등의 노동계급은 환원불가능한 특이성을 갖게 되는데, 그 계급이 맑스-레닌주의로의 추상적인 환원이 가능하지 않은 다수의 응집들이기 때문"이라고 설명한다(Laclau 1977, 109). 접합 개념이 사회적인 것의 이종성에 관해 생각하고 동시에 이 장 위에 민족적으로 구획된 대중의 그림자를 드리우는 이러한 담론의 장을 여는 이런 순간들에서, 우리는 공통적인 것을 향한 새로운 접근이 지닌 한계를 포착하기 시작한다. 여기에 경계짓기 활동이나 그것이 자본의 변방과 갖고 있는 관계들 ― 우리들에게 근본적인 이슈들이고 우리가 기술해온 바와 같이 맑스와 레닌의 저작들에서 분명하게 드러나고 있는 이슈들 ― 과 협상하려는 의도는 없다. 라클라우의 접근이 페론주의 Peronism에 대한 자신의 경험을 강력히 반영한다는 데 의심의 여지는 없는데, 그는 페론주의가 "국가적 수준으로 통합된 민중―민주적 언어를 구성하는 데 있어 명백한 성공이었다"고 기술한다. 비록 그가 "이러한 성공은 라틴아메리카의 맥락에서 볼 때 예외적이라 할 만한 아르헨티나의 사회적 이종성 때문이었다"(190)는 점을 미심쩍게 지적하고는 있지만, 정확히 사회적 장을 가로지르는 차이들을 포퓰리즘이 어떻게 관리하는가를 설명하기 위해 광범위한 맥락에 걸쳐 자신의 이론적 장치를 변화시킨다.

이러한 경향은 라클라우와 무페가 함께 저술한 영향력 있는 저작 『헤게모니와 사회주의 전략』(2001)에서 더욱 강조된다. 앞 장에서 우리는 헤게모니 개념에 대한 라클라우와 무페의 재설계에 국가와 정당의 유령이 어른거리고 있다는 점을 논의하였다. 이들이 발전시킨 접합 개념은 "사회적인 것의 개방성"에 대한 담론적 접근을 공식화하기 위한 시도이다. 라클라우와 무페는 "담론구조"가 단순히 인지적 실체라는 관점을 포기하고 담론을 "사회적 관계를 구성하고 조직하는 접합적 실천"으로 이해한다. 그들은 "고도로 산업화한 사회" 내에서는 "차이들의 점증적인 확산 ― '사회적인 것'의 의미의 잉여 ― 과 그러한 차이들을 안정적인 접합 구조의 순간들에 고정하려고 시도할 때 담론이 조우하는 어려움" 사이에 "근본적인 비대칭"이 위치한다고 본다(Laclau and Mouffe 2001, 96). 그들은 이로 인해 이러한 차이들의 확산이 멈추거나 적어도 잠시 휴지기를 갖는 곳의 문제에 맞닥뜨리게 된다. 이 문제에 대해 라클라우와 무페가 제시하는 해결책은 사회적인 것이 자신을 고정하는 "자가정의된 총체성"으로서의 사회라는 바로 그 개념을 부정하는 것이다. 그들은 접합적 실천이 "부분적 의미고정"의 특권화된 담론 지점들을 구성하는 방식들을 지적한다. 이러한 지점들을 그들은 "결절점"이라고 부르는데, 이것들은 "부분적으로 의미를 고정하고" 사회적인 것의 구체적인 대형들이 형태를 갖추도록한다(111~13).

사회적인 것에 대한 이러한 개념에서 가장 중요한 것은 중재와 결정같은 개념에 의해 이루어진 몇몇 변증법적 문제들을 넘어서고 회피하는하나의 방법 속에 접합 개념을 배치하려는 노력이다. 우리는 라클라우와무페가 얼마나 부분적이든 관계없이 고정성이 어떻게 지속적인 열기와풀어내기의 과정을 작동시키는 상황으로부터 등장할 수 있느냐는 문제에 대응하기 위해 수행한 라캉주의적 묘기에 관해서는 논의하지 않겠다.여기서는 상징 사슬을 따라 일어나는 끊임없는 변화에 대한 라캉의 주장 뒤에 주 상징자가 숨어 있는 것처럼, 완전히 봉합된 총체로서의 사회라는 "불가능한 객체"는 사회적인 것의 구성에서 항상 관건이라는 정도만 말해 두도록 하자. 왜냐하면, 사회적인 것은 "그러한 불가능한 객체를구성하기 위한 노력"으로서만 유일하게 존재할 수 있기 때문이다(Laclauand Mouffe 2001, 112). 라클라우와 무페에게 접합은 불가능한 것과 가능한 것 사이의 이러한 문턱에서 생성되는 전략적인 경계 개념이다. 여기서"사회적인 것의 제도 문제"로서 "정치적인 것의 문제"가 나타난다. 즉 "사회적 관계의 재생산과 변형은 사회적인 것이 결정할 수 없는 수준에 있다."(153). 그러면 이런 측면에서 사회적인 것이 어떻게 제도화되는가? 만일 사회적인 것이 차이들을 확산하는 체계라면, 그것이 간단히 흡수할수 없는 차이를 만나는 지점은 어디인가? 그것은 어떻게 경계 지어지는가? 라클라우와 무페에게 이것은 배제의 모순적 과정 – 차이 이상의 무언가로 차이를 표시하는 경계를 구축하면서 그와 동시에 차이를 동일성들이 출현할 수 있는 등가equivalence로 환원하는 ─ 과 관련이 있다. 정치적인 것의 문제는 사회적인 것을 구성하는 접합과 동치 간 유희에 대한 초월적 조건의 문제로서 여기에 나타난다. 점점 더 불안정해지는 정치적 공간들, "투쟁 속에 있는 세력들의 바로 그 정체성이 항구적인 변화에 종속되고, 끊임없는 재정의 과정을 요청하는" 공간들 내에서 일어나는 동맹과 연합의 헤게모니적 계획 안 정치적 접합의 작업 속에서 이러한 초월적 순간은 복제된다(151).

로렌스 그로스버그와의 인터뷰에서, 스튜어트 홀은 라클라우와 무페의 접근에 대해 우리의 접근과 공명하는 의문을 제기한다. "담론적으로 기능하는 것으로서의 실천에 관해 성찰함으로써" 얻을 것이 많다는 점을 인식하면서, 그는 "왜 어떤 것이 잠재적으로 어떤 다른 것과 접합가능한지 혹은 그렇지 않은지에 대해 아무 이유가 없는"(1986a, 56) 관점의 등장에 대해 우려한다. 홀에 의하면, 라클라우와 무페는 맑스주의의 몇몇 버전들을 특징짓는 경제적 환원주의에 대해 과잉보상하는 담론적 환원주의를 제시한다. 그는 라클라우와 무페의 "담론적 입장이 종종 물적 실천과 역사적 조건에 대한 언급사항을 잊어버리는 위험에 놓인다"고 주장한다(570). 이런 이유로 홀은 접합 개념을 자신의 연구 안에 배치하면서도, 항상 역사적 배태성에 대한 질문에 대한 관심을 조심스레 유지하고 있다. 예를 들어, 같은 인터뷰에서 제시한 라스타파리안Rastafarian 운동에 대한 분석에서, 홀은 그것이 어떻게 "자메이카 사회에서의, 경제적 삶에 대한 경험, 입장, 결정들"(55)에 대한 초점을 잃지 않으면서도 (음악적, 인종적, 종교적 등등의) 다양한 요소 간 접합의 결과로서 등장하는지를 강조한다. "사회를 완전히 열린 담론장"(56)으로 접근하는 라클라우와 무페의 경향을 홀이 보류함으로써 경계짓기에 대한 관심을 환기하였다고 볼 수도 있을 것이다. 대중적인 것과 대중주의popularism에 대한 홀의 논의는 민족적 프레임을 가정하지 않으며 "교차문화적 이해"(1985)와 디아스포라(1990, 2006)와 같은 이슈들을 채택한다. 대처주의에 대한 비판적인 정치적 개입 속에서 어떻게 포퓰리즘이 민족적 맥락에서 작동하는지를 논의하면서, 그는 "민족-대중적인 것"the national-popular(Hall 1988, 55) – 그람시로부터 차용한 용어로 포퓰리즘이 어떻게 민족주의와 연결되는지에 대한 분석적 관심을 담고 있다 – 을 다루고 있음을 기술하고 있다. 이 개념을 통해 홀은 대중운동이 어떻게 그리고 왜 민족적으로 경계지어진 속성을 갖고 생겨났는지보다는 어떻게 그리고 왜 그렇게 변화되었는지에 관해 설명하고 있다.

반대로 라클라우의 관심은 보편적인 것에 대한 질문으로 이동한다. 보편적인 것은 『해방(들)』(Laclau 1996)에서 처음 등장했고 『우발성, 헤게모니, 보편성』(Butler, Laclau, and Žižek 2000)에서 전면에 나타났다. 사회적·정치적 투쟁에서 "특수주의particularism의 확산"이라고 부른 것에 초점을 맞춘 라클라우는 "순수한 특수주의의 주장은 그 내용이 무엇인지와는 별개로, 그리고 그것을 초월하는 보편성에 대한 청원과는 별개로, 자멸적인 기획"이라고 주장한다(1996, 26). 특수주의적 투쟁은 초월의 순간을 함축하는 보편적인 것을 불러오길 요구하지만, 동시에 보편성은 특수적인 것과 떨어져서 존재할 수 없다. 여기서 불가능한 초월에 대한 투지는 사회의 정치 제도를 봉인한다. 이는 모호성이 모든 형태의 급진적 정치 투쟁 속에 투사됨을 의미한다. 즉 "급진적이기 위해, 반대 측은 그것이 주장하는 것과 배제하는 것 둘 모두를 공통지대에 들여놓아야만 하는데, 이로 인해 그러한 배제가 특수한 형태의 주장이 된다"는 것을 의미한다(29~30). 그러나 이것은 어떤 종류의 공통지대인가? 그것은 포섭될 수 없는 차이를 표시하는 배제에 의존하고, 그런 이유로 포섭된 모든 그 차이들을 등가로 전환하는 배제에 의지한다. 그것은 보이는 어떤 것이 보이지 않는 것을 현존하게 하고 특수적인 어떤 것이 보편적인 것을 나타내도록 만들어지는 헤게모니적 대형이라는 조건 안에서 만들어지는 공통a common이다. 이 공통지대는 홉스주의적 커먼웰스commonwealth의 초월적 구조를 경향적으로 공유한다. 라클라우는 이에 대해 이렇게 말한다. "나는 본질적인 측면에서 홉스의 작업을 생각한다. 우리가 보았듯이 홉스는 자연 상태를 질서 지어진 사회의 대척점으로 제시하였다… 그렇게 묘사한 결과, 위정자의 질서는 그것이 가질 수 있는 어떠한 내재적 가치 때문이 아니라, 단지 그것이 하나의 질서이고 유일한 대체재는 급격한 무질서라는 이유로 수용할 수밖에 없게 된다"(45).

중요한 점은 라클라우 자신도 홉스로부터 거리를 두고 있다는 점이다. "사회적 관계에서 권력의 불균등"을 지적하며, 그는 "시민사회"가 "일부는 구조화되고 일부는 구조화되지 않는데, 그로 인해 위정자의 손에 권력이 총체적으로 집중되는 상황은 시민사회의 논리적 요건이 될 수 없게 된다"는 주장을 견지한다(Laclau 1996, 45~46). 그러나 그는 계속해서 "유일하게 가능한 보편성은 등가의 사슬을 통해 구성된 것"이라고 주장한다(Butler, Laclau, and Žižek 2000, 304). 더욱이, 이것이 함축하는 그리고 정치적인 것의 가능성을 봉인하는 불가능한 초월은 요구demand 개념에서 출발하는 존재론을 전제한다. 이는 그의 책 『포퓰리즘적 이성』에서 분명해진다. "우리가 시작하게 될 가장 작은 단위는 '사회적 요구'의 범주와 일치한다"(Laclau 2005, 73). 호세 루이스 비야까냐스 베르랑가가 밝혔듯이, "그의 접근이 자유주의에 기초하고 있음은 명확하다"(José Luis Villacañas Berlanga 2010, 166). 라클라우는 전지구화된 자본주의가 "정체성 형성의 논리뿐" 아니라 그것들 주변을 맴돌고 있는 정치적 적대 논리의 "심화를 야기한다"고 가정하는 경향이 있다(Laclau 2005, 231). 『정치적인 것에 관하여』(2005)에서 무페의 목표와 매우 잘 공명하는 라클라우의 목표는 "경쟁, 즉 탈구되고 지속적인 확산 상태에 있는 적대를 가시적이고 이중적인 적대로 변형시키는" 데 있다(Villacañas Berlanga 2010,

161). 비아까냐스 베르랑가는 "필연적으로 요구들을 통합하는 기업적 등가 생산에 기반하는 시장"의 신자유주의적 통치 아래에서 그러한 적대가 "예상된다는 이유만으로"(165) 실제로도 일어날지에 대해서는 의구심을 갖는다. 우리는 이러한 베르랑가의 진단에 동의한다. 그렇지만 라클라우와 무페가 사회적 투쟁과 정치적 접합 간 관계를 틀 짓는 방식은 사회적 투쟁이 단순히 특수적이며 그렇기 때문에 새로운 정치적 형식을 생산할 수 없다고 보는 모델을 복제한다는 점을 덧붙일 필요가 있다. 우리가 앞 장에서 살펴본 바와 같이, 투쟁들이 자신의 "부분적인 것으로서의 특성"(Laclau and Mouffe 2001, 169)을 잃는 것은 오직 접합을 통해서만이다. 접합은 이러한 특수성과 부분성을 등가의 유형 안에서 포착하는 순간으로 기능하며, 이에 대해서는 의문이 제기되지 않고 오로지 보편적인 것을 오염시킴으로써만 사전에 제지될 수 있다. 라클라우와 무페가 "등가의 사슬"이라고 명명한 것은 이러한 확산에 개념적 이름을 부여하고, 정치적 행위가 증식을 통해 감소하는 사회적인 것의 단순화된 모델을 제공한다. 라클라우가 설명했듯이, "등가의 특이성은 그것이 확산함으로써 의미를 파괴한다는 데 있다"(Laclau 1997, 305). 이런 이유로 접합 개념은 즉시 의미의 장을 독점하고 헤게모니적 또는 반헤게모니적 정치의 개념화 그리고/혹은 실천의 유일한 방법에 이름을 부여한다.

이러한 접합 모형과 관련해, 우리는 등가의 논리에 맞서지 않는 번역 개념에 반대한다. 번역에는 상이한 형식들이 있고 번역은 접합의 한 형식으로 기능할 수 있기 때문에, 여기에는 개념적으로 초점을 맞출 필요가 있다. 우리는 접합이 상이한 사회적 요소들, 요구들, 상황들을 연결할 뿐 아니라 단절하기도 한다고 주장해 왔다. 그렇지만 번역과는 달리 접합은 그 둘을 동시에 할 수는 없다. 사실, 연결과 단절을 동시에 하는, 번역의 경계짓기 기능은 번역이 그러한 우발적이고 모호한 사회적 관계에 대응할 수 있게 한다. 사카이가 말한 바와 같이, "번역은 번역불가능한 것을 탄생시킨다." 그것의 "본질적 사회성"(Sakai 1997, 14)은 매우 불안정하며 소위 말하는 주권의 통제, 혹은 라클라우가 말했을 법한 주인 기표 master signifier의 통제 안에 놓일 수 없다. 그것이 구축하는 헤게모니가 얼마나 불안정하든지 상관없이 말이다. 우리는 번역을 "이행의 주체"subject in transit를 생산하는 정치적 노동의 한 형태로 이해한다. 사카이의 말을 다시 인용하자면, 번역자는 이행의 주체가 될 수 있는데, 우선 "번역자는 번역을 수행하기 위해 개별자individiuum의 의미에서 '개인적'일 수 없기 때문이고, 또한 번역자는 사회적인 것 안에서 잘 포착되지 않는 불연속 지점을 표기하는 단독자singular이기 때문이다. 그리고 번역은 그러한 불연속의 단독적 지점에서 연속성을 창조하는 행위이다"(13).

그러한 이행의 주체는 라클라우와 무폐가 묘사한 "주체화 이전의 주체"(2001, xi)와는 매우 다른데, "주체화 이전의 주체"는 항상 한편으로는 "담론적 동일성"에 의해, 다른 한편으로는 "행위자의 주체성"에 의해 삼켜질 위험에 처해 있다(121). 마찬가지로 이러한 "이행의 주체"에 의해 표기된 단독성[특이성]은 라클라우에게 "정치적 정체성의 형성"(1996, viii)에서 "제거할 수 없는" 보편주의와 특수주의의 접합 내에서는 구체화할 수 없다. 사카이가 설명한 바와 같이, "정확히 그 둘 모두가 무한하게 보편적인 것을 초월하는 것의 주체로 결코 변할 수 없는 단독자the singular에 대해 차단되기 때문에, 보편주의나 특수주의 어느 쪽도 서로와 마주칠 수 없다. 그리고 타자성은 항상 타자로 환원되기 때문에, 그 둘 모두에서 압제받고, 배제되며, 제거된다"(1997, 157). 이는 우리가 사회적인 것의 한계가 배제에 의해 구축된다는 라클라우의 주장 속에서 발견한 타자에 대한 폐쇄에서 기인한 것이다. "모든 특수성들이 등가적으로 공유하고 있는 것을 강조하는, 특수성의 부분적 승복"(2005, 78)을 강조하는 상대적 보편주의를 주장하면서, 라클라우는 보편적인 것을 공통적인 것과 융합하는 데 거의 다다른다. 이는 이러한 관점이 우리가 차별적 포섭이라고 불러온 것과 인구유동 및 다른 모든 종류의 전지구적 이동성을 단절시킬 뿐 아니라 접합시키는 데 있어 경계의 역할을 설명하는 데 실패했다는 점만을 뜻하는 것이 아니다. 이와 더불어, 이러한 관점이 접합의 정치와는 다르게 기능하는 번역의 정치를 차단하고 있음을 의미하는 것이기도 하다. 접합과 등가의 유희가 정치적 논쟁이 일어날 수 있는 공통적인 기반을 제공한다고 주장함으로써, 라클라우는 기존의 제도적 구조가 구축한 제한들 안에서만 정치의 갈등적 차원을 생각할 수밖에 없게 된다.

이런 측면에서 보편적인 것과 공통적인 것을 구분하는 것이 중요한데, 빠올로 비르노가 했듯이 "이 둘을 논리적 관점과 존재론적 관점 모두에서" 구별하는 것이 중요하다(Virno 2010, 204). 비르노는 이렇게 설명한다. 보편적인 것이 지성the intellect의 행위를 통해 존재하고 이미 형성된 개인들에 귀속된 속성으로서 존재하는 반면에, 공통적인 것은 "지성과는 독립된 하나의 실재이다. 그것은 또한 재현되지 않을 때도 존재한다"(205). 이는 공통적인 것에 대한 이론이 유물론적 존재론에 근거하고 있음을 말하는데, 특이성들의 다중의 출현을 특이성들 자신의 존재와 더 나아가서 발전의 조건으로 자신을 공유하는 공통적인 존재를 풍요롭게 하고 동시에 결코 소진시키지 않는 과정으로서 고려한다. 사카이의 번역 개념에서 전제가 된 공통적인 것과 단독적인 것의 상호적 구성은 여기에서 작동한다. 만일 우리가 공통적인 것과 공통장 간의 움직임에 대해 생각해본다면, 마이클 하트와 안토니오 네그리가 "생성"generation(2000, 386~89)이라고 부른 것 아니면 우리가 번역에서의 개방과 재개방으로 묘사해온 것의 과정이 중요한 예로 제시될 수 있다. 공통적인 것은 오로지 다른 시공간적 외연 그리고 다른 법적·정치적 구성과 더불어 복수의 공통장들을 생산하기 위해서만 더 풍요로워지고 더 강력해진다. 실제로, 이러한 상이한 특이성들이 지닌 내포적 함의, 특이성들의 "비변증법적 통합"(Casarino and Negri 2008, 70)은 공통적인 것이 생산되고 공통적인 것 자체의 구성을 실제로 변경하는 장을 제공한다. 반대로 보편자들을 만들기 위해 보편적인 것의 복수화를 생각한다면, 보편성의 추상적 원리에 대한 환류나 강화는 존재하지 않는다. 보편적인 것은 오로지 특수성의 (예를 들어, 자유와 평등과 같은 보편적 개념들에 관해 문화적으로 차별화되고 대안적인 해석들의) 확산을 통해서만 강화되며, 이러한 특수성들은 통합에 대한 추상적 주장을 구체적인 상황 속에서 단순히 복제한다.

그 결과 이것은 라클라우와 무페가 보편성의 기능은 "영원히 확보되는 것이 아니라, 오히려 항상 되돌릴 수 있다"(Laclau and Mouffe 2001, xiii)고 말하며 주장한 것이다. 만일 이러한 발언이 주장하는 것처럼 보편자들이 하나 이상이고 일시적이라면, 보편적인 것의 단독적인 것을 필요로 하는 "모든 곳에 있고 영원한" 주장에 대한 질문이 존재할 수 있다. 여기서 우리는 발리바르가 보편적인 것 개념의 "대처할 수 없는 모호함"(Balibar 2002, 146)이라고 부른 것의 결과를 보게 된다. "관념적 보편자는 본래 복수"(173)라는 점을 인식하면서, 그는 보편자들과 보편적인 것에 함축된 "흩어진 의미" 간의 차이를 접합하는 "명료한 질서"를 이해하고자 한다(146~47). 발리바르에게 이것은 "철학이 풀 수 없는"(174) 문제인데, 이는 보편적인 것이 "상대적이라는" 의미가 아니라 그것이 아무런 "'절대적인' 통일성"을 가질 수 없으며 이런 이유로 "갈등의 영속적 원천"(173)이라는 의미이다. 아이와 옹의 "복수의 보편주의들"의 존재에 관한 주장에 대해서 비슷한 논점이 제기될 수 있다(Ong 2009, 39). 이것은 상이한 문화적·공간적 배열에 의해 굴절된 복수의 근대성에 관한 주장과 유사하다. 이런 경우에 보편적인 것은 스스로를 보편자로 생각하는 경향이 있는 특수주의에 의해 굴절된다. 보편적인 것의 문제를 제기하는 이러한 모든 상이한 방법들 속에서 우리가 보는 것은 추상적인 것과 구체적인 것 사이의 움직임이다. 이 움직임 속에서는 보편적인 것의 통합성에 대한 본질적 요구가 보편적인 것이 물질적 세계로 추락하는 것으로 인해 변경되지 않고 유지되는 반면에, 보편적인 것의 의미는 사방으로 흩어지게 된다. 반대로, 우리가 공통적인 것의 구성에 중요하다고 파악한 번역의 관계는 공통장의 구축에 포함된 에너지와 투쟁의 영속적인 환류를 포함한다. 공통적인 것의 물질적 구성은 보편적인 것과 특수적인 것의 논리에 흡수될 수 없다. 이것이 우리가 공통적인 것의 번역에 관해 얘기할 수 있는 이유이다. 공통적인 것의 번역에 관해 얘기하며 우리는 번역이 공통장을 생산하는 방법을 지적할 뿐 아니라 번역이 동시에 그것을 구성하는 특이성들을 연계하고 분할하는 방법을 나타내볼 것이다.

공통적인 것에 경계짓기

이 장을 시작할 때 제기했던 질문으로 다시 돌아가보자. 공통적인 것과 경계 간의 관계는 무엇인가? 이 질문에 답하기 위해 우리는 공통장들의 파괴와 공적·사적 영역의 형성에서 구획화와 경계짓기의 여러 선을 추적하는 것이 수행하는 구성적 역할에 대해 우선 자세히 살펴볼 필요가 있음을 알게 되었다. 구획화와 경계짓기는 현재의 정치적 상상과 법적 발전을 지속해서 형성하고 있다. 공통적인 것이 어떻게 인류의 원초적 상태와 법·정치 이론에 대한 급진적 도전 모두가 되는지를 이해하기 위해서 맑스와 엥겔스의 원시 코뮤니즘 개념을 둘러싼 논쟁들에 깊숙이 들어갈 필요는 없다. "만물은… 처음엔 공유되었다"는 생각은 재산권 이론의 묘사에 심혈을 기울인 그로티우스의 『전쟁과 평화의 법』(1625년 처음 발간)의 도입부에서 쥐스틴의 권위에 따라 만들어졌다(Grotius 2005, 420). 재산의 구축을 위한 원천으로써 "점유"occupancy를 근거로 받아들이면서, 그로티우스는 식민지 정복과 토지의 폭력적인 전유appropriation의 정당화에 영향을 주는 것으로 증명된 주장을 제시한다. 흥미롭게도 『영구

평화론』에서 임마누엘 칸트는 "지상에서의 소유에 대한 공동의 권리"에 대해서 말하며, "지구는 하나의 행성이기 때문에, 우리는 무한하게 흩어질 수 없으며 종국에는 더불어 존재하는 것에 스스로 타협해야만 한다"라고 주장한다(Kant 2010, 18). 그로티우스가 토지를 하나의 전형적인 사례로 택하면서 먼저 사유재산의 기원을 근거로 삼았던 것에 반해, 칸트의 주장은 정치적·법적 영토, 국가, "인민들"의 형성 기저를 이루고 있는 지구 표면에 구역만들기에서 정치적 경계가 지닌 역할에 대해 성찰하도록 해준다. "보편적 환대"universal hospitality(영구평화의 정의에 관한 세 번째 문헌)의 "세계시민" 이론에 관한 칸트의 구체화는 그러한 경계의 구축에 입각한다. 정말로 칸트에게 환대는 "주인이 환대하지 않는 이국 영토에 들어가는 이방인의 권리주장"을 의미한다(17~18 ; 예를 들어, Benhabib 2004, 25~48, Rigo 2007, 162를 볼 것).

사유재산과 공공법 둘 모두가 취한 설정권 측면의constitutive 제스처는 공통적인 것을 횡단하는 지름길이었다. 윌리엄 블랙스톤이 『영국 법에 대한 논평』(1765)에서 제시한 재산권의 고전적 정의―"세상의 어떤 다른 개인의 권리가 완전히 배제된 상태에서 세계의 외적 사물들에 대해 한 사람이 주장하고 행사하는 유일하고 독재적인 지배"(Blackstone 1825, 1)―를 상기하면, 국가와 영토 간 관계에 있어 구조적 유사점은 명확해진다. 공통적인 것에 대한 경계짓기 과정은 재산의 두 가지 형식 모두를 구축하기 위한 조건이다. 그로티우스의 점유 이론의 형성, 현대의 인클로저 시대, 식민지 정복보다도 훨씬 이전에, 경계짓기와 구획의 선을 추적하는 복합적인 관행의 역할은 로마법에서 널리 인정되었다. 신성한 것과 세속적인 것 간의 영역선에 등장했던 "기술적" 인물형인(Schiavone 2005, 53) 다수의 토지 측량사들은 고대 로마에서 공동 토지(Bonfante 1958, 193)에 대한 리미타티오limitatio(문자 그대로, 선들, 경계의 추적)를 통해서 사유재산의 구축을 가능하게 하는 데 일조하였다. 일단 구축되면 소유자들 간 분쟁에 대한 판결뿐 아니라 이러한 재산의 보존 역시 로마 법률가들이 악티오 피니움 레군도롬actio finium regundorum(변경을 규제하는 행위)이라고 불렀던 것의 틀 내에서 토지 측량사들의 작업이 지속적으로 요구되었다. 이는 후에 여러 유럽 국가의 현대 민법 속에 반영되었다.

근대 자본주의에 의해 만들어진 완전히 다른 조건들 아래에서, 로마 법률가들이 구축한 사유재산 모델은 16세기 이래로 중산층 민법의 발전에 굉장한 영향을 끼쳤는데, 이는 그로티우스와 블랙스톤의 이론 속에서도 이미 분명히 나타났다. 이 모델이 입각하였던 공통적인 것의 경계 짓기와 전유는 원주민 영토의 식민지 점령 속에서도 등장했을 뿐 아니라, 맑스가 소위 본원적 축적을 다룬『자본』의 일부분을 통해 논의한 인클로저의 폭력적이고 현대적인 등가물로도 등장했다. 사유재산의 경계는 단지 국가 관여의 지령에 의해서만 구축되고 일반화되지 않았다. 오히려, 사유재산 개념과 주권을 구성하는 영토적 경계의 추적 사이에는 역사적·논리적 유사성이 있다. 지암바티스타 비코는 자신의 책『새로운 과학』(1744)에서 사유재산의 구축과 국가의 형성 사이의 연속성을 추적하는데 놀랍게도 경계 개념을 동원하였다. "범위의 수호"The Guarding of the Confines라는 제목의 절에서 비코는 이렇게 기술한다. "야수적인 국가 안에서의 악명 높은 난잡함을 멈추기 위해 지역들에 영역선을 설정할 필요가 있다. 이 영역선 위로 우선 가족들의 범위가 정해지고, 그러고 나서는 씨족들 혹은 가구의 범위가, 이후에는 인민들의 범위, 마지막으로 민족의 범위가 정해진다"(Vico 1984, 363).

이탈리아의 법학자인 우고 마테이는 "국가 주권과 사유재산이 같은 구조, 배제와 주권적 신중함 중 하나를 공유한다"고 기술한다(Mattei 2011, 45). 국가권력의 타자가 되는 것 아니면 더욱 단순하게 국가 권력에 제한을 가하는 것과는 반대로, 사유재산은 공통적인 것에 경계를 짓는 다양한 과정들에 의해 구축이 가능해지는 동일한 틀 내에서 자신을 구성하고 발전시킨다. 우리가 앞 장에서 예브게니 파슈카니스를 차용해 서술한 것을 상기하면, 일종의 이중 구속이 현대 민법과 공법의 역사적·개념적 진화를 특징짓고 있음을 알 수 있다. 우리가 인클로저에 관한 맑스의 분석에서 보았던 것처럼, 사유재산과 민법의 구축이 국가의 직접적이고 폭력적인 개입에 의해 가능하다는 점은 명확한 사실이다. 더욱이 로마법의 용어를 가지고 말장난을 부려본다면 국가의 역할은 제한의 순간에 결정적일 뿐 아니라 각각의 경계분할소권행위actio finium regundorum, 소유권자들 간 관계를 규제하는 각각의 행위를 가로질러 확장되기도 한다. 왜냐하면 영토에 대한 국가의 주권은 민법 그 자체의 존재 조건이기 때문이다. 동시에, 우리가 파슈카니스의 법과 상품 형식 간의 관계에 대한 분석으로부터 받은 시각에서 민법의 구조를 살펴보면, "법적 흐릿함(그런 표현을 사용하는 것이 허용된다면)의 가장 단단한 핵심이 정확히 민법의 영역에서 발견되어야 한다. 법적 주체, '페르소나'persona는 자기본위적으로 작동하는 주체의 실제 인격, 소유주, 사적 이익의 담지자 안에서 완벽하게 적절한 실체를 발견"(Pashukanis 2002, 80)하게 된다. 파슈카니스의 분석을 수용한다고 해서 그것이 주권과 사유재산의 독단적 특성이 역사적으로 제한, 의무, 규제에 종속되어 온 지형으로서 공법과 헌법의 중요성을 파기한다는 의미는 아니다. 하지만, 하트와 네그리가 『공통체』에서 적었듯이, 그의 분석을 수용하는 것은 비록 복지국가의 도래와 더불어 "공공재산"이 포드주의에 대한 규제에 중요한 역할을 하기는 했지만, "재산 개념과 재산의 방어는 모든 근대 정치 구성체의 근간으로 남아 있다"는 점을 인식한다는 것을 의미한다(Hardt and Negri 2009, 15).

국가의 법적 인격 개념은 사유재산의 구조를 복제하였고 그것의 배타적인 특성을 반영한 방식으로 공공재산의 구성에 중심이 되었다. 이것은 국가의 경계가 바로 그 공공재산 개념에 각인되었고, 공통적인 것의 의미론으로부터 그 개념을 급진적으로 구별한다는 것을 의미한다. 더욱이, 중요하면서 어디에나 존재하는 공공재를 사유화하는 과정이 지난 수십 년 동안 보여준 바와 같이, 구조적 불균형은 사유재산과 공공재산의 법적 구성과 보호의 특징이 된다. 전자가 일련의 보호, 자격부여, 보증에 둘러싸인 반면에, 후자의 소외는 보통 통치[정부]의 일상적 업무이며 특별히 복합적인 절차들을 요구하지 않는다(Mattei 2011). 이런 불균형의 순간은 기업의 법적 인격에 의해 소유된 재산과 권리들이 점증적으로 축적되면서 더욱 분명하게 나타나고, 이러한 축적은 경계, 관할권, 국가 권력을 넘어서는 권력과 부를 가진 새로운 행위자의 등장을 야기한다(Soederberg 2009). 공법과 공권력의 약화를 야기하는 것과는 별개로, 이러한 과정들은 사적인 것과 공적인 것 간의 영역선을 흐릿하게 하고, 국가들이 점점 더 심하게 얽혀드는 새로운 혼종의 레짐과 영토, 권위, 권리의 새로운 회집체를 출현시킨다. 우리가 이 책 앞부분에서 논의했던 통치와 법적 다원주의에 관한 이론들은 이러한 새로운 권력과 이종적인 규범 질서를 포착하고자 시도한다. 만일 사적인 것과 공적인 것 간의 구획이 이러한 발생과정 때문에 모호해진다면, 재산이 지속해서 현대 세계를 지배할 것임을 부인하기 어렵다.

재산권의 소유자로서 기업 인격체의 우세는 새로운 현상은 아니지만 전례가 없는 수준에 도달하기는 하였다. 이러한 과정이 자본의 금융화와 서로 얽힘으로써 재산의 탈물질화를 야기했고, 이는 개별적이고 체화된 주체에 대한 언급과의 단절을 수반한다. 이것이 재산이 더 이상 개인들 간의 분할을 위한 근본적 기준이 아니라는 의미는 아니다. 사실 그 반대인데, 왜냐하면 우리들은 대부분의 세계에서 부와 재산의 분배에 있어 극심해지는 양극화를 잘 인지하고 있기 때문이다. 그러나 재산과 재산권이 세계 금융 시장의 동인에 따라 더욱더 익명화되고 비물질적이 되며 붙잡기 어렵게 부유하고 있어서, 주요한 대변혁은 재산과 재산권이 지닌 사회적·정치적·인류학적이기까지 한 기능과 지위 안에서 발생한다. 17세기에 크로퍼드 B. 맥퍼슨이 "소유적 개인주의"possessive indvidualism — "자신의 고유 역량의 소유자와 그 역량의 행사를 통해 자신들이 획득한 것의 소유자로서 서로에 관계된 자유롭고 동등한 개인들 다수" 간의 상업적 교환 관계의 망으로서의 사회를 상상했던 이론 ― 라고 명명한 것이 형성된 이래, 부르주아적 사상에서 재산이 수행해 온 정당화의 역할에 대변화가 일어난 것으로 보인다(Macpherson 1962, 3).

우리는 소위 신新 인클로저를 이런 배경의 반대 자리에 배치해야 한다. 이 용어는 1990년에 〈미드나잇 노츠 콜렉티브〉에 의해 제안되었다. 이 용어의 등장은 냉전 종식을 둘러쌌던 "새로운 세계 질서" 그리고 "경계 없는 세계"라는 목가적 수사 가운데에서 일어났고, 이는 "1970년대 중반 이후 진행되어 온 축적 과정의 대규모 재조직화"를 이해하기 위한 것이었다(Midnight Notes Collective 1990, 3). 인클로저라는 용어는 피터 라인보우(2008, 306)에 의해 "울타리로 땅을 둘러싸는 행위, 공동의 땅을 사유재산으로 변환하는 수단"이라고 정의되었는데, "신新 인클로저"를 둘러싼 수많은 현대 개발과 분쟁에서 여전히 중요한 참고지점들을 담고 있다. 여기서 인클로저는 사유재산이 전유의 폭력적인 제스처를 통해 만들어지는 모든 과정을 지칭한다. 이런 맥락에서 인클로저라는 용어를 축자적 의미 이외의 측면에서 사용하는 것이 가능한지 이해하기 위해 라인보우가 "공동의 토지에서 사유재산으로 변환"하는 순간으로 지칭한 것에 초점을 맞추는 것도 중요하다. 지식경제와 생체자본 biocapital과 같은 자본의 새로운 변방을 생각한다면 인클로저라는 용어를 문자 그대로가 아닌 방식으로 사용하는 것이 지니는 의미가 보다 명확해질 것이다. 이러한 사례들 중에는 네트워크 안에서 생산된 공동(혹은 암묵적tacit) 지식의 인클로저(Benkler 2006)와 "정보-로서-생활"의 인클로저(Rajan 2006, 16) 등이 있다. 흥미롭게도 〈미드나잇 노츠 콜렉티브〉에 의해 제안된 신新 인클로저에 관한 분석은 아프리카에서의 채무 위기와 구조조정 프로그램을 대상으로 삼는 것에서 출발하였다. "채무에 대한 토지 압수"는 오래된 전략으로서 1980년대 많은 아프리카 국가들에서 새로운 형태를 띠었는데, 이는 "노동 비용을 낮추고, 사회적 생산성을 높이며, '사회적 기대'를 역전시키고, 아프리카 대륙을 더 완전한 자본주의적 관계가 침투할 수 있도록 개방하는 데 목적을 둔 계급관계의 광범위한 재조직화"(Midnight Notes Collective 1990, 4, 12)를 만들어 내려는 더욱 일반적인 시도 중 하나였다. 비록 다른 조건 아래에서이기는 하였지만, 20년 후에 외채 위기가 비우량 주택 담보 대출과 국가 채무 위기의 모습으로 미국과 유럽에 닥쳤다. 이는 수백만 건의 주택 압류를 야기했고 통상적으로 사회적 공통장으로 인식되어 왔던 사회복지 서비스의 중단으로 이어졌다. 사회복지 서비스는 "과거의 사회운동의 결과로" 만들어졌고, "그 이후 제도적 행위들을 통해 공식화되었던" 것이었다(De Angelis 2007, 148). 이러한 상황들 속에서 광범위하게 눈에 띄는 신新 인클로저 활동들은 사회적·정치적 재구조화에서 더 심층적인 과정과 시도가 진행되고 있다는 신호로 분석될 필요가 있다.

공통적인 것의 경계짓기는 오래된 인클로저뿐 아니라 신新 인클로저에서도 항상 중요하다. 이러한 과정은 이전에는 존재하지 않았던 물질적·비물질적 구획의 선들을 만들어 낼 수 있다. 또한 그 과정은 기존의 영역선을 재작동시킬 수도 있는데, 이를테면, 도시 안의 공적 공간들을 둘러싸고 새로운 사유재산 경계로 변형시키는 영역선과 같은 것이라고 할 수 있다. 이러한 도시적 경계짓기의 과정들이 바람직하지 않은 주체들을 특정한 지역의 밖에 있도록 하는 데 목적을 두는 것은 흔히 있는 일이다. 이 특정한 지역이 금융자본과 부동산이 조합된 투자와 노력들을 통해 가치 있는 것으로 구성된 것이라는 점을 고려하면 말이다. 이러한 주체들 사이에서 이주민은 대단히 중요하다. 이주민의 경험들 속에서 이러한 경계짓기 과정의 행위는 복제되고 다른 경계의 행위와 접합된다. 현대 세계에서 인클로저의 확산과 전파는 대규모의 폭력, 고난, 고통을 낳고, 강탈과 착취 둘 모두를 심화시킨다. 동시에, 적어도 개념적으로 이러한 인클로저는 사유재산이 사회를 지배하는 것의 정당성이 취약하다는데 중요한 관점을 제공한다. 축자적 의미이든 혹은 다른 의미로든, 모든 인클로저 행동은 이러한 정당성을 확언한다. 인클로저에 반대하는 투쟁들과 전지구에 걸쳐 이루어지는 공통장을 위한 투쟁들은 이러한 개념적 순간의 역전된 측면을 절대적으로 구체적이면서 적대적인 방식으로 보여준다.

공통장의 파괴와 사유재산 논리에 대한 종속을 정당화하기 위해 이론적 도구들의 강력한 진용이 지난 수십 년 동안 구축되었다. 이러한 이론적 도구들은 개릿 하딘이 1968년에 쓴 영향력 있는 논문 속에 요약된 "공통장[공유지]의 비극"이라는 "신-맬서스주의적" 주장에서부터 소위 말하는 법과 경제학 접근에까지 펼쳐져 있는데, 이는 미국에서 기원하였고 "재산의 지배"(Mattei and Nader 2008, 88~99)로 환원되었던 법치의 전지구적 이식에 결정적인 역할을 하였다. 우리는 이러한 이론적 구조물들의 지속적인 영향력과 권력을 평가절하하지 않는다. 그렇지만 엘러너 오스트롬이 전지구적 경제 위기가 한창인 2009년에 노벨 경제학상을 받았다는 사실은 주류 경제학 이론에서조차도 어떠한 혼란이 분명히 나타나고 있다는 점을 보여준다. 오스트롬은 오랫동안 일종의 관용적 지혜로 여겨져 오던 것 ― 공통장은 구조적으로 환경적·경제적 자기-파괴에 놓일 운명이며 따라서 국가에 의해 규제되거나 아니면 사유화되어야 한다는 생각 ― 이 실패했음을 과학적으로 보여준 것으로 인정받고 있기 때문이다.

오스트롬이 1990년에 출간한 책『공유의 비극을 넘어』는 공통장을 협력적이고 공동체에 기반한 여러 형태의 집단적 형식으로 관리하는 데 어떤 사례가 존재하는지 그리고 어떤 모습이 가능한지에 관한 관심을 불러일으켰다. 이러한 관리 형식들은 공적이지도 않고 사적이지도 않은 것들이다. "크리에이티브 커먼즈"[2]의 구축을 둘러싼 지적 운동, 그리고 그 중에서도 로렌스 레식의 작업(2004)은 학문적·공적 논쟁 속에서 공통장 개념을 통해 새로운 관심을 불러일으키는 또 다른 중요한 원천이다. 종종 인클로저와 사유화에 반대하는 실제 투쟁으로의 발전과 연계되는 공통재화의 법적 분류를 구축하려는 시도 역시 여기에서 언급되어야 한다 (Marella 2012; Mattei 2011). 이 모든 지적 노력들은 공적 영역과 사적 영역 사이에서 중간 영역을 모색하는 것과 더 급진적인 접근 사이에서 오가고 있다. 이 중 전자의 경우는 20세기 초 유럽 법학자들이 수행한 "사회법" 의 구축을 복제한 것이다(예를 들어, Gurvitch 1932를 볼 것). 이런 지적 노력들은 공통장과 공통재화의 개념적 분류체계를 도출했는데, 이는 보통 공통적인 것을 자연적인 것과 사회적인 것, 아니면 물질적인 것과 비물질적인 것으로 나누는 방식이다. 닉 다이어-위데포드(2006)는 자신이 "공통적인 것의 회로"라고 부른 것을 추적하는 더욱 사변적인 방식으로, "공유된 자원이 어떻게 자원을 더욱 멀리 확대된 공통장으로 변환시키는 사회적 협력의 형태 — 결사체associations — 를 생산하는지"를 분석한다. 다이어-위데포드가 보기에 여기에는 "지구 공통장terrestrial commons(전통적 사회에서 천연자원의 관례적 공유), 설계자 공통장planner commons(예를 들어, 통제 사회주의와 자유민주주의적 복지국가), 네트워크된 공통장networked commons(자유로운 오픈소스 소프트웨어 결사체, 피어투피어 네트워크, 그리드 컴퓨팅[3], 기술과학의 다른 수많은 사회화)" 등이 포함된다.

우리는 원칙적으로 공통적인 것을 둘러싼 이러한 지적 노동에 어떠한 반대도 하지 않는다. 마테이가 조언한 바와 같이(2011, 54), 지적할 필요가 있는 것은 자본주의 세계에서의 재화와 상품 간의 개념적 근접성

---

2. 2001년 저작권의 부분적인 공유를 목적으로 설립된 비영리 단체.
3. grid computing. 초고속 네트워크에 기반해 모든 컴퓨터를 연결하여 계산 능력을 극대화한 디지털 신경망 서비스를 일컫는다.

을 고려할 때 공통재화에 대한 어떠한 분류와 법적 구조이든 조심스럽게 다뤄져야 한다는 점이다. 다이어-위데포드가 "공통적인 것의 순환"이라고 부른 것과 연계된 사회적 협력 형식을 강조했다는 점이 여기서 중요하다. 재화의 법적 개념에 포함된 "객체"의 지위로 환원가능한 것과는 반대로, 공통장은 - 우리가 물의 사례에서 보았듯이, 가장 자연적인 것조차도 - 그 공통장의 생산과 재생산에 투입된 인간 활동의 복합망과 별개로 존재할 수 없다. 이는 공통장에 관해서는 공통적인 것을 특징짓는 과잉의 순간에 초점을 맞춤을 의미한다. 그러한 순간은 의심의 여지 없이 권리와 제도로 구성되지만, 또한 이러한 사법적 차원에 의해 소모되지도 않는다. 체자레 까사리노가 안토니오 네그리와의 대화에서 서술했듯이 (2008, 22), "혁명적인 생성revolutionary becoming은 잉여로서의 공통적인 것을 삶을 통해 실현하는living 것이다." 노동, 강탈, 착취의 적대적 현실 속에 뿌리를 내리면서, 이러한 잉여의 발생은 청년 맑스가 제시한 노동에 관한 기억에 남을 만한 정의(1988, 76), 즉 "삶을 낳는 삶"life-engendering life에 새롭고 공통적인 의미를 줄 수 있는 정치적 주체의 모습으로만 나타날 수 있다.

협력체, 공동체 경제체, 공통적인 것의 공간

우리가 공통적인 것의 번역이라고 부른 것은 다이어-위데포드가 공통적인 것의 순환이라고 부른 것을 더욱더 구체화할 수 있게 해준다. 그릭 드 퓨터와 함께 노동자 협력체cooperative에 관해 쓴 이후의 논문에서, 다이어-위데포드는 결사체 형태들이 "공유된 자원을 더 많은 공통장을 창조하는 생산적 조합으로 조직화하고, 이는 순서대로 새로운 결사를 위한 기초를 제공하는" 과정으로 공통적인 것의 순환을 묘사한다(De Peuter and Dyer-Witheford 2010, 45). 이 과정은 자본의 순환을 반영하고 반전시켜 상품("교환을 위해 생산된 재화")을 공통적인 것("공유를 위해 생산된 재화")으로 대체한다. 공통적인 것은 이런 이유로 "자본을 넘어서는 사회의 세포 형태"(44)로 이해된다. 그러나, 공통적인 것의 순환은 또한 번역의 순간, 드 퓨터와 다이어-위데포드가 이러한 세포 형태에서 화폐로의 변화뿐 아니라 결사로의 변화로 명시한 순간을 포함해야 한다는 점도 분명하다. 이러한 번역은 어떻게 작동하는가? 우리는 공통적인 것을 구성하는 이언어적 번역을 자본의 작동 기저에 있는 균질언어적 번역과 대비하였다. 이언어적 번역은 자본의 재생산 회로를 뒤집을 뿐 아니라 매우 다른 논리에 의해 작동하기도 하는 과정으로 "특정한" 공통적인 것을 "특정한" 결사로 완전하고 명료하게 번역하는 것이 불가능함을 함축한다. 그것은 다수의 경계의 협상을 포함하고, 또한 공통적인 것의 생산과 결사가 항상 정치적 구성과 권력에 관한 질문에 맞닥뜨려야 한다는 인식을 포함하는 공통적인 것의 생산을 가리킨다. 자본을 넘어선 사회적 풍요를 상상하는 것과 결핍에 입각한 접합, 그 어느 것도 자본의 일상적 기능 작동 속에 함축된 경계와 경계짓기의 현실을 직면하기 위한 이론적·실천적 자원을 제공해 주지 못한다.

드 퓨터와 다이어-위데포드는 공통적인 것의 순환이 어떻게 임계질량의 문제를 고려해야만 하는지에 관해 논의하는 데 조심스러워 하면서, 국가조차도 공통장의 확대에 어떠한 역할을 할 수 있다고 주장한다. 하지만, 그들은 "공통장의 성장과 상호연계가 그러한 국가의 개입에 앞서서 이뤄져야 하고, 필수 전제조건들을 선제적으로 구축해야 한다"는 입장을 견지한다. 또한, 공통장이 "중앙집권화된 통제를 넘어서는 자가-시발적self-starting 구성요소의 확산 가운데 그러한 직접적 개입의 순간을 넘어서야" 한다는 점을 강조한다(De Peuter and Dyer-Witheford 2010, 47). 노동자 협력체에 관한 그들의 논의는 공통장the commons에 대한 논쟁에서 환영받았는데, 왜냐하면 그들의 논의가 노동 정치의 문제에 직접적으로 대응하고, 이론적인 추상으로 뒤덮이는 경우가 빈번한 관련 논의에 적정량의 현실주의를 주입하기 때문이다. 이러한 실용적 접근을 택하기 위해서는 공통장을 구축하는 데 있어 실험과 구상을 만들어 내야 할 자율적 정치 조직의 차원이 더욱 깊이 고려될 필요가 있다. 그러한 조직은 항상 자신을 국가와의 관계에서뿐만 아니라 자신들을 공통장의 관리에 참여시킬 수 있는 다양한 다른 정치적 형식과 행위자들 — 노동조합, 비정부기구, 공동체 기구, 지방정부 등등 — 과의 관계에 위치시킬 필요가 있다. 그러한 위치잡기가 중요한 이유, 그리고 그것이 종종 급진적인 반대의 형태를 띠는 이유는 공통장들이 결코 자본과 정치적 부패의 유혹에 면역되지 않았기 때문이다. 분명 이러한 취약성은 공통장을 공통적인 것에 대한 투쟁이 일어나는 중요한 전장으로 만든다. 또한 공통장들에 침투할 수 있는 부패가 공통적인 것의 개념화에 있어 핵심적인 설명 요소라는 점을 인지하는 것도 중요하다. 후자는 도덕적 선의 인물형이나 사회적 투쟁의 대상이 되는 유토피아적 수평선이 아니다. 우리가 앞서서 확인했듯이, 공통장들 내에서 경계의 재생산은 — 그것이 정치적 분할선의 형태를 띠든 아니면 젠더 지배선, 인종적 차이, 혹은 진짜 사회계급의 형태를 띠든 간에 — 결코 배제될 수 없다. 공통장은 항상 투쟁의 대상이 되어야만 한다. 이것이 바로 공통적인 것의 생산이 항상 정치적 문제이며 단순한 윤리적 문제가 아닌 이유이다.

"내 친구가 크리에이티브 커먼즈에 관해 내가 쓰려던 책의 아이디어를 훔쳐갔다"(Pasquinelli 2008, 22). 이 농담으로 맛떼오 파스퀴넬리는 공통장의 창조를 야기하는 갈등들을 지적한다. 그는 창조적 노동자들 사이에 협력체를 조직화하는 것의 어려움과 "실제 공통적인 것이 등장하기 위한 법률적 조건들"(78)을 제공하는 데 있어서 크리에이티브 커먼즈의 지적 재산 라이선스가 가진 한계에 초점을 맞춘다. 그러나 그의 재담은 공통적인 것이 "가치와 생산에 관한 법들에 의해 둘러싸이고 정의되는 세력의 장으로 떨어지는"(13) 방법에 관해 설명한다. 우리는 공통장이 건립되거나 실험되는 다른 수많은 공통적인 것의 공간 – 노동자 협력체, 공동체 경제체, 참여 경제(파레콘parecon), 지역 교환거래시스템local exchange trading system, LETS, 혹은 2001년 국가 채무 위기에 뒤이어 아르헨티나에서 확산한 물물교환 제도 – 에서 이것과 똑같은 역학이 작동하는 것을 보게 된다. 지역교환거래시스템(비금융적인 신용과 노동의 지역 교환을 위한 시스템)에 대한 가라타니 고진의 옹호에 관해 쓰면서 슬라보예 지젝은 그 시스템이 어떻게 "더 이상 집착의 대상이 아닌 화폐의 덫을 피하면서도, 사회적 생산에 대한 각 개인의 기여를 가리키는 투명한 교환 수단으로서 '노동 대가'로만 기능할 수 있을지" 이해하기 어렵다고 걱정한다(Žižek 2006, 57). 그러한 공통적인 것의 공간이 자본을 수용할 수 있는 여러 가지 차원이 존재한다. 예를 들어 노동자 협력체는 시장경제 안에서 경쟁하도록 강요받고, 채용된 노동자, 그중에서도 저임금 이주민의 고용과 같은 행위에 참여할 수 있다. 화폐와 결사 사이에 선을 긋는 것은 어려워 보일 것이다. 더불어, 아르헨티나에서의 점거를 통한 [폐쇄된] 작업장 복구의 현대적 경험으로부터 시작하면서, 데이빗 루치오가 주장한 바와 같이 "잉여를 창출하는 노동자가 이제는 잉여를 전유한다는 점에서 공동체적 생산 형식의 등장은 어떤 사회적 관계에 있어서 근본적인 변화를 구성하지만, 그 형식은 잉여의 분배에 관해서는 말하지 않음으로써 공동체적 기업들이 존재하는 더 넓은 사회에 관해서는 다루지 않는다"(Ruccio 2011, 338). 우리가 볼 때 이것은 공통장을 구축하는 데 있어 협력체의 소중한 기여를 무시하지 않는 것이 중요한 이유이며, 그런데도 협력체를 자본주의 극복을 위한 핵심 조직으로 보는 것이 비현실적인 이유이기도 하다.

공통장의 구축은 공통적인 것이 만들어질 수 있는 유일한 대지를 제공한다. 이러한 기업과 실험의 한계를 인정한다는 것이 공통적인 것의 생산을 위한 정치적 투쟁에서 그것들의 기여를 무시한다는 의미는 아니다.

공통장의 다른 사례들이 어떻게 조화하며, 연계되고, 탈구되는지, 혹은 더 넓은 정치적 프로젝트로 번역되는지의 문제가 남아 있다. 줄리 그레이엄과 캐서린 깁슨(J. K. 깁슨-그레이엄이라는 필명을 씀)의 작업은 이런 측면에서 중요하다. 그들의 작업은 경제적 관계를 정치화하는 데 있어 "우리가 있는 곳에서 출발할" 필요에 대해 강조할 뿐만 아니라, 또한 "사회성과 상호의존성의 측면에서, 모든 경제적 거래와 관계, 자본가와 비자본가를 재의미화하기" 위한, "다수의 이종적인 투쟁의 장들"(Gibson-Graham 2006, 97~98)을 가로지르는 작업이라는 도전 역시 강조하고 있기 때문이다. "코뮤니즘을 상징화하는 사고의 과업" 안에 있는 "공동체 경제체"community economies라고 부르는 것의 역할에 대한 깁슨-그레이엄의 주장은 탈중앙화된 실천의 회집체로서 이들이 자본주의를 바라보는 더 넓은 전망과의 관계에서 이해될 필요가 있다(98). 다원적인 방식으로 자본에 대해 사고하는 존 찰크래프트(2005)와 같은 인물들을 포함하면서, 이들은 경제적 다양성의 인정에 기반한 대안정치를 포용하기 위해 전지구적으로 조직화한 저항, 반대, 변혁의 정치에서 벗어난다. 그들의 저작은 이렇게 해서 경제체를 재고하고 재현하는 일상의 대중들에 관한 수많은 사례를 제시한다. 동시에 그들의 저작은 공통장과 공통적인 것 간의 번역을 공동체의 역할과 연계하려 한다.

공동체 이슈에 대응하면서 깁슨-그레이엄은 어쩔 수 없이 경계에 관한 질문에 부딪힌다. 그들은 이렇게 기술한다. "공통의 존재라는 환상을 고치려는, 공동체 경제체를 정의하려는, 그것이 담고 있는 것을(그리고 이렇게 해서 그것이 담고 있지 않은 것을) 구체화하려는" 어떤 시도도 "윤리적 실천을 만드는 기회를 차단한다"(Gibson-Graham 2006, 98). 더욱이 그들은 "공동체 경제 관행을 구축하고 확장시키는 데 목적을 둔 정치행위a politics가 실증적 결과a positivity를 제시할 위험, 어떤 행위들이 타자의 배제로 평가되는 공동체 경제체의 규범적인 재현"(98)들을 맞닥뜨린다.

비록 깁슨-그레이엄은 아주 조금만 언급하기는 했지만, 이런 전망에서 볼 때 경계가 배제 장치라는 점은 명백하다. 그러나 그러한 실증적 결과 혹은 공동체의 규범적 재현이 어떻게 회피될 수 있느냐는 질문은 (정말 그것이 회피될 수 있다면) 열린 상태로 남겨진다. 깁슨-그레이엄은 공통장을 "유지되고 재보충될 필요가 있는 공동체의 비축물"로 묘사한다. 그들은 "공통장의 관리라는 윤리적 행위"가 어떻게 "공동체의 '공동의 본질'을" 창조하고 재생산하면서 "동시에 누가 결정권에 귀속됨으로써 그 권리에 대한 자격을 갖느냐는 영속적인 질문들을 제기하고 대답하기 위한 공간을 만드는지에"(97) 대해 설명한다. 그러나 공동체 경제체에 의해 창조된 공통장의 정치적·법적 구성에 대한 설명이 없이는, 그와 같은 윤리적 전망은 그러한 권리와 자격이 부여되는 방법을 완전히 포괄할 수 없다. 또한, 공동체의 경계가 어떻게 구축되고, 유지되며, 횡단되고, 도전받는가라는 질문에 적절하게 대응할 수도 없다. 공통적인 것과 경계에 관한 질문은 간과된다.

분명히 깁슨-그레이엄은 공동체의 면역적 혹은 동일체주의적 전망을 지지하지 않는다. 그들은 조르조 아감벤이 "비본질적 공통성, 본질을 전혀 고려하지 않는 연대"로서 "도래하는 공동체"(Agamben 1993, 19)와 관련해 설명한 지점을 언급한다. 사카이와 같이 깁슨-그레이엄은 공통으로-존재하기로서 코뮤니즘에 관한 낭시의 생각에 기반하고 있지만, 그들이 달성하기 위해 제시한 수단은 불명확하다. 그들은 "욕망의 동원과 변형, 역량의 구축, 새로운 동일화identification의 형성"을 의미하는 "재주체화"의 정치적 계획을 제시한다(Gibson-Graham 2006, xxxvi). 이는 "상이한 경제체 구축 과정을 안내할 수도 있는 새로운 종류의 보편자universal를 만들기 위해"(166) 공동체 구조 안에서 사람들을 조직하고 만나는 것을 의미한다. 그러한 행위는 많은 형태의 비자본주의적 경제가 이미 존재하며 주류 경제학과 심지어 급진적 반자본주의 정치가 유지하는 은유적 빙산 아래에 잠겨있다는 신념에 기반해 구축되어있다. 그러나 그러한 실제로 존재하는 비자본주의적 실천들이 어떻게 자본주의적 경제 활동에 발현되는가에 관한 질문은 여전히 응답하지 못하고 있다.

깁슨-그레이엄의 전망은 그것이 완전히 혹은 부분적으로 자본의 사회적 관계를 넘어서 살아가기 위한 지적 자원들을 옹호하고 제공하는 한에서 희망적이고 긍정적이다. 그러나 자율적 정치조직의 차원은 덜 분명하다. 그들은 경제적·정치적 부패에 대한 공통적인 것의 민감성에 거의 관심을 두지 않는다. 또한, 경제적 다양성에 대한 그들의 전망 역시 이 책의 3장에서 우리가 "자본의 공리"를 불러내면서 들뢰즈와 과타리를 따랐던 것에 관해 설명하지 않는다. 우리가 앞서 논의한 바와 같이, 이러한 공리는 점점 더 이종적인 상황들을 가로지르는 동형성을 제시한다. 대안적 경제체의 존재는 자본이 더는 경제와 자본 사이의 관계를 계속적으로 뒤바꾸는 추상적 매트릭스를 통해 작동할 수 없음을 의미하지 않는다. 우리가 보기에, 만일 공동체 경제체들이 공통적인 것을 위한 투쟁이 성공적으로 이루어질 수 있는 대지가 되고자 한다면, 자본의 공리의 작동이 고려되어야 할 필요가 있다. 다른 한편으로 들뢰즈와 과타리가 기술한 것처럼 "일반적인 생산관계로서 자본이 매우 쉽게 구체적인 비자본주의적 생산 분야들이나 생산양식들을 통합할 수 있다는 점"을(Deleuze and Guattari 1987, 455) 기억하는 것이 중요하다. 자본주의의 금융화는 가치화와 축적의 긴급성에 애초부터 굴복되지 않았던 삶의 형식과 경제활동을 포착하는 자본의 능력을 더욱 증가시켜왔다. 다른 한편으로, 들뢰즈와 과타리의 분석이 자본의 공리와 그 공리의 "실현 모델"로서 국가 간의 관계를 먼저 언급하고 있기는 하지만(454), 오늘날에는 자본주의를 구성하는 탈영토화와 재영토화의 연금술이 동질적 세포로서 국가를 중심으로 하는 국제 시스템을 넘어서 움직여왔다는 점을 인식할 필요가 있다. 이것이 자본의 공리가 유연한 전지구적 자본주의를 창조해 왔다는 의미는 아니다. 오히려 자본의 공리는 특이한 정치적·사회적·문화적 환경과 자본이 조우함으로써 발생한 매우 이종적인 조건들을 만들고 그것들을 통해 지속적으로 작동한다. 역사적인 맥락과 현재의 맥락 모두로부터 그 자본의 분석을 다원화시키는 것이 중요하다(Chalcraft 2005). 그러나 이 때문에 자본의 바로 그 개념과 논리 — 그것의 "공리" — 와 관계된 통합의 순간을 과소평가해서는 안 된다.

우리가 이 책에서 묘사한 경계의 확산과 이종화는 현대의 전지구적 과정의 핵심에서 일어나는 지리적 분열과 부합한다. 종종 새로운 정보통신기술로 매개되는 새로운 공간 경험, 새로운 이동 행위, 새로운 권위, 영토, 권리의 회집체(Sassen 2006), 그리고 자본의 변방과 영토적 영역선 간의 새로운 접합 등은 모두 합동하여 권력, 축적, 투쟁의 지리를 생산한다. 그리고 이 지리는 국제노동분업, 중심부와 주변부의 구분, 혹은 유동이 존재하는 공간과 장소들이 존재하는 공간 등의 개념을 중심으로 하는 분석틀에 도전한다. 지리적 분열은 정치적 결과를 갖는데, 이 결과들은 일단 우리가 정치적 공간의 구체적인 생산과 경계짓기가 서구 근대 국가의 중요한 속성 중 하나였다는 점을 인식하게 되면 명확해지는 것들이다. 시민권에서 주권, 헌정에서 대의제까지 여전히 우리의 정치적 언어들을 형성하는 기본 개념들은 모두 근대 국가의 역사와 이론들 안에 근대 국가의 경계 안이라는 의미로 깊게 배태되어있는 "암시적인 공간적 재현들"에 입각하고 있다(Galli 2010, 4). 이는 특히 정치적 대의, 인민주권, 그리고 국가 등의 개념과 제도가 고려될 경우 민주주의 개념에도 함께 적용된다. 일단 우리가 방법으로서의 경계라는 관점에서 기존의 국가 공간을 살펴보면, 국가의 규제를 피해 가는 다수의 유동과 경로가 그 공간을 횡단하고 있음을 분명히 알 수 있다. 그 공간은 또한 이종적 원천을 지닌 다수의 법적·규범적 질서와 점증하는 공간적 이종화 과정이 횡단하고 있다. 더욱이 그 공간은 모두 상이한 방식과 강도로 민족 분파들을 뛰어넘는 강대국의 행위에 종속되어 있다. 이는 그 공간을 더는 정치적 대의 논리로 통치할 수 없으며, 국가 수준에서 작동하는 헌법적 견제와 균형들의 네트워크로 봉쇄할 수 없음을 의미한다.

경계가 상징하고 이행하는 민족국가의 배타적 차원은 여전히 현대 세계에서 매우 분명하게 현존하고 있지만, 여전히 국가 수준에서 이루어지는 사회적 공통장과 같은 것들을 위한 "방어적" 투쟁도 존재한다. 이는 자연스러운 상황이라고 할 수 있다. 그러나 우리가 공적인 것과 공통적인 것 간의 구조적 이율배반에 대해 서술해온 것과는 별개로, 역사적으로 국가와 연결되어 온 공간의 정치적 생산은 더는 자본에 대한 효과적인 방패가 되어주지 못한다. 이는 공통적인 것의 정치적 기획을 기존에 구획된 제도적 공간 속에 위치시키려는 생각을 거부하고, 그 대신에 새로운 정치적 공간의 생산을 모색하는 것의 필연성이라는 측면에서 접근하고자 한다면 무엇보다 현실주의의 문제가 중요하다는 것을 의미한다. 이러한 인식은 민주주의와 전지구적 질서 혹은 무질서에 대한 논쟁을 통해 널리 회자되었다. 예를 들어, 1995년 데이비드 헬드는 자신의 저작에서 "민주정치의 의미와 장소, 그리고 민주주의의 경합하는 모델들의 의미와 장소가 중첩적인 국지적, 국가적, 지역적, 전지구적 구조와 과정들과의 관계에서 재사유되어야 한다"는 입장을 견지하였다(Held 1995, 21). 그 이후 몇 년 동안 헬드와 다른 학자들에 의해 진행된 바 있는 민주주의를 전지구화하고 코스모폴리터니즘을 제고하려는 시도는 많은 제안을 낳았고, 이것들은 세계은행, 국제통화기금, 세계무역기구 등과 같은 전지구적 통치 기관들뿐 아니라 유엔을 "민주화하기 위해", 〈세계사회포럼〉에 홍수처럼 몰려든 사회운동들 속에서 광범위하게 논의되었다. 여기에서 그 제안들에 관해 상세히 논의하는 것은 적절치 않다. 하지만 대략적으로는 전지구적 통치의 구조 안에 투명성과 책무성 기준들을 도입하기 위한 비정부기구와 연맹들의 개입을 담고 있다고 할 수 있다. 우리는 근대 민주주의의 경험으로 구성된 정치적 대의의 원칙을 전지구적 수준으로 번역하는 것이 어렵다는 의견을 개진하고 있지만, 그렇다고 그러한 노력들까지 기각하고 싶지는 않다. 비현실적이고 우리의 눈에는 바람직하지 않은 전지구적 국가와 전지구적 대중의 측면에서 코스모폴리터니즘을 생각하지 않으면, 유엔의 개혁을 위한 제안들이 분명히 해준 것과 같이 국가의 중재는 전지구적 민주주의 이론에 필요불가결한 것으로 보인다. 민주주의의 전지구화는 종종 더 이상 존재하지 않는 상상의 국가 형태에서 변화한 제도적 조직의 중첩적 수준들을 구축하는 것으로 제시된다. 그러한 이론들에 관해서 우리가 고민하는 문제 중 하나는 헬드가 구분한 공간적 스케일scale("국지적, 국가적, 지역적, 전지구적")이 지속적이고 떠들썩한 그 구성 과정에 대한 조사 없이 이미 주어졌으며 고정된 것으로 여겨진다는 사실과 관련된 것이다.

　　방법으로서의 경계의 관점에서, 공통적인 것의 정치는 이 모든 스케일을 통해서 작동하고 그 스케일을 가로지르는 그리고 그것들 간의 경계짓기 과정을 필요로 하는 것으로 상상되거나 구성되는 것만이 가능하다. 최근 몇 년 동안 전지구화의 틀 내에서 지역적·대륙적·아대륙적 공간들의 새로운 돌출은 이러한 스케일 위에서의 코스모폴리터니즘적이고 급진적인 민주적 기획을 제고하고 그 지역을 "반-헤게모니적 전지구화"(Balibar 2003b ; Beck and Grande 2007 ; Chen 2010 ; De Sousa Santos 2009 ; Escobar 2008)를 위한 공간으로 가정하기 위한 수많은 시도를 이끌었다. 우리는 이러한 시도들이 지역적 구성 과정에서 운동과 투쟁의 역할을 강조하고, 왕 후이가 아시아에 관해 말하며 그 지역 자체 생각의 "양가성과 모순"이라고 부른 것에 초점을 맞추는 한에서 특히 흥미롭다는 점을 알게 되었다(Wang 2011b, 59). 이런 측면에서 유럽 통합 논의의 형성은 아마도 유럽연합의 틀 안에서 유럽에 의해 만들어진 공간적·제도적 설정의 영향을 지나치게 많이 받은 것으로 보인다. 2004년에 처음 출간된 울리히 벡과 에드가 그란데의 『코스모폴리턴 유럽』을 독해하면서, 어떤 사람은 근대 국가에 반대되어 유럽 "세계주의 제국"이라고 불리는 것이 지닌 특징적 성격으로서 경계의 "가변성"과 "변화"에 관한 흥미로운 논의를 발견할 것이다(Beck and Grande 2007, 64). 불행하게도 이 논의는 소위 말하는 유럽 확대 및 근린 정책의 제도적 과정에 대한 청사진에 전적으로 기반하면서, 그것에 수반되는 새로운 경계 체제에 대한 어떠한 고려도 없는 채로 구성되었다.

현재의 유럽 통합 위기가, 과잉대표가 가장 덜된 틀에 기반해 등장한 탈민족적 시민권 개념 속에서, 1990년대 초 이후 거대한 지적 요구를 창출했다는 주장을 지속하는 것은 너무 쉬운 일이다. 비록 그것이 그렇다고 해서 진실성이 떨어진다는 것은 아니라고 해도 말이다. 이것이 우리가 그 자체로 유럽과 세계 여타 다른 곳에서의 위기로 인해 형성 중이고, 다층적이며, 교차하는, 공식적인 제도 구조의 틈 속에서 공통적인 것의 정치적 기획의 기회를 보지 않고 있다는 의미는 아니다. 지역통합 과정과 그것을 국제주의와 새로운 전지구적 차원의 재발명으로 가는 길을 개방하는 현재의 과정을 통해 사회적 투쟁이 작동할 수 있는 새로운 정치적 상상력을 만들어 낼 수 있다고 우리는 확신한다(Chen 2010, 15). 이러한 개방에 경계투쟁의 역할이 중요한데, 왜냐하면 그 투쟁들은 종종 모든 지역을 횡단하는 영역선을 요구하면서 동시에 그 지역 자체의 구획된 속성에 의문을 제기하기 때문이다. 「경계지로서의 유럽」(2009)이라는 사고를 자극하는 논문에서, 발리바르는 현대의 정치적 공간의 해석을 위한 크로스오버 유형을 제안한다. 그는 "유럽-대서양", "유럽-지중해", "유럽-아시아"라고 불릴 수 있는 세 개의 "개방된 중첩적 공간들"에 관하여 말한다. 또한, 이것이 "실제 명칭이라기보다는 상징적인 것"이라는 점을 염두에 두고, 그 공간들이 어떻게 "유럽의 기획된 영토 위로 상호교차하는지"를 보여준다(Balibar 2009, 200). 발리바르는 이러한 분석틀이 순수한 문화적 정체성에 대한 현대의 비평들 안에서 그리고 "새로운 유럽의 '경계구역'에 대한 전망을 검토하는"(200) 지리학자들, 작가들, 정치 및 사회 이론가들의 작업 안에서 생성된 생각의 투사라는 의견을 조심스레 덧붙인다. 이러한 교차적 유형의 정밀화 속에서 우리는 유럽뿐 아니라 다른 곳에도 타당한 제안을 발견한다. 우리는 경계구역이 "접촉"이면서 동시에 "번역구역"임을 알고 있다(Apter 2006 ; Pratt 2008). 우리는 또한 경계구역이 더는 국가와 지역 영토의 가장자리에서만 발견되는 게 아니라는 것도 알고 있다. 그러므로 이 구역 안에서 그리고 그것의 주변에서 발전된 투쟁은 가능한 공통적인 것의 공간 탐구를 위해 더더욱 중요해진다.

공통적인 것을 위한 투쟁 속에서

이 장에서 우리는 공통적인 것과 공통장 간의 복합적인 환류를 다양한 각도에서 검토해 보았다. 이는 우리 자신을 공통적인 것, 공통장, 공통재화, 공적인 것과 사적인 것 등 하트와 네그리(2009), 다이어-위데포드(2006), 마테이(2011)와 같은 사상가들에 의해 제시된 이전의 주장들과 연관된 위치에 놓는다는 것을 의미한다. 또한, 그것은 라클라우와 무페 그리고 깁슨-그레이엄의 작업을 수반한 비판적 개입도 함께 포함한다. 사실 이런 비판 제기는 어려운 일이 아니다. 이보다 더 큰 성과는 이러한 지적이고 정치적인 기획들과의 공통지대를 찾았다는 점이다. 이것이 그들과 우리를 구분하는 것이 무엇인지를 보여주는 동시에 우리가 이러한 사상가들과 공유하는 것이 무엇인지를 보여주려 하는 이유이다. 볼리비아와 이탈리아에서 물의 민영화에 대항한 투쟁들 혹은 인도에서 토지의 전유에 대항한 싸움들이 공통적인 것의 존재론이 과잉에 의해서 구성되었는지 아니면 부족에 의해서 구성되었는지와 같이 난해한 질문들을 우회하지 않는다는 것은 아마도 좋은 일이다. 그럼에도 불구하고, 공통장을 구축하기 위한 가지각색의 이종적인 투쟁과 시도들 사이에서 어떻게 번역할 것인가는 우리가 고려하는 공통적인 것에 대한 접근에 핵심적인 질문이다. 경계투쟁은 공통장을 구축하고 유지하기 위한 투쟁 중에서 가장 두드러지는데, 왜냐하면 공통장의 유지는 필연적으로 한계, 공간, 스케일, 자본의 질문들에 맞닥뜨리기 때문이다. 특히 경계투쟁이 영토 혹은 관할권을 구성하는 것이 무엇인가라는 질문을 강조하는 경우에, 그 투쟁들은 이미 존재하고 영원히 유대를 맺는 공동체를 향한 호소에 근거를 둔 공통적인 것에 관한 이해와 행위들에 강력한 도전을 제기하게 된다. 공동체 개념을 둘러싼 정교한 이론적 논쟁과는 별개로, 공동체에 대한 염원이 사회·정치투쟁의 가능성을 믿을 수 없을 만치 높일 수 있다는 점을 인지하는 것이 중요하다. 하지만, 그것 역시 함정일 수 있다. 사회경제적 결사의 대안적 형태를 구축하기 위한 현대의 시도들에서조차도 공동체와 자본의 관계는 잘 알려지지 않은 경우가 허다하다. 자신을 폐쇄하려는 공동체의 경향은 외인공포증적 민족주의와 국지주의 안에서 뚜렷하며 또한 급진적인 정치적 실험 속에서도 등장한다(Joseph 2002). 이 지점이 바로 경계투쟁이 특별히 어떻게 주체성에 관한 질문들의 방향을 바꿀 것인지를 보여주면서, 왜 공통적인 것을 위한 투쟁에서 일종의 정치적 지렛대를 제공하는지에 대한 이유이다.

현대 공통적인 것의 정치를 구성하는 다양한 투쟁과 운동 간의 경계에 대한 질문들도 있다. 유럽 도시 내의 대안적인 정치적 공간을 지대rent로부터 보호하기 위한 투쟁은 농부들의 토지 투쟁이나 중국 공장 노동자의 투쟁과 무슨 관계가 있는가? 무료의 공개소스 소프트웨어를 통해 디지털 공통장을 구축하고자 하는 시도는 생물자원수탈이나 유전적 공통장을 생성하려는 노력에 대항하는 원주민들의 투쟁과 무엇을 공유하는가? 이러한 투쟁들 간 유사점과 일치관계를 추상적인 수준에서 밝혀낼 수는 있다. 그러나 그것들이 서로에게 지적, 정치적, 육체적 자원들을 제공하는지 아닌지와 같은 질문들은 어떻게 될 것인가? 이러한 일종의 네트워크들의 네트워크로 투쟁들을 연결하고자 하는 시도는 합당한가? 10년도 더 이전에 시애틀과 제노바에서의 상징적인 집회들 이후로 몸집이 부풀었던 "전지구적 운동" 안에서의 초국가적 정치 조직에 관한 논쟁에서 회람되었던 개념을 상기하자면 말이다. 연결 하나만으로 정치적 협력과 연합을 일깨우기에 충분한가? 만일 그것이 참여자들이 투쟁을 가로지르는 관계를 구축하지 않는다면, 다시 말해서 더욱 큰 정치적 주체성의 상호적 구성 안에 포함되도록 하지 못한다 하더라도 말인가? 혹은 공통장을 구축하기 위한 지방의 투쟁들은 자본의 전지구적 차원에 즉각적으로 대응하며 그것들이 동시대의 투쟁들과 연합하거나 관계되지 않더라도 공통적인 것의 구축에 기여하는가?

이 질문들은 5장에서 국제 연대와 통합에 관한 우리의 논의를 상기시킨다. 하지만 공통적인 것의 측면에서 국제 연대와 통합에 관해 질문하는 것은 그 논의에 새로운 차원을 덧붙이는 일이다. 10년도 더 전에 하트와 네그리는 "20세기 마지막 몇 년간의 가장 급진적이고 강력한 투쟁들"을 "말로 표현할 수 없는"incommunicable 것으로 언급한 바 있다. 이를 통해서 하트와 네그리는 이 투쟁들은 "전지구적으로 확대된 반란의 연쇄에 함께 연결될" 수 없는데, 왜냐하면 "그것들이 표현하는 욕망과 필요들이 다른 맥락으로 번역될 수 없었기 때문"이라고 주장했다(Hardt and Negri 2000, 54). 이러한 번역의 문제 — 예를 들면, 2001년 포르토 알레그레에서 시작되었던 〈세계사회포럼〉의 맥락 속에서 — 에 대응하기 위해 많은 시도가 이루어졌음에도 불구하고, 이러한 노력을 필요로 했던 번역불가능한 것과의 만남은 결코 회피되거나 극복되지 못했다. 우리가 이전 장에서 언급했던 그람시에 의한 레닌의 소환을 상기한다면, 중요한 것은 언어의 번역가능성이 아니라 이종적인 물적 네트워크와 환경 속에 투쟁을 깊이 뿌리내리는 데 있다. 여기서 우리가 분명히 해야 할 것은 이종성이 단순히 파편화를 의미하지 않는다는 점이다. 오히려 이종성은 잠재적으로 힘의 원천이 될 수 있는 투쟁의 확산을 가리킨다. 힘을 약화하는 분산의 위험이 존재한다는 점을 부인하지는 않는다. 자본은 그것이 접합과 균질언어적 번역을 위한 도구로 작동하는 한 이러한 위험을 활용하고 지속해서 재생산한다. 이것이 자본에 대항하는 투쟁으로 즉시 개념화되거나 실행되지 않는 투쟁들조차 자본의 작동으로 인해 항상 골치를 썩이는 이유이다. 자본의 작동을 맞닥뜨림으로써만 그러한 투쟁들은 타자들과의 잠재적인 관계 속에 진입할 수 있고, 공통적인 것의 생산이 정치적 가능성이 되는 과정을 시작하게 된다. 종종 리더들이나 선봉들에 의해 부과되기보다는 아래로부터 스며들어 온 투쟁들 사이의 번역을 위한 최선의 자원들은 그 투쟁들 자체의 내부로부터 나타난다. 경계투쟁은 아마도 이것의 가장 좋은 사례일 것이다. 이는 무엇보다도 그 투쟁들이 공통적인 것의 정치적 계획에 매우 중요한 물질적인 번역 필요에 거의 항상 대응하고 있기 때문이다.

지난 10년이 넘는 동안, 우리는 경험들, 네트워킹 도구들, 수많은 상이한 스케일과 공간에 걸친 투쟁과 운동 간 교환이 대규모로 퇴적되어 오는 것을 목격했다. 이러한 노력들은 많은 운동이 자신을 조직하고 구상하는 방식에 물질적 차이를 만들어 왔다. 이제는 국지적인 것에서부터 전지구적인 것으로 움직이는 일단의 중첩된 스케일을 통해 작동하는 것으로 인식되는 정치 운동 경향은 별로 존재하지 않는다. 또한 다수의 경계에 걸쳐 횡단하는 관계를 구축해낼 수 있는 기회가 더 많이 존재한다. 이것은 번역과 그것의 한계에 대한 질문을 정치 조직화라는 측면에서 더욱 시급한 것으로 만들었다. 반대로 번역의 진정한 어려움과 역설이 더욱 많이 존재한다. 이는 고도로 국지화된 투쟁들, 예를 들면, 밀집된 다수의 경험, 언어들, 조직화 방법들이 상호교차하는 대도시적 맥락 안의 이주노동자들을 포함하는 투쟁들 내에서도 마찬가지이다. 실제로 그런 투쟁들을 초국가적 차원으로부터 분리시키는 것이 어려워지고 있고, 투쟁들 간의 경계선은 점점 전보다 더 불분명하고 한정되었다. 번역불가능한 것과의 조우는 이런 맥락에서는 일상적인 일이다. 그러나, 사카이가 우리에게 보여주었듯이, 번역불가능한 것은 "번역의 발화 이전에는 존재할 수 없다"(Sakai 1997, 14). 번역불가능한 것은 단순히 장벽일 뿐만 아니라 견고한 사회적 결절점이기도 하다. 그 결절점에서는 번역에 의해 가능해진 의사소통적 가능성에도 불구하고 집단적 주체화가 지속적으로 확산되고 새로이 등장하는 물질적 차이들과 필연적으로 맞닥뜨린다. 네트워킹 과정과 투쟁들 간 연결을 구축하는 과정들이 가장 높은 잠재성과 가장 큰 금지와 제한을 맞닥뜨리는 것이 바로 이러한 만남 속에서 이루어진다는 것은 역설적인 상황이 아니다.

마드리드의 〈옵세르바또리오 메트로폴리따노〉Observatorio Metropoli-tano는 "만일, 유럽혁명이, 은유적 의미가 아니라 실제로, 일어나게 된다면, 그곳은 북아프리카일 것이다"(2011, 110)라고 서술한다. 2011년 봄에 스페인을 휩쓸었던 봉기와 점령에 참여한 활동가와 연구자의 "혼종 집단" 일부에 관한 이러한 관찰은 같은 해에 앞서 일어났던 튀니지와 이집트 혁명 운동의 중요성을 기록하고 있다. 이 선언에서 가장 중요한 것은 그리스, 미국, 런던, 중국 대도시에까지 외연화되어, 전지구적 스케일에서 그 영향이 공명되었던 아랍의 민주화 운동으로부터의 영감만이 아니다. 현대 세계에서 가장 많은 순찰이 이루어지고 가장 많은 사상자가 발생하는 경계 중 하나를 가로질러 작동하고 있는, 지중해의 두 해변들 위에 일어난 운동 간에도 격렬한 교환 과정이 있었다. 여기에는 파리와 튀니스Tunis 같은 도시에서의 정치 회의 조직화, 초-지중해적 이주를 둘러싼 (북아프리카에서의 혁명들 이후에 눈에 띄게 증가했던) 투쟁들, 대학과 사회센터들을 통해 진행된 지적이고 정치적인 이동, 인터넷상에서의 문건들과 구호의 전파, 홍보물, 블로그들, 혁명의 내용을 담은 소책자들, 그

밖의 반란 도구들의 번역물을 광범위하게 배포하는 일 등이 포함되었다. 이 모든 맥락과 과정들 속에서 정치적 번역에 관련된 질문들 사이에 격렬한 대립이 있었다.

북아프리카에서의 혁명들이 매우 많이 보도된 반면에, 이러한 사건들에 관한 이미지와 정보의 전지구적 확산(비록 씨엔엔CNN과 알자지라뿐 아니라 페이스북과 트위터에 의해서 이루어졌음에도 불구하고)에 포함된 의사소통 선들은 아프리카와 유럽 간 경계를 방치하였고, 논란의 여지는 있지만 그 경계의 강화를 야기했다. 그러한 운동들 사이에서 이루어진 번역은 상당히 다른 목표를 갖고 있었다. 그리고 비록 레짐의 변화, 노동, 교육, 부채, 성별 등에 관한 일련의 이슈들이 지배적이기는 했지만, 번역을 둘러싼 경계와 투쟁의 질문은 지속적인 경합뿐 아니라 참고가 이루어지는 지점이었다. 투쟁의 장으로서 경계를 이렇게 지속해서 발동시키는 가운데, 의사소통에 대한 제한으로서 번역불가능성이라는 요소는 지중해 양편에서 정치적 열정을 부추기고 자극하였다. 의심할 나위 없이 번역불가능한 것과의 맞닥뜨림은 정동적인 즐거움들과 어려움들로 가득한 사회적 경험이었다. 그렇지만 그러한 맞닥뜨림 역시 기존에 구축된 정치적 주체성을 그 자신들로부터(그리고 편안한 위치와 맥락들로부터) 유리시키고 투쟁과 조직화의 새로운 전망을 생산하면서, 언어적 의사소통의 한계를 노출했던 물질적 환경에도 불구하고 번역을 고무시킨 데서 더 나아가 번역의 재개를 요구하였다. 이러한 과정 전반에 등장했던 마찰과 어려움에도 불구하고, 공통적인 것의 번역할 가능성은 바로 그런 순간들 안에서 나타났다. 이러한 만남에 이어 나타났던 투쟁의 복제는 보편적인 대의를 만들어 내지는 않았다. 세계 각지에서의 점령과 시위는 다른 이슈들과 연관되어 있었고 독재정권과 금융자본과의 투쟁에서 서로 다른 방법들을 채택하였다. 이러한 투쟁들의 다스케일적 확대(점령하라 운동, 인디그나도스[스페인어로 '분노한 사람들'. 2010년 봄 시작된 스페인 청년층 주도의 시위), 아랍 혁명들의 연속)는 필수적인 순간으로서 번역을 포함하였다. 번역불가능한 것과의 지속된 조우는 경계선과의 대치를 정확히 끝내게 되었던 봉기의 강화와 공통적인 것의 제작을 위한 자원들을 공급하였다. 이것은 이러한 운동들에 의해 경험되었던 변화들에도 불구하고 여전히 사실인데, 그 운동들은 변이되고, 혁명 후 레짐의 변화를 마주하였으며, 점령 단계 너머의 새로운 이니셔티브들을 시작하였고, 일시적으로 주류 언론의 스크린으로부터 사라졌다. 현대의 전지구화되고 네트워크로 이루어진 세계에서, 자본주의에 대한 집단적 반대의 조직 속에서 연속성과 훈육의 문제는 번역과 경계짓기의 실천 속에 담긴 불연속과 파열과의 대립 없이는 대응될 수 없다. 실제로, 투쟁의 새로운 시퀀스가 등장하는 것은 오로지 지속적이고 비판적인 조직화 작업, 혹은 우리가 번역의 노동이라고 불러온 것으로부터뿐이다.

경계와의 이러한 접전 속에서 번역은 우리가 제시하는 이언어적 양식에 대한 정치적 이해 안에서 주체성의 변혁을 항상 함축하고 있다. 주권적 중재기계나 초월적 계획에 호소하는 것과는 전혀 상관없이, 이런 종류의 번역 작업은 투쟁의 구성과 확산에 지속적으로 내재한다. 이 책에서 우리는 자본의 사회적 관계와 자본에 대항하는 투쟁들이 활동하는 장을 구조화하는 물질적 실재로서 다수성을 채택해 왔다. 전지구적 공간의 이종성, 노동의 증식, 차별화된 포섭, 경계투쟁은 우리가 이러한 다수성의 정치적 중요성과 잠재성을 이해하게 해 주는 몇몇 개념들이며, 추상노동과 산 노동 간의 긴장이 제공한 실마리를 따라 우리가 분석해온 것들이다. 다양한 경계, 경계경관, 경계구역에 걸쳐 있는 상품으로서의 노동력의 생산에 초점을 맞추어, 우리는 이러한 긴장이 현대의 노동 주체들에게 그 어느 때보다 더욱 강조되는 방식을 지적해 왔다. 이러한 이야기가 정치적 조직화 노력, 현대 자본주의의 네트워크화된 조건들에 적합한 새로운 제도 형식의 창출, 공통적인 것의 창출을 위한 투쟁 등에 대한 도전, 취약성, 저항에 이르기까지 많은 것을 제시한다는 점은 더 이상 비밀이 아니다. 이러한 연약한 지점들은 공간, 시간, 주체성, 스케일 등의 환원불가한 이종적 집합으로부터 창출될 수 있는 거대한 물질적 잠재력에 지불하는 크지 않은 비용이다.

중요한 것은 제작된 세계, 파브리카 문디fabrica mundi이다. 이것은 국가와 자본 모두의 선험적 욕구 그리고 국가와 자본의 경계와 변방의 다양한 배열에 반하여 작동한다. 우리는 다수자와 유일자의 질문을 다루려는 철학적 시도들이 직면하는 곤경과 퇴행을 인지하고 있다. 동시에 우리는 사회적 계약에 의해서든 변증법적 장치들에 의해서든 초월적 탈주로의 건설이 위로부터의 단결성을 부과한다고 확신한다. 이 단결성은 근대 시기 내내 그것의 생산과 재생산에서 요구된 폭력과 권력의 명령에 의해서만 이루어진다. 그러한 단결성을 유지하는 제도 권력과 관변 철학들은, 선험적 지배력에 의지하지 않고 다양하며 동시에 강력한 정치 주체를 생산하겠다고 위협하는, 다수성과 단결의 문제를 마주하는 시도들에 항상 두려움을 느꼈다. 로마의 캄포 데 피오리Campo dei Fiori의 장작 위에서 불타는 16세기 철학자 조르다노 브루노의 이미지는 이러한 공포를 상기시키는 것 중 하나일 뿐이다. 브루노는 실제로 "다수성moltitudine 안에 단일성이, 단일성 안에 다수성이 어떻게 존재하는지, 어떻게 존재가 다중양식적이면서 다중단일적인지, 그리고 마지막으로 그것이 어떻게 실체와 진실 속에서 하나인지"를 보여주고자 시도했다(Bruno 1998, 10). 그는 "단일자, 무한자 – 모든 것 안에 있는 존재 – 가 모든 곳에 있으며, 혹은 더욱 좋게는 그 자체로 모든 곳에 존재하는 것, 그리고 그로 인해 무한 차원은 광대하지 않기 때문에 분할되지 않은 개인과 일치하고, 무한한 다중 은 그것이 숫자가 아니기 때문에 단일성과 일치한다"고 덧붙였다(11). 오랜 과거로부터 온 이러한 이단의 속삭임이 내재성에 관한 유물론적 철학을 계속해서 자극한다면, 브루노의 발밑에서 넘실대던 불길 역시 만만치 않게 뜨거울 것이다.

다수성과 단일성의 기둥 사이를 오가며, 오늘날의 공통적인 것을 향한 투쟁들은 그런 지하의 억압된 사상 계통에 지속해서 의지해오고 있다. 그것들이 반식민지적 저항에서 유래했든, 토착적 이야기들에서 유래했든, 노예해방 전략들에서 유래했든, 아니면 서발턴subaltern과 노동계급 운동의 과거 경험들에서 유래했든 상관없이 말이다. 방법으로서의 경계의 관점에서 볼 때 이 모든 투쟁에서 결정적 요소는 이 투쟁을 유지하면서 동시에 추동하는 주체성의 생산이다. 이런 방식으로 투쟁에 접근하는 것은 정치적 경험들과 사회적 세계 간 경계가 더욱 명확하고 다공적인 시점에 있을 때 중요하다. 매우 실제적인 방식의 경계투쟁들이 확대되어 오면서, 이것들은 더는 주변에 머물러 있지 않으며 오히려 우리의 정치적 삶 중앙에 자리한다. 그 투쟁들은 공통적인 것을 위한 투쟁 속에서 정치적 주체성에 대한 모든 닫힌 관념에 도전하는 반면에, 사회들, 노동시장, 관할권 전체에 걸쳐 있는 다른 한계의 지속적인 생산으로 우리를 인도한다. 예를 들어, 계급투쟁을 요구하는 다수성이 공통적인 것을 위한 투쟁에서 본질적 역할을 하는 바로 그 순간에, 계급분할은 계속해서 이러한 장들을 넘나든다. 이는 공통적인 것을 위한 투쟁이 필연적으로 자본에 대항함으로써 사회적 관계의 급진적인 재형식화를 요구하기 때문이다. 또한, 그러한 투쟁은 사회적 관계들을 착취와 강탈로부터 해방시키고 자본주의적 추출과 강제퇴거의 양식들 속에 깊이 뿌리박혀 있는 성차별적이고 인종차별적인 지배 논리들로부터 해방시키기 때문이다. 경계투쟁이 정치적 전위로 나온다는 사실은 그 투쟁이 곧 끝날 것이라는 의미가 아니다. 반대로 그 투쟁은 부상 중이고 증가하고 있다. 세계의 경계들을 따라 매일 일어나고 있는 죽음들은 이에 대한 증거이다. 경계투쟁들이 경계에서만 일어나지 않으며 여러 방식으로 그 전투가 막 시작되었음을 실감하고 있으므로, 우리는 그 죽음들을 잊지 말아야 한다.

:: 감사의 말

이 책이 세상에 나오는 데는 오랜 시간이 걸렸다. 그런 이유로 질문을 주거나, 지지해 주거나, 도발했거나, 읽어준 것들 등의 이유로 감사해야 할 분들이 너무나 많이 있다. 우리가 서로 먼 곳에 떨어져 살고 있다는 점은 우리가 경계들에 접근하는 데 그리고 그 범위에 있어 정말로 전지구적인 책을 쓰고자 하는 우리의 욕구에 생산적인 요소가 되어 왔다. 하지만, 실제로는 협력과 연구를 하는 데 이동을 해야만 했고, 이에 대해 우리는 몇몇 재정적 지원 프로그램들에 감사를 표하고자 한다:서시드니 대학 전문가개발계획, 서시드니 대학 탁월한 방문연구 계획, 호주 연구위원회 발견 프로젝트 계획.

책이 나오는 과정에서 우리는 우리의 연구작업을 많은 청자에게 제공하여 왔다. 이에 대한 피드백들은 우리의 생각들을 발전시키는 데 결정적인 역할을 하였다. 특히 우리는 발표 기회를 가질 수 있게 초청해 준 프랭클린 인문연구소;듀크 대학교;파리의 국제철학대학, 런던의 골드스미스 대학 창의와 사회과정 연구 센터;함부르크 대학 사회연구소;킹스 칼리지 런던의 언론, 문화, 창의적 산업학과;서울의 한양대학교 비교역사문화 연구소;빈의 진보적 문화정책을 위한 유럽 연구소;콜카타의 콜카타 연구집단;옥스포드 대학 난민연구센터;부에노스아이레스의 산마르틴 국립대학;런던의 테이트 모던 갤러리;리스본의 리스보아 신 대학;런던의 국제 시각예술 연구소(리빙턴 플레이스);제네바의 예술 디자인 대학;스페인 빌바오의 바스크 지역 대학 집단정체성 연구센터 등에 감사를 드린다. 이들의 초청이 준 기회는 이주민 그룹과 활동가 그룹과의 열띤 참여와 더불어 이루어졌는데, 〈프라사니토 네트워크〉, 〈크로스보더

콜레티브〉, 〈우니노마데 네트워크〉, 〈콜렉띠보 시뚜아씨오네스〉 등이 그들이다.

여기서 다루어진 주장들은 『트랜스버설』과 『이론, 문화, 사회』라는 학술지에 출간된 논문들에서 그 조짐을 보여 왔다. 『정의의 경계들』(에띠엔 발리바르, 라나비르 사마다르, 산드로 메자드라, 템플 대학교 출판부, 2011)의 한 장은 이 책의 5장과 6장, 8장에서 제시된 주장 중 몇몇에 대해서 예견하고 있다. 2장과 3장의 몇몇 절들은 『희생양 : 구조/풍경/정치경제』라는 저널에서 약간 수정을 가하여 출간되었다. 6장의 일부분은 『전지구적/지역적 : 정체성, 공동체, 안보』 저널에 등장하였다. 모든 것에 대해 편집자와 검토자 들에게 감사를 드린다.

책을 쓰면서 영어로 쓰이지 않은 많은 작업의 도움을 받았다. 이 텍스트들의 번역은 우리가 했다. 우리는 또한 이주민들을 묘사하며 "불법"이라는 용어를 쓸 때 인용부호를 표시하였다. 우리는 이러한 인용부호 표시 행위를 "보트 피플"과 "인신매매자"라는 용어들을 쓸 때도 하였다. 이는 이러한 용어의 사용에 빈번히 따르는 걱정과 공포들뿐 아니라 이러한 광범위한 범주화가 가진 권위를 제거하고자 하는 노력의 일환이다.

우리는 안야 칸기저의 연구 보조, 서지 작업, 그리고 이 책에 생기를 불어넣어 준 주장과 정치 들에 대한 깊은 이해에 특별한 감사를 드린다. 이외에도 우리가 감사하고픈 다른 친구들과 동료들로 루트비카 안드리야세비치, 에띠엔 발리바르, 폴라 바네르지, 반도 보르기, 이다 도미니야니, 베로니까 가고, 로살린드 길, 조르조 그라삐, 마이클 하트, 스테파노 하니, 케이티 헵워스, 라다 이베코비치, 랜디 마틴, 안젤라 미트로풀로스, 토니 네그리, 페데리꼬 라올라, 파비오 라이몬디, 마우리치오 리차르디, 지지 로제로, 네드 로시터, 데비 사케토, 사카이 나오키, 라나비르 사마다르, 존 솔로몬, 윌리엄 월터스, 제시카 화이트, 바실리스 치아노스, 아델리노 자니니 등이 있다. 듀크 대학교 출판부의 편집자인 코트니 버거와 의견을 준 익명의 두 검토자, 그리고 〈소셜 텍스트 콜렉티브〉에도 감사를 전한다.

마지막으로 우리는 이 책을 쓰는 동안 우리 곁에 있어준 이들에게 감사를 전한다: 지오바나, 리사, 루스, 마르셀로, 밀라.

:: 옮긴이 후기

　　탈냉전으로 인한 양극화 체제의 소멸과 정치적 불안정의 증가, 전세계에 걸친 빈부격차 및 불평등의 심화, 기후변화와 자연재난의 증가, 그리고 이러한 모든 현상들의 파급과 영향력을 촉진시키는 전지구화. 최근 10~20년의 세계를 요약하는 키워드들을 뽑는다면 이런 것들을 내놓을 수 있을 것 같다. 양극체제의 세력균형에 의해서 공고히 유지되던 '평화'는 체제의 한 축이 붕괴되면서 더 이상 균형을 유지하지 못했다. 그리고 세계 곳곳에서는 권력 공백을 차지하기 위한 내전과 무력분쟁이 이어졌다. 전세계적인 경기침체와 부의 불평등한 분배는 사회 전반에 걸친 갈등과 분열을 야기했고 공동체적 기반을 붕괴시켰다. 더불어, 점증하는 기후변화와 이로 인한 자연재해는 익숙해진 생활환경에 위협을 가했고 삶의 터전과 방식에 대한 변화를 요구하였다.

　　전지구화의 시대에 우리는 주로 국가 간 경계의 약화를 이야기한다. 베스트팔렌 체제로부터 시작된 근대 민족국가 기반의 국제질서가 약화되고 국가 간 경계가 허물어지는 하나의 지구촌 세계로 변화할 것이라는 전망 같은 것 말이다. 실제로 정보통신기술이나 교통수단의 발달로 인해 우리는 그 어느 때보다 서로 간의 거리가 가까워진 시대를 살고 있는 것처럼 보인다. 지구 반대편의 소식들을 실시간으로 접하는 시대가 되었고, 정보의 전달과 공유 역시 적어도 기술적으로는 시간과 공간의 제약이 거의 없어졌다. 사람들의 이동 역시 예외가 아닌 시대에 살고 있다. 그럼에도 불구하고, 우리는 또한 국경으로 대표되는 다양한 정치적·사회적 경계가 여전히 강력한 힘을 발휘하고 있음을 목격하고 있기도 하다. 불과 1년 남짓 이전인 2019년에 전세계에서 가장 많은 이주민 수용국인 미국은 멕시코로부터의 '불법이주민'을 겨냥한 실체화된 경계로서 트럼프 장벽 Trump Wall을 세웠다. 또한, 영국은 유럽 대륙으로부터의 이주민 통제가 중요한 이유 중 하나가 되어 유럽연합으로부터 탈퇴함으로써, 브렉시트를 통한 사회적 장벽을 구축하기 시작했다. 지난해 초부터 전세계를 휩쓸고 있는 코로나 판데믹이 야기한 전세계 각국의 '백신 민족주의'는 지구촌의 시대라는 희망이 환상이 아니었을까 하는 생각마저 들게 하고 있다.

이러한 상황과 변화의 와중에 난민을 포함한 이주는 최근 국제사회에서 가장 주목받고 있는 이슈 중 하나이다. 사실 그도 그럴 것이 무력분쟁과 정치적 불안정, 공동체적 기반의 붕괴, 삶의 터전과 방식에 대한 변화들을 '사람'이라는 단어와 연결시킬 때 이주는 가장 핵심적인 행위가 된다. 특히 세계에서도 가장 약한 고리에 있는 사회와 사람에게 이주는 전쟁으로부터, 빈곤으로부터, 재난으로부터 피하기 위한 생존의 유일한 선택지이기 때문이다. '보호받을 수 없는' 사람들은 이제 자신의 마을로부터, 국가로부터, 대륙으로부터 떠나 새로운 땅에서 생존의 기회를 노려 이동해야 하는 상황에 놓였다. 그리고, 경계는 이들이 이러한 생존을 위한 이동의 과정에서 맞닥뜨리는 첫 '관문'이다.

문제는 이러한 전지구화와 반反전지구화의 경합이 생존을 위한 유일한 선택지로서 이주를 택하게 된 사람들의 삶에 미치는 영향은 무엇일까 하는 점이다. 현대 세계에서는 이주를 원하는 자들과 그들을 통제하려는 자들 간의 싸움이 다양한 공간과 층위에서 발생하고 있다. 하지만, 이 싸움은 동등한 권력관계와 위치에서 벌어지고 있지 않다. 탈냉전 이후 이 세계를 특징짓고 있는 엄혹한 환경들이 절박함을 더한 이주자의 양적 증가를 낳고, 이것은 국제노동시장에서 노동력의 과잉공급을 야기한다. 과잉공급된 노동시장에서 보다 강력한 선택권을 쥔 측은 자본이다. 그렇기 때문에 자본은 이주민들의 이동을 통제하는 효과적 장치로서 경계를 확장하고 변방을 확대하고자 한다. 경계가 두터워질수록 그것이 이주 흐름에 가하는 선별 능력은 더욱 강력해지며, 자본은 더욱 '효율적으로' 노동의 증식을 추구할 수 있다.

저자들은 이 책 『방법으로서의 경계』를 통해서 경계에 관해 전통적인 인식과는 차별적인 제안을 하고 있다. 첫째는 선형으로서의 경계에 보다 공간적인 개념을 가미한다는 점이다. 기존에 경계가 지도상에 표시된 국경선과 같은 것으로 인식되어 왔던 것과는 달리, 저자들은 경계를 경계지borderland, 변방frontier 등 행위자들과 움직임, 사건들이 일어날 수 있는 공간으로서 인식한다. 저자가 보기에 이주민에게 경계는 입국심사를 받는 심사대에만 존재하는 것이 아니다. 이주를 위한 험난한 여정을 시작하는 곳들부터 이들의 흐름을 통제하는 경계가 시작되는 것이다. 둘째, 이러한 공간적 개념에 기반해 경계 안에 활동을 포함시킨다. 기존의 경계는 주로 차단과 배제, 축출 등 막는 역할로 인식되어 왔다. 반면에, 저자들은 한편으로는 이주 노동에 대한 거름 장치, 다른 한편으로는 번역 행위와 공통장 창출을 통한 새로운 주체성 생산의 공간으로 경계를 제시한다. 저자가 본문에서 언급하는 '차별적 포섭'이나 '불법화를 통한 적극적 포섭', '포섭을 통한 배제' 등과 같은 개념은 전자의 기능을 설명하는 주요한 키워드이다.

저자들에 따르면, 국가와 자본/시장(혹은 이 둘의 복합체)의 측면에서 경계를 통한 노동의 증식은 이주를 관리하는 것이다. 여기서 관리의 지향점은 다름 아닌 노동시장의 저수지를 구축하는 일이다. 국가와 시장은 이주를 통해 유입되는 이주자들의 수준, 특히 기술적 수준을 경계를 통해 과잉 관리한다. 그 결과 송출국의 고학력·숙련노동자들이 수용국의 비숙련 노동자(택시운전사와 같은)로 종사하는 상황이 펼쳐지게 된다. 이는 표면적으로는 비효율적으로 보이지만, 수용국(그리고 그곳의 노동시장) 입장에서는 언제든 사용할 수 있는 기술인력 예비군을 비축해 두는 과정이다. 이는 자본화된 노동시장에서 기존 노동자들의 고용불안 정성을 유지시킴으로서 노동자의 자본에 대한 협상력을 약화시키는 데 기여할 수 있다. 또 다른 한편으로, 경계를 통해 이들의 유입을 적정선에 서 관리함으로써(이는 이들의 유입을 의도적으로 지연시킨다는 말의 다른 표현이다), 법·제도적·정책적 관리비용을 최소화하면서도 고급인력 예비풀을 확대시켜 놓을 수 있다. 고소득 국가로 진입하고자 하는 송출 국의 고급인력은 이 국가의 노동시장으로 진입하고자 하지만, 그러지 못할 때조차도 다른 선택을 할 수 없는 교착상태에 놓여있게 된다는 점에 서 상당히 비효율적이고 비인권적인 상태에 놓인다. 하지만, 이는 수용국 입장에서는 자신들의 노동시장을 더욱 풍부하고 경쟁적으로 만들 수 있는 유용한 메커니즘이 된다. 대부분은 여성들이 해당되는 가사돌봄노 동은 이런 지점에서 매우 대표적인 이슈이다. '이주의 여성화'라는 개념으로 통칭될 수 있는 이러한 상황에는 전세계적인 이주, 특히 여성의 이주 증가와 밀접한 관계가 있다. 고소득 국가에서 성평등 논의 확산에 따라 여성들의 사회 진출 증가가 이루어지지만 사회적 차원에서는 성별에 따른 노동분업이 여전히 잔존한다. 이로 인해 전통적으로 여성에게 부여되어 오던(되는 것을 당연시해 오던) 가사돌봄노동 부분에 공백이 발생하는데 이를 이주 (여성) 가사돌봄노동자를 통해 메꾸는 것이다. 이 과정에 서 송출국의 이주 여성들은 자신들이 고국에서 갖고 있던 기술적·사회적 지위를 포기하고 목적국에서 (가사돌봄노동자와 같은) 비숙련 일자리를 갖게 된다. 이러한 자본의 경계통제, 결과적으로 노동 이주자의 통제 및 관리의 결과로, 여성 이주 가사노동자는 노동 불평등과 성불평등 모두의 영향 아래 있으면서 이주 후 노동계급의 피라미드에서 가장 하단에 자리 잡게 된다.

하지만, 저자들은 노동을 둘러싼 경계의 성격에 대해 이렇듯 어두운 전망만을 내놓고 있지는 않다. 일각에서 제기하는 자본의 사회적 관계를 전복하기 위한 대안으로서 '환대와 환영의 윤리'에 대한 신뢰를 거두면서, 그 대신에 경계가 제공하는 특유의 환경, 다양성 속에서 번역과 공통적인 것을 찾아가는 새로운 주체성을 생산하는 가능성에 주목한다. 여기서의 새로운 주체성은 기존의 정주에 기반한 노동의 조직화나 세력화와는 차별적이다. 이들은 국내법이 제공하는 안정적인 법적·사회적 지위와 보호를 토대로 하고 있지만, 경계에 걸쳐 있는 이주민들은 그러한 안정과 보호의 우산을 제공받지 못하고 있기 때문이다. 이들에게 경계는 또 다른 의미에서 투쟁의 장이며 경계횡단은 경계투쟁과 동의어가 된다.

> 증식이 분할의 한 과정임을 기억해 두는 것이 필요하기는 하지만, 현시대의 노동 증식이 어떻게 시민권이나, 노동조합, 정당, 시민단체, 혹은 여타 행동주의 등과 같은 정치적 소속과 표현에 관한 기존의 범주에 부합하지 않는 정치적 주체들을 생산할 수 있는지에 대해 고려하는 것 역시 중요하다. 경계만큼 이런 사안이 중요한 곳은 없다고 할 수 있는데, 경계는 훈육과 통제에 대한 가장 뛰어나고 치밀한 기술들 중 몇몇에 도전하는 이들의 투쟁이 강력한 방식으로 노동을 정치에 투사할 가능성을 여는 곳이기 때문이다. (53)

저자들이 경계투쟁의 조직화를 논의하는 과정에서 가장 중요하게 주목하는 행위 중 하나는 바로 번역이다. 그들이 보기에 번역은 "이행의 주체"를 생산하는 정치적 노동의 한 형태이다. 자본은 상품화를 위한 등가적 환원을 추구하며, 언어 역시 동질적인 가치척도로 환원시키는 성질을 갖고 있다. 반면에, 경계에 걸쳐 존재하는 이주자들은 이렇듯 자본이 제시하는 '의사소통의 정상성'을 전제하지 않고, 언어를 포함한 모든 매개체 안에 이종성이 내재한다는 가정에서 번역 행위를 시작한다. 이를 통해, 경계로 모여든 이합집산들은 공통 언어를 만들어 내고, 공통의 지식을 창출하며, 공통적인 것을 위한 공통장을 창출한다. 자본의 입장에서 경계는 착취와 차별의 공간이지만, 이주자의 입장에서는 새로운 정치의 공간이다.

"기니로 무역을 떠난 사람들이 깜둥이들을 조용히 시키는 데 쓰던 수단은 그들을 출신 나라와 다른 언어에 따라 몇 그룹으로 나누어서 선별하는 것이다. 그렇게 하면 그들은 단체로 행동할 수 없다는 것을 알게 된다 … 서로를 이해하지 못하는 한 말이다"(Rediker 2007, 276에서 인용). 많은 노예주는 이러한 책략에 실망하였다. 왜냐하면 자신들의 노예인 신민들이 심지어는 노예선에 승선해서도 즉흥과 적응 기술에 있어서 달인이 되었고, 저항을 유지하고 양생하며 반란조직에서 번역 언어역할을 하는 공통 언어를 만들어 냈기 때문이었다.

피진 영어인 동인도인 선원들의 주벤, 그리고 복수의 다른 즉흥화된 방언들은 근대세계를 만든 "많은 중간 항로"에서 노예, 죄수, 막노동꾼(Christopher, Pybus, and Rediker 2007)뿐 아니라 선원들과 기타 해상 노동자 "잡색 선원 집단"에 가해진 분할과 지배 책략들에 이들이 독창적으로 대응한 결과이다. (399)

지리학, 국제경제 및 정치경제, 이주연구, 언어적으로도 영어, 이탈리아어, 라틴어에 이르기까지 매우 방대하고 다양한 분야의 연구들이 접목된 이 책의 번역은 여러모로 쉽지 않은 과정이었다. 특히 사전적으로 거의 유사한 의미로 쓰이는 단어들을 여러 가지로 변용하는 경우에 우리말에 대응되는 용어로 번역하는 데 어려움이 있었다. 대표적으로 경계를 뜻하는 용어를 들 수 있는데, 저자들은 border(s), boundary(ies), frontier(s) 등을 혼용하여 사용하고, 종종 edge 등을 쓰기도 하였다. 이들은 사전적으로는 모두 경계, 국경 등으로 번역되는 용어들이다. 더불어 borderscape이나 borderland 등 의미상으로 확연한 차이를 표현하기 어려운 용어들 역시 번역 과정에 어려움을 더하였다. 특히 저자들은 본문에서 border와 frontier의 경우 엄격히 구별하여 사용하겠다고 언급하였는데, 문맥상으로는 명확히 드러나지 않는 용법이라 초기 번역 시에 혼란을 주었다. 결과적으로 앞서 설명한 바와 같이 border(s)의 경우 경계(선)으로 통일하였고, frontier의 경우 확장에 개방된 개념이라는 저자의 의견과 몇몇 지리학 서적의 번역 용례를 참고하여 변방으로, boundary의 경우 영역선으로 정리하였다. 앞에서도 서술하였지만, 저자들은 경계에 관해 전통적으로 인식되던 선형적 형태보다 훨씬 넓은 활용 범위를 택하고 있다. 이는 그들이 경계라는 개념 자체를 이곳과 저곳, 혹은 안과 밖을 구분하는 선으로서의 의미 외에 그곳에서 벌어지는 횡단, 투쟁, 선별, 통제 등 이주민과 수용국, 자본과 노동 간의 지리적·정치적·경제적 활동이 이루어지는 공간으로 인식하고 있기 때문이다. 이런 측면에서 사실상 저자들이 구분해서 사용한 경계(선), 변방, 영역선은 서로 다르면서도 동시에 서로 연계되어 있는 개념들이라고 할 수 있다.

번역 작업은 항상 그렇듯 시간과의 싸움이다. 자신의 글을 쓰는 것보다 남의 글을 나의 언어로 바꾸는 작업은 늘 몇 배의 시간을 요구하기 때문이다. 번역 작업에는 '어느 날 필 받아서 일필휘지로 써나가는 순간'도 존재하지 않으며, 나의 판단에 따라 쓸 것과 쓰지 않을 것을 구분하는 순간도 주어지지 않는다. 그저 한 줄 한 줄 고민하고 옮기는 과정만이 존재할 뿐이다. 하지만 그것이 처음 번역을 시작한 시점으로부터 지금까지 흐른 시간에 대한 변명이 되지는 못할 것 같다. 더군다나 그 긴 시간이 번역의 완성도를 높이는 데 큰 기여를 한 것도 아니라면 그것은 전적으로 역자의 역량 탓이라고밖에 할 수 없다. 그럼에도 불구하고, 이 책이 독자들에게 불편함을 크게 주지 않았다면 갈무리 출판사의 김정연 편집자와 어려운 초고를 검토해 준 여러 프리뷰어들의 노고라는 점을 언급하고 싶다.

몇 년 전 회의에 참석차 파리와 오슬로로 출장을 간 적이 있었다. 공교롭게도 공항과 시내를 오가는 택시의 기사분들이 캄보디아와 수단, 모로코 출신의 이주자들이었다. 망명, 난민, 노동 이주 등 각기 다른 사유로 유럽에 정착한 이들은 본국에서 의사, 교사, 사업가였지만, 그곳에서 모두 생업을 위해 택시기사를 하고 있었다. 심지어 그중 한 분은 공항으로 가는 택시에서 프랑스의 사회상황을 얘기하던 중, 피에르 부르디외와 알랭 바디우의 사상에 관해 나에게 설명해 주기도 하였다. 이 책의 본문에 등장하는 뉴욕의 인도계 택시 기사에 관한 얘기를 보며 그때의 기억이 오버랩된 것은 당연했다. 유럽의 국가들을 횡단하며 업무를 보고 있는 한국인 이방인과 유럽에서의 정주에 성공한 아프리카인과 캄보디아인 택시기사 간의 조우는 어떤 경계에 걸쳐 일어나고 있었을까. 그들에게 나는 승객이었을까, 이방인이었을까, 아니면 공동체의 구성원이었을까. 유럽인으로 가득 찬 회의장과 공항을 오가는 택시 안에서 내가 존재하던 경계는 같은 것이었을까.

2021년 1월
남청수

:: 참고문헌

16Beaver. 2005. *Continental Drift Seminar Part I — Brian Holmes*. Accessed May 19, 2011. http://www.16beavergroup.org/events/archives/001590print.html.

Abdallah, Mogniss. 2000. *J'y suis, J'y reste!: Les luttes de l'immigration en France depuis les Années Soixante*. Paris : Reflex.

Adkins, Lisa. 2005. "The New Economy, Property and Personhood." *Theory, Culture & Society* 22 (1) : 111~30.

Agamben, Giorgio. 1993. *The Coming Community*, trans. Michael Hardt. Minneapolis : University of Minnesota Press. [조르조 아감벤, 『도래하는 공동체』, 이경진 옮김, 꾸리에, 2014]

_____. 1998. *Homo Sacer : Sovereign Power and Bare Life*, trans. Daniel Heller-Roazen. Stanford, CA : Stanford University Press. [조르조 아감벤, 『호모 사케르 : 주권 권력과 벌거벗은 생명』, 박진우 옮김, 새물결, 2008]

_____. 2000. *Means without End : Notes on Politics*, trans. Vincenzo Binetti and Cesare Casarino. Minneapolis : University of Minnesota Press. [조르조 아감벤, 『목적 없는 수단 : 정치에 관한 11개의 노트』, 김상운 · 양창렬 옮김, 난장, 2009]

_____. 2005. *State of Exception*, trans. Kevin Attell. Chicago : University of Chicago Press. [조르조 아감벤, 『예외상태』, 김항 옮김, 새물결, 2009]

Aglietta, Michel. 1979. *A Theory of Capitalist Regulation : The US Experience*, trans. David Fernbach. London : New Left Books. [미셸 아글리에타, 『자본주의 조절이론』, 성낙선 외 옮김, 한길사, 1994]

Agnew, John. 2008. "Borders on the Mind : Reframing Border Thinking." *Ethics and Global Politics* 1 (4) : 175~91.

_____. 2009. *Globalization and Sovereignty*. Lanham, MD : Rowman and Littlefield.

Akalin, Ayşe. 2007. "Hired as a Caregiver, Demanded as a Housewife : Becoming a Migrant Domestic Worker in Turkey." *European Journal of Women's Studies* 14 (3) : 209~25.

Allen, Theodore W. 1994~97. *The Invention of the White Race*. London : Verso.

Althauser, Robert P., and Arne L. Kalleberg. 1981. "Firms, Occupations, and the Structure of Labor Markets : A Conceptual Analysis." In *Sociological Perspectives on Labor Markets*, ed. Ivar Berg, 119~49. New York : Academic Press.

Althusser, Louis, and Étienne Balibar. 1970. *Reading "Capital,"* trans. B. Brewster. London : New Left Books. [루이 알튀세르 · E. 발리바르, 『자본론을 읽는다』, 김진엽 옮김, 두레, 1991]

Alzaga, Valery. 2011. "Justice for Janitors Campaign : Open-Sourcing Labor Conflicts Against Global Neo-Liberalism." *Open Democracy*. Accessed January 4, 2012. http://www.opendemocracy.net.

Amin, Shahid, and Marcel van der Linden, eds. 1997. *"Peripheral" Labour? : Studies in the History of Partial Proletarianization*. Cambridge : Cambridge University Press.

Amoore, Louise. 2006. "Biometric Borders : Governing Mobilities in the War on Terror." *Political Geography* 25 : 336~51.

Anderson, Benedict. 1991. *Imagined Communities. Reflections on the Origin and Spread of Nationalism*. London : Verso. [베네딕트 앤더슨, 『상상의 공동체 : 민족주의의 기원과 전파에 대한 성찰』, 윤형숙 옮김, 나남, 2002]

_____. 2005. *Under Three Flags. Anarchism and the Anti-Colonial Imagination*. London : Verso. [베네딕트

앤더슨, 『세 깃발 아래에서:아나키즘과 반식민주의적 상상력』, 서지원 옮김, 길, 2009]

Anderson, Bridget. 2000. *Doing the Dirty Work?: The Global Politics of Domestic Labour*. New York : Zed Books.

_____. 2003. "Just Another Job? The Commodification of Domestic Labour." In *Global Woman : Nannies, Maids, and Sex Workers in the New Economy*, ed. Barbara Ehrenreich and Arlie Hochschild, 104~15. London : Granta Books.

Anderson, Bridget, and Martin Ruhs. 2008. *A Need for Immigrant Labour? The Micro-Level Determinants of Staff Shortages and Implications for a Skills Based Immigration Policy*, Migration Advisory Committee. Accessed November 3, 2008. http://www.ukba.homeoffice.gov.uk/mac.

_____. 2010. "Researching Illegality and Labour Migration [editorial]." *Population, Space, and Place* 16 : 175~79.

Anderson, Bridget, Nandita Sharma, and Cynthia Wright. 2009. "Editorial : Why No Borders?" *Refuge* 26 (2) : 5~18.

Andreas, Peter. 2009. *Border Games : Policing the U.S.-Mexico Divide*, 2nd ed. Ithaca, NY : Cornell University Press.

Andrijasevic, Rutvica. 2010a. *Migration, Agency and Citizenship in Sex Trafficking*. London : Palgrave.

_____. 2010b. "From Exception to Excess : Detention and Deportations across the Mediterranean Space." In *The Deportation Regime : Sovereignty, Space, and the Freedom of Movement*, ed. Nicholas De Genova and Nathalie Peutz, 147~65. Durham, NC : Duke University Press.

Andrijasevic, Rutvica, and William Walters. 2010. "The International Organization for Migration and the International Government of Borders." *Environment and Planning D : Society and Space* 28 : 977~99.

Aneesh, Aneesh. 2006. *Virtual Migration : The Programming of Globalization*. Durham, NC : Duke University Press.

Anggraeni, Dewi. 2006. *Dreamseekers : Indonesian Women as Domestic Workers in Asia*. Jakarta : Equinox Publishing Indonesia.

Anzaldúa, Gloria. 1987. *Borderlands/La frontera*. San Francisco : Aunt Lute Books.

Appadurai, Arjun. 1996. *Modernity at Large : Cultural Dimensions of Globalization*. Minneapolis : University of Minnesota Press. [아르준 아파두라이, 『고삐 풀린 현대성』, 차원현 · 채호석 · 배개화 옮김, 현실 문화연구, 2004]

Apter, Emily. 2006. *The Translation Zone : A New Comparative Literature*. Princeton, NJ : Princeton University Press.

Arendt, Hannah. 1951. *The Origins of Totalitarianism*. New York : Harcourt, Brace. [한나 아렌트, 『전체주의의 기원』, 이진우 · 박미애 옮김, 한길사, 2017]

Arnold, Dennis, and John Pickles. 2010. "Global Work, Surplus Labor, and the Precarious Economies of the Border." *Antipode* 43 (5) : 1598~624.

Aronowitz, Stanley. 2003. *How Class Works : Power and Social Movement*. New Haven, CT : Yale University Press.

Arrighi, Giovanni. 1994. *The Long Twentieth Century : Money, Power, and the Origins of Our Times*. London : Verso. [조반니 아리기, 『장기 20세기 : 화폐, 권력, 그리고 우리시대의 기원』, 백승욱 옮김, 그린비, 2008]

_____. 2007. *Adam Smith in Beijing : Lineages of the Twenty-First Century*. London : Verso. [조반니 아리기, 『베이징의 애덤 스미스 : 21세기의 계보』, 강진아 옮김, 길, 2009]

Artaker, Anna. 2010. "*WORLD* MAP." In *Das Potosí-Prinzip. Wie können wir das Lied des Herrn im fremden Land singen?*, ed. Alice Creischer, Max Jorge Hinders and Andreas Siekmann, 231~233. Cologne : Verlag der Buchhandlung Walter König.

Baas, Michiel. 2010. *Imagined Mobility : Migration and Transnationalism among Indian Students in Australia.* London : Anthem Press.

Bacon, David. 2008. *Illegal People : How Globalization Creates Migration and Criminalizes Immigrants.* Boston : Beacon Press.

Badiou, Alain. 2010. *The Communist Hypothesis*, trans. David Macey and Steve Corcoran. London : Verso.

Bair, Jennifer, ed. 2009. *Frontiers of Commodity Chain Research.* Stanford, CA : Stanford University Press.

Bakewell, Peter. 1984. *Miners of the Red Mountain.* Albuquerque : University of New Mexico Press.

Balibar, Étienne. 1991. "Is There a 'Neo-Racism.'" In Étienne Balibar and Immanuel Wallerstein. *Race, Nation, Class : Ambiguous Identities.* 17~28. London : Verso.

_____. 1992a. *Les Frontières de la Démocratie.* Paris : La Découverte.

_____. 1992b. "Foucault and Marx : The Question of Nominalism." In *Michel Foucault Philosopher*, ed. T. J. Armstrong, 38~56. New York : Routledge.

_____. 1994. *Masses, Classes and Ideas. Studies on Politics and Philosophy Before and After Marx*, trans. J. Swenson. London : Routledge.

_____. 2002. *Politics and the Other Scene.* London : Verso.

_____. 2003a. *We the People of Europe. Reflections on Transnational Citizenship.* Princeton, NJ : Princeton University Press.

_____. 2003b. *L'Europe, l'Amérique, la guerre. Réflexions sur la médiation européenne.* Paris : La Découverte. [에티엔 발리바르, 『우리, 유럽의 시민들? : 세계화와 민주주의의 재발명』, 진태원 옮김, 후마니타스, 2010]

_____. 2007. "Uprisings in the Banlieues." *Constellations* 14 (1) : 47~71.

_____. 2009. "Europe as borderland." *Environment and Planning D : Society and Space* 27 (2) : 190~215.

_____. 2010. *La proposition de l'égaliberté.* Paris : PUF.

_____. 2011. *Citoyen sujet et autres essais de anthropologie philosophique.* Paris : PUF.

Banerjee, Paula. 2010. *Borders, Histories, Existences : Gender and Beyond.* New Delhi : Sage.

Banerjee-Guha, Swapna. 2008. "Space Relations of Capital and Significance of New Economic Enclaves : sezs in India." *Economic and Political Weekly* 43 (47) : 51~59.

Barbalet, Jack M. 1988. *Citizenship : Rights, Struggle and Class Inequality. Milton Keynes*, UK : Open University Press.

Barber, Brad M., and Terrance Odean. 2001. "Boys Will Be Boys : Gender, Overconfidence, and Common Stock Investment." *Quarterly Journal of Economics* 116 (1) : 261~92.

Bartelson, Jens. 1995. *A Genealogy of Sovereignty.* Cambridge : Cambridge University Press.

Barth, Fredrik. 1979. *Ethnic Groups and Boundaries : The Social Organization of Cultural Difference.* Oslo : Universitetsforlaget.

Barr, Michael D. 2002. *Cultural Politics and Asian Values : The Tepid War.* London : Routledge.

Barron, Pierre, Anne Bory, Sébastien Chauvin, Nicolas Jounin, and Lucie Tourette. 2011. *On bosse ici, on reste ici. La grève des sans papiers, une adventure inédite.* Paris : La Découverte.

Basch, Linda, Nina Glick Schiller, and Cristina Szanton Blanc. 1994. *Nations Unbound : Transnational Projects, Postcolonial Predicaments, and Deterritorialized Nation-States.* Langhorne, PA : Gordon and Breach.

Bauder, Harald. 2006. *Labor Movement : How Migration Regulates Labor Markets.* New York : Oxford University Press.

Beck, Ulrich. 2000. *What Is Globalization?*, trans. Patrick Camiller. Cambridge : Polity Press. [울리히 벡,

『지구화의 길：새로운 문명의 가능성이 열린다』, 조만영 옮김, 거름, 2000]

Beck, Ulrich, and Edgar Grande. 2007. *Cosmopolitan Europe*, trans. Ciaran Cronin. Cambridge：Polity Press.

Becker, Gary S. 1962. "Investment in Human Capital：A Theoretical Analysis." *Journal of Political Economy* 70 (5)：9~49.

Belnap, Jeffrey, and Raul Férnandez, eds. 1998. *José Marti's "Our America."* Durham, NC：Duke University Press.

Benhabib, Seyla. 2004. *The Rights of Others：Aliens, Residents, and Citizens*. Cambridge：Cambridge University Press. [세일라 벤하비브, 『타자의 권리：외국인, 거류민, 그리고 시민』, 이상훈 옮김, 철학과현실사, 2008]

Benjamin, Walter. 1969. *Illuminations*, ed. Hannah Arendt, trans. Harry Zohn. New York：Schocken Books.

Benkler, Yochai. 2006. *The Wealth of Networks. How Social Production Transforms Markets and Freedom*. New Haven, CT：Yale University Press. [요하이 벤클러, 『네트워크의 부：사회적 생산은 시장과 자유를 어떻게 바꾸는가』, 최은창 옮김, 커뮤니케이션북스, 2015]

Bensaâd, Ali. 2006. "The Militarization of Migration Frontiers in the Mediterranean." In *The Maghreb Connection. Movements of Life across North Africa*, ed. Ursula Biemann and Brian Holmes, 12~20. Barcelona：Actar.

Benton, Lauren. 2005. "Legal Spaces of Empire：Piracy and the Origins of Ocean Regionalism." *Comparative Studies in Society and History* 47 (4)：700~724.

Berg, Ulla. 2008. "Practical Challenges of Multi-sited Ethnography." *Anthropology News*, May. Accessed October 25, 2010. http://www.aaanet.org/pdf/upload/49-5-Ulla-Berg-In-Focus.pdf.

Berger, John, and Jean Mohr. 1975. *A Seventh Man：A Book of Images and Words about the Experience of Migrant Workers in Europe*. Harmondsworth, UK：Penguin. [존 버거 · 장 모르, 『제7의 인간：유럽 이민 노동자들의 경험에 대한 기록』, 차미례 옮김, 눈빛, 2004]

Berman, Edward H. 1983. *The Idea of Philanthropy：The Influence of the Carnegie, Ford, and Rockefeller Foundations on American Foreign Policy*. Albany：State University Press of New York.

Bernardot, Marc. 2008. *Camps d'étrangers*. Bellecombe-en-Bauges, France：Éditions du Croquant.

Best, Stephen. 2004. *The Fugitive's Properties：Law and the Poetics of Possession*. Chicago：University of Chicago Press.

Bhaduri, Amit. 2007. "Development or Developmental Terrorism?" *Economic and Political Weekly* 42 (7)：552~53.

Bhabha, Homi K. 1994. *The Location of Culture*. London：Routledge. [호미 바바, 『문화의 위치：탈식민주의 문화이론』, 소명, 2012]

Bharucha, Rustom. 2009. *Another Asia：Rabindranath Tagore and Okakura Tenshin*. New Delhi：Oxford University Press.

Bhattacharya, Rajesh, and Kalyan Sanyal. 2011. "Bypassing the Squalor：New Towns, Immaterial Labour and Exclusion in Post-colonial Urbanization." *Economic and Political Weekly* 46 (31)：41~48.

Bigo, Didier. 2002. "Security and Immigration：Toward a Critique of the Governmentality of Unease." *Alternatives* 27：63~92.

_____. 2006. "Globalized-in-Security：The Field and the Ban-opticon." In *Translation, Biopolitics, Colonial Difference*, ed. Jon Solomon and Naoki Sakai, 109~55. Hong Kong：Hong Kong University Press. [나오키 사카이 · 존 솔로몬 공동편집, 『번역, 생정치, 식민지적 차이』, 강내희 외 옮김, 문화과학사, 2012]

Blackstone, William. 1825 [1765]. *Commentaries on the Laws of England, Book the Second*, 16th ed. London : printed by A. Strahn for T. Cadell and J. Butterworth and Son.

Blair-Loy, Mary, and Jerry A. Jacobs. 2003. "Globalization, Work Hours, and the Care Deficit among Stockbrokers." *Gender and Society* 17 (2) : 230~49.

Blanchard, Pascal, Nicolas Bancel, Olivier Barlet, and Sandrine Lemaire, eds. 2005. *La fracture coloniale. La société française au prisme de l'héritage colonial.* Paris : La Découverte.

Bloch, Ernst. 1977 [1932]. "Nonsynchronism and Its Obligation to Its Dialectics." *New German Critique* 11 : 22~38.

Bloch, Marc. 1953. *The Historian's Craft*, trans. Peter Putnam. New York : Knopf.

Bojadzijev, Manuela. 2008. *Die windige Internationale. Rassismus und Kämpfe der Migration.* Münster : Westfälisches Dampfboot.

Boltanski, Luc, and Eve Chiapello. 2005. *The New Spirit of Capitalism.* New York : Verso.

Bonfante, Pietro. 1958. *Storia del diritto romano*, 2 vols. Milan : Giuffrè.

Boothman, Derek. 2004. *Traducibilità e processi traduttivi. Un caso : A. Gramsci linguista.* Perugia : Guerra.

Bosniak, Linda. 2006. *The Citizen and the Alien : Dilemmas of Contemporary Membership.* Princeton, NJ : Princeton University Press.

Bosswick, Wolfgang. 2000. "The Development of Asylum Policy in Germany." *Journal of Refugee Studies* 13 (1) : 43~60.

Bouteldja, Houria, and Sadri Khiari, eds. 2012. *Nous sommes les indigènes de la République.* Paris : Éditions Amsterdam.

Bowman, Isaiah. 1942. "Geography vs. Geopolitics." *Geographical Review* 32 (4) : 646~58.

Brandt Commission. 1980. *North-South : A Program for Survival, a Report of the Independent Commission on International Development Issues.* Cambridge, MA : MIT Press.

Braudel, Fernand. 1979. *The Perspective of the World.* New York : Harper and Row.

Bräutigam, Deborah, and Tang Xiaoyang. 2011. "African Shenzhen : China's Special Economic Zones in Africa." *Journal of Modern African Studies* 49 (1) : 27~54.

Braverman, Harry. 1974. *Labor and Monopoly Capital : The Degradation of Work in the Twentieth Century.* London : Monthly Review Press.

Broeders, Dennis. 2007. "The New Digital Borders of Europe : EU Databases and the Surveillance of Irregular Migrants." *International Sociology* 22 (1) : 71~92.

Brotton, Jerry. 1998. *Trading Territories : Mapping the Early Modern World.* Ithaca, NY : Cornell University Press.

Brown, Wendy. 2005. *Edgework : Critical Essays on Knowledge and Politics.* Princeton, NJ : Princeton University Press.

_____. 2008. "Porous Sovereignty, Walled Democracy." Paper presented at University Roma Tre, March 27.

_____. 2010. *Walled States, Waning Democracy.* New York : Zone Books.

Bruno, Giordano. 1998 [1584~91]. *Cause, Principle and Unity. And Essays on Magic*, ed. R. J. Blackwell and R. de Lucca. Cambridge : Cambridge University Press.

Bryan, Dick, and Michael Rafferty. 2006. *Capitalism with Derivatives : A Political Economy of Financial Derivatives, Capital and Class.* London : Palgrave Macmillan.

Bryan, Dick, Randy Martin, and Mike Rafferty. 2009. "Financialization and Marx : Giving Labor and Capital a Financial Makeover." *Review of Radical Political Economics* 41 (4) : 458~72.

Buck-Morss, Susan. 2000. *Dreamworld and Catastrophe : The Passing of Mass Utopia in East and West.* Cambridge, MA : MIT Press. [수잔 벅-모스, 『꿈의 세계와 파국 : 대중 유토피아의 소멸』, 윤일성 · 김주영

옮김, 경성대학교출판부, 2008]

Butler, Judith, Ernesto Laclau, and Slavoj Žižek. 2000. *Contingency, Hegemony, Universality: Contemporary Dialogues on the Left*. London: Verso. [주디스 버틀러 · 에르네스토 라클라우 · 슬라보예 지젝, 『우연성, 헤게모니, 보편성: 좌파에 대한 현재적 대화들』, 박대진 · 박미선 옮김, 도서출판b, 2009]

Caffentzis, George. 2005. "Immeasureable Value? An Essay on Marx's Legacy." *The Commoner* 10:87~114. Accessed January 17, 2012. http://www.commoner.org.uk/10caffentzis.pdf.

Caldiron, Guido. 2005. *Banlieue: Vita e rivolta nelle periferie della metropoli*. Rome: Manifestolibri.

Calichman, Richard F., and John Namjun Kim. 2010. "Interview with Naoki Sakai." In *The Politics of Culture: Around the Work of Naoki Sakai*, ed. Richard F. Calichman and John Namjun Kim, 225~50. New York: Routledge.

Carens, Joseph. 2010. *Immigrants and the Right to Stay*. Cambridge, MA: MIT Press.

Casarino, Cesare, and Antonio Negri. 2008. *In Praise of the Common: A Conversation on Philosophy and Politics*. Minneapolis: University of Minnesota Press.

Castel, Robert. 2007. *La discrimination negative: Citoyens ou indigènes?* Paris: Seuil.

Castells, Manuel. 1996. *The Rise of the Network Society*. Cambridge: Blackwell. [마뉴엘 카스텔, 『네트워크 사회의 도래』, 김묵한 · 박행웅 · 오은주 옮김, 한울, 2014]

_____. 2001. *The Internet Galaxy: Reflections on the Internet, Business, and Society*. New York: Oxford University Press. [마뉴엘 카스텔, 『인터넷 갤럭시: 인터넷, 비즈니스, 사회적 성찰』, 박행웅 옮김, 한울, 2004]

_____. 2010. *End of Millennium: The Information Age: Economy, Society and Culture*, vol. 3, 2nd ed. Oxford: Wiley-Blackwell. [마뉴엘 카스텔, 『밀레니엄의 종언』, 박행웅 · 이종삼 옮김, 한울, 2003]

Castles, Stephen. 1995. "How Nation-states Respond to Immigration and Ethnic Diversity." *New Community* 21 (3): 293~308.

_____. 2004. "Why Migration Policies Fail." *Ethnic and Racial Studies* 27 (2): 205~27.

Castles, Stephen, and Mark J. Miller. 2003. *The Age of Migration*, 3rd ed. Basingstoke, UK: Palgrave Macmillan.

Cella, Gian Primo. 2006. *Tracciare confini: Realtà e metafore della distinzione*. Bologna: Il Mulino.

Cetina, Karin Knorr. 1997. "Sociality with Objects: Social Relations in Postsocial Knowledge Societies." *Theory, Culture and Society* 14 (4): 1~30.

Chakrabarti, Anjan, and Arup Kumar Dhar. 2010. *Dislocation and Resettlement in Development: From Third World to World of the Third*. London: Routledge.

Chakrabarty, Dipesh. 1989. *Rethinking Working-Class History: Bengal, 1890-1940*. Princeton, NJ: Princeton University Press.

_____. 2000. *Provincializing Europe: Postcolonial Thought and Historical Difference*. Princeton, NJ: Princeton University Press. [디페시 차크라바르티, 『유럽을 지방화하기: 포스트식민 사상과 역사적 차이』, 김택현 · 안준범 옮김, 그린비, 2014]

Chalcraft, John T. 2005. "Pluralizing Capital, Challenging Eurocentrism: Toward Post-Marxist Historiography." *Radical History Review* 91: 13~39.

Chan, Kam Wing. 2010. "The Household Registration System and Migrant Labor in China: Notes on a Debate." *Population and Development Review* 36 (2): 357~64.

Chang, Leslie. 2008. *Factory Girls: Voices from the Heart of Modern China*. London: Picador.

Chase-Dunn, Christopher. 1989. *Global Formation: Structures of the World-Economy*. New York: Basil Blackwell.

Chatterjee, Partha. 1986. *Nationalist Thought and the Colonial World: A Derivative Discourse*. Minneapolis: University of Minnesota Press. [빠르타 짯데르지, 『민족주의 사상과 식민지 세계』, 이광수 옮김, 그

린비, 2013]

_____. 1993. *The Nation and Its Fragments. Colonial and Postcolonial Histories*. Princeton, NJ : Princeton University Press.

_____. 2004. *The Politics of the Governed : Reflections on Popular Politics in Most of the World*. New York : Columbia University Press.

_____. 2008. "Democracy and Economic Transformation in India." *Economic and Political Weekly* 43 (16) : 53~62.

_____. 2011. *Lineages of Political Society*. New Delhi : Permanent Black.

Chen, Kuan-Hsing. 2010. *Asia as Method : Toward Deimperialization*. Durham, NC : Duke University Press.

Chen, Xiangming. 1995. "The Evolution of Free Economic Zones and the Recent Development of Cross-national Growth Zones." *International Journal of Urban and Regional Research* 19 (4) : 593~621.

Cherniavsky, Eva. 2006. *Incorporations : Race, Nation, and the Body Politics of Capital*. Minneapolis : University of Minnesota Press.

Chiaruzzi, Michele. 2011. " 'Fas est et ab hoste doceri.' Motivi e momenti della prima geopolitica anglo-sassone." *Filosofia politica* 25 (1) : 45~56.

China Labor Bulletin. 2011. *Unity Is Strength : The Workers' Movement in China, 2009-2011*. Hong Kong : China Labor Bulletin.

Chow, Rey. 2006. *The Age of the World Target : Self-Referentiality in War, Theory, and Comparative Work*. Durham, NC : Duke University Press.

Christopher, Emma, Cassandra Pybus, and Marcus Rediker, eds. 2007. *Many Middle Passages : Forced Migration and the Making of the Modern World*. Berkeley : University of California Press.

Clarke, Simon. 1990. "What in the F—'s name Is Fordism?" *British Sociological Association Conference, University of Surrey*. Accessed January 17, 2012. http://www.warwick.ac.uk/~syrbe/pubs/Fordism.pdf.

Coates, John M., and Joe Herbert. 2008. "Endogenous Steroids and Financial Risk Taking on a London Trading Floor." *Proceedings of the National Academy of Science USA* 105 (16) : 6167~72.

Cochrane, James L. 1979. *Industrialism and Industrial Man in Retrospect*. New York and Ann Arbor, MI : Ford Foundation.

Cohen, Robin. 1987. *The New Helots : Migrants in the International Division of Labour*. Aldershot, UK : Avebury.

Cole, Philip. 2000. *Philosophies of Exclusion : Liberal Political Theory and Immigration*. Edinburgh : Edinburgh University Press.

Collier, Stephen J., and Aiwha Ong, eds. 2005. *Global Assemblages : Technology, Politics and Ethics as Anthropological Problems*. Oxford : Blackwell.

Comaroff, Jean, and John L. Comaroff. 2001. *Millennial Capitalism and the Culture of Neoliberalism*. Durham, NC : Duke University Press.

Connery, Christopher Leigh. 2007. "The World Sixties." In *The Worlding Project : Doing Cultural Studies in the Era of Globalization*, ed. Chistopher Leigh Connery and Rob Wilson, 77~107. Santa Cruz, CA : North Atlantic Books.

Constable, Nicole. 2007. *Maid to Order in Hong Kong : Stories of Migrant Workers*. Ithaca, NY : Cornell University Press.

Cooper, Frederick. 2001. "What Is the Concept of Globalization Good For? An African Historian's Perspective." *African Affairs* 100 (399) : 189~213.

Cowen, Deborah. 2008. *Military Workfare : The Soldier and Social Citizenship in Canada*. Toronto : University of Toronto Press.

———. 2010. "A Geography of Logistics : Market Authority and the Security of Supply Chains." *Annals of the Association of American Geographers* 100 (3) :600~620.

Crenshaw, Kimberlé W. 1991. "Mapping the Margins : Intersectionality, Identity Politics, and Violence against Women of Color." *Stanford Law Review* 43 (6) :1241~99.

———. 2011. "Demarginalising the Intersection of Race and Sex. A Black Feminist Critique of Anti-discrimination Doctrine, Feminist Theory, and Anti-racist Politics." In *Framing Intersectionality : Debates on a Multi-Faceted Concept in Gender Studies*, ed. Helma Lutz, Maria Teresa Herrera Vivar, and Linda Supik, 25~42. Farnham, UK : Ashgate.

Cross, Jamie. 2010. "Neoliberalism as Unexceptional : Economic Zones and the Everyday Precariousness of Working Life in South India." *Critique of Anthropology* 30 (4) :355~73.

Crotty, James. 2011. "The Bonus-Driven 'Rainmaker' Financial Firm : How These Firms Enrich Top Employees, Destroy Shareholder Value and Create Systemic Financial Instability." Working paper, Political Economy Research Institute, University of Massachusetts Amherst. Accessed January 2, 2013. http://www.peri.umass.edu.

Crowley, John. 1998. "The National Dimension of Citizenship in T. H. Marshall." *Citizenship Studies* 2 (2) :165~78.

Curzon, 1st Marquess Curzon of Kedleston. 1908. *Frontiers [The Romanes Lecture 1907]*. Oxford : Clarendon Press.

Cuttitta, Paolo. 2006. "Points and Lines. A Topography of Borders in the Global Space." *Ephemera* 6 (1) : 27~39.

———. 2007. *Segnali di confine : Il controllo dell'immigrazione nel mondo-frontiera*. Milan : Mimesis.

Dalla Costa, Mariarosa, and Selma James. 1972. *The Power of Women and the Subversion of the Community : A Woman's Place*. Bristol, UK : Falling Wall Press.

Damrosch, David. 2003. *What Is World Literature?* Princeton, NJ : Princeton University Press.

D'Anania, Giovanni L. 1582. *L'Universal Fabrica del Mondo Overo Cosmografia*. Naples : San Vito.

Dandaneau, Steven P. 1996. *A Town Abandoned : Flint, Michigan, Confronts Deindustrialization*. Albany : State University of New York Press.

D'Angiolillo, Julián, Marcelo Dimentstein, Martín Di Peco, Ana Guerin, Adriana Massidda, Constanza Molíns, Natalia Muñoa, Juan Pablo Scarfi, and Pío Torroja. 2010. "Feria La Salada : Una centralidad periférica intermitente en el Gran Buenos Aires." In *Argentina : Persistencia y diversificación, contrastes e imaginarios en las centralidades urbanas*, ed. Margarita Gutman, 169~208. Quito : olacchi.

Dauvergne, Catherine. 2008. *Making People Illegal : What Globalization Means for Migration and Law*. New York : Cambridge University Press.

Davis, Mike. 2006. *Planet of Slums*. London : Verso. [마이크 데이비스, 『슬럼, 지구를 뒤덮다 : 신자유주의 이후 세계 도시의 빈곤화』, 김정아 옮김, 돌베개, 2007]

De Angelis, Massimo. 2007. *The Beginning of History : Value Struggles and Global Capital*. London : Pluto Press. [맛시모 데 안젤리스, 『역사의 시작 : 가치 투쟁과 전 지구적 자본』, 권범철 옮김, 갈무리, 2019]

de Certeau, Michel. 1984. *The Practice of Everyday Life*, trans. Steven Rendall. Berkeley : University of California Press.

De Genova, Nicholas. 2005. *Working the Boundaries : Race, Space, and "Illegality" in Mexican Chicago*. Durham, NC : Duke University Press.

———. 2010. "The Deportation Regime. Sovereignty, Space, and the Freedom of Movement." In *The Deportation Regime : Sovereignty, Space, and the Freedom of Movement*, ed. Nicholas De Genova and

Nathalie Peutz, 33~65. Durham, NC : Duke University Press.

De Genova, Nicholas, and Nathalie Peutz. 2010. "Introduction." In *The Deportation Regime: Sovereignty, Space and the Freedom of Movement*, ed. Nicholas De Genova and Nathalie Peutz, 1~29. Durham, NC : Duke University Press.

DeLanda, Manuel. 2006. *A New Philosophy of Society: Assemblage Theory and Social Complexity*. London : Continuum.

Deleuze, Gilles, and Félix Guattari. 1983. *Anti-Oedipus: Capitalism and Schizophrenia*, trans. Robert Hurley, Mark Seem, and Helen R. Lane. Minneapolis : University of Minnesota Press. [질 들뢰즈 · 펠릭스 과타리, 『안티 오이디푸스 : 자본주의와 분열증』, 김재인 옮김, 민음사, 2014]

_____. 1987. *A Thousand Plateaus: Capitalism and Schizophrenia*, trans. Brian Massumi. London : Athlone Press. [질 들뢰즈 · 펠릭스 가타리, 『천 개의 고원 : 자본주의와 분열증 2』, 김재인 옮김, 새물결, 2001]

Denning, Michael. 2004. *Culture in the Age of Three Worlds*. London : Verso.

_____. 2007. "Representing Global Labor." *Social Text* 25 (3) : 125~45.

De Peuter, Greig, and Nick Dyer-Witheford. 2010. "Commons and Cooperatives." *Affinities: A Journal of Radical Theory, Culture, and Action* 4 (1) : 30~56.

Derrida, Jacques. 1978. *Writing and Difference*, trans. Alan Bass. Chicago : University of Chicago Press. [자크 데리다, 『글쓰기와 차이』, 남수인 옮김, 동문선, 2001]

_____. 1989~90. "Force of the Law." *Cardozo Law Review* 11 : 920~1045.

De Sousa Santos, Boaventura. 2009. *Una epistemologia del Sur*. Buenos Aires : Editorial Siglo XXI.

Dey, Ishita. 2010. "Negotiating Rights within Falta Special Economic Zone." In *Globalisation and Labouring Lives*, Policies and Practices 34. Kolkata : Calcutta Research Group.

Dicken, Peter, Philip F. Kelly, Kris Olds, and Henry Wai-Chung Yeung. 2001. "Chains and Networks, Territories and Scales : Towards a Relational Framework for Analysing the Global Economy." *Global Networks* 1 (2) : 89~112.

Djouder, Ahmed. 2007. *Disintegration*, trans. Ximena Rodriguez. Milan : Il Saggiatore.

Dominijanni, Ida. 2005. "Rethinking Change : Italian Feminism between Crisis and Critique of Politics." *Cultural Studies Review* 11 (2) : 25~35.

Dow, Mark. 2004. *American Gulag: Inside U.S. Immigration Prisons*. Berkeley : University of California Press.

Dreiser, Theodore. 1912. *The Financier*. New York : Harper and Brothers.

Drucker, Peter F. 1969. *The Age of Discontinuity: Guidelines to Our Changing Society*. London : Heinemann. [피터 드러커, 『단절의 시대』, 이재규 옮김, 한국경제신문, 2003]

Dubet, François, and Didier Lapeyronnie. 1992. *Les quartiers d'exil*. Paris : Seuil.

Du Bois, W. E. B. 1920. *Darkwater: Voices from within the Veil*. New York : Harcourt, Brace and Howe.

_____. 1992. [1946]. *The World and Africa: An Enlarged Edition, with New Writings on Africa by W. E. B. Du Bois, 1955-1961*. New York : International Publishers.

_____. 1995. [1928]. *Dark Princess: A Romance*. Jackson, MS : Banner Books.

_____. 2002 [1940]. *Dusk of Dawn: An Essay Toward an Autobiography of a Race Concept*. New Brunswick, N.J. : Transaction Publishers.

_____. 2005. *Du Bois on Asia. Crossing the World Color Line*, ed. Bill V. Mullen and Cathryn Watson. Jackson : University Press of Mississippi.

Ducey, Ariel, Heather Gautney, and Dominic Wetzel. 2003. "Regulating Affective Labor : Communications Skills Training in the Health Care Industry". *Research in the Sociology of Work* 12 : 49~72.

Duncan, Natasha T. 2010. "Give Me Your Young, Your Educated, and Your Talented : Explaining the International Diffusion of the Points Immigration System." Ph.D. diss., Purdue University.

Dünnwald, Stephan. 2010. "Politiken der 'freiwilligen' Rückführung." In *Grenzregime. Diskurse, Praktiken, Institutionen in Europa*, ed. Sabine Hess and Bernd Kasparek, 179~99. Berlin : Assoziation A.

Düvell, Franck. 2002. *Die Globalisierung des Migrationsregimes*. Berlin : Assoziation A.

Dyer-Witheford, Nick. 2006. "The Circulation of the Common." Paper presented at the Conference on Immaterial Labour, Multitudes, and New Social Subjects, King's College, Cambridge, April 29~30. Accessed January 3, 2012. http://www.thefreeuniver sity.net/ImmaterialLabour/withefordpaper2006. html.

Easterling, Keller. 2008. "Zone." In *Writing Urbanism : A Design Reader*, ed. Douglas Kelbaugh and Kit Krankel McCullough, 297~302. New York : Routledge.

Echols, Alice. 1989. *Daring to Be Bad : Radical Feminism in America, 1967-1975*. Minneapolis : University of Minnesota Press. [앨리스 에콜스, 『나쁜여자 전성시대 : 급진 페미니즘의 오래된 현재, 1967~1975』, 유강은 옮김, 이매진, 2017]

Edney, Matthew. 1999. "Reconsidering Enlightenment Geography and Map-making : Reconnaissance, Mapping, Archive." In *Geography and Enlightenment*, ed. David N. Livingstone and Charles W. J. Withers, 165~98. Chicago : University of Chicago Press.

Ehrenreich, Barbara, and Arlie Hochschild, eds. 2003. *Global Woman : Nannies, Maids, and Sex Workers in the New Economy*. London : Granta Books.

Ehrlich, Eugen. 1936 [1913]. *Fundamental Principles of the Sociology of Law*. Cambridge, MA : Harvard University Press.

Elazar, Daniel J. 1998. *Constitutionalizing Globalization. The Postmodern Revival of Confederal Arrangements*. Lanham, MD : Rowman and Littlefield.

Elden, Stuart. 2007. "Government, Calculation, Territory." *Environment and Planning D : Society and Space* 25 : 562~80.

Elliott, William Yandell. 1968. *The Pragmatic Revolt in Politics : Syndicalism, Fascism, and the Constitutional State*. New York : Howard Fertig.

Ellis, Brett Easton. 1991. *American Psycho*. New York : Vintage. [브렛 이스턴 앨리스, 『아메리칸 사이코』 (상) · (하), 이옥진 옮김, 황금가지, 2009]

Escobar, Arturo. 2008. *Territories of Difference : Place, Movements, Life, Redes*. Durham, NC : Duke University Press.

_____. 2010a. "Planning." In *The Development Dictionary : A Guide to Knowledge as Power*, ed. Wolfgang Sachs, 145~60. London : Zed Books.

_____. 2010b. "Latin America at a Crossroads : Alternative Modernizations, Post-Liberalism or Post-Development?" *Cultural Studies* 24 (1) : 1~65.

Esposito, Roberto. 2012. *Third Person : Politics of Life and Philosophy of the Impersonal*, trans. Zakiya Hanafi. Cambridge : Polity Press.

Esteva, Gustavo. 2010. "Development." In *The Development Dictionary : A Guide to Knowledge as Power*, ed. Wolfgang Sachs, 1~23. London : Zed Books.

European Commission. 2011. "Communication on Migration," COM (2011) 248 final (May 4). Accessed March 20, 2012. http://ec.europa.eu/home-affairs/news/intro/docs/1_EN_ACT_part1_v11.pdf.

European Council. 2004. "Presidency Conclusions of the Brussels European Council" (November 4/5, 2004), 14292/1/04 Rev 1 (December 8). Accessed March 20, 2012. http://www.consilium.europa.eu/uedocs/NewsWord/en/ec/82534.doc.

Faist, Thomas. 2000. *The Volume and Dynamics of International Migration and Transnational Social Spaces*.

Oxford : Oxford University Press.

Fan, Cindy. 2008. *China on the Move : Migration, the State, and the Household.* London : Routledge.

Farinelli, Franco. 2003. *Geografia : Un'introduzione ai modelli del mondo.* Turin : Einaudi.

_____. 2009. *La crisi della ragione cartografica.* Turin : Einaudi.

Fassin, Didier, and Eric Fassin. 2006. *De la question sociale à la question raciale?* Paris : La Découverte.

Febvre, Lucien. 1962 [1927]. "Frontière, le mot et la notion." 1927. In *Pour un'histoire à part entière* 11~24. Paris : Sevpen.

Federici, Silvia. 2004. *Caliban and the Witch.* New York : Autonomedia. [실비아 페데리치, 『캘리번과 마녀 : 여성, 신체 그리고 시초축적』, 황성원 · 김민철 옮김, 갈무리, 2011]

Feldman, Gregory. 2011. "If Ethnography Is More Than Participant-Observation, Then Relations Are More Than Connections : The Case for Nonlocal Ethnography in a World of Apparatuses." *Anthropological Theory* 11 (4) : 375~95.

_____. 2012. *The Migration Apparatus : Security, Labor, and Policymaking in the European Union.* Stanford, CA : Stanford University Press.

Feller, Erika. 1989. "Carrier Sanctions and International Law." *International Journal of Refugee Law* 1 (1) : 48~66.

Ferguson, James. 2006. *Global Shadows : Africa in the Neoliberal World Order.* Durham, NC : Duke University Press.

Ferguson, James, and Akhil Gupta. 2002. "Spatializing States : Toward an Ethnography of Neoliberal Governmentality." *American Ethnologist* 29 (4) : 981~1002.

Fernandes, Deepa. 2007. *Targeted : Homeland Security and the Business of Immigration.* New York : Seven Stories Press.

Ferrarese, Maria Rosaria. 2006. *Diritto sconfinato : Inventiva giuridica e spazi nel mondo globale.* Rome : Laterza.

Ferraresi, Furio. 2003. *Il fantasma della comunità : Concetti politici e scienza sociale in Max Weber.* Milan : Franco Angeli.

Ferraresi, Furio, and Sandro Mezzadra. 2005. "Introduzione." In *Max Weber, Dalla terra alla fabbrica : Scritti sui lavoratori agricoli e lo Stato nazionale,* vii~lii. Rome : Laterza.

Ferrari Bravo, Luciano. 1975. "Vecchie e nuove questioni nella teoria dell'imperialismo." In *Imperialismo e classe operaia multinazionale,* ed. Luciano Ferrari Bravo, 7~67. Milan : Feltrinelli.

Fine, Janice. 2007. "A Marriage Made in Heaven? Mismatches and Misunderstandings between Worker Centers and Unions." *British Journal of Industrial Relations* 45 (2) : 335~60.

Fine, Sidney. 1969. *Sit-Down : The General Motors Strike of 1936-1937.* Ann Arbor : University of Michigan Press.

Fischer-Lescano, Andreas, and Gunther Teubner. 2004. "Regime-Collisions : The Vain Search for Legal Unity in the Fragmentation of Global Law." *Michigan Journal of International Law* 25 (4) : 999~1046.

_____. 2006. *Regime-Kollisionen : Zur Fragmentierung des globalen Rechts.* Frankfurt : Suhrkamp.

Fitzpatrick, Sheila. 1994. *Stalin's Peasants : Resistance and Survival in the Russian Village after Collectivization.* Oxford : Oxford University Press.

Flynn, Michael, and Cecilia Cannon. 2006. "The Privatization of Immigration Detention : Towards a Global View." A Global Detention Project Working Paper. Accessed October 25, 2010. http://www.globaldetentionproject.org/fileadmin/ docs/GDP_PrivatizationPaper_Fina15.pdf.

"Force Could Be Used on Oceanic 78 : Academic." 2009. *Australian National University News,* October 29. Accessed September 4, 2010. http://news.anu.edu.au/?p=1751.

Forcellini, Egidio. 1771. *Totius Latinitatis lexicon, consilio et cura Jacobi Facciolati, opera et studio Aegidii Forcellini*, 4 vols. Padua : Typis Seminarii, apud Joannem Manfrè.

Ford Foundation. 1999. *Crossing Borders : Revitalizing Area Studies*. Washington, DC : Ford Foundation.

Foucault, Michel. 1978. *The History of Sexuality. Volume 1 : An Introduction*, trans. Robert Hurley. New York : Vintage Books/Random House. [미셸 푸코, 『성의 역사 1 : 지식에의 의지』, 이규현 옮김, 나남, 2004]

_____. 1980. "Questions on Geography." In *Power/Knowledge : Selected Interviews and Other Writings, 1972-1977*, ed. Colin Gordon, 63~77. New York : Pantheon Books. [콜린 고든 편집, 『권력과 지식 : 미셸 푸코와의 대담』, 홍성민 옮김, 나남출판, 1991]

_____. 1989. *The Order of Things : An Archaeology of the Human Sciences*, trans. Alan Sheridan. London : Routledge. [미셸 푸코, 『말과 사물』, 이규현 옮김, 민음사, 2012]

_____. 2000. "Confronting Governments : Human Rights." In *Power, Essential Works of Foucault*, vol. 3, ed. James Faubion, 474~75. New York : New Press.

_____. 2003. *Society Must Be Defended : Lectures at the Collège de France, 1975-76*, trans. David Macey. New York : Picador. [미셸 푸코, 『사회를 보호해야 한다 : 콜레주드프랑스 강의 1975~76년』, 김상운 옮김, 난장, 2015]

_____. 2007a. *Security, Territory, Population : Lectures at the Collège de France, 1977-1978*, trans. Graham Burchell. Houndmills, UK : Palgrave Macmillan. [미셸 푸코, 『안전, 영토, 인구 : 콜레주드프랑스 강의 1977~78년』, 심세광 · 전혜리 · 조성은 옮김, 난장, 2011]

_____. 2007b. "The Meshes of Power." In *Space, Knowledge and Power : Foucault and Geography*, ed. Jeremy W. Crampton and Stuart Elden, 153~62. Aldershot, UK : Ashgate.

_____. 2008. *The Birth of Biopolitics. Lectures at the Collège de France, 1977-1978*, trans. Graham Burchell. Houndmills, UK : Palgrave Macmillan. [미셸 푸코, 『생명관리정치의 탄생 : 콜레주드프랑스 강의 1978~79년』, 심세광 · 전혜리 · 조성은 옮김, 난장, 2012]

Fröbel, Folker, Jürgen Heinrichs, and Otto Kreye.1980. *The New International Division of Labor*. Cambridge : Cambridge University Press.

Frontex. 2006. Background information. Accessed August 8, 2010. http://www.frontex.europa.eu/more_about_frontex/.

Fumagalli, Andrea. 2007. *Bioeconomia e capitalismo cognitivo : Verso un nuovo paradigma di accumulazione*. Rome : Carocci.

Fumagalli, Andrea, and Sandro Mezzadra, eds. 2010. *Crisis in the Global Economy : Financial Markets, Social Struggles, and New Political Scenarios*, trans. Jason McGimsey. Cambridge : Semiotext(e).

G4S. 2010. "Securing Your World : Corporate Social Responsibility Report 2010." Accessed March 19, 2012. http://www.g4s.com.

Gago, Verónica. 2011. *Mutaciones en el trabajo en la Argentina post 2001 : Entre la feminización y el trabajo esclavo*. Tesis para optar al título de Doctor en Ciencias Sociales, Facultad de Ciencias Sociales Universidad de Buenos Aires, 2011.

Galli, Carlo. 2010. *Political Spaces and Global War*, trans. Elisabeth Fay. Minneapolis : University of Minnesota Press.

Gallicchio, Marc. 2000. *The African American Encounter with Japan and China : Black Internationalism in Asia, 1895-1945*. Chapel Hill : University of North Carolina Press.

Gammeltoft-Hansen, Thomas. 2007. "The Extraterritorialisation of Asylum and the Advent of 'Protection Lite.'" Working Paper 2007/2. Danish Institute for International Studies. Accessed September 3, 2010. http://www.diis.dk.

Gaonkar, Dilip Parameshwar. 2001. *Alternative Modernities*. Durham, NC : Duke University Press.

García Canclini, Néstor. 1999. *La globalización imaginada*. Mexico City : Paidos.

Gardner, Andrew M. 2010. "Engulfed : Indian Guest Workers, Bahraini Citizens, and the Structural Violence of the *Kafala* System." In *The Deportation Regime : Sovereignty, Space and the Freedom of Movement*, ed. Nicholas De Genova and Nathalie Peutz, 196~223. Durham, NC : Duke University Press.

Geiger, Martin, and Antoine Pécoud. 2010. "The Politics of International Migration Management." In *The Politics of International Migration Management : Migration, Minorities and Citizenship*, ed. Martin Geiger and Antoine Pécoud, 1~20. Houndmills, UK : Palgrave Macmillan.

Georgi, Fabian. 2007. *Migrationsmanagement in Europa*. Saarbrücken, Germany : VDM.

Gereffi, Gary, and Miguel Korzeniewicz. 1994. *Commodity Chains and Global Capitalism*. Westport, CT : Greenwood Press.

Ghosh, Amitav. 1998. *The Shadow Lines*. London : Bloomsbury.

Gibney, Mark. 2010. *Global Refugee Crisis : A Reference Handbook*, 2nd ed., *Contemporary World Issues*. Santa Barbara, CA : ABC-CLIO.

Gibson-Graham, J. K. 2006. *A Postcapitalist Politics*. Minneapolis : University of Minnesota Press.

Gilboy, Janet. 1997. "Implications of 'Third-party' Involvement in Enforcement : The INS, Illegal Travelers, and International Airlines." *Law and Society Review* 31 : 505~29.

Gilroy, Paul. 1987. *'There Ain't No Black in the Union Jack' : The Cultural Politics of Race and Nation*. London : Hutchinson.

_____. 1993. *The Black Atlantic : Modernity and Double Consciousness*. London : Verso.

_____. 2004. *After Empire : Melancholia or Convivial Culture?* London : Routledge.

Glenn, Evelyn Nakano. 2004. *Unequal Freedom : How Race and Gender Shaped American Citizenship and Labor*. Cambridge, MA : Harvard University Press.

Glissant, Édouard. 1997. *The Poetics of Relation*, trans. Betsy Wing. Ann Arbor : University of Michigan Press.

Godechot, Olivier. 2008. " 'Hold-up' in Finance : The Conditions of Possibility for High Bonuses in the Financial Industry." *Revue Française de Sociologie* 49 : 95~123.

Government of Canada. 2008. "Regulations Amending the Immigration and Refugee Protection Regulations (Canadian Experience Class)." *Canada Gazette*, September 4. Accessed April 16, 2012. http://gazette.gc.ca/rp-pr/p2/2008/2008-09-17/html/sor-dors254-eng.html.

Gramsci, Antonio. 1971. *Selections from the Prison Notebooks*, ed. and trans. Quintin Hoare and Geoffrey Nowell Smith. New York : International Publishers. [안토니오 그람시, 『그람시의 옥중수고』 1・2, 이상훈 옮김, 거름, 1999]

_____. 1995. *Further Selections from the Prison Notebooks*, ed. and trans. D. Boothman. Minneapolis : University of Minnesota Press.

Grayson, John. 2012. "G4S Turns a Profit in 'Asylum Markets' : Who's Speaking Out and Whose Lips Are Sealed." *Open Democracy*, February 28. Accessed March 18, 2012. http://www.opendemocracy.net.

Gregory, Derek. 1994. *Geographical Imaginations*. Oxford : Blackwell.

Greenspan, Anna. 2004. *India and the IT Revolution : Networks of Global Culture*. Hampshire, UK : Palgrave Macmillan. [Anna Greenspan, 『인도와 IT 혁명 : 글로벌 문화 네트워크』, 우광방 옮김, 연세대학교 출판부, 2007]

Groh, Dieter. 1961. *Russland und das Selbstverständnis Europas. Ein Beitrag zur europäischen Geistesgeschichte*. Neuwied, Germany : Luchterhand.

Grotius, Hugo. 2005 [1625]. *The Rights of War and Peace*, ed. Richard Tuck. Indianapolis : Liberty Fund.

Guang-Zhen, Sun. 2005. "The Economics of Division of Labor from Xenophon to Hayek (1945) : A Review of Selected Literature." In *Readings in the Economics of the Division of Labour : The Classical Tradition*, ed. Guang-Zhen Sun, 3~31. Singapore : World Scientific.

Guha, Ranajit. 1983. *Elementary Aspects of Peasant Insurgency in Colonial India*. New Delhi : Oxford University Press.

_____. 2002. *History at the Limit of World-History*. New York : Columbia University Press. [라나지트 구하, 『역사 없는 사람들 : 헤겔 역사 철학 비판』, 이광수 옮김, 삼천리, 2011]

Gurvitch, Georges. 1932. *L'idée du droit social : Notion et système du droit social*. Paris : Librairie de Recueil Sirey.

Gutiérrez, David, and Pierrette Hondagneu-Sotelo. 2008. "Introduction : Nation and Migration." *American Quarterly* 60 (3) : 503~21.

Haass, Richard. 2008. "The Age of Nonpolarity : What Will Follow U.S. Dominance?" *Foreign Affairs* 87 (3) : 44~56.

Habermas, Jürgen. 1989. *The New Conservatism and the Historians' Debate*, trans. Shierry Weber Nicholsen. Cambridge, MA : MIT Press.

Hage, Ghassan. 1998. *White Nation : Fantasies of White Supremacy in a Multicultural Society*. Sydney : Pluto Press.

Hall, Stuart. 1985. *Popular Culture as a Factor of Intercultural Understanding : The Case of Reggae*. Paris : UNESCO.

_____. 1986a. "On Postmodernism and Articulation. An Interview with Lawrence Grossberg." *Journal of Communication Inquiry* 10 : 45~60.

_____. 1986b. "Gramsci's Relevance for the Study of Race and Ethnicity." *Journal of Communication Inquiry* 10 : 5~27.

_____. 1988. "The Toad in the Garden : Thatcherism among the Theorists." In *Marxism and the Interpretation of Culture*, ed. Lawrence Grossberg and Cary Nelson, 35~57. Urbana : University of Illinois Press.

_____. 1990. "Cultural Identity and Diaspora." In *Identity : Community, Culture, Difference*, ed. Jonathan Rutherford, 222~37. London : Lawrence and Wishart.

_____. 1992. "Cultural Studies and Its Theoretical Legacies." In *Cultural Studies*, ed. L. Grossberg and P. A. Treichler, 277~86. London : Routledge. [스튜어트 홀, 「문화 연구와 그 이론적 유산」, 『문화, 이데올로기, 정체성』, 임영호 편역, 컬처룩, 2015]

_____. 2000. "Conclusion : The Multi-cultural Question." In *Un/Settled Multiculturalisms : Diasporas, Entanglements, Transruptions*, ed. Barnor Hesse, 209~41. New York : St. Martin's.

_____. 2006. "Black Diaspora Artists in Britain : Three 'Moments' in Post-war History." *History Workshop Journal* 61 (1) : 1~24.

Hamilton, Earl J. 1943. *World Regions in the Social Sciences*. New York : Social Science Research Council.

Hammar, Tomas. 1990. *Democracy and the Nation-State : Aliens, Denizens and Citizens in a World of International Migration*. Aldershot, UK : Avebury.

Hanssen, Beatrice. 2000. *Critique of Violence : Between Poststructuralism and Critical Theory*. London : Routledge.

Hardin, Garrett. 1968. "The Tragedy of the Commons." *Science* 162 : 1243~48.

Hardt, Michael, and Antonio Negri. 1994. *Labor of Dionysus. A Critique of the State-Form*. Minneapolis : University of Minnesota Press. [안토니오 네그리 · 마이클 하트, 『디오니소스의 노동 1 : 국가형태 비판』, 이원영 옮김, 갈무리, 1996]

_____. 2000. *Empire.* Cambridge, MA : Harvard University Press. [안토니오 네그리 · 마이클 하트, 『제국』, 윤수종 옮김, 이학사, 2001]

_____. 2004. *Multitude : War and Democracy in the Age of Empire.* New York : Penguin. [안토니오 네그리 · 마이클 하트, 『다중 : 「제국」이 지배하는 시대의 전쟁과 민주주의』, 조정환 · 정남영 · 서창현 옮김, 세종서적, 2008]

_____. 2009. *Commonwealth.* Cambridge, MA : Harvard University Press. [안토니오 네그리 · 마이클 하트, 『공통체 : 자본과 국가 너머의 세상』, 정남영 · 윤영광 옮김, 사월의책, 2014]

Harris, Nigel. 2002. *Thinking the Unthinkable. The Immigration Myth Exposed.* London : I. B. Tauris.

Harvey, David. 1989. *The Condition of Postmodernity.* Oxford : Blackwell. [데이비드 하비, 『포스트 모더니티의 조건』, 구동회 · 박영민 옮김, 한울, 2013]

_____. 2003. *The New Imperialism.* Oxford : Oxford University Press. [데이비드 하비, 『신제국주의』, 최병두 옮김, 한울아카데미, 2016]

_____. 2005. *A Brief History of Neoliberalism.* Oxford : Oxford University Press. [데이비드 하비, 『신자유주의 : 간략한 역사』, 최병두 옮김, 한울, 2007]

_____. 2010. *A Companion to Marx's Capital.* London : Verso. [데이비드 하비, 『데이비드 하비의 맑스 『자본』 강의』 1 · 2, 강신준 옮김, 창비, 2011/16]

Hashmi, Sohail H., and David L. Miller, eds. 2001. *Boundaries and Justice : Diverse Ethical Perspectives.* Princeton, NJ : Princeton University Press.

Haug, Wolfgang Fritz. 1995. "Charaktermaske." In *Historisch-kritisches Wörterbuch des Marxismus,* vol. 2, ed. W. F. Haug, 435~51. Berlin : Argument.

Haviland, Keith. 2008. *Global Delivery : A Course to High Performance in a Multi-Polar World.* Dublin : Accenture.

Hawkins, Freda. 1991. *Critical Years in Immigration : Canada and Australia Compared.* Kingston, ONT : McGill-Queens University Press.

Hayter, Teresa. 2004. *Open Borders. The Case against Immigration Control.* London : Pluto.

Hegel, Georg Wilhelm Friedrich. 1991 [1821]. *Elements of the Philosophy of Right.* Cambridge : Cambridge University Press.

Heidegger, Martin. 2002 [1950]. *Off the Beaten Track.* Cambridge : Cambridge University Press.

Held, David. 1995. *Democracy and the Global Order : From the Modern State to Cosmopolitan Governance.* Stanford, CA : Stanford University Press.

Hess, Sabine. 2007. *Globalisierte Hausarbeit. Au-pair als Migrationsstrategie von Frauen aus Osteuropa.* Wiesbaden, Germany : vs Verlag fur Sozialwissenschaften.

Hess, Sabine, and Bernd Kasparek, eds. 2010. *Grenzregime : Diskurse, Praktiken, Institutionen in Europa.* Berlin : Assoziation A.

Hess, Sabine, and Vassilis Tsianos. 2007. "Europeanizing Transnationalism! Provincializing Europe! Konturen eines neuen Grenzregimes." In *Turbulente Ränder. Neue Perspektiven auf Migration an den Grenzen Europas,* ed. Transit Migration Forschungsgruppe, 23~29. Bielefeld, Germany : Transcript Verlag.

Hilferding, Rudolf. 1981 [1910]. *Finance Capital : A Study of the Latest Phase of Capitalist Development.* London : Routledge and Kegan Paul.

Hilger, Marie-Elisabeth, and Lucian Hölscher. 1972. "Kapital, Kapitalist, Kapitalismus." In *Geschichtliche Grundbegriffe,* vol. 3, ed. Otto Brunner, Werner Conze, and Reinhardt Koselleck, 399~454. Stuttgart : Klett.

Hindess, Barry. 2004. "Liberalism — What's in a Name?" In *Global Governmentality : Governing Interna-*

tional Spaces, ed. Wendy Larner and William Walters, 23~29. London : Routledge.

Ho, Karen. 2009. *Liquidated : An Ethnography of Wall Street*. Durham, NC : Duke University Press. [캐런 호, 『호모 인베스투스 : 투자하는 인간, 신자유주의와 월스트리트의 인류학』, 유강은 옮김, 이매진, 2013]

Hobbes, Thomas. 1981 [1651], *Leviathan*, ed. C. B. Macpherson. Harmondsworth, UK : Penguin. [토마스 홉스, 『리바이어던』, 최공웅 · 최진원 옮김, 동서문화사, 2013]

Hochschild, Arlie. 1983. *The Managed Heart : Commercialization of Human Feeling*. Berkeley : University of California Press. [앨리 러셀 혹실드, 『감정노동 : 노동은 우리의 감정을 어떻게 상품으로 만드는가』, 이 가람 옮김, 이매진, 2009]

_____. 2000. "Global Care Chains and Emotional Surplus Value." In *On The Edge : Living with Global Capitalism*, ed. Will Hutton and Anthony Giddens, 130~46. London : Jonathan Cape. [알리 러셀 혹스 차일드, 「보살핌 사슬과 감정의 잉여가치」, 『기로에 선 자본주의』, 앤서니 기든스 · 윌 허튼 공동편집, 박 찬욱 외 옮김, 생각의나무, 2000]

Holmes, Brian. 2005. "Continental Drift, or, the Other Side of Neoliberal Globalization." *Interactivist Info Exchange*, September 27. Accessed January 17, 2012. http://interactivist.autonomedia.org/node/4689.

_____. 2011. "Do Containers Dream of Electric People? The Social Form of Just-in-time Production." *Open* 21 : 30~44.

Honig, Bonnie. 2001. *Democracy and the Foreigner*. Princeton, NJ : Princeton University Press.

Hopkins, Terence K., and Immanuel Wallerstein. 1986. "Commodity Chains in the World Economy Prior to 1800." *Review* 10 (1) : 157~70.

Horstmann, Alexander. 2007. "Violence, Subversion and Creativity in the Thai-Malaysian Borderland." In *Borderscapes : Hidden Geographies and Politics at Territory's Edge*, ed. Prem Kumar Rajaram and Carl Grundy-Warr, 137~60. Minneapolis : University of Minnesota Press.

Hugo, Graeme. 2002. "Australian Immigration Policy : The Significance of the Events of September 11." *International Migration Review* 36 (1) : 37~40.

Hume, David. 1994. *Political Writings*, ed. S. D. Warner and D. W. Livingston. Indianapolis : Hackett.

Huntington, Samuel P. 1996. *The Clash of Civilizations and the Remaking of World Order*. New York : Simon and Schuster. [새뮤얼 헌팅턴, 『문명의 충돌 : 세계질서 재편의 핵심 변수는 무엇인가』, 이희재 옮김, 김영사, 2016]

Huysmans, Jef. 2006. *The Politics of Insecurity : Fear, Migration and Asylum in the EU*. London : Routledge.

ICOC. 2012. "Draft Charter of the Oversight Mechanism for the International Code of Conduct for Private Security Service Providers." International Code of Conduct for Private Security Service Providers. Accessed March 19, 2012. http://www.icoc-psp.org/uploads/Draft_Charter.pdf.

International Labour Organization. 2010. *International Labor Migration : A Rights-Based Approach*. Geneva : International Labour Organization. Accessed January 23, 2012. http://www.ilo.org/public/english/protection/migrant/download/rights_based_approach.pdf.

Isin, Engin F. 2002. *Being Political : Genealogies of Citizenship*. Minneapolis : University of Minnesota Press.

_____. 2008. "Theorizing Acts of Citizenship." In *Acts of Citizenship*, ed. Engin F. Isin and Greg M. Nielsen, 15~43. London : Zed Books.

_____. 2009. "Citizenship in Flux : The Figure of the Activist Citizen." *Subjectivity* 29 : 367~88.

Isin, Engin, and Bryan S. Turner. 2008. "Investigating Citizenship : An Agenda for Citizenship Studies." In *Citizenship between Past and Present*, ed. E. F. Isin, P. Nyers, and B. S. Turner, 5~17. London : Routledge.

Iveković, Rada. 2010. "The Watershed of Modernity : Translation and the Epistemological Revolution."

Inter-Asia Cultural Studies 11 (1) : 45~63.

Ives, Peter. 2004. *Language and Hegemony in Gramsci*. London : Pluto Press.

Jameson, Fredric. 2011. *Representing Capital : A Reading of Volume One*. London : Verso.

Janicki, Jill Jana, and Thomas Böwing. 2010. "Europäische Migrationskontrolle im Sahel. Das CICEM in Mali." In *Grenzregime : Diskurse, Praktiken, Institutionen in Europa*, ed. Sabine Hess and Bernd Kasparek, 127~43. Berlin : Assoziation A.

Jenkins, Rob. 2007. "The Politics of India's Special Economic Zones." Center for the Advanced Study of India, University of Pennsylvania. Accessed January 6, 2011. http://casi.ssc.upenn.edu/system/files/Rob+Jenkins.pdf.

Joerges, Christian. 2008. "Integration durch Entrechtlichung. Ein Zwischenruf." *European Journal of Legal Studies* 1 (3) : 1~37.

_____. 2011. "The Idea of a Three-dimensional Conflicts Law as Constitutional Form." In *Constitutionalism, Multilevel Trade Governance and Social Regulation*, 2nd ed., ed. Christian Joerges and Ernst-Ulrich Petersmann, 413~56. Oxford : Hart.

Jones, Andrew M. 2008. "Staff Shortages and Immigration in the Financial Services Sector." In *A Need for Migrant Labour?*, report prepared by COMPAS. London : Home Office.

Joseph, Miranda. 2002. *Against the Romance of Community*. Minneapolis : University of Minnesota Press.

Joxe, Alain. 2002. *Empire of Disorder*, trans. Ames Hodges. New York : Semiotext(e).

Kant, Immanuel. 2010 [1795]. *Perpetual Peace : A Philosophical Essay*, trans. Mary Campbell Smith. New York : Cosimo Classics. [임마누엘 칸트, 『영구 평화론』, 박환덕 · 박열 옮김, 범우사, 2015]

Kaplan, Amy. 2002. *The Anarchy of Empire in the Making of U.S. Culture*. Cambridge, MA : Harvard University Press.

Karakayali, Serhat and Vassilis Tsianos. 2010. "Transnational Migration and the Emergence of the European Border Regime : An Ethnographic Analysis." *European Journal of Social Theory* 13(3) : 373~87.

Karatani, Kôjin. 2005. *Transcritique : On Kant and Marx*, trans. Sabu Kosho. Cambridge, MA : MIT Press. [가라타니 고진, 『트랜스크리틱 : 칸트와 맑스』, 이신철 옮김, 도서출판b, 2013]

Kasparek, Bernd. 2010. "Laboratorium, Think Tank, Doing Border : Die Grenzschutzagentur Frontex." In *Grenzregime. Diskurse, Praktiken, Institutionen in Europa*, ed. Sabine Hess and Bernd Kasparek, 111~26. Berlin : Assoziation A.

Kaufman, Bruce E. 2004. *The Global Evolution of Industrial Relations : Events, Ideas and the IIRA*. Geneva : International Labour Organization.

Kern, Horst, and Michael Schumann. 1984. *Das Ende der Arbeitsteilung? : Rationalisierung in der industriellen Produktion : Bestandsaufnahme, Trendbestimmung*. Munich : C. H. Beck.

Kerr, Clark, John T. Dunlop, Frederick Harbison, and Charles A. Myers. 1960. *Industrialism and Industrial Man : Problems of Labor and Management in Economic Growth*. Cambridge, MA : Harvard University Press.

Klein, Naomi. 2008. *The Shock Doctrine : The Rise of Disaster Capitalism*. New York : Metropolitan Books. [나오미 클라인, 『쇼크 독트린』, 김소희 옮김, 살림, 2008]

Kofman, Eleonore, Annie Phizacklea, and Parvati Raghuram. 2000. *Gender and International Migration in Europe : Employment, Welfare, and Politics*. London : Routledge.

Kolossov, Vladimir. 2005. "Border Studies : Changing Perspectives and Theoretical Approaches." *Geopolitics* 10 : 606~32.

Kotkin, Stephen. 1995. *Magnetic Mountain : Stalinism as a Civilization*. Berkeley : University of California Press.

Krahl, Hans-Jürgen. 1971. *Konstitution und Klassenkampf : Zur Historischen Dialektik von Bürgerlicher Emanzipation und Proletarischer Revolution*. Frankfurt : Verlag Neue Kritik.

Krishna, Sankaran. 1994. "Cartographic Anxiety : Mapping the Body Politic in India." *Alternatives* 19 (4) : 507~21.

Kron, Stefanie. 2010. "Orderly Migration : Der 'Puebla Prozes' und die Transnationalisierung der Migrationspolitik in Mittelamerika." In *Grenzregime. Diskurse, Praktiken, Institutionen in Europa*, ed. Sabine Hess and Bernd Kasparek, 73~86. Berlin : Assoziation A.

Kuczynski, Thomas. 2009. "Was wird auf dem Arbeitsmarkt verkauft?" In Über *Marx Hinaus : Arbeitsgeschichte und Arbeitsbegriff in der Konfrontation mit den globalen* Arbeitsverhältnissen *des 21. Jahrhunderts*, ed. Marcel van der Linden and Karl-Heinz Roth, 363~79. Berlin : Assoziation A.

Kumar, M. Satish, and David Vumlallian Zou. 2011. "Mapping a Colonial Borderland : Objectifying the Geo-body of India's Northeast." *Journal of Asian Studies* 70 (1) : 141~70.

Laclau, Ernesto. 1977. *Politics and Ideology in Marxist Theory : Capitalism, Fascism, Populism*. London : New Left Books.

_____. 1996. *Emancipation(s)*. London : Verso.

_____. 1997. "The Death and Resurrection of the Theory of Ideology." *Modern Language Notes* 112 (3) : 297~321.

_____. 2005. *On Populist Reason*. London : Verso.

Laclau, Ernesto, and Chantal Mouffe. 2001 [1985]. *Hegemony and Socialist Strategy : Towards a Radical Democratic Politics*. London : Routledge. [에르네스토 라클라우 · 샹탈 무페, 『헤게모니와 사회주의 전략 : 급진 민주주의 정치를 향하여』, 이승원 옮김, 후마니타스, 2012]

Lacoste, Yves. 1976. *La* Géographie, ça *sert, d'abord,* à *faire la guerre*. Paris : F. Maspero.

Lahav, Gallya. 1998. "Immigration and the State : The Devolution and Privatization of Immigration Control in the EU." *Journal of Ethnic and Migration Studies* 24 (4) : 675~94.

Laitinen, Ilkka. 2011. "Keeping Up with Schengen." *publicservice.co.uk*. Accessed April 24, 2012. http:// www.publicservice.co.uk/feature_story.asp?id=17487.

Lash, Scott, and John Urry. 1987. *The End of Organized Capitalism*. Cambridge : Polity Press.

Latham, Robert. 2000. "Social Sovereignty." *Theory, Culture and Society* 17 (4) : 1~18.

Latour, Bruno. 2005. *Reassembling the Social : An Introduction to Actor-Network Theory*. Oxford : Oxford University Press.

Law, John. 2004. *After Method : Mess in Social Science Research*. London : Routledge.

Lazzarato, Maurizio. 1996. "Immaterial Labor." In *Radical Thought in Italy : A Potential Politics*, ed. Michael Hardt and Paolo Virno, 133~47. Minneapolis : University of Minnesota Press. [마우리찌오 랏짜라또, 「비물질적 노동」, 『이딸리아 자율주의 정치철학 1』, 이원영 편역, 갈무리, 1997]

_____. 2012. *The Making of the Indebted Man : Essay on the Neoliberal Condition*, trans. Joshua David Jordan. Los Angeles : Semiotext(e). [마우리치오 라자라토, 『부채인간 : 인간 억압 조건에 관한 철학 에세이』, 허경 · 양진성 옮김, 메디치미디어, 2012]

Leander, Anna. 2012. "What Do Codes of Conduct Do? Hybrid Constitutionalization and Militarization in Military Markets." *Global Constitutionalism* 1 (1) : 91~119.

Le Cour Grandmaison, Olivier. 2010. *De* l'indigénat. *Anatomie d'un "mostre" juridique : le droit colonial en Algérie et dans l'Empire* français. Paris : La Découverte.

Lee, Ching Kwan. 2007. *Against the Law : Labor Protests in China's Rustbelt and Sunbelt*. Berkeley : University of California Press.

Leidner, Robin. 1999. "Emotional Labor in Service Work." *Annals aapss* 561 : 81~95.

Lemont, Michèle, and Virág Molnár. 2002. "The Study of Boundaries in Social Sciences." *Annual Review of Sociology* 28 : 167~95.

Lenin, Vladimir Ilich. 1965 [1922]. "Five Years of the Russian Revolution and the Prospects of the World Revolution." In *Collected Works*, 2nd ed., vol. 33, 415~32. Moscow : Progress Publishers.

———. 1975 [1916]. *Imperialism, The Highest Stage of Capitalism : A Popular Outline*. Peking : Foreign Language Press. [블라디미르 일리치 레닌, 『제국주의, 자본주의 최고 단계 : 대중적 개설』, 황정규 옮김, 두번째테제, 2017]

Lentin, Alana, and Gavan Titley. 2011. *The Crises of Multiculturalism : Racism in a Neoliberal Age*. London : Zed Books.

Leonelli, Rudy M. 2010. "L'arma del sapere : Storia e potere tra Foucault e Marx." In *Foucault-Marx : Paralleli e paradossi*, ed. Rudy M. Leonelli, 113~42. Rome : Bulzoni Editore.

Lessig, Lawrence. 2004. *Free Culture : How Big Media Uses Technology and the Law to Lock Down Culture and Control Creativity*. New York : Penguin Press. [로렌스 레식, 『자유문화 : 인터넷 시대의 창작과 저작권 문제』, 이주명 옮김, 필맥, 2005]

Lestringant, Frank. 1991. *L'atelier du cosmographe ou l'image du monde* à la *Renaissance*. Paris : Albin Michel.

Lewchuk, Wayne A. 1993. "Men and Monotony : Fraternalism as a Managerial Strategy at the Ford Motor Company." *Journal of Economic History* 53 (4) : 824~56.

Lewis, Martin W., and Kären E. Wigen. 1997. *The Myth of Continents : A Critique of Metageography*. Berkeley : University of California Press.

Libreria delle donne di Milano. 1987. *Non credere di avere dei diritti*. Turin : Rosenberg and Sellier.

Light, Ivan, and Edna Bonacich. 1988. *Immigrant Entrepreneurs in America, Koreans in Los Angeles, 1965-1982*. Berkeley : University of California Press.

Linebaugh, Peter. 2008. *The Magna Carta Manifesto : Liberties and Commons for All*. Berkeley : University of California Press. [피터 라인보우, 『마그나카르타 선언 : 모두를 위한 자유권들과 커먼즈』, 정남영 옮김, 갈무리, 2012]

Linebaugh, Peter, and Marcus Rediker. 2000. *The Many-Headed Hydra : Sailors, Slaves, Commoners, and the Hidden History of the Revolutionary Atlantic*. London : Verso. [피터 라인보우 · 마커스 레디커, 『히드라 : 제국과 다중의 역사적 기원』, 정남영 · 손지태 옮김, 갈무리, 2008]

Linera, Álvaro García. 2008, *La potencia plebeya. Acción colectiva e identidades indígenas, obreras y populares en Bolivia, ed. Pablo Stefanoni*. Buenos Aires : Prometeo.

Lipietz, Alain. 1986. *Mirages and Miracles : The Crisis in Global Fordism*, trans. David Macey. London : Verso.

———. 1992. *Towards a New Economic Order : Post-Fordism, Ecology and Democracy*. Oxford : Oxford University Press.

Locke, John. 1988. [1690]. *Two Treatises of Government*, ed. P. Laslett. Cambridge : Cambridge University Press. [존 로크, 『통치론』, 강정인 · 문지영 옮김, 까치, 2017]

Lonzi, Carla. 2010 [1970]. *Sputiamo su Hegel e altri scritti*. Milan : Et al.

Lo Piparo, Franco. 1979. *Lingua, intellettuali, egemonia in Gramsci*. Rome : Laterza.

Lorde, Audre. 2009. *I Am Your Sister : Collected and Unpublished Writings*, ed. R. P. Byrd, J. B. Cole, and B. Guy-Sheftall. Oxford : Oxford University Press.

Lowe, Lisa. 1996. *Immigrant Acts : On Asian American Cultural Politics*. Durham, NC : Duke University Press.

Lucassen, Jan, ed. 2006. *Global Labour History : A State of the Art*. Bern : Peter Lang.

Luhmann, Niklas. 1971. "Die Weltgesellschaft." *Archiv für Rechts- und Sozialphilosophie* 57 : 1~35.

Luxemburg, Rosa. 2003 [1913]. *The Accumulation of Capital*, trans. Agnes Schwarzschild. New York : Routledge. [로자 룩셈부르크, 『자본의 축적』 1 · 2, 황선길 옮김, 지식을만드는지식, 2013]

MacKenzie, Donald. 2004. "Social Connectivities in Global Financial Markets." *Environment and Planning D : Society and Space* 22 : 83~101.

Macpherson, Crawford B. 1962. *The Political Theory of Possessive Individualism : Hobbes to Locke*. Oxford : Clarendon Press.

Maier, Charles. 1991. *The Marshall Plan and Germany : West German Development within the Framework of the European Recovery Program*. New York : St. Martin's.

Mandel, Ernest. 1975. *Late Capitalism*, trans. Joris De Bres. London : Humanities Press.

Mannheim, Karl. 1952 [1928]. "The Problem of Generations." In *Collected Works of Karl Mannheim*, vol. 5, 276~320. London : Routledge. [카를 만하임, 『세대 문제』, 이남석 옮김, 책세상, 2020]

Marazzi, Christian. 2005. "Capitalismo digitale e modello antropogenetico del lavoro : L'ammortamento del corpo macchina." In *Reinventare il lavoro*, ed. Jean Louis Laville, Christian Marazzi, Michele La Rosa, and Federico Chicchi, 107~26. Rome : Sapere 2000.

_____. 2008. *Capital and Language : From the New Economy to the War Economy*, trans. Gregory Conti. Los Angeles : Semiotext(e). [크리스티안 마라찌, 『자본과 언어 : 신경제에서 전쟁경제로』, 서창현 옮김, 갈무리, 2013]

_____. 2010. *The Violence of Financial Capitalism*, trans. Kristina Lebedeva. New York : Semiotext(e). [크리스티안 마라찌, 『금융자본주의의 폭력 : 부채위기를 넘어 공통으로』, 심성보 옮김, 갈무리, 2013]

_____. 2011. *Capital and Affects : The Politics of the Language Economy*, trans. Giuseppina Mecchia. Los Angeles : Semiotext(e). [크리스티안 마라찌, 『자본과 정동 : 언어 경제의 정치학』, 서창현 옮김, 갈무리, 2014]

Marchetti, Chiara. 2006. *Un mondo di rifugiati : Migrazioni forzate e campi profughi*. Bologna : emi.

Marcus, George. 2008. "The End(s) of Ethnography : Social/cultural Anthropology's Signature Form of Producing Knowledge in Transition." *Cultural Anthropology* 23(1) : 1~14.

Marella, Maria Rosaria, ed. 2012. *Oltre il pubblico e il privato : Per un diritto dei beni comuni*. Verona : Ombre corte.

Marshall, Thomas Humphrey. 1950. *Citizenship and Social Class, and Other Essays*. Cambridge : Cambridge University Press.

_____. 1964. *Class, Citizenship, and Social Development : Essays*. Garden City, NY : Doubleday. [T. H. 마셜, 『시민권과 복지국가』, 김윤태 옮김, 이학사, 2013]

Martí, José. 1892. "Nuestra America." Accessed May 19, 2011. http://www.historyofcuba.com/history/marti/America.htm.

Martin, Randy. 2002. *Financialization of Daily Life*. Philadelphia : Temple University Press.

_____. 2009. "Whose Crisis Is That? Thinking Finance Otherwise." *Ephemera* 9 (4) : 344~49.

Marx, Karl. 1971. *Theories of Surplus Value*, vol. 3. Moscow : Progress Publishers. [T. H. 마셜, 『시민권과 복지국가』, 김윤태 옮김, 이학사, 2013]

_____. 1973. *Grundrisse : Foundations of the Critique of Political Economy*, trans. Martin Nicolaus. Harmondsworth, UK : Penguin. [K. 맑스, 『잉여가치학설사 : 자본론 IV』 1, 아침편집부 옮김, 아침, 1991]

_____. 1977. *Capital*, vol. 1, trans. Ben Fowkes. New York : Vintage Books. [칼 맑스, 『자본론』 1권 (상) · (하), 김수행 옮김, 비봉출판사, 2015]

_____. 1978. *Capital*, vol. 2, trans. David Fernbach. London : Penguin. [칼 맑스, 『자본론』 2권, 김수행 옮김, 비봉출판사, 2015]

_____. 1981. *Capital*, vol. 3, trans. David Fernbach. London : Penguin. [칼 맑스, 『자본론』 3권 (상) · (하), 김수행 옮김, 비봉출판사, 2015]

_____. 1988. *Economic and Philosophic Manuscripts and the Communist Manifesto*. Amherst, MA : Prometheus Books. [칼 마르크스, 『경제학 · 철학 초고/자본론/공산당선언/철학의 빈곤』, 김문현 옮김, 동서문화사, 2016]

_____. 2008. *The Poverty of Philosophy*, trans. Harry Quelch. New York : Cosimo. [칼 마르크스, 『경제학 · 철학 초고/자본론/공산당선언/철학의 빈곤』, 김문현 옮김, 동서문화사, 2016]

Marx, Karl, and Friedrich Engels. 2002. *The Communist Manifesto*, ed. G. Stedman Jones. London : Penguin. [카를 마르크스 · 프리드리히 엥겔스, 『공산당선언』, 이진우 옮김, 책세상, 2018]

Massey, Doreen. 1984. *Spatial Divisions of Labour : Social Structures and the Geography of Production*. London : Macmillan.

Mathew, Biju. 2005. *Taxi! Cabs and Capitalism in New York City*. New York : New Press.

Mattei, Ugo. 2011. *Beni comuni. Un manifesto*. Rome : Laterza.

Mattei, Ugo, and Laura Nader. 2009. *Plunder : When the Rule of Law Is Illegal*. Oxford : Blackwell.

Mauss, Marcel. 1985. "A Category of the Human Mind : The Notion of Person; the Notion of Self," trans. W. D. Halls. In *The Category of the Person : Anthropology, Philosophy, History*, ed. M. Carrtihers, A. Collins, and S. Lukes, 1~25. Cambridge : Cambridge University Press.

May, Martha. 1982. "Historical Problems of the Family Wage : The Ford Motor Company and the Five Dollar Day." *Feminist Studies* 8 : 395~424.

Mbembe, Achille. 2003. "Necropolitics." *Public Culture* 15 (1) : 11~40.

_____. 2009. "The Republic and Its Beast : On the Riots in the French Banlieues," trans. Jane Marie Todd. In *Frenchness and the African Diaspora : Identity and Uprising in Contemporary France*, ed. Charles Tshimanga, C. Didier Gondola, and Peter J. Bloom, 47~55. Bloomington : Indiana University Press.

McCall, Leslie. 2005. "The Complexity of Intersectionality." *Signs* 3 : 1771~800.

McCormick, Ted. 2009. *William Petty and the Ambitions of Political Arithmetic*. Oxford : Oxford University Press.

McNevin, Anne. 2006. "Political Belonging in a Neoliberal Era : The Struggle of the *Sans-Papiers*." *Citizenship Studies* 10 (2) : 135~51.

_____. 2011. *Contesting Citizenship : Irregular Migrants and New Frontiers of the Political*. New York : Columbia University Press.

Menz, George. 2009. "The Neoliberalized State and Migration Control : The Rise of Private Actors in the Enforcement and Design of Migration Policy." *Debatte : Journal of Contemporary Central and Eastern Europe* 17 (3) : 315~32.

Mercator, Gerardus. 1595. *Atlas sive Cosmographicae Meditationes de Fabrica Mundi et Fabricati Figura*. Duisburg, Germany : Rumold Mercator.

Mezzadra, Sandro. 1999. *La costituzione del sociale : Il pensiero politico e giuridico di Hugo Preuss*. Bologna : Il Mulino.

_____. 2002. "Diritti di cittadinanza e Welfare State : Citizenship and Social Class di Tom Marshall cinquant'anni dopo." In T. H. Marshall, *Cittadinanza e classe sociale*, v~xxxiv. Rome : Laterza.

_____, ed. 2004. *Cittadinanza : Soggetti, ordine, diritto*. Bologna : Clueb.

_____. 2006. "Citizen and Subject : A Postcolonial Constitution for the European Union?" *Situations* 1 (2) : 31~42.

_____. 2011a. "The Topicality of Prehistory : A New Reading of Marx's Analysis of 'So-called Primitive Accumulation.'" *Rethinking Marxism* 23 (3) : 302~21.

_____. 2011b. "Bringing Capital Back In : A Materialist Turn in Postcolonial Studies?" *Inter-Asia Cultural Studies* 12 (1) : 154~64.

_____. 2011c. "How Many Histories of Labour? Towards a Theory of Postcolonial Capitalism." *Postcolonial Studies* 14 (2) : 151~70.

_____. 2011d. "The Gaze of Autonomy : Capitalism, Migration, and Social Struggles." In *The Contested Politics of Mobility : Borderzones and Irregularity*, ed. Vicki Squire,121~42. London : Routledge.

_____. 2011e. "En voyage : Michel Foucault et la critique post-coloniale." In *Cahier Foucault*, ed. P. Artières, J-F. Bert, F. Gros, and J. Revel, 352~57. Paris : Herne.

Mezzadra, Sandro, and Brett Neilson. 2003. "*Né qui, né altrove* — Migration, Detention, Desertion : A Dialogue." *Borderlands E-journal* 2 (1). Accessed October 23, 2010. http://www.borderlands.net.au/issues/v012n01.html.

_____. 2012. "Borderscapes of Differential Inclusion : Subjectivity and Struggles on the Threshold of Justice's Excess." In *The Borders of Justice*, ed. Étienne Balibar, Sandro Mezzadra, and Ranabir Samaddar, 181~203. Philadelphia : Temple University Press.

Midnight Notes Collective. 1990. "The New Enclosures." No. 10. Accessed January 2, 2012. http://www.midnightnotes.org/newenclos.html.

Mies, Maria. 1998. *Patriarchy and Accumulation on a World Scale : Women in the International Division of Labour*. London : Zed Books. [마리아 미즈, 『가부장제와 자본주의 : 여성, 자연, 식민지와 세계적 규모의 자본축적』, 최재인 옮김, 갈무리, 2014]

Mignolo, Walter D. 1995. *The Darker Side of the Renaissance : Literacy, Territoriality, and Colonization*. Ann Arbor : University of Michigan Press.

_____. 2000. "La colonialidad a lo largo y a lo ancho : El hemisferio occidental en el horizonte colonial de la modernidad." In *La colonialidad del saber : Eurocentrismo y ciencias socials : Perspectivas latinoamericanas*, ed. E. Lander, 55~85. Buenos Aires : Clacso.

Mignolo, Walter, and Madina V. Tlostanova. 2006. "Theorizing from the Borders : Shifting to Geo- and Body-politics of Knowledge." *European Journal of Social Theory* 9 : 205~21.

Miller, Toby, Nitin Govil, John McMurria, and Richard Maxwell. 2001. *Global Hollywood*. London : British Film Institute.

Mintz, Sidney W. 1985. *Sweetness and Power : The Place of Sugar in Modern History*. New York : Penguin. [시드니 민츠, 『설탕과 권력』, 김문호 옮김, 지호, 1998]

Mirowski, Philip, and Dieter Plehwe, eds. 2009. *The Road from Mont Pèlerin : The Making of the Neoliberal Thought Collective*. Cambridge, MA : Harvard University Press.

Mitchell, Timothy. 2004. "The Middle East in the Past and the Future of Social Science." In *The Politics of Knowledge : Area Studies and the Disciplines*, ed. David Szanton, 74~118. Berkeley : University of California Press.

Mitropoulos, Angela. 2006. "Under the Beach, the Barbed Wire." *Mute Magazine* — *Culture and Politics After the Net*. Accessed January 4, 2012. http://www.metamute.org/en/Under-the-Beach-the-Barbed-Wire.

Model, Suzanne. 1985. "A Comparative Perspective on the Ethnic Enclave : Blacks, Italians, and Jews in New York City." *International Migration Review* 19 (1) : 64~81.

Mohanty, Chandra Talpade. 2003. *Feminism without Borders : Decolonizing Theory, Practicing Solidarity*. Durham, NC : Duke University Press. [찬드라 탈파드 모한티, 『경계없는 페미니즘』, 문현아 옮김, 여이연, 2005]

Mometti, Felice, and Maurizio Ricciardi. 2011. *La normale eccezione. Lotte migranti in Italia*. Rome : Edizioni Alegre.

Mommsen, Wolfgang J. 1984. *Max Weber and German Politics, 1890-1920*, trans. M. S. Steinberg. Chicago : University of Chicago Press.

Montgomery, David. 1993. *Citizen Worker*. Oxford : Oxford University Press.

Morini, Cristina. 2010. *Per amore o per forza. Femminilizzazione del lavoro e biopolitiche del corpo*. Verona : Ombre Corte.

Morokvasic, Mirjana. 1984. "The Overview : Birds of Passage Are Also Women." *International Migration Review* 68 (18) : 886~907.

_____. 1993. "In and Out the Labor Market." *New Community* 19 (3) : 459~83.

Morris-Suzuki, Tessa. 2010. *Borderline Japan : Foreigners and Frontier Controls in the Postwar Era*. Cambridge : Cambridge University Press.

Mostov, Julie. 2008. *Soft Borders : Rethinking Sovereignty and Democracy*. New York : Palgrave Macmillan.

Mouffe, Chantal. 2005. *On the Political*. London : Verso.

Moulier Boutang, Yann. 1998. *De l'esclavage au salariat : Économie historique du salariat bridé*. Paris : PUF.

_____. 2011. *Cognitive Capitalism*, trans. E. Emery. Cambridge : Polity Press.

Muraro, Luisa. 2004. *Maglia o uncinetto : Racconto linguistico-politico sulla inimicizia tra metafora e metonimia*, ed. Ida Dominijanni. Rome : Manifestolibri.

Nancy, Jean-Luc. 1991. *The Inoperative Community*, ed. Peter Condor. Minneapolis : University of Minnesota Press.[장-뤽 낭시, 『무위의 공동체』, 박준상 옮김, 인간사랑, 2010]

Neal, Andrew W. 2009. "Securitization and Risk at the EU Border : The Origins of Frontex." *Journal of Common Market Studies* 47 (2) : 333~356.

Negri, Antonio. 1991. *The Savage Anomaly : The Power of Spinoza's Metaphysics and Politics*, trans. M. Hardt. Minneapolis : University of Minnesota Press.[안토니오 네그리, 『야만적 별종 : 스피노자에 있어서 권력과 역능에 관한 연구』, 윤수종 옮김, 푸른숲, 1997]

_____. 1999. *Insurgencies : Constituent Power and the Modern State*, trans. Maurizia Boscaglia. Minneapolis : University of Minnesota Press.

_____. 2007a. *Political Descartes : Reason, Ideology and the Bourgeois Project*, trans. Matteo Mandarini and Alberto Toscano. London : Verso.

_____. 2007b. *Dall' operaio massa all'operaio sociale : Intervista sull'operaismo*. Verona : Ombre Corte.

Negri, Antonio, and Maurizio Lazzarato. 1991. "Travail immatériel et subjectivité." *Futur Antérieur* 6 : 86~99.

Neilson, Brett. 1996. "Threshold Procedures : 'Boat People' in South Florida and Western Australia." *Critical Arts* 10 (2) : 21~40.

_____. 2009. "The World Seen from a Taxi : Students-Migrants-Workers in the Global Multiplication of Labour." *Subjectivity* 29 : 425~44.

_____. 2012. "Five Theses on Understanding Logistics as Power." *Distinktion : Scandinavian Journal of Social Theory* 13 (3) : 323~40.

Neilson, Brett, and Ned Rossiter. 2008. "Precarity as a Political Concept, or, Fordism as Exception." *Theory, Culture and Society* 25 (7~8) : 51~72.

_____. 2011. "Still Waiting, Still Moving : On Labour, Logistics and Maritime Industries." In *Stillness in a Mobile World*, ed. David Bissell and Gillian Fuller, 51~68. London : Routledge.

Ness, Immanuel. 2005. *Immigrants, Unions, and the New U.S. Labor Market*. Philadelphia : Temple University Press.

Neumayer, Eric. 2005. "Bogus Refugees? The Determinants of Asylum Migration to Western Europe." *International Studies Quarterly* 49 : 389~409.

Newman, David. 2006. "The Lines That Continue to Separate Us : Borders in Our 'Borderless' World." *Progress in Human Geography* 30 (2) : 143~61.

Newman, David, and Anssi Paasi. 1998. "Fences and Neighbors in the Postmodern World : Boundary Narratives in Political Geography." *Progress in Human Geography* 22 (2) : 186~207.

Nickel, Rainer, ed. 2009. *Conflict of Laws and Laws of Conflict in Europe and Beyond : Patterns of Supranational and Transnational Juridification*. Oslo : ARENA.

Nugent, David. 2007. *Military Intelligence and Social Science Knowledge : Global Conflict, Territorial Control, and the Birth of Area Studies during WWII*. New York : Social Science Research Council.

_____. 2010. "Knowledge and Empire : The Social Sciences and United States Imperial Expansion." *Identities* 17 (1) : 2~44.

Nyers, Peter. 2006. *Rethinking Refugees : Beyond States of Emergency*. New York : Routledge.

Oberlechner, Thomas. 2004. "Perceptions of Successful Traders by Foreign Exchange Professionals." *Journal of Behavioral Finance* 5 (1) : 23~31.

Observatorio Metropolitano. 2011. *Crisis y revolucion en Europa. People of Europe Rise Up!* Madrid : Traficantes de suenos.

Office of the Comptroller of the Currency (OCC). 2011. *OCC's Quarterly Report on Bank Trading and Derivatives Activities First Quarter 2011*. Washington, DC : U.S. Department of the Treasury. Accessed January 17, 2012. http://www.occ.treas.gov/topics/capital-markets/financial-markets/trading/derivatives/dq111.pdf.

Ōmae, Kenichi. 1990. *The Borderless World : Power and Strategy in the Interlinked Economy*. New York : Harper Business.

Ong, Aihwa. 1999. *Flexible Citizenship : The Cultural Logics of Transnationality*. Durham, NC : Duke University Press.

_____. 2003. *Buddha Is Hiding : Refugees, Citizenship, the New America*. Berkeley : University of California Press.

_____. 2006. *Neoliberalism as Exception : Mutations in Citizenship and Sovereignty*. Durham, NC : Duke University Press.

_____. 2009. "Global Assemblages vs. Universalism." In *Toward a Global Autonomous University*, ed. Edu-factory Collective, 39~71. New York : Autonomedia Books.

Orléan, André. 1999. *Le pouvoir de la finance*. Rome : Éditions Odile Jacob.

Ostrom, Elinor. 1990. *Governing the Commons : The Evolution of Institutions for Collective Action*. Cambridge : Cambridge University Press. [일리노 오스트럼, 『집합행동과 자치제도 : 집합적 행동을 위한 제도의 진화』, 윤홍근 옮김, 자유기업센터, 1999]

Ó Tuathail, Géaroid. 1996. *Critical Geopolitics : The Politics of Writing Global Space*. London : Routledge.

Paasi, Anssi. 1999. "Boundaries as Social Practice and Discourse : The Finnish Russian Border." *Regional Studies* 33 : 669~80.

Painter, Joe. 2008. "Cartographic Anxiety and the Search for Regionality." *Environment and Planning A* 40 (2) : 342~61.

Panagiotidis, Efthimia, and Vassilis Tsianos. 2007. "Denaturalizing 'Camps' : Überwachen und Entschleunigen in der Schengener Ägäis-Zone." In *Turbulente Ränder. Neue Perspektiven auf Migration an den Grenzen Europas*, ed. Transit Migration Forschungsgruppe, 57~85. Bielefeld, Germany : Transcript Verlag.

Papadopoulos, Dimitris, and Vassilis Tsianos. 2007. "How to Do Sovereignty without People? The Subjectless Condition of Postliberal Power." *Boundary* 2 34 (1) : 135~72.

Papadopoulos, Dimitris, Niamh Stephenson, and Vassilis Tsianos. 2008. *Escape Routes : Control and Subversion in the Twenty-First Century.* London : Pluto Press.

Papastergiadis, Nikos. 2000. *The Turbulence of Migration : Globalization, Deterritorialization, Hybridity.* Cambridge : Polity.

Parreñas, Rhacel Salazar. 2001. *Servants of Globalization : Women, Migration, and Domestic Work.* Stanford, CA : Stanford University Press. [라셸 살라자르 파레냐스, 『세계화의 하인들 : 여성, 이주, 가사노동』, 문현아 옮김, 여이연, 2009]

Pashukanis, Evgen Bronislavovich. 2002 [1924]. *The General Theory of Law and Marxism,* ed. Dragan Milovanovic. New Brunswick, NJ : Transaction.

Pasquinelli, Matteo. 2008. *Animal Spirits. A Bestiary of the Commons. Rotterdam* : NAi. [맛떼오 파스퀴넬리, 『동물혼 : 공유지에 서식하는 기생체, 히드라, 독수리 세 가지 형상을 통해 현대자본주의의 동학과 대안적 주체성을 설명하는 동물우화집』, 서창현 옮김, 갈무리, 2013]

Pateman, Carole. 1988. *The Sexual Contract.* Cambridge : Polity. [캐럴 페이트만, 『남과 여, 은폐된 성적 계약』, 이충훈 · 유영근 옮김, 이후, 2001]

Peña, Devon Gerardo. 1980. "Las Maquiladoras : Mexican Women and Class Struggle in the Border Industries." Aztlán 11 (2) : 160~229.

_____. 1997. *The Terror of the Machine. Technology, Work and Ecology on the U.S.-Mexico Border.* Austin, TX : CMAS books.

Perera, Suvendrini. 2002. "What Is a Camp ⋯ ?" *Borderlands* 1 (1). Accessed December 10, 2011. http://www.borderlandsjournal.adelaide.edu.au/v011n01_2002/perera_camp.html.

_____. 2007. "A Pacific Zone? (In)security, Sovereignty, and Stories of the Pacific Borderscape." In *Borderscapes : Hidden Geographies and Politics at Territory's Edge,* ed. Prem Kumar Rajaram and Carl Grundy-Warr, 201~27. Minneapolis : University of Minnesota Press.

_____. 2009. *Australia and the Insular Imagination : Beaches, Borders, Boats, and Bodies.* New York : Palgrave Macmillan.

Petti, Alessandro. 2007. *Arcipelaghi e enclave : Architettura dell'ordinamento spaziale contemporaneo.* Milan : Bruno Mondadori.

Petty, William. 1690. *Political Arithmetick.* London : Robert Clavel and Hen. Mortlock.

Pickles, John. 2004. *A History of Spaces : Cartographic Reason, Mapping, and the Geo-Coded World.* New York : Routledge.

Pieper, Tobias. 2008. *Die Gegenwart der Lager : Zur Mikrophysik der Herrschaft in der deutschen Flüchtlingspolitik.* Münster : Westfälisches Dampfboot.

Piven, Frances Fox, and Richard A. Cloward. 1997. *The Breaking of the American Social Compact.* New York : New Press.

Poliakov, Léon. 1974. *The Aryan Myth.* New York : Basic Books.

Portes, Alejandro, and Leif Jensen. 1989. "The Enclave and the Entrants : Patterns of Ethnic Enterprise in Miami before and after *Mariel.*" *American Sociological Review* 54 : 929~49.

Portes, Alejandro, and Rubén G. Rumbaut. 1996. *Immigrant American : A Portrait,* 2nd ed. Berkeley : University of California Press.

_____. 2001. *Legacies : The Story of the Immigrant Second Generation.* Berkeley : University of California Press.

Portes, Alejandro, and Min Zhou. 1993. "The New Second Generation : Segmented Assimilation and Its

Variants." *Annals of the American Academy of Political and Social Science* 530 (1) : 74~96.

Pratt, Andy C. 2008. "Cultural Commodity Chains, Cultural Clusters, or Cultural Production Chains?" *Growth and Change* 39 (1) : 95~103.

Pratt, Mary Louise. 2008. *Imperial Eyes: Travel, Writing and Transculturation*, 2nd ed. London : Routledge. [메리 루이스 프랫, 『제국의 시선 : 여행기와 문화횡단』, 김남혁 옮김, 현실문화, 2015]

Prescott, John Robert Victor. 1987. *Political Frontiers and Boundaries*. London : Allen and Unwin.

Prescott, John Robert Victor, and Clive Schofield. 2005. *The Maritime Political Boundaries of the World*, 2nd ed. Leiden : M. Nijhoff.

Prescott, John Robert Victor, and Gillian D. Triggs. 2008. *International Frontiers and Boundaries, Law, Politics and Geography*. The Hague : Martinus Nijhoff.

Pun Ngai. 2005. *Made in China: Women Factory Workers in a Global Workplace*. Durham, NC : Duke University Press.

_____. 2008. "Reorganized Moralism : The Politics of Transnational Labor Codes." In *Privatizing China: Socialism from Afar*, ed. Li Zhang and Aihwa Ong, 87~102. Ithaca, NY : Cornell University Press.

_____. 2009. "Chinese Migrant Women Workers in a Dormitory Labor System." *Asia Portal — Infofocus*. Accessed January 10, 2012. http://infocus.asiaportal.info.

Pun Ngai, and Lu Huilin. 2010. "Unfinished Proletarianization : Self, Anger, and Class Action among the Second Generation of Peasant-Workers in Present-day China." *Modern China* 36 (5) : 493~519.

Pun Ngai, Chris King Chi Chan, and Jenny Chan. 2010. "The Role of the State, Labour Policy and Migrant Workers' Struggles in Globalized China." *Global Labour Journal* 1 (1) : 132~51.

Quijano, Aníbal. 1997. "Colonialidad del poder, cultura y conocimiento en América Latina." *Anuario Mariateguiano* 9 (9) : 113~21.

_____. 2008. "Coloniality of Power, Eurocentrism, and Social Classification." In *Coloniality at Large: Latin America and the Postcolonial Debate*, ed. Mabel Moraña, Enrique Dussel, and Carlos A. Jáuregui, 181~224. Durham, NC : Duke University Press.

Rabinow, Paul, and Nikolas Rose. 2006. "Biopower Today." *BioSocieties* 1 : 195~217.

Rahola, Federico. 2003. *Zone Definitivamente Temporanee : I Luoghi dell'Umanità in Eccesso*. Verona : Ombre Corte.

_____. 2010. "The Space of Camps : Towards a Genealogy of Spaces of Internment in the Present." In *Conflict, Security, and the Reshaping of Society : The Civilization of War*, ed. Alessandro dal Lago and Salvatore Palidda, 185~99. London : Routledge.

Raikes, Philip, Michael Friis Jensen, and Stefano Ponte. 2000. "Global Commodity Chain Analysis and the French Filière Approach : Comparison and Critique." *Economy and Society* 29 (3) : 390~417.

Raimondi, Fabio. 1999. *Il sigillo della vicissitudine : Giordano Bruno e la liberazione della potenza*. Padua : Unipress.

Rajan, Kaushik Sunder. 2006. *Biocapital: The Constitution of Postgenomic Life*. Durham, NC : Duke University Press. [카우시크 순데르 라잔, 『생명자본 : 게놈 이후 생명의 구성』, 안수진 옮김, 그린비, 2012]

Rancière, Jacques. 1998. *Dis-Agreement: Politics and Philosophy*, trans. J. Rose. Minneapolis : University of Minnesota Press. [자크 랑시에르, 『불화 : 정치와 철학』, 진태원 옮김, 길, 2015]

_____. 2009. *Moments politiques. Interventions 1977-2009*. Paris : La Fabrique.

Ratfisch, Philipp, and Stephan Scheel. 2010. "Migrationskontrolle durch Flüchtlingsschutz? Die Rolle des UNHCR in der Externalisierung des EU-Migrationsregimes." In *Grenzregime. Diskurse, Praktiken, Institutionen in Europa*, ed. Sabine Hess and Bernd Kasparek, 89~110. Berlin : Assoziation A.

Ratzel, Friedrich. 1899 [1891]. *Anthropogeographie*, Erster Teil : *Grundzüge der Anwendung der Erdkunde auf die Geschichte*. 2. Aufl. Stuttgart : Verlag von J. Engelhorn.

_____. 1923 [1897]. *Politische Geographie*. 3. Aufl., durchgesehen und ergänzt von E. Oberhummer. Munich : Oldenbourg.

Read, Jason. 2003. *The Micro-Politics of Capital : Marx and the Prehistory of the Present*. Albany : SUNY Press.

Rediker, Marcus. 2007. *The Slave Ship : A Human History*. New York : Viking. [마커스 레디커, 『노예선 : 인간의 역사』, 박지순 옮김, 갈무리, 2018]

Reich, Robert B. 1991. *The Work of Nations : Preparing Ourselves for 21st-Century Capitalism*. London : Simon and Schuster. [로버트 비 라이시, 『국가의 일』, 남경우 외 옮김, 까치, 1994]

Remesh, Babu P. 2004. "Cyber Coolies in BPO : Insecurities and Vulnerabilities of Nonstandard Work." *Economic and Political Weekly* 39 (5) : 492~97.

Renault, Matthieu. 2011. *Frantz Fanon : De l'anticolonialisme à la critique postcoloniale*. Paris : Editions Amsterdam.

Reno, William. 1999. *Warlord Politics and African States*. Boulder, CO : Lynne Rienner.

Reuveny, Rafael, and William R. Thompson. 2010. *Limits to Globalization : North-South Divergence*. London : Routledge.

Revel, Judith. 2008. *Qui a peur de la banlieue?* Paris : Bayard Jeunesse.

_____. 2010. *Foucault, une pensée du discontinu*. Paris : Mille et une nuits.

Reyneri, Emilio. 1979. *La catena migratoria*. Bologna : Il Mulino.

Ricardo, David. 1821 [1817]. *On the Principles of Political Economy and Taxation*. London : John Murray. [데이비드 리카도, 『정치경제학과 과세의 원리에 대하여』, 권기철 옮김, 책세상, 2019]

Ricciardi, Maurizio. 2010. *La società come ordine. Storia e teoria politica dei concetti sociali*. Macerata, Italy : EUM.

Rigo, Enrica. 2007. *Europa di confine : Trasformazioni della cittadinanza nell'Unione allargata*. Rome : Meltemi.

Rigouste, Mathieu. 2009. *L'ennemi intérieur : La généalogie coloniale et militaire de l'ordre sécuritaire dans la France contemporaine*. Paris : La Découverte.

Ritter, Carl. 1864. *Comparative Geography*, trans. William L. Gage. New York : American Book Company.

Robinson, Cedric J. 2000. *Black Marxism : The Making of the Black Radical Tradition*. Chapel Hill : University of North Carolina Press.

Rocca, Jean-Louis. 2006. *La condition chinoise : La mise au travaile capitaliste à l'âge des réformes (1978-2004)*. Paris : Karthala.

Rodríguez, Nestor. 1996. "The Battle for the Border : Notes on Autonomous Migration, Transnational Communities and the State." *Social Justice* 23 : 21~39.

Roggero, Gigi. 2011. *The Production of Living Knowledge : The Crisis of the University and the Transformation of Labor in Europe and North America*, trans. Enda Brophy. Philadelphia : Temple University Press.

Romano, Santi. 1969. *Lo Stato moderno e la sua crisi*. Milan : Giuffrè.

Rose, Nikolas. 2007. *The Politics of Life Itself : Biomedicine, Power, and Subjectivity in the Twenty-First Century*. Princeton, NJ : Princeton University Press.

Rosen, George. 1985. *Western Economists and Eastern Societies : Agents of Change in South Asia, 1950-1970*. Baltimore : Johns Hopkins University Press.

Ross, Andrew. 2009. *Nice Work if You Can Get It : Life and Labor in Precarious Times*. New York : New York University Press.

Rossi, Pietro. 1975. *Storia universale e geografia in Hegel*. Florence : Sansoni.

Rossi, Ugo, and Alberto Vanolo. 2012. *Urban Political Geographies : A Global Perspective*. London : Sage.

Rostow, Walt Whitman. 1960. *The Stages of Economic Growth : A Non-Communist Manifesto*. Cambridge : Cambridge University Press. [W.W. 로스토오, 『경제성장의 제단계 : 반맑스주의사관』, 이상구 · 강명규 옮김, 법문사, 1987]

Rouse, Roger. 1991. "Mexican Migration and the Social Space of Postmodernism." *Diaspora : A Journal of Transnational Studies* 1 (1) : 8~23.

Rousseau, Jean-Jacques. 1997. *The Discourses and Other Early Political Writings*, ed. and trans. Victor Gourevitch. Cambridge : Cambridge University Press.

Roy, Ananya. 2011. "The Blockade of the World-class City : Dialectical Images of Indian Urbanism." In *Worlding Cities : Asian Experiments and the Art of Being Global*, ed. Ananya Roy and Aihwa Ong, 259~78. Oxford : Wiley-Blackwell.

Ruccio, David. 2011. "Cooperatives, Surplus, and the Social." *Rethinking Marxism* 23 (3) : 334~40.

Ruggie, John Gerard. 1998. "What Makes the World Hang Together? Neo-Utilitarianism and the Social Constructivist Challenge." *International Organization* 52 : 855~85.

Rygiel, Kim. 2010. *Globalizing Citizenship*. Vancouver : University of British Columbia Press.

Sakai, Naoki. 1997. *Translation and Subjectivity : On "Japan" and Cultural Nationalism*. Minneapolis : University of Minnesota Press. [사카이 나오키, 『번역과 주체 : '일본'과 문화적 국민주의』, 후지이 다케시 옮김, 이산, 2005]

_____. 2000. " 'You Asians' : On the Historical Role of the West and Asia Binary." *South Atlantic Quarterly* 99 (4) : 789~817.

_____. 2011. "Theory and the West." *Transeuropéennes*. Accessed January 2, 2012. http://www.transeuropeennes.eu/en/articles/316/Theory_and_the_West.

Sakai, Naoki, and Jon Solomon. 2006. "Introduction : Addressing the Multitude of Foreigners, Echoing Foucault." In *Translation, Biopolitics, Colonial Difference*, ed. Naoki Sakai and Jon Solomon, 1~35. Hong Kong : Hong Kong University Press. [디디에 비고, 「안보 속의-세계화/세계화된 비-안보 : 장과 밴-옵티콘」, 나오키 사카이 · 존 솔로몬 공동편집, 『흔적 4 : 번역, 생정치, 식민지적 차이』, 강내희 외 옮김, 문화과학사, 2012]

Saldívar, José David. 2012. *Trans-Americanity : Subaltern Modernities, Global Coloniality, and the Cultures of Greater Mexico*. Durham, NC : Duke University Press.

Salento, Franco Angeli. 2003. *Postfordismo e ideologie giuridiche : Nuove forme d'impresa e crisi del diritto del lavoro*. Milan : Angeli.

Samaddar, Ranabir. 1994. *Workers and Automation : The Impact of New Technology in the Newspaper Industry*. New Delhi : Sage.

_____. 1999. *The Marginal Nation : Transborder Migration from Bangladesh to India*. New Delhi : Sage.

_____. 2007a. *The Materiality of Politics*, vol. 1. London : Anthem Press.

_____. 2007b. *The Materiality of Politics*, vol. 2. London : Anthem Press.

_____. 2009. "Primitive Accumulation and Some Aspects of Life and Work in India." *Economic and Political Weekly* 44 (18) : 33~42.

_____. 2010. *The Emergence of the Political Subject*. New Delhi : Sage.

_____. 2012. "What is Postcolonial Predicament?" *Economic and Political Weekly* 47 (9) : 41~50.

Sanyal, Kalyan K. 2007. *Rethinking Capitalist Development : Primitive Accumulation, Governmentality and the Post-Colonial Capitalism*. London : Routledge.

Sassen, Saskia. 1991. *The Global City : New York, London, Tokyo*. Princeton, NJ : Princeton University

Press.

_____. 1996. *Losing Control? Sovereignty in an Age of Globalization.* New York : Columbia University Press.

_____. 2006. *Territory, Authority, Rights : From Medieval to Global Assemblages.* Princeton, NJ : Princeton University Press.

_____. 2007. *A Sociology of Globalization.* New York : W. W. Norton.

_____. 2010. "A Savage Sorting of Winners and Losers : Contemporary Versions of Primitive Accumulation." *Globalizations* 7 (1~2) : 23~50.

Sayad, Abdelmalek. 1980. "Le foyer des sans-famille." *Actes de la recherche en sciences sociales* 32~33 : 89~104.

_____. 2004. *The Suffering of the Immigrant.* Cambridge : Polity Press.

Schecter, Anna, Rhonda Schwartz, and Brian Ross. 2009. "CEOs, Bankers Used Corporate Credit Cards for Sex, Says New York Madam." ABC News, February 6. Accessed November 13, 2011. http://abc-news.go.com.

Scheel, Stephan. 2011. "What Is 'Illegality'? A Response to Iker Barbero." *Oecumene.* Accessed January 4 2012. http://www.oecumene.eu/blog/what-is-illegality-a-response-to-iker-barbero.

Scherer, Heinrich. 1703. *Geographia naturalis, sive, Fabrica mundi sublvnaris ab artifice et avthore saturæ inventa et elaborata.* Monachii, sumptibus Joannis Caspari Bencard, typis Mariæ Magdalenæ Rauchin.

Schiavone, Aldo. 2005. *Ius : L'invenzione del diritto in Occidente.* Turin : Einaudi.

Schiera, Pierangelo. 1987. *Il laboratorio borghese : Scienza e politica nella Germania dell'Ottocento.* Bologna : Il Mulino.

Schmitt, Carl. 1997 [1942]. *Land and Sea,* trans. Simona Draghici. Washington, DC : Plutarch Press. [칼 슈미트, 『땅과 바다 : 칼 슈미트의 세계사적 고찰』, 김남시 옮김, 꾸리에북스, 2016]

_____. 2003 [1950]. *The Nomos of the Earth in the International Law of the Jus Publicum Europaeum,* trans. Gary L. Ulmen. New York : Telos Press. [칼 슈미트, 『대지의 노모스 : 유럽 공법의 국제법』, 최재훈 옮김, 민음사, 1995]

Scholten, Sophie, and Paul Minderhoud. 2008. "Regulating Immigration Control : Carrier Sanctions in the Netherlands." *European Journal of Migration and Law* 10 (2) : 123~47.

Schumpeter, Joseph A. 1986 [1954]. *History of Economic Analysis,* ed. E. B. Schumpeter. London : Routledge. [조지프 슘페터, 『경제분석의 역사』, 김균 외 옮김, 한길사, 2013]

Sciortino, Giuseppe. 2004. "Between Phantoms and Necessary Evils : Some Critical Points in the Study of Irregular Migration in Western Europe." *IMIS-Beiträge* 24 : 17~44.

Scott, James C. 1998. *Seeing Like a State : How Certain Schemes to Improve the Human Condition Have Failed.* New Haven, CT : Yale University Press. [제임스 C. 스콧, 『국가처럼 보기 : 왜 국가는 계획에 실패하는가』, 전상인 옮김, 에코리브르, 2010]

SEAsia. 2005/6. *Stowaways : Repatriation Corridors from Asia and the Far East.* Singapore : SEAsia P&I Services.

Sen, Sunanda, and Byasdeb Dasgupta. 2009. *Unfreedom and Waged Work : Labour in India's Manufacturing Industry.* New Delhi : Sage.

Seo, Myeong-Gu, and Lisa Feldman Barrett. 2007. "Being Emotional During Decision Making — Good or Bad? An Empirical Investigation." *Academy of Management Journal* 50 (4) : 923~40.

Serafini, Alessandro, ed. 1974. *L'operaio multinazionale in Europa.* Milan : Feltrinelli.

Shachar, Ayelet. 2006. "The Race for Talent : Highly Skilled Migrants and Competitive Immigration Regimes." *New York University Law Review* 81 : 148~206.

_____. 2009. *The Birthright Lottery: Citizenship and Global Inequality*. Cambridge, MA: Harvard University Press.

Shaffer, Gregory C., and Mark A. Pollack. 2010. "Hard vs. Soft Law: Alternatives, Complements, and Antagonists in International Governance." *Minnesota Law Review* 94 (3): 706~99.

Shapiro, Martin. 2001. "Administrative Law Unbounded: Reflections on Government and Governance." *Indiana Journal of Global Legal Studies* 8 (2): 369~77.

Sharma, N. K. 2009. "Special Economic Zones: Socio-Economic Implications." *Economic and Political Weekly* 44 (20): 18~21.

Sidaway, James D. 2007. "Spaces of Postdevelopment." *Progress in Human Geography* 31 (3): 345~61.

Siegelbaum, Lewis H. 1990. *Stakhanovism and the Politics of Productivity in the USSR, 1935-1941*. Cambridge: Cambridge University Press.

Silver, Beverly. 2003. *Forces of Labor: Workers' Movements and Globalization since 1870*. New York: Cambridge University Press. [비버리 J. 실버, 『노동의 힘: 1870년 이후의 노동자 운동과 세계화』, 백승욱·안정옥·윤상우 옮김, 그린비, 2005]

Simmel, Georg. 2009 [1908]. *Sociology: Inquiries into the Construction of Social Forms*. Leiden: Brill.

Sklair, Leslie. 1994. "Development in Global Perspective." In *Capitalism and Development*, ed. Leslie Sklair, 165~85. London: Routledge.

Slaughter, Anne-Marie. 2009. "America's Edge: Power in the Networked Century." *Foreign Affairs* 88 (1): 94~113.

Smith, Adam. 1976 [1776]. *An Inquiry into the Nature and Causes of the Wealth of Nations*. Oxford: Clarendon Press. [애덤 스미스, 『국부론』 (상)·(하), 김수행 옮김, 비봉출판사, 2007]

Smith, Dorothy E. 1987. *The Everyday World as Problematic: A Feminist Sociology*. Boston: Northeastern University Press.

Smith, Michael P. 2001. *Transnational Urbanism: Locating Globalization*. Oxford: Blackwell.

Smith, Neil. 2003. "After the American *Lebensraum*: 'Empire,' Empire, and Globalization." *Interventions* 5 (2): 249~70.

_____. 2007. *Abysmal Ignorance: The Pre-life of Area Studies, 1917~1958*. New York: Social Science Research Council.

Snell-Hornby, Mary. 1988. *Translation Studies: An Integrated Approach*. Amsterdam: Benjamins.

Société Réaliste. 2011. *Empire, State, Building*. Paris: Éditions Amsterdam.

Soederberg, Susanne. 2009. *Corporate Power and Ownership in Contemporary Capitalism: The Politics of Resistance and Domination*. London: Routledge.

Sohn-Rethel, Alfred. 1978. *Intellectual and Manual Labour: A Critique of Epistemology*. London: Macmillan. [알프레드 존-레텔, 『정신노동과 육체노동: 철학적 인식론 비판』, 황태연·윤길순 옮김, 학민사, 1986]

Soja, Edward. 1989. *Postmodern Geographies: The Reassertion of Space in Critical Social Theory*. London: Verso. [에드워드 소자, 『공간과 비판사회이론』, 이무용 외 옮김, 시각과언어, 1997]

Spivak, Gayatri Chakravorty. 2008. *Other Asias*. Oxford: Blackwell. [가야트리 스피박, 『다른 여러 아시아』, 태혜숙 옮김, 울력, 2011]

Squire, Vicki, ed. 2011. *The Contested Politics of Mobility: Borderzones and Irregularity*. London: Routledge.

Standing, Guy. 2011. *The Precariat: The New Dangerous Class*. London: Bloomsbury Academic. [가이 스탠딩, 『프레카리아트: 새로운 위험한 계급』, 김태호 옮김, 박종철출판사, 2014]

Steinfeld, Robert J. 1991. *The Invention of Free Labor*. Chapel Hill: University of North Carolina Press.

_____. 2001. *Coercion, Contract, and Free Labor in the Nineteenth Century*. Cambridge: Cambridge University Press.

Stevens, Andrew, and Vincent Mosco. 2010. "Prospects for Trade Unions and Labour Organizations in India's IT and ITES Industries." *Work Organization, Labour and Globalization* 4 (2) : 39~59.

Stoker, Gerry. 1998. "Governance as Theory : Five Propositions." *International Social Science Journal* 50 (155) : 17~28.

Stoler, Ann Laura. 1995. *Race and the Education of Desire : Foucault's* History of Sexuality *and the Colonial Order of Things.* Durham, NC : Duke University Press.

_____. 2006. "On Degrees of Imperial Sovereignty." *Public Culture* 18 (1) : 125~46.

Streeck, Wolfgang. 2009. *Re-Forming Capitalism : Institutional Change in the German Political Economy.* New York : Oxford University Press.

Suárez-Navaz, Liliana. 2007. "Introducción. La lucha de los sin papeles : Anomaliás democráticas y la (imparable) extensión de la ciudadania." In *Las luchas de los sin papeles y la extension de la ciudadania. Perspectivas críticas desde Europa y Estados Unidos,* ed. Liliana Suárez-Navaz, Raquel Macià Pareja, and Ángela Moreno García, 15~33. Madrid : Traficantes de Sueños.

Supiot, Alain. 1994. *Critique du droit du travail.* Paris : PUF.

_____. 2001, *Beyond Employment : Changes in Work and the Future of Labour Law in Europe.* New York : Oxford University Press.

Szanton, David. 2004. "Introduction : The Origin, Nature and Challenge of Area Studies in the United States." In *The Politics of Knowledge : Area Studies and the Disciplines,* ed. David Szanton, 1~33. Berkeley : University of California Press.

Taylor, Marcus. 2008. "Power, Conflict and the Production of the Global Economy." In *Global Economy Contested : Power and Conflict across the International Division of Labour,* ed. Marcus Taylor, 11~31. London : Routledge.

Teubner, Gunther. 1997. "Global Bukowina : Legal Pluralism in the World Society." In *Global Law without a State,* ed. Gunther Teubner, 3~28. Aldershot, UK : Dartmouth Gower.

_____. 2004. "Societal Constitutionalism : Alternatives to State-centred Constitutional Theory." In *Transnational Governance and Constitutionalism,* ed. Christian Jeorges, Inger-Johanne Sand, and Gunther Teubner, 2~28. Oxford : Hart Publishing.

_____. 2009. "The Corporate Codes of Multinationals : Company Constitutions beyond Corporate Governance and Co-determination." In *Conflict of Laws and Laws of Conflict in Europe and Beyond : Patterns of Supranational and Transnational Juridification,* ed. Rainer Nickel, 261~76. Oslo : ARENA.

_____. 2010. "Fragmented Foundations : Societal Constitutionalism beyond the Nationstate." In *The Twilight of Constitutionalism?,* ed. Petra Dobner and Martin Loughlin, 327~41. Oxford : Oxford University Press.

Thomas, William I., and Florian Znaniecki. 1918~20. *The Polish Peasant in Europe and America : Monograph of an Immigrant Group.* Chicago : University of Chicago Press.

Thompson, Edward Palmer. 1963. *The Making of the English Working Class.* London : Victor Gollancz. [에드워드 파머 톰슨, 『영국 노동 계급의 형성』, 나종일 외 옮김, 창작과비평사, 2000]

_____. 1967. "Time, Work-discipline and Industrial Capitalism." *Past and Present* 38 : 56~97.

Thompson, Liz, and Benjamin Rosenzweig. 2009. "Permanent Residency Not Sold Separately, Education Not Included." *Overland* 197 : 197~202.

Thrift, Nigel. 1996. *Spatial Formations.* London : Sage.

Torpey, John. 2000. *The Invention of the Passport : Surveillance, Citizenship and the State.* Cambridge : Cambridge University Press.

Touraine, Alain. 2001. *Beyond Neoliberalism*, trans. David Macey. Cambridge : Polity Press.

Transit Migration Forschungsgruppe, ed. 2007. *Turbulente Ränder. Neue Perspektiven auf Migration an den Grenzen Europas*. Bielefeld, Germany : Transcript Verlag.

Traven, Bruno. 1934. *The Death Ship : The Story of an American Sailor*. New York : Knopf.

Tribe, Keith. 1983. "Prussian Agriculture — German Politics : Max Weber 1892~7." *Economy and Society* 12 (2) : 181~226.

Tripathy, S. N. 2008. "SEZs and Labour Administration." *Labour File* 6 (4~5) : 31~32.

Tronti, Mario. 1966. *Operai e capitale*. Turin : Einaudi.

Tsing, Anna. 2000. "The Global Situation." *Cultural Anthropology* 15 (3) : 327~60.

_____. 2005. *Friction : An Ethnography of Global Connection*. Princeton, NJ : Princeton University Press.

_____. 2009. "Supply Chains and the Human Condition." *Rethinking Marxism* 21 (2) : 148~76.

Turner, Bryan S. 2001. "The Erosion of Citizenship." *British Journal of Sociology* 52 (2) : 189~209.

Turner, Frederick Jackson. 1920. *The Frontier in American History*. New York : Holt. [프레더릭 잭슨 터너, 『미국사와 변경』, 손병권 옮김, 소명, 2020]

Upadhyay, C., and A. R. Vasavi. 2008. *In an Outpost of the Global Economy : Work and Workers in India's Information Technology Industry*. New Delhi : Routledge.

Van der Linden, Marcel. 2008. *Workers of the World : Essays toward a Global Labor History*. Leiden : Brill.

Vattel, Emerich de. 1916 [1758]. *Le droit de gens, ou principes de la loi naturelle appliqués* à la *conduite et aux affaires des Nations et de Souverains*. Washington, DC : Carnegie Institution.

Vaughan-Williams, Nick. 2009. *Border Politics : The Limits of Sovereign Power*. Edinburgh : Edinburgh University Press.

Vercellone, Carlo. 2006. "Mutazione del concetto di lavoro produttivo e nuove forme di distribuzione." In *Capitalismo cognitivo. Conoscenza e finanza nell'epoca postfordista*, ed. Carlo Vercellone, 189~208. Rome : Manifestolibri.

Vertova, Giovanna, ed. 2006. *The Changing Economic Geography of Globalization : Reinventing Space*. London : Routledge.

Vianello, Francesca A. 2009. *Migrando sole : Legami transnazionali tra Ucraina e Italia*. Milan : Angeli.

Vico, Giambattista. 1984. *The New Science of Giambattista Vico*. Unabridged Translation of the Third Edition (1744) with the addition of "Practic of the New Science," trans. Thomas Goddard Bergin and Max Harold Fisch. Ithaca, NY : Cornell University Press.

Vidal-Kopmann, Sonia. 2007. "La expansión de la periferia metropolitana de Buenos Aires. 'Villas miseria' y 'countries' : De la ghettización a la integración de actores en el desarrollo local urbano." *Scripta nova. Revista electronica de geografia y ciencias sociales* 11(245). Accessed January 16, 2012. http://www.ub.edu/geocrit/sn/sn-24542.htm.

Vila, Pablo. 2000. *Crossing Borders, Reinforcing Borders : Social Categories, Metaphors, and Narrative Identities on the U.S.-Mexico Frontier*. Austin : University of Texas Press.

Villacañas Berlanga, José Luis. 2010. "The Liberal Roots of Populism : A Critique of Laclau." *CR : The New Centennial Review* 10 (2) : 151~82.

Viner, Jacob. 1965 [1937]. *Studies in the Theory of International Trade*. New York : Harper and Brothers.

Virno, Paolo. 2003. *A Grammar of the Multitude : For an Analysis of Contemporary Forms of Life*, trans. I. Bertoletti, J. Cascaito, and A. Casson. Cambridge : Semiotext(e). [빠올로 비르노, 『다중 : 현대의 삶 형태에 관한 분석을 위하여』, 김상운 옮김, 갈무리, 2004]

_____. 2010. E così via, *all'infinito : Logica e antropologia*. Turin : Bollati Boringhieri.

Von Eschen, Penny M. 1997. *Race against Empire : Black Americans and Anticolonialism, 1937-1957*.

Ithaca, NY : Cornell University Press.

Walker, Gavin. 2011. "Primitive Accumulation and the Formation of Difference : On Marx and Schmitt." *Rethinking Marxism* 23 (3) : 384~404.

Wallerstein, Immanuel. 1974. *The Modern World-System : Capitalist Agriculture and the Origins of the European World-Economy in the Sixteenth Century*. New York : Academic Press. [이매뉴얼 월러스틴, 『근대세계체제 1 : 자본주의적 농업과 16세기 유럽 세계경제의 기원』, 나종일 옮김, 까치, 2013]

_____. 1985. *Il capitalismo storico*. Turin : Einaudi.

_____. 1991. "The Ideological Tensions of Capitalism : Universalism versus Racism and Sexism." In *Race, Nation, Class : Ambiguous Identities*, ed. Étienne Balibar and Immanuel Wallerstein, 29~36. London : Verso.

Walters, William. 2002. "De-naturalisng the Border : The Politics of Schengenland." *Environment and Planning D : Society and Space* 20 (5) : 561~80.

_____. 2008. "Bordering the Sea : Shipping Industries and the Policing of Stowaways." *Borderlands e-journal* 7 (3). Accessed January 9, 2012. http://www.borderlands.net.au/v017n03_2008/walters_bordering.htm.

_____. 2009. "Foucault and Frontiers : Notes on the Birth of the Humanitarian Border." In *Governmentality : Current Issues and Future Challenges*, ed. Ulrich Bröckling, Susanne Krasmann, and Thomas Lemke, 138~64. London : Routledge.

Wang Hui. 2003. *China's New Order : Society, Politics and Economy in Transition*. Cambridge, MA : Harvard University Press.

_____. 2009. *The End of the Revolution : China and the Limits of Modernity*. London : Verso.

_____. 2011a. "Trans-systemic Society and Regional Perspective in Chinese Studies." *Boundary 2* 38 (1) : 165~201.

_____. 2011b. *The Politics of Imagining Asia*, ed. T. Huters. Cambridge, MA : Harvard University Press.

Weeks, Kathi. 2007. "Life within and against Work : Affective Labor, Feminist Critique, and Post-Fordist Politics." *Ephemera : Theory & Politics in Organization* 7 (1) : 233~49.

_____. 2011. *The Problem with Work : Feminism, Marxism, Antiwork Politics, and Post-work Imaginaries*. Durham, NC : Duke University Press.

Weizman, Eyal. 2007. *Hollow Land : Israel's Architecture of Occupation*. London : Verso.

Werbner, Pnina. 1990. "Renewing an Industrial Past : British Pakistani Entrepreneurship in Manchester." *Migration* 8 : 7~41.

Whyte, Jessica. 2012. "Human Rights : Confronting Governments? Michel Foucault and the Right to Intervene." In *New Critical Legal Thinking : Law and the Political*, ed. Matthew Stone, Illan rua Wall, and Costas Douzinas, 11~31. London : Routledge.

Wihtol de Wenden, Catherine. 1988. *Citoyenneté, nationalité, et immigration*. Paris : Arcantere.

Winichakul, Thongchai. 1994. *Siam Mapped : A History of the Geo-Body of a Nation*. Honolulu : University of Hawaii Press. [통차이 위니짜꾼, 『지도에서 태어난 태국 : 국가의 지리체 역사』, 이상국 옮김, 진인진, 2019]

Wright, Steve. 2002. *Storming Heaven : Class Composition and Struggle in Italian Autonomist Marxism*. London : Pluto Press.

_____. 2005. "Reality Check : Are We Living in an Immaterial World?" In *Underneath the Knowledge Commons*, ed. Josephine Berry Slater, 34~45. London : Mute.

Xiang Biao. 2005. *Transcending Boundaries. Zhejiangcun : The Story of a Migrant Village in Beijing*. Leiden : Brill.

_____. 2006. *Global "Body Shopping": An Indian Labor Regime in the Information Technology Industry*. Princeton, NJ : Princeton University Press.

_____. 2008. "Transplanting Labor in East Asia." In *Transnational Migration in East Asia: Japan in a Comparative Focus* (Senri Ethnological Reports 77), ed. Yamashita Shinji, Makito Minami, David Haines, and Jeremy Edes, 175~86. Osaka : National Museum of Ethnology.

Yeates, Nicola. 2004. "Global Care Chains: Critical Reflections and Lines of Enquiry." *International Feminist Journal of Politics* 6 (3): 369~91.

Young, Robert J. C. 2001. *Postcolonialism: An Historical Introduction*. Oxford : Blackwell. [로버트 J. C. 영, 『포스트식민주의 또는 트리컨티넨탈리즘』, 김택현 옮김, 박종철출판사, 2005]

Yu Zhou. 2008. *The Inside Story of China's High Tech Industry: Making Silicon Valley in Beijing*. Lanham, MD : Rowman and Littlefield.

Yue-man Yeung, Joanna Lee, and Gordon Kee. 2009. "China's Special Economic Zones at 30." *Eurasian Geography and Economics* 50 (2): 222~40.

Zagor, Matthew. 2009. "The Oceanic Viking and Australia's Refugee Dilemma." *East Asia Forum*, December 26. Accessed September 4, 2010. http://www.eastasiaforum.org/2009/12/26/the-oceanic-viking-and-australias-refugee-dilemma/.

Zaloom, Caitlin. 2006. *Out of the Pits: Traders and Technology from Chicago to London*. Chicago : University of Chicago Press.

Zanini, Adelino. 2008. *Economic Philosophy: Economic Foundations and Political Categories*, trans. Cosma E. Orsi. Oxford : Lang.

Zanini, Piero. 1997. *Significati del confine: I limiti naturali, storici, mentali*. Milan : Bruno Mondadori.

Žižek, Slavoj. 1997. "Multiculturalism, or, the Cultural Logic of Multinational Capitalism." *New Left Review* 225: 28~51.

_____. 1999. *The Ticklish Subject: The Absent Center of Political Ontology*. London : Verso. [슬라보예 지젝, 『까다로운 주체: 정치적 존재론의 부재하는 중심』, 이성민 옮김, 도서출판b, 2005]

_____. 2006. *The Parallax View*. Cambridge, MA : MIT Press. [슬라보예 지젝, 『시차적 관점』, 김서영 옮김, 마티, 2009]

Zolberg, Aristide R., Sergio Aguayo, and Astri Suhrke. 1989. *Escape from Violence: Conflict and the Refugee Crisis in the Developing World*. Oxford : Oxfor d University Press.

Zwick, Detlev, and Nikhilesh Dholakia. 2006. "Bringing the Market to Life: Screen Aesthetics and the Epistemic Consumption Object." *Marketing Theory* 6 (1): 41~62.

:: 인명 찾아보기